阿马蒂亚·森文丛

AMARTYA SEN

Rationality and Freedom

理性与自由

阿马蒂亚·森 —— 著

李风华 —— 译

中国人民大学出版社
·北京·

译者前言

阿马蒂亚·森在许多学术领域中都作出了卓越的贡献。在几十年的学术生涯中，森的著述引发了哲学、经济学的多次著名争论，如贫困指数问题、增长模型问题、他与哈萨尼关于社会福利函数应如何考虑分配问题的争论、自由悖论问题、福利主义问题、评价相对性问题。这些在最权威的学术杂志上出现的多次争论以森作为中心，本身就足以说明森在当代政治哲学、社会选择理论和福利经济学发展中的重要地位。

不过，森的兴趣范围如此广泛，以至于很难判断他最主要的学术成就之所在。在许多读者的心目中，森更多地体现了一位经济学家对贫困、饥荒、剥夺、不平等等社会问题的道德关注。许多专业的经济学家在介绍森时，也特别强调他在这个方面的贡献。如萨克斯在向《纽约时报》撰稿时称森最基本的主题是"甚至极其贫穷的国家也能够提高其最贫苦人民的福利"。而森在社会选择理论以及政治哲学方面的非常专业且精深的造诣似乎被他在贫困与饥荒等现实问题方面的成就所掩盖了。但是，从学术以及思想的角度来看，一般理论方面的贡献也许具有更为久远的价值。而且，考虑到诺贝尔经济学奖授奖的基本根据不是一个人的道德良心，而是其学术上的成就，因此森在社会选择理论和政治哲学方面的研究就更应值得我们重视。

森在 1998 年诺贝尔经济学奖颁奖典礼上的演讲中是这样概括他本人的学术贡献的（见本书第 2 章）："瑞典皇家科学院认为我凭以获奖的研究领域是'福利经济学'，它包括三个分支领域：社会选择、分配和贫困。我确实以不同的方式研究过这些主题，但是只有社会选择理论……才为对各种社会可能性的评价和选择（其中尤其包括对社会福利、不平等和贫困的估价）提供了一个一般性的方法。因此，我认为，在这一颁奖典礼上，我有充足的理由集中讨论社会选择理论。"

社会选择的根本问题是一个社会评价与选择程序的设计。它所追问的问题是：如何将个人偏好（preference）加总成社会选择？如果所有人的个人偏好都完全一致，那么就不存在这个偏好加总的问题。但现实往往是人们的偏好各异，在这种情况下应当采取一种什么样的社会决策机制，从而以一种比较满意的方式来实现社会选择？探讨如何寻求最合理的社会选择程序的理论就是社会选择理论。社会选择理论对于森来说，主要是一种学术工具，一种方法。他运用社会选择的方法，对许多实质性问题也提出了影响广泛的深知灼见。这些洞见，除了体现在对贫困、饥荒、妇女不平等等社会层面问题的研究上，还体现在对自由、权利、平等、正义等基本政治哲学问题的思考上。森也许算不上当代最伟大的哲学家之一，但绝对是 20 世纪后半叶政治哲学发展中所不可或缺的思想家之一。他提出的"自由悖论"激发了许多学者的思考与争鸣，而在权利与自由的几次大讨论中，也往往见到他的身影。翻开罗尔斯的《正义论》的人名索引，我们会发现森被引证的次数达 16 次之多，仅仅次于康德和西季威克，在同时代作家中无人可比。而在当代社会契约论最重要的作家肯·宾莫尔的《博弈论与社会契约》一书中，除了宾莫尔本人之外，引用最多的个人的文献篇目就数森的著述，达 10 篇之多。考虑到罗尔斯和宾莫尔对于政治哲学的意义，森对于政治哲学的贡献确实值得我们重视。

本书收录了森有关理性与自由等政治哲学、福利经济学和社会选择理论的基本问题的论文。它们可以说是森多年来在这些问题上的理论贡献的荟萃，也是我们理解森并从而把握当代社会选择理论与政治哲学的最好窗口。

二

理性堪称社会科学和哲学中最基本的概念之一。对这个问题的理解从根本上决定了理论的基本走向。从现代经济学和政治哲学中的讨论来看，主流的观点将理性都视为一种经济理性。但是在这种主流的观点之中，仍然存在着各种相接近而又彼此相区别的定义。森从中拈出被广泛运用的三种定义，对它们做了细致的分析与批评。它们分别是选择的内在一致性观、自利最大化观以及一般最大化观。

内在一致性的理性观与萨缪尔森等人创立的"显示偏好"理论存在着密切的关联，对于福利经济学和社会选择理论有着重要的影响。这种观点注重的是在不同情况下各种选择之间的关联，它将选择结果与不同的"菜单"（也就是不同的可以利用的备选方案集）进行比较，而无须任何外在的参数（目标、价值、偏好）。森认为，内在一致性既不能成为理性的充分条件，也不能成为理性的必要条件。因为若不考虑到选择者的动机，"一致性"的内涵根本就无法确定。而一旦考虑到动机关联，就一定会涉及一个"外在"的参数（外在于选择行动本身），这时一致性条件就不再是纯粹的选择的"内在"一致性。

与内在一致性的理性观不同，自利最大化与一般最大化将理性与选择外的某个参数联系起来，因此并不存在内在一致性主张所遇到的逻辑悖谬。最大化观，尤其是自利最大化，最常见的假设就是"经济人"的假设，现在已经成为公共选择理论和法经济学的理论基础。森认为，这种观点仍然存在深刻的局限性。对此，可以用"囚徒困境"来说明。人们的许多行为都显然符合合作的要求，而为了解释这种行为，这种观点不得不加入各种附加的结构以及特殊的假设，比如克雷普斯的声誉模型就将"囚徒困境"改造为一种重复博弈。森认为，这种解释过于迂回，不应成为理性行为理论的核心。而且重复博弈的运行有一个条件，就是减少参与人的共同知识。森认为，这完全误解了社会中的合作。森的方案是将"囚徒困境"改造成确信博弈，而这里强调的是参与人的共同知识，在这里，伦理、道德和规范政治的因素又得以引入对理性行为的解释之中。

　　第三种观点即理性的一般最大化，它要比自利最大化有着更广泛的应用范围，因为在这个最大化框架之内人们可以具有不同类型的目标和价值，比如利他主义或社会利益最大化，而且它还要求系统推理和审查后的选择。相比较前面的自利最大化，这种观点确实比较宽泛。在社会选择理论中，这种观点比较常见。森指出，这种主流的观点的概括仍然存在几个方面的局限性，因此必须作出修正：第一，最大化可以要求不完备性，而且可以考虑过程因素。第二，不确定性问题，如"信息不对称"问题。它本身并不要求任何对最大化个人所知信息的背离。虽然将选择建立在一个人所实际拥有的信息上的做法是明智的，但理性也要求合理的努力是扩展个人的知识，尤其是当个人的知识极其有限的时候。这样就涉及其他问题，其中包括获取信息的成本，事先预知将获得多少信息的困难——甚至是不可能性，以及在决策的紧迫性和迅速有效获知信息的限度的情况下，采用某种或其他版本的"有限理性"的可行性。第三，最大化行为充其量不过是理性的必要条件，并且很难说是它的充分条件。理性不仅用于追求一个既定的目标和价值的集合，而且也用于审查这些目标和价值本身。根据有待最大化的内容，最大化行为有时会愚蠢无比，并缺乏理性的估价。理性绝不可仅仅只是一种追求某些既定的——并未经审查的——目标和价值集合的工具性条件。

森深刻批评了这些观点，但并不把它们一概排斥，而是认为有必要认清这些观点的局限性，同时将它们加以扩展，提出一种更为完备充分的理性观。森认为，人的自我具有四个特征。通常的理论主要关注它的前三个方面，它们分别是：(1) 自我中心的福利；(2) 自我福利的目标；(3) 自我目标的选择。但是除此之外，自我最重要的是具有自我合理审查的能力。前面这三种，许多理论家都已经或多或少地纳入了其对理性的定义中，而森强调的是第四个，即合理审查 (reasoned scrutiny)。

所谓合理审查主要指个人对其本人的目标、价值观、偏好等具有一种自主的评价与审查的能力。个人具有这种能力，他可以思考什么样的生活才是他有理由追求的生活，否则，如果没有目标之类的审查，那么理性就完全成为一种工具，并不能够真正指导我们的生活。设想一个人，他正在用一把钝刀砍他的脚趾。我们问他何以如此鲁莽，他回答说去掉其脚趾确实是他的目标，因为这样他"感觉不错"。"你是否考虑过，"我们追问道，"如果没有了脚趾，后果会怎么样？"他回答道："没有，我还没考虑过，我也不打算考虑这一问题，因为去掉脚趾正是我所希望的；它是我的主要目标，我认识到，我是完全理性的，因为我明智而系统地追求我的目标。"（见第 1 章。）显然，在这里，该人并未真正运用其合理审查的能力。

在森看来，人不仅是能够享受其消费、体验并预期其福利、拥有目标的实体，而且也是一个能够审查其价值和目标，并根据这些价值和目标进行选择的实体。合理审查并不必然要求人们时时刻刻按照道德伦理的要求去行事，但是只要合理审查存在，就会为道德和伦理影响人们的行为打开通途。人们也许会为道德关怀和社会理由所动，也许并不为它所动，但人们从未被禁止去思考这些问题，形塑他们的价值观，并且如果有必要的话，去修正他们的目标和行为。

三

森将自由摆在了极端重要的地位上。他认为，自由之所以重要，不仅仅是因为自由的理念深刻地影响了我们，而且也因为它是评价一个社会的最基本的标准。当我们评价一个社会的利弊或者某种社会制度正义与否时，我们很自然地会想到不同类型的自由及它们在社会中的实现与被剥夺。在这个问题上，森实现了与传统福利经济学的最关键的决裂，因为传统福利经济学仅仅局限于福利或者说效用之上，而森将自由这个概念引入了福利经济学与社会选择，从而实现了政治哲学与经济学的对话。

对自由的探讨是一个经久不衰的课题。对它们的定义相当多，彼此之间存在着差异。许多政治哲学家都是从区分消极自由与积极自由的角度来切入这一分析的。而森主张从自由的机会方面与过程方面入手来探讨。其中机会方面与传统的福利比较接近，主要指"追求我们重视并有理由重视的事物的机会"（见第 20 章）。过程方面则指我们的目标实现的过程。自由的这两个方面彼此相关，在评价时往往相互影响，不同的学者对于自由的定义往往各有偏重。比如，库普曼斯与克雷普斯将自由的意义解释为满足未来不可知兴趣的灵活性，这显然是自由的机会层面的内容。相比之下，罗伯特·诺齐克则更关注自由程序的正当性方面，而这显然与相关社会选择程序的恰当性存在密切关联。总体上，当经济学家运用自由这一概念的时候，他们所侧重的是自由所提供的机会。相比较而言，政治哲学中的"积极自由"和"消极自由"的划分则取决于过程和程序的含义。

森认为，对过程的考虑并不能与对机会的评价完全割裂开来。比如说，我们所追求的机会并不仅仅是达到某种"顶点"，而且也包括某种特别的达到顶点的方式。事实上，我们评价一个"综合结果"（comprehensive outcome）的时候，其中往往包括取得"顶点结果"（culmination outcome）所经历的过程。比如说，一个人不仅希望赢得选举，而且希望"公平地赢得选举"，这里他所追求的就是一种综合结果，其中包括了过程（见第 1 章）。

在自由研究上，森的一大贡献是将社会选择理论引入对自由的研究，既扩大了社会选择理论的研究范围，也使对自由的研究与表述可以用社会选择理论中的严格公理来表述。森深知自由的含义相当深刻又复杂，作为一个严谨的学者，他并未声称自己对自由所下的定义是最充分的，相反，他只是根据社会选择理论的严密的逻辑，得出了一些有关自由的几乎无法证否的基本判断，包括：自由与偏好相关；人们具有元排序——因此人们可以进行自我审查；最低限度的自由的定义；等等。本节仅限于对前面两个论点的说明。

自由之所以与偏好相关，是因为自由意味着存在着机会可供选择，而机会必然与我们所重视的事物有关，因此，自由必然涉及个人的偏好问题。森在这个问题上的论述有破有立，破是对自由不涉及偏好的观点的批评，立是有关最低限度的自由的论述，后者我们将放在下面一节里讨论。

在讨论个人的自由时，有一些学者试图将自由与偏好两者脱离开来，在这里存在两种倾向：一种是持机会的基数观；一种是采用关于自由的博弈形式表述。前者以罗伯特·萨格登以及帕特奈克和许为代表，他们认为，对于自由的衡量不应当考虑到人们对于机会的偏好，而应仅仅考虑个人所面临的备选方案的数目（或者基数）。森把这种观点称为机会的基数观。这种主张认为，自由可以用人们所面临的选择数目来衡量，个人面临的选择数目越多，他越自由。森认为这种观点是荒谬的，他举例说，比如，存在着一个待选择的机会集 A，其中存在着三种极其恐怖的可能选择：绞死；枪毙；活焚。另外还有一个机会集 B，其中也存在着三种选择，但都为人们所渴望：一份高收入工作；一座舒适的房子；一部豪华汽车。如果根据这一方法，那么这两种自由都是等价的。显然，这种在评价机会时不涉及偏好的观点是荒谬的。森还以日常语言为例，一般来说，人们认为人类摆脱了天花是获得了自由。但如果不涉及偏好而仅以选择次数的多少而论的话，那么机会反而减少了，因为在有天花病时，人类既有患天花的机会，也有不患天花的机会。现在消灭天花岂不是机会的减少？而日常语言把天花的消灭视为一种自由，也说明自由不可以脱离人们的偏好而存在（见第 20 章）。

后一种忽视偏好的观点则将博弈形式运用到自由规定中去。这种观点与诺齐克的权利理论有着密切的关联，它主要侧重于从权利的博弈形式角度对自由作出规定。其代表有吉尔特纳等人，其基本观点是，每个人在一组策略上进行选择，可行的策略组合则规定了每个人所能拥有的自由。所有人都可以如其所愿地使用他们的权利（服从于可行组合之内的选择），而"无视"它们的结果。在这种表述中，权利的规定没有涉及任何个人的偏好或实际的结果。比如许多公认的权利仅只关注人们可以自由地做什么，而不是相关人实际所获得的结果。比如说，如果一个人有权阅读一本他想读的书，这是对他采取这一行动的自由的肯定，但是他做不做或者喜欢不喜欢读该书则不属于自由所关注的内容。根据这种观点，权利完全与行动自由相关，而不与任何结果的达成相关。

这种观点忽略了人们的偏好，而只关注人们的权利，它存在一定的合理性，森并不否认这一点。但森指出，有三个理由足以使我们排斥这种观点。第一，有些权利无法用博弈形式得到恰当的表述，比如说，"免于饥饿的权利"，这些权利的一个特点在于它本身包含着结果，而不仅仅是行动自由。在这方面，就必须把人们的偏好以及行动的结果都引进来对自由下定义。第二，即使这些权利能够给出一种博弈形式的表达，它仍然需要对证明给予进一步的分析，而这里又蕴涵了社会选择的考虑。比如公共场所禁止吸烟的规定，这是一种不吸烟者的权利。博弈形式虽然可以用某种不涉及后果与偏好的方式来加以规定，如"如果他人在场，则完全不允许吸烟"，但是之所以这种权利规定是可取的，也是因为里面包含了后果和偏好的因素，即不吸烟者不愿意被动吸烟这种偏好，这不仅仅是策略行动集合的博弈结果。第三，社会选择也可以将那些偏重于过程因素的权利吸收进来，比方说，行动过程本身也可以被纳入偏好里面，从而对各种自由和权利作出解释。比如说，某个人竞选总统，他不仅希望能够竞选成功，而且希望能够公平地获胜。这里他所偏好的不仅仅是竞选成功这一顶点结果，而且也是一个综合结果，包括"公平"这一过程因素。由此可见，博弈形式表述也可以被纳入社会选择的概括中。

如果说证明了自由与偏好相关为社会选择理论研究自由等基本人类价值打开了通道，那么森的另一个重要命题则为理性与自由打开了互通方便之门，这一命题即元排序的存在。自由与偏好相关，在某种意义上，对于人们的自由的判断可以根据人们在公认的私人领域的偏好实现来判断。但是，这绝非意味着每个人对于自己的偏好都永远不存在一丝疑问，不可以加以审查。相反，每个人都可以对自己当前的偏好存在一个判断或者说倾向，这就是元排序。元排序可以说是连接理性与自由的一个重要概念，它体现了个人的意志自主与自由，同时也是理性对于自己的偏好进行审查所生成的一种排序。在这里，自由不但意味着一个人有机会根据偏好作出自己的选择，而且还意味着他有机会选择自己有可能希望有的偏好。

一旦将元排序引入社会选择，它不仅能够更确切地说明现实中人们的心理状态，而且给福利经济学带来了深刻的洞见。下面仅仅以列举的方式说明它所涉及的几个重要问题：(1) 社会规范。个人并不是在每个时刻都是效用最大化者，他也有遵守社会规范的时候，这时他有可能并不完全按照自己的偏好行事。比如，在别人家做客时，主人送来果篮，自己虽然喜欢里面的芒果，但是因为只剩一个芒果，便只捡苹果吃。(2) 反事实偏好。反事实偏好指的是他目前尚不具备，但有可能会拥有的偏好，它与新古典经济学理论中的显示偏好恰相反。森认为，反事实偏好相当重要，完全可以被引入选择问题。比如说，某个人嗜烟，但是他不一定将他本人的这一偏好不假思索地实现，他可以对自我进行合理审查，并认为如果他不嗜烟将会更好。没有理由认为他一定会不顾一切地为自己当前的偏好辩护。(3) 偏好形成问题。在社会选择理论中，偏好通常都是给定的，这意味着在推理过程中，偏好无法改变。但是，森认为个人的偏好并不是一成不变的。事实上，个人的偏好也可能在与他人的偏好交往过程中发生变化，比如说，在公共事务问题上，公民们通过讨论有可能会形成一致的偏好。这样就有可能避免那种社会选择的悖论。

四

除了直接论述理性与自由之间的关系外，森还以另一种方式阐述了一种通常的社会理性的标准与自由原则之间的悖论关系。这就是他提出来的帕累托自由的不可能性 (the impossibility of a Paretian liberal) 定理（又称自由悖论）。1970年森曾以《帕累托自由的不可能性》为题在《政治经济学杂志》上发表了论文，他在短短的 6 页纸中最初提出这一思想。在同年出版的《集体选择与社会福利》中，他也把这一思想纳入其中，篇幅也并不多。但这些简短的评述产生了重大的影响，使人们对福利经济学的基石——帕累托原则——产生了怀疑。1996 年，《分析与批评》还专门出了一期有关该悖论的评论文章。从形式理论来看，自由悖论堪称森的最重要的贡献之一，其意义不亚于阿罗不可能定理。事实上，已有一些学者把阿罗不可能定理视为森悖论的一个特殊形式。

森的证明方式是典型的社会选择理论方法。首先提出几个所有人基本上都能够接受的社会选择的原则——在这里指帕累托原则和自由，然后指出不存在一种社会选择规则，能够同时满足这两个原则。原则的表述通常具有严格形式与弱形式，为了使证明的逻辑具备强大的力量，通常采取弱形式的论证，如果存在某种情形使得两个弱原则无法同时成立，那么严格形式之间的对立自不待言。

帕累托原则的弱形式要求，如果每个人都认为社会状态 x 优于社会状态 y，那么 x 就必须社会优于 y。注意，这只是一个弱形式，而不是严格形式。我们知道，帕累托最优的通常定义是指达到这样一种状态，以至于任何个人如果想改善自己的福利就不得不损害他人的利益。显然，帕累托原则弱形式要比这个定义弱得多，因为它只认为，社会状态 x 优于社会状态 y，但并不认为社会状态 x 就是最优的。换句话说，当选择者面临 x、y 等选择时，根据帕累托原则，并不一定要选择 x，但肯定不能够选择 y。在这里，帕累托原则成为一个典型的"否决"原则。

由于对个人自由的充分定义相当困难，而且争议颇多，森着重探讨了个人自由的弱形式的表述，这也是自由的必要条件。这一弱表述也称最低限度的自由（简称 ML），它要求对至少两个人来说，存在一个非空的公认的私人领域。比如说，某个人喜欢读一本特别的小说。如果将他对该书的选择视为他的公认的私人领域，那么在给定的情况下，社会偏好必须将他阅读该书置于不阅读之上。

初看上去，这两个原则都是相当温和的，应当能够同时为人们所接受，也应当能够并行不悖。但这仅仅是一种粗浅的直觉观念。社会选择理论通常要求社会决策函数的定义域是无限制域（unrestricted domain），也就是说，它应当能够用于所有逻辑上可能的 n 元个人偏好排序。而一旦人们的偏好处于无限制域时，帕累托原则与自由原则就无法共存。帕累托自由的不可能性是指不存在一种可以同时满足无限制域、帕累托原则（即使是最弱的形式）和最低限度的自由这三个条件的社会决策函数。

森的证明过程是，假设所有 i 中的 k 和 j 两人对选项 (x, y) 与 (z, w) 进行选择，如果 (x, y) 和 (z, w) 是相同的，那么显然，最低限度的自由无法成立。假设两组备选方案中有一个是相同的，比如 $x=z$。对 k 来说，x 优于 y；对 j 来说，w 优于 x；而对所有 i 来说，y 优于 w。根据最低限度的自由，社会应当认为，x 优于 y 并且 w 优于 x。而根据帕累托原则，y 优于 w。显然，这违背了非循环性，因此不存在最优的备选方案。假设这四个备选方案各自不同，令对 k 来说，x 优于 y，对 j 来说，z 优于 w，对所有 i 来说，w 优于 x 且 y 优于 z。根据最低限度的自由，x 优于 y 且 z 优于 w。而根据帕累托原则，w 优于 x 且 y 优于 z。这同样违背了非循环性。以上是森在 1970 年的《集体选择与社会福利》中的论证。在 1983 年的《自由与社会选择》中，他将这一悖论进一步扩展到社会偏好的各种解释含义中，包括结果评价、规范选择以及描述性选择，并进一步证明和扩展自由悖论的含义。但基本的证明过程已包含在上面的论证之中。

上述证明在逻辑上是无懈可击的，这似乎让人难以接受。但现实生活确乎如此。森受英国 20 世纪 60 年代对企鹅出版社出版的《查泰莱夫人的情人》一书的审判启发，以对《查泰莱夫人的情人》的阅读来说明帕累托原则与自由原则的冲突。假设 A 先生是一位正经者，而 B 先生是一位淫荡者。令 a 表示 A 先生读该书，b 表示 B 先生读该书，而 c 表示两人都不读该书。A 的偏好依次为 c、a、b；而 B 的偏好

依次为 a、b、c。根据自由原则，A 可以在 a 与 c 之间进行
选择，显然 A 会选择 c，因此 c 社会优于 a；而 B 可以在 b
与 c 之间进行选择，则 B 将会选择 b，因此 b 社会优于 c。
如此，自由原则将主张社会选择 b，即由淫荡者 B 读该书。
但是这一结果不管是根据 A 的偏好还是 B 的偏好，都帕累托
次于 a，即由正经者 A 读该书。由此可见在无限制域的条件
下帕累托原则与自由原则之间的冲突。

　　由于帕累托原则包含着相互同意的要素，因此为许多右
翼思想家所看重。布坎南指出："同意限定公正。"而诺齐克
则主张，只要是自愿的交易，就都是正义的；哪怕个人自愿
成为奴隶，那也应当承认。自由又是许多自由至上主义者所
主张的。在他们看来，显然，两者的正确性都应当是不可置
疑的。森提出的自由悖论，对于这些理论来说，提出了深刻
的疑问，促使学者们不得不深入思考两者共存的条件及
意义。

　　自 1970 年森提出自由悖论后，这一悖论就已成为政治
哲学和社会选择理论中的一个经典主题，许多哲学家和经济
学家都对这个问题有过研究，包括布坎南、诺齐克、宾莫
尔、萨格登等著名学者，森本人也没有停止对该问题的探
讨。从形式的意义上看，对该问题的研究主要体现在对自由
悖论的限制、扩展上，其中限制主要在讨论如何避免在什么
条件下帕累托原则能够与自由原则不发生冲突上；而扩展则
在于将这一悖论一般化，如吉巴德将其应用到个人自由，提
出了吉巴德悖论。从实质含义来看，它们涉及社会文化的重
要性、相互同意的限度、个人自由的含义及其范围、个人权
利与群体权利的冲突、社会决策程序的目标、自由的程序
观、间接自由（indirect liberty）与直接控制的关系等社会生

活中最重要的问题。时至今日，自由悖论就像探讨合作问题的"囚徒困境"一样，已经成为经久不衰的研究主题。

五

森讨论这些基本的哲学问题时所使用的方法是社会选择理论。社会选择理论属于福利经济学的分支，是一种规范经济学方法。社会选择理论的主题是将某个具体的社会中每个人的利益、偏好或判断加总成一个社会利益、社会偏好或社会判断。它的应用范围相当广泛，比如：为委员会决策选择程序；制定选举规则；为新独立国家选择宪法；评价国家政府是否服务于国家的利益；选择评价财政政策的方法；使制度符合团体利益的中心计划；制定系统的社会福利评价；构建旨在减少贫穷或不平等的道德指标体系，等等。由于它所探讨的问题多数与公共事务相关，因此也可以被视为一种政治哲学理论。现代社会选择理论以肯尼思·阿罗的《社会选择与个人价值》为开端，它表现为以数学公理形式推导的选择分析，并对当代福利经济学和政治学研究产生了重要的影响。

森是公认的社会选择理论大师。他不仅在社会选择理论的应用方面创造了丰硕的成果，而且对于社会选择理论本身也有着深刻的论述。大致说来，有以下几个方面的重要观点。

第一，社会选择理论应将形式分析与非形式的推理相结合。社会选择理论是一种广泛应用规范的数学技术的方法。这是社会选择理论的一个非常突出的特点，其最大的优势就在于，当它把每一种逻辑的各种前提条件以及选择原则设定之后，其内在的逻辑推理基本上不可能出现漏洞。如果我们不能接受其结论的话，我们就必须对其前提、选择原则作出

更正。采用这样一种极其严格的形式逻辑的理由就在于，
"将不同人的不同偏好或利益整合进一幅完整的图像的努力
蕴涵了十分复杂的问题，此处如果缺乏形式上的审查，人们
往往会误入歧途"（见第 2 章）。这样，它就可以在形式上非
常有效地检验各种结论的内在逻辑一致性。如果不理解社会
选择理论在这方面的形式特征，就会容易发生对它的误解。
在这方面，一些学者，包括布坎南，都有过对社会选择理论
的误解（见第 12 章）。

但森也认为，非形式性的推理对于社会选择也相当重
要。这些非形式性的判断发自我们内心对于真实世界的关
怀，它表现为以直觉、情感为内容的日常语言的判断。这些
判断往往存在于大多数人心中，对于我们理解和判断社会偏
好、利益的加总极其关键。社会选择理论家如果只注重技术
上的分析，而不关注社会与政治中的日常关怀，将会使得自
己的理论日益成为一种无补于世的空中楼阁。森长期以来致
力于用社会选择理论来分析各种公共事务问题，其名著《集
体选择与社会福利》堪称将形式的分析与非形式的推理两者
相结合的典范。他在分析各种问题比如信息扩展、局部排
序、放宽选择函数的一致性条件方面时，都注重将形式分析
与非形式的说明相结合。可以说，正是由于森在这方面的良
好意识，他才能够在极其抽象的社会选择理论与非常现实的
贫困与剥夺研究方面同时取得相当高的成就。

第二，偏好的多义性对于社会选择理论的意义。社会选
择理论中最基本的概念是偏好，但是偏好具有很多种解释，
比如判断、价值、选择、愉快的感觉等，它们彼此之间存在
着很大的区别。如果在使用"偏好"这一术语时试图用它同
时指称所有这些不同的含义，那么只会造成混乱。主流经济

学文献通常把偏好等同于个人的选择，同时等同于最佳实现个人利益和最大化个人福利的动机。这样就产生了一个"过分简单化"的体系，其结果就是主流经济学体系中的个人被模型化成了一个"理性的白痴"(rational fool)。

但是，只要我们在分析时确定不把偏好的各种含义混杂使用，偏好的多义性对于社会选择理论就反而是一种优势。在很多问题上，我们在形式上的分析并不需要过多关注行动主体所具体抱有的动机和目的，而只关注将这种偏好加总的规则之间的冲突与相容性。这样，偏好的多义性使得我们集中关注形式上的内在逻辑，这样的分析结果对于各种不同的情况都具有适用性。比如说，我们既可以把分析结论视为一种关于价值观的加总，也可以视为一种效用加总，甚至视为显示偏好关系的加总。这样，社会选择理论的分析具有比其他分析更大的适用性。

第三，不可能（性）定理的意义。当代社会选择理论中充满了许多不可能定理，理解这些定理的意义相当重要。一个不可能定理的提出，通常是在社会选择条件中加上许多公理，这些公理一般而言都是我们心目中认为应当加以满足的。但是通过严格的数学分析，人们发现难以找到一种可以同时满足这几个公理的社会选择程序（或者社会福利函数、社会选择函数），不可能定理就这样诞生了。阿罗不可能定理、森的自由悖论都是这样的结论。

不可能定理往往被视作理论上否定了合理的社会选择的可能性。比如阿罗的不可能定理出现后，很多人对于民主都抱有一种悲观的态度。森强烈反对这种看法，相反，他认为不可能定理具有积极的建构意义。他指出，一条公理的提出，往往有许多种社会选择程序都可以满足该条件。为了在这些程序中作出选择，我们就要另外再引进公理，这样就减去了一些选择程序。如果还仍然留有许多程序有待选择的话，就必须再引进另外的公理，如此可能合理的程序越来越少。这样一种办法在本质上就是朝着不可能性结论迈进。最后，当所有其他可能性都被排除，即只剩下唯一的一个选择时，我们就得到了符合我们期望的社会选择程序，它与不可能性结论仅仅只有一步之遥。可以说，如果想得出社会选择的建构性程序的话，就应当从不可能性结论的这一边（而不是多种可能性的一边）去开拓。

森认为，不可能性结论并不是令人悲观失望的理论，相反，它激励着我们严肃地探索和把握民主决策的范围与限度，思考社会选择程序和社会福利判断摆脱不可能性的种种约束条件。比如，在分配问题上施加域限制条件、在社会福利判断上扩展信息基础。不可能性结论真正的作用并不在于对于某种可能性的否定，而在于它说明了达致合理社会选择所可能遇到的冲突条件以及可能的解决途径，而这也是社会选择理论切入现实世界的真正之道。

六

森的著述甚丰，他属于那种多产的学者。在国内的译著已经有好几种，据我所见，有商务印书馆的《伦理学与经济学》《贫困与饥荒》，中国人民大学出版社的《以自由看待发展》，以及经济科学出版社的《数理经济学手册》第3卷中收录的森的《社会选择理论》等。此外，《经济学动态》1996年第8期收录了《经济行为与道德情感》，《国外社会科学文摘》2001年第9期收录了《有关全球化的十个问题》，《世界哲学》2002年第2期收录了《什么样的平等？》，《马克思主义与现实》2002年第6期收录了《简论人类发展的分析路径》。这些文章相比较森的著述而言，不过冰山一角，然而它们对于我国读者了解、研究和借鉴森的理论学说起了相当大的作用。我在翻译本书时也参考了上述译作，获益匪浅。社会选择理论与政治哲学在国内尚属一门新兴的学科，某些概念与译名尚未统一。下面就几个比较常见的名词略作说明，挂一漏万，希望对翻译和研究森的著作以及相关理论著作的读者能够稍稍起到一点提示作用。

1. rationality。它在经济学中被通译为理性，然而，在哲学中却被译作合理性。在哲学中，与理性相对应的名词一般是 reason 或 reasonableness。关于 rational 与 reasonable 之间的区别，罗尔斯在他的《作为公平的正义：正义新论》中论述尤详，这里不备述。本书将 rationality 译为理性，这一方面是遵从经济学的惯例，另一方面也是因为在森的理性一语中也部分包含着罗尔斯的 reasonable 的含义。读者在遇到理性这个名词的时候应当注意到不同作者所赋予的不同含义以及不同译法。

2. primary goods。这一术语是罗尔斯的一个重要概念，它包含着基本自由、基本权利和机会、收入和自尊的基础。在罗尔斯的几本中文译本中，它一般都被译作基本善，这一词语在哲学界可谓约定俗成。这主要是因为 good（善）与 right（正当）两者之间的差别几乎成为哲学界的共识。但是 goods 在经济学中被通译作物品，也有不少译者将它译作基本物品。由于数学中的表达，将它译作基本物品确也有优势，但考虑到本书浓厚的哲学特征，以及这一概念更多地出现在哲学文献而不是经济学文献中，因此在不涉及过多的数学方面的地方，本书尽可能按照哲学界的通译法将其译作基本善，而在涉及某些函数表达的地方，本书则采用基本物品的译法，如第 10 章讨论社会选择函数能否包含有关基本物品的信息时，就采取基本物品的译法，因为出现了 primary goods bundle（基本物品束）之类比较形象化的表述。与此相类似的概念还有社会善（social goods）。

3. leximin。它指一种选择规则，如果按照纯字面意思译，似可译成"字母排序最小化"或"词典式最小"规则，有些译者就是这样做的。实际上它是 lexical maximin 的缩略语，指词典式最大最小规则，这一规则最初由森提出来，后来罗尔斯把它应用到两个正义原则的论证中。为了不使读者误解，本书采用词典式最大最小规则的译法。

4. contingent valuation。这是一种广泛应用于环境物品、公共物品非使用价值或者损害估算的具有代表性的模拟市场评价方法。该概念存在着各种译名，而且彼此差异很大，以笔者所见，至少有意愿调查评估、条件评估、或有定价、权变评估、条件估价、或然值评估法、假设市场评价法、条件价值评估法、临时评估法等。各种译名都有其合理性，本书采用或有赋值的译法主要是考虑到第 19 章讨论的是成本收益分析中的明确赋值要求，采用这一译名具有分析上的便利。

森的著述所涉广泛，其发表论文的期刊既有哲学期刊也有经济学期刊。由于各期刊中各篇论文的引文、参考文献等的格式不尽一致，所以本书中的格式也略有出入。每章章末所附的参考文献都是按照原来的格式录入的，读者按图索骥，可以对相关问题上的重要著述有一个比较全面的把握。最后，感谢王宝来先生，他在书稿审读中提出了宝贵意见。

李风华

序　言

　　"理性"和"自由"属于经济学、哲学和社会科学中的基本概念。确实，这些领域中的许多重要主题都有赖于对这两个基本概念的解释。人们常常运用这两个概念，却很少仔细审查，因此对它们进行批判性的探讨是很有必要的。这本论文集的一个主要目标就是对这个相当程度上受到忽视的任务作出一些小小的贡献。

　　1991 年，我在肯尼思·阿罗（Kenneth Arrow）讲座上对"自由与社会选择"进行了分析，理性与自由这两个基本概念之间的联系在这一分析中占据关键地位。讲稿在做了一些修改之后被收入本书，作为最后的三篇论文。本书中的许多篇章讨论了理性的条件，它们来自我在 1987 年在赫尔辛基的约里奥·扬松（Yrjö Jahnsson）讲座。

　　本书是关于"理性、自由和正义"的两卷本论文集中的第一本，它集中讨论理性和自由的概念以及对于个人和社会选择的含义。其姊妹篇《自由与正义》则致力于探讨正义在一般情况下的实际推理以及在特殊情况下的推理。在讨论正义时，理性和自由将得到充分运用，比如说，对政治和道德哲学以及公共政策的探讨。因此，虽然第一卷主要关注经济学和社会选择，而第二卷主要关注哲学和政治，但两者存在贯通的纽带。

　　在这两卷书中，论文的顺序并未根据它们实际出版的时间（其中还有一些没有发表的论文）安排。它反映的是分析上的优先性以及内在脉络，而不是时间先后。

　　这些年来，我与许多朋友、同事和合作者在这些问题上有过许多使我获益良多的讨论和争辩。他们所感兴趣的领域不一，涵盖社会选择理论、经济学、哲学、政治学、社会学、数学、决策论、社会心理学以及许多其他学科领域。我将仅仅列举他们中部分人的名字，因为无法全部指陈所有那些激发我思想兴趣，并帮助我更好地理解这些复杂问题的人名。我对所有人都心存感激。

我对理性和自由的理解受到了几十年来我与肯尼思·阿罗相互讨论的强烈影响。本书最后收录了经过修订之后的肯尼思·阿罗讲稿，这是我欠他的浓重恩情的一个微小表示。多年来，我与萨德尔·阿南德 (Sudhir Anand)、A. B. 阿特金森 (A. B. Atkinson)、考希克·巴苏 (Kaushik Basu)、吉恩·德热兹 (Jean Drèze)、罗纳德·德沃金 (Ronald Dworkin)、詹姆斯·福斯特 (James Foster)、彼得·哈蒙德 (Peter Hammond)、艾萨克·莱维 (Isaac Levi)、罗伯特·诺齐克 (Robert Nozick)、马撒·努斯鲍姆 (Martha Nussbaum)、萨迪克·奥斯马尼 (Siddiq Osmani)、德里克·帕费特 (Derek Parfit)、约翰·罗尔斯 (John Rawls)、艾玛·罗斯柴尔德 (Emma Rothschild)、托马斯·斯坎伦 (Thomas Scanlon)、罗伯特·萨格登 (Robert Sugden)、铃村小太郎 (Kotaro Suzumura)、维维安·沃尔什 (Vivian Walsh)、斯特凡诺·扎马格尼 (Stefano Zamagni) 等人在这些问题上有过讨论，从中我获得了极大的帮助。

在哲学方面，我从约翰·罗尔斯那里所受的深刻影响是显而易见的，姊妹篇《自由与正义》一书所收的论文尤其明显。我在哈佛大学的 11 年 (1987—1998 年) 中，获得了许多与哲学系其他同事交往的机会，其中包括罗伯特·诺齐克 [几乎每年我都要和他共同开一门课，有时还加上埃里克·马斯金 (Eric Maskin)、希拉里·帕特南 (Hilary Putnam，他的观念和批评有助于我厘清自己的思想) 和托马斯·斯坎伦 (我从他的深刻分析和尖锐评论中获益匪浅)]。在去哈佛大学之前的十年时间（1977—1987 年），我有幸与罗纳德·德沃金、德里克·帕费特、G. A. 柯亨（G. A. Cohen）在牛津大学共同执教，并在与他们的交往中得益不少。自从 20 世纪 70 年代末与巴纳德·威廉斯（Barnard Williams）合作撰写关于功利主义的著作以来，我就常常从他那里寻求思想和洞察力的源泉，对他的感激之情溢于言表。此外，我还从多年来与阿克尔·比尔格拉米（Akeel Bilgrami）、约书亚·柯亨（Joshua Cohen）、乔恩·埃尔斯特（Jon Elster）、苏珊·赫尔利（Susan Hurley）、艾萨克·莱维、托马斯·内格尔（Thomas Nagel）、奥诺罗·奥尼尔（Onora O'Neil）、约翰·希尔利（John Searle）、拉里·泰姆金（Larry Temkin）、菲利普·范帕赖斯（Philippe Van Parijs）以及其他人的讨论中获得了许多教益。

在社会选择领域，我与许多同事有过很多非常有价值的讨论。这里所呈献的论文尤其受与保罗·阿南德（Paul Anand）、尼克·贝根特（Nick Baigent）、查尔斯·布莱克贝（Charles Blackorby）、拉雅·德布（Rajat Deb）、巴斯卡尔·杜塔（Bhaskar Dutta）、伍尔夫·吉尔特纳（Wulf Gaertner）、路易斯·葛威尔（Louis Gevers）、埃里克·马斯金、普拉桑塔·帕特奈克（Prasanta Pattanaik）、罗伯特·波拉克（Robert Pollak）和铃村小太郎（他还阅读了本书的序言并给予了极其有用的评论）等人的讨论的影响。在经济学方面，我从乔治·阿克洛夫（George Akerlof）、A. B. 阿特金森、考希克·巴苏、安格斯·德亚顿（Angus Deaton）、杰瑞·格林（Jerry Green）、阿尔伯特·赫希曼（Albert Hirschman）、拉维·坎伯尔（Ravi Kanbur）、刘民权（Minquan Liu）、埃斯凡迪亚尔·马索尼（Esfandiar Maassoumi）、穆库尔·马加姆达（Mukul Majumdar）、斯蒂芬·马格林（Stephen Marglin）、盖伊·米克斯（Gay Meeks）、詹姆斯·莫里斯（James Mirrlees）、马姆达·默西（Mamta Murthi）、道格拉斯·诺思（Douglas North）、萨迪克·奥斯马尼、E. S. 费尔普斯（E. S. Phelps）、马修·拉宾（Matthew Rabin）、V. K. 拉马坎德兰（V. K. Ramachandran）、卡尔·里斯金（Carl Riskin）、约翰·罗默尔（John Roemer）、维维安·沃尔什、梅纳汉·亚里（Menahem Yaari）以及其他人的评论中学到许多。还有许多人影响我在某些具体问题上的认识，其中相当一部分人单独在篇章中给予说明。此外，我应当指出，这些论文中的思想都曾以某种形式在我所任教的各大学里传达给我的学生，而我在与他们的互动中也学到了许多东西。

最后，我诚挚地感激瓦伦蒂娜·乌尔巴内克（Valentina Urbanek）对我的研究所给予的极其便利的支持以及亚历克斯·古弗里特（Alex Gourevitch）、罗赞·弗林（Rosanne Flynn）、罗西·沃恩（Rosie Vaughan）和阿伦·亚伯拉罕（Arun Abraham）极其出色的帮助。对上述所有提到的人，谨此表达谢意和感激。

2002 年 5 月

目　录

第二部分　理性：　形式与实质

第三部分 理性与社会选择

第四部分　自由与社会选择

第一部分　一般性导论

理性与自由

第 1 章
引言：理性与自由

1. 主题与概念

第一部分包含两章引言性质的论文，其中一章主要讨论有关理性与自由的某些实质问题和动机，从而把本卷的论文置于统一的视角之下。正如我们所要看到的那样，其中相当一部分讨论了对理性和自由的不同理解，以及它们的本质、特征和含义。当然，完全可以对这两个截然不同的概念分别给予单独探讨，但实际上，理性和自由的概念彼此相互依赖。在这一章，我将分别对它们作出评论，同时涉及它们之间的相互依赖关系。

另一章"社会选择的可能性"（第 2 章）是一篇经过修改的绪论：它原本是我于 1998 年 12 月在斯德哥尔摩的诺贝尔奖颁奖典礼上的讲话。它着重探讨理性选择的要求，包括作为一种社会理性的自由要求。它还简要地重述了社会选择理论的历史，从法国数学家［如孔多塞（Condorcet）和博尔达（Borda）］那里正式起源，到半个世纪前以肯尼思·阿罗的著作为代表的这一研究主题的兴盛，最后到社会选择理论在最近几十年的进展（它们在很大程度上被阿罗所做的贡献与挑战所激发）。[1]正如第 2 章所指出的，理性是社会选择方法的中心主题。第 2 章与第 1 章合起来构成了本卷书的总绪论。

这里将理性宽泛地解释为将个人的选择——行动、目标、价值和优先性——置于合理审查之下的方式。很多文献都将理性定义为某种公式性的条件，比如满足"选择的内在一致性"（internal consistency of choice）这一预先设置的条件，或符合"对自利的理智追求"，或某种最大化行为的不同表述等。这里并不打算这样做，而是将理性视为某种更一般的概念，即使个人的选择服从于推理要求（the demands of reason）的需要。

2. 可逆关系

理性所能到达的外延是本卷所收录的探讨理性要求的几篇论文（第 3~7 章）首要关注的内容。这一外延没有采纳某些被广泛运用但内涵狭窄的理性定义，比如，理性要求遵从一系列先验的"选择的内在一致性"条件，或"预期效用最大化（expected utility maximization）的公理"，或者彻底的"自利"最大化（relentless maximization of "self-interest"）并排除了其他选择理由的可能。我认为，"选择的内在一致性"不仅不足以说服人，而且这一观念自身就存在着逻辑上的龃龉之处（第 3 章），而最大化个人的利益并排除其他目标和价值的要求则极其武断地把最大化的一般和广泛方法限制在一个非常狭窄的范围之内（第 4 章）。概言之，"选择的理由"多种多样，那种通过定义的方式或者使用武断的带有复杂工具特点的经验假设来排除这种多样性的做法是错误的。我们不能以给出事后理由的办法来定义理性。

理性与自由之间存在着一种可逆关系，本书尤其强调这一点，并将证明，每个概念都有助于我们更充分地把握另一个概念。显而易见，理性的一般形式（包括其"合理审查"的要求）为一些复杂概念的解释提供了依据，在这些概念中推理和合理审查占据了重要地位，特别是对于自由的解释。它们之间的相互联系在本卷书最后几章阿罗讲座（第 20~22 章）对自由的分析中尤其重要。

譬如，在评价"自由的机会"时，我将着重阐述一个人有理由追求或希望的可替代方案。如果不着眼于一个人有理由追求或希望的不同选择或过程，而只看到他根本没有理由去追求的可替代方案，那么我们很难理解自由和机会的重要性。因此，对一个人机会的评价要求我们理解他希望拥有的事物以及他有理由去重视的事物。虽然自由这一概念有时独立于价值、偏好和理由，但若没有对一个人的偏好以及偏好理由的认识，我们将无法充分把握自由的含义。因此，在估价自由时从根本上必须运用理性，就此而言，自由取决于对不同选择的理性评价。在过程的评价——这只是"自由的过程"的部分内容——方面也是如此，人们有理由重视这一点。在自由的理念和评价上，用于合理审查的理性必须处于一个中心地位。

此外，反过来也成立：理性也依赖于自由。这不仅仅是因为若不存在自由的选择，理性选择也就没有什么意义，而且也是因为理性的概念必须容纳激励选择的各种理由。否认这种容纳而支持某些预定的机械公理（如所谓"选择的内在一致性"的要求），或者预先规定的"恰当"动机（如以"自利最大化"作为教条并排除所有其他人的利益的选择），事实上是对思想自由的根本否定。我们进行选择所依据的是我们的动机，当然，选择并非毫无理由，但并非一定听从某些依环境而定的权威主义，也无须遵从某些"合理的"目标和价值的教义般的规定。后者事实上武断地缩小了可行的"选择理由"，并且由于人们不能运用自己的理性去决定个人的价值和选择，因此它必定会成为实质性的"不自由"的根源。

肯尼思·阿罗对偏好的宽泛概括（包括一个人的整个价值观体系，包括对价值观的估价）在这种背景下尤为重要。[2] 它不同于经济学中相当常见的某些对偏好和选择的非常刻板的看法，比如那种认为个人仅仅追求其视为个人利益的东西的观点（不给其他目标留下余地，并忽视狭隘的自私自利之外的所有价值）。这种观点事实上把人当成了"理性的白痴"，它无法区分种种截然各异的概念，比如：（1）个人的福利；（2）私人利益；（3）个人的目标；（4）个人价值（包括阿罗所说的"对价值观的估价"）；（5）个人可以合理选择的不同理由［参见 Sen（1977c，1982a），其中有对它们的讨论］。

诚然，在对理性选择分析的实质部分中，还应针对不同观念提出一个"所有目标的排序"（all-purpose ordering）。在这种模型中，"理性的白痴"处于这样一种定义装置中，以至于他不能区分显然有别的问题，诸如"什么对我最有利？""我的目标是什么？""我应当做什么？"根据这种不做区分的分析力量，他必定对这些相互关联但并不相同的问题给予相同的答案。这当然是一种方法，但却是一种对不同问题明显可见的差异性失去辨别力的方法。[3] 这些概念的大致含义都相互关联，再加上对个人所追求的目标给予的精致分析，结果它们都被视为自利。这事实上是对思想自由的否定，因为据此他们不能对这些不同的观念（包括不同的选择理由）作出区分，因而这些观念对他们来说也毫无用处。[4]

从这个意义上说，"理性的白痴"也是压抑的牺牲品。只有让这一个想象的存在者认识到为还原主义者所力图抹杀的某些重要区别，失去的自由才能恢复。本书中有几篇论文着重探讨了这些区别及其对于个人选择和社会选择的深远意义。这些探讨与本书所收录的其他论文（包括第 20～22 章关于"自由和社会选择"的阿罗讲座）也有重要关联。无论是在本书还是在其他著作中，这两种关联都是至关重要的。

3. 自由的位置

"我们都会同意，"格林（T. H. Green）在 1881 年说，"恰当说来，自由是最大的福祉；获得自由是我们作为公民的目的。"[5]无论我们是否"都"同意这样一种苛刻的要求，我们都无法否认，自由的理念深刻地影响了我们。我们有理由估价我们的自由，当我们评价一个社会的利弊或者某种社会制度正义与否时，我们很难不以某种方式思考不同类型的自由以及它们在社会中的实现与被剥夺。

然而，传统的福利经济学——它们主要体现在埃奇沃思（Edgeworth，1881）、马歇尔（Marshall，1890）、庇古（Pigou，1920）、拉姆齐（Ramsey，1931）等人的开创性著作中——认为，具有内在重要意义的唯一变量就是相关个人的效用或福利。这一传统延续至今。所谓的"新福利经济学"在半个世纪以前成为新的主流学派，它对传统的效用模式持批判态度。正如 1938 年莱昂内尔·罗宾斯（Robbins）所指出的，这很大程度上是因为在效用的人际比较上存在困难。这一学派仍然把注意力集中在效用信息上。[6]功利主义的衰落并不导致以自由为取向的方法的兴起。

当代福利经济学在这一问题上存在着相当不同的观点，还有一些人持折中的看法，也有一些学者试图采取经济进步这一更宽泛的标准，其中显然包含着对公平和效率的考量。人际效用或福利比较也部分收回了它原来丢掉的领地。[7]此外，学者们对"生活水平""基本需要的满足""生活质量""人类发展"等部分理论化的标准的运用也给予了更多的宽容。[8]

但是，这里必须回答一个基本问题，即这些操作性标准（无论是否粗糙）究竟在理论上是构建于福利还是自由的概念之上。庇古

（1920，1952）最先对"需要满足"和"生活水平"进行了讨论，他指出，这两个标准所隐含的基础最终都归结为效用。可以理解的是，人们仍然存在着一种强烈的倾向，认为用以判断公平和效率的标准直接或间接地建立在相关人的福利之上。但是，仍然存在让自由——而不是福利——发挥这种基础性作用的可能，这两卷书中有数篇论文将探讨这种可能性的不同方面。[9]

福利和自由的关联应当得到足够的关注。的确，我们必须追问，自由这一理念是否也能像福利一样成为社会评价的可以信赖的基础，而这需要我们认真审查这两个概念之间的相合或者说重叠的范围。我们还要审查自由这一概念能否促进我们的分析，从而超越福利所单纯关注的内容。这两卷书中有相当多的篇章讨论这些问题，此外，阿罗讲座（第20～22章）对这些问题作了部分回答。

4. 自由： 机会和过程

几个世纪以来，自由的内容一直是个争论不休的主题，指望这两卷书解决这一问题未免痴人说梦。同样，我们也不能指望能够对自由的基本概念给出一个"真正的"概括。自由是一个包容广阔的概念，其中存在着诸多方面的含义。在早些时候的一本书（Sen，1999a）中，我引用威廉·科伯（William Cowper）的对句来说明自由所包含的丰富歧义：

自由之风情，展千种妩媚，
而奴隶却欣欣然局于幽昧。

要理解自由所代表的事物，我们有必要指出它具有的某些重要特征。我在阿罗讲座（尤其是第 20、21 章）中指出，我们必须对自由的不同且不可还原的两个方面作出区分，这就是"机会"和"过程"。我认为，社会选择方法（第三部分"理性与社会选择"，第 8～11 章）有助于我们充分理解自由的这些不同方面。

可以根据自由所给予我们追求目标和目的的机会来对自由作出评价。在评估机会的时候，我们应当集中关注个人在追求他有理由重视的事物时的实际能力。在这一具体的环境中，关注的焦点并不是相关的过程，而是相关个人所面对的现实机会。这种自由的"机会"与另一种集中关注自由的"过程"（比如，个人能否自由选择，其他人是否干预或阻碍，等等）形成鲜明的对比。这就是自由的"机会"。

虽然机会和过程有可能和谐相处，但在具体的情况下，它们完全有可能处在相反的情势中。比如，有时候，一个人可能对控制杆具有控制能力，却不能指望它能产出他所指望的事物。当这种背离情况出现时，我们可能会有着不同的追求。很多时候，我们可能会看重获取某一事物的实际机会，而不论我们达到目标的过程是什么（"不必让我选择好了，你完全清楚这家餐馆和我的口味，你只管点我喜欢的那些菜"）。很多时候，我们又可能更强调选择过程（"我知道你能够比我自己更好地表达我的观点，但我宁愿自己表达"）。我们有理由对自由的这两个方面都给予重视，它们各自的相对重要性则依选择的性质以及选择环境而定。[10]

机会方面和过程方面的区别对于我们理解自由极其关键。阿罗讲座的首篇（第 20 章）主要分析自由的机会（以及对两者区别含义的初步讨论和社会选择理论在阐述这个问题上的作用）。阿罗讲座的第 2 篇（第 21 章）则集中讨论自由的过程以及它与自由机会的关联。评价自由过程的意义是我们不能局限于个人对于那种对其自由极关键的自由过程的评价，还应考虑某些社会关怀如权利和正义的过程。[11]最后，第 22 章（阿罗讲座的扩充及附录）提供了对自由的机会中所包含的一些分析性问题和技术性问题的详尽研究。

在探讨自由的政治学、社会学和哲学文献中，我们可以区别出不同作者从一个方面或另一个方面进行的探索。比如，特加林·库普曼斯（Koopmans，1964）和戴维·克雷普斯（Kreps，1979，1988）将自由的意义解释为满足未来不可知兴趣的灵活性，这显然是自由的机会方面的内容。相比之下，罗伯特·诺齐克（1973，1974）则更关注自由程序的正当性方面，而这显然与相关社会选择程序的恰当性存在密切关联。总体上，当经济学家运用自由这一概念的时候，他们所侧重的是自由所提供的机会。[12]而政治哲学则并非如此。事实上，像"积极自由"和"消极自由"这种在哲学中根本的划分尤其依赖于过程和程序的含义。[13]

无论如何，重要的是我们必须明白，对过程的考虑并不能与对机会的评价完全割裂开来。比如说，我们所追求的机会并不仅仅是达到某种"顶点"，而且也包括某种具体的达到顶点的方式。事实上，我们评价一个"综合结果"的时候，其中往往包括取得"顶点结果"所经历的过程。我在拉格纳·弗里希（Ragnar Frisch）纪念讲稿（在 1995 年世界经济学家大会的演讲）中阐述了综合结果与顶点结果区别的性质和意义，该文被收为本卷的第 4 章。比如说，一个人不仅希望赢得选举，而且希望"公平地赢得选举"，这里他所追求的就是一种综合性的结果，其中包括了过程。

阿罗讲座捍卫了这两种不同的自由视角的合理性，并解释为何一个不能吞没另一个概念。此外，阿罗讲座还探讨了自由机会和自由过程的不同方面，从而使它们比初看之下的内容要丰富得多。比如说，自由的机会不但意味着一个人有机会作出自己的选择，而不是别人根据他自己的偏好在既定的"机会集合（或菜单）"替他作出选择，而且还意味着他有机会选择——或"发展"——自己可能希望有的偏好。针对偏好的偏好——亦即所谓"元排序"（metaranking）（参见 Sen，1974b，1977c）——是一个分析上具有操作性的概念，它也具有实际的意义。[14] 因此，机会方面的考虑不仅仅局限于基于某个人实际行动所排列的特殊偏好。[15] 下面我将讨论这一区别的重要性，阿罗讲座的首篇（第 20 章）还将更充分地对它进行探讨。

5. 偏好与自由

在我们估价自由的机会方面时，一个人的偏好——在最广泛的意义上——将扮演一个毋庸置疑的关键角色。很难将自由的机会与不同选择的估价区别开来。无论如何，我们可以找到相当多的文献，它们观点各异，但都主张在评价个人的机会时，不应涉及一个人所拥有的以及他所希望拥有的事物。这是一条有趣的研究路径，自由概念对于偏好的依赖似乎是它的弱点，因为一个普适性概念必须追求一个独立的地位。在这方面出现许多系统探讨的方法，我将在第 22 章给出批判性的考察和评价，并描述出一种彻底独立于个人的偏好和选择的测量自由的尺度。

一种建议是简单地计数个人能够从中挑选的选项数目。这种测度自由的方法是通过测度个人机会集的基数（或机会集中备选方案的数目）来确定自由的范围，因此它有时被称为自由的"基数式"估价。这是一种相当古怪的测度方式。譬如，存在着一个待选择的机会集 A，其中存在着三种极其恐怖的可能选择：绞死；枪毙；活焚。另外还有一个机会集 B，其中也存在着三种选择，但都非常诱惑人：一份高收入工作；一座舒适的房子；一部豪华汽车。如果根据这一方法，那么这两种自由都是等价的。很显然，我们可以认定，集合 B 要比集合 A 更能够给予选择者有理由重视的事物。因此，在估价自由的机会时，我们必须考虑选择者更偏好于集合 B 里的元素这一事实。在这里，选择者的偏好——以及他对他的偏好所给出的理由——起了直接而实质性的决定作用。就机会作为自由的重要内容这一点而言，这两个机会集的差异必须成为估价自由一般（freedom in general）的重要内容。当然，自由的过程方面对于人们所偏好的过程以及偏好理由——或者作为个人满足的来源，或者反映了某些像社会正义之类的重要价值——也具有一定程度的敏感性。

刚才的论证不应理解为我在暗示一旦两个具体的集合已经确定，没有人能够将集合 A（被绞死等等）置于集合 B（获得高收入工作等等）之上。当然，我们可以想象存在这样一个人——我敢说一定是个非同寻常的家伙，他把各种因素都考虑过后，还真的愿意选择集合 A 而不是集合 B（此人也许坚信，这是一种不可避免的苦修方式，甚至是升往天堂的必由之径）。如果那人的偏好具有稳定性和普适性，我们当然就可以认为，对他来说，集合 A 要比集合 B 有更多的机会。这里要注意的是，这种机会估价是完全可能的，因为这个人的偏好与那种更常见、更世俗的将集合 B 置于集合 A 之上的偏好背道而驰。因此，这对于那种主张估价自由和机会必须考虑到人们的偏好以及偏好根据的一般观点来说，并不是一个反例。事实上，恰恰相反。

我应当说明，这是在比通常含义更一般的意义上来使用"偏好"（preference）这一术语的。比如说，偏好通常与心理学上的"倾向于"（preferring）具有相同的内涵。而我却宁可用社会选择理论中偏好所具有的更广泛的含义，这一含义允许某些不同的解释。这一问题我将在第 9 章（"作为社会选择基础的个人偏好"）和阿罗讲座（第 20 和 21 章）中进行更细致的分析。肯尼思·阿罗在其开创性的著作（Arrow，1951a）中对偏好所给出的宽泛概括，在本书中尤其贴切。在这一概括里，偏好包括了个人的"整个价值体系，包括对价值观的估价"（p. 18）。

6. 福利、成就和自由

自由概念比福利（well-being）更为恰当，理由如下：第一，自由的机会与某个人的价值相关，而这可以包括个人的福利，但同时自由又不限于此。与这一广泛的含义形成鲜明对照的是，有时我们可以见到这样的主张，它认为理性仅仅存在于明智地追求个人的私利（并排除任何其他内容）。在一个人看待自己的方式与他有理由追求的事物之间确实存在某种联系，但这种关系极其复杂，我们将在第 4 章（"最大化与选择行动"）和第 5 章（"目标、承诺与认同"）进行讨论。我将马上回到这一问题上（第 7 节和第 8 节），这里仅需指出这一观点所具有的不一致性——这在一部分经济学文献中相当普遍——就可以了：一个人除了自己的福利之外并不能合理地估价任何事物这一观点并不能说明理性的范围。另外，如果我们根据一个人所具有的获得他有理由重视的事物的机会来解释自由的机会方面，自由的概念就已实质性地超越了个人的福利。[16]

第二，正如前面所说，除了机会之外，过程对于自由来说也很重要，并且我们不能根据自由过程所提供的个人福利来判断自由的过程方面。当然，个人的福利也许——在不同的程度上——有赖于他对于过程是否公平的判断，但他对于过程的总体估价并不必局限于过程所影响于他个人利益或福利的范围。

第三，即使自由仅仅只是一个机会（而不是过程）的问题，并且机会也仅仅根据它对于个人利益的影响程度来判断（而不必涉及其他事物），自由这一概念仍然处于人们所取得的福利水平之上。这是因为对机会的估价不仅仅要考虑到一个人所取得的利益，还要考虑到可用的替代性选择。"福利自由"（well-being freedom）和"福利成就"（well-being achievement）之间的区别在道德和政治哲学中仍然相当重要。[17]

有必要考察一下成就与自由在一般意义上的对立，在此我们不考虑个人能否合理地重视除他个人福利之外的事物这一问题。更广泛的问题是：如果我们根据偏好来对自由的机会作出判断（无论个人的偏好是否局限于个人的自利），那么我们能够以一种与个人所取得的他所偏好的事物无关的方式来对机会作出估价吗？当我们都根据相关人的偏好来对成就和自由作出判断的时候，成就与自由之间还能够存在一种二律背反吗？

很显然，即使某个人具有更加广泛的机会，他仍然可能把"事情弄糟"，并得到一个更差的结果。诚然，一个人可能在具有一个更加广泛的机会集时，反而被各种选择"迷花眼睛"，使得境况变得更差。但是，在不存在这类失误的时候，一个机会集（或"菜单"）中可利用的最优选择与对个人所拥有的机会的估价——两者都根据个人的偏好来进行估价——之间，是否还存在对立呢？

让我们从一个更简单的问题开始：对个人机会的适当估价是否

就是最优的选择？当然不是，理由如下：第一，并非所有的偏好都是完备的。这对于最大化的实现来说并不成问题，因为最大化只要求一种方案之所以被选择，是因为它并不比任何其他选择差。[18]一个最大化的选择并不需要是最优的（只要它至少与其他选择同样好）。之所以如此，是因为在偏好排序的不完备性（incompleteness of the preference ordering）下，最优的选择并不存在。碰上这种情况，根据最优选择来判断机会的策略就无法行得通，因为根本就不存在这类选择。[19]布利丹的驴子（Buridan's ass）面对着两大堆干草而饿死（无法决定哪一堆更好），是因为无法找到一个"最优"的选择（因为它无法在这两堆干草中排序），但仍然存在着要比饿死更好的机会。任何一堆干草都可能是一个最大化的选择，选择一个最大化的方案，虽然算不上"最优"，但也可称得上明智了。[20]

此外，我们还应当注意到，那些并非最优的最大化选择给我们留下了进一步反思或探究的余地，而这可以导致一个不完备排序。在这种情况下，个人最初对看上去是最大化的选择，经过反思之后，将确认为是次优的，因为他发现另一种替代性选择最终更优。由于不完备性也许只是"试探性的"（tentative）而不是"断定性的"（assertive）（第 3、4 章将更充分地讨论这两者的区别，此外还可参见《自由与正义》所收录的《自由与断定的不完备性》），因此根据一个机会集中某个最大化选择的特殊机会来判断整个机会集的总价值的做法有着显而易见的局限性。

第二，一旦引入了不确定性，这里又多了一个与机会相关的向度。库普曼斯（1964）、克雷普斯（1979，1988）和阿罗（1995）深入探讨了对于灵活性的偏好（preference for flexibility）（以及"选择的自由"）的含义，这一概念在个人对其未来的兴趣无法确定时尤其重要。如果关于未来各种可能的兴趣的概率分布是既定的，那么仍然可以根据"预期效用"来确定一个"最优的"选择（正如库普曼斯、克雷普斯和阿罗所讨论的那样）。但是根据这种方法来判断的最优选择与根据实际的兴趣集合 ——此时尚不确定，只有在未来降临时才会出现——来判断的最优选择仍然不一定重合。关于灵活性和未来自由的事例反映了一种谨慎的考虑，但它并不等同于根据未来的实际兴趣而作出的最优选择。我将在阿罗讲座（尤其是第 20、22 章）中进一步讨论这一问题。

第三，个人可以超越外在给定的不确定性（以及给定的概率分布），并尝试改变他的偏好。个人在关于各种实际选择的偏好之上还可以有第二阶的偏好（second-order preference），并对于第一阶偏好（first-order preference）有着不同的组合（比如，"我喜欢抽烟，但我宁愿我不喜欢抽烟"）。元排序不仅对于理性选择的实践来说极其重要，对于对机会和自由的估价来说也是如此。根据个人的实际偏好所作出的最优选择并不一定等同于根据他所希望拥有的偏好（并努力实现其希望）所作出的最优（或最大化）的选择。元排序问题极其复杂，它远远超越了根据既定偏好来作出最优选择的问题。当然，即使个人并不能最终按他曾经希望的那样改变他的偏好，他也将会为没有被给予更广泛的机会而愤恨不平。这更多的是一个自主性的问题，而不仅仅是一个在不确定性条件下审慎作为的问题（参见阿罗讲座）。

第四，由于与自主相关，个人也许拒绝所给予他的"最优"选择，似乎任何事情都不能打动他。诚然，他还可以估价选择的行动。在某些时候，对某些所选择的事物的估价与被拒绝的事物的估价内在相关。譬如，"禁食"不仅仅可能出于绝食，也可能出自有意拒绝饮食选择而导致的没有选择的绝食。对于在一个希望通过绝食来表达其政治意见（比如圣雄甘地在抗议英国统治时的做法）的人来说，取消其饮食选择权利将是一个真正的损失，虽然饮食并非他的最优选择，他也不会真正去选择它。

上述讨论与更早一些提到的关于顶点结果与综合结果的区别的讨论存在相关性，从其他方面看也是如此。举一例子，个人也许对于某个选择的顶点结果的估价要远高于其他选择的顶点结果，但仍然无法作出这一选择，这是因为他所愿意遵循的社会规则（由此而拒绝了那种通过他无法接受的过程而实现其最优的顶点结果的综合结果）。比如，社会惯例要求个人不得取"最后一个苹果"，因此只有当其他苹果还在的时候，他才可能取那个苹果。[21] 对个人的选择行为（也可译作行动）的估价有可能不同于对顶点结果所给予他的估价（如吃到主人"强迫塞给"他的最后一个苹果）。更一般地说，选择的"菜单依赖性"（第 3、4 章将讨论这一问题）将使机会集的价值与最优选择的价值之间的关系更为复杂。

现在我们已经明白了，即使我们都根据个人的偏好来进行估价，成功判断与机会判断之间仍然存在着巨大的鸿沟。阿罗讲座（第 20～22 章）将给予更充分的讨论。

7. 理性与选择的内在一致性

为了估价自由，我一直在分析推理所要求的与自由相关的各种细微差别。就理性可以被视作推理的系统运用而言，我们可以判断理性是理解和评价自由的核心概念。现在是我们直接讨论理性的本质与要求（这两卷书的一大主题）的时候了。虽然我一直以一种宽泛的方式来处理理性，但为了符合推理和合理审查的严格运用要求，我必须指出，人们通常以更狭窄、更严格的方式来定义理性，这在经济学中尤其如此。

在经济学主流理论中，"理性选择"这一术语有着不同的含义。我们可以识别出三种相互区别的规范含义，它们都十分常见，并屡屡被引用。这三种解释分别将选择的理性理解为：

（1）选择的内在一致性；

（2）自利最大化；

（3）一般最大化（maximization in general）。

第一种内在一致性的解释注重的是在不同情况下各种选择之间的关联，它将选择结果与不同的"菜单"（也就是不同的可以利用的备选方案集）进行比较。当然，对内在一致性的条件也存在着不同的解释[22]，但既然称"选择的内在一致性"，也就是说将这些要求全都根据这些选择本身的含义来看待，而无须任何外在的参数（即将选择与选择进行比较，而不是与目标、价值、偏好或其他非选择变量进行比较）。

相比较而言，第二项的"自利最大化"将理性选择理解为选择那些能够促进个人私利最大化的方案。这种解释包含了明显的外在参数。第三项的"一般最大化"也是这样，因为无论最大化的内容是什么，它都必然涉及某些外在于选择行动的事物（如目标、目的或价值）。[23]

虽然将理性视为内在一致性具有某些可取之处，但实际上它对我们而言也没多大助益。因为存在这样一种情况，即一个人可能在其选择中持续一致地低能。一个人永远选择那些他最不重视的并且是他最讨厌的东西，这样做他仍然符合了一致性条件，但很难说他这种行为可以被视作一种理性模式。因此内在一致性条件总体上并不足以成为理性的充分条件。但它能够成为理性的一个必要条件吗？

这也不行。我们可以看到，某些恰当的动机集合明显违背了这方面文献所声称的内在一致性的规范公理条件（参见第 3 章的讨论）。事实上，这一解释路径从根本上就存在误区。如果不考虑到选择者的动机——他试图去实现的事物，"一致性"的内涵就完全无法确定。而一旦考虑到动机关联，就必然会涉及一个"外在"的参数（外在于选择行为本身），这时一致性条件就不再是纯粹的选择的"内在"一致性了。[24]

当选择面临着偏好的不完备性时，或者决策必须面对"未解决的内心冲突"时，所谓的内在一致性条件尤其没用。而正如艾萨克·莱维（1986）所富有启发性的证明那样，当仍然还留有未解决的内心冲突时，理性的条件尤其关键。内在一致性条件的内容恰恰外在对应于某些标准的规范的偏好排序（完全的和传递的）。

此外，如果选择中的推理需要考虑比机械地跟从给定的完全排序还更复杂的因素，则选择的内在属性并不简单，它包含了遵循规则、采用决议、信守承诺、使用元排序、预期兴趣改变、有内生偏好等特征。[25] 当然，这些特征每一个都会产生一个具体的对应选择，而这些选择并不相同，而且它们与环境相关的方式也不一致。显然，它们并非纯粹的"内在"一致性条件。

因此，当我们将对应选择的条件视为纯粹"内在于"选择时，这首先就犯了一个概念上的错误，因为选择的根据——如果有的话——总是与目标、价值、策略等相关，而后者如果不涉及某些外在于选择的东西就无法理解。另外，当理性选择涉及某些复杂问题（如偏好的不完备性或菜单相关性）时，所谓"内在一致性"的通常规定［如"显示偏好"（revealed preference）、"收缩一致性"
（contraction consistency）、"二元性"，等等］甚至不会出现。[26]可
以说这一观点无论是在实质上还是在理论上都是失败的。

第二种观点（即自利最大化）并未出现这种基础性的逻辑悖谬
（它也存在问题，但与第一种观点不同，下一节将对此进行讨论）。
然而，由于一心一意地追求自利确实能够在不同的方案集合中产生
某些可以辨识的对应，理性的自利观看上去似乎与理性的内在一致
性观点更为接近。其实不然，理由如下：第一，自利最大化所具有
的一致性特征最多只是一个单向的关系。虽然对自利的追求可以产
生选择的内在一致性，但相反的情况也能够成立。比如说，自利最
大化也要求必要的一致性条件（正如最大化所要求的），但这些条
件，即使被视为一致性属性，也不能够解释为符合自利最大化的要
求。第二，更重要的是，自利观为选择提供了动机——也就是将某
些选择模式视为一致的而另一些则不一致的理由，这一动机特征正
是选择的纯粹内在一致性观点所缺乏的。就此而言，理性的自利观
并未出现选择的内在一致性观点所具有的那种混乱。

8. 自利最大化

在当代经济学中，理性的自利观一直占据着主流地位。通常人
们把这一观点追溯至亚当·斯密的著作，并断定这位"现代经济学
之父"把每个人都视为无休止地（并且是心无旁骛地）追求其个人
的特殊利益的行动者。从思想史的角度来看，这一判断是极其可疑
的，因为亚当·斯密在探讨人类一般行为的动机时，已经修正了他
对某些行动领域（比如交换）中的自利所抱的信念。[27]事实也是如
此，斯密在道德情操以及审慎关怀方面的论述对其他"启蒙思想

家"包括康德（Kant）和孔多塞侯爵影响甚深。[28]在那些号称是他的追随者那里，斯密被无端曲解为一个心胸狭窄的人了。[29]

无论如何，有一点是毫无疑问的，即这种将理性理解为对自利的理智追求的狭隘观点以及与此相应的所谓"经济人"对形成当代经济学的主流学派起了很大的作用（无论它们把这相似的观点归之于斯密是否准确）。这一假设彻底简化了经济行为的模型构建，因为它将个人行为与价值和伦理（所有与自利不相容的内容）分离开来。个人可以估价任何事情，但从他的角度出发，他完全根据他对自己利益的认识来作出选择。其他人之所以被包括在他的计算之中，只是因为他们的行动和状态将影响到他的福利和利益。这一假设不但被广泛运用于经济学中，而且现代经济学的许多核心定理（比如关于在一个不存在外部性和报酬递增的竞争经济中一般均衡的存在性及有效性的阿罗-德布鲁定理）也都依赖于它的成立。[30]

这种自利最大化的狭隘理性观不仅仅是武断的，它还将在经济学中造成严重的描述性和预测性问题（一旦给定理性行为的假设）。人们的许多行为显然都符合合作的要求，而为了解释这种行为，这种狭隘的理性观却需要进行扩展，加入附加的结构以及特殊的假设，才能在所谓的理性行为范围中为合作行为留下余地。在这种狭隘观点看来，为什么人们在相互依赖的生产行动中常常共同努力，为什么可以经常观察到富有公共精神的行为（从不在街道上扔垃圾到同情关心他人），或者为什么在许多环境中根据规则行事的动机屡屡限制了对自利的追求，如此等等，都是有待解释的无休止的挑战。[31]

这一理论与现实行为的不和谐导致了难以计数的文献，它们巧妙地"延长"自利模型从而应答这些挑战，比如，考虑到良好声誉的未来效用，或者其他人预期反应的影响（包括一些建立在错觉基础之上的建设性假设，如假设他人合作并作出相应行动）。还有一些有趣而精致的模型为了不违背自利追求的公理而使用了附加结构。这些研究成果在扩展自利最大化的适用范围方面起了巨大的作用。但是，无论是经济学还是其他学科，它们仍然不能树立起一个富有解释力的自利模型，从而可以解释所有现实行为。

比如说，如果人们发现由于其他人普遍以"针锋相对"的方式行事（或者因为他们相信——也许是错误地相信——其他人实际上在以相应的方式合作），合作行为是有利的，那么这些互动的推理路径就值得深入探讨，从而加深我们对人类行为的理解。[32]但如果声称这些是人们选择合作的唯一的——或主要的——理由，那就完全不是一回事了。此外，如果人们表现出明显的无私行为，以建立一个最终最符合其长期自身利益的声誉，那么这其中就包含了一个有趣的并很可能是关键的需要注意和考虑的关联性。[33]但是这种关联性的存在并不表明所有非自利行为都应当以这种方式解释。这种通过一个精心设计的工具理性模式（它主张简单和自利的价值）来取代我们的各种价值和优先性的研究纲要也许算得上一个令人兴奋的智力上的挑战，但它无须被视作一个理性行为理论的核心，只要我们的价值在事实上具有这一研究纲要所欲取代的那种广泛内容。[34]

此外还可能存在这样一个难题，即更广泛的价值本身就是演进生存（evolutionary survival）的结果，而不是理性的预先选择。"演进"决策理论和相关博弈论在这个问题上的处理似乎更为恰切。[35]而将演进选择与理性的价值选择相结合也是一种可能的方式，第4章"最大化与选择行动"将讨论这一问题。演进生存的存在并不意味着伦理上经过推理后的行为选择、各种价值，甚至还有直接促成行为的利他主义的缺失。这些复杂的或者演进的逻辑理论的出现可以视为这门学科的净收益，但我们不能因此而作出结论，断定在理性理论中伦理的、道德的或规范政治的考虑是冗余的——或者是不可容忍的。[36]

与这种主张人类伦理仅仅依靠这类灵活适应的彻底悲观主义者不同，自康德（1788）和亚当·斯密直至约翰·罗尔斯的诸多作者证明，人们实际上有理由拥有更广泛的目标以及更具社会倾向的价值（或者用斯密的话来说，即"道德情操"）。有关合作行为的社会学文献对这些理由给予了广泛的探讨。[37]

我并不认为我们应永远假定这些社会倾向，事实绝非如此。相反，我的观点是这些广泛的价值不可因为它们缺乏理由而被视为非理性的从而被排除在外（除非它们能够被某些暗含的复杂工具性关联而证明它们有益于个人私利）。还有，正如现实中那样，具有不同制度形式的社会在一个广泛的行动领域里呈现出不同的行动价值的图景，从腐败、商业伦理、工作动机、不扔废弃物的行为到支持社会凝聚或政治统一。[38]此外，主流价值也会随时间变化，每个社会都经历过这种价值的变迁。那种排斥高尚的过于简单化的强烈伦理行为（它为某些道德浪漫主义者所持），而代之以低浅的过于简单化的普遍自利性的观点，与它所力图取代的对象一样，不过是一种先入之见。第 4 章（"最大化与选择行动"）和第 5 章（"目标、承诺与认同"）将涉及这些问题，更深入的讨论参见我先前的一部论文集（Sen，1982a）以及其他人的论著。[39]

9. 理性选择理论

虽然理性的自利观存在各种局限，但我们必须承认，它目前不仅在经济学中应用十分广泛，而且在政治学的"理性选择"模型和"法和经济学"这一日益凸显其重要性的方法中也是如此。现在是我们探讨这一理性观运用中的困难的时候了，它与本书第3～7章的各个主题有着不同程度的关联。

克里斯廷·乔斯（Christine Jolls）、卡斯·苏斯坦因（Cass Sunstein）和理查德·泰勒（Richard Thaler）严厉批评了"法和经济学的行为方法"，他们认为："法和经济学的任务是确定这类理性最大化行为在市场内外的含义以及它对于市场和其他制度的立法含义"（Jolls，Sunstein and Thaler，1998，p. 1476）。所谓"这类理性最大化行为"是指加里·贝克尔（Gary Becker）的主张，大意是"所有人类行为都可以被视为这样的参与者的行为，他们：（1）最大化他们的效用；（2）具有稳定的偏好集合；（3）在各种不同的市场中积累了最优数量的信息和其他输出结果"（Becker，1976，p. 14）。

但是何谓效用最大化的行为呢？它是一般最大化行为（即对最大化的对象不施以任何限制），还是最大化实现个人的特殊私利呢？这一区别在相当一部分现代经济学的文献中都消失了，这应归功于"显示偏好"理论的出现[40]，在这一理论中，"效用"仅仅被定义为可以观察到的个人所追求的最大化目标，此外，"效用"这一术语也用以代表个人的自利或福利。这里隐含了两种完全不同的含义（都被称作"效用"），就好像要从一个定义的帽子里捉出一只经验的兔子来。这样我们就认可了两个未经审查的含义有别的概念，即：（1）个人选择行为最大化目标意义上的效用；（2）个人自利（还有福利）意义上的效用。

这种做法在所谓的"理性选择理论"中极其普遍。理性选择理论将选择理性的全部命令赋予了一个特殊的学派，其奥妙就在于定义所隐含的力量［我在英国喝着叫做"best bitter"（最苦啤）的啤酒，在旧金山机场住在名为"Best Western Grosvenor Hotel"（贝斯特韦斯特格鲁维诺酒店）的酒店时，对这种一般策略的作用感到惊讶］。为避免含糊，同时也为了说明选择的理性有着不同的解释，我将把所谓的"理性选择理论"（rational choice theory）称为RCT。值得注意的是，RCT 已经成为非常流行并且影响广泛的方法。让它更为荣光的是，RCT 尤其促成了这样的看法，即观察到的行为现象需要系统的——而不是特殊的——解释，人类行为中存在许多规律，而这些规律可以放在最大化框架中予以解释。[41] 我认为，上述观点属于这一学派的主要资产。

　　但 RCT 否定了选择的某些重要的动机和关怀，这些动机和关怀被亚当·斯密归于普遍的"道德情操"，康德则归之于社会生活中的理性要求（以"绝对命令"的形式）。我并不是说 RCT 从未涉及这些动机和理由，而是说当 RCT 试图解释理性的或实际的行为时，根本就不容许它们占有一席之地。当 RCT 想解释被道德或社会原则所规范的行为时，它是通过一种复杂的工具并与最终的自利行为相联结来进行论证的（我将在第 8 章回到这一问题上）。在选择的规律以及目标和价值的运用这些问题的解释上，RCT 相当武断地选择了一种狭隘的解释方式，并排斥了其他的对立观点。

　　这一解释策略被广泛地——而且是虚构地——用于说明这个世界，并在经济学、政治学和法学领域中作出各类影响深远的政策结论。比如说，法律安排的"效率"（包括"普通法是有效的"这一假设[42]）完全依赖于以非常特殊方式来解释的最大化目标，更具体地说把最大化目标仅仅解释为相关个人的"福利"的反映。不同

"选择理由"的狭隘性严重制约了 RCT 的解释范围。在这一学派看来，基于各种社会的、道德的和政治的整合理由而作出的选择必须置放在理智地追求自利的格式之中（当需要的时候再加上复杂的工具性关联）。这种做法使得 RCT 的解释工作具有了一种辩论术的性质，它集中于发现隐藏的工具性，而不是对直接的伦理的承认。它暗示道，事情并不是像看上去那么简单（或至少不像斯密和康德那类头脑简单的人所认为的那样）。

我在后面将回到这一基本问题上，但在这里首先讨论乔斯、苏斯坦因和泰勒（Jolls, Sunstein and Thaler, 1998）根据他们各自的早期作品而共同对 RCT 所做的批评。[43] 他们严厉批评了 RCT 的其他方面，而忽略了这一把选择最大化与选择者福利相等同的模式。相反，他们把火力集中于三个限制性条件，即"有限理性""有限意志"和"有限自利"。

在乔斯、苏斯坦因和泰勒看来，他们所讨论的问题是极其重要的，我没有权利抱怨他们对我现在所关注的问题并未加以特殊的注意。第一个问题，有限理性，指存在这样一种可能性，即个人也许在其实际行为中并不能成为真正的最大化者，之所以如此，是因为存在着许多限制，包括赫伯特·西蒙曾深入分析的那些理由。[44] 不同的经验性论著，包括卡纳曼（Kahneman）、斯罗维克（Slovik）和特韦尔斯基（Tversky）所做的开创性贡献，都提供了丰富的证据，证明人们的实际行为偏离了他们的目标和目的的系统最大化。[45] 这一批评关注的是"理性行为"这一假设在预测实际行为（一个重要的主题）方面的作用，但它并未质疑 RCT 中的理性本身的结构。

第二个问题，有限意志，所关注的是实际行为与理性命令的偏离，这里将偏离行为归结为意志的薄弱或自制力不足，其理由包括托马斯·谢林曾深入探讨的根据。[46]所有这些论据可归为个人无法实现"充分"理性，但它们都可以纳入一个理查德·泰勒（Richard Thaler，1991）所称的"准理性"的一般模式之中。这些都是RCT学派所面临的重要挑战，但为了将不同的批评区别开来，我将着重指出这两种批评并未真正涉及最大化目标的解释（这正是我们的歧异之处）。

而第三个问题，有限自利，则直接关注理性行为的结构和内容。在这方面，乔斯、苏斯坦因和泰勒（1998）不仅容许通常的利他主义行为（比如常见的遗赠决定），而且还承认了这一事实，即"人们希望得到公平对待，并且如果他人都公平行事的话，那么也必将公平对待他人"（p.1479）。这些论据在解释某些可见的行为的规律时是极其有用的。他们还试图去解释某些RCT难以说明的其他的行为规律，包括对"囚徒困境"中人们采取"针锋相对"的策略给予恰当的解释，并讨论"最后通牒博弈"中并未完全关涉自身的行为现象（这里人们似乎根据与他人的关系而采取相应的行动）。通过对人类利益和福利给出一个不那么以自我为中心的解释，乔斯、苏斯坦因和泰勒描述了不同的行为模式，并为理性留下了比RCT版的理性要多得多的空间。

但是为了让各自的批评更加醒目，我应当指出，乔斯、苏斯坦因和泰勒并未在作为行为最大化的效用的概念与代表着相关个人自利最大化的效用的概念之间作出区别。相反，他们为了解释所有与RCT的狭隘观点相背离的各种逻辑，将所有事物都一股脑塞进了一个更为广泛的自利观。人们所以愿意"公平待人"，只是因为他们喜欢这样，或者将因此而获益，而不是因为他们视之为一个承诺，无论他们是否喜欢或者是否获益，他们都将信守这一承诺。

乔斯、苏斯坦因和泰勒认为他们的批评是基于"绝大多数人的效用函数这一重要事实"之上的。他们继续说："因此，我们并不怀疑效用最大化这一理念，相反，我们都接受这一假设所包含的内容"（p.1479）。事实上，狭隘的 RCT 体系中存在着三个不同的方面：

（RCT-1）人类行为是相当有规律的，因此可以把它视为具有一个可以辨识的最大化目标的最大化行为。

（RCT-2）最大化目标可以被解释为人们的自利。

（RCT-3）个人的自利是狭隘地以自我为中心的，并且不受其他人的利益以及过程的公平所影响。

在他们的第三个批评路径（"有限自利"）中，乔斯、苏斯坦因和泰勒拒绝了 RCT-3，但并未质疑 RCT-1 的最大化格式。此外，在此还要说明的是，他们也未怀疑过 RCT-2。鉴于"效用最大化"这一术语所具有的含糊性（前面指出，这种含糊不清来自"效用"这一术语的双重用法），有必要厘清乔斯、苏斯坦因和泰勒所主张的确切含义以及他们所反对的具体内容。要想准确理解乔斯、苏斯坦因和泰勒所批评的对象，我们必须明白他们的批评既未针对 RCT-2，也不针对 RCT-1。

此外还需要提及的是，理性选择学派的创始人之一，加里·贝克尔，在其开创性的著作中就已拒绝了 RCT-3，并且将 RCT 方法与允许关怀他人的效用函数相关联，同时把自利概念加入某些考虑，从而使它看上去并非以自我为中心。[47]诚然，一个人自利并非一定以自我为中心，因为他可以从同情他人中得到快乐与痛苦，而这些快乐与痛苦在本质上也属于个人。[48]乔斯、苏斯坦因和泰勒带着我们沿着这条克服以自我为中心的自利观的道路走下去，而他们的扩展性结论则与过程的公平性相关，并具有经验上的可行性和较多的解释价值。他们与加里·贝克尔一样，把关怀他人置入相关个人的效用函数，对于 RCT 学派的理论基础，并未表现出更多的异议。[49]事实上乔斯、苏斯坦因和泰勒只是扩展了贝克尔的分析，我们有理由欢迎他们在这方面所做的精彩的探讨，但应指出，RCT 仍然留有一个大问题尚未触及，那就是 RCT - 2。

　　最近这一研究领域涌出了许多对 RCT 的进行批判和辩护的文献，它们都相当精致，而且内容丰富，但大都未涉及这一具体问题。比如说，德布拉·萨茨（Debra Satz）和约翰·费里琼恩（John Ferejohn）在一篇重要的论文中，有力地论证了"理性选择理论与某些环境中更为可取的非心理学解释是相容的"（Satz and Ferejohn，1994，p.71）。他们同意"外部性论者"的论断，即"所有形式理性都包含这样一个主张，即行动者的行为可以解释为似乎他在最大化偏好"（p.75），而这一论断与 RCT - 1 毫无二致。我将证明（第 11 节），"理性"具有比上述主张更多的内容（尤其是个人的偏好可以经得住他本人的批判性审查），但我并不怀疑理性选择必须遵从最大化行为，尤其是 RCT - 1。[50]

　　无论如何，RCT 为了对未来要发生的行为——RCT 在这方面有许多可供议论之处——提供一个解释，它必须超越"形式理性"的内容。RCT - 2 在这方面起了相当重要的作用，比如在解释为什么人们"似乎"违背了自己的利益行事时，可以追求复杂的工具性推理（参见第 8 节）。此外，RCT - 2 在检验通过 RCT 所获得的结论时也可以是批评性的，如法律安排（包括普通法）的效率，或市场机制的帕累托效率。[51]这些情况对于萨茨-费里琼恩关于 RCT 的论断来说似乎都成了问题："理性选择理论并不对任何一个具体的因果联系保持一个先验的承诺"（p. 86）。无论先验与否，我们并不必把 RCT-2 当成理论基础，也不必使用 RCT 模式。这才是真正的要害。RCT-1 并非专属于 RCT，并且对于任何一般理性理论来说都是必需的（我们已经作出说明，并将在第 11 节继续讨论），而 RCT-3 也并非一定成立（加里·贝克尔已经放弃这一条件，因此，它对于标准的 RCT 解释和结论来说已经不是必要的了）。我将指出，相比较 RCT-1 和 RCT-3 而言，关键性的差别在于 RCT-2。

10. 自我的四个特征

前面所提到的定义上的区别与"自我"有着紧密联系。因此有必要厘清"自我"的三个不同的方面，这三个方面在自利的通常概括中都或多或少地涉及了，而它们又都与"自我"的第四个方面——能够自我审查和推理的方面——截然相异。第 5 章（"目标、承诺与认同"，最初发表在《法、经济学和组织杂志》1985 年的创刊号）将探讨这三个方面。我将根据自我对于个人的自利偏好和选择的意义而区别三个方面：（1）"以自我为中心的福利"（self-centered welfare）；（2）"自我福利的目标"（self-welfare goal）；（3）"自我目标的选择"（self-goal choice）。我相信，这一分类有助于辨析自利在理性中的地位问题上的争论，尤其是理性的概括在理性选择理论中的作用。我将依次阐述它们，并最后将它们一起与自我评价和推理进行比较。[52]

以自我为中心的福利：个人的福利仅仅依赖于他对自己的假设以及其他有关生活内涵的特征（不带有任何针对他人的同情或反感，也不存在任何程序上的关心）。

自我福利的目标：个人的唯一目标是最大化他自己的福利。

自我目标的选择：个人的选择应该完全建立在对自己目标的追求之上。

这些条件彼此独立，它们可以合并运用，也可以不合并运用。在传统的理性行为观看来，所有这些条件事实上共同构成了"自利的追求"。[53] 相较之下，加里·贝克尔的表述坚持"自我福利的目标"和"自我目标的选择"，但并不要求"以自我为中心的福利"。一个人的福利若受他对别人的同情的影响（或者如乔斯、苏斯坦因和泰勒所声称的那样，受过程的不公平性影响），则违背了"以自我为中心的福利"这一条件。但这一事实并未告诉我们，此人的目标是否直接包括了与他本人福利无涉的对他人的考虑（由此违背了自我福利的目标），或者是否此人的选择将完全偏离那种在任何情况下都追求自己目标的要求（由此违背了自我目标的选择）。

我们换一个例子来看，个人的目标也许包括某些不同的最大化他本人福利的内容，而其福利并无须一定是非以自我为中心的。个人在追求社会正义时，也许并未因此而感觉更愉快，也许并未更高兴，或者也未因此而获益更多，但他仍然决意去追求社会正义，只是因为"这是应该做的"。在这种情况下，他的福利有可能受到，也可能没有受到，由于追求社会正义而产生的欢愉感觉或其他益处的影响，但重要的是，他之所以追求社会正义并不是因为他想提高他自己本人的福利，而这一行动也不限于他的个人福利的相关范围。

当然，我们很自然地想象得出，虽然人们追求正义或公平时是基于"承诺"，而不是基于追求过程中个人的获益（或欢乐），但毋庸置疑的是，如果他的追求失败，他仍然会因此至少感觉到一些义愤或失意。然而（1）如果没有做这一正义之事他将会受到损失，注意这是事实；（2）他之所以决定行此正义之事完全是因为他渴望避免不行此事的痛苦感觉，而这是一种假设；事实（1）与假设（2）有着天壤之别。[54]他也许受了损失，也许并未受损失，也许有可能虽然受了损失，但损失的范围非常小，以至于很难证明他在追求社会正义或公平而不是其他事时作出了牺牲。但最重要的是，我们应当承认，承诺能够成为行动的理由，而无论个人是否由于违诺而遭受了损失。

只要关怀他人的行为存在可能的基础，"同情"（sympathy）和"承诺"（commitment）的区别就相当重要（参见 Sen，1977c）。[55]同情（包括否定性的反感）指"个人的福利为他人的状况所影响"（比如，目睹他人的悲惨境遇而感到悒悒不乐），而"承诺"是"这样的关怀，它打破了个人福利（无论是否同情）与选择行动的紧密关联（比如承诺改善他人的境遇，虽然个人并未因此而遭受损失）"。在这种解释中，同情违背了以自我为中心的福利，但不必违背其他两项条件。另外，承诺并不必然违背以自我为中心的福利，但有可能在一定程度上修正了个人的目标，从而使其目标除了那些影响其自身的因素外还包括那些影响他人的因素（由此违背了自我福利的目标），或者通过认可他人的目标而不仅仅是将他人的目标置于个人的目标之内来改变个人的推理选择（由此违背了自我目标的选择）。

正如前面所论（第 9 节），贝克尔式的扩展排斥了以自我为中心的福利，但他并未真正违背自我福利的目标或自我目标的选择，后两者都被包含在 RCT‑2 之中。一旦符合了这两个条件，个人最大化的效用函数就既可以视作个人在推理选择中最大化目标，也可以视作个人自利的表达。

因此，关键在于承诺，而不是同情。如果 RCT 在法和经济学中的运用坚持将行为与个人福利的最大化紧密关联的话，那自我福利的目标和自我目标的选择这两个条件就都不得放宽。正如贝克尔（1976，1996）以及乔斯、苏斯坦因和泰勒（1998）所论，不放宽条件对于解释利他主义以及相关的和程序的关怀上并不会带来任何困难，但在更广泛的人类动机——它容许道德的、社会的和政治的选择理由，从而超越了自利追求的唯一参照系——问题上就扞格不入了。

而这就是自我的第四个方面——个人的推理和自我省察——真正发挥其实质性作用的地方。人不仅是能够享受其消费、体验并预期其福利、拥有目标的实体，而且也是能够省察其价值和目标，并根据这些价值和目标进行选择的实体。我们的选择无须彻底跟从我们的消费经验或福利，也不是简单地将可感知的目标转化为行动。我们可以追问，我们希望得到什么以及如何得到，并且我们还可以省察我们应当希望什么以及我们应如何去做。我们也许会为道德关怀和社会理由所动，也许并不为它所动，但我们从未被禁止去思考这些问题，去形塑我们的价值观，并且如果必要的话，去修正我们的目标。

这一更广泛的框架承认那些并不能完全归结为个人私利的目标，它也承认适当的社会行为的价值，比如说，理解那些与我们共存于社会中的其他人的目标。当然，个人的推理无须一如既往地——或经常地——追求这种更广泛的目的和价值（这其中还有许多形式），但我们不能错误地认为这种博大的关怀并不被包含在理性之中。理性中仍然有许多空间来置放这些关怀，我们绝不可幼稚地将它们付给所谓的"非理性"：（1）拥有更多的目标，而不仅仅是，促进自己的福利（无视他人的福利和过程的公平性）；（2）承认最大化实现个人目标（无视他人的目标）之外的其他价值。一个人不必一定是非理性的，才会选择卑鄙；但理性并非一定对这种卑鄙有要求。如果认为理性与卑鄙之间有着必然性的话，就会导致对推理和省察能力这一"自我"的中心特征的否定。自我的范围绝不仅仅局限于自利最大化。

11. 最大化及其超越

现在我们来看理性的第三种观点——理性的一般最大化。它将放宽 RCT-2，但仍然维持 RCT-1 条件。这一方法要比自利最大化有着更广泛的应用范围，因为在这个最大化框架之内人们可以具有不同类型的目标和价值。在英语中，人们每每将一个极其自私的人称为一个顽固的"最大化者"（没有人会把这当成赞语），而这一语言的惯例事实上是基于这样一个假设，即他最大化的对象是他本人的福利或利益。但是，一个大公无私的人力图最大化社会总福利或者某种公平与社会正义，事实上，他也并没有偏离最大化行为的模式。

与其他的理性概括（前面已经讨论过，选择的内在一致性和自利最大化）中所出现的问题相比较，这种将一般最大化的方法置于此处所使用的理性概念（要求系统的推理和经过审查的选择）的做法相对不那么困难。最大化方法是相当宽容的，它并不排斥某些理智做法（如利他主义或社会利益最大化），与此同时，它的要求并非空洞无物（因为它确实要求系统推理和审查后的选择）。

即便如此，最大化方法作为理性和理性选择（广义上，并不是指 RCT）的概括也仍然存在局限性。至少有必要作出某些重要的修正。第一，在标准的选择理论文献中，最大化的规范通常定义得极其狭窄，往往（隐含地）要求选择排序的完备性从而有利于选择，并要求偏好基于顶点结果，而未考虑到过程（因此也未考虑到综合结果）。无论如何，这些限制对于最大化的数学属性来说既非必需，也非有碍于从个人的目标中推导出其结论。第 4 章 "最大化与选择行动"将说明这一点。但我们有必要掌握的是，那些往往被视为最大化的必要特征（如"显示偏好"的"弱"或"强"公理）实则并非最大化行为所必须有的，在某些情况下甚至有害于最大化行为（参见第 4 章的证明）。最大化行为公理的选择必须与实质性目标相匹配，而不能仅仅服从于所谓的一致性的机械公式。这些问题都是公理推导中的关键之处，我将在第 6 章 "理性与不确定性"和第 7 章 "非二元选择与偏好"中对它们加以进一步讨论和阐释。

第二，它涉及这一事实，即最大化的实践必须依赖于个人所知道的信息。"非对称信息"这一主题近年来已经产生了许多有趣的文献（尤其是在证明一些极其简单的现象中所包含的深远含义上）[56]，但它本身并不要求任何对最大化个人所知信息的背离。虽然将选择建立在一个人所实际拥有的信息上的做法是明智的，但理性也要求人们做相当程度的努力以扩展个人的知识，尤其是在个人的知识极其有限的时候。这样就涉及其他问题，其中包括获取信息的成本，事先预知将获得多少信息的困难——这甚至是不可能的，以及在决策的紧迫性和迅速有效获知信息的限度的背景下，采用某种或其他版本的"有限理性"的可行性。[57]在如何将不确定性纳入理性选择的模式这一问题上也产生了繁多而有趣的文献。[58]第 6 章"理性与不确定性"也将涉及这一领域中的某些问题。[59]我之所以不在这里讨论这些问题，是因为我希望将这篇文章集中于其他问题，而不是怀疑这些问题对于理性共相和基于最大化解释的理性个相的根本重要性。

第三，除了信息问题，我们还应注意到，最大化行为充其量不过是理性的必要条件，而很难说是它的充分条件。理性不仅用于追求一个既定的目标和价值的集合，而且也用于省察这些目标和价值本身。根据有待最大化的内容，最大化行为有时会愚蠢无比，并缺乏理性的估价。[60]理性绝不可仅仅只是一种追求某些既定的——并未经审查的——目标和价值集合的工具性条件。

设想一个人，他正在用一把钝刀砍他的脚趾头。我们问他何以如此鲁莽，他回答说，去掉其脚趾确实是他的目标，因为这样他"感觉不错"。"你是否考虑过，"我们追问道，"如果没有了脚趾，后果会怎样？"他回答道："没有，我还没考虑过，我也不打算考虑这一问题，因为去掉脚趾正是我所希望的；它是我的主要目标，我认识到，我是完全理性的，因为我明智而系统地追求我的目标。"如果最大化就是理性的全部内容的话，他的确有权利声称他是理性的。在这里我们得到两个不同的选择：或者我们接受最大化行为是理性的充分条件，并且不再要求更多的内容，至多不过加上我们的英雄应当使用一把更锐利的刀子而不是钝刀，因为这能更好地服务于他的砍掉脚趾这一目标〔完全符合波斯纳（Posner，1998，p. 1551）对理性所作的概括："选择实现目的的最佳手段。"〕[61]；

或者我们拒绝最大化，并坚持理性要求这位砍脚趾者应当将其偏好置于批判的估价和审查。我们还认为，明智而系统地追求某些既定的目标仍然是不够的。

如果我们承认理性并不能完全被概括为系统地追求既定目标，并要求对这些目标给予批判性的审查，那么"作为最大化的理性"观就其本身而言，并不足以成为理性的充分概括，虽然它似乎可以成为理性的必要条件。当然，合理审查个人的目标包括许多复杂问题，但也许那就是理性真正所需要的。这种理性观与我所阐述的理性观（第 3～7 章）极其相近。最大化的要求只是部分地把握其含义，但这种广泛的理性观却并不能仅仅归结为最大化行为。

为进一步阐释合理审查起见，需要着重指出的是，这一条件不仅适用于对个人目的和目标的估价，而且适用于审查和检视他的其他价值和优先事项的需要，这些并不能直接被包括在一个人的目标之内。基于某些社会习俗或者义务论的逻辑（本卷的姊妹篇《自由与正义》将对这一问题给予充分讨论），我们可以决定对自己的行为施以特定的行为约束。比如，个人可能无怨无悔地放弃自己追求的目标，因为它可能有碍于其他人追求他们的目标。这种逻辑（与超越"自我目标的选择"相关）具有一种"社会的"基础，康德（1788）和亚当·斯密（1790）对此有过深入的讨论。

当然，这个人基于他自己的考虑也许会接受对这类考虑给予重视的做法，也许不会接受。约翰·罗尔斯将这类"社会"推理的需要称为"合理性"（reasonableness）的条件，这是一类感知理性（sensitive rationality），但并不为理性本身所要求。[62]根据理性的要求，我们并不一定是"合理的"，但是仔细检查一个人是否服从"合理性"规则可以被视为理性所要求的批评性推理的部分用途。

个人也许在经过一番审查之后，决意摒弃过多的合理性（并以
RCT 所假设的那样成为完全自利的），而推理无须使每个人都处在
相同的位置上。理性并不要求人们服从任何特定的目标和价值集
合，但它要求通过细致的估价和审查之后，个人的目标和非目标价
值都应当是成立的。

这就打开这样一种可能性，即个人不仅为一个经审查后的目标
集合所导引，也同时为那些毫无约束地追求个人目标的价值所导
引。下一步的问题是，我们关于应当去做什么的推理是否必须建立
在我们的自我中心之上（以某种形式或另一种）。我们有时以一个
群体的成员身份行事（比如，"我们投了我们的候选人的票"），而
不必把它视为一种个人的行动（比如，"我投了我们的候选人的
票"）。这可能改变某些问题的性质和力量（比如，"既然你个人的
投票对结果并没什么影响，那你为什么还要去投票"），因为推理可
以假设一个彼此并非分离的行动者（"你看，我们共同投票决定"）。
选择中的行动单位（unit of agency）本身可以比个人行动更广泛。
森（1974，1977c）、帕费特（1984）和赫尔利（1989）讨论了行动
单位的不同方面。此处有必要超越自我目标的选择，来检视这一行
动的独特含义。

当个人的选择考虑到更广泛的结果（包括群体行动、过程等），
而不仅仅局限于个人的目标时，仍然有可能考虑一个将这些广泛的
价值纳入进来的"似真目标函数"，从而将这人视为最大化行为者
[这一问题参见第 4、5 和 7 章以及 Sen（1974，1982a）]。（源于义
务或其他理由的）约束的力量不但可以整合进一个最大化行为中
（事实上，所有最大化行为都服从各种实质性的约束），而且只要你
愿意，也可以嵌入一个恰当扩展后的最大化目标内（参见第 4 章的

定理 6.1 和定理 6.2)。

　　澄清这些问题之后，最大化的要求（不必排除不完全偏好、菜单依赖性或过程感觉）就能使我更好地理解理性选择的一个重要部分。但是，推理的范围仍然要远过于此，还包括了对任何最大化行为都隐含的目标和价值的批判性审查。第 4～5 章将证明，这一能力具有重要的价值，它对最大化行为嵌置某些"自我施加的约束"提供了可能（它不同于源于外部的"可行性约束"）。

12. 什么是理性的用途？

　　如果理性的确是一种方法（discipline）的话，我们可以追问：这一方法的用途是什么？当然，也许存在某些由思考理性所带来的欢愉和智力上的激励，包括它产生的一些智力难题。但我们还要问：此外还有什么呢？

　　应当说，理性的第一个和最直接的用途是规范性的：我们希望我们的思考与行动是睿智而贤明的，而不是愚蠢与冲动的。如果理性的理解与系统的推理紧密关联，理性的规范用法可以很容易地放在这一阶段。[63]

　　第二，"理性选择"在经济学和相关学科中的运用通常是间接的，尤其是在预测实际行为方面，而这往往盖过了其理性的直接用途。这些间接的研究规划首先概括理性行为，其次假设实际行为将符合这种理性行为，或至少接近这类行为，以此达到预测的目的。在这种通过对理性行为的假设（与某种——通常极其简单的——关于行为何以理性的理由观一起）来预测行为的间接用途中，理性这一理念扮演了一个中介性的角色。

　　这一通过理性来预测的方法所具有的真正的优势在于它所提供

的可操作性——也许还包括简单化。通过这一间接流程，理性行为的设定可以用于阐释经济学、政治学和法学中的一些行为假设。如果不把对人性的理解归结为某些极其狭隘的格式的话，这倒也可以成为一种一般的方法，但最通常的用法，也就是"通过理性来预测"的做法却倾向于依赖那种极其特殊的理性观，也就是"理性选择理论"（RCT）所持的观念。我已经指出，这种观念存在一些问题，它们源自（1）实际行为理性的一般假定以及（2）RCT所持的特殊假设（参见第8～11节），因此不必在此赘述了。但是，从方法论上看，仍然还存在进一步的问题，即如何评价通过对人类行为的假设来预测这一基本的策略。

这两种用途——直接的规范性与间接的预测性——彼此紧密相关。事实上，后者更多地附生于前者，但反过来并非如此。就其本身而论，理性选择的理论家可以满足于分析理性要求的内容（也许还可以建议如何理性行事），而不必假定人们——永远或大体上——根据理性的命令来采取实际行动。这一基本立场是我们应当记取的，因为理性选择作为预测实际行为的间接用途在经济学、政治学和法学的某些学派中已经非常泛滥，以至于在某种程度上，理解理性选择的直接益处被大大地忽略了。重要的是提醒我们自己，我们可以对理性选择所要求的内容感兴趣，但不必妄称这将告诉我们现实中的人们将如何行动。[64]

第三，事实上，理性的间接益处也并不仅仅限于预测（或解释）行为，还存在其他可能的用途，其中一个就是我们广泛地运用理性来理解他人在做什么，为什么这样做，以及他们知道什么，我们可以从他们的知识中学到什么，如此等等。比如，到达了火车站的售票处之后，我们发现有好几个售票窗口，每个窗口后都排着长队，而有个窗口例外，那里有售票员但没有一个人买票。我们无须假定其他人由于愚蠢无比或者极端的非理性而对这一极妙的机会视而不见，并兴冲冲地奔过去。像最小理性等基本假定足以使我们寻求其他解释，并形成关于"没有排队的窗口"的一些至少是初步的认识（比如，它由于某些理由无法运行）。

当然，我们可能会犯错误，并且确实存在这种可能性，即多数人都愚蠢行事，或者一个人的错误被许多人所跟从并导致一个错误诊断的累积。[65]问题不在于理性在理解他人行动的这一间接用途上总是发挥到位，而在于这一方法确实具有理性的根据和功能上的优势，并且经常运用它也具有相当的可行性。唐纳德·戴维逊（Donald Davidson，1985）通过一系列的毋庸置疑的贡献，阐明我们对他人行为与世界的认识是如何依赖于我们对他人理性的解释的。

当然，我们对他人行为中理性的掌握并不必然使我们判定他们的行为方式是正确的或者是明智的，也不必要求我们也采取相同的行为方式。从认识与辨析的角度来看，认可与模仿是两个不同的问题，而要把握这一区别，这就牵涉到前面所讨论过的（主要是第5～8节）推理所具有的不同方式。当存在不同的理性要求需要识别时，这一包括合理选择的广义理性尤其具有解释力量。

第四，理性不仅仅可用于理解他人或世界，而且也可以用于理解我们自身的合作或竞争甚至战斗，而这要求我们必须考虑到我们应如何期望他人会怎么行动，无论是他们自己的主动行为，还是对我们行为的反应。这显然是博弈论和一般策略性关系的中心主题。最近几十年来，人们对这些考虑在实践世界中的重要性有了日益深入的了解。[66]

在此重要的是，我们应当给予理性的宽泛理解以应有的重视，而不要又企图假定其他人将一成不变地根据某种简单化的所谓理性框架而作出选择，比如将他们的反应完全建立在狭隘定义的自利之上，而不留一点余地给同情、承诺或感激（或我们可称之为正当的愤慨或义愤）。[67]世界合作与冲突的实际历史留给我们很多的经验，它们远远超出行动和反应的形式表述的范围。[68]比如说，认识到他人也感受到自我施加的约束（相应地，其偏好涵盖了综合结果，而不是顶点结果）能够彻底改变博弈的性质（正如第 4 章所阐述的"弃取水果博弈"［fruit passing game］）。

第五，理性选择的广义观与社会选择理论有着多方面的相关性，第二章导言性论文（"社会选择的可能性"）和第三部分（"理性与社会选择"）与第四部分（"自由与社会选择"）的第 8～14 章将讨论这一点。当然，对理性（及其各种形式）的恰切认识必然是理解和估价如何理性地作出公共决策的核心所在。[69]同样地，理性在公共选择理论、成本收益分析、制度评析（包括市场机制的评析）、公共政策的评估以及其他实践推理领域中都占有一席之地。[70]

13. 结束语

本卷收录的论文涵盖了广泛的议题，但它们都以不同的方式与本书的两个主题——理性的要求与自由的重要性——相关联。本章则着重阐述了理性的概念和用途以及自由的地位和相关性。

另一篇导言性论文（"社会选择的可能性"）则集中探讨社会选择理论，它与本卷收录的许多论文相关（包括第 8～14 章，并与第 15～19 章存在间接关联）。社会选择理论也可以被视为一种对理解社会的理性决策的要求的努力，在这个社会里，所有社会成员拥有直接或间接参与决策过程的自由，而这包含着对他们的声音、影响和权利的尊重。作为本卷的终篇，阿罗讲座（第 20～22 章）的主题一个是理性与自由的关系，另一个则是社会选择。

　　理性观是这篇引言和本卷的一些篇章（尤其是第 3～7 章）所着力研讨的主题，我将理性视为一种方法，而不是一条经证实的公式，或一部实在主义的教条。理性包括用以理解和评价目标与价值的推理，它还蕴涵着这些决定系统选择的目标与价值。那种认为理性的本质就是追求某些预先规定的目标的信念受到了质疑，而那种声称自利占据着理性行为的唯一导航者的地位的说法则受到了挑战。正如我们在第 10 节中所论证的那样，那种将自利追求视为理性的不可避免的必要条件事实上颠覆了作为自由、推理的存在物的"自我"，因为它忽略了对于个人应当追求什么的推理自由。看上去理性的自利观似乎建立在自我的重要性之上，但这样做它高估了自我利益，而低估了自我推理。事实上，它否认了人类自我的深厚能力，而正是这一能力将我们在各个方面区别于动物王国的其他动物，这一能力就是推理和合理审查。[71]

　　当然，我们并不否认，在许多情况下，个人的合理审查正好使之决意去追求他的自利，并排斥所有其他目标和价值，但这其中绝无必然性。无论如何，理性的领域并不禁止排他地追求自利，但自利绝非命令。自利在理性中的地位有赖于自我审查。

　　这在罗尔斯称为"合理"行为的社会反应行为（socially re-sponsive conduct）上也是如此。在批判性审查中，它可能取得胜利［康德阐述了其根据，罗尔斯（1971）论述了其合理性］，但同样也不存在它现实发生的必然性。很有可能，道德和公平要求如此（姊妹篇《自由与正义》将广泛讨论这一问题），但事实未必如此，因为道德推理仅仅只是一种推理方式，而不是推理的唯一方式。[72]

　　合理审查不仅适用于个人选择和社会生活中的道德和政治关怀，而且也嵌置审慎的要求。事实上，许多行为失于审慎恰恰是由于缺乏合理审查。[73]比如说，布利丹的驴子之所以会饿死，是因为它面对不完全的偏好时无从实施最大化（比如，选择任何一堆干草，而不是一堆也不选），其补救办法就是更进一步审查。审查的深入并不是通过外部给定的公式来推进，比如"理性选择"的公理（像"显示偏好"公理，这将使驴子无所适从），也不是遵从某些空泛的告诫，如"明智选择"（那些认为这一建议颇有助益者倒是的确需要这一告诫）。这里所需要的是，如何在面对不完全的偏好或未解决的内心冲突时，更充分地理解如何作出合理选择的问题，对此他人或许可以帮上一些忙。[74]将理性选择视为建立在合理审查之上的选择对于决策复杂性来说具有深远的意义，因为推理的宽广范围并不能被一种先验的公理或相当一般的告诫所限制。

　　我将对本书提出的理性观所可能具有的一些缺点——或者那些在某些人看来具有严重缺陷或不足的特征——作几点说明以结束本章。这些问题都必须加以提示，这既是因为这些不足之处有待辨识和讨论，也是因为这卷论文集中所提出的问题还需进一步的探讨。我希望合理审查这一概念在理性观中所赋予的地位本身也能够得到一个合理的审查。[75]

　　（1）缺乏必真无疑的检验。在判定某个人是否理性的问题上，必然存在着相当大的余地，而这对某些人来说是缺乏吸引力的，他们希望理论和方法具有充分的决定性，并且可以很容易用数学表述出来。将理性视为一门合理审查的方法，这对某人是否理性并不能提供——甚至也不打算提供——任何真确的检验。我们面临的是这类问题，即个人的选择是否与他可以从事的合理审查相容，以及我们自己是否进行了充分的合理审查。通过对这些问题的回答与处理，我们可以提出不同的"标准"。但这些一般标准，即使能够得到尽可能清晰的表述，也不会给我们一个简单的理性试纸，可以立刻实施并迅速给出确定答复（相反的情况有所谓的"选择的内在一致性"条件以及"显示偏好的弱公理"）。[76]

　　但是，我们应当记取的是，缺乏直接的算法转换对这一研究路径来说并不是一个灾难性的困境。我们可以毫无困难地观察到许多选择的非理性，从做不出合理审查的布利丹的驴子到我们身边随处可见的一些闯下大祸的轻率之举（这对本人来说绝非小可）。在某些情况下我们很难——甚至不可能——断定某个人的选择是否经过严格的合理审查，我们若是把理性当成一门复杂方法，而不是将它视为一组简单公式的机械运用的话，对此就大可不必惊诧了。由于在标准的类型问题上还大有文章可做，因此，我们要注意的是，最大化其应用领域，而无视其标准的内涵或中肯性，并不一定是批判性方法的优点。

　　（2）依赖于选择本身的推理。第二个问题是，这一方法赋予个人在采纳何种理由上以相当大的自由，因此，它依赖于此人本身的推理。需要着重强调的是，合理审查的要求是相当严格的，即使他本人来审查自身时也是如此。审查绝不可以与确证某人的本能和"鲁莽反应"的无批判性的思考相混淆。当然，在某些情况下我们并不难确认，某某并非真正虚心地审查自己的行为。但确实存在这种情况，选择者本人坚信他已经正确地审查过（并因此把任何其他考虑视为杞人忧天而拒绝），而他人看来却远非如此。如果存在这些分歧，这一方法并不能提供一种说服这个顽固的审查者的路径。

　　由于存在多种可能的"选择理由"，自由在此尤其凸显其重要性。前面已经指出，多种可能的推理不但包括自利动机（它被狭隘的"理性选择"或 RCT 赋予了特权），而且也包括社会责任的或道德意义上的理由（如斯密、康德和罗尔斯所述）。如果要对任何其中一方关上大门的话，那也是由选择者本人的审查来完成，而不是根据外在于本人的所谓方法论基础来判定，从而在此人选择之前理性要求就将其中一扇门关死。尽管这一理性观赋予选择者以自由是一个缺陷，但那同时也是它的一个主要优点。

我们还应认识到，不同的选择推理对于理解和解释他人行为也是相当重要的［前面已经论述过，唐纳德·戴维逊（1985）曾有过极富说服力的阐述］。用一个故事说明，两个孩子在两个苹果上发生争执（我曾在讨论"理性的白痴"时引用过，参见 Sen，1977c）。第一个孩子要第二个孩子在两个苹果中选择一个，第二个孩子迅速拿起较大的苹果。第一个孩子抱怨道："你真坏！如果是让我选择，我就会选择小的。"第二个孩子回敬道："那你还抱怨什么——你已经得到你想要的选择了！"选择的理由确实关系重大，而不仅仅是选择的事实。

（3）经常审查的不现实。为做到理性地选择而合理审查的要求似乎过于严格，以至于每每无法实施。人们还有许多事情要做。要说明这一点，需要指出的是，遵从合理审查的需要并不是要求人们在每次选择和每一个选择行动中都毫不含糊地进行这样的审查。在我们的日常选择中，我们遵从先前学会的规则或者是运用根据过去经验而习得的直接理解力，虽然它们往往需要再评价和修正。

正如亚当·斯密所论，对正确与错误的"第一感""绝不是推理的对象，而是直接的知觉和感觉"，但即使是这些本能性的评价也必须依赖于——哪怕只是隐含地——我们对"各种不同情况下"

的行动和结果的紧密联系的推理和理解。此外，第一感也会根据批判性的检视而发生改变，比如因果分析将证明某一特定的"对象是获取其他物品的手段"（Smith，1790，pp. 319 - 320）。关键在于，对它进行审查，本能选择能否在审查之后仍然保持下来。

（4）方法的显豁性。对这一观点的另一种可能的批评也许涉及方法论的基本问题："它的贡献是什么？"还能有什么比蕴涵合理审查的理性更简单——更缺乏技术性的观念呢？因此，许多人甚至将这一判断称作是不证自明的，认为根本就不值得去为它劳神。

如果有人作出这种批评，我非常欣慰它的出现。如果诚如所言，这一理性观过于自明（因此也不值得为它说三道四），那当然是一个很受欢迎的消息。但这一方法意味着拒斥某些经济学、政治学和法学中已被广泛接受的理性解释（包括把理性视为选择的内在一致性、自利的明智追求或仅仅是最大化行为的观点），如果早认识到这一点，也许我们会取得更多的成就（即不必徒劳无功地排斥那些可替代的适用广泛的观点）。

恰恰相反的是，捍卫这种理性观仍然是有必要的（尤其是针对其他对立的理论），这也是我之所以不厌其烦地论证采纳何种理性观论证的理由之所在。另外，我也必须承认（也可以主张），将理性视为符合合理审查的观点是极其基本的。如果这一基本的——也许是自明的——论断已经被对立要求的复杂性所遮蔽，那么认可这一论断的基本性质就有助于我们把握一个基本的领域，而这一领域已被种种过于特殊的理论所模糊。

当然，面对可能被指责过于"宏大"的危险，仍然需要强调为人性收复其失地的意义，而这些地盘曾为形形色色的理性要求的狭隘模式所占领。本卷收录的论文广泛讨论了这些模式的局限性。我认为，这些精心论述的框架其错并不在于它所选择的具体模式，而在于它的一般假定，即认为理性能够被塞入一个特定的公式之中，而不必再增加更多的程序内容（比如对选择行为及其隐含的目标和价值进行批判性审查的需要）。如果我所阐述的理性观显得相当发散的话，那绝不是我希望如此，而只是因为理性的要求具有不可避免的开放性。我们绝不可在理性所要求的审查还未开始之前就把它结束并打上封印。

总而言之，在本卷论文集中所作的讨论表明，正如理性在估价自由方面极其重要那样（阿罗讲座主要讨论这其间的关联），自由对于理性而言也同样关键。除了各篇论文中所做的分析性的——有时也有技术性的——研究，本卷的总目标还包括对这些一般问题的研讨。除了确认理性和自由的意义及其内容之外，本书尤其致力于澄清理性和自由之间的相互依赖性。我们既需要理性，也需要自由，而且它们也需要彼此。

参考文献

Adelman, Irma（1975）. "Development Economics—A Reassessment of Goals," *American Economic Review*, Papers and Proceedings, 65.

Adelman, Irma, and Cynthia T. Morris（1973）. *Economic Growth and Social Equity in Developing Countries*（Stanford: Stanford University Press）.

Akerlof, George A.（1970）. "The Market for 'Lemons': Quality Uncertainty and the Market Mechanism," *Quarterly Journal of Economics*, 84（3）: 488-500.

Akerlof, George A.（1984）. *An Economic Theorist's Book of Tales*（Cambridge: Cambridge University Press）.

Allais, Maurice, and O. Hagen, eds.（1979）. *Expected Utility Hypothesis and the Allais Paradox*，especially Allais' own chapter.

Anand，Paul（1993）．*Foundations of Rational Choice under Risk*（Oxford：Clarendon Press）．

Anderson，Elizabeth（1993）．*Value in Ethics and Economics*（Cambridge，Mass.：Harvard University Press）．

Arrow，Kenneth J.（1951a）．*Social Choice and Individual Values*（New York：Wiley）．

Arrow，Kenneth J.（1951b）．"An Extension of the Basic Theorems of Classical Welfare Economics," in J. Neyman，ed.，*Proceedings of the Second Berkeley Symposium of Mathematical Statistics*（Berkeley：University of California Press）．

Arrow，Kenneth J.（1959）．"Rational Choice Functions and Orderings," *Economica*，N. S.，26.

Arrow，Kenneth J.（1995）．"A Note on Freedom and Flexibility," in K. Basu，P. K. Pattanaik，and K. P. Suzumura，eds.，*Choice，Welfare and Development：A Festschrift in Honour of Amartya K. Sen*（Oxford and New York：Oxford University Press，Clarendon Press）．

Arrow，Kenneth J.，Enrico Colombatto，Mark Perlman，and Christian Schmidt，eds.（1996）．*The Rational Foundations of Economic Behaviour*（London：Macmillan）．

Arrow，Kenneth J.，and Hahn，Frank（1971）．*General Competitive Analysis*（San Francisco：Holden-Day；republished，Amsterdam：North-Holland，1979）．

Atkinson，Anthony B.（1983）．*Social Justice and Public Policy*（Brighton：Harvester Wheatsheaf，and Cambridge，Mass.：MIT Press）．

Axelrod，Robert（1984）．*The Evolution of Cooperation*（New York：Basic Books）．

Aumann, Robert J. (1976). "Agreeing to Disagree," *The Annals of Statistics*, 4.

Aumann, Robert J. (1992). "Notes on Interactive Epistemology," unpublished manuscript, version of July 17, 1992.

Baigent, Nick (1980). "Social Choice Correspondences," *Recherches Economiques de Louvain*, 46.

Baigent, Nick, and Wulf Gaertner (1996). "Never Choose the Uniquely Largest: A Characterization," *Economic Theory*, 8.

Banerjee, Abhijit (1992). "A Simple Model of Herd Behavior," *Quarterly Journal of Economics*, 107.

Banerjee, A. (1993). "Rational Choice Under Fuzzy Preferences: The Orlovsky Choice Function," *Fuzzy Sets Systems*, 53: 295 - 299.

Bardhan, Pranab (1974). "On Life and Death Questions," *Economic and Political Weekly*, 9.

Barrett, C. R., and Prasanta K. Pattanaik (1985). "On Vague Preferences," in G. Enderle, ed., *Ethik and Wirtschaftswissenschaft* (Berlin: Duncker & Humboldt).

Barrett, C. R., Prasanta K. Pattanaik, and Maurice Salles (1990). "On Choosing Rationally When Preferences Are Fuzzy," *Fuzzy Sets Systems*, 34: 197 - 212.

Basu, Kaushik (1980). *Revealed Preference of Government* (Cambridge: Cambridge University Press).

Basu, Kaushik (1984). "Fuzzy Revealed Preference Theory," *Journal of Economic Theory*, 32: 212 - 227.

Basu, Kaushik (2000). *Prelude to Political Economy* (Oxford: Oxford University Press).

Becker, Gary (1976). *The Economic Approach to Human Behaviour*

(Chicago: University of Chicago Press).

Becker, Gary (1996). *Accounting for Tastes* (Cambridge, Mass.: Harvard University Press).

Ben-Ner, Avner, and Louis Putterman, eds. (1998). *Economics, Values and Organization* (Cambridge: Cambridge University Press).

Binmore, Ken (1994). *Playing Fair: Game Theory and the Social Contract* (Cambridge, Mass.: MIT Press).

Blau, Judith, ed. (2001a). *The Blackwell Companion to Sociology* (Oxford: Blackwell).

Blau, Judith (2001b). "Bringing in Codependence," in Blau (2001a).

Bossert, W., Prasanta K. Pattanaik, and Y. S. Xu (2000). "Choice under Complete Uncertainty: Axiomatic Characterizations of Some Decision Rules," *Economic Theory* 16 (2): 295 – 312.

Brittan, Samuel, "Ethics and Economics," in Brittan and Hamlin (1995).

Brittan, Samuel, and Alan Hamlin, eds. (1995). *Market Capitalism and Moral Values* (Aldershot: Elgar).

Broome, John (1991). *Weighing Goods* (Oxford: Blackwell).

Buchanan, James M. (1986). *Liberty, Market and the State* (Brighton: Wheatsheaf Books).

Chichilnisky, Graciela (1980). "Basic Needs and Global Models: Resources, Trade and Distribution," *Alternatives*, 6.

Crafts, N. F. R. (1997a). "Some Dimensions of the 'Quality of Life' During the British Industrial Revolution," *Economic History Review*, 4.

Crafts, N. F. R. (1997b). "The Human Development Index and Changes in the Standard of Living. Some Historical Comparisons," *Review of European Economic History*, I.

Dasgupta, Manabendra, and Rajat Deb (1996). "Transitivity and Fuzzy

Preferences," *Social Choice and Welfare*, 12.

Dasgupta, Partha (1993). *An Inquiry Into Well-Being and Destitution* (Oxford: Clarendon Press).

Davidson, Donald (1985). *Essays on Actions and Events* (Oxford: Clarendon Press).

Deb, Rajat (1983). "Binariness and Rational Choice," *Mathematical Social Sciences*, 5.

Debreu, Gerard (1959). *Theory of Value* (New York: Wiley).

Dixit, Avinash, and Barry Nalebuff (1991). *Thinking Strategically* (New York: Norton).

Dubois, Didier, and Henri Prade (1980). *Fuzzy Sets and Systems: Theory and Applications* (New York: Academic Press).

Dutta, Bhaskar (1996). "Reasonable Mechanism and Nash Implementation," in K. J. Arrow, A. Sen, and K. Suzumura, eds. , *Social Choice Re-examined* (London: Macmillan).

Dutta, Bhaskar, S. C. Panda, and Prasanta K. Pattanaik (1986). "Exact Choices and Fuzzy Preferences," *Mathematics and the Social Sciences*, 11: 53 – 68.

Edgeworth, Francis (1881). *Mathematical Psychics: An Essay on the Application of Mathematics to the Moral Sciences* (London: Kegan Paul).

Ellsberg, Daniel (1961). "Risk, Ambiguity and the Savage Axioms," *Quarterly Journal of Economics*, 75.

Elster, Jon (1979). *Ulysses and the Sirens* (Cambridge: Cambridge University Press).

Elster, Jon (1983). *Sour Grapes* (Cambridge: Cambridge University Press).

Fishburn, Peter C. (1973). *The Theory of Social Choice* (Princeton: Princeton University Press).

Floud, R. C. , and B. Harris (1996). "Health, Height, and Welfare: Britain 1700 – 1980," *National Bureau of Economic Research*, Historical Working Paper 87.

Frank, Robert H. (1985). *Choosing the Right Pond: Human Behavior and the Quest for Status* (New York: Oxford University Press).

Frank, Robert H. (1988). *Passions within Reason: The Strategic Role of Emotions* (New York: Norton).

Frankfurt, Harry (1971). "Freedom of the Will and the Concept of a Person," *Journal of Philosophy*, 68.

Friedman, Milton, and Rose Friedman (1980). *Free to Choose. A Personal Statement* (London: Secker & Warburg).

Fudenberg, Drew, and Eric Maskin (1986). "The Folk Theorem in Repeated Games with Discounting or with Incomplete Information," *Econometrica*, 54: 533 – 554.

Fudenberg, Drew, and Eric Maskin (1990). "Nash and Perfect Equilibria of Discounted Repeated Games," *Journal of Economic Theory*, 51: 194 – 206.

Fudenberg, Drew, and Jean Tirole (1992). *Game Theory* (Cambridge, Mass. : MIT Press).

Gaertner, Wulf, and YongSheng Xu (1997). "Optimization and External Reference: A Comparison of Three Axiomatic Systems—the Linear Case," *Economic Letters*, 57.

Gaertner, Wulf, and Yongsheng Xu (1999a). "On Rationalizability of Choice Functions: A Characterization of the Median," *Social Choice and Welfare*, 16.

Gaertner, Wulf, and Yongsheng Xu (1999b). "On the Structure of Choice under Different External References," *Economic Theory*, 14.

Gibbard, Allan F. (1973). "Manipulation of Voting Schemes: A General

Result," Econometrica, 41 (4): 587 – 601.

Grant, James P. (1978). *Disparity Reduction Rates in Social Insurance* (Washington, D. C. : Overseas Development Council).

Green, J. , and J-J. Laffont (1979). *Incentives in Public Decision-Making* (Amsterdam: North-Holland).

Green, T. H. (1881). "Liberal Legislation and Freedom of Contract," in R. L. Nettleship, ed. , *Works of Thomas Hill Green*, *III* : 365 – 386 (London: Longmans, Green, 1891).

Green, T. H. (1907). *Prolegomena to Ethics*, 5th ed. (Oxford: Clarendon Press).

Griffin, Keith (1978). *International Inequality and National Poverty* (London: Macmillan).

Griswold, Charles (1999). *Adam Smith and the Virtues of Enlightenment* (Cambridge: Cambridge University Press).

Grossman, Sanford J. , and Joseph E. Stiglitz (1980). "On the Impossibility of Informationally Efficient Markets," *American Economic Review*, 70.

Hahn, Frank H. , and Martin Hollis, eds. (1979). *Philosophy and Economic Theory* (Oxford: Oxford University Press).

Hamilton, Lawrence (1999). "A Theory of True Interest in the Work of Amartya Sen," *Government and Opposition*, 34.

Hamilton, Lawrence (2000). "The Political Significance of Needs," Ph. D. dissertation, Cambridge University.

Hammond, Peter (1976). "Changing Tastes and Coherent Dynamic Choice," *Review of Economic Studies*, 43.

Hammond, Peter (1977). "Dynamic Restrictions on Metastatic Choice," *Economica*, 44: 337 – 380.

Hansson, Bengt (1968). "Choice Structures and Preference Relations,"

Synthese, 18.

Harsanyi, John C. (1976). *Essays in Ethics, Social Behavior, and Scientific Explanation* (Dordrecht: Reidel).

Hausman, Daniel M. , and Michael S. McPherson (1996). *Economic Analysis and Moral Philosophy* (Cambridge: Cambridge University Press).

Hayek, Friedrich A. von (1960). *The Constitution of Liberty* (Chicago: University of Chicago Press).

Herrera, A. O. , et al. (1976). *Catastrophe or New Society? A Latin American World Model* (Ottawa: IDRC).

Herzberger, H. G. (1973). "Ordinal Preference and Rational Choice," *Econometrica*, 41: 187 - 237.

Hirschman, Albert O. (1982). *Shifting Involvements* (Princeton: Princeton University Press).

Hirschman, Albert O. (1985). "Against Parsimony: Three Easy Ways of Complicating Some Categories of Economic Discourse," *Economics and Philosophy*, 1: 7 - 21.

Hurley, Susan L. (1989). *Natural Reasons: Personality and Polity* (New York: Oxford University Press).

Jeffrey, Richard C. (1974). "Preferences among Preferences," *Journal of Philosophy*, 71.

Jeffrey, Richard C. (1983). *The Logic of Decisions*, 2nd ed. (Chicago: University of Chicago Press).

Jolls, Christine, Cass Sunstein, and Richard Thaler (1998). "A Behavioral Approach to Law and Economics," *Stanford Law Review*, 50.

Kahneman, Daniel (1996). "New Challenges to the Rationality Assumption," in Arrow et al. (1996).

Kahneman, Daniel, P. Slovik, and A. Tversky (1982). *Judgment Under*

Uncertainty: *Heuristics and Biases* (Cambridge: Cambridge University Press).

Kalai, E. , and E. Muller (1977). "Characterization of Domains Admitting Nondictatorial Social Welfare Functions and Nonmanipulable Voting Rules," *Journal of Economic Theory*, 16 (2): 457 – 469.

Kant, Immanuel (1788). *Critique of Practical Reason*, trans. L. W. Beck (New York: Bobbs-Merrill).

Kelly, Erin (1995). "Reasons, Motives, and Moral Justification: A Study of Moral Constructivism," Harvard University Archives.

Kelly, Erin, and Lionel McPherson (2001). "On Tolerating the Unreasonable," *The Journal of Political Philosophy*, 9. 1: 38 – 55.

Kelly, Jerry S. (1978). *Arrow Impossibility Theorems* (New York: Academic Press).

Kolodziejczyk, W. (1986). "Orlovsky's Concept of Decision Making with Fuzzy Preference Relations—Further Results," *Fuzzy Sets Systems*, 19: 11 – 20.

Koopmans, Tjalling C. (1964). "On Flexibility of Future Preference," in M. W. Shelley, ed. , *Human Judgments and Optimality* (New York: Wiley).

Kreps, David M. (1979). "A Representation Theorem for 'Preference for Flexibility,'" *Econometrica*, 47: 565 – 577.

Kreps, David M. (1988). *Notes on the Theory of Choice* (Boulder, Colo. : Westview Press).

Kreps, David M. , Paul Milgrom, John Roberts, and Robert Wilson (1982). "Rational Cooperation in Finitely Repeated Prisoner's Dilemma," *Journal of Economic Theory*, 27: 245 – 252.

Kreps, David M. , and Robert Wilson (1982). "Reputation and Imperfect Information," *Journal of Economic Theory*, 27: 253 – 279.

Laffont, Jean-Jacques, ed. (1979). *Aggregation and Revelation of Preferences* (Amsterdam: North-Holland).

Laffont, Jean-Jacques, and Eric Maskin (1982). "The Theory of Incentives: An Overview," in W. Hildenbrand, ed. , *Advances in Economic Theory* (Cambridge: Cambridge University Press).

Levi, Isaac (1986) . *Hard Choices* (Cambridge: Cambridge University Press).

Lewin, Shira (1996). "Economics and Psychology: Lessons for Our Own Day from the Early 20th Century," *Journal of Economic Literature*, 34: 1293 – 1322.

Loomes, G. , and Sugden, Robert (1982). "Regret Theory: An Alternative Theory of Rational Choice," *Economic Journal*, 92.

Luce, R. Duncan, and Howard Raiffa (1957). *Games and Decisions* (New York: Wiley).

Machan, Tibor (2000) . *Initiative, Human Agency and Society* (Stanford, Calif. : Hoover Institution Press).

Machina, Mark (1981). " 'Rational' Decision Making versus 'Rational' Decision Modelling?" *Journal of Mathematical Psychology*, 24.

Mahbub ul Haq (1995). *Reflections on Human Development* (New York: Oxford University Press).

Majumdar, Mukul, and Amartya K. Sen (1976). "A Note on Representing Partial Orderings," *Review of Economic Studies*, 43.

Majumdar, Tapas (1980). "The Rationality of Changing Choice," *Analyse & Kritik*, 2.

Mansbridge, Jane (1990) . *Beyond Self-Interest* (Chicago: University of Chicago Press).

Margalit, Avishai, and Menahem Yaari, "Rationality and Comprehension," in Arrow et al. (1996).

Margolis, Howard (1982) . *Selfishness, Altruism, and Rationality* (New York: Cambridge University Press).

Marshall, Alfred (1890). *Principles of Economics* (New York: Macmillan).

Maskin, Eric (1976). "Social Welfare Functions on Restricted Domain," Ph. D. dissertation, Harvard University.

Maskin, Eric (1985). "The Theory of Implementation in Nash Equilibrium: A Survey," in L. Hurwicz, D. Schmeidler, and H. Sonnenschein, eds. , *Social Goals and Social Organization: Essays in Memory of Elisha Pazner* (Cambridge: Cambridge University Press).

Maskin, Eric (1995). "Majority Rule, Social Welfare Functions, and Game Forms," in K. Basu, P. K. Pattanaik, and K. Suzumura, eds. , *Choice, Welfare, and Development: A Festschrift in Honour of Amartya K. Sen* (Oxford: Clarendon Press).

Maskin, Eric, and T. Sjostrom (1999). "Implementation Theory," Mimeo (Cambridge, Mass. : Harvard University).

Maynard Smith, John (1982). *Evolution and the Theory of Games* (Cambridge: Cambridge University Press).

McClennen, E. (1990). *Rationality and Dynamic Choice* (Cambridge: Cambridge University Press).

McClennen, E. (1997). "Pragmatic Rationality and Rules," *Philosophy and Public Affairs*, 26 (3): 210 – 258.

McFadden, Daniel (1999). "Rationality for Economists," *Journal of Risk and Uncertainty*, 19: 73 – 105.

McPherson, Michael S. (1982). "Mill's Moral Theory and the Problem of Preference Change," *Ethics*, 92: 252 – 273.

Meeks, Gay, ed. (1991). *Thoughtful Economic Man* (Cambridge: Cambridge University Press).

Mehrotra, Santosh, and Richard Jolly, eds. (1997). *Development with a Human Face* (Oxford: Clarendon Press).

Mill, John Stuart (1859). *On Liberty* (London: J. W. Parker and Son); republished in J. S. Mill, Utilitarianism: Liberty and Representative Government, Everyman's Library (London: Dent, 1972).

Mirrlees, James A. (1971). "An Exploration in the Theory of Optimum Income Taxation," *Review of Economic Studies*, 38.

Mirrlees, James A. (1986). "The Theory of Optimal Taxation," in Arrow and Intriligator, eds. , *Handbook of Mathematical Economics* (Amsterdam: North-Holland).

Morris, Morris D. (1979). *Measuring Conditions of the World's Poor*: *The Physical Quality of Life Index* (Oxford: Pergamon Press).

Moulin, Hervé (1983). *The Strategy of Social Choice* (Amsterdam: North-Holland).

Moulin, Hervé (1985). "Choice Functions over a Finite Set: A Summary," *Social Choice and Welfare*, 2: 147 - 160.

Moulin, Hervé (1988). *Axioms of Cooperative Decision Making* (Cambridge: Cambridge University Press).

Moulin, Hervé (1990). "Interpreting Common Ownership," *Recherches Economiques de Louvain*, 56: 303 - 326.

Moulin, Hervé (1995). *Cooperative Microeconomics* (Princeton: Princeton University Press).

Mueller, Dennis C. (1989). *Public Choice II* (Cambridge: Cambridge University Press).

Nagel, Thomas (1970). *The Possibility of Altruism* (Oxford: Clarendon Press).

Nagel, Thomas (1996). *The View from Nowhere* (Oxford: Clarendon Press).

North, Douglass C. (1981). *Structure and Change in Economic History*

(New York: Norton).

North, Douglass C. (1990). *Institutions, Institutional Change and Economic Performance* (Cambridge: Cambridge University Press).

Nozick, Robert (1973). "Distributive Justice," *Philosophy and Public Affairs*, 3: 45 – 126.

Nozick, Robert (1974). *Anarchy, State and Utopia* (New York: Basic Books).

Nozick, Robert (1993). *The Nature of Rationality* (Princeton: Princeton University Press).

Orlovsky, S. A. (1978). "Decision Making with a Fuzzy Preference Relation," *Fuzzy Sets Systems*, 1: 155 – 167.

Ostrom, Elinor (1990). *Governing the Commons: The Evolution of Institutions for Collective Action* (Cambridge: Cambridge University Press).

Ostrom, Elinor (1998). *The Comparative Study of Public Economies* (Memphis: P. K. Seidman Foundation).

Parfit, Derek (1984). *Reasons and Persons* (Oxford: Clarendon Press).

Pattanaik, Prasanta K. (1971). *Voting and Collective Choice* (Cambridge: Cambridge University Press).

Pattanaik, Prasanta K. (1978). *Strategy and Group Choice* (Amsterdam: North-Holland).

Pattanaik, Prasanta (1980). "A Note on the Rationality of Becoming and Revealed Preference," *Analyse & Kritik*, 2.

Pattanaik, Prasanta K., and Kunal Sengupta (1995). "On the Structure of Simple Preference Based Choice Functions," mimeo, University of California at Riverside; subsequently published in *Social Choice and Welfare*, 17: 33 – 43 (2000).

Peleg, Bezalel (1984). *Game Theoretic Analysis of Voting in Committees*

(Cambridge: Cambridge University Press).

Pigou, Arthur C. (1920). *The Economics of Welfare* (London: Macmillan).

Pigou, Arthur C. (1952). *The Economics of Welfare*, revised 4th ed. (London: Macmillan).

Plott, Charles R. (1973). "Path Independence, Rationality and Social Choice," *Econometrica*, 45.

Pollak, Robert (1976). "Interdependent Preferences," *American Economic Review*, 66 (3): 309 - 320.

Posner, Richard (1987). "The Law and Economics Movement," *American Economic Review*, Papers and Proceedings, 77.

Posner, Richard, and F. Parisi (1997). "Law and Economics: An Introduction," in R. Posner and F. Parisi, eds. , *Law and Economics*, vol. 1 (Lyme: Elgar).

Putnam, Hilary (1996). "Uber die Rationalitat von Praferenzen," *Allgemeine Zeitschrift fur Philosophie*, 21. 3.

Putnam, Robert (1993). *Making Democracy Work* (Princeton: Princeton University Press).

Rabin, Matthew (1993). "Incorporating Fairness into Game Theory and Economics," *American Economic Review*, 83: 1281 - 1302.

Rabin, Matthew (1998). "Psychology and Economics," *Journal of Economic Literature*, 36: 11 - 46.

Raiffa, Howard (1968). *Decision Analysis: Introductory Lectures on Choice Under Uncertainty* (New York: Random House).

Ramsey, Frank P. (1931). *Foundations of Mathematics and Other Logical Essays* (London: Kegan Paul).

Rawls, John (1971). *A Theory of Justice* (Cambridge, Mass. : Belknap Press of Harvard University Press).

Rawls, John, et al. (1987). *Liberty, Equality and Law: Selected Tanner Lectures on Moral Philosophy*, ed. Sterling M. McMurrin (Salt Lake City: University of Utah Press, and Cambridge: Cambridge University Press).

Rawls, John (1999a). *The Law of Peoples* (Cambridge, Mass. : Harvard University Press).

Rawls, John (1999b). *Collected Papers*, ed. S. Freeman (Cambridge, Mass. : Harvard University Press).

Rawls, John (2001). *Justice as Fairness: A Restatement*, ed. E. Kelly (Cambridge, Mass. : Harvard University Press).

Rothschild, Emma (2001). *Economic Sentiments: Adam Smith, Condorcet, and the Enlightenment* (Cambridge, Mass. : Harvard University Press).

Rothschild, Michael, and Joseph Stiglitz (1976). "Equilibrium in Competitive Insurance Markets: An Essay on the Economics of Imperfect Competition," *Quarterly Journal of Economics*, 90.

Samuelson, Paul A. (1938). "A Note on the Pure Theory of Consumers' Behaviour," *Economica*, 5.

Satterthwaite, Mark A. (1975). "Strategy-Proofness and Arrow's Conditions: Existence and Correspondence Theorems for Voting Procedures and Social Welfare Functions," *Journal of Economic Theory*, 10 (2): 187 - 217.

Satz, Debra, and John Ferejohn (1994). "Rational Choice and Social Theory," *Journal of Philosophy*, 91.

Scanlon, Thomas (1982). "Contractualism and Utilitarianism," in A. Sen and B. Williams, eds. , *Utilitarianism and Beyond* (Cambridge: Cambridge University Press).

Scanlon, Thomas (1998). *What Do We Owe to Each Other?* (Cambridge, Mass. : Harvard University Press).

Scheffler, Samuel, ed. (1988). *Consequentialism and Its Critics* (Oxford:

Oxford University Press).

Schelling, Thomas C. (1960). *The Strategy of Conflict* (Oxford: Clarendon Press).

Schelling, Thomas C. (1984). "Self-command in Practice, in Policy, and in a Theory of Rational Choice," *American Economic Review*, 74.

Schick, Fred (1984). *Having Reasons: An Essay on Rationality and Sociality* (Princeton: Princeton University Press).

Schwartz, Thomas (1976). *The Logic of Collective Choice* (New York: Columbia University Press).

Scitovsky, Tibor (1976). *The Joyless Economy* (Oxford: Oxford University Press).

Searle, John (2001). *Rationality in Action* (Cambridge, Mass.: MIT Press).

Sen, Amartya K. (1970a). *Collective Choice and Social Welfare* (San Francisco: Holden Day; republished, Amsterdam: North-Holland, 1979).

Sen, Amartya K. (1970b). "Interpersonal Comparison and Partial Comparability," *Econometrica*, 38; see also "A Correction," *Econometrica*, 40 (1972). Reprinted in Sen (1982a).

Sen, Amartya K. (1971). "Choice Functions and Revealed Preference," *Review of Economic Studies*, 38. Reprinted in Sen (1982a).

Sen, Amartya K. (1973). "On the Development of Basic Income Indicators to Supplement the GNP Measure," *United Nations Economic Bulletin for Asia and the Far East*, 24.

Sen, Amartya K. (1974). "Choice, Ordering and Morality," in S. Korner, ed., *Practical Reason* (Oxford: Blackwell), 4 – 67; reprinted in Sen (1982a).

Sen, Amartya K. (1977a). "Social Choice Theory: A Re-examination," *Econometrica*, 45. Reprinted in Sen (1982a).

Sen, Amartya K. (1977b). "On Weights and Measures: Informational Constraints in Social Welfare Analysis," *Econometrica*, 45. Reprinted in Sen (1982a).

Sen, Amartya K. (1977c). "Rational Fools: A Critique of the Behavioral Foundations of Economic Theory," *Philosophy and Public Affairs*, 6. Reprinted in Hahn and Hollis (1979), Sen (1982a), and Mansbridge (1990).

Sen, Amartya K. (1980). "Equality of What?" *The Tanner Lectures on Human Values* (Salt Lake City: University of Utah Press, and Cambridge: Cambridge University Press). Reprinted in Sen (1982a) and Rawls et al. (1987).

Sen, Amartya K. (1981). "Public Action and the Quality of Life in Developing Countries," *Oxford Bulletin of Economics and Statistics*, 43.

Sen, Amartya K. (1982a). *Choice, Welfare and Measurement* (Oxford: Blackwell, and Cambridge, Mass. : MIT Press; republished, Cambridge, Mass. : Harvard University Press, 1997).

Sen, Amartya K. (1982b). "Rights and Agency," *Philosophy and Public Affairs*, 11. Reprinted in Scheffler (1988) and in the companion volume, *Freedom and Justice*, forthcoming.

Sen, Amartya K. (1984). *Resources, Values and Development* (Oxford: Blackwell; republished, Cambridge, Mass. : Harvard University Press, 1997).

Sen, Amartya K. (1987a). *On Ethics and Economics* (New York: Blackwell).

Sen, Amartya K. (1987b). *The Standard of Living* (Cambridge: Cambridge University Press).

Sen, Amartya K. (1996). "Is the Idea of Purely Internal Consistency of Choice Bizarre?" in J. E. J. Altham and T. R. Harrison, eds. , *World , Mind and Ethics: Essays on the Ethical Philosophy of Bernard Williams* (Cambridge:

Cambridge University Press）.

Sengupta，Kunal （1998）. "Fuzzy Preference and Orlovsky Choice Procedure," *Fuzzy Sets Systems*，93：231–234.

Sengupta，Kunal （1999）. "Choice Rules with Fuzzy Preferences：Some Characterizations," *Social Choice and Welfare*，16：259–272.

Simon，Herbert （1955）. "A Behavioral Model of Rational Choice," *Quarterly Journal of Economics*，59.

Simon，Herbert （1957）. *Models of Man* （New York：Wiley）.

Simon，Herbert （1979）. *Models of Thought* （New Haven：Yale University Press）.

Slote，Michael （1983）. *Goods and Virtues* （Oxford：Clarendon Press）.

Smith，Adam （1790）. *The Theory of Moral Sentiments* （London：T. Cadell; republished，Oxford：Clarendon Press，1976）.

Spence，Michael （1973a）. "Job Market Signalling," *Quarterly Journal of Economics*，87.

Spence，Michael （1973b）. "Time and Communication in Economic and Social Interaction," *Quarterly Journal of Economics*，87.

Stewart，Frances （1985）. *Basic Needs in Developing Countries* （Baltimore：Johns Hopkins University Press）.

Stiglitz，Joseph E. （1973）. "Approaches to the Economics of Discrimination," *American Economic Review*，63.

Stiglitz，Joseph E. （1985）. "Information and Economic Analysis：A Perspective," *Economic Journal*，95.

Streeten，Paul （1981）. *Development Perspectives* （London：Macmillan）.

Streeten，Paul，and S. J. Burki （1978）. "Basic Needs：Some Issues," *World Development*，6.

Streeten，Paul，Shahid J. Burki，Mahbub ul Haq，Norman Hicks，and

Frances Stewart (1981). *First Things First*: *Meeting Basic Needs in Developing Countries* (New York: Oxford University Press).

Sugden, Robert (1981). *The Political Economy of Public Choice* (Oxford: Martin Robertson).

Sugden, Robert (1993). "Welfare, Resources, and Capabilities: A Review of *Inequality Reexamined* by Amartya Sen," *Journal of Economic Literature*, 31: 1947 – 1962.

Suzumura, Kotaro (1983). *Rational Choice, Collective Decisions and Social Welfare* (Cambridge: Cambridge University Press).

Suzumura, Kotaro (1995). *Competition, Commitment, and Welfare* (Oxford: Clarendon Press).

Suzumura, Kotaro (1999). "Consequences, Opportunities and Procedures," *Social Choice and Welfare*, 16.

Taylor, Charles (1995). *Philosophical Arguments* (Cambridge, Mass.: Harvard University Press).

Thaler, Richard (1991). *Quasi Rational Economics* (New York: Russell Sage Foundation).

Thirwall, A. P. (1999). *Growth and Development*, 6th ed. (London: Macmillan).

van der Veen, Robert (1981). "Meta-rankings and Collective Optimality," *Social Science Information*, 20.

Walsh, Vivian C. (1954). "The Theory of the Good Will," *Cambridge Journal*, 7.

Walsh, Vivian C. (1987). "Philosophy and Economics," in J. Eatwell, M. Milgate, and P. Newman, eds. , *The New Palgrave*: *A Dictionary of Economics* (London: Macmillan).

Walsh, Vivian C. (1994). "Rationality as Self-interest versus Rationality as Present Aims," *American Economic Review*, 84.

Walsh, Vivian C. (1995 - 1996). "Amartya Sen on Inequality, Capabilities and Needs," *Science and Society*, 59.

Walsh, Vivian C. (1996). *Rationality, Allocation and Reproduction* (Oxford: Clarendon Press).

Walsh, Vivian C. (2000). "Smith after Sen," *Review of Political Economy*, 12.

Weibull, Jorgen (1995). *Evolutionary Game Theory* (Cambridge, Mass.: MIT Press).

Werhane, Patricia H. (1991). *Adam Smith and His Legacy for Modern Capitalism* (New York: Oxford University Press).

Williams, Bernard (1985). *Ethics and the Limits of Philosophy* (Cambridge, Mass.: Harvard University Press).

Williamson, Oliver (1985). *The Economic Institutions of Capitalism* (London: Macmillan).

Yaari, M. E. (1977). "Endogenous Changes in Tastes: A Philosophical Discussion," *Erkenntnis*, 11.

Zamagni, Stefano (1988). "Introduzione," in Amartya Sen, *Scelta, Benessere, Equita* (Bologna: Il Mulino), 5 - 47.

Zamagni, Stefano, ed. (1995). *The Economics of Altruism* (Aldershot: Elgar).

Zimmerman, Hans-Jurgen (1991). *Fuzzy Set Theory and Its Applications*, 2nd ed. (Boston: Kluwer).

注释

[1] 参见 Arrow (1951a)。在这个主题上出现了大量的著作和论文；专著有 Sen (1970a), Pattanaik (1971), Fishburn (1973), Schwartz (1976), Kelly

（1978），Laffont（1979），Moulin（1983），Suzumura（1983），Arrow，Sen and Suzumura（1996），上面提到的只是一小部分。

［2］Arrow（1951a，p. 18）。这一宽泛概括包括了个人选择的理性和社会选择的理性。关于这一问题参见 Sen（1970a，ch. 1，ch. 1*）。

［3］当然，坚持不同解释的一致性与对一个既定概念（比如"偏好"）的替代性解释是不同的。关于这一点参见第 20 章（阿罗讲座第 1 篇）。

［4］"理性的白痴"这一概念近来已经得到广泛的使用，也许有必要在这里补充一句，在我那篇《理性的白痴》（Sen，1977c）所表达的概念中，"理性的白痴"并不仅仅指个人的自我中心观念。一个人以自我为中心，或者自私自利并不必然愚痴，虽然他可能存在某种道德或政治上的过失。"愚痴"这一症状专门与"定义装置"相关，因为这种定义不允许个人拥有区分各种虽相互关联但性质不同的问题的自由，并要求他必须永远对这些不同问题给出同一个答案。一个人自利，但并不必然愚痴，但没有思考自己是否自利（以及自利的程度）的自由，则是对理性的严重限制。

［5］Green（1881，p. 370）。还参见 Green（1907）。

［6］将福利经济学建构于帕累托效率之上并不超越效用这一概念的范围，虽然在这里效用已经成为一个极其贫乏的概念，其中既不包括人际比较，也没有基数性。阿罗的"不可能定理"可以被视为是在这样一种知识缺隙中提出来的，即在一个极其有限的形式下（不含有人际比较），非效用信息的排除与效用信息的运用两种情况同时出现。关于这一问题，参见本书第 11 章"规范选择中的信息与不变性"。

［7］参见有关最优税收（如 Mirrlees，1971）或不平等的规范测量（如 Atkinson，1983）的文献。

［8］对这些实践标准的运用可以追溯到很久以前，但真正发生实质进展的是联合国开发计划署（UNDP）由哈克（Mahbub ul Haq）所主持的《人类发展报告》中的"人类发展"指标的普遍采用。关于这类标准的文献极其繁多，其中包括 Pigou（1920），Adelman and Morris（1973），Sen（1973，1981），

Bardhan（1974），Adelman（1975），Herrera et al.（1976），Grant（1978），Griffin（1978），Streeten and Burki（1978），Morris（1979），Chichilnisky（1980），Anand and Sen（1996，1997），Floud and Harris（1996），Crafts（1997a，1997b），Mehrotra and Jolly（1997），此外还有很多著作。

［9］尤其参见另一卷书《自由与正义》中所收录的《福利与自由》《正义：手段与自由》《能力和福利》。我在题为"何种正义？"（Sen，1980）和"生活标准"（Sen，1987b）的两组特纳讲座中也提出了这种看法。

［10］尽管自由经常以一种纯粹程序的方式被定义，但在自由思想的传统表述中实际机会也具有极其重要的地位［比如约翰·斯图亚特·穆勒的《论自由》（Mill，1859）所提出的观点］。我们将在第 2 章"社会选择的可能性"、第 12 章"自由与社会选择"、第 21 章"过程、自由与权利"中对此进行讨论。

［11］关于它们之间的相互关联，还可参见 Suzumura（1999）。

［12］甚至米尔顿·弗里德曼对"自由选择"的分析虽有着程序方面的含义，但最终的落脚点仍放在了个人选择的机会上。然而，弗雷德里希·哈耶克（Hayek，1960）和詹姆斯·布坎南（Buchanan，1986）以及一些年轻的经济学家如罗伯特·萨格登（Sugden，1981，1993）则明确给过程赋予了实质性的意义。

［13］对积极自由和消极自由的划分可以作出几种不同的解释。伯林（Isaiah Berlin，1969）在这方面有经典表述，他集中探讨了个人缺乏能力获取某些事物是由于外在的约束或阻碍（这是消极自由的主题），抑或是个人内在的限制（这是积极自由的主题）。我在 1984 年的杜威讲座中的末篇《自由和中介》（被收入《自由与正义》）中提出了一些命题，对积极自由和消极自由一并作出分析。

［14］可参见 Frankfurt（1971），Jeffrey（1974），Baigent（1980），Majumdar（1980），Pattanaik（1980），van der Veen（1981），Hirschman（1982），McPherson（1982）以及 Margolis（1982），除此之外还有许多文献。

［15］希托夫斯基（Tibor Scitovsky，1976）讨论了审慎的趣味形成［它超

越了"内在兴趣（endogenous tastes）"的一般概念］的重要性："不同的消费
技术促成了不同的激励源泉，每一种技术都赋予我们以更大的自由选择我们
个人认为是最喜欢和最刺激的东西，从而描绘出一种充满新奇和长久享受的
前景"（p. 235）。正如希托夫斯基所注意到的，音乐、绘画、文学和历史都提
供了将自由与改变自己偏好的希望相联结的可能。

［16］第三次杜威讲座（《自由和主体》）详细讨论了这一问题，见本书的
姊妹篇《自由与正义》。

［17］我在杜威讲座中讨论了这一问题，参见《自由与正义》。

［18］关于这一问题见第 4 章"最大化与选择行动"，还可参见 Sen
（1970a）。对于不完全偏好（或"未解决的内心冲突"）的另一种研究方法可参
见 Levi（1986）。

［19］当偏好排序具有"模糊性"时，要确定一种最优或最大化的选择就
很困难，因为我们并不清楚一种选择是否属于"至少像其他选择一样好"这一
类，或者"比其他选择并不差"这一类。由于模糊性在复杂方案排序中的重要
性，模糊偏好的理性选择已经成为一个重要的研究领域。参见 Orlovsky
（1978），Basu（1984），Barrett and Pattanaik（1985），Dutta，Panda and Pat-
tanaik（1986），Kolodziejczyk（1986），Barrett，Pattanaik and Salles（1990），
Banerjee（1993），Pattanaik and Sengupta（1995），Dasgupta and Deb（1996），
Sengupta（1998，1999），等等。

［20］关于布利丹的驴子的故事，另有一个更为普通，但也不那么有趣的
版本。故事说驴子没有能力在两者之间作出选择，是因为这两堆干草对它而
言是无差异的，它因此而饿死。但即使作为一头驴子，它也知道，如果这两
堆干草确实一样好，那么任意一堆干草都会是"最好的"，并且无论它选择其
中的哪一堆，它都不存在任何明显的损失。只有当偏好是不完备的，并且驴
子无法在这两堆干草中排序（而不是考虑这两堆干草的无差异性）的时候，
这一决策问题才会变得有趣。

〔21〕参见 Sen（1993a）和 Baigent and Gaertner（1996）。还可参见 Gaertner and Xu（1997，1999a，1999b）。

〔22〕虽然许多存在显著区别的一致性条件在数学上是等价的，但在选择函数的相应属性以及由此"显示出的"偏好方面，仍然可以区分出许多类不同的一致性要求。这个方面的讨论可以参见 Sen（1971），此外还有 Arrow（1959），Hansson（1968），Herzberger（1973），Plott（1973），Schwartz（1976），Basu（1980），Deb（1983），Suzumura（1983），Moulin（1985），Levi（1986），Kreps（1988），等等。

〔23〕当然，也可能以某种方式定义内在一致性的属性，从而使它符合某种特定的最大化行为（比如与菜单无涉的数值函数的最大化），但除非给最大化目标留下解释的余地，其要求条件并不需要有动机上的证明。关于这一点可参见第 3、4 章。

〔24〕第 3 章"选择的内在一致性"将更广泛地讨论这一问题。第 6 章"理性与不确定性"和第 7 章"非二元选择与偏好"将严格地探讨选择函数的内在属性。森（1996）指出，选择的内在一致性不仅概念含糊不清，而且事实上有些"稀奇古怪"。

〔25〕关于理性选择中所蕴涵的各种复杂推理存在着许多文献，比如 Schelling（1960，1984），Plott（1973），Hammond（1976，1977），Schwartz（1976），Pollak（1976），Yaari（1977），Elster（1979，1983），Basu（1980，2000），Machina（1981），Slote（1983），Akerlof（1984），Parfit（1984），Levi（1986），Frank（1985，1988），McClennen（1990，1998），Dixit and Nalebuff（1991），Thaler（1991），Anand（1993），Walsh（1994，1996），Putnam（1996），Hamilton（1999，2000），等等。

〔26〕此外还有相当重要的"有限理性"问题〔西蒙（Simon，1957，1979）对此论述尤详〕，当对应选择可能以非常复杂的形式出现时，这很轻易就会使所谓的"内在一致性"条件归于无效。

［27］参见 Sen（1987a，ch. 1）。

［28］关于斯密对于经济和社会的一般观点的讨论可参见 Rothschild（2001）。《自由与正义》中的一些篇章将进一步考察斯密的道德情操和政治哲学观。

［29］沃海恩（Werhane，1991）和格里斯沃尔德（Griswold，2000）启人深思地分析了亚当·斯密的广泛关怀。

［30］参见 Arrow（1951b）和 Debreu（1959）。对于这一问题的讨论可参见 Arrow and Hahn（1971）。无论如何，有可能放松部分条件，而不失其结论的有效性（比如，可以满足对他人的互相关心条件）。此外，如果根据偏好满足的区间来定义效率，并且更有挑战性的方式是，以自由的机会层面的非占优性来定义效率，那么仍然有可能去掉自利假设（以及相应的外部性的否定），却不失一般竞争均衡的有效性。参见第 17 章"市场与自由"。

［31］关于这一问题，参见 Nagel（1970，1996），Akerlof（1984），Schick（1984），Mansbridge（1990），Meeks（1991），Anderson（1993），Hausman and McPherson（1996），Nozick（1993），Brittan and Hamlin（1995），Zamagni（1995），Walsh（1996），Scanlon（1997），Ben-Ner and Putterman（1998），等等。

［32］参见 Kreps，Milgrom，Roberts and Wilson（1982），Fudenberg and Tirole（1982），Axelrod（1984），Fudenberg and Maskin（1986，1990），Binmore（1994），Weibull（1995），等等。

［33］比如，参见 Kreps and Wilson（1982）。

［34］关于"行动中的理性"，还可参见 Searle（2001）。

［35］尤其参见 Maynard Smith（1982）和 Weibull（1995）。关于经济合作（以及与不同动机的关系）的一般问题，参见 Moulin（1988，1995），Rabin（1993，1998），Suzumura（1995），Lewin（1996），等等。Ben-Ner and Putterman（1998）编辑的一本论文集探讨了审慎、理性与合作的关系。

［36］参见第 4 章"最大化与选择行动"以及 Nagel（1970，1996），Za-magni（1995），Scanlon（1997），Walsh（1996），等等。

［37］例如，参见 Elinor Ostrom（1990，1998），Robert Putnam（1993）和 Judith Blau（2001b）。

［38］参见 Douglas North（1981，1990），其中论述了制度及其与行动和社会互动的关系。还可参见 Machan（2000）。

［39］这里所涉及的哲学问题除了可参见 Rawls（1971，1999），还可参见 Nagel（1970，1996），Nozick（1993），Scanlon（1997），等等。

［40］对于显示偏好理论的先驱性贡献来自 Paul Samuelson（1938）。这一理论仍然富有启迪意义和实用性，我们无须将显示的最大化目标定义为选择者的自利或福利（参见 Sen，1982a）。

［41］我在第 4 章"最大化与选择行动"中指出，RCT 通常回避了选择行为中一些重要的复杂物（如偏好的不完备性和菜单依赖性），这些本来也可以通过最大化的分析而被置于最大化的框架之中。

［42］Posner and Parisi（1997），p. xii.

［43］还可参见 Elizabeth Anderson（1993），其对 RCT 做了广泛的一般性批评。

［44］Simon（1955，1979）。本书第 3 章"选择的内在一致性"和第 4 章"最大化与选择行动"将讨论与此相关的一些问题。

［45］具体参见 Kahneman，Slovik and Tversky（1982），还可参见 Thaler（1991）。

［46］参见 Schelling（1984）的第 3 章"自制的密切竞争"和第 4 章"伦理、法与自制的运用"。

［47］参见 Becker（1976，1996）。

［48］关于"同情"与"承诺"之间的区别参见 Sen（1977c）。在自利（允许同情的存在）与以自我为中心（不允许同情的存在）之间存在对立，而承诺则超越这两者。

［49］在将许多非以自我为中心的特征置于个人的兴趣和偏好的形式和运用方面，可参见加里·贝克尔（Becker，1996）对自己的分析所做的扩展。

［50］事实上，我们可以对"最大化"给予比通常的做法更广泛的处理。萨茨和费里琼恩注意到，"在一个完全和相容的偏好中实现最大化的人类理性能力的概念在心理学上是不现实的"，但仍然认为，"理论并不需要直接建立于任何理性人类心理学的基础之上"（p.74）。但更基础性的问题是，偏好完备性的不必然存在以及选择行为中未必具有所谓显示偏好的二元相容性，若使行为在一个最大化框架中得到充分的理解，它就必须容许偏好的不完备性以及菜单依赖性。参见第 4 章"最大化与选择行动"以及 Lewin（1996），Rabin（1998）。

［51］第 17 章"市场与自由"指出，在去掉 RCT - 2 和 RCT - 3 条件下的自由区间中，一般竞争均衡仍然有效。

［52］为清晰起见，这里所给出的描述与我在第 5 章"目标、承诺与认同"的概括略有差异，但基本内容并无不同。

［53］这主要运用于标准的阿罗-德布鲁范式的一般均衡理论中（参见 Arrow，1951b；Debreu，1959）。

［54］内格尔（Nagel，1970）很早就对这一问题给出了一个明白晓畅的精彩辨析。

［55］还可参见 Mansbridge（1990），Anderson（1993）以及 Hausman and McPherson（1996）。

［56］比如，参见 Akerlof（1970，1984）、Spence（1973a，1973b）、Stiglitz（1973，1985）、Rothschild and Stiglitz（1976）以及 Grossman and Stiglitz（1980）。

［57］尤其参见 Simon（1955，1957，1979）。

［58］关于这一问题的极为有益的论文集，参见 Arrow，Colombatto，Perlman and Schmidt（1996）。还可参见 Anand（1993）。

［59］还可参见 Arrow，Colombatto，Perlman and Schmidt（1996）所收录

的 Avishai Margalit and Menahem Yaari（1996）所提出的关于我们认识不确定
性及其含义的根本性问题以及对奥曼（Robert Aumann，1976，1982）的经典
性解释所作的评述。阿罗等人（Arrow et al.，1996）所收录的我的一篇文章
也对此做了评论。

［60］我先前指出，这就是我们为什么必须超越德布拉·萨茨和约翰·费
里琼恩的主张的理由，他们认为："全部形式理性所要求的是，行动者的行动
应当解释成似乎他在最大化其偏好"（p.75）。我们还需要更多的东西。但也
许萨茨和费里琼恩不过是试图在"形式理性"个相与理性共相之间作出区分
（虽然他们并未概括后者的含义）。

［61］在此我应当补充一句，由于波斯纳并未采取理性的一般最大化观，
而持自利最大化观，审查"选择者的目的"也应当是他的理性观的内容。这
位固执的砍脚趾者最终无法成为一个"其（最终）满足的理性最大化者"［波
斯纳使用的另一个关于理性的表述（Posner，1987，p.5）］。

［62］参见 Rawls（1971，1999b，2001）。还可参见 Scanlon（1982，
1998）、Erin Kelly（1995）以及 Erin Kelly and Lionel McPherson（2001）。

［63］正如罗伯特·诺齐克（1993）所指出的，"理性使我们对自己的行
动、情感以及这个世界有了更多的了解和掌握"（p.171）。诺齐克（1993）的
分析在理性选择的范围与运用上提供了许多洞见邃识，在他那里，这种方法
并未仅仅归结为某些机械公式。还可参见较早的经典著作 Luce and Raiffa
（1957）和 Raiffa（1968）。

［64］这方面产生了许多文献，由卡纳曼、斯罗维克和特韦尔斯基所作的广
泛的经验研究提供了对实际行为偏离理性要求的分析，参见 Kahneman，Slovik
and Tversky（1982）。麦克法登（McFadden，1999）也论述了实际行为为什么
会偏离以及如何偏离理性的各种情况。

［65］羊群的行为可以由这类过程引发，而在这方面人类则会质疑，但又
试图累积性地复制一个错误的假设。参见 Banerjee（1992）。

［66］在社会选择理论与博弈的策略分析之间存在许多相关之处，关于这

一问题参见 Gibbard（1973），Satterthwaite（1975），Maskin（1976，1985，
1995），Kalai and Muller（1977），Pattanaik（1978），Green and Laffont
（1979），Laffont（1979），Laffont and Maskin（1982），Moulin（1983，
1995），Peleg（1984），Binmore（1994），Dutta（1996），Maskin and Sjostrom
（1999），等等。

［67］参见 Sen（1974，1982a），Parfit（1984），Akerlof（1984），Hurley
（1989），McClennen（1990），Brittan and Hamlin（1995），Ben-Ner and
Putterman（1998），这些文献探讨了合作理由的不同类型。

［68］理性史从浩繁的制度文献中获益甚多，这些制度文献极大地丰富了
我们对相互依赖行动和关联组织框架的可能性和有效性的认识（参见 William-
son，1985；North，1990；Ostrom，1990；Blau，2001，等等）。

［69］比如，参见 Mueller（1989），Broome（1991），Dasgupta（1993）。

［70］一些这类的例子散见本书的第五部分"观点与政策"，包括第15章
"位置客观性"、第16章"论达尔文的进步观"、第17章"市场与自由"、第
18章"环境评估与社会选择"和第19章"成本收益分析方法"。在姊妹篇
《自由与正义》中也有不少政策分析和实践推理的例子。

［71］诺齐克（Robert Nozick，1993）启人深思地阐述了这一区别的意义。

［72］关于这一问题，参见 Bernard Williams（1985）。

［73］还应当指出的是，在实施这一审查的时候，其他人的经验和认识也
大有助益。诚然，其他人的经验和认识对人们的关注有一定的要求。但最终
而言，这人——成年的能够负责的人——必须自己从他人那里学得智慧并将
其嵌入他本人的评价和审查。

［74］参见 Levi（1986），以及本书第3、4章。

［75］可能会引起纷争的是理性必须遵从合理审查的观点，而不是为什么
人们需要使用推理这一更基础的问题。我把后面这一问题留给读者自己（并
且不会追问他拒绝推理的理由）。

［76］对于自利最大化的理性观来说也存在着一个相似的可判定性（decidability）问题。审查的合理也许远非那么简单（参见 Howard Raiffa，1968；Luce and Raiffa，1957）。许多自利方法没有去致力解决实质性问题（包括检验人们是否真的明智地追求他们各自的利益），而只不过是"假定"如此，并把实际选择所显示出来的"最大化目标"视为人们的自利（与前面讨论的 RCT-2 相对应）。实际行为与可能行为之间的差距可参见 Kahneman，Slovik and Tversky（1982），Thaler（1991），Jolls，Sunstein and Thaler（1998），McFadden（1999），等等。

第 2 章
社会选择的可能性*

据说，"委员会要规划设计一匹马，结果却出来一只骆驼"。这话听起来好像是委员会决策所具有的可怖缺陷的铁证，但事实上这只是一个过于温和的控诉。骆驼虽然不具备马那样的速度，但毕竟是一种极其有用并能与人和谐相处的动物——它很适合于在缺乏食物和水的情况下长途跋涉。委员会必须反映其成员的形形色色的愿望，在设计马时很容易落入某种不协调的结论中：也许是希腊神话中的肯陶洛斯，或者其他什么半人半马的怪物——由墨丘利神混合野性而成的创造物。

当一个"民有、民治、民享"的大规模社会作出决策时，它将面临比一个小小委员会更大的困难。而这大抵就是"社会选择"的主题，这一广泛的框架蕴涵着各种问题，它们都涉及与社会或群体成员的观点和利益相关的社会判断和群体决策。如果说有一个可以视为社会选择理论的中心问题的话，那就是：在社会中不同个人所面临的给定偏好、关怀和困境情况下，如何达致恰切的社会总和判断（aggregative judgements）[比如，"社会福利""公共利益"或"总和贫困"（aggregate poverty）]？我们如何才能为诸如"社会更

* 我非常感谢 Sudhir Anand，Kenneth Arrow，Tony Atkinson，Emma Rothschild，Kotaro Suzumura，他们提出了有益的评论和建议。此外，我还获益于与下面这些学者的讨论：Amiya Bagchi，Pranab Bardham，Kaushik Basu，Angus Deaton，Rajat Deb，Jean Drèze，Bhaskar Dutta，Jean-Paul Fitoussi，James Foster，Siddiq Osmani，Prasanta Pattanaik，Tony Shorrocks，等等。本文是 1998 年 12 月 8 日于斯德哥尔摩举行的诺贝尔经济学奖颁奖典礼上的讲话，由诺贝基金会授权收入本书。

偏好于此而不是彼""社会将选择此而不是彼"或"这是社会正义"之类的总和判断提供理性的基础？合理的社会选择是否可能，尤其是在——很久以前贺拉斯（Horace）就已注意到——"有多少人就有多少偏好"的情况下？

1. 社会选择理论

在此，我将讨论将社会选择理论视为一门学科时所面临的某些挑战与基础性问题。[1]当然，我也意识到，这是一个颁奖典礼的场合，我必须以某种形式将我所要阐述的内容与此联系起来（否则那未免过于唐突了）。我将尽力做到这一点，但同时我也相信，此时讨论作为方法的社会选择理论中的某些一般性问题，包括其内容、相关性及范围，这也是一个不错的时刻，我将不放过这个机会。瑞典皇家科学院认为我凭以获奖的研究领域是"福利经济学"，它包括三个分支领域：社会选择、分配和贫困。我确实以不同的方式研究过这些主题，但是只有社会选择理论——阿罗（1951）的开创性研究给这一理论赋予了现代形式[2]——才为对各种社会可能性的评价和选择（其中尤其包括对社会福利、不平等和贫困的估价）提供了一个一般性的方法。因此，我认为，在这一颁奖典礼上，我有充足的理由集中讨论社会选择理论。

社会选择理论是一门包容非常广泛的学科，涵盖各种不同的问题，因此有必要在此提及它的几个主题（我曾很荣幸地在这些问题上作出一些研究）。什么情况下**多数规则**能产生明确而一致的决定？根据不同成员的不同利益，我们如何才能判断**社会整体**运行良好？我们应如何根据社会成员各自所面临的不同困境与悲苦来测度**总和贫困**？我们应如何在适当承认人们的偏好各异的情况下保证人们的

权利和自由？我们应怎样估价诸如自然环境或流行病防治之类的公共物品的社会价值？此外，还有些研究（如对灾荒与饥饿的研究、性别不平等的形式或结果，以及被视为"社会承诺"的个人自由的要求等）虽然并非直接属于社会选择理论的内容，但通过群体决策的研究而获得的认识对它们也大有助益。社会选择的范围与意义由此可以广泛地扩展。

2. 社会选择理论的起源与建构悲观主义

社会选择理论是如何起源的呢？很久以来，人们一直注意到面临着各种利益和关怀的社会决策。比如，同时生活在公元前 4 世纪的古希腊的亚里士多德和古印度的考底利耶就分别在他们各自名为《政治学》（*Politics*）和《经济学》（*Economics*）的书中探讨过社会选择的各种建设性的可能途径。[3]

但是，作为一种系统方法的社会选择理论，其真正形成的时间是法国大革命前后。18 世纪晚期的法国数学家如 J. C. 博尔达（1781）和孔多塞侯爵（1785）率先提出了这一主题，并致力于以相当数学化的方式来研究这些问题，由此确立了在投票及相关程序问题上的社会选择这样一种形式方法。欧洲启蒙运动致力于探讨社会秩序的理性建构，它对这一时期的学术氛围有着很大的影响。而某些社会选择理论家，其中尤以孔多塞著称，都堪称法国大革命的精神领袖。

但是，法国大革命并未给法国带来一个安宁的社会秩序。尽管它在改变整个世界的政治进程方面树立了里程碑式的功绩，但它给法国不仅带来了冲突与流血，而且也导致了人们经常称之为——并不准确的——"恐怖统治"的时代。尤其可惜的是，许多社会合作理论家，他们曾致力于阐发和宣传之所以支持大革命的种种理念，却殒于大革命所释放出来的疯狂火焰之中（其中包括孔多塞，他在很可能被处死的关头以自杀结束生命）。在理论和分析层次上得以深入研究的社会选择的种种问题，在此时此刻，并未得到和平与理智的解决。

激起早期社会选择理论家的研究热情的动机之一就是避免各种社会选择安排的不稳定性和武断性。他们的研究目标集中于创立一个框架，用于群体的理性和民主决策，它对其所有成员的偏好和利益给予了适当的关注。即便如此，理论上的探讨也往往得出了相当悲观的结论。比如说，他们指出，多数选择中 A 优于 B，同时根据多数规则 B 也优于 C，而 C 又反过来优于 A，此时多数规则就是完全不一致的。[4]

19 世纪的欧洲仍然有相当多的文献探讨这一问题（它们往往也带着悲观色彩）。某些才华横溢的学者也进入这一领域，试图解答社会选择的各种难题，其中包括《爱丽丝梦游仙境》的作者刘易斯·卡罗尔（Lewis Carroll）［参见 C. L. Dodgson（真名），1874，1884］。

阿罗（1951）在 20 世纪重新复兴了社会选择这一主题，他极其关注群体决策的困难以及所可能遇到的不一致问题。阿罗用结构化的——并且是公理式的——框架来表述社会选择这门学科（由此给社会选择赋予了现代形式），并得出一个令人惊讶的——无疑是悲观的——必然性结论，从而加重了既存的阴暗景象。

阿罗（1950，1951，1963）的"不可能定理"（确切地说，"一般可能性定理"）的表述极其精致，富有强大的逻辑力量，它表明，在一个相当大的群体中，任何社会选择程序都无法同时满足某些非常温和的合理条件。只有独裁可以避免不一致性，而这必然导致：
（1）在政治学看来，极大地牺牲了政治参与；（2）在福利经济学看
来，无法对不同群体的异质利益作出反应。两个多世纪的思想历程
似乎注定了，自启蒙运动和法国大革命的理论家中社会理性所迸发
出来的这一抱负，将面临无可逃脱的悲观前景。社会的评价、福利
经济学的计算以及统计学的结果，似乎都导向不可避免的武断或者
无可挽回的独裁。

阿罗的"不可能定理"迅速激起了广泛的兴趣（并引出了浩繁
的批评和评价文献，其中包括许多其他人所推导出的不可能性结
论）。[5]阿罗为了创设一种系统的并能运用于实际的社会选择理论而
提出了一种极端重要的建构性路径，这一路径支配了社会选择的研
究，但也有人认为它隐含着深刻的脆弱性。

3. 福利经济学的讣告

社会选择所遇到的困难在很大程度上涉及福利经济学。20 世
纪 60 年代中期，威廉·鲍莫尔（William Baumol，1965）机智地
评论道，"那些关于福利经济学的评述"散发出一种"掩饰不住的
讣告气味"（p. 2）。这无疑是对流行观点的正确解读。但正如鲍莫
尔所指出的，我们应当估计这些观点的真实性究竟如何。我们尤其
应该追问，与社会选择理论中的阿罗体系相关的悲观主义是否被视
为对福利经济学这门学科具有毁灭性的意义。

正如大家所看到的，传统的福利经济学主要由功利主义经济学
家所创立和发展（比如 Francis T. Edgeworth，1881；Alfred Mar-
shall，1890；Arthur C. Pigou，1920），它与以投票为导向的社会选
择理论走着一条不同的路径。它并未从博尔达或孔多塞那里乞得灵

感，而是从那个时代的杰里米·边沁（Jeremy Bentham）获取思想的源泉。边沁通过将不同个人的各自利益加总，率先将功利主义的计算运用于社会利益的评价。

边沁所关心的是——也是所有功利主义者关心的——社会的**总效用**。他无视这一总效用的分配，因此存在着信息上的限度，而这具有重要的伦理和政治意义。比如说，某人不幸拥有较低的从收入中获取欢愉和效用的能力（如因为残疾），那么他在这个功利主义的理想世界中，只能从一个既定的总数中分得一个较少的份额。这是单纯追求总效用最大化的必然结果［关于这一单焦优先性（uni-focal priority）的各种具体结论，参见 Sen，1970a，1973a；John Rawls，1971；Claude d'Aspremont and Louis Gevers，1977］。但是功利主义若将各种人的收益与损失进行比较，这本身就是非同小可的关怀。而这一取向还可使福利经济学更深入到信息问题的利用上——其形式是将人们之间的收益与损失进行比较，而孔多塞和博尔达尚未直接涉及这个方面。

功利主义对福利经济学的形成有着深厚的影响，后者在相当长的一段时间内几乎亦步亦趋地跟随功利主义计算。但是到了 20 世纪 30 年代，福利经济学遇到了猛烈的攻击。人们理所当然地会质疑［正如罗尔斯（1971）在构建他的正义论中所巧妙地做的那样］，功利主义对分配问题的忽视，以及它的关注仅集中于与分配无关的总效用。但是 30 年代及其以后的对福利经济学的批判并未沿着这一路径。相反，经济学家接受了莱昂内尔·罗宾斯等人的批驳（他们深受"逻辑实证主义"哲学影响），他们认为效用的人际比较（interpersonal comparisons of utility）并无科学根据，任何人的心智对其他人来说都是神秘的，人们的感觉并不存在共同的特性

（Robbins，1938，p. 636）。据此，效用福利经济学的认识论基础似乎存在无可救药的致命伤。

这时福利经济学试图将其基础建立在不同个人对社会状态的各自排序之上，而不必对效用收益与损失进行任何的人际比较（当然，也不必对不同人的总效用进行比较，这在功利主义那里也未被当一回事）。功利主义与效用福利经济学忽视了不同个人之间的效用分配（仅仅关注于效用的总和），而这一新的不存在任何人际比较的体系，则进一步削弱了社会选择理论本可以吸取的信息基础（informational base）。边沁式计算中所包含的极其有限的信息基础被进一步转化为博尔达和孔多塞的信息基础，因为不带有人际比较的个人效用排序在分析层面上极其类似于社会选择中投票信息的运用。

由于面临着这种信息上的限制，效用福利经济学不得不在 20世纪 40 年代退出舞台，而让位于所谓的"新福利经济学"，后者在社会进步上仅仅只有一个唯一的标准，即"帕累托比较"（Pareto comparison）。这一标准宣称，如果改变能够增加每个人的效用，那么肯定存在另一种更好的状态。[6] 随后大量的福利经济学著作都仅仅将注意力集中于"帕累托效用"（也就是说，确保不存在进一步帕累托改进的可能性）。这一标准根本不涉及任何**分配**问题。

进一步扩展社会福利判断就必须吸收其他标准，而艾布拉姆·伯格森（Abram Bergson，1938）和保罗·A. 萨缪尔森（1947）以他们的深邃洞识极大地拓展了这一领域。而这直接促成了阿罗（1950，1951）开创性地对社会选择理论的建构，其中将社会偏好（或决策）与个人偏好的集合关联起来，而这一关系被称为"社会福利函数"（social welfare function）。阿罗（1951，1963）继而考虑一组看上去非常温和的条件，包括：（1）帕累托效率，（2）非独裁，（3）独立性（要求对任何备选方案的社会选择必须依赖于对这些方案的偏好），（4）无限制域（要求社会选择必须是一个完备排序，具有充分的传递性，并且对每个人的可感知的偏好集合都有效）。

阿罗的不可能定理证明了，同时满足这四个条件的社会选择是不可能的。[7]为了避免这种不可能性结论，学者们试图用不同的方式来修正阿罗的条件，但是仍然存在种种困难。[8]不可能性结论的逻辑力量以及广泛的存在导致了根深蒂固的悲观情绪，它普遍弥漫于福利经济学和社会选择理论之中。这种解读是否正确呢？

4. 形式方法与非形式的推理的互补

在我进一步讨论实质性问题之前，有必要对回答这一问题及其相关问题的推理本质给予简短的评说。社会选择理论是一种广泛应用规范的数学技术（formal and mathematical techniques）的方法。那些怀疑规范的（尤其是数学的）推理方法的人往往质疑它们在讨论现实世界问题上的适用性。他们的怀疑是可以理解的，但最终仍然是错误的。将不同人的不同偏好或利益整合进一幅完整的图像的努力蕴涵了十分复杂的问题，此处如果缺乏形式上的审查，人们往往会误入歧途。当然，阿罗的不可能定理——从各方面来说都堪称这一领域的权威观点——很难在常识或非形式的推理的基础上推导出来。这一结论也适用于其定理的扩展，比方说与阿罗的立场极其接近的不可能定理，其中不含任何强加需要的社会选择的内在一致性条件（参见 Sen，1993a，定理 3）。在社会选择理论中讨论某些实质性问题的时候，我将会考虑各种很难由非形式的推理所预测到的不同结论。非形式的洞见，虽然本身是非常重要的，但绝不能取代形式的探索。当我们想检验各种将价值和明显可能的要求相结合的结论是否一致和中肯时，形式要求是不可或缺的。

这并不是否认广泛的公众交流对于社会选择理论的应用的意义。对于社会选择理论来说，形式的分析与非形式的和明晰的检验之间的相关性具有极端的重要性。我必须承认，就我自己而言，我比较迷恋于这两者之间的结合。我最关注的一些形式理念（诸如信息扩展的适当框架、局部可比性和局部排序的应用、放宽二元关系和选择函数所要求的一致性条件等）往往同时要求形式的探讨和非形式的说明以及容易为人理解的审查。[9] 我们那些发自内心的真实世界的关怀必须与规范的数学推理中的分析方法有机地结合起来。

5. 逼近可能性与不可能性

为理解不可能定理的本质及其地位，可能性与不可能性结论之间的一般关系应当引起我们的注意。当一个与社会选择相关的公理集合的所有条件都能够同时满足时，就可能会存在几种不同的发挥作用的程序，我们必须在其中作出选择。为了通过使用不同的公理来对不同的可能性作出选择，我们有必要进一步引进一些公理，直到只剩下最后一个可能的程序。这似乎有点冒险的味道。我们必须不断地排除各种可能性，并（隐含地）向不可能的境地推进。当所有可能性都被排除，亦即只剩下唯一的选择时，就可以止步了。

因此，我们必须明白，某种对一个特定社会选择方法的充分的公理证明不可避免地与不可能性比邻而居——就差那么一步了。如果它远离不可能定理（存在着不同的实证的可能性），那它肯定不能给任何特定的社会选择方法以公理式的推导。因此，我们有理由

期望，从公理式的推理中推导出的社会选择理论的种种建构性路
径，可以由不可能性结论的那边开拓出来（对立于多种可能性的一
边）。从逼近不可能性这边来说，绝不会得出任何关于社会选择理
论的脆弱性的结论。

事实上，那些追寻阿罗的道路的文献给出了不同类别的不可能
定理和实证性的可能性结论，所有这些都彼此接近。[10]因此，真正
的问题并不是不可能性的普遍存在（它永远接近于任何特殊社会选
择规则的公理式推导），而在于其所使用公理的范围及其合理性。
为获取满足合理要求的可行规则，我们还必须继续下去。

6. 多数决策与凝聚性

在以下的讨论中，我不再将注意力集中在任何个人选择的特殊
组合上，而把其他条件忽略不计。从形式上看，这就是阿罗的"无
限制域"条件，它要求社会选择程序必须可以运用于每个可认知的
个人偏好簇。但是，很显然，对任何决策程序来说，某些偏好组合
将会导致社会决策的不连贯性和不一致性，有些偏好组合则不会出
现这种情况。

阿罗（1951）本人与布莱克（Black，1948，1958）一道，从
一开始就追求确保一致的多数决策的适当限制性条件。我们现在已
经可以确认什么是一致的多数决策的必要条件和充分条件（参见
Sen and Pattanaik，1969）。[11]虽然它们没有人们曾经所认为的早期
条件那么严格，但它们仍然是非常有说服力的。确实，在许多实际
的情形中，这些条件很容易被违背。

就作为社会凝聚和挑战的基于投票的社会选择（表现出个人偏
好的实际模式）而言，关于多数决策的必要条件或充分条件的形式

结论给了我们许多希望——也带来了同样多的失望。社会选择问题以多种形式和规模出现在人们面前，其中某些类型的社会选择的结果没有另一些那么让人感到自在。当分配问题占主导地位，并且人们只追求最大化他们自己的"份额"而无视他人时（比如"分蛋糕"问题，每个人只关心扩大他自己的那一份，而不管其他人分得多少），多数决策规则将导致彻底不一致的结果。但如果涉及全民性的义愤（比如，对民主政府不能预防一场饥荒的无能的反应），选民们的意愿可能表现明确并完全一致。[12] 此外，当人们以党派分立，创制出复杂的蕴涵着妥协让步的政治议程和对话程序，并对公平或正义有着普遍的认同时，普遍的不一致也能为更加和谐的决策提供基石。[13]

就福利经济学而言，在分配问题成为福利经济学的核心问题后，多数规则和投票程序尤其容易导向不一致的结论。然而，一个基础性问题是，种种投票规则（在这方面各种社会选择程序事实上都局限于阿罗的体系）是否为福利经济学中的社会选择提供了一个合理的路径。我们通过投票制度的各种变化形式以期取得社会福利判断，这条路径究竟是不是一条正确的道路呢？

7. 信息扩展和福利经济学

投票程序天生就适用于某些社会选择问题，如选举、全民公决或委员会决策。[14]但对于其他社会选择程序而言，投票程序就完全不适用了。[15]比方说，如果我们想得到某类社会福利的汇总指数，至少有两个理由可以说明我们并不能依靠这类程序。

首先，投票要求积极参与，如果某个人决定不去行使他的投票权利，那么他的偏好就无法直接地反映在社会决策之中（比如，由于较低的参与程度，某些重要群体——如美国的非洲后裔——的利益并没有反映到国家政治中来）。相反，如果要作出合理的社会福利判断，就绝不可忽视力量比较弱的群体的利益。

其次，即使每个人都积极地参与了投票活动，我们仍然缺少作出福利经济学评价的重要信息（参见 Sen，1970a，1973a）。通过投票，每个人都可以将各种方案排序。但这里并不存在从投票数据中直接得出不同人的福利的人际比较。要探讨分配问题，我们必须超越各种投票规则（博尔达、孔多塞和阿罗对此曾有过论述）。

阿罗排除了人际比较这一概念，他遵循了 20 世纪 40 年代以来的普遍共识，即"效用的人际比较毫无意义"（Arrow，1951，p. 9）。阿罗使用的全部公理组合具有将社会选择程序局限于——大致说来——投票类型的规则。[16] 由此，他的不可能性结论适用于这类规则。

为给建构性社会选择理论提供更坚固的基石，如果我们想拒绝历史上社会选择中排斥人际比较的共识，我们就不得不面临两个重要的——也是极其困难的——问题。第一，我们能否系统地嵌置并运用涉及许多人的人际比较这一复杂的手段？这是一个学科分析的领域，还是混乱思想的源泉？第二，这一分析性结论能否运用于实际？我们应将人际比较置于何种信息基础之上？这类信息能否被获取并为我们所用？

第一个问题主要是分析体系的建构问题，而第二个问题是一个实践问题，也是一个认识论问题。后者要求重新审视人际比较的信息基础，我在此认为，它必将得到肯定的回应。而第一个问题可以通过建构性分析得出更明确的结论。在此，我们不必细致研究相关文献的技术细节，我很高兴地指出，不同类型的人际比较能够充分地公理化，并准确地嵌入社会选择程序［利用形式上为"社会福利函数"的一般性框架中的"不变性条件"（invariance conditions），关于这一点参见 Sen，1970a，1977c］。[17] 当然人际比较无须限于"或者全有或者全无"的二歧对立。我们可以在某种程序上使用人际比较，但不必在每种情况下都使用它，也不必在每种类型中都运用它，更不必在每次用它时都要求极其严格与精确（参见 Sen，1970a，c）。

比如说，我们可以毫无困难地接受这一判断，即尼禄皇帝从焚烧罗马中所增加的效用要小于其他那些遭受火灾的罗马人的效用损失的总和。但是这一事实并不要求我们在每种场合下都非常自信，以至于将每个人的效用与其他人的效用进行一对一的比较。在这里，存在"局部可比性"（partial comparability）的空间，完全可比性与完全不可比性这两个极端都是不可取的。局部可比性的不同范围完全可以用严格的数学形式表达出来（尤其是不精确性的精确范围）。[18] 此外，为达到一个确定的社会决策，显然也并不一定都要使用极其精致的人际比较方法。更常见的情况是，相当有限的局部可比性对于社会决策来说就已经足够了。[19] 在经验实践中无须持一种高到令人畏惧的抱负。

在继续讨论人际比较的信息基础之前，我们首先追问一个重要的分析性问题：人际比较的系统运用将给社会选择带来多大的变化？由于社会福利判断中运用了人际比较，因此阿罗的不可能定理及其相关的结论是否就不成立了呢？简短的答案是：对。附加的可用信息将提供充分的辨别力，从而会忽略这种不可能性。

这里有一个很有趣的对照。我们可以证明，如果容许效用的基数性，但又不使用人际比较，这对阿罗不可能定理无损分毫，它仍

然可以很容易地扩展到效用的基数测度（参见 Sen，1970a，定理
8＊2）。相形之下，甚至序数的人际比较也足以突破这一不可能性。
我们当然知道，对于某些类型的充分的人际比较而言（包括基数人
际可比性），我们可以运用传统的功利主义方法。[20]而事实表明，
甚至可比性的较弱形式仍然能够得出一致的社会福利判断，除满足
所有的阿罗条件之外，还可以对分配上的关怀表现出敏感性（即使
这些可能性规则适用于相当小的阶级范围）。[21]

　　事实上，探索分配问题尤其有必要超越将投票规则视为社会福
利判断的基础的做法。正如前面所论，从某种重要的意义上说，功
利主义对分配并不关心：其目标是最大化总效用，而不论这一总效
用如何在人们中间分配（Sen，1973a，其中讨论了这一分配无差异
的扩展含义）。但是人际比较也可以采取其他形式，从而对福利和
机会的不平等保持敏感性。

　　建构社会福利函数的广泛路径揭示了运用不同类型的社会福利
规则的可能性，这些规则在处理公平与效率方面各有不同，其信息
基础也彼此相异。[22]此外，一旦消除了人际比较的人为限制，我们
就可以运用社会福利分析的公理方法来研究其他领域的规范性测
度。在这方面，我自己的贡献主要在对不平等（Sen，1973a，
1992a，1997b）、贫困（Sen，1976b，1983b，1985a，1992a）、国
民收入的分配调整（Sen，1973b，1976a，1979a）和环境评价
（Sen，1995a）方面的评估和测度上，其中吸收了最近社会选择理
论中扩展的信息框架的有益成果。[23]

8. 人际比较的信息基础

应当嵌置人际比较的分析性问题已大体挑出来了，但仍然留有

重要的问题，那就是如何提供一种适当的方法，从而使人际比较成为一种经验学科并运用到实践中去。首要的问题是：人际比较是什么？

社会福利函数的各种形式结构绝不仅仅针对效用比较，它们同时也可用于其他类型的人际比较。主要问题是考虑到某些个人利益的选择，这里不必采取对关于幸福的精神状态（mental states）的比较，而可以关注其他的个人福利、自由或实质性机会（根据一种相应的评价方法）。

福利经济学和社会选择理论之所以拒绝人际效用比较——这招致了实证主义的批评（比如 Robbins，1938）——是因为它们将效用比较完全建立在精神状态的比较之上。正如我们所见，即使效用比较就是精神状态的比较，那种拒绝比较的理由也是很难站得住脚的。[24] 当然，正如哲学家唐纳德·戴维逊（1986）所有力地论证的那样，如果人们不在某种程度上将他人与自己相比较，就很难理解别人的思想和情感。这些比较也许并不是那么准确，但是，此处我们也可从分析性研究中得出，在社会选择中系统使用人际比较并不需要极其精确的人际比较（关于这一问题及其相关问题，参见Sen，1970a，c，1997b；Blackorky，1975）。

因此，在精神状态比较这个旧房子的地基上所展现的图景并不是那么令人失望。而且更重要的是，个人福利或个人利益的比较并不是非得要建立在精神状态的比较之上的。事实上，我们有很好的伦理上的根据，从而不必过于集中在精神状态——无论这一精神状态是充满快乐的还是充满希望的——的比较上。对于那些持续剥夺的反应，人们的效用有时具有相当的延展性。生活在极端贫困之中的绝望的穷人、劳作于剥削经济制度之中的被践踏的工人、屈服于社会中深刻的性别不平等的家庭妇女、被粗暴的权威主义政府所压制的公民，这些都可视为剥夺。他多少可以从一些小小的成功中获取一些快乐，他也可以考虑到可行性并调整他的欲望（从而有助于他调整过后的欲望的实现）。但即使调整成功也并不能掩盖他被剥夺这一事实。快乐或欲望的测度在反映这些个人的实质性剥夺的范围时有时特别地不合适。[25]

因此，我们确实有理由将收入或商品束或资源视为更一般的判断个人利益的指标，而且这可能存在许多不同的理由——而不仅仅是因为它们可能导致的精神状态。[26]事实上，罗尔斯（1971）"作为公平的正义"（justice as fairness）的理论中的差别原则就是建立在对个人利益的判断之上，这一判断的根据是个人所拥有的罗尔斯称之为"基本善"的事物，这是一种普遍目的性的资源，它对任何人都有用处，而不论他具体的目标是什么。

这一程序还可以继续作出改进。我们不但可以考虑个人对基本善和资源的所有权，同时还可将个人在把它们转化为生活能力上的差异考虑进来。此外，我还曾主张，可以根据人们各自的能力——为过上他有理由追求的生活而所拥有的能力——来判断个人的利益。[27]这一方法集中关注人们所拥有的实质性自由，而不仅仅是他们最后所取得的特殊结果。对于负责任的成年人来说，关注自由而不是成就是有其意义的，因为它可以为分析现代社会中的个人利益和剥夺提供一个一般性的框架。人际比较的范围只能是局部的——它往往建立在不同的相互交叉的观点之上。[28]但这局部可比性的使用可以为推理的社会判断带来重要的差别。

但是，由于信息利用和估价所存在的主题性质和实际困难，如果仅仅限于一种信息方法并拒绝其他路径，那未免太具挑战性了。

在最近的应用福利经济学文献中，涌现出了不同的可行的福利比较的方法。一些将比较建立在支出模式上，用以测度人们的比较福利（参见 Pollak and Terence J. Wales，1979；Dale W. Jorgenson et al.，1980；Jorgenson，1990；Daniel T. Slesnick，1998），而还有人则把这一方法与其他信息输入数据结合起来（参见 Angus S. Deaton and John Muellbauer，1980；Atkinson and François Bourguignon，1982，1987；Fisher，1987，1990；Pollak，1991，Deaton，1995）。[29] 另有学者则试图采用问卷方式，从人们对有关福利问题的回答中寻找出规律（比如 Arie Kapteyn and Bernard M. S. van Praag，1976）。

还有许多精彩的文献注重观察人们生活条件的特征，并由此对生活质量和比较生活标准作出结论，而且在这一领域已建立起一个相当成功的斯堪的纳维亚传统（如 Allardt et al.，1981；Robert Erikson and Rune Aberg，1987）。有关"基本需要"（basic needs）及其实现的研究文献也提供了理解比较剥夺程度的经验路径。[30] 此外，在哈克（Mahbub ul Haq，1995）的学术领导下，联合国开发计划署（UNDP）系统地将一类具体的信息扩展运用到基于生活条件的可观察特征的比较中（收录在 UNDP 的《人类发展报告》中）。[31]

在这些方法中我们很容易找到漏洞，并批评其人际比较的相关量表。但是毋庸置疑的是，福利经济学已从这些作品所广泛使用的经济信息中获益。它们大大扩展了我们对个人利益及其相关经验参数的认识。这些方法每个都有其优点与不足，我们对它们的相对优点的评价可能彼此各异，而这取决于我们各自的先入之见。我曾在其他地方（刚才亦简短论及）倾向于基于能力评价的局部可比性[32]，但除这一特殊问题之外（其他人可能会有不同的看法），我在此将着重强调的是一个更一般性的观点，即这些改进的经验性的研究将会极大地拓宽应用福利经济学和社会选择的可能性。

事实上，虽然它们之间存在种种差别，但它们在总体上仍然与扩展信息模式相符，最近的社会选择理论中的分析性论文对此的探讨尤其深入。最近福利经济学和社会选择理论中所使用的那些分析框架要比阿罗模式中的那些框架更为宽泛（相应地，不那么严格，并且也不那么"不可能"，参见 Sen，1970a，1977c）。[33] 它们在分析层次上也具有充分的普遍性，从而容许有关社会选择的不同的经验解释和替代性的信息基础。由此看来，这些彼此各异的经验方法，都可以归入一个更广泛的分析视角。在这个意义上，久远历史中的运动与"实践经济学"中的进步有着密切的关联。正是这种建构可能性的不懈探索——包括分析层面和实践层面——打消了某些与早期社会选择理论和福利经济学相联系的阴霾。

9. 贫困与饥荒

社会福利分析所利用的不同信息可以通过对贫困的研究来说明。贫困通常被视为收入低下，传统的做法只是简单地测算收入低于贫困线的人口数，这也叫做人头法。我们可以提出两个不同类型的问题来对这种方法进行审查。第一，将贫困等同于低收入是否合适？第二，即使贫困可以视同于低收入，一个社会的总贫困能否被这一人头法的归总结果所恰当描述？

我将分别讨论这些问题。我们将一个人的收入与社会给定的贫困线相比较就能得到充分的诊断吗？尽管某人收入高过贫困线，但正患上开支居高不下的"疾病"（比如需要进行"肾透析"），该如何处理？难道剥夺最终不是因为没有过最低可接受生活

(minimally acceptable life) 的机会吗？这一机会有着很多方面的影响因素，其中当然有个人收入，此外还有许多具体的环境方面的特征，以及其他变量（比如医疗和其他设施的可用性及其成本）。在这种看法的背后隐含的是这样一种深厚的观念，即将贫困视为一种对某些基本能力（basic capabilities）的严重剥夺。这一替代性的方法将会得出一个与那种纯粹基于收入的分析截然不同的分析结论。[34]

这并不是否认低收入在许多情况下的重要性，因为市场经济中的个人所能拥有的机会将受到他的实际收入水平的严格限制。无论如何，各种偶发事件都可能导致收入"转化"成过上最低可接受生活的能力上的差异，如果这也是我们的关注所在，那么就有充分的理由超越收入贫困。至少存在四种差异的根源：（1）个人异质性（如，易于生病）；（2）环境多样性（如，居住在暴风雪地带或洪水多发地区）；（3）社会环境的差异（如，犯罪猖獗或流行病肆虐）；（4）与各个社会中习俗的消费模式相关的相对剥夺的差异（如，一个富裕社会中相对贫困化的人参与社区生活的绝对能力的剥夺）。[35]

因此，我们有必要超越贫困分析中的收入信息，而将贫困视为能力剥夺（capability deprivation）。但是（正如前面所论），贫困分析中的信息基础的选择并不能与实际考虑脱节，尤其是信息的可利用程度。在有关贫困的经验研究文献中，不大可能将收入剥夺的贫困视角完全排斥出去，即使我们完全清楚这一视角所存在的各种局限性。而且，在许多情况下，这种勉强过得去的收入信息法也能为研究严重剥夺提供最直接的手段。[36]

比如说，饥荒的原因常常被认为是社会部分人口的真实收入急剧下降，由此导致饥饿与死亡（参见 Sen，1976d，1981）。[37] 收入和购买力的动态变化也许确实是应该探讨的饥荒中最重要的因素。这一方法——不同人群相对收入的确定在这一因果分析中占据中心地位——与那些只专注于农业生产与粮食供给的做法形成鲜明对照，后者在这一主题的研究文献中比比皆是。

这一从粮食供给到权利（包括供给、收入以及最终的相对价格）的信息基础的转换有着实质性的差别，因为在粮食生产和供给方面并未发生严重的下降——甚至有可能一点也未下降——时，饥荒也可能发生。[38]比如，农村雇工、提供服务者或手工业者的收入由于失业、真实工资下降或相关服务或手工产品的需求下降而大跌，他们将面临饥饿，虽然经济中的粮食总供给并未缩减。因此，基于收入的权利方法可以比局限于生产的视角提供更好的对饥荒的解释。它也可对解决饥馑和饿殍问题提供更有效的手段（这一问题尤其可参见 Drèze and Sen，1989）。

问题的本质在于确定分析所必须集中的具体"空间"。毫无疑问，在解释饥荒死亡和受灾的具体模式时，通过将收入分析与收入转换成营养的信息——这取决于不同的因素，如代谢率、犯病率、身材等——结合起来，我们能够更深入地理解这一问题。[39]这些问题对于探讨营养不良比率、发病率和死亡率无疑是极端重要的。但是，在对影响到大群体的饥荒的发生和起因进行的一般分析中，这些附加因素只是次要的。我将不再进一步引述饥荒研究文献，我所要强调的是，饥荒分析的信息要求赋予收入分析一个特别重要的位置，这比其他更精致的——并最终要求更多信息——基于能力比较的差别分析更直接，也更易于操作（关于这一问题，参见 Sen，1981；Drèze and Sen，1989）。

我现在来谈第二个问题。最常见和最传统的贫困测度方法主要是人头法。但是单个穷人距离贫困线多远，以及剥夺是如何在穷人间"分享"和分配也极其重要。那些构成社会中穷困群体的个人的各自剥夺的资料有必要归总，从而为总贫困作出信息丰富而有用的测度。这是一个社会选择问题，我们据此可以在体系建构中提出各种公理来体现我们对分配的关心（参见 Sen，1976b）。[40]

这几种分配取向的贫困测度方法都已从最近的社会选择文献中以公理的形式推导出来，其他的可替代性方案也得到了分析。我在此并不对这些方法进行比较（也不讨论用以区别它们的公理要求），在其他地方我曾和詹姆斯·福斯特（Foster and Sen，1997）讨论过这一问题。[41]但我愿意强调这一事实，即虽然我们在社会判断的信息基础上作出恰当的扩展，但我们将面临路径过多所带来的困惑（困境或不可能性的另一端）。为了将一个特殊的贫困测度方法公理化，我们将不得不采取我在前面（第5节）说过的那种"冒险政策"，继续加入其他的公理条件，直到我们接受不可能性，并且只留下一个唯一的贫困测度。

10. 比较剥夺与性别不平等

在任何一个层次上，贫困也不能与它所造成的痛苦分离开来，就此而言，古典的效用观在这一分析中仍有用武之地。但是精神状态的延展性（我前面已经评论过）在许多情况下往往遮蔽或混淆了剥夺的限度。穷困的农民虽然能够在其生命中寻求某些欢愉，但绝不可因为其精神上的成就而将他视为非贫穷。

这种适应性在处理性别不平等和传统不平等社会中对妇女的剥夺时尤其值得我们重视。这部分是因为人们的认知对于家庭生活的凝聚起着决定性的作用，而家庭生活的文化则倾向于与受到不公待遇的人结盟而获取溢价。妇女可以——而且每每如此——比男性工作更努力（由于家庭劳作的辛苦），但她们的健康和营养方面往往被忽视。那种认为两性之间存在不可逾越的不平等的观点往往在一个非对称规范占据绝对主导地位的社会中湮没无闻。[42]在这些情况下，这类不平等和剥夺往往并未恰当地反映在不满和失意的精神量表上。

这种社会教化而成的满意与安宁感甚至会影响人们对疾病和死亡的认知。很多年以前，当我在进行一项有关饥荒之后 1944 年孟加拉的研究时，使我感到震惊的是这样一种显著的事实，即被调查的寡妇很少反映处于"极差的健康水平"这一状态，相反，被调查的鳏夫则普遍对此有所抱怨（Sen，1985a，附录 B）。同样，一项关于印度的各邦之间的比较研究表明，那些教育和卫生设施极差的邦通常处在最低的被认知的发病率水平上，而那些拥有优良的教育和卫生设施的邦则处在更高的对疾病的自我认知水平上（因此，设施最好的邦也具有最高的发病率，比如喀拉拉邦）。[43]作为古典效用观支柱的精神反应，对于剥夺的研究来说往往是一种极具缺陷的基础。

因此，要恰当地理解贫困与不平等，我们有充分的理由关注真实的剥夺，而不仅仅是对那种剥夺的精神反应。最近有相当多的文献从营养不良比率、医疗诊断的发病率、观察到的文盲率以及出乎意料的高死亡率（与生理上认为合理的预期相比）等角度来探讨性别不平等和对妇女权利的剥夺。[44]这些人际比较可以方便地为贫困和性别不平等研究提供非常重要的基础。它们都可嵌入福利经济学和社会选择的框架里（通过撤销那些可能要排除利用这类数据的信息约束）。

11. 自由悖论

本文讨论了为什么可以以及如何通过信息扩展而克服社会选择中的不可能性结论。此处所考虑的信息扩展主要考虑的是人际比较。但要突破社会选择的困境，这绝不是唯一的信息扩展方式。譬如，我们来看一种不可能定理，它也被人们称作"自由悖论"（the liberal paradox）或者"帕累托自由的不可能性"（Sen，1970a，b，1976c）。这一定理表明，在坚持帕累托效率的同时（假定无限制域），满足自由的最低限度要求是不可能的。[45]

最近的文献中对自由的内容存在着一些争议（如参见 Nozick，1974；Peter Gärdenfors，1981；Robert Sugden，1981，1985，1993；Hillel Steiner，1990；Gaertner et al.，1992；Deb，1994；Marc Fleurbaey and Gaertner，1996；Pattanaik，1996；Suzumura，1996），在此给自由下一个较简短的说明是有必要的。自由蕴涵许多方面，其中包括两个彼此相区别的特征：（1）它有助于我们获取在我们各自的私人领域（如个人生活）中所愿意得到的东西（这是自由的机会方面）；（2）它让我们得以直接掌握私人领域中的各种选择，而无论我们是否会去实施（这是自由的过程方面）。在社会选择理论中，自由的表述主要与前者——即机会方面——相关。这恰切地证明了在帕累托原则与自由的机会方面可能彼此冲突（Sen，1970a，b，其中专门讨论了这一问题），但是一种不计其他地专注于自由的机会的做法往往使我们无法准确把握对自由的要求（这方面可参见 Sugden，1981，1993；Gaertner et al.，1992，它们无疑极其正确地否定了主流社会选择理论中以机会为中心的表述的充分性）。[46]无论如何，社会选择理论还可以通过再定义尤其是在实质性机会之外估价正当程序的含义来吸收自由的过程方面（关于这一问题参见 Sen，1982b，1997a，1999b；Stig Kanger，1985；Deb，1994；Hammond，1997；Suzumura，1996；Martin van Hees，1996）。

我们还有必要避免进行那种仅仅集中于自由的过程方面的研究，如最近有些作者就是这般处理的。过程虽然重要，但它绝不可抹杀同样重要的机会的意义。当然，很久以来，那些非常关注自由的过程方面的评论家——从约翰·斯图亚特·穆勒（1859）到弗兰克·奈特（1947）、弗雷德里希·哈耶克（1960）和布坎南（1986）——就已认识到，在个人生活里的自由的实现过程中效率的重要性。那些试图避免自由的机会方面而专注于其过程方面的做法，并无助于解决通过结果的有效性来衡量过程公平性的难题。[47]

帕累托自由所蕴涵的冲突又应如何解决呢？许多文献探讨了不同的处理这一冲突的手段。[48]但是，我们必须记取的是，自由悖论与阿罗的不可能性结论不同，它无法通过人际比较而得到满意的解决。当然，无论是自由还是帕累托效率的要求，都不必过多依赖于人际比较。私人领域中个人要求的力量存在于那一选择的**个性**中——而不在于其他人针对这一特定个人的私人生活的偏好所蕴涵的**相对强度**。同样，帕累托效率依赖于不同人在一个二元选择上的偏好的一致性——而不在于这些偏好的相对强度。

因此，这一问题的解决之道存在于其他地方，尤其是有必要理解这一点，即一旦这两者处于可能的冲突之中（自由悖论的要点就在于准确认识这一可能的冲突），其中的每个要求都必须被另一个要求的重要性所修正。对私人领域中的有效自由（effective liberty）的认可，并不妨碍我们承认任何选择（无论是否处于私人领域）中帕累托一致性的重要性。这一不可能性的满意解决方案必然包含对个人自由和总体欲望的实现之间的合理优先性的评价，此外还必须考虑与个人如何权衡这一问题相关的信息问题。它也要求信息的扩展（将人们的个人欲望和政治价值考虑进来），但这种信息扩展与福利或总体利益中所使用的人际比较有着完全不同的意义。[49]

12. 结束语

社会选择理论中的不可能性结论——始于阿罗（1951）的开创性的著作——每每被解释成彻底地毁灭了合理而又民主的社会选择的可能性，也毁灭了福利经济学（第 1～3 节）。我反对这种说法。事实上，逻辑极其有力的阿罗"不可能定理"在召唤我们去推进这一事业，而不是令我们畏难退缩（第 4～5 节）。我们当然清楚，民主决策有时会导致不一致的结果。就它是现实世界的一个特征而言，它的存在及其范围必须得到客观的认识。不一致更容易在一些情况下出现，而另一些情况则不是这样，因此，我们有可能去辨别不同环境之间的差异，并概括出共识和相容决策得以出现的过程特征（第 6～8 节）。

不可能性结论肯定值得我们去严肃探索。它们经常有着广泛的——甚至是涵盖一切的——范围，而不仅仅是日常的政治生活（在这方面我们每每遇到不一致性），还包括对任何号称有关社会整体的社会福利判断框架的可能性的质疑。由于存在一种用于估价不平等、贫困或辨识不可容忍的统治和对自由的侵犯等有序系统框架的普遍可能性，各种不可能性也由此得以减弱。在这些问题方面如果没有一个一致的框架，这将成为系统的政治、社会和经济判断的致命缺陷。那样的话，我们去谈论不正义或不公平的时候，必将面对这样一种指责，即我们的判断出于一种不可饶恕的武断或智力上的独裁。

无论如何，这些暗淡的结论并不能经受得住持续的审查，而我们也可以辨识出那些富有成果的程序，从而减轻这些悲观主义。现在已有大量的乐观的文献——它们强调建设性社会选择理论的可能，并为各种不可能性结论提出积极意义的解释。那些显然是否定性的结论也可以视作是对发展社会选择理论中的适当框架的有益帮助，因为一个特殊的社会选择程序的公理式推导必然存在于不可能性与过多可能性的困惑之间，并更接近于不可能性（参见第 5 节）。

建设性的福利经济学和社会选择（及其运用社会福利判断并根据其规范意义设计实际的手段）的可能性，有赖于扩展社会选择的信息基础。我们已经探讨了不同类型的信息扩展。在这一扩展中最关键的要素是福利和个人利益的人际比较。因此，并不令人奇怪的是，拒绝人际比较将导致难以进行合理的社会选择，因为那些社会成员的要求必须彼此得到估价。如果不在某种形式考虑人际比较的因素，我们甚至无法理解公众对于贫困、饥饿、不平等以及统治的关怀。在这些问题上，我们的非形式判断所赖以得出的信息，正是系统的社会选择理论的形式分析中所应当——也能够——吸取的信息（第 7～11 节）。

对人际比较的可能性的悲观看法曾为福利经济学下达了"讣告"（并且实质性地导致了社会选择理论中的不可能性），但最终而言它是误入歧途的。理由有二：第一，它将注意力过于集中在一个相当狭隘的信息基础上，忽略了完全可以合理作出人际比较的判断并运用于福利判断和社会选择分析的可能性。对于精神状态比较的过分强调完全遮蔽了许多丰富的信息，而我们本可以从这些信息——与人们的福利、自由或机会相关——中得知人们各自的真实利益所在。
第二，这些悲观看法还来自对人际比较的过于严格的要求，并忽略
了这一事实，即局部比较也有助于阐明福利经济学、社会伦理和责
任政治的合理基础。[50]

这些问题的讨论其实很符合一个巩固社会选择理论（以及"非
讣告的"福利经济学）的总体目标。一般而言，信息扩展，不管采
用什么形式，都是一种克服社会选择的悲观主义、避免不可能性的
有效手段，并直接导向种种具有生命力和影响力的建设性路径。关
于各种预设公理（包括它们的相容性与一致性）的形式推理，与对
价值和规范（包括它们的相关性与合理性）的非形式的理解一道，
共同产生富有积极意义的成果。事实上，形式推理与非形式的推理
之间的深刻的互补性——它们对于社会科学而言至关重要——在现
代社会选择理论的发展中得到了清晰的体现。

参考文献

Adelman，Irma. "Development Economics—A Reassessment of Goals."
American Economic Review，May 1975 (*Papers and Proceedings*)，65 (2)，
pp. 302 - 309.

Agarwal，Bina. *A field of one's own: Gender and land rights in South Asia*.
Cambridge: Cambridge University Press，1994.

Aizerman，Mark A.，and Aleskerov，Fuad T. "Voting Operators in the
Space of Choice Functions." *Mathematical Social Sciences*，June 1986，*11*
(3)，pp. 201 - 242; *Corrigendum*，June 1988，*13* (3)，p. 305.

Alamgir，Mohiuddin. *Famine in South Asia*. Boston: Oelgeschlager，Gunn &
Hain，1980.

Aleskerov，Fuad T. "Voting Models in the Arrovian Framework," in Kenneth

J. Arrow, Amartya K. Sen, and Kotaro Suzumura, eds., *Social choice reexamined*, Vol. 1. New York: St. Martin's Press, 1997, pp. 47 - 67.

Allardt, Erik, Andrén, Nils, Friis, Erik J., Gislason, Gylfi I., Nilson, Sten Sparre, Valen, Henry, Wendt, Frantz, and Wisti, Folmer, eds. *Nordic democracy: Ideas, issues, and institutions in politics, economy, education, social and cultural affairs of Denmark, Finland, Iceland, Norway, and Sweden.* Copenhagen: Det Danske Selskab, 1981.

Anand, Sudhir. "Aspects of Poverty in Malaysia." *Review of Income and Wealth*, March 1977, 23 (1), pp. 1 - 16.

____. *Inequality and poverty in Malaysia: Measurement and decomposition.* New York: Oxford University Press, 1983.

Anand, Sudhir, and Ravallion, Martin. "Human Development in Poor Countries: On the Role of Private Incomes and Public Services." *Journal of Economic Perspectives*, Winter 1993, 7 (1), pp. 133 - 150.

Anand, Sudhir, and Sen, Amartya K. "Concepts of Human Development and Poverty: A Multidimensional Perspective," in United Nations Development Programme, *Poverty and human development: Human development Papers 1997.* New York: United Nations, 1997, pp. 1 - 20.

Arneson, Richard J. "Equality and Equal Opportunity for Welfare." *Philosophical Studies*, May 1989, 56 (1), pp. 77 - 93.

Arrow, Kenneth J. "A Difficulty in the Concept of Social Welfare." *Journal of Political Economy*, August 1950, 58 (4), pp. 328 - 346.

____. *Social choice and individual values.* New York: Wiley, 1951.

____. "Le Principe de Rationalité dans les Décisions Collectives." *Économie Appliquée*, October-December 1952, 5 (4), pp. 469 - 484.

____. *Social choice and individual values*, 2nd Ed. New York: Wiley, 1963.

____. "Extended Sympathy and the Possibility of Social Choice." *American*

Economic Review, February 1977 (*Papers and Proceedings*), 67 (1), pp. 219 - 225.

_____ . "A Note on Freedom and Flexibility," in Kaushik Basu, Prasanta K. Pattanaik, and Kotaro Suzumura, eds. , *Choice, welfare, and development: A festschrift in honour of Amartya K. Sen.* Oxford: Oxford University Press, 1995, pp. 7 - 16.

Arrow, Kenneth J. , Sen, Amartya K. , and Suzumura, Kotaro. *Social choice re-examined*, Vols. 1 and 2. New York: St. Martin's Press, 1997.

Atkinson, Anthony B. "On the Measurement of Inequality. " *Journal of Economic Theory*, September 1970, 2 (3), pp. 244 - 263.

_____ . *Social justice and public policy.* Cambridge, MA: MIT Press, 1983.

_____ . "On the Measurement of Poverty. " *Econometrica*, July 1987, 55 (4), pp. 749 - 764.

_____ . *Poverty and social security.* New York: Wheatsheaf, 1989.

_____ . "Capabilities, Exclusion, and the Supply of Goods," in Kaushik Basu, Prasanta K. Pattanaik, and Kotaro Suzumura, eds. , *Choice, welfare, and development: A festschrift in honour of Amartya K Sen.* Oxford: Oxford University Press, 1995, pp. 17 - 31.

Atkinson, Anthony B. , and Bourguignon, François. "The Comparison of Multidimensional Distributions of Economic Status. " *Review of Economic Studies*, April 1982, 49 (2), pp. 183 - 201.

_____ . "Income Distribution and Differences in Needs," in G. R. Feiwel, ed. , *Arrow and the foundation of economic policy.* London: Macmillan, 1987, pp. 350 - 370.

Baigent, Nick. "Norms, Choice and Preferences. " Mimeo, Institute of Public Economics, University of Graz, Austria, Research Memorandum No. 9306, 1994.

Balestrino，Alessandro. "Poverty and Functionings: Issues in Measurement and Public Action." *Giornale degli Economisti e Annali di Economia*，July-September 1994，*53*（7 - 9），pp. 389 - 406.

_____ . "A Note on Functioning-Poverty in Affluent Societies." *Notizie di Politeia*，1996，*12*（43 - 44），pp. 97 - 105.

Bandyopadhyay，Taradas. "Rationality，Path Independence，and the Power Structure." *Journal of Economic Theory*，December 1986，*40*（2），pp. 338 - 348.

Barberá，Salvador. "Pivotal Voters: A New Proof of Arrow's Theorem." *Economics Letters*，1980，*6*，pp. 13 - 16.

_____ . "Pivotal Voters: A Simple Proof of Arrow's Theorem," in Prasanta K. Pattanaik and Maurice Salles，eds. ，*Social choice and welfare*. Amsterdam: North-Holland，1983，pp. 31 - 35.

Barberá，Salvador，and Sonnenschein，Hugo F. "Preference Aggregation with Randomized Social Orderings." *Journal of Economic Theory*，August 1978，*18*（2），pp. 244 - 254.

Barker，E. *The politics of Aristotle*. London: Oxford University Press，1958.

Basu，Kaushik. *Revealed preference of government*. Cambridge: Cambridge University Press，1980.

_____ . "The Right to Give Up Rights." *Economica*，November 1984，*51*（204），pp. 413 - 422.

_____ . "Achievements，Capabilities and the Concept of Well-Being: A Review of Commodities and Capabilities by Amartya Sen." *Social Choice and Welfare*，March 1987，*4*（1），pp. 69 - 76.

Basu，Kaushik，Pattanaik，Prasanta K. ，and Suzumura，Kotaro，eds. *Choice，welfare，and development. A festschrift in honour of Amartya K. Sen*. Oxford: Oxford University Press，1995.

Baumol, William. *Welfare economics and the theory of the state*, 2nd Ed. Cambridge, MA: Harvard University Press, 1952, 1965.

Bavetta, Sebastiano. "Individual Liberty, Control and the 'Freedom of Choice Literature'." *Notizie di Politeia*, 1996, *12* (43 - 44), pp. 23 - 29.

Bentham, Jeremy. *An introduction to the principles of morals and legislation*. London: Payne, 1789; republished, Oxford: Clarendon Press, 1907.

Bergson, Abram. "A Reformulation of Certain Aspects of Welfare Economics." *Quarterly Journal of Economics*, February 1938, *52* (1), pp. 310 - 334.

Bezembinder, T., and van Acker, P. "Intransitivity in Individual and Group Choice," in E. D. Lantermann and H. Feger, eds., *Similarity and choice. Essays in honor of Clyde Coombs*. New York: Wiley, 1980, pp. 208 - 233.

Binmore, Ken. "An Example in Group Preference." *Journal of Economic Theory*, June 1975, *10* (3), pp. 377 - 385.

____. *Playing fair: Game theory and the social contract*, Vol. I. Cambridge, MA: MIT Press, 1994.

____. "Right or Seemly?" *Analyse & Kritik*, September 1996, *18* (1), pp. 67 - 80.

Black, Duncan. "The Decisions of a Committee Using a Special Majority." *Econometrica*, July 1948, *16* (3), pp. 245 - 261.

____. *The theory of committees and elections*. London: Cambridge University Press, 1958.

Blackorby, Charles. "Degrees of Cardinality and Aggregate Partial Orderings." *Econometrica*, September-November 1975, *43* (5 - 6), pp. 845 - 852.

Blackorby, Charles, and Donaldson, David. "Measures of Relative Equality and Their Meaning in Terms of Social Welfare." *Journal of Economic Theory*, June 1978, *18* (1), pp. 59 - 80.

_____ . "Ethical Indices for the Measurement of Poverty. " *Econometrica*，May 1980，*48* (4)，pp. 1053－1060.

Blackorby，Charles，Donaldson，David，and Weymark，John A. "Social Choice with Interpersonal Utility Comparisons: A Diagrammatic Introduction. " *International Economic Review*，June 1984，*25* (2)，pp. 325－356.

Blair，Douglas H. , Bordes，Georges A. , Kelly，Jerry S. , and Suzumura，Kotaro. "Impossibility Theorems without Collective Rationality. " *Journal of Economic Theory*，December 1976，*13* (3)，pp. 361－379.

Blair，Douglas H. , and Pollak，Robert A. "Collective Rationality and Dictatorship: The Scope of the Arrow Theorem. " *Journal of Economic Theory*，August 1979，*21* (1)，pp. 186－194.

_____ . "Acyclic Collective Choice Rules. " *Econometrica*，July 1982，*50* (4)，pp. 931－944.

Blau，Julian H. "The Existence of Social Welfare Functions. " *Econometrica*，April 1957，*25* (2)，pp. 302－313.

_____ . "A Direct Proof of Arrow's Theorem. " *Econometrica*，January 1972，*40* (1)，pp. 61－67.

_____ . "Semiorders and Collective Choice. " *Journal of Economic Theory*，August 1979，*21* (1)，pp. 195－206.

Blau，Julian H. , and Deb，Rajat. "Social Decision Functions and Veto. " *Econometrica*，May 1977，*45* (4)，pp. 871－879.

Borda，J. C. "Mémoire sur les Élections au Scrutin. " *Histoire de l'Académie Royale des Sciences* (Paris)，1781. [Translated by Alfred de Grazia，"Mathematical Derivation of an Election System. " *Isis*，June 1953，*44* (1－2)，pp. 42－51.]

Bordes，Georges A. "Consistency，Rationality，and Collective Choice. " *Review of Economic Studies*，October 1976，*43* (3)，pp. 447－457.

_____ . "Some More Results on Consistency, Rationality and Collective Choice," in Jean-Jacques Laffont, ed. , *Aggregation and revelation of preferences*. Amsterdam: North-Holland, 1979, pp. 175 – 197.

Bourguignon, F. , and Fields, G. "Poverty Measures and Anti-poverty Policy." *Récherches Economiques de Louvain*, 1990, *56* (3 – 4), pp. 409 – 427.

Brams, Steven J. *Game theory and politics*. New York: Free Press, 1975.

Breyer, Friedrich. "The Liberal Paradox, Decisiveness over Issues and Domain Restrictions. " *Zeitschrift für Nationalökonomie*, 1977, *37* (1 – 2), pp. 45 – 60.

_____ . "Comment on the Papers by Buchanan and by de Jasay and Kliemt. " *Analyse & Kritik*, September 1996, *18* (1), pp. 148 – 157.

Breyer, Friedrich, and Gardner, Roy. "Liberal Paradox, Game Equilibrium, and Gibbard Optimum. " 1980, *Public Choice*, *35* (4), pp. 469 – 481.

Brown, Donald J. "An Approximate Solution to Arrow's Problem. " *Journal of Economic Theory*, December 1974, *9* (4), pp. 375 – 383.

_____ . "Acyclic Aggregation over a Finite Set of Alternatives. " Cowles Foundation Discussion Paper No. 391, Yale University, 1975.

Buchanan, James M. "Social Choice, Democracy, and Free Markets. " *Journal of Political Economy*, April 1954a, 62 (2), pp. 114 – 123.

_____ . "Individual Choice in Voting and Market. " *Journal of Political Economy*, August 1954b, *62* (3), pp. 334 – 343.

_____ . *Liberty, market and state*. Brighton, U. K. : Wheatsheaf, 1986.

_____ . "An Ambiguity in Sen's Alleged Proof of the Impossibility of a Pareto Libertarian. " *Analyse & Kritik*, September 1996, *18* (1), pp. 118 – 125.

Buchanan, James M. , and Tullock, Gordon. *The calculus of consent*. Ann Arbor, MI: University of Michigan Press, 1962.

Campbell, Donald E. "Democratic Preference Functions. " *Journal of*

Economic Theory，April 1976，*12*（2），pp. 259－272.

_____．*Equity, efficiency, and social choice.* Oxford: Oxford University Press，1992.

Campbell，Donald E.，and Kelly，Jerry S. "The Possibility-Impossibility Boundary in Social Choice," in Kenneth J. Arrow，Amartya K. Sen，and Kotaro Suzumura，eds.，*Social choice re-examined*，Vol. 1. New York: St. Martin's Press，1997，pp. 179－204.

Caplin，Andrew，and Nalebuff Bary. "On 64%-Majority Rule." *Econometrica*，July 1988，*56*（4），pp. 787－814.

_____．"Aggregation and Social Choice: A Mean Voter Theorem." *Econometrica*，January 1991，*59*（1），pp. 1－24.

Carter，Ian. "The Concept of Freedom in the Work of Amartya Sen: An Alternative Analysis Consistent with Freedom's Independent Value." *Notizie di Politeia*，1996，*12*（43－44），pp. 7－22.

Casini，Leonardo，and Bernetti，Iacopo. "Public Project Evaluation，Environment and Sen's Theory." *Notizie di Politeia*，1996，*12*（43－44），pp. 55－78.

Chakravarty，Satya R. *Ethical social index numbers.* Berlin: Springer-Verlag，1990.

Chichilnisky，Graciela. "Basic Needs and Global Models." *Alternatives*，1980，*6*.

_____．"Topological Equivalence of the Pareto Condition and the Existence of a Dictator." *Journal of Mathematical Economics*，March 1982a，*9*（3），pp. 223－234.

_____．"Social Aggregation Rules and Continuity." *Quarterly Journal of Economics*，May 1982b，*97*（2），pp. 337－352.

Chichilnisky，Graciela，and Heal，Geoffrey. "Necessary and Sufficient

Conditions for Resolution of the Social Choice Paradox. " *Journal of Economic Theory*, October 1983, 31 (1), pp. 68 - 87.

Coale, Ansley J. "Excess Female Mortality and the Balance of Sexes: An Estimate of the Number of 'Missing Females'. " *Population and Development Review*, September 1991, *17* (3), pp. 517 - 523.

Cohen, G. A. "On the Currency of Egalitarian Justice. " *Ethics*, July 1989, *99* (4), pp. 906 - 944.

_____ . "Equality of What? On Welfare, Goods and Capabilities. " *Récherches Economiques de Louvain*, 1990, *56* (3 - 4), pp. 357 - 382.

Coles, Jeffrey L. , and Hammond, Peter J. "Walrasian Equilibrium without Survival: Existence, Efficiency, and Remedial Policy," in Kaushik Basu, Prasanta K. Pattanaik, and Kotaro Suzumura, eds. , *Choice, welfare, and development : A festschrift in honour of Amartya K. Sen*. Oxford: Oxford University Press, 1995, pp. 32 - 64.

Condorcet, Marquis de. *Essai sur l'application de l'analyse à la probabilité des décisions rendues à la pluralité des voix*. Paris: L'Imprimerie Royale, 1785.

Cornia, Giovanni Andrea. "Poverty in Latin America in the Eighties: Extent, Causes and Possible Remedies. " *Giornale degli Economisti e Annali di Economia*, July-September 1994, *53* (7 - 9), pp. 407 - 434.

Coulhon, T. , and Mongin, Philippe. "Social Choice Theory in the Case of von Neumann-Morgenstern Utilities. " *Social Choice and Welfare*, July 1989, *6* (3), pp. 175 - 187.

Cowell, Frank A. *Measuring inequality*, 2nd Ed. London: Harvester Wheatsheaf, 1995.

Crocker, David. "Functioning and Capability: The Foundations of Sen's and Nussbaum's Development Ethic. " *Political Theory*, November 1992, *20*

(4)，pp. 584 – 612.

Dagum，Camilo，and Zenga，Michele. *Income and wealth distribution*，*inequality and poverty*. Berlin: Springer-Verlag，1990.

Dasgupta，Partha，Hammond，Peter J.，and Maskin，Eric S. "Implementation of Social Choice Rules." *Review of Economic Studies*，April 1979，*46* (2)，pp. 181 – 216.

Dasgupta，Partha，Sen，Amartya K.，and Starrett，David. "Notes on the Measurement of Inequality." *Journal of Economic Theory*，April 1973，*6* (2)，pp. 180 – 187.

d'Aspremont，Claude. "Axioms for Social Welfare Ordering," in Leonid Hurwicz，David Schmeidler，and Hugo Sonnenschein，eds.，*Social goals and social organization*. Cambridge: Cambridge University Press，1985，pp. 19 – 76.

d'Aspremont，Claude，and Gevers，Louis. "Equity and Informational Basis of Collective Choice." *Review of Economic Studies*，June 1977，*44* (2)，pp. 199 – 209.

d'Aspremont，Claude，and Mongin，Philippe. "A Welfarist Version of Harsanyi's Aggregation Theorem." Center for Operations Research and Econometrics Discussion Paper No. 9763，Universite Catholique de Louvain，1997.

Davidson，Donald. "Judging Interpersonal Interests," in Jon Elster and Aanund Hylland，eds.，*Foundations of social choice theory*. Cambridge: Cambridge University Press，1986，pp. 195 – 211.

Davis，Otto A.，DeGroot，Morris H.，and Hinich，Melvin J. "Social Preference Orderings and Majority Rule." *Econometrica*，January 1972，*40* (1)，pp. 147 – 157.

Deaton，Angus S. *Microeconometric analysis for development policy: An approach from household surveys*. Baltimore，MD: Johns Hopkins University Press (for the World Bank)，1995.

Deaton, Angus S. , and Muellbauer, John. *Economics and consumer behaviour*. Cambridge: Cambridge University Press, 1980.

_____. "On Measuring Child Costs: With Applications to Poor Countries. " *Journal of Political Economy*, August 1986, *94* (4), pp. 720 – 744.

Deb, Rajat. "On Constructing Generalized Voting Paradoxes. " *Review of Economic Studies*, June 1976, *43* (2), pp. 347 – 351.

_____. "On Schwartz's Rule. " *Journal of Economic Theory*, October 1977, *16* (1), pp. 103 – 110.

_____. "Waiver, Effectivity and Rights as Game Forms. " *Economica*, May 1994, *16* (242), pp. 167 – 178.

de Jasay, Anthony, and Kliemt, Hartmut. "The Paretian Liberal, His Liberties and His Contracts. " *Analyse & Kritik*, September 1996, *18* (1), pp. 126 – 147.

Denicolò, Vincenzo. "Independent Social Choice Correspondences Are Dictatorial. " *Economics Letters*, 1985, *19*, pp. 9 – 12.

Desai, Meghnad. *Poverty, famine and economic development*. Aldershot, U. K. : Elgar, 1995.

Deschamps, Robert, and Gevers, Louis. "Leximin and Utilitarian Rules: A Joint Characterization. " *Journal of Economic Theory*, April 1978, *17* (2), pp. 143 – 163.

Dodgson, C. L. (Carroll, Lewis). *Facts, figures, and fancies, relating to the elections to the Hebdomadal Council, the offer of the Clarendon Trustees, and the proposal to convert the parks into cricket grounds*. Oxford: Parker, 1874.

_____. *The principles of parliamentary representation*. London: Harrison and Sons, 1884.

Drèze, Jean, and Sen, Amartya. *Hunger and public action*. Oxford: Oxford

University Press，1989.

_____ . *Economic development and social opportunity*. Delhi； New York： Oxford University Press，1995.

_____ . eds. *Political economy of hunger*，Vols. 1 – 3. Oxford： Oxford University Press，1990.

_____ . *Indian development*： *Selected regional perspectives*. Delhi； New York： Oxford University Press，1997.

D'Souza，Frances，ed. *Starving in silence*： *A report on famine and censorship*. London： International Centre on Censorship，1990.

Dutta，Bhaskar. "On the Possibility of Consistent Voting Procedures. " *Review of Economic Studies*，April 1980，*47* (3)，pp. 603 – 616.

_____ . "Reasonable Mechanisms and Nash Implementation," in Kenneth J. Arrow，Amartya K. Sen，and Kotaro Suzumura，eds. ，*Social choice re-examined*，Vol. 2. New York： St. Martin's Press，1997，pp. 3 – 23.

Dutta，Bhaskar，and Pattanaik，Prasanta K. "On Nicely Consistent Voting Systems. " *Econometrica*，January 1978，*46* (1)，pp. 163 – 170.

Dworkin，Ronald. "What Is Equality? Part 1： Equality of Welfare" and "What Is Equality? Part 2： Equality of Resources. " *Philosophy and Public Affairs*，Fall 1981，*10* (4)，pp. 283 – 345.

Edgeworth，Francis T. *Mathematical Psychic*： *An essay on the application of mathematics to the moral sciences*. London： Kegan Paul，1881.

Elster，Jon，and Hylland，Aanund，eds. *Foundations of social choice theory*. Cambridge： Cambridge University Press，1986.

Elster，Jon，and Roemer，John，eds. *Interpersonal comparisons of well-being*. Cambridge. Cambridge University Press，1991.

Erikson，Robert，and Aberg，Rune. *Welfare in transition*： *A survey of living conditions in Sweden*，*1968 – 1981*. Oxford： Oxford University Press，1987.

Feldman, Alan M. *Welfare economics and social choice theory*. Boston: Martinus Nijhoff, 1980.

Ferejohn, John A. , and Grether, David M. "On a Class of Rational Social Decision Procedures. " *Journal of Economic Theory*, August 1974, *8* (4), pp. 471 – 482.

Fine, Ben J. "A Note on 'Interpersonal Aggregation and Partial Comparability' . " *Econometrica*, January 1975a, *43* (1), pp. 173 – 174.

——. "Individual Liberalism in a Paretian Society. " *Journal of Political Economy*, December 1975b, *83* (6), pp. 1277 – 1281.

Fishburn, Peter C. *The theory of social choice*. Princeton, NJ: Princeton University Press, 1973.

——. "On Collective Rationality and a Generalized Impossibility Theorem. " *Review of Economic Studies*, October 1974, *41* (4), pp. 445 – 457.

Fisher, Franklin M. " Income Distribution, Value Judgments and Welfare. " *Quarterly Journal of Economics*, August 1956, *70*, pp. 380 – 424.

——. "Household Equivalence Scales and Interpersonal Comparisons. " *Review of Economic Studies*, July 1987, *54* (3), pp. 519 – 524.

——. "Household Equivalence Scales: Reply. " *Review of Economic Studies*, April 1990, *57* (2), pp. 329 – 330.

Fleurbaey, Marc, and Gaertner, Wulf. "Admissibility and Feasibility in Game Form. " *Analyse & Kritik*, September 1996, *18* (1), pp. 54 – 66.

Folbre, Nancy. *Who pays for the kids: Gender and the structure of constraint*. New York, Routledge, 1995.

Foley, Duncan. "Resource Allocation and the Public Sector. " *Yale Economic Essays*, Spring 1967, *7* (1), pp. 73 – 76.

Foster, James. " On Economic Poverty: A Survey of Aggregate Measures. " *Advances in Econometrics*, 1984, *3*, pp. 215 – 251.

Foster, James, Greer, Joel, and Thorbecke, Erik. "A Class of Decomposable Poverty Measures." *Econometrica*, May 1984, *52* (3), pp. 761 – 766.

Foster, James, and Sen, Amartya K. "On Economic Inequality After a Quarter Century"; annexe in Sen (1997c).

Foster, James, and Shorrocks, Anthony F. "Poverty Orderings." *Econometrica*, January 1988, *56* (1), pp. 173 – 177.

Gaertner, Wulf. "An Analysis and Comparison of Several Necessary and Sufficient Conditions for Transitivity Under the Majority Decision Rule," in Jean-Jacques Laffont, ed. , *Aggregation and revelation of preferences.* Amsterdam: North-Holland, 1979, pp. 91 – 112.

_____ . "Equity- and Inequity-type Borda Rules." *Mathematical Social Sciences*, April 1983, *4* (2), pp. 137 – 154.

_____ . "Domain Conditions in Social Choice Theory." Mimeo, University of Osnabruck, Germany, 1998.

Gaertner, Wulf, and Krüger, Lorenz. "Self Supporting Preferences and Individual Rights: The Possibility of a Paretian Libertarianism." *Economica*, February 1981, *48* (189), pp. 17 – 28.

_____ . "Alternative Libertarian Claims and Sen's Paradox." *Theory and Decision*, 1983, *15*, pp. 211 – 230.

Gaertner, Wulf, Pattanaik, Prasanta K. , and Suzumura, Kotaro. "Individual Rights Revisited." *Economica*, May 1992, *59* (234), pp. 161 – 178.

Gärdenfors, Peter. "Rights, Games and Social Choice." *Noûs*, September 1981, *15* (3), pp. 341 – 356.

Geanakopolous, John. "Three Brief Proofs of Arrow's impossibility Theorem." Cowles Foundation Discussion Paper No. 1128, Yale University, 1996.

Gehrlein, William V. "Condorcet's Paradox." *Theory and Decision*, June 1983, 15 (2), pp. 161 – 197.

Gevers, Louis. "On Interpersonal Comparability and Social Welfare Orderings." *Econometrica*, January 1979, *47* (1), pp. 75 - 89.

Ghai, Dharam, Khan, Azizur R. , Lee, E. , and Alfthan, T. A. *The basic needs approach to development.* Geneva: International Labour Organization, 1977.

Gibbard, Allan F. "Manipulation of Voting Schemes: A General Result." *Econometrica*, July 1973, *41* (4), pp. 587 - 601.

_____ . "Interpersonal Comparisons: Preference, Good, and the Intrinsic Reward of a Life," in Jon Elster and Aanund Hylland, eds. , *Foundations of social choice theory.* Cambridge: Cambridge University Press, 1986, pp. 165 - 193.

Goodin, Robert. *Reasons for welfare.* Princeton: Princeton University Press, 1988.

Granaglia, Elena. "Piu o Meno Equaglianza di Risorse? Un Falso Problema per le Politiche Sociali. " *Giornale degli Economisti e Annali di Economia* , July-September 1994, *53* (7 - 9), pp. 349 - 366.

_____ . "Two Questions to Amartya Sen. " *Notizie di Politeia* , 1996, *12* (43 - 44), pp. 31 - 35.

Grandmont, Jean-Michel. " Intermediate Preferences and the Majority Rule. " *Econometrica*, March 1978, *46* (2), pp. 317 - 330.

Grant, James P. *Disparity reduction rates in social indicators.* Washington, DC: Overseas Development Council, 1978.

Green, Jerry, and Laffont, Jean Jacques. *Incentives in public decision-making.* Amsterdam: North-Holland, 1979.

Grether, David M. , and Plott, Charles R. "Nonbinary Social Choice: An Impossibility Theorem. " *Review of Economic Studies* , January 1982, *49* (1), pp. 143 - 150.

Griffin, Keith, and Knight, John, eds. *Human development and international development strategy for the 1990* s. London: Macmillan, 1990.

Groves, Ted, and Ledyard, John. "Optimal Allocation of Public Goods: A Solution to the 'Free Rider' Problem." *Econometrica*, July 1977, *45* (4), pp. 783 - 809.

Guinier, Lani. *The tyranny of the majority: Fundamental fairness in representative democracy.* New York: Free Press, 1991.

Hamlin, Alan, and Pettit, Phillip, eds. *The good polity: Normative analysis of the state.* Oxford: Blackwell, 1989.

Hammond, Peter J. "Equity, Arrow's Conditions, and Rawls' Difference Principle." *Econometrica*, July 1976, *44* (4), pp. 793 - 804.

＿＿. "Dual Interpersonal Comparisons of Utility and the Welfare Economics of Income Distribution." *Journal of Public Economics*, February 1977, *7* (1), pp. 51 - 71.

＿＿. "Liberalism, Independent Rights, and the Pareto Principle," in L. J. Cohen, J. Los, H. Pfeiffer, and K. -P. Podewski, eds., *Logic, methodology, and the philosophy of science*, Vol. 6. Amsterdam: North-Holland, 1982, pp. 217 -243.

＿＿. "Welfare Economics," in George R. Feiwel, ed., *Issues in contemporary microeconomics and welfare.* Albany: State University of New York Press, 1985, pp. 405 - 434.

＿＿. "Game Forms versus Social Choice Rules as Models of Rights," in Kenneth J. Arrow, Amartya K. Sen, and Kotaro Suzumura, eds., *Social choice re-examined*, Vol. 2. New York: St. Martin's Press, 1997, pp. 82 - 95.

Hansson, Bengt. "Choice Structures and Preference Relations." *Synthese*, October 1968, *18* (4), pp. 443 - 458.

＿＿. "Group Preferences." *Econometrica*, January 1969a, *37* (1), pp. 50 - 54.

____ . "Voting and Group Decision Functions. " *Synthese*, December 1969b, *20* (4), pp. 526 – 537.

____ . "The Existence of Group Preferences. " *Public Choice*, Winter 1976, *28* (28), pp. 89 – 98.

Haq, Mahbub ul. *Reflections on human development.* New York: Oxford University Press, 1995.

Harriss, Barbara. "The Intrafamily Distribution of Hunger in South Asia," in Jean Drèze and Amartya Sen, eds. , *The political economy of hunger.* Oxford: Oxford University Press, 1990, pp. 351 – 424.

Harsanyi, John C. "Cardinal Welfare, Individualist Ethics, and Interpersonal Comparisons of Utility. " *Journal of Political Economy*, August 1955, *63* (3), pp. 309 – 321.

Hayek, Friedrich A. *The constitution of liberty.* London: Routledge, 1960.

Heller, Walter P. , Starr, Ross M. , and Starrett, David A. , eds. *Social choice and public decision making: Essays in honor of Kenneth J. Arrow*, Vol. 1. Cambridge: Cambridge University Press, 1986.

Hossain, Iftekhar. *Poverty as capability failure.* Helsinki: Swedish School of Economics, 1990.

Human Rights Watch. *Indivisible human rights: The relationship between political and civil rights to survival, subsistence, and poverty.* New York: Human Rights Watch, 1992.

Hurwicz, Leo, Schmeidler, David, and Sonnenschein, Hugo, eds. *Social goals and social organization.* Cambridge: Cambridge University Press, 1985.

Inada, Ken-ichi. "The Simple Majority Decision Rule. " *Econometrica*, July 1969, *37* (3), pp. 490 – 506.

____ . "Majority Rule and Rationality. " *Journal of Economic Theory*, March 1970, *2* (1), pp. 27 – 40.

Jorgenson, Dale W. "Aggregate Consumer Behavior and the Measurement of Social Welfare." *Econometrica*, September 1990, *58* (5), pp. 1007 – 1040.

Jorgenson, Dale W. , Lau, Lawrence, and Stoker, Thomas. "Welfare Comparison under Exact Aggregation." *American Economic Review*, May 1980 (*Papers and Proceedings*), *70* (2), pp. 268 – 272.

Kakwani, Nanak. "Welfare Measures: An International Comparison." *Journal of Development Economics*, February 1981, *8* (1), pp. 21 – 45.

———. "Issues in Measuring Poverty." *Advances in Econometrics*, 1984, *3*, pp. 253 – 282.

Kalai, Ehud, and Muller, E. "Characterization of Domains Admitting Nondictatorial Social Welfare Functions and Nonmanipulable Voting Rules." *Journal of Economic Theory*, December 1977, *16* (2), pp. 457 – 469.

Kanbur, Ravi. "The Measurement and Decomposition of Inequality and Poverty," in Frederick van der Ploeg, ed. , *Mathematical methods in economics*, New York: Wiley, 1984, pp. 403 – 432.

———. "Children and Intra-Household Inequality: A Theoretical Analysis," in Kaushik Basu, Prasanta K. Pattanaik, and Kotaro Suzumura, eds. , *Choice, welfare, and development: A festschrift in honour of Amartya K. Sen.* Oxford: Oxford University Press, 1995, pp. 242 – 252.

Kanbur, Ravi, and Haddad, Lawrence. "How Serious Is the Neglect of Intrahousehold Inequality?" *Economic Journal*, September 1990, *100* (402), pp. 866 – 881.

Kanger, Stig. "On Realization of Human Rights." *Acta Philosophica Fennica*, May 1985, *38*, pp. 71 – 78.

Kapteyn, Arie, and van Praag, Bernard M. S. "A New Approach to the Construction of Family Equivalent Scales." *European Economic Review*, May 1976, 7 (4), pp. 313 – 335.

Kelly, Jerry S. "Voting Anomalies, the Number of Voters, and the Number of Alternatives." *Econometrica*, March 1974a, *42* (2), pp. 239 – 251.

____ . "Necessity Conditions in Voting Theory." *Journal of Economic Theory*, June 1974b, *8* (2), pp. 149 – 160.

____ . *Arrow impossibility theorems*. New York: Academic Press, 1978.

____ *Social choice theory: An introduction*. Berlin: Springer-Verlag, 1987.

Kelsey, David. "Acyclic Choice without the Pareto Principle." *Review of Economic Studies*, October 1984a, *51* (4), pp. 693 – 699.

____ . "The Structure of Social Decision Functions." *Mathematical Social Sciences*, December 1984b, *8* (3), pp. 241 – 252.

Kirman, Alan P. , and Sondermann, Dieter. "Arrow's Theorem, Many Agents, and Invisible Dictators." *Journal of Economic Theory*, October 1972, 5 (2), pp. 267 – 277.

Klasen, Stephan. "Missing Women Reconsidered." *World Development*, July 1994, *22* (7), pp. 1061 – 1071.

Kliemt, Hartmut. "Das Paradox des Liberalismus—eine Einführung." *Analyse & Kritik*, September 1996, *18* (1), pp. 1 – 19.

Knight, Frank. *Freedom and reform: Essays in economic and social philosophy*. New York: Harper, 1947, republished, Indianapolis, IN: Liberty, 1982.

Kolm, Serge-Christophe. "The Optimum Production of Social Justice," in J. Margolis and H. Guitton, eds. , *Public economics*. New York: Macmillan, 1969, pp. 145 – 200.

Kynch, Jocelyn, and Sen, Amartya K. "Indian Women: Well-Being and Survival." *Cambridge Journal of Economics*, September-December 1983, 7 (3 – 4), pp. 363 – 380.

Laffont, Jean-Jacques, ed. *Aggregation and revelation of preference*.

Amsterdam: North-Holland, 1979.

Laffont, Jean-Jacques, and Maskin, Eric. "The Theory of Incentives: An Overview," in Werner Hildenbrand, ed. , *Advances in economic theory*. Cambridge: Cambridge University Press, 1982, pp. 31 - 94.

Le Breton, Michel, and Weymark, John. "An Introduction to Arrovian Social Welfare Functions in the Economic and Political Domains," in Norman Schofield, ed. , *Collective decision-making: Social choice and political economy*. Boston: Kluwer, 1996.

Levi, Isaac. *Hard choices*. Cambridge: Cambridge University Press, 1986.

Levin, Jonathan, and Nalebuff Barry. "An Introduction to Vote-Counting Schemes. " *Journal of Economic Perspectives*, Winter 1995, *9* (1), pp. 3 - 26.

Little. Ian. *A critique of welfare economics*, 2nd Ed. Oxford: Oxford University Press, 1957.

Majumdar, Tapas. "A Note on Arrow's Postulates for Social Welfare Function—A Comment. " *Journal of Political Economy*, July/August 1969, Pt. I, *77* (4), pp. 528 - 531.

——. "Amartya Sen's Algebra of Collective Choice. " *Sankhya*, December 1973, Series B, *35* (4), pp. 533 - 542.

Marshall, Alfred. *Principles of economics*. London: Macmillan, 1890; 9th Ed. , 1961.

Martinetti, Enrica Chiappero. "A New Approach to Evaluation of Well-Being and Poverty by Fuzzy Set Theory. " *Giornale degli Economisti e Annali di Economia*, July-September 1994, *53* (7 - 9), pp. 367 - 388.

——. "Standard of Living Evaluation Based on Sen's Approach: Some Methodological Suggestions. " *Notizie di Politeia*, 1996, *12* (43 - 44), pp. 37 - 53.

Mas-Colell, Andreu, and Sonnenschein, Hugo. "General Possibility Theorems for Group Decisions. " *Review of Economic Studies*, April 1972, *39* (2), pp. 185 – 192.

Maskin, Eric S. "Social Welfare Functions on Restricted Domain. " Mimeo, Harvard University, 1976a.

____ . "On Strategyproofness and Social Welfare Functions When Preferences Are Restricted. " Mimeo, Darwin College, and Harvard University, 1976b.

____ . "A Theorem on Utilitarianism. " *Review of Economic Studies*, February 1978, *45* (1), pp. 93 – 96.

____ . "Decision-Making Under Ignorance with Implications for Social Choice. " *Theory and Decision*, September 1979, *11* (3), pp. 319 – 337.

____ . "The Theory of Implementation in Nash Equilibrium: A Survey," in Leonid Hurwicz, David Schmeidler, and Hugo Sonnenschein, eds. , *Social goals and social organization: Essays in memory of Elisha Pazner*. Cambridge: Cambridge University Press, 1985, pp. 173 – 204.

____ . "Majority Rule, Social Welfare Functions, and Game Forms," in Kaushik Basu, Prasanta K. Pattanaik, and Kotaro Suzumura, eds. , *Choice, welfare, and development: A festschrift in honour of Amartya K. Sen.* Oxford: Oxford University Press, 1995, pp. 100 – 109.

Maskin, Eric, and Sjöström, Tomas. "Implementation Theory. " Mimeo, Harvard University, 1999.

Matsumoto, Yasumi. "Non-binary Social Choice: Revealed Preference Interpretation. " *Economica*, May 1985, *52* (26), pp. 185 – 194.

McKelvey, Richard D. "General Conditions for Global Intransitivities in Formal Voting Models. " *Econometrica*, September 1979, *47* (5), pp. 1085 – 1112.

McLean, Ian. "The Borda and Condorcet Principles: Three Medieval Applications. " *Social Choice and Welfare*, 1990, 7 (2), pp. 99 – 108.

Mill, John Stuart. *On liberty*. London: Parker, 1859; republished, London: Harmondsworth. 1974.

Mirrlees, James A. "The Economic Uses of Utilitarianism," in Amartya K. Sen and Bernard Williams, eds. , *Utilitarianism and beyond*. Cambridge: Cambridge University Press, 1982, pp. 63 - 84.

Monjardet, Bernard. "Duality in the Theory of Social Choice," in Jean-Jacques Laffont, ed. , *Aggregation and revelation of preferences*. Amsterdam: North-Holland, 1979, pp. 131 - 143.

_____ . "On the Use of Ultrafilters in Social Choice Theory," in Prasanta K. Pattanaik and Maurice Salles, eds. , *Social choice and welfare*. Amsterdam: North-Holland, 1983.

Morris, Morris D. *Measuring the conditions of the world's poor*. Oxford: Pergamon Press, 1979.

Moulin, Hervé. *The strategy of social choice*. Amsterdam: North-Holland, 1983.

_____ . *Cooperative microeconomics*. Princeton, NJ: Princeton University Press, 1995.

Moulin, Hervé and Thomson, William. "Axiomatic Analyses of Resource Allocation Problems," in Kenneth J. Arrow, Amartya K. Sen, and Kotaro Suzumura, eds. , *Social choice re-examined*, Vol. 1. New York: St. Martin's Press, 1997, pp. 101 - 120.

Mueller, Dennis C. *Public Choice Ⅱ* . Cambridge: Cambridge University Press, 1989.

_____ . "Constitutional and Liberal Rights. " *Analyse & Kritik*, September 1996, *18* (1), pp. 96 - 117.

Nehring, Klaus, and Puppe, Clemens. "On the Multipreference Approach to Evaluating Opportunities. " *Social Choice and Welfare*, 1999, *16* (1), pp. 41 -64.

Nicholson, Michael B. "Conditions for the 'Voting Paradox' in Committee

Decisions. " *Metroeconomica*, January-August 1965, *17* (1 - 2), pp. 29 - 44.

Nozick, Robert. *Anarchy, state and utopia*. New York: Basic Books, 1974.

Nussbaum, Martha. "Nature, Function, and Capability: Aristotle on Political Distribution. " *Oxford Studies in Ancient Philosophy*, 1988, Supp. , pp. 145 - 184.

Nussbaum, Martha, and Glover, Jonathan, eds. *Women, culture, and development : A study of human capabilities*. Oxford: Clarendon Press, 1995.

Nussbaum, Martha, and Sen, Amartya K. , eds. *The quality of life*. Oxford: Oxford University Press, 1993.

Osmani, Siddiqur R. *Economic inequality and group welfare*. Oxford: Oxford University Press, 1982.

_____ . "The Entitlement Approach to Famine: An Assessment," in Kaushik Basu, Prasanta K. Pattanaik, and Kotaro Suzumura, eds. , *Choice, welfare, and development : A festschrift in honour of Amartya K. Sen*, Oxford: Oxford University Press, 1995, pp. 253 - 294.

Parks, Robert P. "Further Results on Path Independence, Quasitransitivity, and Social Choice. " *Public Choice*, Summer 1976a, *26* (26), pp. 75 - 87.

_____ . "An Impossibility Theorem for Fixed Preferences: A Dictatorial Bergson-Samuelson Welfare Function. " *Review of Economic Studies*, October 1976b, *43* (3), pp. 447 - 450.

Pattanaik, Prasanta K. *Voting and collective choice*. London: Cambridge University Press, 1971.

_____ . "On the Stability of Sincere Voting Situations. " *Journal of Economic Theory*, December 1973, *6* (6), pp. 558 - 574.

_____ . *Strategy and group choice*. Amsterdam: North-Holland, 1978.

_____ . "The Liberal Paradox: Some Interpretations When Rights Are Represented as Game Forms. " *Analyse & Kritik*, September 1996, *18* (1), pp. 38 - 53.

____ . "On Modelling Individual Rights: Some Conceptual Issues," in Kenneth J. Arrow, Amartya K. Sen, and Kotaro Suzumura, eds. , *Social choice re-examined* , Vol. 2. New York: St. Martin's Press, 1997, pp. 100 - 128.

Pattanaik, Prasanta K. , and Salles, Maurice, eds. *Social choice and welfare*. Amsterdam: North-Holland, 1983.

Pattanaik, Prasanta K. , and Sengupta, Manimay. "Conditions for Transitive and Quasi-Transitive Majority Decisions. " *Economica* , November 1974, *41* (164), pp. 414 - 423.

____ . "Restricted Preferences and Strategy-Proofness of a Class of Group Decision Functions. " *Review of Economic Studies* , October 1980, *47* (5), pp. 965 - 973.

Pazner, Elisha A. , and Schmeidler, David. "A Difficulty in the Concept of Fairness. " *Review of Economic Studies* , July 1974, *41* (3), pp. 441 - 443.

Peleg, Bezalel. "Consistent Voting Systems. " *Econometrica* , January 1978, *46* (1), pp. 153 - 162.

____ . *Game theoretic analysis of voting in committees*. Cambridge: Cambridge University Press, 1984.

Phelps, Edmund S. , ed. *Economic justice*. Harmondsworth, U. K. : Penguin, 1973.

Pigou, Arthur C. *The economics of welfare*. London: Macmillan, 1920.

Plott, Charles R. "A Notion of Equilibrium and Its Possibility under Majority Rule. " *American Economic Review* , September 1967, *57* (4), pp. 787 - 806.

____ . "Path Independence, Rationality, and Social Choice. " *Econometrica* , November 1973, *41* (6), pp. 1075 - 1091.

____ . "Axiomatic Social Choice Theory: An Overview and Interpretation. " *American Journal of Political Science* , August 1976, *20* (3), pp. 511 - 596.

Pollak, Robert A. "Welfare Comparisons and Situation Comparison." *Journal of Econometrics*, October-November 1991, *50* (1 – 2), pp. 31 – 48.

Pollak, Robert, and Wales, Terence J. "Welfare Comparisons and Equivalence Scales." *American Economic Review*, May 1979 (*Papers and Proceedings*), *69* (2), pp. 216 – 221.

Rae, Douglas W. "Using District Magnitude to Regulate Political Party Competition." *Journal of Economic Perspectives*, Winter 1995, *9* (1), pp. 65 – 75.

Rangarajan, L. N. , ed. *The Arthasastra*. New Delhi, India: Penguin Books, 1987.

Ravallion, Martin. *Markets and famines*. Oxford: Oxford University Press, 1987.

_____ . *Poverty comparisons*. Chur, Switzerland: Harwood, 1994.

_____ . "Household Vulnerability to Aggregate Shocks: Differing Fortunes of the Poor in Bangladesh and Indonesia," in Kaushik Basu, Prasanta K. Pattanaik, and Kotaro Suzumura, eds. , *Choice, welfare, and development: A festschrift in honour of Amartya K. Sen*. Oxford: Oxford University Press, 1995, pp. 295 – 312.

Rawls, John. *A theory of justice*. Cambridge, MA: Harvard University Press, 1971.

Razavi, Shahrashoub. "Excess Female Mortality: An Indicator of Female Subordination? A Note Drawing on Village-Level Evidence from Southeastern Iran." *Notizie di Politeia*, 1996, *12* (43 – 44), pp. 79 – 95.

Red Cross and Red Crescent Societies, International Federation of *World disasters report 1994*. Dordrecht: Martinus Nijhoff, 1994.

Riley, Jonathan. *Liberal utilitarianism: Social choice theory and J. S. Mill's philosophy*. Cambridge: Cambridge University Press, 1987.

Robbins, Lionel. "Interpersonal Comparisons of Utility: A Comment."

Economic Journal，December 1938，*48*（192），pp. 635 - 641.

Roberts，Kevin W. S. "Possibility Theorems with Interpersonally Comparable Welfare Levels. " *Review of Economic Studies*，January 1980a，*47*（2），pp. 409 - 420.

―――― . "Interpersonal Comparability and Social Choice Theory. " *Review of Economic Studies*，January 1980b，*47*（2），pp. 421 - 439.

―――― . "Valued Opinions or Opiniated Values: The Double Aggregation Problem," in Kaushik Basu，Prasanta K. Pattanaik，and Kotaro Suzumura，eds. ，*Choice，welfare，and development. A festschrift in honour of Amartya K. Sen.* Oxford: Oxford University Press，1995，pp. 141 - 167.

Roemer，John. *A general theory of exploitation and class.* Cambridge，MA: Harvard University Press，1982.

―――― . *Theories of distributive justice.* Cambridge，MA: Harvard University Press，1996.

Rothschild，Michael，and Stiglitz，Joseph E. "Some Further Results on the Measurement of Inequality. " *Journal of Economic Theory*，April 1973，*6*（2），pp. 188 - 204.

Rowley，Charles K. *Liberty and the state.* Aldershot，U. K. : Elgar，1993.

Salles，Maurice. "A General Possibility Theorem for Group Decision Rules with Pareto-Transitivity. " *Journal of Economic Theory*，August 1975，*11*（1），pp. 110 - 118.

Samuelson，Paul A. *Foundations of economic analysis.* Cambridge，MA: Harvard University Press，1947.

Satterthwaite，Mark A. "Strategy-Proofness and Arrow's Conditions: Existence and Correspondence Theorems for Voting Procedures and Social Welfare Functions. " *Journal of Economic Theory*，April 1975，*10*（2），pp. 187 - 217.

Schmeidler，David，and Sonnenschein，Hugo F. "Two Proofs of the Gibbard-

Satterthwaite Theorem on the Possibility of a Strategy-Proof Social Choice Function,"
in H. W. Gottinger and W. Leinfeller, eds. , *Decision theory and social ethic：
Issues in social choice*. Dordrecht： Reidel, 1978, pp. 227 - 234.

Schofield, Norman J. "General Instability of Majority Rule. " *Review of
Economic Studies*, October 1983, *50* (4), pp. 695 - 705.

＿＿＿＿. ed. *Collective decision-making： Social choice and political
economy*. Boston： Kluwer, 1996.

Schokkaert, Erik, and Van Ootegem, Luc. "Sen's Concept of the Living
Standard Applied to the Belgian Unemployed. " *Récherches Economiques de Lou-
vain*, 1990, *56* (3 - 4), pp. 429 - 450.

Schwartz, Thomas. "On the Possibility of Rational Policy Evaluation. "
Theory and Decision, October 1970, *1* (1), pp. 89 - 106.

＿＿＿＿. "Rationality and the Myth of the Maximum. " *Noûs*, May 1972, *6*
(2), pp. 97 - 117.

＿＿＿＿. *The logic of collective choice*. New York： Columbia University
Press, 1986.

Scitovsky, Tibor. *The joyless economy*. Oxford： Oxford University Press,
1976.

Seidl, Christian. "On Liberal Values. " *Zeitschrift für Nationalökono-
mie*, May 1975, *35* (3 - 4), pp. 257 - 292.

＿＿＿＿. "Poverty Measurement： A Survey," in Dieter Bos, Manfred Rose,
and Christian Seidl, eds. , *Welfare and efficiency in public economics*. Berlin：
Springer-Verlag, 1988, pp. 71 - 147.

＿＿＿＿. "Foundations and Implications of Rights," in Kenneth J. Arrow,
Amartya K. Sen, and Kotaro Suzumura, eds. , *Social choice re-examined*,
Vol. 2. New York： St. Martin's Press, 1997, pp. 53 - 77.

Sen, Amartya K. "Preferences, Votes and the Transitivity of Majority

Decisions. " *Review of Economic Studies*, April 1964, *31* （2）, pp. 163 - 165.

____ . "A Possibility Theorem on Majority Decisions. " *Econometrica*, April 1966, *34* （2）, pp. 491 - 499.

____ . "Quasi-Transitivity, Rational Choice and Collective Decisions. " *Review of Economic Studies*, July 1969, *36* （3）, pp. 381 - 393.

____ . *Collective choice and social welfare*. San Francisco, CA: Holden-Day, 1970a.

____ . "The Impossibility of a Paretian Liberal. " *Journal of Political Economy*, January-February 1970b, *78* （1）, pp. 152 - 157, reprinted in Sen （1982a）.

____ . "Interpersonal Aggregation and Partial Comparability. " *Econometrica*, May 1970c, *38* （3）, pp. 393 - 409; reprinted in Sen （1982a）.

____ . *On economic inequality*. Oxford: Oxford University Press, 1973a, Expanded Ed. , 1997c.

____ . "On the Development of Basic Income Indicators to Supplement the GNP Measure. " *United Nations Economic Bulletin for Asia and the Far East*, September-December 1973b, *24* （2 - 3）, pp. 1 - 11.

____ . "Behaviour and the Concept of Preference. " *Economica*, 1973c, *40* （159）, pp. 241 - 259, reprinted in Sen （1982a）.

____ . "Choice, Orderings, and Morality," in S. Korner, ed. , *Practical reason*. Oxford: Blackwell, 1974; reprinted in Sen （1982a）.

____ . "Real National Income. " *Review of Economic Studies*, February 1976a, *43* （1）, pp. 19 - 39; reprinted in Sen （1982a）.

____ . "Poverty: An Ordinal Approach to Measurement. " *Econometrica*, March 1976b, *44* （2）, pp. 219 - 223; reprinted in Sen （1982a）.

____ . "Liberty, Unanimity and rights. " *Economica*, August 1976c, *43* （171）, pp. 217 - 245; reprinted in Sen （1982a）.

____ . "Social Choice Theory: A Re-examination. " *Econometrica*, January 1977a, *45* (1), pp. 53 - 89; reprinted in Sen (1982a).

____ . "Starvation and Exchange Entitlements A General Approach and Its Application to the Great Bengal Famine. " *Cambridge Journal of Economics*, March 1977b, *1* (1), pp. 33 - 59.

____ . "On Weights and Measures: Informational Constraints in Social Welfare Analysis. " *Econometrica*, October 1977c, *45* (7), pp. 1539 - 1572; reprinted in Sen (1982a).

____ . "Rational Fools: A Critique of the Behavioral Foundations of Economic Theory. " *Philosophy and Public Affairs*, Summer 1977d, *6* (4), pp. 317 - 344; reprinted in Sen (1982a).

____ . "The Welfare Basis of Real Income Comparisons: A Survey. " *Journal of Economic Literature*, March 1979a, *17* (1), pp. 1 - 45; reprinted in Sen (1984).

____ . "Personal Utilities and Public Judgements: Or What's Wrong with Welfare Economics. " *Economic Journal*, September 1979b, *89* (355), pp. 537 - 558; reprinted in Sen (1982a).

____ . "Equality of What?" in S. McMurrin, ed. , *Tanner lectures on human values*, Vol. 1. Salt Lake City, UT: University of Utah, 1980, pp. 195 - 220, reprinted in Sen (1982a).

____ . *Poverty and famines: An essay on entitlement and deprivation.* Oxford: Oxford University Press, 1981.

____ . *Choice, welfare and measurement.* Oxford: Blackwell, 1982a; Cambridge, MA: Harvard University Press, 1997.

____ . "Rights and Agency. " *Philosophy and Public Affairs*, Spring 1982b, *11* (2), pp. 113 - 132.

____ . "Liberty and Social Choice. " *Journal of Philosophy*, January

1983a, *80* (1)，pp. 5 - 28.

_____ . "Poor, Relatively Speaking." *Oxford Economic Papers*，July 1983b，*35* (2)，pp. 153 - 169.

_____ . *Resources, values and development*. Cambridge, MA: Harvard University Press，1984.

_____ . *Commodities and capabilities*. Amsterdam: North-Holland, 1985a.

_____ . "Well-being, Agency and Freedom: The Dewey Lectures 1984." *Journal of Philosophy*, April 1985b，*82* (4)，pp. 169 - 221.

_____ . "Social Choice Theory," in Kenneth J. Arrow and Michael Intriligator, eds. ，*Handbook of mathematical economics*，Vol. Ⅲ. Amsterdam: North-Holland, 1986a，pp. 1073 - 1181.

_____ . "Information and Invariance in Normative Choice," in Walter P. Heller, Ross M. Starr, and David A. Starrett, eds. ，*Essays in honor of Kenneth J. Arrow*，Vol. 1. Cambridge: Cambridge University Press，1986b，pp. 29 - 55.

_____ . "Gender and Cooperative Conflict," in Irene Tinker, ed. ，*Persistent inequalities*. New York: Oxford University Press，1990，pp. 123 - 149.

_____ . *Inequality reexamined*. Cambridge, MA: Harvard University Press, 1992a.

_____ . "Minimal Liberty." *Economica*，May 1992b，*59* (234)，pp. 139 - 160.

_____ . "Missing Women," *British Medical Journal*，March 1992c，*304* (6827)，pp. 587 - 588.

_____ . "Internal Consistency of Choice." *Econometrica*，May 1993a，*61* (3)，pp. 495 - 521.

_____ . "Capability and Well-being," in Martha Nussbaum and Amartya Sen, eds. ，*The quality of life*. Oxford: Oxford University Press，1993b, pp. 30 - 53.

_____ . "Positional Objectivity. " *Philosophy and Public Affairs*, Spring 1993c, *22* (2), pp. 83 - 135.

_____ . "Well-Being, Capability and Public Policy," *Giornale degli Economisti e Annali di Economia*, July-September 1994, *53* (7 - 9), pp. 333 - 347.

_____ . "Rationality and Social Choice. " *American Economic Review*, March 1995a, *85* (1), pp. 1 - 24.

_____ . "Environmental Evaluation and Social Choice: Contingent Valuation and the Market Analogy. " *Japanese Economic Review*, March 1995b, *46* (1), pp. 23 - 37.

_____ . "Rights: Formulation and Consequences. " *Analyse & Kritik*, September 1996a, *18*, pp. 53 - 70.

_____ . "Freedom, Capabilities and Public Action: A Response. " *Notizie di Politeia*, 1996b, *12* (43 - 44), pp. 105 - 125.

_____ . "Maximization and the Act of Choice. " *Econometrica*, July 1997a, *65* (4), pp. 745 - 780.

_____ . "Individual Preference as the Basis of Social Choice," in Kenneth J. Arrow, Amartya K. Sen, and Kotaro Suzumura, eds. , *Social choice re-examined*, Vol. 2. New York: St. Martin's Press, 1997b.

_____ . *On economic inequality* [Expanded Ed. , with a substantial annexe jointly with James Foster] . Oxford: Oxford University Press, 1997c.

_____ . *Development as freedom* [mimeo]; 1999a (forthcoming).

_____ . *Freedom, rationality and social choice : Arrow lectures and other essays* [mimeo]; 1999b (forthcoming).

Sen, Amartya K. , and Pattanaik, Prasanta K. "Necessary and Sufficient Conditions for Rational Choice under Majority Decision. " *Journal of Economic Theory*, August 1969, *1* (2), pp. 178 - 202.

Sengupta, Manimay. "Monotonicity, Independence of Irrelevant Alternatives and Strategy-Proofness of Social Decision Functions. " *Review of Economic Studies*, January 1980a, *47* (2), pp. 393 - 407.

____ . "The Knowledge Assumption in the Theory of Strategic Voting. " *Econometrica*, July 1980b, *48* (5), pp. 1301 - 1304.

Shorrocks, Anthony F. "Inequality Decomposition by Population Subgroups. " *Econometrica*, November 1984, *52* (6), pp. 1369 - 1385.

____ . "Revisiting the Sen Poverty Index. " *Econometrica*, September 1995, *63* (5), pp. 1225 - 1230.

Slesnick, Daniel T. "Empirical Approaches to the Measurement of Welfare. " *Journal of Economic Literature*, December 1998, *36* (4), pp. 2108 - 2165.

Smith, Adam. *An inquiry into the wealth of nations*. London: W. Strahan and T. Cadell, 1776; republished, London: Home University, 1910.

Solow, Robert M. "Mass Unemployment as a Social Problem," in Kaushik Basu, Prasanta K. Pattanaik, and Kotaro Suzumura, eds. , *Choice, welfare, and development: A festschrift in honour of Amartya K. Sen*, Oxford: Oxford University Press, 1995, pp. 313 - 321.

Starrett, David. *Foundations of public economics*. Cambridge: Cambridge University Press, 1988.

Steiner, Hillel. "Putting Rights in Their Place: An Appraisal of A. Sen's Work on Rights. " *Récherche Economiques de Louvain*, 1990, *56* (3 - 4), pp. 391 - 408.

Stewart, Frances. *Planning to meet basic needs*. London: Macmillan, 1985.

Strasnick, Stephen. "Social Choice and the Derivation of Rawls's Difference Principle. " *Journal of Philosophy*, February 1976, *73* (4), pp. 85 - 99.

Streeten, Paul. "Basic Needs: Some Unsettled Questions. " *World Development*, September 1984, *12* (9), pp. 973 - 978.

Streeten, Paul (with Burki, S. J. , Haq, Mahbub ul, Hicks, Norman, and Stewart, Frances). *First things first. Meeting basic needs in developing countries.* London: Oxford University Press, 1981.

Sugden, Robert. *The political economy of public choice.* New York: Wiley, 1981.

_____ . "Liberty, Preference, and Choice. " *Economics and Philosophy*, October 1985, *1* (2), pp. 213–229.

_____ . "Welfare, Resources, and Capabilities: A Review of Inequality Reexamined by Amartya Sen. " *Journal of Economic Literature*, December 1993, *31* (4), pp. 1947–1962.

Suppes, Patrick. "Some Formal Models of Grading Principles. " *Synthese*, December 1966, *16* (3/4), pp. 284–306.

Suzumura, Kotaro. "Rational Choice and Revealed Preference. " *Review of Economic Studies*, February 1976a, *43* (1), pp. 149–158.

_____ . "Remarks on the Theory of Collective Choice. " *Economica*, November 1976b, *43* (172), pp. 381–390.

_____ . *Rational choice, collective decisions, and social welfare.* Cambridge: Cambridge University Press, 1983.

_____ . *Competition, commitment, and welfare.* Oxford: Oxford University Press, 1995.

_____ . "Welfare, Rights, and Social Choice Procedure: A Perspective. " *Analyse & Kritik*, September 1996, *18* (1), pp. 20–37.

_____ . "Interpersonal Comparisons of the Extended Sympathy Type and the Possibility of Social Choice," in Kenneth J. Arrow, Amartya K. Sen, and Kotaro Suzumura, eds. , *Social choice re-examined*, Vol. 2. New York: St. Martin's Press, 1997, pp. 202–229.

_____ . "Consequences, Opportunities, and Procedures. " *Social Choice and Welfare*, 1999, *16* (1), pp. 17 - 40.

Svedberg, Peter. *Poverty and undernutrition: Theory and measurement.* Mimeo (study for WIDER), 1999 (forthcoming).

Svensson, Lars-Gunnar. "Social Justice and Fair Distributions. " *Lund Economic Studies*, 1977, 15.

____ . "Equity Among Generations. " *Econometrica*, July 1980, *48* (5), pp. 1251 - 1256.

Tideman, Nicolaus. "The Single Transferable Vote. " *Journal of Economic Perspectives*, Winter 1995, *9* (1), pp. 27 - 38.

Tullock , Gordon. "The General Irrelevance of the General Possibility Theorem. " *Quarterly Journal of Economics*, May 1967, *81* (2), pp. 256 - 270.

United Nations Development Programme (UNDP). *Human development report 1990.* New York: Oxford University Press, 1990.

van Hees, Martin. "Individual Rights and Legal Validity. " *Analyse & Kritik*, September 1996, *18* (1), pp. 81 - 95.

Van Parijs, Philippe. *Real freedom for all: What (if anything) can justify capitalism?* Oxford: Oxford University Press, 1995.

Varian, Hal. " Equity, Envy, and Efficiency," *Journal of Economic Theory*, September 1974, *9* (1), pp. 63 - 91.

____ . "Distributive Justice, Welfare Economics and a Theory of Justice. " *Philosophy and Public Affairs*, Spring 1975, *4* (3), pp. 223 - 247.

Vaughan, Megan. *The story of an African famine. Gender and famine in twentieth century Malawi.* Cambridge: Cambridge University Press, 1987.

Vickrey, William S. " Utility, Strategy, and Social Decision Rules. " *Quarterly Journal of Economics*, November 1960, *74*, pp. 507 - 535.

Ward, Benjamin. "Majority Voting and Alternative Forms of Public Enterprise," in Julius Margolis, ed. , *The public economy of urban communities.* Baltimore, MD:

Johns Hopkins University Press，1965，pp. 112 - 126.

Weber，Robert J. "Approval Voting." *Journal of Economic Perspectives*，Winter 1995，*9*（1），pp. 39 - 49.

Wilson，Robert. "Social Choice Without the Pareto Principle." *Journal of Economic Theory*，December 1972，*5*（3），pp. 478 - 486.

____ . "On the Theory of Aggregation." *Journal of Economic Theory*，February 1975，*10*（1），pp. 89 - 99.

Wriglesworth，John L. *Libertarian conflicts in social choice*. Cambridge：Cambridge University Press，1985.

Young，H. Peyton. "Condorcet's Theory of Voting." *American Political Science Review*，December 1988，*82*（4），pp. 1231 - 1244.

____ . "Optimal Voting Rules." *Journal of Economic Perspectives*，Winter 1995，*9*（1），pp. 51 - 64.

____ . ed. *Fair allocation*. Providence，RI：American Mathematical Society，1985.

注释

[1] 显然不可能在此对社会选择理论作出综述，我也无意评述相关文献。文献评述可参见 Alan M. Feldman（1980），Prasanta K. Pattanaik and Maurice Salles（1983），Kotaro Suzumura（1983），Peter J. Hammond（1985），Jon Elster and Aanund Hylland（1986），Sen（1986a），David Starrett（1988），Dennis C. Mueller（1989）以及内容更为广泛的 Kenneth J. Arrow et al.（1997）。

[2] 参见 Arrow（1950，1951，1963）。

[3] 梵语"Arthashastra"（考底利耶著作的题目）可以极其贴切地译为"经济学"，虽然他将相当的篇幅用于探讨一个冲突社会中的治国术上。亚里士多德的《政治学》和考底利耶的《经济学》的英文版分别见于 E. Barker（1958）和 L. N. Rangarajan（1987）。关于欧洲中世纪对这些问题的有趣文献，

可以参见 Ian McLean（1990）。

　　［4］参见 Condorcet（1785）。这一问题上产生过许多评论，包括 Arrow
（1951），Duncan Black（1958），William V. Gehrlein（1983），H. Peyton
Young（1988）和 McLean（1990）。关于多数投票规则的不一致性的潜在普遍
性，参见 Richard D. McKelvey（1979），Norman J. Schofield（1983）。

　　［5］通过调整其公理结构，可以得到相对应的不可能性结论。这类例子参
见 Arrow（1950，1951，1952，1963），Julian H. Blau（1957，1972，1979），
Bengt Hansson（1969a，b，1976），Tapas Majumdar（1969，1973），Sen
（1969，1970a，1986b，1993a，1995a），Pattanaik（1971，1973，1978），An-
dreu Mas-Colell and Hugo Sonnenschein（1972），Thomas Schwartz（1972，
1986），Peter C. Fishburn（1973，1974），Allan F. Gibbard（1973），Donald
J. Brown（1974，1975），Ken Binmore（1975，1994），Salles（1975），Mark
A. Satterthwaite（1975），Robert Wilson（1975），Rajat Deb（1976，1977），
Suzumura（1976a，b，1983），Blau and Deb（1977），Jerry S. Kelly（1978，
1987），Douglas H. Blair and Robert A. Pollak（1979，1982），Jean-Jacques
Laffont（1979），Bhaskar Dutta（1980），Graciela Chichilnisky（1982a，b），
David M. Grether and Charles R. Plott（1982），Chichilnisky and Geoffrey Heal
（1983），Hervé Moulin（1983），Pattanaik and Salles（1983），David Kelsey
（1984a，b），Bezalel Peleg（1984），Hammond（1985，1997），Mark
A. Aizerman and Fuad T. Aleskerov（1986），Schofield（1996）和 Aleskerov
（1997），等等。

　　［6］或者说，它至少可以提高一个人的效用，而且并未损害其他任何人的
利益。

　　［7］还存在一个体系上的假设，即至少存在两个不同的人（不必是无限
多），并且至少存在三种不同的社会状态（这也许算不上经济学家所做的一个
最不现实的假设）。这里所涉及的公理为阿罗定理的后来版本：Arrow
（1963）。由于此处的表述是非正式的，容许某些技术上的含糊，需要其严格形

式的论证的人可参见 Arrow（1963），Sen（1970a），Fishburn（1973）或者 Kelly（1978）。在证明方面存在不同的版本，其中自然包括 Arrow（1963）。森（1995a）提供了一个简短并且基础性的证明。此外，还可参见 Sen（1970a，1979b），Blau（1972），Robert Wilson（1975），Kelly（1978），Salvador Barberá（1980，1983），Binmore（1994）以及 John Geanakopolous（1996），等等。

［8］关于这类文献的批判性评述，可参见 Kelly（1978），Feldman（1980），Pattanaik and Salles（1983），Suzumura（1983），Hammond（1985），Watler P. Heller et al.（1986），Sen（1986a, b），Mueller（1989）以及 Arrow et al.（1997）。

［9］事实上，我在社会选择领域的主要著作《集体选择与社会福利》（Sen，1970a）就是将形式分析（带星号的章节）附着于非形式的分析（不带星号的章节）上。

［10］参见 Hansson（1968，1969a，1969b，1976），Sen（1969，1970a，1977a，1993a），Schwartz（1970，1972，1986），Pattanaik（1971，1973），Alan P. Kirman and Dieter Sondermann（1972），Mas-Colell and Sonnenschein（1972），Wilson（1972，1975），Fishburn（1973，1974），Plott（1973，1976），Brown（1974，1975），John A. Ferejohn and Grether（1974），Binmore（1975，1994），Salles（1975），Blair et al.（1976），Georges A. Bordes（1976，1979），Donald E. Campbell（1976），Deb（1976，1977），Parks（1976a, b），Suzumura（1976a, b, 1983），Blau and Deb（1977），Kelly（1978），Peleg（1978，1984），Blair and Pollak（1979，1982），Blau（1979），Bernard Monjardet（1979，1983），Barberá（1980，1983），Chichilnisky（1982a, b），Chichilnisky and Heal（1983），Moulin（1983），Kelsey（1984，1985），Vincenzo Denicolò（1985），Yasumi Matsumoto（1985），Aizerman and Aleskerov（1986），Taradas Bandyopadhyay（1986），Isaac Levi（1986）以及 Campbell and Kelly（1997），等等。

［11］还可参见 Ken-ichi Inada（1969，1970），此文也是这方面研究的重要

文献。此外，还有 William S. Vickrey（1960），Benjamin Ward（1965），Sen（1966，1969），Sen and Pattanaik（1969）和 Pattanaik（1971）。其他类型的限制性条件也曾认为可以产生一致的多数决策的结果，参见 Michael B. Nicholson（1965），Plott（1967），Gordon Tullock（1967），Inada（1970），Pattanaik（1971），Otto A. Davis et al.（1972），Fishburn（1973），Kelly（1974a，b，1978），Pattanaik and Sengupta（1974），Eric S. Maskin（1976a，b，1995），Jean-Michel Grandmont（1978），Peleg（1978，1984），Wulf Gaertner（1979），Dutta（1980），Chichilnisky and Heal（1983）和 Suzumura（1983），等等。Pattanaik（1970），Maskin（1976a，b，1995）和 Ehud Kalai and E. Muller（1977）这些文献还探讨了更广泛的投票规则的限制性条件。Gaertner（1998）对这些浩繁的文献给予了权威性的评述。

［12］参见 Sen（1984），Drèze and Sen（1989），Frances D'Souza（1990），Human Rights Watch（1992），以及 Red Cross and Red Cresent Societies（1994）。

［13］关于这个一般政治问题的方方面面，参见 Arrow（1951），James M. Buchanan（1954a，b），Buchanan and Tullock（1962），Sen（1970a，1973c，1974，1977d，1984），Suzumura（1983），Hammond（1985），Pattanaik and Salles（1985），Andrew Caplin and Barry Nalebuff（1988，1991），Young（1988）以及 Guinier（1991）等，此外，还有 *Journal of Economic Perspectives*（Winter，1995），该期刊收录了关于投票程序的专题研讨论文，其中包括 Jonathan Levin and Nalebuff（1995），Douglas W. Rae（1995），Nicolaus Tideman（1995），Robert J. Weber（1995），Michel Le Breton and John Weymark（1996）和 Suzumura（1999）等。

［14］但由于投票与实际偏好——实际偏好往往由于试图操纵投票结果的策略性投票而显示差别——之间可能缺乏对应性，这时往往会出现严重的偏差。关于这一问题，可参见 Gibbard（1973）和 Satterthwaite（1975），其中提出了出色的不可能定理。有相当多的文献探讨了投票的操纵以及执行问题上

的挑战，参见 Pattanaik（1973，1978），Steven J. Brams（1975），Ted Groves and John Ledyard（1977），Barberá and Sonnenschein（1978），Dutta and Pattanaik（1978），Peleg（1978，1984），Schmeidler and Sonnenschein（1978），Dasgupta et al.（1979），Green and Laffont（1979），Laffont（1979），Dutta（1980，1997），Pattanaik and Sengupta（1980），Sengupta（1980a，b），Laffont and Maskin（1982），Moulin（1983，1995），Leo Hurwicz et al.（1985），等等。此外，不管投票是成本高昂，还是非常愉快，抑或两者都不是，在一方的（1）喜欢、（2）不喜欢、（3）无所谓与另一方的（1*）投赞成票、（2*）投反对票、（3*）弃权之间建立一种一一对应的关系几乎是不可能的，这与投票策略无关（参见 Sen，1964）。

[15] 参见 Sen（1970a，1977a）。

[16] 这里需要指出的是，将社会选择程序限制在投票规则上的假设并不是阿罗（1951，1963）所提出的假设；这只是阿罗所创立的不可能定理的一部分。它是一组表面上合理的对公理的分析结论，这些公理是理性社会选择的预设。当然，效用的人际比较被明确排除在外，但是，阿罗定理的论证显示，一组总体上相当可行的假设在逻辑上也包含其他的投票规则的特征（本身是一个明显的分析性结论）。具体而言，这些派生的特征包含这样一项严格的条件：不必对社会状态的本质加以关注，所唯一需要的条件只是那些分别赞同或反对的投票［这一属性往往被称为"中立性"（neutrality），这是一个有些略微夸大的用词，因为这毕竟只是对信息的限制］。它逃避了效用的人际比较，同时也排除了效用不平等（或效用损益的差别）的可能性，而蕴涵其中的"中立性"则又避免了由于明确考虑到不同社会状态的本质而间接地注意到分配问题（比如说，不同状态的收入不平等）。参见 Sen（1977c，1979b），其中对通过引入信息约束来推导不可能性结论进行了讨论。

[17] 还可参见 Patrick Suppes（1966），Hammond（1976，1977，1985），Stephen Strasnick（1976），Arrow（1977），d'Aspremont and Gevers（1977），Maskin（1978，1979），Gevers（1979），Kevin W. S. Roberts（1980a，b），

Suzumura（1983，1997），Charles Blackorby et al.（1984），d'Aspremont（1985）和 d'Aspremont and Philippe Mongin（1998），等等。

［18］参见 Sen（1970a，c），Blackorby（1975），Ben J. Fine（1975a），Kaushik Basu（1980），T. Bezembinder and P. van Acker（1980）和 Levi（1986）。关于不精确性的研究也可以扩展到"模糊"特性上。

［19］参见 Anthony B. Atkinson（1970），Sen（1970a，c，1973a），Dasgupta et al.（1973）和 Michael Rothschild and Joseph E. Stiglitz（1973）。

［20］参见 John C. Harsanyi（1955），其中对这一问题进行了经典论述，他坚决反对自阿罗（1951）之后所蔓延的悲观主义文献。还可参见 James A. Mirrlees（1982）。

［21］参见 Sen（1970a，1977c），Rawls（1971），Edmund S. Phelps（1973），Hammond（1976），Strasnick（1976），Arrow（1977），d'Aspremont and Gevers（1977），Gevers（1979），Roberts（1980a，b），Suzumura（1983，1997），Blackorby et al.（1984）和 d'Aspremont（1985），等等。

［22］这一问题及其相关问题，参见 Sen（1970a，1977c），Hammond（1976），d'Aspremont and Gevers（1977），Robert Deschamps and Gevers（1978），Maskin（1978，1979），Gevers（1979），Roberts（1980a），Siddiqur R. Osmani（1982），Blackorby et al.（1984），d'Aspremont（1985），T. Coulhon and Mongin（1989），Nick Baigent（1994）和 d'Aspremont and Mongin（1998），等等。还可参见 Harsanyi（1955）和 Suppes（1966），其中有关于人际比较的创造性论述；Elster and John Roemer（1991），其中对这一主题上的广泛文献给予了精彩的批判性评述。

［23］我对不平等的研究（始于 Sen，1973a）深受阿特金森（Atkinson，1970，1983，1989）的开创性贡献的影响。关于这一主题近年来出现了相当多的文献，对于当代文献的批判性审查及其参考见 James Foster and Sen（1997）。

［24］如果人际比较被视为完全是一种观念或价值判断上的问题，这仍然会导致这样的问题，即如何将人们的这些纷繁歧异的观念或价值合并在一起

（这是社会选择的分内之事）。罗伯茨（1995）深入地分析了这种特殊的形式，他将人际比较视为汇总观念的事情。当然，如果人际比较存在一个更坚固的基础的话（比如某些人客观上比另一些人处境更糟），那么使用人际比较就会带来一组截然不同的公理要求——这更适合于认识论而不是伦理学。关于人际的福利比较问题的各种相对立的观点，参见 Ian Little（1957），Sen（1970a，1985b），Tibor Scitovsky（1976），Donald Davidson（1986）和 Gibbard（1986）。还可参见有关观察到的不幸的经验研究（比如 Drèze and Sen，1989，1990，1995，1997；Erik Schokkaert and Luc Van Ootegem，1990；Robert M. Solow，1995）。

［25］这一问题及其深远的伦理和经济含义参见 Sen（1980，1985a，b），还可参见 Basu et al.（1995）。

［26］真实收入比较的福利意义可能与其精神状态的相关物并不存在联系，参见 Sen（1979a）。还可参见论述非妒忌的"公平"的文献，比如 Duncan Foley（1967），Serge-Christophe Kolm（1969），Elisha A. Pazner and David Schmeidler（1974），Hal R. Varian（1974，1975），Lars-Gunner Svensson（1977，1980），Ronald Dworkin（1981），Suzumura（1983），Young（1985），Campbell（1992）和 Moulin and William Thomson（1997）。费希尔（Franklin M. Fisher，1956）曾分析了各种直接的关于商品人际分配的社会判断。

［27］参见 Sen（1980，1985a，b，1992a），Drèze and Sen（1989，1995）和 Martha Nussbaum and Sen（1993）。还可参见 Roemer（1982，1996），Basu（1987），Nussbaum（1988），Richard J. Arneson（1989），Atkinson（1989，1995），G. A. Cohen（1989，1990），F. Bourguignon and G. Fields（1990），Keith Griffin and John Knight（1990），David Crocker（1992），Sudhir Anand and Martin Ravallion（1993），Arrow（1995），Meghnad Desai（1995）和 Pattanaik（1997），等等。关于能力视角方面还出版过几部重要的论文集，如 *Giornale degli Economisti e Annali di Economia*（1994）和 *Notizie di Politeia*（1996，Special Volume），其中包括 Alessandro Balestrino（1994，1996），Giovanni Andrea Cornia（1994），Elena Granaglia（1994，1996），Enrica Chiappero Martinetti（1994，1996），Sebastiano Bavetta（1996），Ian Carter（1996），Leonardo Casini and Iacopo Bernetti（1996），Shahrashoub Razavi（1996）；参见 Sen（1994，1996b），其中对这些论文做了回应。

［28］可参见 Sen（1970a，c，1985b，1992a，1999a，b）。

［29］还可参见 Slesnick（1998）。

［30］参见 Paul Streeten et al.（1981），其中对基本需要方法提供了一个非常好的介绍。还可参见 Irma Adelman（1975），Dharam Ghai et al.（1977），James P. Grant（1978），Morris D. Morris（1979），Chichilnisky（1980），Nanak Kakwani（1981，1984），Paul Streeten（1984），Frances Stewart（1985），Robert Goodin（1988）和 Alan Hamlin and Phillip Pettit（1989），等等。对"最低需要"实现的关注可以追溯到 Pigou（1920）。

［31］参见 United Nations Development Programme（1990）以及此后各年度的《人类发展报告》。还可参见 Sen（1973b，1985a），Adelman（1975），Grant（1978），Morris（1979），Streeten et al.（1981），Desai（1995）和 Anand and Sen（1997），其中有对相关问题的论述。

［32］尤其可参见 Sen（1992a）。

［33］在实际应用方面，关于"执行"问题的文献日趋增多。对其中所涉及的各种问题的分析，可参见 Laffont（1979），Maskin（1985），Moulin（1995），Suzumura（1995），Dutta（1997）和 Maskin and Tomas Sjöström（1999）。

［34］参见 Sen（1980，1983b，1985a，1992a，1993b，1999a），Kakwani（1984），Nussbaum（1988），Drèze and Sen（1989，1995），Griffin and Knight（1990），Iftekhar Hossain（1990），Schokkaert and Van Ootegem（1990），Nussbaum and Sen（1993），Anand and Sen（1997）和 Foster and Sen（1997），等等。

［35］关于这一问题参见 Sen（1992a），Foster and Sen（1997）。最后一个问题——收入的相对剥夺导致某种基本能力的绝对剥夺——早在亚当·斯密（1776）那里就已得到关注。亚当·斯密主张"必需品"（以及相应的最低收

入以避免基本剥夺）在各个社会有不同的内容，这提示一种将"贫困线"收入视为参数变量的一般方法，这些变量反映了不同人所处的不同环境（如易生病）。在这些问题上，参见 Deaton and Muellbauer（1980，1986），Jorgenson（1990），Pollak（1991），Deaton（1995）和 Slesnick（1998），等等。在某些情况下，将贫困定义为低于"贫困线"参数的做法与那种将贫困定义为能力的剥夺的做法是一致的（如果这些参数变量与用以避免具体的能力剥夺的收入紧密相关的话）。

[36] 参见 Philippe Van Parijs（1995），其中深入地分析了这些问题。

[37] 还可参见 Mohiuddin Alamgir（1980），Ravallion（1987），Drèze and Sen（1989，1990），Jeffrey L. Coles and Hammond（1995），Desai（1995），Osmani（1995）和 Peter Svedberg（1999），其中有对相关问题的研究。

[38] 经验研究表明，在粮食生产方面只下降一点或几乎没有下降时，也会发生真实的饥荒（如 1943 年孟加拉的饥荒、1973 年埃塞俄比亚的饥荒或 1974 年孟加拉国的饥荒），而其他国家的饥荒则是由于粮食生产发生急剧的下降（关于这一问题参见 Sen，1981）。

[39] 更重要的问题是食品在家庭中的分配，这可能受几个因素影响，而不只是家庭收入。性别不平等和孩子与老人的地位在此尤其相关。从这个角度入手，权利分析可以超越收入分析，并扩展到一些家庭内部分工的传统与规则上。关于这些问题，参见 Sen（1983b，1984，1990），Vaughan（1987），Drèze and Sen（1989），Barbara Harriss（1990），Bina Agarwal（1994），Nancy Folbre（1995），Kanbur（1995）和 Nussbaum and Jonathan Glover（1995），等等。

[40] 事实上，所谓"贫困的森氏测量"仍然可以通过一个重要但简单的变量来得到改进，参见 Anthony F. Shorrocks（1995）精辟的阐述。我必须承认，我更倾向于"Sen-Shorrocks measure"，而不是最初的"森指数"。

[41] 詹姆斯·福斯特是这一贫困文献的主要作者；还可参见 Foster（1984），Foster et al.（1984）和 Foster and Shorrocks（1988）。关于总贫困测度中选择的一些主要问题的讨论，还可参见 Anand（1977，1983），Christian

Seidl（1988），Satya R. Chakravarty（1990），Camilo Dagum and Michele Zenga（1990），Ravallion（1994），Frank A. Cowell（1995）和 Shorrocks（1995），等等。［福斯特和森（1997）中列出了许多这方面的参考文献。］其中的一个重要问题是可分解性（decomposability）的必要及其限度（"子群一致性"的更弱要求，关于这一问题参见 Shorrocks，1984）。福斯特（1984）给出了使用可分解性的论据（Anand，1977，1983，其中也同样证明了这一点），而森（1973a，1977c）则提出了反对性的证明。福斯特和森（1997）则严肃地探讨了可分解性与子群一致性可取与不可取的各种理由。

［42］参见 Sen（1984，1990，1993c）和此处所引的其他文献。

［43］这一问题所隐含的方法论问题涉及"立场的客观性"——那些由一个既定的立场所作的客观观察所得出的结论往往无法得到对立场间比较的支持。森（1993c）阐述了这一对立及其深远意义。

［44］关于"失踪妇女"（在缺乏某些社会中的非正常的高饥荒死亡率的数据时，通过与预期的妇女人数相比较而得来）的文献便是这类经验分析的一个范例，关于这一问题参见 Sen（1984，1992c），Vaughan（1987），Drèze and Sen（1989，1990），Ansley J. Coale（1991）和 Stephen Klasen（1994）。还可参见 Jocelyn Kynch and Sen（1983），Harriss（1990），Ravi Kanbur and Lawrence Haddad（1990），Agarwal（1994），Folbre（1995），Nussbaum and Glover（1995），等等。

［45］这里所提的不可能定理的"根源"也值得我们去分析，尤其是根据同一组个人的同一组偏好来给"帕累托效率"和"最低限度的自由"下定义时。

［46］当然，"帕累托自由的不可能性"并不能仅仅通过集中考虑自由的过程方面而得到解决，关于这一问题，参见 Friedrich Breyer（1977），Breyer and Gardner（1980），Sen（1983b，1992b），Basu（1984），Gaertner et al.（1992），Deb（1994），Binmore（1996），Mueller（1996），Pattanaik（1996）和 Suzumura（1996）。

［47］关于这一问题参见 Hammond（1997），Seidl（1975，1997），Breyer（1977），Kanger（1985），Levi（1986），Charles K. Rowley（1993），Deb

（1994），Suzumura（1996）和 Pattanaik（1997）。

［48］如参见 Seidl（1975，1997），Suzumura（1976b，1983，1999），Gaertner and Lorenz Krüger（1981，1983），Hammond（1982，1997），John L. Wriglesworth（1985），Levi（1986）和 Jonathan Riley（1987），等等。还可参见 *Analyse & Kritik*（Sept. 1996）所收录的关于"自由悖论"的专题讨论，其中包括 Binmore（1996），Breyer（1996），Buchanan（1996），Fleurbaey and Gaertner（1996），Anthony de Jasay and Hartmut Kliemt（1996），Kliemt（1996），Mueller（1996），Suzumura（1996）和 van Hees（1996）。我自己在这方面的观点见 Sen（1983a，1992b，1996a）。

［49］在形式上，这可能需要在确定这些优先事项时进行多阶段的社会选择，通过在综合社会状态中使用这些优先事项来进行选择（关于这些问题，参见 Pattanaik，1971；Sen，1982b，1992b，1996，1997a；Suzumura，1996，1999）。

［50］这里存在两个不同的问题。首先，局部比较可以有效地导致一种最优选择（Sen，1970a，c）。其次，即使最优选择没有出现，它仍然能够缩小非占优方案的最大化集合，其中包括一种最大化的选择（Sen，1973a，1993a，1997a）。

第二部分 理性：形式与实质

理性与自由

第 3 章
选择的内在一致性*

选择的内在一致性曾经是需求理论、社会选择理论、决策理论、行为经济学及相关领域的中心概念。本文认为，这一概念的本质是混乱的，且在不参照外在于选择行为的事物（如目标、价值或规范）的情况下，根本就无从确定一个选择函数是否一致。我们必须重新审视各种规范结论在这方面的普适性。此处所涉及的主要形式结论是阿罗的一般可能性定理的扩展形式，我不再表述社会选择的内在一致性的形式要件或"社会理性"的内在含义。

1. 动 机

选择的"内在一致性"的种种公理形式，包括显示偏好的弱公理和强公理、基本收缩一致性（属性 α）、选择的二元性、强独立性公理，经常用于决策理论、微观经济学、博弈论、社会选择理论及

* 谨以此文纪念亡妻 Eva Corloni，我曾与她广泛地讨论过这些观点。本文初步整理成篇后不久，她就辞世。因此，我在此后数年一直不愿再回到这些问题。此外，我应当向一些评论者表示感谢，他们是：Paul Anand, Kenneth Arrow, Robert Aumann, Nick Baigent, Kaushik Basu, Alan Blinder, Peter Bohm, John Broome, John Chipman, Flavio Delbono, Ben Fine, Wulf Gaertner, Jean-Michel Grandmont, Jerry Green, Peter Hammond, Michael Intriligator, Daniel Kahneman, Stig Kanger, Isaac Levi, Tapas Majumdar, Jane Mansbridge, Eric Maskin, James Samuelson, Kotaro Suzumura, Richard Thaler, Hirofumi Uzawa, Jorgen Weibull, Robert Paul Wolff, Stefano Zamagni, Richard Zeckhauser, 以及《计量经济学杂志》的匿名评审人。在此，我还要对自然科学基金会所给予的研究资助表示诚挚的感谢。本文是作者 1984 年于斯坦福、波哥大、马德里所作的计量经济学协会主席致辞。

相关学科。[1]这些公理之所以"内在于"选择函数，是因为它们仅仅要求选择函数的不同部分的对应，而不必涉及任何外在于选择的事物（诸如动机、目标和实质性原则）。[2]

本文反对将选择的"内在一致性"作为一种先验施加的形式条件（第2、3节），并探讨避免这类条件的含义（第4～8节）。这类条件通常采取"菜单内"对应（"inter-menu" correspondence）的形式，要求不同子集（如不同的"预算集合"）中的选择彼此相关。将内在对应性的要求视为"选择的内在一致性"的内容也会引发一个大问题，即一致性是否应该采取这种形式以及选择的一致性是否独立于环境。我要说明的是，我并不是一般性地反对在具体实践的实际环境中应用选择的内在对应条件（如在某一独立给定的效用函数成立的情况下，该函数的最大化），而只是反对先验地将这类条件施加上"内在一致性"的要求。在**施加**内在对应性（可简单地视作纯粹的选择"内在一致性"）与**蕴涵**内在对应性（一些在具体环境中比较适宜的需求含义，涉及外在的标准，如给定目标函数的最大化或满足一些既定规范）之间存在方法论上的重大差别。[3]本文的批判仅仅只针对前者，而不涉及后者。

由于"内在一致性"的条件被如此广泛地采用，因此有必要严肃探索放宽这类条件的含义。本文的主体部分将关注这一主题，尤其是那些社会选择理论所不得不面对的问题。我将讨论如何在不援用具有所谓"社会偏好"的"社会理性"的各种条件下，通过恰当地利用外部对应来填补由于回避"内在一致性"而导致的缺隙（第5～7节）。某些社会选择的结论，尤其是阿罗的"不可能定理"，可以在不考虑任何选择的内在一致性的条件下（也无须"社会理性"所蕴涵的任何内在对应性）重新得到证明。

2. 选择、 对应性和一致性

本文所强调的动机与保罗·萨缪尔森（1938）对显示偏好理论所做的为人著称的基础性贡献中所使用的方法形成鲜明对照。那一方法存在几种解释方式。一种为此后的文献所广泛接受的解释（因此也深刻影响了经济学研究的方向）主张，经济学应当发展一种"与效用概念不带一丝瓜葛的"（Samuelson，1938，p. 71）行为理论。[4]这种观点并不符合约翰·希克斯的早期著作，尤其是他的《价值与资本》（Hicks，1939），该书强调偏好或价值的优先性，但希克斯最初也为这一新观点所打动，并热心地鼓励经济学研究应将人类视为"只不过是具有某些市场行为模式的实体，我们没有权利，也没有借口透视他们的心智"（Hicks，1956，p. 6）。[5]同样，伊恩·利特尔（Ian Little）也对这一观点给予了方法论上的认可："这种新的（萨缪尔森的显示偏好理论）表述在科学上更值得我们尊重，（因为）只要个人的行为是一致的，我们就可以在无须涉及外在于行为的事物的情况下来解释行为"（Little，1949，p. 90）。

本文反对这种影响相当广泛的选择行为观，我认为，要理解选择行为的说服力与一致性，就必须超越选择函数的**内在**特征。就此而言，在许多消费者行为的标准案例上，通常使用的菜单内对应性条件（类似于显示偏好公理）每每可以视为派生于可感知的外在对应的**推论**。譬如，假定一种效用水平与每种选择方案相关（独立于有待选择的备选方案集合），如果最大化一个（菜单无涉的）实值效用函数，这必然会使其选择满足于菜单内对应的诸公理（包括显示偏好公理）。那些内在对应性的各种条件都与某些外在于选择的事物紧密相关。虽然它们的证明存在于效用和价值的共同特征（而不是"不带一些瓜葛"），但这种证明方法在消费行为的标准案例中并不存在任何实质性的困难。毫无疑问，这些公理能够帮助我们表述与消费理论相关的各种目标函数的共同内容，因此也可以进行更多的经济分析（正如"显示偏好"一样）。

但是，不同选择领域的分析并不可一概而论，比如，最近研究颇为深入的生产行为（包括工厂内部的各种合作与冲突问题）、集体谈判（包括劳资关系）、政治行动（包括竞选和投票），甚至还有某些类型的消费行为（涉及社会关怀，或者根据"菜单"的学习），等等。[6]应当强调的是，这些区别并非源于"经济"领域与其他领域的差别，比如说，生产行为和集体谈判并不比消费行为更缺乏"经济性"。在这些情况下，所谓的标准的"内在一致性"条件并非合理选择之必需。[7]同理，在不确定性的选择问题上，我们也并不清楚，某些内在对应能否视为一致性。[8]我并不认为，在特殊环境中合理的条件也将无法遵循，而是说，并不存在一种"内在"的方式——内在于选择函数本身——可以用来确定某种具体的行为模式是不是一致的。关键在于涉及某些外在于选择行为的条件。

当我们转向社会选择理论时，这一问题尤其尖锐，因为我们无法对社会"偏好"或"社会效用"得出某种直接判断，从而归纳出社会选择的内在对应性。在这种情况下，对社会选择函数先验地施加任何内在一致性条件，在**方法上**都将存在一系列问题，尤其是我们在寻求基于"社会偏好"的可见特征的社会选择所蕴涵的内在一致性时，将会遇到**实质性的**困难。虽然一般性的方法论批判也可以用于消费者理论以及社会选择理论，但我认为，其本质含义所构成的挑战，对社会选择理论来说要比消费者选择的标准案例严重得多。[9]

3. 选择的内在一致性的困难是什么？

选择的内在一致性的观念和应用上的问题体现在两个不同的层面上：**基础层面**和**应用层面**。在基础层面，基本困难体现在这一观念所蕴涵的假设上，即各种选择行动本身如**命题**一样，彼此之间可能冲突也可能一致。这一判断漏洞百出。

命题 A 和非 A 是矛盾的，然而，从 $\{x, y\}$ 中选择 x 与从 $\{x, y, z\}$ 中选择 y 未必矛盾。如果后一组选择分别包含两个命题：（1）x 优于 y；（2）y 优于 x，那么这显然彼此之间矛盾（假定"优于"的内容要求不对称）。但是这些选择行为本身并不包含这样的命题。在**给定**此人所欲实现的目标（这是一种外在的对应）的情况下，我们也许可以"解释"这些行动所蕴涵的命题。但若不涉及外在的参数的话，我们也无能为力。[10]世上根本不存在**纯粹**的选择的内在一致性。

请注意，A 与非 A 两个命题是矛盾的，但甚至"主张 A"与"主张非 A"这一明显矛盾的行动也并非一定不一致。可以肯定的是，在具体环境下，"主张 A"和"主张非 A"的二元选择也可以构成一种审慎的行为模式。比如说，一个人也许作出这种陈述，只是为了希望被人视为精神不正常，从而减轻其责任，或者被人判断为不必接受法庭审判，抑或只是戏弄观察者，因为想看看人们对明显矛盾的陈述是如何反应的。毋庸置疑，命题 A 和非 A 是显然矛盾的，但是陈述这两个命题并非必然矛盾。[11]因此，行为是否一致的判断绝不可仅仅依赖于不带任何解释（即没有关于超越选择本身的环境的假设）的选择函数。

这一反对意见似乎太抽象了，在某种意义上它确实如此。因此还存在这样的可能，我们发现概念上的困难并无多大的实践上的意义，因为也许在事实上，所施加的内在一致性条件几乎就不存在基于环境的可变性。我的第二条攻击路线将证明，对于经济学家和其他社会科学家所感兴趣的许多选择行为来说，并不存在这样的可能。

在下面的讨论中，我假定各种方案集合都是有限的，不过这并不是一个本质性的限定条件。选择函数 $C(S)$ 指，对任何可行的包含各种方案（可变菜单）的非空集合 S 来说，非空子集 $C(S)$ 称为 S 的选择集合。[12]

选择的"内在一致性"的两个基本条件如下：

基本收缩一致性（属性 α）：   （3.1）

$$[x \in C(S) \text{ 且 } x \in T \subseteq S] \Rightarrow x \in C(T)$$

基本扩张一致性（属性 γ）：   （3.2）

$$[\text{对同属一类的所有} S_j \text{ 来说，} x \in \bigcap_j C(S_j)] \Rightarrow x \in C(\bigcup_j S_j)$$

属性 α（即"Chernoff 条件"，有时也称作"无关备选方案的独立性"——但不可与阿罗的同名条件相混淆）要求，选自集合 S 并属于 S 的子集 T 的备选方案，它也必须选自集合 T。属性 γ 要求，从每一类集合中选择元素 x，必须同时也是从它们的并集中选择 x。[13]对于有限集合来说，这两个属性是二元选择函数的充分必要条件。二元选择函数要求显示偏好关系生成于选择函数本身，如果将显示偏好关系视为选择的基础，那么它反过来又可以产生那一选择函数本身。

显示偏好（R_c）：$xR_cy \Leftrightarrow \exists S: [x \in C(S) \text{ 且 } y \in S]$（3.3）

选择的二元性：对任何非空集合 S 来说，   （3.4）

$$C(S) = [x \mid x \in S \text{ 且 } \forall y \in S: xR_cy]$$

当且仅当属性 α 和属性 γ 都成立时，选择函数是二元的（参见 Sen，1971；Herzberger，1973）。

但是仅仅根据选择的内在根据而不涉及任何外在于选择的事物，如选择行为所追求或承认的隐含的目标或价值时，我们能否真正把一个选择集合视为一致或不一致？试看下面两种选择：

$$\{x\}=C(\{x,\ y\}) \tag{3.5}$$

$$\{y\}=C(\{x,\ y,\ z\}) \tag{3.6}$$

这组选择违反了内在一致性的通常条件——不仅仅是显示偏好的弱公理（更不用说强公理），也违反了选择的二元性和基本收缩一致性这两项更弱的条件（属性 α）。一个人在 x 和 y 之间选择 x，而在 z 加入了选择菜单中的时候，却决定选择 y（拒绝 x），这似乎令人费解。[14]

但若根据环境来看，如果我们更多地了解此人预备去做的目标，那么不一致性的假定可以很容易地消除。假设此人坐在餐桌边，面临两种选择：一个是吃掉果篮里的最后一个苹果（y），一个是不吃（x），放弃那个诱人的苹果。最后他决定为了保持体面，并不去取最后一个苹果（x），而不是把它拿起来吃掉（y）。但是如果篮子里有两个苹果，这时他面临的选择是什么也不吃（x），吃掉其中一个（y），以及把剩下的一个也吃掉（z）。这时他有充分的理由拿起一个（y），而又不会违背行为体面的要求。另一个苹果的存在使得其中的任何一个苹果都是可选而又体面的，但是这两种选择的合并却破坏了标准的一致性条件，包括属性 α，尽管在这组选择中并不存在特别"不一致"的地方（在给定了此人的价值与顾虑之后）。[15]

我们另举一个例子。假定此人是在几片蛋糕之间作出选择，而正如式（3.5）和式（3.6）所示，他从 $\{x,\ y\}$ 中选择 x，并从 $\{x,\ y,\ z\}$ 中选择 y。假定他决定仅仅只选择他所能得到的最大的一片（一种外在的对应），那么——假定蛋糕片的规模是线性排序的并且易于估计——他确实犯了错误。然而，假定他决意拣取尽可能大的那片蛋糕，但不是最大的那一片，这或者是因为他并不希望被视为过于贪婪，或者是因为他乐意遵从社会习俗或者孩童时从母亲那里得到的教诲："永远别拣最大的。"如果这三片蛋糕按规模从大到小分别是 z、y、x，那么根据这一原则，其行为毫厘未差。如果我们不知道此人想要干什么，也就是说，不知道外在于选择本身的事物，我们就无从决定其行为是否失误。

还需注意的是，从某种基本的含义上看，那个在还存在其他苹果时取起一个苹果（但若只剩最后一个便不取）的人，或者那个试图拿起尽可能大的蛋糕（但绝不取最大的）的人，是一位**最大化者**。他所追求的方案排序并不同于菜单，但这并不否定这一事实，即对**每一菜单**来说，都存在一个清晰而一致的排序——最大化决定的基础。[16]就此而言，他所违反的条件，虽然通常视作最大化的必要条件，但在最大化的宽泛解释中，并无须如此。

对属性 α 以及"内在一致性"的其他条件的违反往往与不同类型的理由相关——如果外在环境得以清楚说明的话，就更容易理解。

（1）**位置选择**（positional choice）：上述不愿取走最后一个苹果或最大一片蛋糕的例子已足以说明。同理，也往往存在这样的偏好，如不愿第一个辞职、穿过罢工纠察线或破坏某个隐性契约，虽然他本人迫切希望尽可能快地这样做，但仍然遵从上述规定。

（2）**菜单的认识论价值**：用于选择的事物提供了隐含处境的信

息，因此也影响了我们在看到它们时对于各种方案的偏好。[17] 比如说，当选择者看到可供选择的事物时，也可以学到有关提供者的某些信息。假定此人面临着两种选择：在一位普通相识的家里喝茶（x）或者不去那儿（y），此人可选择去喝茶（x），但也可以选择不去（y），假如那位相识提供如下三种选择：去他家喝茶（x）、不去（y）或者去他家吸毒（z）。选择者所面临的菜单提供了某些处境下的信息——此处是有关那位泛泛之交的情况，而这很大程度上影响了不同方案 x 和 y 的排序，并由此导致了式（3.5）和式（3.6）所示的选择。当然，当那位相识提供吸毒的选择时，选择者对于 x（与那位相识喝茶）已有不同的理解了。因此可以认为，从"内涵"（与外延相对）的角度来看，方案 x 已不同于原先的方案了。但是，一般而言，这种方案的内涵定义对于内在菜单一致性来说毫无益处，尤其是在（正如这一事例所示）内涵特征与选择的可行方案（即菜单）一同变化时更是如此。

（3）**拒绝的自由**：某些选择可以自由拒绝，尤其是那些偏向于某一突出方案的行动或结果。比如说，禁食不仅仅是不吃东西，而是拥有饮食自由的时候有意不吃东西。禁食的含义在于在给定可以吃得很好（z）的情况下，采取不吃东西（y）的形式。但若是唯一的替代性选择是饥饿至死（x），其含义就不那么清楚了。[18] 这也导致式（3.5）和式（3.6）所示的选择。一般而言，这类考虑（和其他隐含自由的问题）意味着，我们把选择的方案视为 x/S，即从集合 S 中选择 x（可能包含拒绝某种方案）。显然，在此处，很难应用内在菜单一致性的各种条件（除非是空虚实现）。

使式（3.5）和式（3.6）成立还存在其他的解释。[19] 甚至在某种情况下（确实极其特殊），那种有意违背选择的一致行为标准，从而令观察者无所适从的想法也可能构成一种动机。

正如唐纳德·戴维逊（1980）所注意到的，在不同的环境下，对某种行为的"肯定态度"可能包括"欲望、需要、渴望、激励、各色各样的道德观、美学原理、经济学偏见、社会习俗以及公众和私人的价值与目标"（pp. 3 - 4）。一旦外在对应被视作相关，在探讨内在一致性的推论条件时就必须考虑到这种对应的多元性与形式的多样性。在存在这种多元性的情况下，试图得出一组永远有效的内在一致性条件的可能性就微乎其微了。[20]因此，"肯定态度"毫无例外地证明了在试图得出"内在对应"的"标准"条件上存在着许多实践上的困难，而这些困难则加深了我们对选择的"内在一致性"上所存在的方法论问题的理解。

4. 社会选择与个人偏好

我们现在来看社会选择理论，它既涉及社会选择，也涉及个人偏好。一致性条件适用于这两个方面，但两者之间存在一定的不对称。一方面，我们可以用一种纯粹描述性的方式讨论"个人偏好"，但对"社会偏好"来说却不是那么容易。[21]另一方面，含糊地认为社会具有偏好，这使得更加难以从社会的选择函数中推导出内在对应性。

詹姆斯·布坎南（Buchanan，1954a）对个人偏好（选择）与社会偏好（选择）之间的不对称性进行了深刻的反思，他指出这里涉及的一个"基本哲学问题"是"社会理性的概念"。[22]这是一个在此无法详尽论述的重要题目，但我们有必要检验阿罗的不可能定理之类的结论能否不依赖"社会理性的概念"而得以成立。

事实上，在不可能定理（如阿罗的不可能定理）的证明过程中，之所以需要这种不对称性，还有一个更直接（虽不那么深刻）的理由。如果符合下面两个条件，一种关于社会选择程序存在的不可能定理将必然更加一般化（也更加难以建立）：（1）更为狭窄的定义域（这就是说，社会选择程序所面对的将是更为有限的容许 n 元的个人偏好）；（2）更宽的值域（这就是说，程序可以应用更多类别的可行社会选择函数）。在下面的论证中，我一方面令个人偏好为全部完备排序（正如阿罗那样），另一方面，放宽社会选择函数的所有内在一致性条件（由此在很大程度上超越阿罗的做法）。如果有人愿意将个人偏好视为非排序的，那么同一不可能性结论将更加成立（因为更宽的定义域无法使根据更窄的定义域所建立的不可能性结论无效）。

　　如果阿罗的不可能定理之类的结论在这一框架中得以重新证明（并不施加"集体理性"条件），那么这也算得上是对布坎南等人所提出的有关社会选择的重要问题的补充。我的总体计划是去掉先验地施加社会选择的内在一致性条件之后，重新检验社会选择理论的各种结论，这只是其中的一部分。

5. 帕累托自由的不可能性

　　本节将放宽社会选择的内在一致性条件，并以此重新审视"帕累托自由的不可能性"定理。[23] 我们首先来看这一定理的"关系"形式（而不是"选择函数"）。

　　令 R 表示弱社会偏好（"社会更喜欢或无差异"），其非对称要素和对称要素分别以 P（"严格优于"）和 I（"无差异"）表示。任何人的个人偏好的相应特征分别是 R_i、P_i 和 I_i。社会选择函数 $C(S)$ 指从任何一个社会状态的非空集合 S 中选出的非空子集。

社会选择函数 f 映射个人偏好排序的 n 元 $\{R_i\}$，构成完备的、自反的、非循环的社会偏好排序 R。证明这一结论的过程无须充分的传递性（非循环性已经足够），f 的值域将比要求传递性的偏好排序更宽，这一点不同于阿罗的社会选择函数的表述（虽然其定理在那一特殊情况下也显然成立）：

$$R = f(\{R_i\}) \tag{5.1}$$

条件 U（无限制域）：f 的定义域包括所有可能的 n 元个人排序。

条件 P（弱帕累托原则）：对于任意一对社会状态 $\{x, y\}$，如果对所有 i，xP_iy 成立，那么 xPy 成立。

条件 L（最低限度自由）：至少有两个人，使得对每个人 i 来说，都存在一个私人领域，其中至少存在一组社会状态 $\{x, y\}$ 满足如下条件：$xP_iy \Rightarrow xPy$ 并且 $yP_ix \Rightarrow yPx$。

定理 1　不存在这样一种社会决策函数 f，可以同时满足条件 U、P 和 L。

证明的路径是在两组社会状态（私人领域）各自拥有一个元素又不能同时拥有一个元素的情况下，指出 P 在不同情况下的循环性质（Sen，1970）。

这是该定理的社会关系形式（social-relational form），其中社会选择具有非循环社会偏好关系。给定对社会偏好概念的解释性问题，并且假定人们持这样一种观念，即权利更多的是关于实际发生的内容的事情（而不是社会如何判断的事情）[24]，其结论也可以用标准的选择函数的形式（choice functional terms）表述出来。[25] 在这一实质性的环境中，选择的内在一致性才真正出现了问题。

令泛函集体选择法则（functional collective choice rule，FC-

CR）决定每个 n 元个人排序的社会决策中的选择函数 $C(S)$：

$$C(S) = F(\{R_i\}) \tag{5.2}$$

这一关系定理转换成不同的方式，包括社会选择的内在一致性条件（如属性 α）的可能应用。但其中的一个方法无须先验地施加社会选择的内在一致性条件。[26] 我们可以用选择函数条件 P^* 来代替社会偏好关系 P，从而将条件 P 和 L 转换成 P^* 和 L^*。其中，当且仅当 x 可供选择，y 不可选择时，P^* 可解释为 xP^*y。

$$xP^*y \Rightarrow [对所有 T：x \in T \Rightarrow 非 y \in C(T)] \tag{5.3}$$

条件 P^*（帕累托次优状态的拒绝）　　对任何一组社会状态 $\{x, y\}$，如果对所有 i，xP_iy 成立，那么 xP^*y 成立。

条件 L^*（基于最低限度自由的拒绝）　　至少有两个人，使得对每个人 i 来说，都存在一个私人领域，其中至少存在一组社会状态 $\{x, y\}$ 满足如下条件：$xP_iy \Rightarrow xP^*y$ 并且 $yP_ix \Rightarrow yP^*x$。

条件 P^* 要求，当存在比帕累托次优方案更好的方案时，不可选择帕累托次优方案。条件 L^* 要求，在个人的私人领域中，如果存在个人所偏好的备选方案，就不可选择此人所不喜欢的备选方案。条件 U^* 除了它应用于集体选择规则函数 F 之外，其他方面都与无限制域条件 U 相同。

定理 2　　不存在一个函数 F，可以同时满足 P^*、L^* 和 U^*。

证明：先考虑这样一种社会状态，其中两人的"私人领域"并不存在相同的状态。令 i 的定义域为 $\{a, b\}$，j 的定义域为 $\{c, d\}$。根据条件 U^*，分别考虑 i 和 j 的偏好排序：dP_ia、aP_ib、bP_ic 和 bP_jc、cP_jd、dP_ja。令任意他人 k 满足：dP_ka 和 bP_kc。根据选择函数的帕累托原则 P^*，a 和 c 都无法从集合 $\{a, b, c, d\}$ 中选出。根据选择函数的最低限度的自由条件 L^*，b 和 d 都无法从集

合 $\{a, b, c, d\}$ 中选出。因此在集合 $\{a, b, c, d\}$ 中无法作出任何选择，由此 $C(S)$ 并不是一个相关域的选择函数。

我们也可以考虑 $\{a, b\}$ 和 $\{c, d\}$ 中存在共同的元素这一情况来证明这一定理，但证明的策略是大体相同的。

请注意选择函数条件 P^* 和 L^* 是外在对应性的要求。它们是关于在何种条件下不可选择什么的命题，拒绝帕累托次优方案以及个人在其私人领域拒绝其严格不喜欢的方案都与动机相关。[27]有必要在此澄清两个结论。首先，一个外在对应条件，如 P^* 和 L^*，将涉及某些诱致的内在对应性（如在任何集合中都不选择帕累托次优，从而将选择与这些集合联系起来）。[28]但之所以如此，是因为不选择帕累托次优方案的实质性动机，而不是根据如何从不同菜单中作出彼此相关的选择的先验条件。[29]其次，请注意，P^* 和 L^* 所**蕴涵**的菜单内一致性事实上并未用于定理 2 的证明中。这一证明策略说明了，在任意一个既定的社会状态的集合中，什么都无法选择，而这并不要求任何菜单内的推理。因此，我们完全可以将 P^* 和 L^* 进一步弱化为 P_S^* 和 L_S^*（仅应用于一个既定的集合），完全不考虑菜单内的蕴涵关系，也仍然可以证明定理 2 中的不可能性结论成立。

在本质上，这一证明手段——选择集合的空集证明——也将用于第 7 节更复杂的阿罗不可能定理的证明中。

6. 阿罗不可能定理中的一致性公理

阿罗（1951a，1952，1963）的"一般可能性定理"用关系形式来表示社会福利函数，其定义方式与式（5.1）一致，只是社会排序 R 必须是一种（完备的、自反的且完全传递的）次序关系。由于在这一框架中，社会选择是通过基于次序关系的二元比较而得以确定的，它们满足所有类型的"内在一致性"条件。但此外它们只是蕴涵的条件，而不是施加的内在一致性条件。[30] 但是，阿罗（1951a）确实将社会评价与社会选择联系起来了，同时将"社会偏好"的二元关系（满足"集体理性"条件）与相对应的选择函数相联系，并认为，"理性假设的一个结果是从任意备选方案中所做的选择都可以通过在各对备选方案之间的选择来确定"（pp. 19 - 20）。在社会选择理论中，人们对基于社会排序的充分传递性的选择的确切本质存在着广泛的争议，很多学者试图将这一条件弱化。事实上，我们很容易证明，将充分传递性弱化为拟传递性（quasitransitivity，仅指严格偏好的传递性），这就否定了阿罗的不可能性，而又没有得出社会最优结果（参见 Sen，1969）。无论如何，这种或那种弱化方式并不能脱离阿罗的不可能定理的"精神"。通过加强对应条件来平衡弱化条件，我们就可以重新得出不可能性。这种加强其他条件的做法是可行的，尤其是非独裁要求（这不仅仅避免一个独裁者，而且还包括寡头统治者，或一位拥有否决权的人，或拥有部分否决权的人，等等）。[31]

这一研究路径坚持将二元的"社会偏好"视为社会选择的决定性条件。但在另一种研究路径中，社会选择问题重新表述为一种选择函数，其中使用"集体选择规则函数"（或某些等价定义的"社会选择函数"），如式（5.2）。各种可能性结论（绝大部分是不可能定理）都可从那一框架中得出，只需对社会的选择函数 $C(S)$ 施加某种"内在一致性"条件。[32] 社会选择的"内在一致性"主要源于"社会偏好"的要求。

事实上，这些相关结论在那些用于任何选择函数都会生成二元关系的选择函数框架中都有它们直接的对应物。此处专门考虑选择函数生成的三类二元关系，每类都用一对社会状态 x 和 y 来定义。

弱显示偏好：

$$xR_c y \Leftrightarrow [\exists S: x \in C(S) \text{ 且 } y \in S] \tag{6.1}$$

弱基本关系：

$$x\overline{R}_c y \Leftrightarrow [x \in C(\{x, y\})] \tag{6.2}$$

强偏好关系：

$$xP^c y \Leftrightarrow [\exists S: x \in C(S) \text{ 且 } y \in (S - C(S))] \tag{6.3}$$

弱显示偏好关系与萨缪尔森（1938）最初的定义非常相似，虽然非对称属性通常并不用来规定一般选择函数。基本关系在数理逻辑中已有相当长的历史，但在经济学中仅有乌萨瓦（Uzawa，1957）和赫茨伯格（Herzberger，1973）等人探讨过。强显示偏好 P^c，阿罗（1959）称之为"显示偏好"关系，是指这样一种关系：x 强显示偏好于 y，当且仅当存在这样一个集合，即其中 x 被选择而 y 不被选择。

这些生成关系之间的相互关系曾得到过探讨（参见 Sen，1971；Herzberger，1973；Suzumura，1983），虽然其中某些关系是直接的（比如，$\overline{R}_c$ 包含 R_c），但有些方面则有赖于"内在一致性"条件。某些一致性条件还将使选择函数属性与"集体理性"相关（比如 R 拟传递性或非循环性）。许多有关泛函社会选择理论的文献都采用这些关系性质，从而将相关结论转换成它们的选择函数的对应物（也包含避免独裁、寡头统治、否决者、部分否决者等等）。[33]这些结论都依赖于社会选择中的"内在一致性"，而这也就是本文所直接与这些文献相关联的地方。此文的意图是**彻底**避开"内在一致性"的公理。

下一节将证明阿罗不可能定理的变形，其中将使用阿罗显示偏

好关系 P^c 所隐含的那一观念。但请注意，虽然 P^c 可以解释为强显示偏好（在某个集合中选择 x 而拒绝 y），但在缺乏"内在一致性"条件下并不一定真正是非对称的。在缺乏菜单内一致性时，我们无法排除这样一种情况，从一个集合 S 中选择 x 而拒绝 y，同时在另一个集合 T 中选择 y 而拒绝 x。

如果我们将选择限制在一个给定的集合中，并将那一集合中可行的社会选择与可能发生的 n 元个人偏好相关联，这种情况就不会发生了。这也是我们将要采取的办法。因此，就从一个给定的集合 S 中拒绝某一不被偏好的备选方案而言，我们不需要阿罗显示偏好关系 P^c 这一概念。

给定集合的阿罗显示偏好：对于包含 x 和 y 的给定集合 S 来说，如果 $[x \in C(S)$ 且 $y \in (S - C(S))]$，那么 x 显示出优于 y，标作 $x P^c_s y$。

这一修正后的阿罗不可能定理，可以在放宽菜单内一致性条件的情况下，证明任意社会状态的固定集合 S。但是我们必须明白，这一结论本身能够用于所有这类集合（包含三个或更多的不同状态）。

7. 不含内在一致性或社会理性的阿罗不可能定理

现在来看根据式（5.2）即 $C(S) = F(\{R_i\})$ 来定义的泛函集体选择法则的格式。通常我们假定存在一个个体的有限集合 H（n 人）和至少包含三个元素的备选社会状态集合 S。

为证明定理，阿罗（1951a，1963）使用了两个中介概念：个体集合的弱决定性和强决定性。但换一种方式来证明阿罗定理，只需一个概念（强决定性）就已足够（参见 Sen，1986b）。个体集合

对一组 $\langle x,y \rangle$ 是决定性的，当且仅当集合中的每个个体都认为 x 严格优于 y，我们用 xPy 表示整个社会都认为 x 严格优于 y。将它转换成选择函数时，我们应留心群体拒绝他们不喜欢的备选方案的能力。它与式（5.3）所定义的 P^* 相似，除了我们将它应用于 S 的给定子集的选择环境之外。

拒绝决定性（rejection decisiveness）：对包含 x 和 y 的集合 S，个体子集 G 对排序状态 $\langle x,y \rangle$ 具有决定性，当且仅当在任何可能的 n 元个人偏好排序中，对 G 中任意个体 i，（xP_iy 成立）$\Rightarrow y$ 并未从 S 中选出，记作 $D_S^G(x,y)$。如果 G 对 S 中的每一对排序都是决定性的，那么 G 对 S 具有决定性，记作 D_S^G。

在阿罗（1963）所使用的四个条件中，有两个已经在第 5 节定义为条件 U^*（无限制域）和条件 P^*（帕累托次优状态的拒绝）。非独裁条件 D^* 也可与拒绝的决定性一样，通过对给定的集合 S 所拥有的拒绝权力来定义。它可以应用于任何一个命题，虽然我们此处仅仅只关心针对一个特定集合 S 的弱条件。

条件 D^*（拒绝独裁）   对任意社会状态的集合 S，不存在这样一个个体 i，他对该集合具有决定性，即不存在 $D_S^{(i)}$。

余下的条件就是无关备选方案的独立性（independence of irrelevant alternatives）。[34]阿罗曾直接以选择函数的形式将它定义为，如果个人对集合 S 的偏好仍然不变，那么集合 S 的选择集合 $C(S)$ 也仍然不变（Arrow，1951a；1963，p. 27）。个体对无关备选方案的偏好改变不应影响对集合 S 的选择。我们无须全部应用独立性条件，但有必要确保个体集合的拒绝决定性不可因为无关备选方案的偏好改变而妥协。我们要强化这一条件的具体方面（同时由于缩减了独立性条件应用的范围而普遍弱化了这一条件）。

假定个体子集 G，并令集合中所有个体都认为 x 优于 y。如果对所有其他个体（不在 G 中的个体）对 $\{x, y\}$ 的可能排序，都存在一个 n 元的个人完备排序（包括无关备选方案的排序），以致 x 从 S 中选出，而拒绝 y，那么对集合 S 来说，G 对 $\{x, y\}$ 具有决定性。这就是说，从集合 S 中拒绝 y 的选择不受无关备选方案（除了 x 和 y 之外的方案）改变的影响。如果个人偏好是这样一种情况，其中某个备选方案最终在排序上高于 x，当然人们不必从 S 中选出 x。不过这并不影响从 S（其中包含 x）中拒绝 y 这一结果。这一要求（即拒绝权力独立于无关备选方案的偏好）构成了此处修正过的独立性条件 I^*。

条件 I^*（独立决定性）　　对任何社会状态集合 S，只要 xP_iy 对个体集合 G 中的任意 i 成立，那么对所有不在 G 之内的个体所作的 x 和 y 的各种可能排序来说，存在一个所有个体的 n 元完备排序 $\{R_i\}$，使得 xP_s^Cy 成立，这时我们就说个体集合 G 对于一组排序 $\{x, y\}$ 具有决定性，记作 $D_s^G(x, y)$。

换种方式来解释，群体 G 中的所有成员都认为 x 优于 y，从而可以确保包含 x 的集合 S 中 y 不被选择。如果他们对 x 和 y 之外的方案的排序发生改变并导致 x 和 y 的排序发生变化，那么其拒绝决定性的作用就无法独立于无关备选方案。

定理 3（一般选择函数的不可能定理）　　并不存在一个函数，可以同时满足条件 U^*、P^*、D^* 和 I^*。

可以通过两条引理证明这一定理。在中间阶段，我们无须重复条件 U^*、P^* 和 I^*（在此阶段不需要条件 D^*）。

定理 3.1　　对于集合 G，如果对 S 中的 $\{x, y\}$，$D_s^G(x, y)$ 成立，那么 D_s^G 成立，也就是说 G 对 S 具有决定性。

证明：我们必须证明对所有 $\{a, b\}$，$D_s^G(x, y) \Rightarrow D_s^G(a, b)$ 成立。首先令 $x=a$，然后证明 $D_s^G(x, b)$ 成立。假定对 G 的所有成员，xP_iy 和 yP_ib 成立。G 以外的成员也持 yP_ib，但是在 x 和 b 之间不存在偏好关系。还令任何个体（无论是否属于 G）都认为 x 优于 S 中所有其他（除 x、y、b 之外）备选方案。

根据 P^*（拒绝帕累托次优状态），S 中 x、y、b 之外的任意备选方案都无法选出。同理，可以排除 b。而根据 G 对于 $\{x, y\}$ 的决定性，y 也将被排除。因此 x 是 S 中唯一可选的方案。所以 $xP_s^c b$ 成立。由于 G 以外的个体在 x 和 b 之间可以任意排序，根据条件 I^*（独立决定性），G 对 S 的 $\{x, b\}$ 是决定性的。由此 $D_s^G(x, y) \Rightarrow D_s^G(x, b)$。

依此类推，我们可以证明 $D_s^G(x, y) \Rightarrow D_s^G(a, y)$。

由这两种情形可以推出其余结论。如果 x、y、a、b 各不相等，那么 $D_s^G(x, y) \Rightarrow D_s^G(a, y) \Rightarrow D_s^G(a, b)$。如果 $x=b$ 且 $y=a$，令 z 不等于上述任何变量，那么 $D_s^G(x, y) \Rightarrow D_s^G(x, z) \Rightarrow D_s^G(y, z) \Rightarrow D_s^G(y, x)$，其结论与 $D_s^G(a, b)$ 相同。依此类推，可以得出 $D_s^G(a, x)$ 和 $D_s^G(y, b)$。证毕。

因此如果知道 G 对于 S 中任何一个有序偶都拥有拒绝决定性，那么 G 对 S 整个集合都具有拒绝的决定性。另一个引理如下：

定理 3.2 如果集合 G（包含两个或两个以上个体）对一个社会状态集合 S 具有决定性，那么 G 的真子集对 S 也具有决定性。

证明：假设 G 的真子集对 S 不具有决定性。令 G 分割为两个真子集 G^1 和 G^2。我们只需证明 G^1 或者 G^2 对任意集合 S 具有决定性即可。设 S 中包含 x、y、z 三种状态。令 G^1 中所有个人都认为 x 优于 y 且 x 优于 z（无论 y 与 z 之间如何排序），而 G^2 中所有个人

都认为 x 优于 y 且 z 优于 y（无论 x 与 z 之间如何排序）。在 G 之外的个体可以有任何偏好排序，但所有人（无论属于 G 还是不属于 G）都认为，x 优于 x、y、z 之外的所有状态（如果有的话）。根据帕累托拒绝原则 P^*，可以排除 S 中 x、y、z 之外的任何社会状态。

由于 G 的所有个体都认为 x 优于 y，因此，（根据 D_s^G）可以从 S 中排除 y。注意 G^2 中所有个体都认为 z 优于 y，而 G^2 之外的个体可以对两者任意排序。如果对每种可能的个人对 $\{z, y\}$ 的排序，必须选择 z（因此 $z P_s^G y$）使得其 n 元个人偏好排序与这些排序相容，那么根据独立决定性 I^*，对 S 来说，G^2 对 $\{z, y\}$ 具有决定性。根据定理 3.1，这将使 G^2 对全体具有决定性，从而 G^2 必定是 G 的一个真子集。根据假设，可以排除这种情况。因此必定从个人关于 $\{z, y\}$ 的排序中排除 z，使得所有 n 元偏好与这些排序一致。

如果排除 z，那么必定要选择 x，因为没有其他项可选，并且在这种情形下 $x P_s^G z$ 成立。根据上述论证，这在所有可能的 n 元完备个人排序与某些个人对 $\{z, y\}$ 的排序相容时也成立。因此关于 $\{x, z\}$ 上的排序对于任何不在 G^1 的人是不受限制的，这使得对于所有关于 $\{x, z\}$ 的这类排序，存在一个 n 元个人排序，从而使 $x P_s^G z$ 成立。因此根据独立决定性 I^*，对 S 而言，G^1 对 $\{x, z\}$ 具有决定性。根据定理 3.1，G^1 对 S 普遍具有决定性。而这与假设相矛盾。定理 3.2 成立。

现在我们来看选择函数的一般可能性定理：

定理 3 的证明：根据帕累托拒绝原则 P^*，所有个体集合对任何集合 S 具有拒绝决定性。根据定理 3.2，这一集合的某个真子集也将具有拒绝决定性。再次应用定理 3.2，则这一子集也有某个真子集具有拒绝决定性。由此类推，可以证明某个人具有决定性，因为全部个体的集合是有限的。而这个人是一位独裁者，从而违反了拒绝独裁条件 D^*。证毕。

对这一结论做四个简短的评论。第一，定理 3.2 的证明事实上提出了一个相当强的结论，而定理 3.2 只是一个推论。它表示，在对任何一个决定性集合进行二分后，任何一部分或者其他补集必定是决定性的。[35]

第二，证明只考虑了社会状态集合 S，并未考虑菜单内一致性。这对我们的目标而言是适当的，但应注意到，非独裁条件 D^*，作为结论，在一个重要的方面要比阿罗的条件更强。它要求对任意一个**给定的**集合 S，不存在一个无论其他人如何偏好他都能够决定拒绝每一种状态的人。这对任何状态 S 都成立，而不需要菜单内一致性的独裁者这一概念。

第三，由于这一证明过程仅仅用了一个社会状态集合，帕累托原则还可以相应更弱，将其限制于包含三个或更多备选方案的给定集合 S，即第 5 节的 P_s^*。无论我们在形式上应用 P^* 还是 P_s^*，这并不影响结论，只需将其应用限制于一个给定的集合 S。事实上，定理 3 的最初表述形式出现在我的"主席致辞"中（Sen，1984），"独立决定性"条件在形式的表述上也未限制在给定的集合 S 上，而只是应用于一个给定的集合。请注意，即使帕累托原则或独立性条件并未限于一个给定的集合，这也无损于这一去掉**施加**社会选择的"内在一致性"条件的证明。不论这些条件如何蕴涵菜单内对应关系，它也只是（个人选择与社会选择之间的）外部关系的**推论**，而不是社会选择的"内在一致性"的条件。事实上，无论我们如何证明定理，这些隐含的菜单内对应关系都无须应用。[36]

第四，这一阿罗不可能定理的扩展不仅可以使社会选择中施加"内在一致性"条件成为不必要，而且还避免了结构性社会偏好关系中的任何"社会理性"的要求（如阿罗表述中的传递性的社会偏好关系排序）。不管是社会选择的内在一致性，还是所谓"社会理性"所蕴涵的对"社会偏好"的结构性限制，它们都不是阿罗所证明的不可能定理的本质。[37]

8. 结束语

本文讨论了避免施加所谓选择的"内在一致性"的理由以及避免这一条件的方法。所谓"内在一致性"要求在选择函数的不同部分中存在特别的对应。这一条件所面临的理论基础上的困难在于这一事实，即选择并非命题，后者彼此之间存在一致性或不一致性（第 3 节）。我们要合理估价这些条件的说服力，除非求助于某些"外在对应"的环境，也就是外在于选择函数本身的要求（如根据个人的目标函数的最优化或社会选择中不得选择帕累托次优方案的要求）。

由于外在的对应最终决定了选择函数的不同部分之间的联立特征（若不仔细审查，这些特征似乎就是"内在一致性"的条件），因此这一对应更多地依赖于选择的环境。同时又由于依赖于外在环境，相应的外在对应可能蕴涵不同选择的内在对应方式。因此除理论基础上的困难外，这一主张还遇到了实践中的困难，即在许多选择类型中，人们有充分的理由违背所谓"内在一致性"通常规定的条件（第 3 节）。

鉴于"理性"或选择的"一致性"条件在经济学（和相关学科）的地位也曾遇到其他方面的批评——批评根据不同于本文所使

用的，因此有必要对本文的主题再加几句免责声明。首先，此处我并不直接关心这一重要问题，即在多大的程度上，人们的实际选择活动满足所谓内在一致性的标准条件。[38]其次，对于个人的选择函数所隐含的二元关系（无论选择函数是否满足二元性）能否合理地视为他的福利函数这一有待解释的问题，我也没有特别关注。[39]再次，此处也没有涉及人类能否最恰当地模型化某些选择函数（他们自己的福利或其他目标）的最大化者这一重大问题。[40]最大化在此处可以归为外在对应要求的一种形式，但绝非它的唯一形式。这些问题与本文的主题存在着千丝万缕的联系，但无论如何，它们并不是同一个问题。

我们还必须将避免先验施加"内在一致性"要求与彻底避免内在对应——即使为合理的外在对应所蕴涵——相区别。我坚持前者，反对后者。本文的论证从根本上反对这样一种影响广泛的做法，即将选择理论的公理式表述依赖于某个先验的"一致性"的直觉观念，而不将这些公理与实质性的实践相关联。在经济学和相关学科中，这主要体现为"显示偏好"理论及其将消费者的行为从效用概念中"解放"出来，从而可以"无须在涉及外在于行为的事物的情况下解释行为"（第 2 节）。这是本文所反对的观点。

在运算过程中，选择函数的诸公理往往很有帮助——当它们符合那些与隐含的实质内容相协调的各种条件时。显示偏好理论在消费者理论上常常作出了极大的贡献，而这主要是因为这些公理符合关于隐含的效用和动机的一般观念。它们在求解某些不那么具体的条件（与效用函数或偏好之类概念的一般属性相关）时具有优势，而且在应用时也不必涉及某个特殊的形式（如效用函数或偏好排序）。[41]但是追求**蕴涵的**内在对应的一般性绝不可混同于先验施加所谓选择的"内在一致性"公理。

这个问题在社会选择理论中特别重要，其中"社会偏好"这一概念很难解释，而在不涉及外在环境的情况下也很难对社会选择的内在一致性公理（或社会理性）作出估价（第 4 节）。就内在一致性条件为社会决策的实质原则（比如帕累托原则）所蕴涵而言，它们可以很容易地从外在条件本身推导出来。

许多已为人们接受的社会选择结论都可以在不考虑社会选择的"内在一致性"条件的情况下重新证明。本文第 5 节重新概括和证明了帕累托自由的不可能性，第 7 节则以同样的方式概括和证明了阿罗的不可能定理。

这类重新概括做法还可应用于许多建构性社会选择结论的公理推导，如效用加总、罗尔斯的词典式最大最小规则或其他广为人知的形式的推导。[42]无论如何，如果社会选择结论无法通过合理的外在对应公理的检验（这里放宽先验的"内在一致性"条件），那么我们可以把它们视为是不能成立的。可以说，对于那些现存的各种公理性结论——不管是肯定的可能性结论还是不可能定理——来说，只要它们施加了所谓选择的内在一致性的条件，就存在对它们进行分析和再评价的必要。

在不涉及任何内在一致性条件的前提下对阿罗不可能定理的证明也扩展了一种研究路径，即在过去的 20 多年里一系列论著中逐步放宽这类条件的方法。定理 3 表明，这类先验的前提完全可以避免。我们也不必使用任何根据"社会偏好"的规律所确定的"社会理性"的概念。这一结论及其相关结论本身也具有独立的价值，虽然这与本文所创立的一般论证方法并不相属。

参考文献

Aizerman. M. A. (1985): "New Problems in the General Choice Theory: Review of a Research Trend," *Social Choice and Welfare*, 2, 235 - 282.

Akerlof, G. (1984): *An Economic Theorist's Book of Tales*. Cambridge: Cambridge University Press.

Allais, M. (1953): "Le Comportement de l'Homme Rationnel Devant le Risque: Critique des Postulats et Axioms de l'École Americaine," *Econometrica*, 21, 503 - 546.

Anand, P. (1990): "Interpreting Axiomatic (Decision) Theory," *Annals of Operations Research*, 23, 91 - 101.

_____ (1991): "The Nature of Rational Choice and The Foundations of Statistics," *Oxford Economic Papers*, 43, 199 - 216.

Arrow, K. J. (1951a): *Social Choice and Individual Values*. New York: Wiley.

_____ (1951b) : "An Extension of the Basic Theorems of Classical Welfare Economics," in J. Neyman, ed. , *Proceedings of the Second Berkeley Symposium of Mathematical Statistics*. Berkeley, CA: University of California Press.

_____ (1952): "Le Principe de Rationalité dans les Décisions Collectives," *Économic Appliquée*, 5, 469 - 484.

_____ (1959): "Rational Choice Functions and Orderings," *Economica*, 26, 121 - 127.

_____ (1963): *Social Choice and Individual Values*. New York: Wiley, 2nd edition.

_____ (1977): "Extended Sympathy and the Possibility of Social Choice," *American Economic Review*, 67, 219 - 225.

_____ Ed. (1991): *Markets and Welfare*. London: Macmillan.

Baigent, N. (1987): "Preference Proximity and Anonymous Social Choice,"

Quarterly Journal of Economics, 102, 161 - 170.

_____ (1991a): "Impossibility without Consistency," forthcoming in *Social Choice and Welfare*.

_____ (1991b): "A Comment on One of Sen's Impossibility Theorems," mimeographed, Murphy Institute, Tulane University.

Basu, K. (1980): *Revealed Preference of Government*. Cambridge: Cambridge University Press.

Batra, R. , and P. K. Pattanaik (1972): "On Some Suggestions for Having Nonbinary Social Choice Functions," *Theory and Decision*, 3, 1 - 11.

Baumol, W. J. (1966): *Welfare Economics and the Theory of the State*, Cambridge, MA: Harvard University Press, 2nd edition.

Bergson, A. (1954): "On the Concept of Social Welfare," *Quarterly Journal of Economics*, 52, 310 - 334.

Blackorby, C. , D. Donaldson, and J. Weymark (1982): "Social Choice with Interpersonal Utility Comparisons: A Diagrammatic Introduction," *International Economic Review*, 25, 327 - 356.

Blair, D. H. , G. Bordes, J. S. Kelly, and K. Suzumura (1976): "Impossibility Theorems without Collective Rationality," *Journal of Economic Theory*, 13, 361 - 379.

Blair, D. H. , and R. A. Pollak (1979): "Collective Rationality and Dictatorship: The Scope of the Arrow Theorem," *Journal of Economic Theory*, 21, 186 - 194.

_____ (1982): "Acyclic Collective Choice Rules," *Econometrica*, 50, 931 - 943.

Blau, J. H. (1979): "Semiorders and Collective Choice," *Journal of Economic Theory*, 29, 195 - 206.

Blau, J. H. , and R. Deb (1977): "Social Decision Functions and Veto," *Econometrica*, 45, 871 - 879.

Bohm, P. , and H. Lond (1991): "Preference Reversal, Real-World Lotteries, and Lottery-Interested Subjects," mimeographed, Stockholm University.

Bordes, G. (1976): "Consistency, Rationality and Collective Choice," *Review of Economic Studies*, 43, 447 – 457.

Brown, D. J. (1975): "Aggregation of Preferences," *Quarterly Journal of Economics*, 89, 456 – 469.

Buchanan, J. M. (1954a): "Social Choice, Democracy and Free Markets," *Journal of Political Economy*, 62, 114 – 123.

—— (1954b). "Individual Choice in Voting and the Market," *Journal of Political Economy*, 62, 334 – 343.

Buchanan, J. M. , and G. Tullock (1962): *The Calculus of Consent*. Ann Arbor: University of Michigan Press.

Campbell, D. E. (1976): "Democratic Preference Functions," *Journal of Economic Theory*, 12, 259 – 272.

Chernoff, H. (1954): "Rational Selection of Decision Functions," *Economica*, 22, 423 – 443.

Chichilnisky, G. (1982a): "Social Aggregation Rule and Continuity," *Quarterly Journal of Economics*, 97, 337 – 352.

—— (1982): "Topological Equivalence of the Pareto Condition and the Existence of a Dictator," *Journal of Mathematical Economics*, 9, 223 – 233.

Chichilnisky, G. , and G. Heal (1983): "Necessary and Sufficient Condition for the Resolution of the Social Choice Paradox," *Journal of Economic Theory*, 31, 68 – 87.

Chipman, J. S. , L. Hurwicz, M. K. Richter, and H. F. Sonnenschein, Eds. (1971): *Preference, Utility and Demand*. New York: Harcourt.

d'Aspremont, C. (1985): "Axioms for Social Welfare Orderings," in Hurwicz, Schmeidler, and Sonnenschein (1985).

d'Aspremont, C. , and L. Gevers (1977): "Equity and the Informational Basis of Collective Choice," *Review of Economic Studies*, 44, 199 – 210.

Davidson, D. (1980): *Essays on Actions and Events.* Oxford: Clarendon Press.

Dawes, R. M. , and R. H. Thaler (1988): "Anomalies: Cooperation," *Journal of Economic Perspectives*, 2, 187 – 197.

Deb, R. (1977): "On Schwartz's Rule," *Journal of Economic Theory*, 16, 103 – 110.

Debreu, G. (1959): *Theory of Value.* New York: Wiley.

Denicolo, V. (1985): "Independent Social Choice Correspondences Are Dictatorial," *Economic Letters*, 19, 9 – 12.

―――― (1987): "Some Further Results on Nonbinary Social Choice," *Social Choice and Welfare*, 4, 277 – 285.

Drèze, J. (1987): *Essays on Economic Decisions under Uncertainty.* Cambridge: Cambridge University Press.

Elster, J. (1979): *Ulysses and the Sirens.* Cambridge: Cambridge University Press.

―――― (1983): *Sour Grapes.* Cambridge: Cambridge University Press.

―――― ed. (1986): *Rational Choice.* Oxford: Blackwell.

Elster, J. , and A. Hylland, Eds. (1986): *Foundations of Social Choice Theory.* Cambridge: Cambridge University Press.

Ferejohn, J. A. , and D. Grether (1977): "Some New Impossibility Theorems," *Public Choice*, 30, 35 – 42.

Fine, B. (1990): "On the Relationship between True Preference and Actual Choice," mimeographed, Birkbeck College, London.

Fine, B. , and K. Fine (1974): "Social Choice and Individual Ranking," *Review of Economic Studies*, 41, 303 – 322, 459 – 475.

Fishburn, P. C. (1971): "Should Social Choice Be Based on Binary Comparisons?" *Journal of Mathematical Sociology*, 1, 133‒142.

____ (1973): *The Theory of Social Choice*. Princeton: Princeton University Press.

____ (1974): "Choice Functions on Finite Sets," *International Economic Review*, 15, 729‒749.

Gaertner, W., P. Pattanaik, and K. Suzumura (1992): "Individual Rights Revisited," *Economica*, 59, 161‒178.

Gärdenfors, P. (1973): "Positional Voting Functions," *Theory and Decision*, 4, 1‒24.

Gevers, L. (1979): "On Interpersonal Comparability and Social Welfare Orderings," *Econometrica*, 47, 75‒90.

Graaff, J. de V. (1957): *Theoretical Welfare Economics*. Cambridge: Cambridge University Press.

Hammond, P. J. (1976): "Equity, Arrow's Conditions and Rawls' Difference Principle," *Econometrica*, 44, 793‒804.

____ (1986): "Consequentialist Social Norms for Public Decisions," in Heller, Starr, and Starrett (1986).

____ (1988): "Consequentialist Foundations for Expected Utility," *Theory and Decision*, 25, 25‒78.

____ (1989): "Consistent Plans, Consequentialism, and Expected Utility," *Econometrica*, 57, 1445‒1449.

Hansson, B. (1968): "Choice Structures and Preference Relations," *Synthese*, 18, 443‒458.

____ (1969): "Voting and Group Decision Functions," *Synthese*, 20, 526‒537.

____ (1973): "The Independence Condition in the Theory of Social Choice,"

Theory and Decision, 4, 25 - 49.

____ (1975): "The Appropriateness of Expected Utility Model," *Erkenntnis*, 9, 175 - 193.

____ (1976): "The Existence of Group Preferences," *Public Choice*, 28, 89 - 98.

Hardin, R. (1988): *Morality within Limits of Reason*. Chicago: Chicago University Press.

Harsanyi, J. (1955): "Cardinal Welfare, Individualist Ethics, and Interpersonal Comparisons of Utility," *Journal of Political Economy*, 63, 309 - 321.

Heller, W. P. , R. M. Starr, and D. A. Starrett, Eds. (1986): *Social Choice and Public Decision Making*. Cambridge: Cambridge University Press.

Herzberger, H. G. (1973): "Ordinal Preference and Rational Choice," *Econometrica*, 41, 187 - 237.

Hicks, J. R. (1939): *Value and Capital*. Oxford: Clarendon Press.

____ (1956): *A Revision of Demand Theory*. Oxford: Clarendon Press.

____ (1976): "Time in Economics," in *Evolution, Welfare and Time in Economics*, ed. by A. Tang. Lexington Books.

____ (1981): *Wealth and Welfare*. Oxford: Blackwell.

Hirschman, A. O. (1982): *Shifting Involvement*. Princeton: Princeton University Press.

Houthakker, H. S. (1950): "Revealed Preference and the Utility Function," *Economica*, 17, 159 - 174.

Hurley, S. (1989): *Natural Reasons*. Oxford: Clarendon Press.

Hurwicz, L. (1972): "On Informationally Decentralized Systems," in Radner and McGuire (1972).

Hurwicz, L. , D. Schmeidler, and H. Sonnenschein, Eds. (1985): *Social Goals and Social Organisation*: *Essays in Memory of Elisha Pazner*. Cambridge: Cambridge University Press.

Kahneman, D. , P. Slovik, and A. Tversky (1982): *Judgement under Uncertainty: Heuristics and Biases*. Cambridge: Cambridge University Press.

Kanger, Stig (1975): "Choice Based on Preference," mimeographed, University of Uppsala.

_____ (1976): "Choice and Modality," mimeographed, University of Uppsala.

Kelly, J. S. (1978): *Arrow Impossibility Theorems*. New York: Academic Press.

Kelsey, D. (1985): "Acyclic Choice without the Pareto Principle," *Review of Economic Studies*, 51, 693 – 699.

Kemp, M. C. (1953 – 1954): "Arrow's General Possibility Theorem," *Review of Economic Studies*, 21, 240 – 243.

Kemp, M. C. , and Y. -K. Ng (1976): "On the Existence of Social Welfare Functions, Social Orderings and Social Decision Functions," *Economica*, 43, 59 – 66.

Kirman, A. , and D. Sondermann (1972): "Arrow's Theorem, Many Agents, and Invisible Dictators," *Journal of Economic Theory*, 5, 267 – 277.

Kreps, D. M. (1988): *Notes on the Theory of Choice*. Boulder: Westview Press.

Levi, I. (1980): *The Enterprise of Knowledge*. Cambridge, MA: MIT Press.

_____ (1986): *Hard Choices*. Cambridge: Cambridge University Press.

Little, I. M. D. (1949): "A Reformulation of the Theory of Consumer's Behaviour," *Oxford Economic Papers*, 1, 90 – 99.

_____ (1957): *A Critique of Welfare Economics*. Oxford: Clarendon Press, 2nd edition.

Luce，R. D.，and H. Raiffa（1957）：*Games and Decisions*. New York：Wiley.

Machina，M.（1981）：" 'Rational' Decision Making vs. 'Rational' Decision Modelling?" *Journal of Mathematical Psychology*，24，163－175.

_____（1982）：" 'Expected Utility' Analysis without the Independence Axiom," *Econometrica*，50，277－323.

Majumdar，T.（1969）："Revealed Preference and the Demand Theorem in a Not-Necessarily Competitive Market," *Quarterly Journal of Economics*，83，167－170.

Mansbridge，J.，ed.（1990）：*Beyond Self-Interest*. Chicago：Chicago University Press.

Mas-Colell，A.，and H. F. Sonnenschein（1972）： "General Possibility Theorem for Group Decisions," *Review of Economic Studies*，39，185－192.

Maskin，E.（1978）： "A Theorem on Utilitarianism," *Review of Economic Studies*，45，93－96.

_____（1979）："Decision-Making under Ignorance with Implications for Social Choice," *Theory and Decision*，11，319－337.

Matsumoto，Y.（1985）： "Non-binary Social Choice：Revealed Preference Interpretation," *Economica*，52，185-194.

McClennen，E. F.（1983）："Sure-Thing Doubts," in Stigum and Wenstop（1983）.

_____（1990）：*Rationality and Dynamic Choice*. Cambridge：Cambridge University Press.

McKenzie，L.（1959）： "On the Existence of General Equilibrium for a Competitive Market," *Econometrica*，27，54－71.

Meeks，G.，Ed.（1991）：*Thoughtful Economic Man*. Cambridge：Cambridge University Press.

Moulin, H. (1983): *The Strategy of Social Choice*. Amsterdam: North-Holland.

Myerson, R. B. (1983): "Utilitarianism, Egalitarianism, and the Timing Effect in Social Choice Problems," *Econometrica*, 49, 883 - 897.

Nash, J. F. (1950): "The Bargaining Problem," *Econometrica*, 18, 155 - 162.

Nozick, R. (1974): *Anarchy, State and Utopia*. Oxford: Blackwell.

O'Neill, O. (1985): "Consistency in Action," in *Morality and Universality*, ed. by N. Potter and M. Timmons. Dordrecht: Reidel.

Pattanaik, P. K. (1978): *Strategy and Group Choice*. Amsterdam: North-Holland.

Pattanaik, P. K. , and M. Salles, Eds. (1983): *Social Choice and Welfare*. Amsterdam: North-Holland.

Peleg, B. (1984): *Game Theoretic Analysis of Voting in Committees*. Cambridge: Cambridge University Press.

Plott, C. R. (1973): "Path Independence, Rationality and Social Choice," *Econometrica*, 41, 1075 - 1091.

—— (1976): "Axiomatic Social Choice Theory: An Overview and Interpretation," *American Journal of Political Science*, 20, 511 - 596.

Radner, R. , and B. McGuire, Eds. (1972): *Decisions and Organizations*. Amsterdam: North-Holland.

Radner, R. , and J. Marschak (1954): "Note on Some Proposed Decision Criteria," in Thrall, Coombs, and Davis (1954).

Ray, P. (1973): "Independence of Irrelevant Alternatives," *Econometrica*, 41, 987 - 991.

Richter, M. K. (1966): "Revealed Preference Theory," *Econometrica*, 34, 987 - 991.

_____ (1971): "Rational Choice," in Chipman, Hurwicz, Richter, and Sonnenschein (1971).

Riley, J. (1989): "Rights to Liberty in Purely-Private Matters: Part I," *Economics and Philosophy*, 5, 121 - 166.

_____ (1990): "Rights to Liberty in Purely Private Matters: Part II ," *Economics and Philosophy*, 6, 27 - 64.

Roberts, K. W. S. (1980a): "Possibility Theorems with Interpersonally Comparable Welfare Levels," *Review of Economic Studies*, 47, 409 - 420.

_____ (1980b): "Interpersonal Comparability and Social Choice Theory," *Review of Economic Studies*, 47, 421 - 439.

Salles, M. (1975): "A General Possibility Theorem for Group Decision Rules with Pareto-transitivity," *Journal of Economic Theory*, 11, 110 - 118.

Samuelson, P. A. (1938): "A Note on the Pure Theory of Consumers' Behaviour," *Economica*, 5, 61 - 71.

_____ (1947): *Foundations of Economic Analysis.* Cambridge, MA: Harvard University Press.

Schelling. T. C. (1960): *The Strategy of Conflict.* Cambridge, MA: Harvard University Press.

_____ (1984): *Choice and Consequence.* Cambridge, MA: Harvard University Press.

Schwartz, T. (1970): "On the Possibility of Rational Policy Evaluation," *Theory and Decision*, 1, 89 - 106.

_____ (1972): "Rationality and the Myth of the Maximum," *Nous*, 6, 97 - 117.

_____ (1986): *The Logic of Collective Choice.* New York: Columbia University Press.

Scitovsky, T. (1976): *The Joyless Economy.* New York: Oxford University Press.

_____ (1986): *Human Desire and Economic Satisfaction.* Brighton: Wheatsheaf Books.

Seabright, P. (1989): "Social Choice and Social Theories," *Philosophy and Public Affairs*, 18, 365 - 387.

Seidenfeld, T. (1988): "Decision Theory without 'Independence' or without 'Ordering': What Is the Difference?" *Economics and Philosophy*, 4, 267 - 290.

Sen, A. K. (1969): "Quasi-transitivity, Rational Choice and Collective Decisions," *Review of Economic Studies*, 36, 381 - 393.

_____ (1970): *Collective Choice and Social Welfare.* San Francisco: Holden-Day; republished, Amsterdam: North-Holland, 1979.

_____ (1971): "Choice Functions and Revealed Preference," *Review of Economic Studies*, 38, 307 - 317; reprinted in Sen (1982).

_____ (1973): "Behaviour and the Concept of Preference," *Economica*, 40, 241 - 259; reprinted in Sen (1982) and Elster (1986).

_____ (1976a): "Liberty, Unanimity and Rights," *Economica*, 43, 217 - 245.

_____ (1976b): "Real National Income," *Review of Economic Studies*, 43, 19 - 39.

_____ (1977a): "Social Choice Theory: A Re-examination," *Econometrica*, 45, 53 - 89.

_____ (1977b): "On Weights and Measures: Informational Constraints in Social Welfare Analysis," *Econometrica*, 45, 1539 - 1572.

_____ (1979): "Social Choice Theory," mimeographed; later published as Sen (1986a).

_____ (1982): *Choice, Welfare and Measurement.* Cambridge, MA: MIT Press, and Oxford: Blackwell.

_____ (1983): "Liberty and Social Choice," *Journal of Philosophy*, 80, 5 - 28.

_____ (1984): "Consistency," mimeographed hand-out distributed at the Presidential Address to the Econometric Society in Stanford, Bogota, and Madrid.

_____ (1985): "Rationality and Uncertainty," *Theory and Decision*, 18, 109 - 127.

_____ (1986a): "Social Choice Theory," in *Handbook of Mathematical Economics*, Vol. Ⅲ, ed. by K. J. Arrow and M. Intriligator. Amsterdam: North-Holland; revised version of Sen (1979).

_____ (1986b): "Information and Invariance in Normative Choice," in Heller, Starr, and Starrett (1986).

_____ (1988): "Freedom of Choice: Concept and Content," *European Economic Review*, 32, 269 - 294.

_____ (1990): "Is the Idea of Purely Internal Consistency of Choice Bizarre?" forthcoming in a festschrift for Bernard Williams, *Language, World and Reality*, edited by J. E. J. Altham and T. R. Harrison. Cambridge: Cambridge University Press.

_____ (1992): "Minimal Liberty," *Economica*, 59, 139 - 160.

Shafir, E., and A. Tversky (1991): "Thinking through Uncertainty: Nonconsequential Reasoning and Choice," mimeographed, forthcoming in *Cognitive Psychology*.

Simon, H. (1957): *Models of Man*. New York: Wiley.

_____ (1979): *Models of Thought*. New Haven: Yale University Press.

_____ (1983): *Reason in Human Affairs*. Stanford: Stanford University Press.

Slote, M. (1989): *Beyond Optimizing*. Cambridge, MA: Harvard University Press.

Steedman, I. , and U. Krause (1986): "Goethe's Faust, Arrow's Possibility Theorem, and the Individual Decision Taker," in *Multiple Self*, ed. by J. Elster. Cambridge: Cambridge University Press, 1986.

Stigum, B. P. , and F. Wenstop, Eds. (1983): *Foundations of Utility and Risk Theory with Applications*. Dordrecht: Reidel.

Sugden, R. (1985a): "Liberty, Preference and Choice," *Economics and Philosophy*, 1, 213 – 229.

_____ (1985b): "Why Be Consistent? A Critical Analysis of Consistency Requirements in Choice Theory," *Economica*, 52, 167 – 184.

Suzumura, K. (1976): "Remarks on the Theory of Collective Choice," *Economica*, 43, 381 – 390.

_____ (1983): *Rational Choice, Collective Decisions, and Social Welfare*. Cambridge: Cambridge University Press.

_____ (1991): "Alternative Approaches to Libertarian Rights," in Arrow (1991).

Thaler, R. H. (1991): *Quasi Rational Economics*. New York: Russell Sage Foundation.

Thaler, R. H. , and H. M. Shefrin (1981): "An Economic Theory of Self-Control," *Journal of Political Economy*, 89, 392 – 406.

Thrall, R. M. , D. H. Coombs, and R. L. Davis, Eds. (1954): *Decision Processes*. New York: Wiley.

Ullmann-Margalit, E. , and S. Morgenbesser (1977): "Picking and Choosing," *Social Research*, 44, 757 – 785.

Uzawa, H. (1957): "A Note on Preference and Axioms of Choice," *Annals of the Institute of Statistical Mathematics*, 8, 35 – 40.

Wilson, R. B. (1972): "Social Choice Theory without the Pareto Principle,"

Journal of Economic Theory，5，478 - 486.

　　Wriglesworth，J.（1985）：*Libertarian Conflicts in Social Choice*. Cambridge：Cambridge University Press.

注释

　　[1] 可参见 Samuelson（1938），Houthakker（1950），Nash（1950），Arrow（1959），Richter（1966），Hansson（1968），Chipman，Hurwicz and Richter（1971），Sen（1971），Schwartz（1972），Herzberger（1973），Plott（1973），Fishburn（1974），Suzumura（1976），Kreps（1988），等等。

　　[2] 内在一致性条件的满足有时被视为"理性选择"的核心特征。如参见 Richter（1971），这是一篇广为人知的重要论文。

　　[3] 后一种类型的经典案例可以参见 Hicks（1939），Samuelson（1947），Arrow（1951b），Debreu（1959），McKenzie（1959），Hurwicz（1975），Aizerman（1985）。

　　[4] 在一次私下交流中，保罗·萨缪尔森曾向我提及该论文的早期版本，他说他本人并未将显示偏好理论的各条公理视为选择行为的内在一致性的条件。毫无疑问，这些公理绝不可这样看待，因为它们也可以解释为效用最大化的结果（假设效用函数是菜单依赖性的，如此更为恰当）。我绝对无意批评这位堪称现代经济学中最伟大人物之一的学者（和所有人一样，我在他身上学到了非常多的东西），而只是反对这些公理的不当运用，如仅将显示偏好的弱公理视为一致行为的条件（不涉及任何效用概念）。在萨缪尔森那篇开创性的论文之后，这类运用公理的做法可谓屡见不鲜。

　　[5] 希克斯后来颇怀疑自己早期对这一立场所抱的热情态度，参见 Hicks（1981，pp. xii～xiv）以及 Hicks（1976）。

　　[6] 在显示或隐性合作中的一致性行为上存在着极其丰富的文献。参见 Simon（1980），Dawes and Thaler（1988），其中提供了一些合作环境中人们违背了标准的"理性"条件的有趣事例。

[7] 比如，在自制能力不可忽略的情况下，就会出现一些有趣的情况；关于这一问题可参见 Schelling（1960，1984），Elster（1979），Davidson（1980），Steedman and Krause（1986），Thaler and Shefrin（1981），Thaler（1991）。它们涉及关于意志薄弱的一些广泛的研究。至于其他类型的内在行为模式及其所隐含的动机，参见 Simon（1957，1979，1983），Schelling（1960，1984），Kanger（1975，1976），Scitovsky（1976，1986），Levi（1980，1986），Basu（1980），Kahneman，Slovik and Tversky（1982），Elster（1983），McClennen（1983，1990），Slote（1989），Anand（1990），Fine（1990），Shafir and Tversky（1991），等等。

[8] 关于这一问题可参见 Hansson（1975），Machina（1981，1982），Sen（1985），Sugden（1985b），Levi（1986），Hammond（1988，1989），McClennen（1990），Anand（1991），Bohm and Lond（1991）等，此外还可参见包含丰富经验分析的 Kahneman，Slovik and Tversky（1982）。甚至阿莱（Allais，1953）对于预期效用理论所做的经典性批评，在很大程度上也有赖于关于何种行为是一致的定义。同样，某些看上去是不一致的选择也许事实上反映了其内在的偏好是状态依赖的（参见 Drèze，1987）。对某种选择行为是否一致的解读是不可能仅仅根据其行为本身，而不涉及外在条件（如偏好或目标的本质、后悔的态度，等等）就能作出判断的。

[9] 我以为，这些含义在博弈论、一般决策理论、产业组织、政治行为，以及更一般的不确定性下的行为等研究领域中都是极其重要的。

[10] 我在此处所提出的问题与罗伯特·萨格登（Robert Sugden，1985）所提出的方法论质疑存在根本的区别，他的问题（在其妙趣横生的论文标题上可见）是："为何是一致性？"我无意在此反对一致性，而只是主张，我们无法根据纯粹的"内在"根据——不涉及那些超越于选择函数的环境，如动机、目标、原则等等——来判断某一选择函数是不是一致的。

[11] 对此及其相关问题，参见 Sen（1990）。

[12] 一种特殊的情况是，任何 $C(S)$ 必须是一个单位集合，其中对于任

何 S 来说，只存在一种方案。限制性较少的表述并不要求这一点，我们将使用较宽泛的格式。这样，我们可以把 $C(S)$ 解释为"可选择的"（choosable）元素集合——能够为人们所选择的方案。但我仍使用更通常的术语"被选择的"（chosen）。

[13] 参见 Nash（1950），Arrow（1951a，1959），Chernoff（1954），Radner and Marschak（1954），Sen（1971），Fishburn（1973），Herzberger（1973），Suzumura（1983）。

[14] 请注意，从标准的最大化假设来看，在一种情况下选择 x，而在另一种情况下选择 y，并不必然存在这种矛盾关系。如果 x 和 y 对选择者来说是无差异的，那么在这一组选择中并不存在什么异常之处。问题（更准确地说，表面的问题）在于将式（3.5）和式（3.6）合并起来看，在一种情况下选择 x 而拒绝 y，而在另一种情况下选择 y 而拒绝 x。关于无差异和不完备性等引起的问题，参见 Ullmann-Margalit and Morgenbesser（1977）。

[15] 森（1983）讨论了这类例子。

[16] 事实上，在选择蛋糕的事例中，虽然存在可变菜单，但仍然可以从位置参数的角度规定一个确定的排序，即"第二大"在最前面。关于社会选择中位置的意义，参见 Gärdenfors（1973），Fine and Fine（1974）。

[17] 关于菜单的认识论意义，参见 Sen（1990）。还可参见 Luce and Raiffa（1957，p. 288）。

[18] 森（1988）讨论了这种类型的菜单依赖性。

[19] 比如，Stig Kanger（1975），他在"基于偏好的选择"中引进了一个重要的变量，从而使作为选择基础的二元关系 R^V，依赖于方案 V 的"背景"集合，而后者可以是菜单集合，也可以不是菜单集合。这样选择就不再独立于方案集合（正如标准的二元选择框架那样）。还可参见 Kanger（1976），Schelling（1984），Levi（1986），Seidenfeld（1988），Fine（1990），McClennen（1990）。

[20] 当然，外在依据并不一定永远与此人想去做的事物或他人所做的事

物相关。推理模式还有其他形式。比如，康德的"绝对命令"包含着箴言与意向，但未直接指涉谁希望什么，奥尼尔（Onora O'Neill，1985）在他的论文中精彩地分析了康德的"行动的一致性"。还可参见 Hurley（1989）。

［21］当然，不可否认的是，个人的偏好也可能依赖他们生活于其中的社会的性质。同样不可否认的是，个人偏好可以从几个不同的方面来概括，如社会欲望、个人兴趣、伦理判断，等等，从而构成几种实质不同的社会加总方式（关于这一问题可参见 Buchanan，1954b；Sen，1977a）。

［22］布坎南（1954a，p. 116）坚持主张："一个社会群体的理性或非理性是指群体作为有机存在的一种特征，它与组成其中的个人成分无关。"还可参见 Kemp（1953—1954），Bergson（1954），Buchanan（1954b），Graaff（1957），Little（1957），Buchanan and Tullock（1962），Baumol（1966）和 Elster and Hylland（1986），等等。

［23］参见 Sen（1970，1976a）。关于这一主题的文献是相当广泛的，对其主要贡献的评述可参见 Suzumura（1983，1991），Wriglesworth（1985），Riley（1989，1990）和 Seabright（1989）。

［24］关于这一问题可参见 Nozick（1974）。

［25］参见 Batra and Pattanaik（1972），Sen（1976a，1983），Kelly（1978），Suzumura（1983），Wriglesworth（1985），等等。

［26］参见 Sen（1976a）中的式（T. 7）。事实上，这一版本在最初的非形式表述中是该定理的另一种转换形式，见 Sen（1970，pp. 81 - 82）。

［27］也有人认为，一旦容许帕累托改进契约，那么这一问题就不存在了（参见 Sugden，1985a；Hardin，1988）。但逻辑证明并非如此，参见 Sen（1983）。一个更重要的问题是用博弈论的形式来表述自由的条件。关于这些问题，参见 Gaertner，Pattanaik and Suzumura（1992）和 Sen（1992）。

［28］参见 Nick Baigent（1991a，1991b），其中对此做了饶有兴味的研究，他探讨了在无须任何内在一致性条件——无论是施加还是蕴涵——的情况下推导出社会选择中的不可能定理的问题。还可参见 Baigent（1987），该文在放

宽菜单内一致性条件后，重新证明了切切尔尼斯基（Chichilnisky，1982）所提出的不可能定理。

［29］比较威尔逊（Robert Wilson，1972）和萨拉斯（Maurice Salles，1975）运用"帕累托传递性"而得出的不可能性结论中所隐含的动机，其中的条件要比普遍传递性的条件更为宽松，并将集体理性视为帕累托原则的实质性内容。

［30］关于这个一般方法，参见 Aizerman（1985）。

［31］参见 Sen（1970，1977a），Mas-Colell and Sonnenschein（1972），Brown（1975），Blair，Bordes，Kelly and Suzumura（1976），Bordes（1976），Hansson（1976），Blau and Deb（1977），Kelly（1978），Blair and Pollak（1982），Suzumura（1983），Kelsey（1985），等等。Blair and Pollak（1979）和 Blau（1979）这两项研究证明，如果传递性条件可以放松到对半次序关系及其相关的一般概括，甚至独裁结论都可以保留。

［32］这类选择函数的表述最早见于 Hansson（1968，1969），Fishburn（1971，1973），Schwartz（1970，1972）和 Plott（1973，1976）。至于其主要的结论，还可参见 Bordes（1976），Campbell（1976），Blair，Bordes，Kelly and Suzumura（1976），Hansson（1976），Deb（1977），Ferejohn and Grether（1977），Sen（1977a，1986a），Kelly（1978），Suzumura（1983），Baigent（1987），Schwartz（1986），等等。

［33］森（1986a）评价了这些文献的主要结论。

［34］关于无关备选方案的独立性的各种特征，参见 Hansson（1973），Ray（1973），Hansson（1976），Pattanaik（1978），Moulin（1983），Peleg（1984）。

［35］事实上，它对应于一类决定性集合的"超滤子"（ultrafilter）属性。参见 Sen（1986b）。还可参见 Kirman and Sondermann（1972），Brown（1975）和 Hansson（1976）。巧合的是，定理 3.2 事实上提供了与切切尔尼斯基（1982b）的重要等价结论基本上一致的结论（具有非常弱的要求），切切尔尼

斯基的结论是，"帕累托条件拓扑等价于独裁的存在"（这是他的论文的标题）。

[36] "独立决定性"条件为一个更强的独立性条件所蕴涵，后者要求，对任意个人偏好的具体集合，从一个包含 x 的集合中拒绝 y，应当仅仅与个人在 x 和 y 上的偏好相关。这对应于松本（Matsumoto，1985）的 II A^* 条件和德尼科罗（Denicolo，1985）关于社会选择对应必须是"独立的"要求。这是一个很容易满足的条件，并具有更多的实质性含义。[此处和森（1984）所使用的"独立决定性条件"要求，任何群体在 x 存在的条件下拒绝 y 的权力必须服从于所有其他人关于 x 和 y 的偏好，从而使我们可以接受他们对 y 的拒绝，即使在无关备选方案的偏好已经改变的情况下。] 无论如何，如果采用这一更强的独立性条件（也许是基于简洁的理由），定理 3 的证明过程仍然足以——需要放宽某些条件——证明相应的不可能定理。德尼科罗（1985，1987）以不同的方式（使用更严格的独立性条件）证明了这一具体结论。关于相关问题，还可参见 Sen（1984，1986a），Matsumoto（1985）和 Baigent（1991a，1991b）。

[37] 森（1977b, 1986b）指出，不可能定理的真正根源是阿罗的一组公理所隐含施加的信息回避与同一组公理所蕴涵的辨识社会选择的要求之间的紧张关系。因此肯定的可能性在于在社会选择中给信息（效用信息或非效用信息）的使用留有更多的余地（参见 Sen，1970，1986a，1986b）。这一分析不受此处的结论影响。不容否认的是，阿罗的不可能定理具有充分的普适性，并比其他的解决方案（包括避免社会选择的"内在一致性"条件和放弃社会偏好的"集体理性"）具有更长久的生命力，这一事实间接强化了我的结论。

[38] 关于这一问题尤其参见 Simon（1957，1979）和 Kahneman, Slovik and Tversky（1982）。

[39] 我在其他地方（如 Sen，1973）曾讨论过这一问题，包含反对这一解释的根据。还可参见 Hirschman（1982），Akerlof（1984）和 Manbridge（1990）。

[40] 关于反对这一观点的论据，参见 Elster（1986），Slote（1989），Meeks（1991），Thaler（1991），等等。

［41］它类似于某些一般属性的应用，如用偏好凸性来比较"真实收入"时不必规定一个具体的偏好函数［我在 Sen（1976b）中讨论了这一方法论问题］。

［42］参见 Harsanyi（1955），Hammond（1976），Arrow（1977），d'Aspremont and Gevers（1977），Sen（1977b），Maskin（1978，1979），Gevers（1979），Roberts（1980a，1980b），Blackorby，Donaldson and Weymark（1982），Myerson（1983），d'Aspremont（1985），等等。当然，像功利主义和罗尔斯词典式最大最小规则也能得出符合系统的内在对应的社会选择。问题在于，在公理推导过程中，我们是把这些内在对应当成预设的，还是作为合理的外在对应所得出的结论。

第4章
最大化与选择行动[*]

选择行动与最大化行为尤其相关，至少体现在以下两个方面：（1）**过程意义**（偏好可能会对包括选择者的身份在内的选择过程很敏感）；（2）**决策的不可避免**（无论判断过程是否结束，人们都必须作出选择）。最大化行为的一般观点——如果恰当地给予概括的话——可以将这两者都容纳进来，但要做到这一点，就必须对标准的理性选择模型中选择行为的规律作出相当大的修正。两者之间的差别在经济行为、社会行为和政治行为的研究中具有十分重要的意义。

1. 选择行动

1638年，皮埃尔·德·费马（Pierre De Fermat）在给勒内·笛卡尔（René Descartes）的信中阐述了极值（指趋于零的一阶导数）的含义，最大化的分析方法由此得以确立。[1]费马所提出的光学中的"最小时间原理"可谓最大化的完美例子（相应地，只是最

　＊ 本文的写作受惠于国家科学基金会的资助以及以下学者的讨论与评价，这些学者是：Kenneth Arrow，Kaushik Basu，Eric Maskin，Kotaro Suzumura，Sudhir Anand，Nick Baigent，Fabrizio Barca，Andrea Brandolini，Abhijit Banerjee，Wulf Gaertner，Frank Hahn，David Kreps，Isaac Levi，James Mirrlees，Prasanta Pattanaik，Debraj Ray，Emma Rothschild，Agnar Sandmo，Luigi Spaventa，Tony Shorrocks，Ignazio Visco以及《计量经济学杂志》的匿名评审人。

　本文是作者于1995年8月24日在东京参加世界计量经济学大会时所作的纪念弗里希讲座的演讲。

大化的一种）。但是，这并不是一种最大化行为，因为光的最小时间路径并不包含意志行为。在物理学和自然科学中，典型的最大化中并不存在有意的"最大化者"。早期使用"最大化"或"最小化"的概念时都是如此，如几何学，最早可追溯至古希腊数学家所研究的"最短弧线"，以及其他的"伟大几何学家"如佩尔加的阿波罗尼奥斯（Apollonius of Perga）所思考的最大化和最小化。

每每有人将经济学中的最大化行为的表述与物理学和相关学科中的最大化模型相提并论。但最大化行为与非意志性的最大化有着根本的区别，因为分析最大化行为时必须将选择行动的根本意义置于研究的中心位置。在选择行动中，个人对**综合**结果（包括选择过程）的偏好并不等同于他对**顶点**结果的条件偏好。与选择相关的责任往往会改变我们对狭隘规定的结果的排序（如拥有的商品向量），而选择函数和偏好关系也许为选择行动的具体特征的参数（如选择者的身份、选择所面对的菜单、具体行动与约束具体行动的社会行为规范的关系）所影响。在建构选择行为理论时，我们必须对这些进行实质性的分析。[2]

从实践的角度来看，只要选择行动具有意义，综合结果分析就会广泛涉及经济、政治和社会行为。这样的事例可广泛见于劳动关系、工业生产率、商业伦理、投票行为、环境敏感性等方面以及其他领域。

此外，除了选择过程的意义，选择行动的重要性还体现在它的不可避免性或者紧迫性上。选择者必须权衡对各种相互冲突的考虑以达成一个反思判断，在许多情况下，他往往无法在决策来临之际达到一个完备的排序。[3]如果无从逃避选择，那么他将不得不在一个不完备排序的情况下作出选择决定。

作为最优化的最大化行为在许多经济分析著作中极为常见，但在这些情况下会遇到严重的困难，因为并不存在能够辨识的最佳备选方案。无论如何，最优化对于"最大化"来说，并非必需，最大化只要求选择一项并不比其他差的方案。这不仅符合通常人们所理解的最大化观念（即不要拒绝一项可能比现有的选择更好的方案），它也是在集合论的基础文献中对"极大性"的正式定义（如参见 Bourbaki，1939，1968；Debreu，1959，ch. 1）。

在第 2、3 节，我将考虑在决策的综合分析中选择行动所蕴涵的推理以及选择与责任之间的关联。第 3 节分析"选择者依赖性"（chooser dependence）和"菜单依赖性"（menu dependence）的含义。第 4 节关注规范的用途以及理性决策和博弈中的各种策略。第 5 节将最优化与最大化选择函数对比，并讨论摒弃前者、采取后者的理由。第 6 节的主题是选择行动的各种关怀，文中讨论了这些关怀是以自我施加的**选择约束**的形式出现还是嵌入**偏好关系**本身之间的关系中。最后是结束语。一些形式命题的证明放在附录中。

2. 直接利益与工具性解释

我们用一个例子来说明对选择过程和结果——尤其是偏好的"选择者依赖性"——的"综合"描述。你来到一个花园聚会，并很快就发现了一个最舒适的座椅。如果主人主动将那椅子分派给你，你会特别高兴。但是，如果由客人自己选择座椅的话，你并不会冲上去占座。你最后选择了一个"并非最优的"的椅子。你是否还属于最大化者呢？你仍然可能是最大化者，因为你在选择行为上的偏好排序可以定义为"综合结果"，它除了顶点结果（座椅的分配）之外还包括选择过程（具体指谁来选择）。[4]

　　换个例子来说。相比于苹果，你也许更喜欢芒果。但你拒绝在果篮中取走最后一个芒果，但如果别人把那个芒果"强"塞给你，你会十分高兴。在这些选择行为中，并不存在与最大化行为的一般观念相冲突的地方，但为了容纳这种类型的偏好，选择行动必须内化于这一体系。而这需要对经济学和政治理论中的"理性选择"的行动公理进行重新概括（第 3～6 节）。

　　选择行动对偏好的影响，尤其是偏好对选择者身份的依赖性，往往出于不同的动机，也存在好几种不同的解释。与此相关的综合描述可能有着不同的方式和不同的理由。

　　（1）**声誉与间接效应**：此人也许希望拥有体谅他人而不是精明的"抢椅子者"的名声，并获益于将来。

　　（2）**社会义务与道德命令**：他也许认为抢夺最舒适的椅子，剥夺他人的机会是不合道德的，而这类道德情操有可能或显或隐被此人所遵从。[5]

　　（3）**直接福利效应**：此人的福利也许直接受选择过程影响（比如说，别人的看法——他并不愿意忍受冲向椅子时所遇到的异样眼神），而这要求反思性的福利函数（以及此人所抱的对自己福利的看法）的定义不仅仅考虑顶点结果（比如标准的消费者理论中最终的商品向量），还应考虑到过程及其效应等因素。

　　（4）**遵循传统规则**：他也许只不过是在遵循"体面行事"（作为有效的规范）的传统规则，而不是因为什么直接福利效应、声誉效应或其他自觉意识到的伦理法则等。

　　选择过程在这几种情况中有着不同的作用，事实上，它们可能是以几种混合的形式出现。[6]第一种解释路径（声誉与间接效应）与主流新古典经济学传统最相契合。它基本上没有违背对顶点结果的最终关怀（以及由自利所驱动的理性选择）。工具性分析将对选择行动的直接关怀与隐含的对所偏好的顶点结果的追求联系起来（参见 Kreps and Wilson，1982）。

与第一种理由不同，在其他三种解释中，选择行动是直接相关的，并不仅仅是因为其间接效应。但是，在直接利益是如何产生——是什么隐含的力量促成了选择行动——的这种问题上，这几种替代性解释都有可能成立。最近有关演进博弈论的各种著作深入探讨了遵从传统规则的行为——上述第四种解释——是如何从进化过程中的选择中流传下来的。[7] 即使从根本上讲没有一个人直接关心选择行动的本质，但对选择行动的本质的关注对于解释那些生存下来的行为的社会规则来说却具有重要的工具意义。这类推理不同于那些根据对人们"应当"如何行动这一问题的伦理审查而有意选择的行为规则（兼有第二、四种解释）。伊曼纽尔·康德（1788）以广为称道的方式探讨了自觉反思性地——而不是进化选择性地——遵循伦理规则的行为。[8] 这一观点在当代著作也以不同的形式存在，从罗尔斯（1971）对"综合性"目标的概括和海萨尼（Harsanyi，1976）对伦理偏好和社会行为的分析，一直到影响人们行为的复杂价值的社会学探讨。[9]

我下面对这两种不同的解释路径给予四点简短的评论。第一，它们不仅仅只是"替代性方案"。即使我们依据伦理（或社会）理由来自觉选择行为规范，这些行为规范的生存也不可能完全独立于彼此之间的影响，并必定要进入演进过程。另外，在研究演进过程的时候，我们也无须仅将注意力集中于与顶点结果相关联的偏好。为了更好地理解社会，演进研究还应考虑那些人们将其内在的——而不仅仅是工具性的——价值赋予行动和行为的规则。[10]

第二，演进过程不仅仅影响我们自觉遵循的行为**规则**，而且也影响了我们的行动所蕴涵的心理**偏好**。有关偏好内生性的文献可以深化演进理论的研究。[11]这也适用于伦理规范的生存。对行为的反思性的伦理关怀既不会抵消演进力量的重要性，也不会被演进力量所抵消。[12]

第三，即使是——最终而言——对顶点结果的"基本"偏好决定一切，理解这些"派生的"偏好（"非基本"但具有功能的重要性）是如何影响选择行动的也仍然是一项有趣且重要的研究。这些选择函数的数学分析方面仍然值得我们去认真研究。就此而言，本文所进行的分析在不同的研究层次上——基本的以及工具性的——都具有一定的价值。

第四，我还要指出的是，通过容纳更宽泛的对偏好、行为规则以及规范的共同知识的概括，我们可以深化对各种博弈和策略的认识（第 4 节将给出一个简单的事例）。在博弈过程中，我们应留心选择行动的本质对于策略的影响，不管我们对这种影响的终极来源持何种观点。

3. 责任、 选择者依赖性与菜单依赖性

选择行动的直接意义通常与责任的概念相关。我们对责任的态度可能为我们个人的福利所调节，也可能不受其调节。[13]我们也许很愿意履行责任，也许虽极不情愿但仍认为有义务负责任地行事，或者——正如花园椅子事例所表明的——我甚至觉得选择的责任也是一种约束和负担。

我们来看与花园椅子事例完全不同的一类情形，即选举中的投票行为，它对于人们的政治参与极其重要。我们现在不讨论个人的

投票对他所偏好的候选人当选机会的影响（当选民足够多时，个人所投的票对这一结果的作用是微乎其微的）。有可能投票者很喜欢政治参与，也可能他只是在履行某种义务而不论他是否喜欢。只要他将投票参与行动赋予了重要意义，投票理性的分析就必须注意到这一关怀，而不论这种关怀是出自预期的快乐还是仅仅只是一种义务感（或者两者兼而有之）。我认为，在这两种情况下，关于"为什么理性的人一定会去投票"这一问题的丰富文献忽视了投票行为中隐含的一种重要关怀，即**投票这一选择行动**。事实上，人们在影响投票结果的可能性微不足道的情况下去投票，这本来就不存在什么谜题。

同理，在对"工作伦理"的认识上，也许有必要将注意力集中在这一简单的事实上，即工作也许只是一种负担，或者只是一种快乐的活动，甚至还可能是企业的未来命运对工人来说有一种家族式的利益（这在日本的工作伦理中相当突出）。[14]参与的含义与工作伦理极为相关，对参与的不同解释可能应归结为不同国家和文化的工作伦理。参与在"环境评估"的问题上极为关键，这也就是为什么模拟市场在估价人们极力去保护的"生存价值"这一问题上会是极其拙劣的。[15]

有时候偏好与选择行动之间的关联相当微妙而复杂，而且往往依赖于所涉及的各种行动的本质。比如说，在工作伦理的环境中就可能导致两种具有实质性区别的倾向：（1）积极地"逃避"工作义务；（2）消极地顺应普遍的工作松弛的氛围。后者也许比前者更常见，但选择行动的确切本质在这一区别中至关重要。事实上，"从众行为"不仅具有从他人的选择中学习的认识论基础（或者为他人所误导，参见 Banerjee，1992），也可能有这样一种可能性，即

"从众"使得选择行动不那么张扬和显眼。对于坚强信念和进取意志的消磨在（2）的情形下要比在（1）中更难令人抵制。这类区别对于实践来说具有重要的含义，虽然很难完全用形式化的语言来表述它们。

还有一些类型的选择行动更容易用形式化的语言来描述，它们包括：（1）选择者依赖性；（2）菜单依赖性。令参与人 i 的偏好关系 P_i 依赖于选择者 j 和选择方案的集合 S，把它记作 $P_i^{j,s}$。选择者依赖性与菜单依赖性分别指与 j 和 S 相关的 P_i 的参数可变性。[16]

首先来看选择者依赖性，我们已在有关动机的那一节里进行过介绍。我们回到前面提到的水果分配的事例。集合 $S = \{m^1, a^1, a^2\}$ 代表一个芒果和两个苹果可供两个人 i 和 k 选择。在选择是由另外一个人 j 作出的情况下，i 更偏好于配置 m^1（其中他得到芒果而 k 得到苹果）而不是配置 a^1（其中他得到一个苹果）：

$$m^1 P_i^{j,s} a^1 \tag{3.1}$$

但是，如果由他本人来选择，他宁可作出相反的选择：

$$a^1 P_i^{i,s} m^1 \tag{3.2}$$

除选择者依赖性之外，还有一个菜单依赖性的相关特征，这在自我选择中尤其重要。如果可行选择集合从 S 扩展至包含两个芒果和两个苹果的集合 T，i 本人将会毫不犹豫地选择芒果，因为还有两种水果供下一个人选择。另外，选择的菜单依赖性也早被保罗·萨缪尔森（1938）提出的弱显示偏好公理（weak axiom of revealed preference，WARP）所排除，更不必说霍撒克（Houthakker，1950）的强显示偏好公理（strong axiom of revealed preference，SARP）。甚至广泛用于社会选择理论和一般选择理论中的比 WARP 更弱的条件，诸如对有限集合的选择函数的二元性的充分

必要条件属性 α 和属性 γ（基本收缩一致性和基本扩张一致性，参见 Sen，1971）也为这类选择活动所违背。[17]

这些菜单内一致性的基本条件是如何为我们所考察的选择关怀违背的呢？我们再考虑这个例子。如果 i 从 S 中选择的话，他将拿一个苹果 a^1 ［根据式（3.2）］，但在集合扩大至 $T=\{m^1，m^2，a^1，a^2\}$ 后，他可能理智地选择芒果（m^1）：

$$m^1 P_i^{i,T} a^1 \tag{3.3}$$

式（3.2）和式（3.3）的组合除违背了 WARP 和 SARP 之外，还违背了属性 α，显而易见的是，这类菜单依赖性还违背了其他的标准一致性条件。[18]菜单依赖性——如果有的话——将成为选择函数的一个重要特征。[19]

前面集中讨论了有关菜单依赖性偏好（指选择行动的直接意义）的一种理由，但这类依赖性还存在许多种其他理由（参见 Sen，1993）。还有一种关联性源自我们对自身决定的自主和自由所赋予的价值。[20]我们不仅看重我们最终所选择的方案，而且也重视我们的选择所面对的集合。在估价一个人的"自主性"时，仅仅关注如果有机会选择他是否可以如愿以偿是不够的，他的实际选择行动本身也相当重要。[21]

此外，当我们的知识有限的时候，菜单还具有认识论的含义，我们还可以从我们所面对的菜单中"学习"许多东西。比如说，当你面临一位朋友邀你去喝茶（t）和回家（O）的选择时，你可能会接受他的邀请，也就是说在 $[t，O]$ 中选择 t，但是，如果这位并非深交的朋友提供给你一个选择更多的菜单，去他家喝茶，或者去吸海洛因或可卡因（h），在这一更大的集合 $\{t，h，O\}$ 中，你可能选择 O，而拒绝 t。该人所提供的菜单的扩展也使你明白他是个什么样的人，而这甚至影响你去与他喝茶的决策（参见 Sen，1993）。

另一种类型的菜单的认识论意义可以用个人自己的菜单来判断他人采取相似行为的机会。在解释意大利商业和政治中的"腐败"行为时，一个常见的借口是："又不是只有我一个人这样做。"某人也许会拒绝利用唯一违背隐含的道德法则的机会，但如果存在许多这样的机会时，他也许会很乐意违背那一法则，这样做的间接理由是，这种违反有可能很"平常"。[22] 同理，某人可能会拒绝唯一的"穿越警戒线"的机会，但当他预期其他人也会这样做的时候，他就会毫不犹豫地穿越它。如果只存在一个穿越警戒线的机会 x_1，他可能会止步不前（他明白他这样做是孤立的），但如果存在另一个机会 x_2 的时候（预期其他人会抓住这一机会），他就会选择 x_1 了。

菜单的另一种认识论意义可以用"温和"投票者来说明，在几位候选人中，温和的投票者倾向于选择走中间路线的候选人，比如，选择那位在政治上极其清晰的排序中居中位数的候选人（比如"相对保守主义"）。菜单所提供的选择范围给此人赋予了一种对国家此时所面临的真实政策选择的"解读"，而对"温和"候选人菜单依赖性的选择也因此反映了认识论上的解读。[23]

此外，还有一种很吸引人的路径，即通过重新定义排除对标准的"一致性"条件（如 WARP）的违背，比如，将备选方案定义为从一个集合中选择某种水果。令方案 m^1/S 表示从集合 S 中选择 m^1，它有别于从集合 T 中选择 m^1 的 m^1/T。但是，这样做将会使所有的内在一致性条件，包括 WARP、SARP、属性 α 和属性 γ 等，都失去意义，因为它们的吸引力本身就在于"同一"方案选自**不同的**集合——这恰恰是这一重新概括的定义所要排除的对象。同理，如果我们将 WARP、SARP、属性 α 和属性 γ 应用于社会全体的商品配置中，这些条件将会大大失去其辨析的能力，因为它们存在着将每一种选择都视为一个独特的方案的倾向。这往往视具体环境而定。（在下节讨论弗里希的选择问题时，我将考虑这样一种情形，其中根据完全配置来重新定义方案的做法在某种程度上可能发挥其作用。）因此，并不令人惊讶的是，萨缪尔森（1938）等人在运用他们的选择一致性条件时，通常都将"备选方案"定义为个人选择商品篮的替换方案（独立于全体菜单以及社会其他人的配置）。这些条件以这种形式表现出来，才得以在消费者理论和一般均衡理论中发挥其优势（如参见 Samuelson，1947；Debreu，1959；Arrow and Hahn，1971）。

上述各种情况表明，有必要限制这些条件的适用范围。但是我们还得考虑另一种不同的意见，即菜单依赖性虽然存在，并在某些情形中非常重要（如"社会选择"判断），但个体选择者无须为此担忧，因为它对于其决策来说是无关的。对个体来说，菜单依赖性并不能影响最大化行为的形式，因为个体并不能选择供他选择其中方案的菜单。根据这种观点，菜单依赖性虽然是事实，但对个体的选择问题是无关的，因为个体的选择面对的总是一个给定的菜单，而不是在不同的菜单之间进行选择。

这一论点是错误的，理由有二：第一，我们确实有机会作出将影响我们未来选择（或未来菜单）的选择，而有关"对灵活性的偏好"的文献（参见 Koopmans，1964；Kreps，1979）则深入探讨了这类选择。我们并不是生活在一个只存在"一次性选择"的世界中。克雷普斯（1979，1988）精彩地分析了在未来不同菜单之间选择时所存在的对灵活性的偏好。[24]这类关怀在博弈中的策略选择中也相当重要，下面将给出这样一个例子（第 4 节）。

第二，问题不仅仅是选择者本人是否对菜单依赖性作出什么举动，而是在选择行为的研究中是否应当考虑菜单依赖性的可能性。行为科学家必须考虑一个人的选择是如何随菜单的改变而改变的，尤其是规范的二元偏好关系能否预测个人在不同菜单上的选择行为。要点在于，即使是在给定了选择集合（或菜单）S 的情况下，菜单的性质仍然会影响 S 中方案 x 的排序，这种关系对于理解和预测选择行为来说有着直接的相关性。[25]

作为偏好形式特征的菜单独立性可以定义为下面的 R^S。

菜单独立性偏好：对全集 X，存在二元关系 R^X，使得对所有 $S \subseteq X$，R^S 正好成为 R^X 在 S 上的"限制"：

$$R^S = R^X \mid S \qquad\qquad (3.4)$$

在主流效用理论和选择理论中，菜单独立性的条件是一个标准的假设（通常只是隐含的假定）。用布尔巴基学派的话来说，R^S 仅仅可以从一个总体排序 R^X 中"导出"，而 R^X 是 R^S 在 X 上的一个"扩展"（Bourbaki，1968，p. 136）。当效用函数 $U(x)$ 被定义为仅仅是顶点结果 x 的函数时，就隐含地预设了这一关系，正如许多通常的做法一样（如参见 Hicks，1939；Samuelson，1947；Debreu，1959；Arrow and Hahn，1971；Becker，1976）。[26]

下面，我将考虑基于最优化的选择函数，即根据弱偏好关系（"优于或无差异"），从菜单集合 S（为可行方案集合 X 中的任意非空子集）中的最优集合 $B(S，R)$ 中选择一个元素（即选择"最佳的"元素）。[27]

$$B(S，R) = [x \mid x \in S \text{ 且对所有 } y \in S : xRy] \qquad (3.5)$$

式（3.4）定义了菜单独立性偏好，其中偏好被视为是原始的，而在概括菜单独立性选择函数时面临着不同的分析问题。因为我们很容易地定义一个针对给定菜单 S 的选择函数 $C(S)$ 的"显示偏好关系" R_c^S。虽然显示偏好关系 R_c 的通常定义并不限制对某一特定集合 S 选择的观察结果（如参见 Samuelson，1938；Arrow，1959），但是考虑针对特定菜单 S 的显示偏好关系 R_c^S 是非常自然的。

特定菜单显示偏好：对任意 X 中的 x，y，且任意 $S \subseteq X$，

$$x R_c^S y \Longleftrightarrow [x \in C(S) \text{ 且 } y \in S] \tag{3.6}$$

显然，对于任意给定集合 S 来说，关系 R_c^S 有可能存在相当的不完备性，因为 S 中任意未被选择的两组方案并未被一一比较。我们在应用 R_c^S 时，必须对这一基本事实加以充分的注意。

现在我们可以把选择的菜单独立性定义为存在不随选择集合的变动而变动的规范的菜单独立性的 R_0，从而使得我们可以解释在任意菜单上的选择。

菜单独立性选择函数：存在一种针对 X 的二元关系 R_0，使得对任意 $S \subseteq X$，有：

$$\text{对 } S \text{ 中的所有 } x，y：x R_c^S y \text{ 蕴涵 } x R_0 y \tag{3.7.1}$$

$$C(S) = B(S, R_0) \tag{3.7.2}$$

选择的菜单独立性是如何与偏好的菜单独立性相关的呢？如果偏好仅仅定义为"显示偏好"，那么在给定式（3.7.1）和式（3.7.2）的建构形式下，这两者之间显然并不存在任何区别。但这是没有意义的，因为"显示偏好"只不过是选择本身的反映，并未给偏好的自觉运用留下任何空间。试考虑另一种情形，一个人根据潜在的菜单依赖性偏好 R^S 来有意识地作出最优选择，这样其选择函数可以表达为 $C(S) = B(S, R^S)$。这一 $C(S)$ 的选择结果并不必然符合 R^S 的菜单独立性。

无论如何，当式（3.4）中的 R^x 与式（3.7.1）和式（3.7.2）中的 R_0 的条件都得以满足时，下列关系也必将成立。假定 R^x 和 R_0 都是完备的、非循环的和自反的排序（简称 CARR）。

定理 3.1 偏好的菜单独立性蕴涵所生成的选择函数的菜单独立性，但选择函数的菜单独立性并不必然蕴涵生成该选择函数的偏好的菜单独立性。

这一命题的证明见附录。

我们还可以看到，选择函数的菜单独立性与选择函数的二元性并不存在实质性的差别。选择函数的二元性是指这样一个条件，即保证对任意集合 S 的选择 $C(S)$ 恰恰就是根据整个选择函数的显示偏好关系 R_c 从 S 中选出的最优元素（参见 Sen，1971；Herzberger，1973；Suzumura，1983）。

弱显示偏好：对 X 中的任意 x，y，有：

$$xR_c y \Longleftrightarrow \left[对某一集合 S：x \in C(S) 且 y \in S\right] \qquad (3.8)$$

选择函数的二元性：一个选择函数是二元的，当且仅当，对所有 S：

$$C(S) = B(S，R_c) \qquad (3.9)$$

现在我们可以得到一个等价的结论（证明参见附录）。

定理 3.2 一个选择函数是二元的，当且仅当它是菜单独立的。

根据已知属性，一个在有限集合 X（定义为全部非空子集）上的完备选择函数是二元的，当且仅当它满足属性 α 和属性 γ（参见 Sen，1971），我们可以得到下面这一结论。[28]

定理 3.3 一个有限集合 X 上的完备选择函数具有菜单独立的显示偏好，当且仅当它满足属性 α 和属性 γ。

事实上，二元性可以直觉地理解为菜单独立性最大化的一个条件。当然，在任意给定菜单上的选择可以简单地视为根据针对该菜单的显示偏好关系而作出的最优化。菜单独立性的意义在于表明，更大的二元关系 R_c 可以"取代"所有特定菜单的弱显示偏好关系，还可以生成整个函数或为这一函数所生成。

4. 信托责任、 规范与策略性高尚行为

　　与选择行动相关的责任存在多种形式。当一个人以信托的形式根据他人的利益而行事时，其责任尤其"沉重"。当可以避免对他人的生活进行抉择时，许多人都是抱着"多一事不如少一事"的态度。对逃避这类选择行动（影响他人生活）的偏好并不存在任何"非理性"或"古怪"的地方，但在不确定性的情况下，这种做法也可能与理性选择的标准公式相背。

　　关于信托选择角色的相关性，我们可以用反思不确定性下的理性的一个事例（Sen，1985b）来描述其一般性的观点。在一个偏僻农村，常医生的两个儿子都患病垂危，而他却只有一盒药。那盒药只能拯救其中一个，而无法同时救活两人。常医生认为，如果把药用在孩子 A 身上，救活他的概率将略微大于救活孩子 B 的概率（比如，根据通常的医药数据，救活 A 的概率为 91％，而救活 B 的概率为 90％）。如果常医生一定要把药用在其中一位身上的话，他可能会把药用在 A 身上，因为他更有可能复原。当然，他真正最希望的是根本就不用面临这样一个决定，因为这会阻止两个孩子中的一个获得生存药物。常医生可能根据某个概率机制来作出决定（概率的决定可能偏好于 A，也可能并不偏好于 A），这也许是因为他认为拒绝 B 生存的机会是不公平的或不正义的（假定 B 吃了药也具有同样的复原机会），还有可能是因为仅仅为避免"与上帝博弈"

（决定谁应生存谁应死亡）。不管怎样做，它都是一个将药给予一个而拒绝另一个的选择行动，这本来是常医生所极力避免的。

这类选择行为都不符合"必赢法则"（sure thing principle）和预期效用理论的基本框架，后者要求如果将药给 A 优于将药给 B，那么，将药给 A 就必须优于在两者中抓阄决定。[29] 避免"预期效用"公理的违背的办法是更综合地给选择下定义，将选择行动和选择过程都包括进来。比如说，通过抓阄确定把药给 A 的结果并不同于由常医生决定将药给 A 的结果。这样做虽然勉强满足了预期效用公理（没有违背它们），同时使这一理论很大程度上丧失了操作上的优点。我们也可以说，常医生仍然是在最大化其目标函数，这一函数可能对某些不受欢迎的选择类型及其相关责任具有敏感性。但是，一般性的问题仍然是如何处理决策过程中选择行动的重要性。

信托责任影响选择行为不仅仅出现在当责任来临时避免责任偏好的情形（比如常医生的事例），还有的情况是，承担了责任之后选择行为的本质也影响了行为。本讲座所纪念的学者，拉格纳·弗里希（Ragnar Frisch，1971a）曾讨论了当一个人被委托替他人行动时责任的广泛影响。[30] 他用了一个事例来说明。

假定我和妻子像通常一样共进晚餐。我们为饭后的点心准备了两块蛋糕。这两块蛋糕彼此不同，比较我们平时的用餐来说，可谓极其精美，且价格不菲。我的妻子将托盘递过来，并示意我自己取用。我该怎么做呢？如果根据我本人的总效用函数，我将会选择其中的某一块。但是我必须指出，这一内向的观察对于这一选择问题完全不相关。真正相关的问题是：我妻子会喜欢哪一块蛋糕？如果我知道答案，则问题极其简单。我会说

"谢谢"，然后取起另一块，也就是对她属于次优选择的那一块。[31]

有必要提醒注意，在这里，弗里希所概括的问题并不是一个复合的、包含对利他主义的个人效用函数的最大化问题（比如，Becker，1976）。相反，他人的福利在此成为一个独立的关怀，而且它超越并高于弗里希所称的"我本人的总效用函数"的范围。[32]

在弗里希的有趣故事里有一点尤其需要我们加以注意。假定在弗里希自己的效用函数中，蛋糕 x 优于蛋糕 y，那么他也会认为，他的妻子将会更喜欢 x，而不是 y。弗里希断定，在给定恰恰包含这两类蛋糕的集合中选择，他必定会选择 y。另外，如果有两块同类蛋糕可供选择，那么我们有理由假定弗里希将选择他所喜欢的蛋糕，即蛋糕 x，同时也留给他妻子她所喜欢的那类蛋糕 x。因此，在一个简单的蛋糕排序问题上，这类选择行为看上去似乎是菜单依赖性的，而且尤其违背了基本收缩一致性（属性 α）。

但也可以认为，此处并未真正违反菜单独立性偏好，假定其结果并非弗里希所概括的那种，而另对各自的结果进行充分考虑，尤其是他们两人的共同消费。如果弗里希从每类蛋糕只有一块的小集合中选择"喜欢的"蛋糕 x，他实际上是在为他自己选择 x 和为其妻子选择 y，而一旦集合中每类蛋糕都不止一块，当他选择 x 时，他实际上允许每个人都可以消费他们喜欢的蛋糕类型 x。

在这一更广泛的概括中，弗里希的两种选择在一个菜单独立的偏好排序中都是理性化的。原则上，前面讨论过的各种事例几乎都要在两种更宽泛的解释中作出选择：（1）个人选项的菜单依赖性选择；（2）更宽泛的结果的菜单独立性选择。即使如此，在遵从像"绝不抢占最舒适的椅子"或"绝不拿最后一个水果"（或者"绝不

利用唯一的腐败机会""绝不单独跨过警戒线")之类的行为规则
时，动机因素并不必然涉及他人的福利（正如弗里希本人的例子），
而仅仅只是遵从既定的规则或选择模式，这正是菜单依赖性的。[33]
因此，即使作出更为宽泛的定义，在前面的那些例子中，菜单依赖
性仍然并不能避免，虽然在弗里希的事例中这一宽泛的概括也还比
较贴切。

　　弗里希事例中的重要问题不是菜单依赖性，而是**选择者依赖
性**。弗里希对其选择问题的描述非常有意思地提出了一个极其显著
的信托义务所包含的责任问题。弗里希的动机可以解释为两种不同
的方式：

　　（1）最大化依附于联合结果（包括联合福利）的相关选择的
价值。

　　（2）当他对妻子所得具有信托责任时，最大化妻子的福利（但
如果他妻子拥有全部相关选项时，则最大化他本人的福利）。

　　我们可以用任意一种方式来解释弗里希的选择行为，但后者似
乎与弗里希的描述更加接近。他似乎给他妻子的利益赋予了全部的
优先性（他自己对蛋糕的喜好被视为与他所面临的"选择问题完全
不相关"）。当为他人行动的责任使得人们对他们所肩负的责任给予
了优先性时，偏好函数和选择行为的性质将反映出其他人的总和利
益，这把我们带到了"社会选择理论"上。在这方面，我们将会遇
到有关讨论社会选择理论中的规则条件（包括属性 α 和属性 γ 的适用
性与局限性）的大量文献（主要结论的批判性评价可参见 Suzumura，
1983；Sen，1986）。[34]

　　这一问题还可以用博弈论的方法进一步分析。选择的角色和行
动对选择结果的影响具有策略上的意义，参与人在选择策略时必须恰

当地考虑人们的现实选择对于其具体角色的依赖性。其结果是，人们能够通过更"高尚地"行事，并将选择权给他人，更好地实现其自我利益。这一现象可称为"策略性高尚行为"（strategic nobility）。其中的关系可以用一个简单博弈来表示，我们把它称为"弃取水果博弈"。

　　设定两人博弈，参与人分别从一个包含一个芒果和两个苹果的篮子中轮流取出一个水果（正如前面所讨论的集合 S），其中"放弃"也是一个可行的选项。参与人 1 和 2 相继选择，直至篮子被收起来。这时每个人都有了水果，或者每个人都放弃了拿水果，或者一个人取得水果后另一个人放弃。博弈如图 4-1 所示。

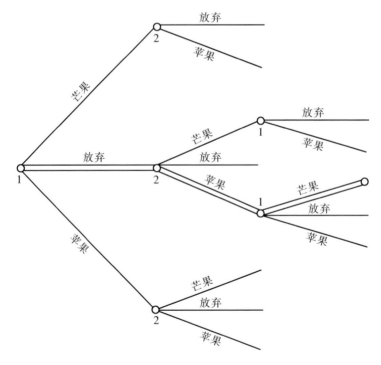

图 4-1　对规范具有共同知识的弃取水果博弈

　　假定两个参与人都认为，芒果优于苹果，但都根据选择角色行为的"规范"或"规则"行事，从而排除了取走任何水果的最后一个机会，除非其他人都已得到了水果。如果不存在这样一个规范（并不存在选择者所应特别承担的责任），参与人 1 也许就会一开始就取走唯一的芒果。但如果将这样一种责任视为参与人 1 必须遵从的社会规范的一部分，他将不允许他自己这样做。

　　如果他选择了一个苹果，那么他选择了一个次优的结果。他还能做得更好吗？如果他放弃，那么他还有另一次机会，但是，如果：（1）参与人 2 取走了芒果，或者更糟的是，（2）参与人 2 也放弃，从而结束博弈，那么这未必能起什么作用。

　　如果参与人 1 知道，参与人 2 认为随便哪种水果都要比没有任何水果好（同时也认为芒果优于苹果），那他就不会持后一种预期。前一种可能也会被排除，如果大家都知道，参与人 2 也会遵从这样的规则：不取走唯一的芒果，除非其他人都有了水果。在这种情况下，博弈完全是可以预测的，参与人 1 放弃，而参与人 2 取走苹果，最后芒果留给了参与人 1。结果如图 4－1 中的双线所示。

　　这里的策略性问题，包括规范的共同知识（common knowledge of norms），可以丰富博弈的表述，同时解释了为什么一个人希望以一种"更高尚的方式"行事（让他人选择），虽然他对于顶点结果有着自利的偏好。这种基于规范的共同知识的社会互动，包括策略性高尚行为，能够有效地嵌入博弈和策略行为的模式中。[35]

5. 最大化和最优化

　　标准选择理论中的经典最大化框架可以如式（3.5）表示为在各种可行选项中选择最佳的备选方案。[36] 最大化的一般要求不同于最优化的地方在于，当一个备选方案已知并不比其他方案差的时候（无论它是否被视为与任意其他方案同样好），最大化将这一方案视作是可选的。我们运用弱偏好关系 R 中的非对称因素（"严格优于"）P 来定义这一最大值的集合。对 S 中任意符合最大值集合 $M(S，R)$ 的元素，S 中任意其他方案都不可严格优于它：

$$M(S, R)＝[x \mid x \in S 且 y \in S: yPx 不成立] \qquad (5.1)$$

最大化与最优化这一基本的对立源自这样一种可能性，即偏好排序 R 是不完备的，也就是说，可能存在一对方案 x 和 y，使得 x 不被视为（起码，尚未被视为）至少和 y 一样好，并且 y 不被视为（起码，尚未被视为）至少和 x 一样好。[37] 我们有必要在此考虑两种不同的不完备排序：试探性不完备（tentative incompleteness），其中某几对备选方案之间还尚未排序（尽管在有更加充分的思考和信息的情况下有可能完全排序）；断定性不完备（assertive incompleteness），其中某些备选方案被断定为"不可排序的"。[38] 断定性不完备指这样一种情况，即完备性的缺失并不是暂时的，即有待于更充分的信息或更富有洞察力的审查来解决。局部排序，或者非穷尽性分割，也许仅仅是因为无法"穷尽"，承认 x 有可能无法与 y 彼此排序也许是恰如其分的做法。我将不再在此讨论这一区别，也不假定任何不完备性都必然是试探性的。[39]

这一最大值集合是如何与最优化集合相关联的呢？下面我将提出五个基本的命题。[40] 仅只包含一个元素（"单位"）的集合将不予考虑，并只将范围限定于有限集合 S（虽然完全可以直接扩展至无限集合）。在可行的偏好关系 R 上不存在任何的定义域限制，它可以是任何一种二元关系，只是假定了 R 是自反的（对任意 x，xRx），每一方案都被视作与自身一样好（并非一个严格的要求，如果由我来判断的话）。

定理 5.1 $B(S, R) \subseteq M(S, R)$，但反过来未必成立。当 $B(S, R)$ 与 $M(S, R)$ 不相等时，存在两种情形：

第 1 种情形：$B(S, R)$ 是空集，而 $M(S, R)$ 并不是空集；

第 2 种情形：$B(S, R)$ 和 $M(S, R)$ 都不是空集，使得 $[M(S, R) - B(S, R)]$ 亦非空集。

定理 5.2 对任意有限集合，$M(S, R)$ 是非空集合，当且仅当 R 是非循环的。

定理 5.3 $B(S, R) = M(S, R)$，当下面两个条件的任意一个成立时：（1）R 是完备的；（2）R 是传递的并且 $B(S, R)$ 是非空集合。

定理 5.4 任意与偏好关系 R 相关的最大化选择函数都可以通过设计一种二元关系 R^+，使得最优化选择函数等于这一最大化选择函数；也就是说，存在一种二元关系 R^+，使得对任意 S，$B(S, R^+) = M(S, R)$。

定理 5.5 并不是每一种最优化选择函数都可以通过某些最优化选择函数来导出；也就是说，对于生成一类最优集合 $B(S, R)$ 的二元关系 R，也可能并不存在二元关系 R^+，使得对所有 S：$M(S, R^+) = B(S, R)$。

我们能从这些定理中学习到什么呢？定理 5.1 指出，一个最优的方案必定也是最大化的方案，但一个最大化的方案并不必然是最好的。第 1 种情形说明，存在这样的情况，即并不存在最好的方案，但仍然可以作出最大化的选择。用一个简单的例子来说明，试令 xRy 和 yRx 都不成立，那么 $B(\{x, y\}, R) = \emptyset$，而 $M(\{x, y\}, R) = \{x, y\}$。

第 1 种情形的经典事例可以借布利丹的驴子来说明，故事说，这只驴子因在决定两堆干草 x 和 y 中的哪一堆更好时不知所措而最后饿死（z）。对布利丹的驴子的困惑有两种解释。其中较为常见，但也不那么有趣的解释是，两堆干草对它而言是无差异的，并且它没有找到任何理由来选择其中一堆而放弃另一堆。但在无差异的情况下，无论它选择其中的哪一堆，对它都不存在任何明显的损失。无论是从最大化还是最优化的角度来看，都不会陷入两难境地。另一种——也较为有趣的——解释是，驴子无法在两堆干草中排序，从而对它们具有不完备的偏好。因此，这里不存在任何最优的选择，而 x 和 y 都是最大化的选择——无法确知其中一种要比另一种差。事实上，由于对驴子来说，每一种选择都确定无疑地比饿死 z 要好，最大化的理由是很充分的。在此，最优化是不可能的，我设想了我们可以将最大化行动选择"卖出去"的两个口号：（1）最大化能够拯救你的生命；（2）只有驴子才会期望最优化。[41]

第 2 种情形更为微妙。令 $S=\{x, y, z\}$ 中，存在包含 xIy 和 yIz 的偏好排序，而且并不存在更多的排序组合（其中 I 是弱偏好关系 R 的对称因素——无差异性）。显然，$B(S, R)=\{y\}$，而 $M(S, R)=\{x, y, z\}$。然而，定理 5.1 的真正作用在于，在最优化未必有效的情况下，最大化却能够有效作出选择（第 1 种情形），此外，另一个教训是，有时最大化可以比最优化允许更广泛的选择集合（第 2 种情形）。

定理 5.2 表明了最大化的范围——尤其是只要存在弱非循环性（无须完备性或传递性），它就可以发挥作用。[42]我们应怎样进展到最优化？显然，完备性将会消除最大化与最优化之间的区别，而传递性对于最优化来说也非必需。也许更有意思的是，如果我们有了传递性——即使不存在完备性——最大化集合与最优化集合将会完全重合，只要存在最优化集合。[43] 定理 5.3 指明，对任意给定方案菜单 S，"非最优化的最大化"的现实意义涉及两种情形：

（1）完全不存在最优化方案，但仍然有最大化方案（这源自不完备性）。

（2）存在一个最优化方案，但并非每一个最大化方案都是最优的（这是由于非传递性）。[44]

前面两个结论主要讨论通过最优化来"模拟"最大化或者通过最大化来"模拟"最优化的可能性。定理 5.4 表明，对某些可以设计成"似真的"（"as if"）偏好排序 R^+，任意最大化选择 $M(S, R)$ 都可以构造成一种"似真的"最优化。[45] 当且仅当 yPx 不成立时，我们可以将不完备性转变成无差异性，尤其可令 xR^+y，这可以称之为 R 的"完备性扩展"。作为建构手段的这一方法本身也具有实质性的意义。将不完备性转换为无差异性的一个显著例子就是"帕累托扩展法则"（Pareto-extension rule）（见 Sen，1969，1970a）：当 y 并非帕累托优于 x 时，有 xRy。这种关系包含了所有的帕累托关系，同时又使帕累托不可比的备选方案成为社会无差异的。此外，在存在拟传递性的社会偏好关系的情况下（亦即，存在社会严格偏好是传递的，但并不必然是弱偏好），这一法则还满足所有阿罗（1951）不可能定理的条件。[46]

最优化的正规属性，包括"二元性"、属性 α 和属性 γ 等等，都可以根据定理 5.4，通过将初始关系 R 的完备性扩展到 R^+，应用于一般最大化（参见 Sen，1970a，1986；Suzumura，1976，1983；Moulin，1985）。这在形式上带来了许多方便，但由于 R^+ 实际上只是我们建构性想象的产物，我们不应把它解释为选择者的现实"偏好",后者仍应为 R,而不是 R^+。

定理 5.4 表明,任何最大化框架都可以通过某个恰当设计的"似真的"偏好关系 R^+ 而被视为最优化框架。反过来如何呢?这一问题似乎是多余的,因为我们知道,对一个共享的偏好关系 R 来说,最优化方案本身也就是最大化方案。但有两点使得这一问题并不那么简单。第一,也许并不存在一种二元关系 R^+,使得对任何集合 S,$B(S, R) = M(S, R^+)$,但是同一关系 R^+,对全集中的任意子集 S 却成立。[47] 这里我们再次回到菜单依赖性:可能并不存在一种菜单依赖的"似真的"偏好 R^+ 可以模拟现实偏好 R 的最大化集合。第二,对任意给定菜单集合 S 和所有可能的设计的排序 R^+(无论是什么内容),最优化集合也许整体来看太小以至于无法恰恰匹配最大化集合。考虑一对"未连通的"二元组 $\{x, y\}$,既不存在 xRy,也不存在 yRx。因此,$B(\{x, y\}, R)$ 必然是空集。我们无法构造任意 R^+,使得 $M(\{x, y\}, R^+)$ 也为空集,因为当且仅当 xP^+y 和 yP^+x 都成立时,它才可能为空集。而这种情形在逻辑上是不可能的,因为根据定义,P^+ 是 R^+ 的不对称因子。[48]

由于这些结论都与菜单独立性偏好相关,我们理所当然会追问,从前面的讨论(尤其是第 3 节)来看,这些结论是否也与菜单依赖性偏好相关。答案基本上是肯定的,正如定理 5.6 所指明的那样,但是这一扩展结论的形式描述(及其证明)放在附录中。

定理 5.6 即使存在菜单依赖性偏好,定理 5.1～定理 5.5 对任意集合 S 也单独成立,同时 S 上的弱二元偏好关系 R^S 也成立,并且除了定理 5.5 之外,其他定理对每个可能的集合 S(除了单位集合之外)上的 R^S 都成立。

定理 5.1～定理 5.6 的这组结论指明了最大化选择与最优化选

择的关系。最大化具有更宽广的范围，两者的差别都是实质性的，而无论最优化集合是不是空集。最大化可以通过"似真的"最优化来模拟这一事实并未减小从最优化扩展到最大化的重要意义，因为 R 和 R^+ 可能有着完全不同的内容，从 R 到 R^+，最优化内容的解释已经发生改变。事实上，带有构造的偏好关系 R^+ 的似真最优化只是"映像"了非最优化最大化的结论。[49]当然，这一映像的可能性意味着转向最大化——不再严格坚持给定偏好关系 R 上的最优选择——对那些固执地坚守最优形式要求的人来说仍然是有益的。如果将"理性选择"视为最大化（而不是最优化），那么关注的焦点将是理性的但局部未确定的个人选择行动（见第 1 节的讨论），这是一组极其重要的、有助于分析的异同关系。

我们可以借用赫伯特·西蒙所提出来的重要且影响广泛的概念"满意"来说明这一点，这一概念通常被视为非最大化行为概念。这一概念是西蒙诸多贡献中的一个，它与他的另一个重要的概念"有限理性"相关。[50]举例来说，一个商人也许会努力实现一个满意的利润水平（比如 100 万美元），他很愿意接受一个相当高的利润水平，同时这又不必非得是最高可能的利润水平（比如说，在给定他的信息、计算能力的限制后，他对 100 万美元和 101 万美元的利润都十分满意）。[51]

"满意对最大化"的讨论往往被那一将最大化等同于最优化的观点所误导。商人愿意接受 100 万美元的利润，而不必继续思考将 100 万美元利润提高到 101 万美元的可能性。这里他把两者都视作是可以接受的，但是并不必一定把两者视为"同样好"。以 x 表示前者，y 表示后者，从他的效用函数来看，商人 i 也许将 y 置于 x 之上。另外，在给定他的其他重要事项、时间限制和影响其选择的组织因素之后，他会很乐意接受 x 和 y 中的任何一个。这也就是说，根据他的目标（有可能是初步目标），x 既不优于 y，y 也不优于 x。同时这里也不存在任何将两者视为"同样好"的决定——他仅仅只是准备接受两者中的任何一个。因此，他的目标函数（与他的福利函数相对）存在着"试探性不完备"，从他的操作目标来看，x 和 y 都可以视作是"最大化的"。

如此解释，满意行为完全对应于最大化行为。但是它并不等同于最优化（无论是福利函数、目标函数还是利润的最大化）。这只是一个本文探讨的最大化行为的一般性框架的例子。西蒙对"满意"的精辟论述不可视为反最大化的论证。那么"满意"能否也视作"似真的"最优化？根据定理 5.4，通过完备性扩展 R^+，一个最大化行为在形式上可以视为"似真的"最优化。但如前所述，当两者一一对应的时候，"似真的"偏好的形式表述在解释的意义上是完全不同的。因此，满意与最优化之间的实质性的差距仍然不可忽视（在纯粹形式上两者已经相差无几了），而满意与最大化之间，无论是在形式上还是实质上，都不存在任何区别。

6. 偏好与自我约束

至此，我们已经讨论了选择过程，尤其是菜单的影响，这一影响过程主要是通过两种方式：（1）偏好排序（将对选择行动的关怀嵌入偏好排序中）；（2）自我施加的选择约束，从可行的行动中排除了某些选择（"弃取水果博弈"表述了这一方法）。这两者自然在形式上并不等价，因此有必要考虑它们是如何相关联的。我们还必须检验作为行为"规范"或选择"规则"的自我约束（self-imposed constraints）的性质。

　　禁止追求某些特殊目标的行为惯例具有很长的历史。正如亚当·斯密（1790）所注意到的，我们的选择行为往往反映了"为避免"某类具体行动而制定的"一般规则"（p. 159）。为形式化地表述这一结论，可以考虑一个不同于选择最大化元素的结构，其中选择者根据综合性的偏好排序（尤其需置入选择行动的重要意义），从给定的可行集合 S（外在给定的约束）中作出选择。选择者首先通过设定一个反映自我约束的"容许"子集 $K(S)$ 来限制自己的选择，然后从 $K(S)$ 中寻求最大的元素 $M(K(S)，R)$。"容许函数"（permissibility function）K 定义为每一选项集合（或菜单）S 上的容许子集 $K(S)$。

　　与那种将各种关怀完全嵌入偏好排序中的做法相比，这种使用容许函数的方法又有什么不同呢？两者的区别在形式上要比实质上更容易处理。令一个人对全集 X 具有偏好 R，我把这一偏好 R 视作是菜单独立的，但如果偏好是菜单依赖性的，那么这下面的论证就显然成立。当从一个具体的菜单 S（外在给定的限度，而不是自我约束）中选择时，此人根据 R 从 S 中选择出最大化元素 $M(S，R)$。自我约束的作用在于，他有意地将自己的选择限于容许集合 $K(S)$ 中，根据 R 从 $K(S)$ 而不是 S 中选择最大化元素。

$$C(S)=M(K(S)，R) \tag{6.1}$$

　　此处的自我选择约束能否也表述为具有"似真"偏好关系 R_* 的最大化呢？正如下面结论所表明的，这一问题的答案需视菜单依赖性而定（证明见附录）。

　　定理 6.1　*对任意容许函数 K 和任何集合 S，存在一种"似真"偏好 R_*^S，使得：*

$$M(S，R_*^S)=M(K(S)，R)=C(S) \tag{6.2}$$

定理 6.2 对任意反思性偏好关系 R，存在一种容许函数 K，使得并不存在一种菜单独立性偏好 R_* 可以导出

$$\text{对所有 } S, \quad M(S, R_*) = M(K(S), R) \tag{6.3}$$

很明显，在"似真"偏好"模拟"自我选择约束的过程中，R_*^S 中的标号 S 对于这一过程来说是不可或缺的（一个菜单独立的"似真"偏好无法做到这一点）。因此，自我约束 $K(S)$ 与基于菜单依赖性偏好的最大化具有密切的形式对应。由此，前几节所讨论的菜单依赖性的各种情形可以解释为：（1）菜单依赖性偏好 R^S（带有或不带有自我约束）；（2）自我选择约束 $K(S)$（带有或不带有菜单依赖性的基本偏好）。

尽管自我施加的选择约束与菜单依赖性偏好在形式上同构，但它们具有完全不同的实质含义。似真偏好 R_*^S 仅仅只是一种虚构出来的概念，并不具备任何偏好意义上的直觉合理性。一个道德上严格的选择约束将会导致这样一个结果，即此人根本上就不"希望"，而只是仅仅模拟其自我约束的作用。

举例来说，最近对许多日本工人极端努力工作的倾向有大量的讨论，过劳死（karoshi，意为死于过度工作）这一概念也引起人们的注意（比如 Morishima，1995）。履行"义务"以至于到了损害自己健康的地步（无论是否真的"致死"），这很容易解释为这些不幸的工人所履行义务的结果，而不会解释为他们实际上所"偏好"的结果。在这方面社会心理学大有用武之地。似真偏好在形式上看是无懈可击的，但对这一现象的心理学解释还要求有比形式等价物更多的东西。

这一问题很接近亚当·斯密的一般观点，他认为，许多行为规律可以通过理解人们对行动的态度，而不是对最后结果的估价来解

释。[52]与此类似，伊曼纽尔·康德在社会伦理学中对行动的一系列限制给予了高度的重视，认为它们构成了他视之为"绝对命令"的组成部分。他在《道德形而上学原理》中指出："存在……一种绝对命令，即只需根据箴言行事，你就可以同时指望它成为一种普遍法则"（引自 Abbott，1889，p. 38）。这一对康德推理至关重要的命令形式就是个人对自己如何行动施加某些约束。[53]

　　斯密和康德的推理是规范性的，而不是描述性的，但两人的分析极其接近，因为他们都认为，人类的实际行为部分地基于规范。[54]他们的行为分析包括基于 $K(S)$ 的实际选择过程，而不仅仅是"考虑所有因素之后的"大选择排序 R^S。斯密或康德关于自我施加的"行动约束"的力量并未受定理 6.1 给出的形式等价物的影响，因为虚构的 R^S_* 的作用完全只是表象的。

7. 结束语

　　本文考察了最大化行为中选择行动的作用，这一最大化行为应区别于不含最大化者意志的最大化，如物理学的标准模型（第 1节）。选择过程是一种重要的因素（第 3、4、6 节），当备选方案并未充分排序并且相互冲突的考虑尚未完全解决的时候，选择的必要性也很关键（第 5 节）。文中的分析表明，最大化框架可以恰当地容纳这两个问题，只要将它作出相应的调整。

　　下面简要地叙述本文的一些结论。第一，包含意志的选择的一个特征是，选择行动有可能是在各种判断的实质性不完备的情况下作出的（源于工具性或价值性的理由）。这种情形在经济学中的标准框架看来十分棘手，但我们可以很方便地把它系统地置入针对这类不完备性的最大化行为的一般框架中，并研究它不同于最优化的

规律性特征（第 5 节）。对最大化和最优化之间关系的探讨（定理
5.1～定理 5.6 的概括）表明两者是如何相关的，其差距又在哪里。
通过"似真"偏好的运用，从某个角度来看（从最大化至最优化，
反之则不可），最大化行为和最优化行为在形式上相当接近，但两
者实质上的差别仍然不可抹杀。除了最大化具有更为广泛的范围之
外，方向上的不对称也为将最大化视为理性选择函数的基石的观点
提供了进一步支持。

　　西蒙关于"满意"行为的观点与他的另一个重要概念"有限理
性"相关。我们可把满意置入一般性的最大化框架之中，从而消弭
满意与最大化之间的紧张关系（但与最优化的紧张关系仍然存在，
除非运用"似真"偏好的形式手段）。

　　第二，选择过程——尤其是选择行动——对选择的内容具有实
质性的影响。这种影响具有各种不同的复杂和奥妙的形式（第 2～4
节和第 6 节），其中尤其有必要注意偏好的（1）选择者依赖性和
（2）菜单依赖性，甚至从具体个人的观点来看也不可忽视这两者。
个人 i 的参数偏好关系 $R_i^{j,S}$ 可以对同一组元素 x 和 y 以不同的方式
排序，其依据是谁（j）作出选择（当 i 本人选择时：$i=j$）和从中
选择 x 或 y 的菜单 S（第 3 节）。它对理解理性选择和最大化行为
的本质尤其具有分析意义（它放宽了人们常用的忽视这些参数变量
的"一致性条件"）。它对解释经济、政治和社会事务——从工作纪
律、经济腐败至社会规范和投票行为的各种现象——中的行为规律
也具有现实意义（第 2～4 节和第 6 节）

　　第三，我们必须在偏好的菜单独立性与选择函数的菜单独立性
之间作出区别，因为一般来说，在偏好关系和选择函数之间并不存
在一一对应关系。偏好的菜单独立性蕴涵一般选择函数的独立性，

而一个选择函数的菜单独立性并不必然要求生成该函数的偏好的菜单独立性，如定理 3.1 所示。文中还辨析了二元性与菜单独立性之间的关联，事实上我们可以很方便地将选择的二元性视为菜单独立性的一个条件（第 3 节）。

第四，选择行动的作用在为他人决策时尤其显著。拉格纳·弗里希曾强调指出，为他人决策是制定经济政策的特征之一。基于选择行动而产生的信托责任要求对选择理论的标准公理进行重新概括。正如第 4 节的"弃取水果博弈"所表明的那样，博弈论和策略性关怀在解释这些现象时大有用武之地。一般性的行为规范以及尤其是参与人对规范的共同知识，对于策略性行动（包括"策略性高尚行为"）及其相应博弈结果有着重要的影响。

最后，对他人承担的责任和义务也可能采取自我选择约束的形式（如伊曼纽尔·康德和亚当·斯密所论），而不是将二元形式嵌入反思性的偏好。这里并不存在大的技术性的差异，除非我们坚持认为偏好是菜单独立性的（传统偏好和选择理论中的标准假设）。我们可以轻而易举地用菜单依赖性中虚构的"似真"二元偏好的形式来表达自我选择约束（定理 6.1），但一般无法用菜单独立性下的"似真"偏好来做到这一点（定理 6.2）。无论如何，若是忽略形式上的表达，各种选择行动的实际差异对于经济、政治和社会行为的实质内容以及选择的心理学来说极其重要。

附　录

本附录将证明文中没有证明的结论。

定理 3.1　偏好的菜单独立性蕴涵所生成的选择函数的菜单独立性，但选择函数的菜单独立性并不必然蕴涵生成该选择函数的偏好的菜单独立性。

证明：设菜单独立性偏好 R^X 对任意集合 S "导出"（布尔巴基学派的术语）R^S。可以立即得出，对 $R_0 = R^X$，式（3.7.1）和式（3.7.2）成立，选择函数就是菜单独立性的。[55]

为检验相反情况不成立，假定存在一个菜单独立性选择函数，我们从中得出一个二元关系 R_0，如果它是偏好关系，就有可能是菜单独立的。但也有可能一个菜单依赖性的反思性偏好关系 R^S 生成与菜单独立性二元关系 R_0 一模一样的选择函数。一个简单的事例就可以证明。试考虑在 $T = \{x, y, z\}$ 及其子集上定义的确定的菜单依赖性反思性偏好关系 R^S，使得下式成立：$x I^{\{x, y\}} y$；$y P^{\{y, z\}} z$；$z P^{\{x, z\}} x$；$y P^T x$；$y P^T z$。根据这一反思性偏好关系的最大化将导致如下选择：$C(\{x, y\}) = \{x, y\}$；$C(\{y, z\}) = \{y\}$；$C(\{x, z\}) = \{z\}$；$C(T) = \{y\}$。这是一个菜单独立性的选择函数，它对应于 $x I_0 y$、$y P_0 z$、$z P_0 x$ 中的完备非循环性反思性偏好关系 R_0。当然，这里的 R_0 只是针对这一函数的萨缪尔森的"显示偏好"关系（虽然它违反了萨缪尔森的"弱显示偏好公理"）。但是菜单独立性 R_0 与菜单依赖性 R^S 两者并不相同（即使两者都生成了同一个选择函数）。因此，菜单独立性选择函数 $C(S, R^S)$ 也可能由一个菜单依赖性偏好关系 R^S 生成。[56]

定理 3.2 一个选择函数是二元的，当且仅当它是菜单独立的。

证明：令显示偏好关系 $R_C = R_0$，选择的二元性可以直接从式（3.7.2）得出。来看相反情形。由式（3.7.2）可得 $R_C = R_0$。由于 $x R_C^S y$ 蕴涵 $x R_C y$，根据 $R_C = R_0$，可知它还蕴涵 $x R_0 y$。式（3.7.1）成立。

本文并未提供定理 5.1～定理 5.5 的分析性的论证，它们在形式上的证明是对森（1970a，1971）和铃村（1976，1983）的扩展。而定理 5.6 则尚未证明。

定理 5.6 即使存在菜单依赖性偏好，定理 5.1～定理 5.5 对任意集合 S 也单独成立，同时 S 上的弱二元偏好关系 R^S 也成立，并且除了定理 5.5 之外，其他定理对每个可能的集合 S（除了单位集合之外）上的 R^S 都成立。

定理 5.1～定理 5.3 的扩展证明非常简单，因为它们只是与一次性的任意集合 S 及定义在 S 上的排序 R 相关。定理 5.6 对任意给定集合 S 的限制事实上是一个比定理 5.4 更弱的结论。它表示，对带有偏好关系 R 的任何最大化选择函数，都存在一个带有虚构的二元关系 R^+ 的最优化选择函数，使得对 X 的任意子集 S，$B(S, R^+)=M(S, R)$ 成立。那么很显然，对任意给定的 S，这种 R^+ 必定存在。

这样，我们事实上在扩展对任意给定的 S 的不可能性结论（定理 5.5）。由于定理 5.5 的证明是在二元数组 $S=\{x, y\}$ 中讨论 $B(S, R)$ 和 $M(S, R^+)$，而不必涉及 S 的任意子集中的选择，定理 5.6 的证明也将如此。可如此检验：若既不存在 $xR^S y$ 也不存在 $yR^S x$，那么 $B(S, R^S)$ 必定为空集，而 $M(S, R^+)$ 不是空集。

定理 6.1 对任意容许函数 K 和任意集合 S，存在一种"似真"偏好 R_*^S，使得：

$$M(S, R_*^S)=M(K(S), R)=C(S) \tag{6.2}$$

证明：可以通过下列命题直接证明。

（1）对所有 $x \in K(S)$ 且所有 $y \in [S-K(S)]$：$x R_*^S y$；

（2）对所有 $x, y \in K(S)$：$x R_*^S y \Leftrightarrow x R y$。

根据 R_*^S，$[S-K(S)]$ 中的元素可以彼此任意排序。很显然，在给定式（6.1）的情况下，这一形式可以导出式（6.2）的结论。[57]

定理 6.2 对任意反思性偏好关系 R，存在一种容许函数 K，使得并不存在一种菜单独立性偏好 R_* 可以导出

$$\text{对所有 } S，M(S，R_*) = M(K(S)，R) \qquad (6.3)$$

证明：设想一个容许函数 K，使得 $K(\{x，y，z\}) = \{y\}$，并且 $K(\{y，z\}) = \{z\}$。如果与假设相反，存在这样一种偏好 R_*，那么我们就需要 $zP_* y$，从而保证 $M(\{y，z\}，R_*) = M(K(\{y，z\})，R) = \{z\}$。而这与 $M(\{x，y，z\}，R_*) = M(K(\{x，y，z\})，R) = \{y\}$ 相矛盾。[58]

参考文献

Abbott, Thomas Kingmill (1889): *Kant's Critique of Practical Reason and Other Works on the Theory of Ethics*. London: Longmans.

Aizerman, Mark A., and Fuad T. Aleskerov (1995): *Theory of Choice*. Amsterdam: North-Holland.

Aizerman, Mark A., and A. V. Malishevski (1981): "General Theory of Best Variants Choice: Some Aspects," *IEEE Trans Automatic Control*, AC-26, 1030 – 1040.

Akerlof George, and Janet Yellen (1985): "Can Small Deviations from Rationality Make Significant Differences to Economic Equilibria?" *American Economic Review*, 75, 708 – 720.

Anand, Paul (1993): *Foundations of Rational Choice under Risk*. Oxford: Clarendon Press.

Anderson, Elizabeth (1993): *Value in Ethics and Economics*. Cambridge, MA: Harvard University Press.

Aoki, Masahiko (1989): *Information, Incentive and Bargaining in the Japanese Economy*. Cambridge: Cambridge University Press.

Arrow, Kenneth J. (1951): *Social Choice and Individual Values*. New York: Wiley.

—— (1959): "Rational Choice Functions and Orderings," *Economica*, 26, 121 - 127.

—— (1995): "A Note on Freedom and Flexibility," in Basu, Pattanaik, and Suzumura (1995).

Arrow, Kenneth J., and Frank H. Hahn (1971): *General Competitive Analysis*. San Francisco: Holden-Day; republished, Amsterdam: North-Holland, 1979.

Axelrod, Robert (1984): *The Evolution of Cooperation*. New York: Basic Books.

Baigent, Nick (1994): "Norms, Choice and Preferences," Mimeographed, Institute of Public Economics, University of Graz, Research Memorandum 9306.

—— (1995): "Behind the Veil of Preference," *Japanese Economic Review*, 46, 88 - 101.

Baigent, Nick, and Wulf Gaertner (1996): "Never Choose the Uniquely Largest: A Characterization," *Economic Theory*, 8, 239 - 249.

Banerjee, Abhijit (1992): "A Simple Model of Herd Behavior," *Quarterly Journal of Economics*, 107, 797 - 817.

Banerjee, Asis, and Prasanta Pattanaik (1995): "A Note on a Property of Maximal Sets and Choice in the Absence of Universal Comparability," Mimeographed, University of California. Riverside.

Basu, Kaushik (1980): *Revealed Preference of Government*. Cambridge: Cambridge University Press.

—— (1983): "Cardinal Utility, Utilitarianism and a Class of Invariance

Axioms in Welfare Analysis," *Journal of Mathematical Economics*, 12, 193 - 206.

Basu, Kaushik, Prasanta Pattanaik, and Kotaro Suzumura, Eds. (1995): *Choice, Welfare and Development*. Oxford: Clarendon Press.

Becker, Gary (1976): *The Economic Approach to Human Behaviour*. Chicago: University of Chicago Press.

Binmore, Ken (1994): *Playing Fair*. Cambridge, MA: MIT Press.

Bjerkholt, Loav (1994): "Ragnar Frisch: The Originator of *Econometrics*," Mimeographed.

Blackorby, Charles (1975): "Degrees of Cardinality and Aggregate Partial Orderings," *Econometrica*, 43, 845 - 852.

Blair, Douglas, and Robert Pollak (1982): "Acyclic Collective Choice Rules," *Econometrica*, 50, 931 - 944.

Blair, Douglas, Georges Bordes, Jerry S. Kelly, and Kotaro Suzumura (1976): "Impossibility Theorems without Collective Rationality," *Journal of Economic Theory*, 13, 361 - 379.

Blau, Julian H. , and Donald J. Brown (1989): "The Structure of Neutral Monotonic Social Functions," *Social Choice and Welfare*, 6, 51 - 61.

Blau, Julian H. , and Rajat Deb (1977): "Social Decision Functions and Veto," *Econometrica*, 45, 871 - 879.

Bourbaki, N. (1939): *Élements de Mathématique*. Paris: Hermann.

_____ (1968): *Theory of Sets*, English translation. Reading, MA: Addison-Wesley.

Brown, Donald J. (1974): "An Approximate Solution to Arrow's Problem," *Journal of Economic Theory*, 9, 375 - 383.

Buchanan, James M. (1954): "Social Choice, Democracy and Free Markets," *Journal of Political Economy*, 62, 114 - 123.

Camera Dei Deputati, Roma (1993): *Economica e Criminalità*, the report of the Italian Parliament's AntiMafia Commission, chaired by Luciano Violante. Roma: Camera dei deputati.

Chipman, John S. , Leonid Hurwicz, M. K. Richter, and Hugo S. Sonnenschein (1971): *Preference, Utility and Demand*. New York: Harcourt.

Cohen, G. A. (1990): "Equality of What? On Welfare, Goods and Capabilities," *Recherches Economiques de Louvian*, 56, 357 - 382.

Deb, Rajat (1983): "Binariness and Rational Choice," *Mathematical Social Sciences*, 5, 97 - 106.

Debreu, Gerard (1959): *The Theory of Value*. New York: Wiley.

Dore, Ronald (1987): *Taking Japan Seriously: A Confucian Perspective on Leading Economic Issues*. Stanford: Stanford University Press.

Elster, Jon, Ed. (1986): *Rational Choice*. Oxford: Blackwell.

Fine, Ben J. (1975): "A Note on 'Interpersonal Comparison and Partial Comparability'," *Econometrica*, 43, 173 - 174.

Fishburn, Peter C. (1973): *The Theory of Social Choice*. Princeton: Princeton University Press.

Foster, James (1993): "Notes on Effective Freedom," mimeographed.

Frank, Robert (1988): *Passions within Reason*. New York: Norton.

Frey, Bruno (1992): "Tertium Datur: Pricing, Regulating and Intrinsic Motivation," *Kyklos*, 45, 161 - 184.

Frisch, Ragnar (1971a): "Cooperation between Politicians and Econometricians on the Formalization of Political Preferences," The Federation of Swedish Industries; reprinted in *Economic Planning Studies*, by Ragnar Frisch. Dordrecht: Reidel.

_____ (1971b): "Sommerbeid Mellom Politikere og Okonometrikere on Formuleringen av Politiske Preferenser," *Socialokonomen*, 25, 3 - 11.

Fudenberg, Drew, and Eric Maskin (1986): "The Folk Theorem in Repeated Games with Discounting or with Incomplete Information," *Econometrica*, 54, 533 – 554.

_____ (1990): "Nash and Perfect Equilibria of Discounted Repeated Games," *Journal of Economic Theory*, 51, 194 – 206.

Fudenberg, Drew, and Jean Tirole (1992): *Game Theory*. Cambridge, MA: MIT Press.

Gaertner, Wulf, and Yongsheng Xu (1995): "On Rationalizability of Choice Functions: A Characterization of the Median," mimeographed, Harvard University.

Gaertner, Wulf Prasanta Pattanaik, and Kotaro Suzumura (1992): "Individual Rights Revisited," *Economica*, 59, 161 – 178.

Gärdenfors, Peter (1981): "Rights, Games and Social Choice," *Nous*, 15, 341 – 356.

Hahn, Frank, and Martin Hollis, Eds. (1979): *Philosophy and Economic Theory*. Oxford: Oxford University Press.

Hammond, Peter J. (1985): "Welfare Economics," in *Issues in Contemporary Microeconomics and Welfare*, ed. by G. Feiwel. Albany, NY: SUNY Press, 405 – 434.

_____ (1986): "Consequentialist Social Norms for Public Decisions," in *Social Choice and Public Decision-Making*, Vol. 1, *Essays in Honor of Kenneth J. Arrow*, ed. by Walter P. Heller, Ross M. Starr, and David A. Starrett. Cambridge: Cambridge University Press, 3 – 27.

Hansson, Bengt (1968a): "Fundamental Axioms for Preference Relations," *Synthese*, 18, 423 – 442.

_____ (1968b): "Choice Structures and Preference Relations," *Synthese*, 18, 443 – 458.

Harsanyi, John C. (1976): *Essays on Ethics, Social Behavior, and Sci-*

entific Explanation. Dordrecht. Reidel.

Heap, Shaun Hargreaves, Martin Hollis, Bruce Lyons, Robert Sugden, and Albert Weale (1992): *The Theory of Choice: A Critical Guide*. Oxford: Blackwell.

Herman, Barbara (1990): *Morality as Rationality: A Study of Kant's Ethics*. New York: Garland Publishing.

Herzberger, Hans G. (1973): "Ordinal Preference and Rational Choice," *Econometrica*, 41, 187 – 237.

Hicks, John R. (1939): *Value and Capital*. Oxford: Clarendon Press.

Houthakker, H. S. (1950): "Revealed Preference and Utility Function," *Economica*, 17, 159 – 174.

Ikegami, Eiko (1995). *The Taming of the Samurai: Honorific Individualism and the Making of Modern Japan*. Cambridge, MA: Harvard University Press.

Johansen, Leif (1977) : "The Theory of Public Goods: Misplaced Emphasis," *Journal of Public Economics*, 7, 147 – 152.

Kahneman, Daniel, and Amos Tversky (1984): "Choices, Values and Frames," *American Psychologist*, 39, 341 – 350.

Kanger, Stig (1975): "Choice Based on Preference," Mimeographed, University of Uppsala.

Kant, Immanuel (1788): *Critique of Practical Reason*, translated by L. W. Beck. New York: Bobbs-Merrill, 1956.

Kelsey, David (1984): "Acyclic Choice without the Pareto Principle," *Review of Economic Studies*, 51, 693 – 699.

Kolm, Serge (1994): "Rational Normative Economics vs. 'Social Welfare' and Social Choice," *European Economic Review*, 38, 721 – 730.

Koopmans, Tjalling C. (1964): "On Flexibility of Future Preference," in

Human Judgments and Optimality, ed. by M. W. Shelley and G. L. Bryans. New York: Wiley.

Kreps, David (1979): "A Representation Theorem for 'Preference for Flexibility'," *Econometrica*, 47, 565 - 578.

_____ (1988): *Notes on the Theory of Choice*. Boulder: Westview Press.

Kreps, David, and Robert Wilson (1982): "Reputation and Imperfect Information," *Journal of Economic Theory*, 27, 253 - 279.

Kreps, David, Paul Milgrom, John Roberts, and Robert Wilson (1982): "Rational Cooperation in Finitely Repeated Prisoner's Dilemma," *Journal of Economic Theory*, 27, 245 - 252.

Laden, Anthony (1991): "Games, Fairness, and Rawls's 'A Theory of Justice'," *Philosophy and Public Affairs*, 20, 189 - 222.

Levi, Isaac (1980): *The Enterprise of Knowledge*. Cambridge, MA: MIT Press.

_____ (1986): *Hard Choices: Decision Making under Unresolved Conflict*. Cambridge: Cambridge University Press.

Lewin, Shira (1996): "Economics and Psychology: Lessons for Our Own Day from the Early Twentieth Century," *Journal of Economic Literature*, 34, 1293 - 1322.

Luce, B. Duncan, and Howard Raiffa (1957): *Games and Decisions*. New York: Wiley.

Machina, Mark (1981): "'Rational' Decision Making vs. 'Rational' Decision Modelling," *Journal of Mathematical Psychology*, 24, 163 - 175.

Mansbridge, Jane J., Ed. (1990): *Beyond Self-interest*. Chicago: University of Chicago Press.

Morishima, Michio (1982): *Why Has Japan "Succeeded"? Western Technology and Japanese Ethos*. Cambridge: Cambridge University Press.

_____ (1995): "Foreword: Yasuma Takata (1883－1971)," in *Power Theory of Economics*, by Yasuma Takata, translated by Douglas W. Anthony. London: St. Martin's Press.

Moulin, Hervé (1985): "Choice Functions over a Finite Set: A Summary," *Social Choice and Welfare*, 2, 147－160.

_____ (1995): *Cooperative Microeconomics*. Princeton: Princeton University Press.

Nagel, Thomas (1970): *The Possibility of Altruism*. Oxford: Clarendon Press.

Nozick, Robert (1974): *Anarchy, State and Utopia*. New York: Basic Books.

Nussbaum, Martha, and Amartya Sen, Eds. (1993): *The Quality of Life*. Oxford: Clarendon Press.

Parks, Robert P. (1976): "Further Results of Path Independence, Quasi-transitivity and Social Choice," *Public Choice*, 26, 75－87.

Pattanaik, Prasanta K. (1971): *Voting and Collective Choice*. Cambridge: Cambridge University Press.

Pattanaik, Prasanta K. , and Maurice Salles, Eds. (1983): *Social Choice and Welfare*. Amsterdam: North-Holland.

Pattanaik, Prasanta K. , and Yongsheng Xu (1990): "On Ranking Opportunity Sets in Terms of Freedom of Choice," *Recherches Economiques de Louvian*, 56, 383－390.

Plott, Charles R. (1973): "Path Independence, Rationality and Social Choice," *Econometrica*, 41, 1075－1091.

Puppe, Clemens (1996): "An Axiomatic Approach to 'Preference for Freedom of Choice'," *Journal of Economic Theory*, 68, 174－199.

Putnam, Hilary (1996): "Über die Rationalität von Präferenzen," *Allge-*

meine Zeitschrift für Philosophie, 21, 204 - 228.

Rawls, John (1971): *A Theory of Justice.* Cambridge, MA: Harvard University Press.

Roemer, John (1982): *A General Theory of Exploitation and Class.* Cambridge, MA: Harvard University Press.

―――― (1996): *Theories of Distributive Justice.* Cambridge, MA: Harvard University Press.

Sacco, Pier Luigi, and Stefano Zamagni (1993): "An Evolutionary Dynamic Approach to Altruism," Mimeographed, University of Florence and University of Bologna.

Samuelson, Paul A. (1938): "A Note on the Pure Theory of Consumers' Behaviour," *Economica*, 5, 61 - 71.

―――― (1947): *Foundations of Economic Analysis.* Cambridge, MA: Harvard University Press.

Scanlon, Thomas M. (1982): "Contractualism and Utilitarianism," in *Utilitarianism and Beyond*, ed. by Amartya Sen and Bernard Williams. Cambridge: Cambridge University Press.

Schokkaert, Erik, and Luc van Ootegem (1990): "Sen's Concept of the Living Standard Applied to the Belgian Unemployed," *Recherches Economiques de Louvian*, 56, 429 - 450.

Schwartz, Thomas (1986): *The Logic of Collective Choice.* New York: Columbia University Press

Scitovsky, Tibor (1986): *Human Desire and Economic Satisfaction.* Brighton: Wheatsheaf Books.

Sen, Amartya K. (1969): "Quasi-transitivity, Rational Choice and Collective Decisions," *Review of Economic Studies*, 36, 381 - 393.

―――― (1970a): *Collective Choice and Social Welfare.* San Francisco:

Holden-Day; republished，Amsterdam： North-Holland，1979.

＿＿ （1970b）：“Interpersonal Comparison and Partial Comparability，” *Econometrica*，38，393－409，and “A Correction，” *Econometrica*，40，959；reprinted in Sen （1982a）.

＿＿ （1971）：“Choice Functions and Revealed Preference，” *Review of Economic Studies*，38，307－317，reprinted in Sen （1982a）.

＿＿ （1973a）：*On Economic Inequality.* Oxford： Clarendon Press，enlarged edition，1996.

＿＿ （1973b）：“Behaviour and the Concept of Preference，” *Economica*，40，241－259；reprinted in Sen （1982a）.

＿＿ （1977a）：“Social Choice Theory： A Re-examination，” *Econometrica*，45，53－89；reprinted in Sen （1982a）.

＿＿ （1977b）：“Rational Fools： A Critique of the Behavioural Foundations of Economic Theory，” *Philosophy and Public Affairs*，6，317－344；reprinted in Sen （1982a）.

＿＿ （1982a）：*Choice，Welfare and Measurement.* Oxford： Blackwell；Cambridge，MA： MIT Press.

＿＿ （1982b）：“Rights and Agency，” *Philosophy and Public Affairs*，11，113－132.

＿＿ （1983）：“Liberty and Social Choice，” *Journal of Philosophy*，80，5－28.

＿＿ （1985a）：*Commodities and Capabilities.* Amsterdam： North-Holland.

＿＿ （1985b）：“Rationality and Uncertainty，” *Theory and Decision*，18，109－127.

＿＿ （1986）：“Social Choice Theory，” in *Handbook of Mathematical Economics*，Vol. Ⅲ，ed. by Kenneth J. Arrow and Michael D. Intriligator. Amsterdam: North-Holland.

_____ (1987): *On Ethics and Economics*. Oxford: Blackwell.

_____ (1991): "Welfare, Preference and Freedom," *Journal of Econometrics*, 50, 15 – 29.

_____ (1992a): *Inequality Reexamined*. Oxford: Clarendon Press, Cambridge, MA: Harvard University Press.

_____ (1992b): "Minimal Liberty," *Economica*, 59, 139 – 159.

_____ (1993): "Internal Consistency of Choice," *Econometrica*, 61, 495 – 521.

_____ (1995a) : "Rationality and Social Choice," *American Economic Review*, 85, 1 – 24.

_____ (1995b): "Environmental Evaluation and Social Choice: Contingent Valuation and the Market Analogy," *Japanese Economic Review*, 46, 23 – 36.

_____ (1996): "Justice and Assertive Incompleteness," Mimeographed, Harvard University.

Simon, Herbert A. (1957): *Models of Man*. New York: Wiley.

_____ (1982): *Models of Bounded Rationality*, Vols. 1 and 2. Cambridge, MA: MIT Press.

Smith, Adam (1776): *An Inquiry into the Nature and Causes of the Wealth of Nations*; republished, ed. by R. H. Campbell and A. S. Skinner. Oxford: Clarendon Press, 1976.

_____ (1790): *The Theory of Moral Sentiments*; republished, ed. by D. D. Raphael and A. L. Macfie. Oxford: Clarendon Press, 1975.

Steiner, Hillel (1990): "Putting rights in Their Place," *Recherches Economiques de Louvian*. 56, 391 – 408.

Stigler, George J. (1981): "Economics or Ethics?" in *Tanner Lectures on Human Values*, Vol. II, ed. by S. McMurrin. Salt Lake City: University of

Utah Press.

Sugden, Robert (1981): *The Political Economy of Public Choice*. Oxford: Martin Robertson.

—— (1985): "Why Be Consistent? A Critical Analysis of Consistency Requirements in Choice Theory," *Economica*, 52, 167 - 183.

—— (1986): *The Economics of Rights, Co-operation and Welfare*. Oxford: Blackwell.

—— (1993): "Welfare, Resources, and Capabilities: A Review of *Inequality Reexamined* by Amartya Sen," *Journal of Economic Literature*, 31, 1947 - 1962.

Suppes, Patrick (1987): "Maximizing Freedom of Decision: An Axiomatic Approach," in *Arrow and the Foundations of Economic Policy*, ed. by G. Feiwel. New York: New York University Press, 243 - 254.

Suzumura, Kotaro (1976): "Rational Choice and Revealed Preference," *Review of Economic Studies*, 43, 149 - 158.

—— (1983): *Rational Choice, Collective Decisions and Social Welfare*. Cambridge: Cambridge University Press.

—— (1995): *Competition, Commitment and Welfare*. Oxford: Clarendon Press.

Szpilrajn, E. (1930): "Sur l'Extension de l'Ordre Partiel," *Fundamenta Mathematicae*, 16, 1251 - 1256.

van Hees, Martin (1994): *Rights, Liberalism and Social Choice*. The Hague: CIP-Gegevens Koninklijke Bibliotheek.

Van Parijs, Philippe (1995): *Real Freedom for All*. Oxford: Clarendon Press.

Walsh, Vivian (1996): *Rationality, Allocation and Reproduction*. Oxford: Clarendon Press.

Weymark，John A. （1984）. "Arrow's Theorem with Social Quasi-orderings," *Public Choice*，42，235 - 246.

Williams，Bernard （1973）："A Critique of Utilitarianism," in *Unitarianism：For and Against*，edited by J. J. C. Smart and B. A. O. Williams. Cambridge：Cambridge University Press.

Weibull，Jörgen （1995）：*Evolutionary Game Theory*. Cambridge，MA：MIT Press.

Zamagni，Stefano （1993）："Amartya Sen on Social Choice，Utilitarianism and Liberty," *Italian Economic Papers*，Volume Ⅱ. Bologna：Ⅱ Mulino；Oxford：Oxford University Press，207 - 236.

——— Ed. （1995）：*The Economics of Altruism*. Aldershot：Elgar.

注释

[1] 费马的手稿在巴黎流传了几年后才送到笛卡尔那儿，后者对此却未留心。

[2] 本文只讨论选择行为，而并不关注规范选择理论。但是，就选择规范影响实际的选择行为而言，本文也将涉及规范选择理论。关于这两者之间的关系，参见 Sen （1987）。

[3] 不完备性可能源于有限信息，或者源于"内心的"价值冲突（参见 Sen，1970a，b；Williams，1973；Levi，1986；Putnam，1996）。莱维（1986）将后者视为分析"困难选择"的起点。还可参见 Blackorby （1975），Fine （1975），Basu （1980，1983），Levi （1980），Putnam （1996），Walsh （1996）。

[4] 从研讨会的经历来看，对这种类型的选择者依赖性的批评观点是，"问题"在于错误地根据选择者所希望得到的椅子来定义其偏好，而没有考虑到椅子配置的全部"向量"（包括其他人）。但此处并非可改进的地方。此人即使充分考虑了椅子配置的全部向量，如果别人的选择能够促成这一结果的实现，就仍然会希望那一个最舒适的椅子能够归自己，尽管他并不希望通过

自己的选择来实现这一结果。

　　[5] 伊曼纽尔・康德（1788）和亚当・斯密（1790）都强调了"道德情操"的重要性以及对于理性选择的意义。亚当・斯密还广泛讨论了不同的道德价值（包括"慷慨"和"公共精神"）如何改变我们的行为这一问题，即使自利在双方互惠交换的事例中具有更恰切的解释能力［例如《国富论》（Smith，1776）中广为人们所称道的段落中，消费者为一方，屠夫、酿酒商、面包师为另一方的交易］。在通常对斯密的解释中（比如，Stigler，1981），斯密关于行为多样性的一般主张往往被忽视，相反，注意力都集中在他关于交易的可获利性的论述上，从而彻底地歪曲了斯密的选择理论［我曾讨论过这一问题，参见 Sen（1987）］。

　　[6] 参见 Sen（1987），Sacco and Zamagni（1993），Zamagni（1993，1995），Walsh（1996）。

　　[7] 许多迅速增长的文献探讨了行为规则与策略理性之间的各种类型的关联关系，参见 Axelrod（1984），Kreps，Milgrom，Roberts and Wilson（1982），Fudenberg and Maskin（1986，1990），Fudenberg and Tirole（1992），Binmore（1994），Weibull（1995），等等。

　　[8] 康德将他的义务论伦理观建立在"理性"之上，但是他对理性的解释并不同于对排他性自利的自觉追求。由于现代经济学中对理性的狭隘定义（它们倾向于将任何无法——直接或者间接——在个人的自利基础上得到解释的行为都视为"非理性的"），康德的反思理性对于经济学人似乎难以下咽。这还导致了伦理学"非康德化"（Binmore，1994）的出现，宾莫尔甚至极其欣然（有些令人费解）地要"把罗尔斯非康德化"（pp. 7 - 86）。

　　[9] 欲理解更为广泛的各个领域中的观点，参见 Nagel（1970），Sen（1973a，b），Scitovsky（1986），Frank（1988），Anderson（1993），Baigent（1994），Lewin（1996），Walsh（1996）以及 Hahn and Hollis（1979），Elster（1986），Mansbridge（1990），Zamagni（1995）等收录的文章。关于与罗尔斯理论相关的行为分析，还可参见 Scanlon（1982），Laden（1991）。

［10］这一判断可以用于最近对经济、政治和社会行为进行经验探讨的案例上（参见第 3～5 节）。

［11］在由吉恩惕斯（Herb Gintis）和罗默（Paul Romer）联合主持的一项重要研究课题（由麦克阿瑟基金会资助）中，它已成为研究的一个中心领域。

［12］参见 Sen（1987），Sacco and Zamagni（1993），Zamagni（1995）。

［13］本文的主题并不是我们目标的实质性内容，我曾在其他地方（Sen，1973b，1977b）讨论过极其狭隘的人类动机观的局限性（还可参见 Frey，1992）。本文并不会推进那一辩论。这是一个完全不同的主题，它与"结果主义"相关，本文的主题也将与此间接相关。"结果主义"指对所有选择变量的判断都只根据它们的——仅仅只是它们的——结果。事实上，结果主义是一个具有严重局限性的形式，它在传统经济学中被视为是天经地义的。但许多哲学著作都质疑过它的基础（如参见 Williams，1973；Nozick，1974）。本文不会去深究这一问题，我已在别处辩护过宽泛形式的"结果评价"：（1）包括容纳于相关结果的选择行动，（2）容许评价结果时的"位置"观（Sen，1982b，1983）。本文所采用的结果评价就是这种宽泛的形式。还可参见 Hammond（1985，1986），Binmore（1994），Moulin（1995），Walsh（1996）。

［14］关于日本工作伦理的不同解释，参见 Morishima（1982，1995），Dore（1987），Ikegami（1995），Aoki（1989）和 Suzumura（1995），这些文献在对相关问题进行经济学分析时，广泛考虑了相关的制度与行为特征。

［15］一种"社会选择"方法［超越了"或有赋值"（contingent valuation）中所隐含的市场模拟］可以有效地将参与价值（参见 Sen，1995b）嵌入对环境敏感的选择行动中。

［16］此处的可变性系指观察者的位置［参见 Sen（1982b），其中讨论了位置的影响］，尤其是在给定菜单的情况下选择者的位置。

［17］WARP 要求，如果在某个集合 S 中方案 x 被选择而 y（也属于 S）被拒绝，那么在另一个包含这两个方案的集合 T 中，必定不可选择 y 而拒绝

x。属性 α 要求，如果 x 选自集合 T 并且属于 T 的子集 S，那么 x 也应当选自 T 的子集 S。属性 γ 要求，如果 x 选自每一类集合，那么必定也选自各个集合的并集。这些问题及其相关条件的分析可参见 Hansson（1968a，1968b），Sen（1970a，1971，1982a），Herzberger（1973），Plott（1973），Parks（1976），Aizerman and Malishevski（1981），Suzumura（1976，1983），Deb（1983），Moulin（1985），Sugden（1985），Levi（1986），Kreps（1988），Heap et al.（1992），Aizerman and Aleskerov（1995），Baigent（1995）。

[18] 比如，检验属性 γ 是否违背原则，应注意当选择集合为 $\{m^1, a^1, a^2\}$ 时，苹果 a^1 将优于芒果 m^1，而选择集合为 $\{m^2, a^1, a^2\}$ 时，苹果 a^1 也优于 m^2。但是当所选集合是两者的并集这一四元组 $\{m^1, m^2, a^1, a^2\}$ 时，此人可能在并不违背其原则的情况下选择芒果 m^1 或 m^2，而不是苹果。

[19] 当我把本文提交给各个研讨会时，我注意到有些读者试图通过"构架"（framing）的影响来解释这种所谓的"不一致性"[依据是 Kahneman and Tversky（1984）的重要发现]。但这并不是同一个问题。"构架"的影响主要指用不同的方式来表述同一个决定，而这里所涉及的是，在选择的菜单发生实质性的改变时，决定问题的真实变化。事实上，这里并不存在任何的不一致性，而只是偏好排序的菜单依赖性（参见 Sen，1993）。

[20] 自主和自由选择的含义对伦理学是至关重要的，而对福利经济学也有着极大的潜在意义（虽然主流福利经济学往往会刻意回避这一考虑）。关于这一问题，参见 Sen（1970a，1983，1991，1992b），Nozick（1974），Suppes（1987），Gärdenfors（1981），Sugden（1981，1986，1993），Roemer（1982，1996），Suzumura（1983），Hammond（1985），Cohen（1990），Pattanaik and Xu（1990），Schokkaert and Van Ootegem（1990），Steiner（1990），Gaertner，Pattanaik and Suzumura（1992），Heap et al.（1992），Foster（1993），Nussbaum and Sen（1993），van Hees（1994），Arrow（1995），Van Parijs（1995），Puppe（1996），等等。

[21] 比如，我们试设想一种资源配置的威权主义制度，它完全模拟自主

选择的分权化制度来进行商品的生产、分配和消费。即使这种威权主义社会制度确实能够生存，它也必定不如那种容许个人选择的社会制度，自由选择的运用本身就极其重要。

[22] 关于这一点及其相关问题，参见 Camera Dei Deputati（1993）。

[23] 柯尔姆（Kolm，1994）注意到，"中位"选择违背了某些一致性条件，而吉尔特纳和许（Gaertner and Xu，1995）对这类行为提供了更广泛的解释，并对中位选择进行了公理推导。还可参见 Luce and Raiffa（1957），其中提供了一些关于菜单的认识论价值的事例。

[24] 克雷普斯的分析毕竟只是针对这种情况，即结果是其中最重要的关怀，而没有考虑对不同结果的估价也会影响到一个人未来兴趣的不确定性的情形。我们可以对这一分析加以扩展，将个人对自由选择和责任所赋予的重要性嵌置进来。我在 1991 年斯坦福大学的肯尼思·阿罗讲座（即将出版）中，试图将两种不同的观点结合起来：一种是对结果的选择价值估价，一种是对选择过程包括自由选择的估价。还可参见 Sen（1985a，1991），Suppes（1987），Pattanaik and Xu（1990），Foster（1993），Arrow（1995），Puppe（1996），等等。

[25] 考虑到自由的重要性，我们还应注意到选择者有可能对菜单本身的性质作出强烈的反应。比如说，我们的选择自由为某一"当局"武断地加以限制（比如，禁止我们读那些未经批准的报纸），我们也许会作出一种"对立"的反应（比如，不去读当局所好的报纸，即使我们并不拥有拒绝读它的理由）。

[26] 当某一偏好是菜单依赖性的时候，菜单的变更往往会被误认为是偏好的变化。虽然贝克尔本人曾试图概括出菜单依赖性偏好关系，上述的观察大体上符合加里·贝克尔（1976）的重要判断，即许多表面的偏好变化并不是真正地改变了偏好，它们往往源于对偏好不恰当的概括。

[27] 对方案的有限集合（全书都从此假设），要求对每一个子集 S 的非空子集 $B(S, R)$，R 是完备的、非循环的并且是自反的（参见 Sen，1970a，引

理 1* 1)。当我们使用"最大化"而不是最优化时，可以放宽这些条件，尤其
是完备性（参见第 6 节）。

[28] 在个人选择与社会选择之间的相关结论中还可以得到许多相似的对
应性，比如 Hansson (1968a, 1968b), Chipman, Hurwicz, Richter and Son-
noeschein (1971), Pattanaik (1971), Fishburn (1973), Herzberger (1973),
Plott (1973), Brown (1974), Kanger (1975), Blair, Bordes, Kelly and Su-
zumura (1976), Blau and Deb (1977), Sen (1977a), Aizerman and Mali-
shevski (1981), Blair and Pollak (1982), Deb (1983), Pattanaik and Salles
(1983), Kelsey (1984), Moulin (1985), Schwartz (1986), Blau and Brown
(1989), Heaps et al. (1992), Aizerman and Aleskerov (1995), 等等。

[29] 还可参见 Sen (1985b)，其中有对其他明显违反预期效用公理的事例
的讨论，还可参见 Machina (1981), Anand (1993)。此处并不是反对一般意
义上的"预期效用"理论；我不知道除它之外还有什么理论，能够在总体上
如此适用于不同的情况。这里的问题是要弄清这一理论的局限以及它产生的
理由。

[30] 弗里希 (Frisch, 1971a, 1971b) 尤其关注在"政治家与经济计量学
家的合作"中，专家为社会所做的政策决定。

[31] 本节取自布耶克霍尔特 (Loav Bjerkholt) 对 Frisch (1971b) 的译
文，该文是弗里希的最后一篇论著。Bjerkholt (1994) 也收录了这节，用以说
明弗里希对早年的效用分析的兴趣发生了变化。约翰森 (Leif Johansen) 曾送
我一本 Frisch (1971b) 的初稿译文，他的通信使我注意到 Frisch (1971b) 对
现代经济学中最通常的自利假设的拒绝［约翰森对 Sen (1973b) 的评论］。还
可参见 Johansen (1977)，其中有对这一问题的分析。

[32] 用森 (1977b) 的术语来说，它包含了"承诺"，而不仅仅是"同
情"。本文并不讨论这一实质性区别，而是更多地关注选择函数的形式结构
（尤其是选择行动的具体作用）。我们有必要记取这一富有解释意义的事实，
基于同情的利他主义行为从根本上讲是自利的，而基于承诺的利他主义行为

则要求——正如亚当·斯密在区分"慷慨"与"同情"时所论的——"牺牲我们本人的某些重要利益"（Smith，1790，p. 191）。

[33] 这一情况还包括"绝不取最大的那块蛋糕"（与对他人的关怀无关）之类的规范，参见 Sen（1973b，1993），Baigent and Gaertner（1996）。

[34] 肯尼思·阿罗（1951）曾经创建过一个个人选择和社会选择的最优化的框架，其形式要求相当严格，包括了社会偏好的传递性。詹姆斯·布坎南（1954）提出一个重要问题，质疑是否有必要对社会选择施加任何内在的规则条件，因为社会并不等于个人，并继续追问这些规则条件在推导阿罗的不可能定理中的作用。森（1993，1995a）讨论了这些问题，并且在对社会选择不施加任何内在的规则条件的情况下，对阿罗的定理给予了扩展。

[35] 甚至弗里希先生在这一事例中的选择（"我的妻子将托盘递过来，并示意我自己取用"）也可以存在一个策略性解释。当然，我绝无意作出这样一种恶意的暗示，认为弗里希所复述的家庭温情故事的确属于这类情形。

[36] 事实上，最优化可以用一个二元关系 R（"偏好"）或一个实值函数 U（"效用"）来表示。这一关系框架要更为普通，因为 R 并不必然是具有传递性的排序（非循环性则包含传递性），而一个效用函数必须具有（1）排序属性和（2）某些附加特征（如偏好的连续性），从而保证数字的代表性（关于这一问题可参见 Debreu，1959）。本文前面几节的分析主要是一种关系形式，我将继续采用这一框架。

[37] 关于不完备排序的属性（以及从不完备排序到完备排序的扩展），可参见 Szpilrajn（1930），Arrow（1951）。还可参见 Sen（1970a），Suzumura（1983）和 Levi（1986）。莱维用了他的一个重要术语"V 可接受性"来研究"未解决的内心冲突"（在某些方面不同于此处所讨论的问题）。

[38] Sen（1992a，pp. 46 - 49）和 Sen（1996）讨论了这一区别，关于相关问题，还可参见 Sen（1970a），Suzumura（1983）和 Levi（1986）。

[39] 参见 Putnam（1986），其中鞭辟入里地讨论了将不完备性纳入偏好理论的必要性。还可参见 Williams（1973）。

［40］这些命题将 Sen（1970a，1971）和 Suzumura（1976，1983）这些文献所提出的结论进行了系统化的整理和扩展。

［41］但是，在这种非最优化的最大化情况下，我们必须放弃弱显示偏好公理（WARP）和其他所谓的"一致性条件"（如属性 α 和属性 γ）。

［42］非循环性（acyclicity）指缺乏任何有限长度的严格的偏好循环。Sen（1970a，ch. 1*；1971）分析了这一属性在理性选择中的作用。在 R 是传递性的情况下，R 生成的最大化集合是与 R 相容的所有可能的完备排序 R^* 所生成的最优化集合的并集（参见 Banerjee and Pattanaik，1995；还可参见 Levi，1986，Theorem 7，p. 100）。铃村（未发表的手稿）证明了它的偶命题，即完备排序 R^* 所生成的最优化集合即 R^* 的所有子关系 R 所生成的最大化集合的交集。贝根特（Nick Baigent）阐述了这些关联之间的解释意义（未发表的评论）。

［43］为检验这一结论，令从 $B(S, R)$ 中选择 x，从 $M(S, R)$ 中选择 y，且 x 不同于 y。显然，对 S 中的任意 z，存在 xRz，因为 x 为最优化方案，但是，由于 y 是最大化方案，xRy 不成立。由此得 xIy。根据传递性，对 S 中的任意 z，yRz 成立。所以 y 也是最优的。

［44］这一结论对定理 5.1 中的两种情形的区别提供了一个更为充分的解释。

［45］铃村（1976）率先证明了这个一般性的结论。

［46］Sen，1969，定理 5。在分析上应注意的是，那些共同生成阿罗不可能定理的公理条件都为帕累托扩展法则所满足，只是需要将传递性条件放宽为拟传递性（即放弃无差异性的传递性）。然而，实质性的问题是，这是一个毫无吸引力的社会决策规则，而且也绝对算不上阿罗不可能定理的"解"（Sen，1969，1970a）。事实上，这类放宽条件的做法开拓了一条关于决策权力分配任意性的相关结论的研究路径，在这方面的学者有 Allan Gibbard，Andreu Mas-Colell，Hugo Sonnenschein，Charles Plott，Donald Brown，Ashok Guha，Douglas Blair，Georges Bordes，Jerry Kelly，Kotaro Suzumura，Julian

Blau，Rajat Deb，Douglas Blair，Robert Pollak 和 David Kelsey，等等（参见 Sen，1986）。

［47］参见 Suzumura（1983），他讨论了他称之为"M 理性选择"［对应于某些二元关系 R 的任意集合的 R 最大化（maximal）元素］和"G 理性选择"［对应于某些二元关系 R 的任意集合的 G 最大（greatest）元素］的要求。他证明，任意 M 理性选择都可能成为 G 理性选择（对应上述定理 5.4），然而，G 理性选择并不必然是 M 理性选择（Suzumura，1983，p.56，附录 B 中的事例 1）。

［48］另一种证明方式是使用定理 5.1 中第 2 种情形的例子（还可参见 Suzumura，1983，p.56）。可将那一情形重新表述为，令一个偏好排序只包括 xIy 和 yIz，并且在集合 $S=\{x, y, z\}$ 中并不存在其他的排序。这样 $B(\{x, y\}, R)=\{x, y\}$；$B(\{y, z\}, R)=\{y, z\}$；$B(\{x, z\}, R)=\varnothing$；$B(\{x, y, z\}, R)=\{y\}$。即使不排除 $B(\{x, z\}, R)=\varnothing$，余下的式子仍然是相同的结论。如果我们来看其他最优化集合的要求，就会发现也不存在一种 R^*，可以同时满足 $M(\{x, y\}, R^*)=\{x, y\}$ 和 $M(\{y, z\}, R^*)=\{y, z\}$，更难以满足 $M(\{x, y, z\}, R^*)=\{y\}$。

［49］此处所使用的一般性的"映像"关系与威麦克（Weymark，1984）所讨论的"帕累托扩展法则"和"强帕累托半序"（the strong Pareto quasi-ordering）之间的特殊关系具有相似性。

［50］由赫伯特·西蒙所开创的"有限理性"的分析，在许多方面都改变了我们对这个认识、认知和分析的机会都很有限的世界中的理性行为的理解。

［51］还可参见 Akerlof and Yellen（1985），其中有对"近似理性"的论述。

［52］正如斯密（1790）所论，蕴涵自我牺牲的遵从规则的选择，"与其说是基于他们的效用"，不如说主要反映了"这些行动的伟大、高尚和尊崇"（p.192）。

［53］康德的分析基础并不是行动的策略理性，或者这样一种观念，即如

果你遵从箴言行事（或善待他人），那么他人也很可能会根据某种理由来回报善行。康德在阐述其论点的时候——通过辨析一个简单得多的关系而不是最近的演进博弈论所强调的那些关联——指出，"每个人都知道，如果他私下里让自己欺骗他人，这并不必然导致他人也这样做；或者如果别人并不知道他缺乏同情心，他们并不会立即以同样的态度对待他"[Kant，1788，《纯粹理性批判》1956 年贝克（Beck）的译本，还可参见 Herman，1990，p. 243]。相反，康德的观点是，个人具有充分的道德理由去遵从箴言，而不论别人如何行事。还可参见 Smith（1790，Ⅲ.4）。

[54] 斯密还强调指出自觉强调动机与社会中作为普遍规范的良好道德行为之间的关联："许多人行事非常体面，一辈子他们都避免了强烈的耻辱。在这方面他们的行为获得了人们的嘉许，但他们可能并未感觉到其中的恰当性，而仅仅是根据他们所认为的行为的既定规则去做罢了"（Smith，1790，p. 162）。相关问题可参见 Sacco and Zamagni（1993）。

[55] 但请注意，非对称的严格因素 $xP^S y$ 并不必然蕴涵相应的非对称的 $xP_0 y$。

[56] 另有一种证明 R_0 区别于生成该函数的反思性偏好关系的方式。R_0 也可能是不完备反思性偏好关系 R 的"完备性扩展"R^+。

[57] 我们应注意，R^S_* 是完全为了得出式（6.2）而"构造"出来的，它具有观察上的对应物，即我们假定观察者"好像"忽略了选择者的自我约束 $K(S)$ 并将其选择视为在整个 S 上选择时所观察出来的"显示偏好"（重要的是，他显然在如此行事）。

[58] 毫无疑问，如果证明从菜单依赖性偏好 R^S 本身出发，而不是菜单独立性偏好 R 出发，那么修正后的定理 6.2 更加能够成立。

第 5 章
目标、 承诺与认同*

1. 引 言

经济学中关于选择行为的假设往往会引领我们走向两个不同的——有时甚至是背道而驰的——方向。可操作性要求往往与真实性要求相冲突，这使得我们在简单与实用之间难以抉择。我们希望得到一种简单的规范形式，从而有助于我们从事理论和实证分析。但我们也希望有一种假设结构，它基本上符合现实世界，不至于使简单成为一种幼稚。这是一种实实在在的冲突，仅仅靠追求理论中简单化的需求或者分析现实的必要性并不能解决这一冲突。我们不得不面对的要求是，作出细致入微的判断，力求剖析毫厘而又避免失之无用，分析时将各种复杂性考虑在内。[1]

经济学的行为基础的本质成为一个特别难以处理的问题。群体和社会处理其成员的利益和目标冲突的能力，很大程度上依赖于个人的思考和行动的方式以及他们对其各自的目标、成就和义务的估价。我将指出，在分析所谓个人排序的私人性（privateness of individual orderings）时，我们必须作出某些基本的区分。第 3 节将区分：（1）自我为中心的福利；（2）自我福利的目标；（3）自我目标

＊ 本文是在提交给 1984 年 10 月在耶鲁大学召开的关于法、经济学和组织的一次学术会议的论文基础上修改而成的。我非常感谢 George Akerlof，Raj Sah，Oliver Williamson 和 Gordon Winston，他们对本文的早期版本做了评论。出自《法、经济学和组织杂志》，第 1 卷第 2 期，1985 年秋，©1985 年耶鲁大学。

的选择。这一分析将有赖于我们在"私人性"的不同层面的区别。

　　但在开始分析之前，我将以众所周知的囚徒困境来说明私人行为和公共成就这一历史悠久的经典问题。[2]虽然这一特殊的博弈显然已为人们讨论过不知多少次，但它的确具有一些优势，这部分是因为它可以说明许多不同类型的问题。

　　博弈论分析有助于我们更好地理解"理性"所要面对的困难，并澄清社会组织所必须处理的问题的性质。用托马斯·谢林（Thomas Schelling）的话来说，博弈论的思考还指明这一观点，"胜利"就是"根据个人的价值体系的收益；而我们只能通过讨价还价、双方的配合以及避免双方损害行为等途径来取得胜利"（1960，pp. 4 - 5）。但仍需提醒注意的是，形式博弈的结构中存在一些限制恰当的"价值观体系"的假设，现在看来，最近一些对它的扩展未免姗姗来迟。

2. 目标、 知识和囚徒困境

　　标准的博弈论格式或隐或显地包含着下列行为假设：

　　目标的完备性：每个参与人的目标都是最大化，其依据是结果状态的完备排序，如果无法排除不确定性，那么就根据在各种结果状态之上的抽彩所决定的完备排序来实现。[3]

　　目标的自我相关性：每个参与人的目标都是最大化其本人的福利，尤其是能够用以评价帕累托最优以及相关的福利成就的个人排序。[4]

　　目标的优先性：每个参与人都依据可行的考虑来追求他本人的目标，而不受任何其他价值观的限制。[5]

　　共同知识：每个参与人充分知道另一个参与人的目标、价值和知识。[6]

　　虽然这些假设并未出现在所有博弈模型中，但通常它们都被视为主流博弈论的标准结构的组成部分。

　　显然，目标的完备性以及目标的自我相关性阐述的是参与人目标的性质，而目标的优先性以及共同知识所关注的是这些目标及其相关信息的作用。人们根据这些行为假设（包括其他一些假设）来解释均衡（纳什均衡、强均衡、"核"，等等）、"最优性"（帕累托最优、讨价还价博弈的各种"解"，等等）、"占优"策略以及其他的基本概念。

　　人们熟知的囚徒困境描述了这样的情况，每个参与人的占优策略的结果是非帕累托最优。设参与人 A 的两种策略为 a_0 和 a_1，参与人 B 的策略为 b_0 和 b_1，我们可以得到 A 和 B 的下列两种排序（以递降次序排列）：

囚徒困境

参与人 A	参与人 B
$a_1 b_0$	$a_0 b_1$
$a_0 b_0$	$a_0 b_0$
$a_1 b_1$	$a_1 b_1$
$a_0 b_1$	$a_1 b_0$

这些排序都满足目标的完备性。给定目标的优先性，每个人都有一个占优策略，分别为 a_1 和 b_1。这一结果即 $a_1 b_1$，从目标的自我相关性来看，它是非帕累托最优的。共同知识在这一博弈中并不重要，因为每个人都有一个占优策略。

　　囚徒困境得出了一个令人沮丧的结果，唯一可能的均衡（由严格占优策略组合给出）是严格非最优的。我曾在其他地方指出

（1984a，pp. 12 - 15），在孤立和合作问题上，囚徒困境是一种误入歧途的方式（特别是因为，这个特殊的博弈仅仅只有一个帕累托优于这一无效均衡的结果）。但我并不否认，这一行为结构可以简单有力地推导出意外的结论。在完全竞争市场的标准案例中（通常假设不存在外部性），均衡点和帕累托最优点恰好吻合。[7]而在囚徒困境中，它们则完全分离，所有结果集合被分割成两个子集（即均衡子集和帕累托最优子集，不相交并且穷举）。

重复囚徒困境博弈并不能解决这一问题，除非明白无误地改变这一行为结构。如果这一博弈重复 n 次，在最后一次，每个参与人都有一个占优策略，即 a_1 和 b_1。不管此前如何博弈，在那一次另一个参与人必将采取那一策略，每个参与人都知道这一事实（假定共同知识），那么在 $(n-1)$ 次博弈中，每个人又有同样的占优策略。将这一共同知识继续推导下去，完全有可能将这一逆向推理应用于第一次。这样，每个人自始至终都会坚持这一"社会非最优的"策略。

已有的解决这一困境的途径主要是放宽共同知识的假设，比如，参与人彼此知道对方的策略，或者知道博弈将会重复多少次。这种路径有几种不同的方法（如参见 Basu，1977；Radner；Smale；Levi，1982；Axelrod，1981，1984；Kreps et al.）。克雷普斯、罗伯茨和威尔逊的方式是，每个解都"蕴涵（至少）一个参与人在头脑中对于另一个参与人的某些基本的不确定性，可以把他们视为缺乏共同知识……然后这两个理性的参与人严格按照上述规定的条件进行博弈"。

这些解具有价值和意义，但这种解决"理性合作"问题的方式存在着一个显著的不合情理之处。为了达成理性的合作，我们必须

知道得"越少越好"。如果不存在这种无知和不确定性，那么理性
合作的基础也就分崩离析了。这种将理性构建于社会有益的无知之
上的做法，存在着相当程度的悖谬。

我们姑且不去质疑这一更少知识假设的理论和实践意义，但可
以审查这一预设的行为结构中的其他假设。[8]我们能否大大放宽目
标的自我相关性而解决这一困境？初看之下，这是一个不错的办
法。事实上，囚徒困境往往被视作描述"自私"如何损害所有人的
经典事例。在对囚徒困境的解释中，这一观点毫无疑问是合理的，
但是帕累托最优结果的缺乏并不是唯一可值得我们关注的结果（参
见 Parfit，1981，1984）。假定两个参与人都是大公无私的人，但是
对何种结果有益于世界问题持相反的道德观，并各自根据自己的道
德观来追求道德上的善。如果每个参与人的排序仍然如前所示，那
么——在这种解释下——每个人都会将最终的结果视为劣于本来可
行的状态。甚至在不存在目标的自我相关性条件下，这一困境仍然
未能被解决，当然，如果人们的目标并不是自我相关的，那么囚徒
困境中的这种排序组合所发生的概率就不那么大，但当发生这种排
序组合时，它也就会引入同一困境。因此，放宽目标的自我相关性
假设事实上并不是该问题的恰当的解。

很显然，如果不否定用以生成该囚徒困境的排序，那么目标的
完备性条件也就无法放宽，而且一个弱化的目标完备性也必定被视
作对该问题的不恰当的解。当然，这并不是否认，一旦允许不完备
性，各种博弈论的假设也需要修正。比如，目标的优先性对于选择
行动来说就不再恰当。但是，就囚徒困境本身而言，这并不是一个
求解的路径。

无论如何，目标的优先性总体上是一类完全不同的条件。人们

通常并未将它视为一项单独的条件（它一般都归为"理性"这一普遍的名称之下），它提出了一些关于一般博弈论以及此处囚徒困境的行为结构的基本问题。我们可以认定，认可其他人目标的存在是社会生活的一部分，对各自目标的个人主义追求将导致明显的冲突，而这要求人们的行为作出某种反应。当然，这种反应有可能采取修改个人目标的形式（令其符合他人的目标），但即使此人仍然坚持其本人的目标，行为反应的问题也并未得到解决。

必须指出，从博弈论的标准格式来看（更不用说传统经济理论中的更为狭隘的结构），任何人若没有坚持不懈追求本人的目标，都必然会被视作"非理性的"，甚至是"不可理喻的"。如果我在追求某些外在于被本人视为自己"目标"的东西，这看上去好像我受了某种幻影的诱惑；这些与我本来所应相信的目标相对立的事物，结果却成了我的目标。但是，这种反应已足以显示具体层面上的博弈理论以及一般层面上的理性行为理论的语言的局限性。我们可以共同偏离目标优先性并最终更好地追求各自的目标，如果这一认识的确使我们这样行事，那么这一偏离究竟如何改变了我们所追求的目标的本质呢？

部分问题源自我们并未清楚理解达致目标的行为模式所具有的"工具性"作用。（如果行为具有内在价值，那么这一行为模式自然也构成了目标的内容，而我此处所说的就是除此之外的行为的工具性作用。）如果将各种因素通盘考虑，群体中的每个人确实根据其中一类行为模式行事比根据另一种行为模式行事会取得更好的结果，那么第一类行为模式的合法性就得到了确证。在其他人并未偏离共同行为模式的情况下，某个偏离了共同行为模式的人将会取得更好的结果。这一事实确实说明了社群原则与个人主义原则之间的冲突。但是，它并未证否社群原则的无意义，尤其是因为对每个人来说，这一原则取得了比个人主义原则更好的结果。关键问题并不在于理性必定使得我们坚持社群原则并拒绝个人主义原则，而是理性在要求我们如何行事的问题上存在着不容抹杀的含糊之处（除非我们机械地定义理性，如仅仅只是目标的优先性，从而从定义上"排除"这种含糊之处）。

当然，在消弭社群原则与个人主义原则之间的冲突上，"似真"目标也能发挥一个重要的作用。即使真实目标的排序确如前面所述，如果人们乐意根据某些"似真的"——更加一贯——排序行事（依据个人主义），那么他们仍然能够比那种个人主义的、直接追求其真实目标的做法取得更好的结果，而且根据其本人的真实目标，他们也将会得到更好的评价。

我在早期的一篇论文（Sen，1974）中指出，行为的文化倾向问题与"似真"偏好的工具性作用在这一考虑中紧密相关。它们都涉及个人的认同和承诺，下面我们将简短讨论这些问题。

3. 认同： 福利、 目标和选择

经济学分析中的行为假设最近几年遇到了严格的审查。尤其是，"理性经济人"框架的（或明或暗的）使用遭到相当严格的批判性检查。[9] 在我看来，那种非常"私人"的个人观——不关心世界的其余部分——在经验上是不现实的，在理论上是误入歧途的。

但是，主流经济理论中人的"私人性"中，包括几个不同的有待区别的方面。它们通常被不加分辨地混用，而且也往往难以彼此区别，但需要指出的是，它们在行为模式中各自的作用不一。我们尤其有必要区别下面三种类型的私人性。

自我为中心的福利：个人的福利仅仅依赖于他自己的消费（它尤其不包含任何针对他人的同情或反感）。

自我福利的目标：个人的唯一目标是最大化他自己的福利，或者在不确定性的情况下，最大化这一福利的预期价值（任何他人的福利在其中并不具有直接的重要性）。

自我目标的选择：个人的每一个选择行动都完全受对个人自己目标的追求的指导（即它不受任何对他人追求目标的行为认可的约束）。

事实上，这三种条件——它们都是为主流经济理论所要求的——彼此间相互独立。比如说，一个人的福利若受他对于别人的同情的影响，则违背了"自我为中心的福利"这一条件。但这一事实并未告诉我们，此人的目标是否直接包括了与他本人福利无涉的对他人的考虑（由此违背了自我福利的目标），或者是否此人的选择将完全偏离那种在任何情况下都追求自己目标的要求（由此违背了自我目标的选择）。同理，个人的目标也许并不仅仅限于其本人福利的最大化，比如，还包括社会正义。这样它虽违背了自我福利的目标，但并未触及自我为中心的福利以及自我目标的选择这两个条件。同样，个人的选择行为也许为他人的目标或者行为准则所影响或约束，由此而违背了自我目标的选择（影响了该人的选择，并且使其选择行为无法被看作是追求其本人目标的形式）。但它与自我为中心的福利和自我福利的目标也不相干。

我在早期的一篇论文（Sen，1977）中，在行为的基础中区别了"同情"与"承诺"。"同情——包括否定性的反感——系指个人的福利为他人的位置所影响（如目睹他人的悲惨处境而悒悒不乐）"，而"承诺"是"这样的关怀，它打破了个人福利（无论是否怀有同情）与选择行动的紧密关联（比如致力于铲除某类贫困现象，尽管本人并未遭受过这种不幸）"（Sen，1982a，pp. 7 - 8）。同情的确违反了自我为中心的福利原则，但承诺并不存在这样的解释。当然，它可能反映了对自我福利的目标的否定，我们能够以此合理地解释个人承诺改善并未影响他本人的其他人的处境。但承诺还可能蕴涵着对自我目标的选择的违背，因为这一行动可能出于他对自己目标所自我施加的限制（比如说，遵从某类具体的行为准则）。[10]

与这一问题紧密相关的是个人的"认同"问题，也就是个人看待自己的方式。我们每个人都拥有许多种身份，我们看待自己本人时并不是只存在"唯一的我"。社群、民族、阶级、种族、性别、工会成员、寡头垄断者、革命的忠诚战士，如此之类，每一种身份都是一种可能的认同，它们都视环境而定，这对我们看待本人的方式以及我们看待自己的福利、目标或行为义务的方式至关重要。

个人对他本人福利的观念可能受他人位置的影响，个人甚至可能远远超出"同情"他人的地步，而把自己视为他们中的一员。[11]同理，在达致目标的过程中，个人的认同感（sense of identity）也许是至关重要的。[12]并且，就当前讨论的问题来看，最重要的可能是这样一种情形，在一个个人对它具有某种程度上的认同感的群体中，个人利益的追求往往会与对他人目标的考虑糅合起来。[13]

我们语言的性质也往往说明了我们更广泛的认同力量。"我们"需要事物；"我们的"行动反映了"我们的"关怀；"我们"抗议"我们"所受的不公正待遇。当然，这是社会交往和政治的语言，但我们很难相信，它们仅仅只是言之无物的语词，且不代表任何认同感。各个实验博弈中的参与人具有一种显然令人困惑的倾向，他们除了本人的成就之外，还关心其他参与人的成就（如参见 Lave；Rapoport and Chammah；Axelrod，1982，1984），这种倾向显然也可以从个人针对其他参与人的"身份"认同的角度来解释（参见 Sen，1984a，pp. 14–15；1984b）。

在针对不同国家的比较经济学文献中，"非私人的"价值观最近已经得到普遍的重视。在评价日本令人瞩目的成功因素时，这一因素尤其重要（如参见 Morishima；Dore）。经济生产率很大程度上有赖于团队工作。因此，人们能否共事并在追求其任务和目标时能否相互依靠就成为关键的因素了。

在一个生产企业中相互依赖的重要性并不令人惊奇，在"外部性"得到"内部化"之前，厂商会自然地存在这样一种倾向。这一问题曾得到许多人的讨论，包括科斯（1937）和威廉姆森（1964，1970）。这些相互依赖性给企业中的非私人行为带来了溢价，我们有充分的理由认定，日本厂商的合作行为中那种深刻的历史根源是一笔重要的经济财富。

4. 目标的优先性和合理选择

完全可以说，在行为私人性中的三个因素——即自我为中心的福利、自我福利的目标和自我目标的选择——中，对前两者的否定并不必然包含对第三者的拒绝。自我目标的选择是目标的优先性的别名，第 2 节我们以博弈论的方式讨论了它的含义，博弈论略有不同的地方在于其中各种"策略"的性质是开放的（不同于自我目标的选择中将它们视为各种特殊的行动）。

现在我们再回到囚徒困境，我们应注意到，从第 2 节的讨论来看，否定自我为中心的福利或自我福利的目标并不能解决这一困境，虽然它们可能减小这类偏好组合发生的频率。而放松自我目标的选择或者目标的优先性的条件，将会使囚徒困境的结果产生实质性的差别。

如果认同感可以部分地割断个人的选择行动与自我目标的追求之间的联系，那么非次优的结果就有可能在无须正式契约与执行的情况下达成。认同感发挥作用的一个途径就是令社群的成员接受某类行为准则，作为针对社群其他成员的义务。我们无须每次都追问，我能从中获得什么？根据这种方式我的目标如何推进？我们只应把这类对待他人的行为视为理所当然的。

事实上，接受针对群体内部其他人的行为准则只是更一般的行为现象的一个特例而已，人们往往根据固定法则行事，而不必遵从目标最大化的要求。亚当·斯密强调了遵从这类"行为准则"对于取得社会成就的重要意义：这些一般的行为准则通过习惯性的反思而深深印在我们的脑海中，在具体的情境应如何恰当行事的问题上，它可以有助于纠正那种自私自利的想法(1790，p. 160)。[14]

与那种彻底地追求个人目标的最大化相反，遵从这类"习惯性"的准则往往可以产生更好的结果（即使是按照第 2 节所讨论的那种排序）。就此而言，这类行为模式具有一种"自然选择"的优势，从而导致它的生存与稳定性（Sen，1983；还可参见 Akerlof；Binmore）。这种演进的作用与弗里德曼所认为的那种利润最大化者的生存相对立。[15]弗里德曼的推理忽略了那些有助于群体成功的行为模式的选择性优势，在各种类型的相互依赖性的情况下，这些行为模式与那些个人的利润最大化（或一般的目标最大化）截然有别。

试考虑这样一对人，他们的真实目标如囚徒困境所述，但他们的实际行为并不符合目标的优先性（和自我目标的选择）的要求。他们各自的选择函数的"显示偏好"关系也许将 a_0b_0 置入顶部，也就是说，他们的行为"似乎"表明，他们最偏好于那一结果。[16]此外还存在这一行为模式的"共同知识"。

确信博弈

参与人 A	参与人 B
a_0b_0	a_0b_0
a_1b_0	a_0b_1
a_1b_1	a_1b_1
a_0b_1	a_1b_0

这一"似真"博弈具有两个均衡点（a_0b_0 和 a_1b_1），事实上，这一博弈可以称为"确信博弈"（assurance game）（参见 Sen，1967；Deaton and Muellbauer）。虽然我们无法肯定，这一博弈是否将在那一更可取的均衡点结束（即 a_0b_0 而不是 a_1b_1），但如果参与人彼此信任的话，这一结果就很容易取得。需要指出的是，当人们参与这一"似真的"确信博弈时，与那种根据其真实目标进行博弈的结果相比较，他们将取得就真实目标而言更好的结果。[17]

假设囚徒困境中的结果排序反映了不同个人的"利润"，那么对每个人来说，a_0b_0 要比 a_1b_1 的利润更高。囚徒困境中赤裸裸的利润最大化将导致一个据所获利润来看的"无效"解，而违背了利润最大化（以及目标的优先性）的选择却导致了一个"有效"解，并彼此均获得更高的利润。如果利润就是成功的资源的话，那么拥有与利润最大化相悖的价值观的社群（以这一特殊的方式）也许会更为成功，并最终取得相对于其他拥有利润最大化的价值观体系的社群优势。如果人们对这一违反目标的优先性的"理性"还存在疑问的话，这一疑问最终会被事实所说服。很少有什么事情是像成功那样富有说服力的。

这种通过囚徒困境来审视"理性合作"的方式〔森（1974）更充分地讨论了这一问题〕与克雷普斯等人所考虑的重复囚徒困境所提出的两个局部解中的一个（模型2）相对立。他们放松共同知识假设，而不是目标的优先性，他们的修正假定每个参与人"一开始就估价当他对手遇到合作者时'愿意'合作的概率"（Kreps et al.：10）。这一修正使得参与人抱着这样一种假定的概率，即其他参与人具有确信博弈的偏好排序。克雷普斯与合作者证明，这有助于导致一个"序贯均衡"，其中每一方都合作直至博弈的最后阶段。相反，本文（以及 Sen，1974）的探讨方法仍然坚持共同知识的假设，每个人依据确信博弈的排序行动（并且也知道对方将如此行动），即使他们的真实目标如囚徒困境中的排序所示。[18]

5. 结束语

本文区分了行为的私人性所蕴涵的各个组成部分，尤其是自我为中心的福利、自我福利的目标与自我目标的选择。每一个组成部分在经济学理论和标准博弈论的各个传统模型中起了重要的作用。自我为中心的福利和自我福利的目标已见诸文献的广泛探讨，而自我目标的选择却并未引起人们的多少关注。但很显然，为理解某种特定的博弈处境中的合作和成功，这一对自我目标的选择（以及目标优先性）的否定具有重要的作用，它无法为对私人行为的其他两个要素的否定所取代。

对自我目标的选择的拒绝反映了一类承诺，我们用扩展所要追求的目标来表达这一承诺。它要求行为规范系统地偏离目标追求。我们可以根据社群中的"认同感"来分析这些规范（不必要求目标的一致性），并且它与亚当·斯密所讨论的那种基于规则的行动有着紧密的关联。目标与行动之间较为复杂的关联为囚徒困境的求解提供了一条富有吸引力的路径（包括为这类情境下所实际观察到的行为提供解释）。对于最近在无限重复博弈中放宽共同知识的假设的研究路径来说，这是一种替代性的研究取向。关键在于充分认识在社会中为达到目标的行为的"工具性"作用，而标准的理性观完全无法理解这一点。

参考文献

Akerlof George. 1983. "Loyalty Filters," 73 *American Economic Review* 54–63.

____, and Dickens, William T. 1982. "The Economic Consequences of Cognitive Dissonance," 72 *American Economic Review* 307–319.

Arrow, Kenneth J. 1959. "Rational Choice Functions and Orderings," 26 *Economica* 121–127.

____, and Hahn, Frank H. 1971. *General Competitive Analysis*. San Francisco: Holden-Day.

Axelrod, Robert. 1981. "The Emergence of Cooperation among Egoists," 75 *American Political Science Review* 306–318.

____. 1984. *The Evolution of Cooperation*. New York: Academic Press.

Baier, Kurt. 1977. "Rationality and Morality," 11 *Erkenntnis* 197–223.

Basu, Kaushik. 1977. "Information and Strategy in Iterated Prisoners' Dilemma," 8 *Theory and Decision* 293–298.

____. 1979. *Revealed Preference of the Government*. Cambridge: Cambridge University Press.

Beteille, André. 1984. "Individualism and the Persistence of Collective Identities," Mimeo, Delhi School of Economics.

Binmore, Ken. 1984. *Game Theory*. Mimeo.

Broome, John. 1978. "Choice and Value in Economics," 30 *Oxford Economic Papers* 313 - 333.

Coase, Ronald H. 1937. "The Nature of the Firm," 4 *Economica* 386 - 405.

Collard, David. 1978. *Altruism and Economy*. Oxford: Martin Robertson.

Das, Veena, and Nicholas, Ralph. 1981. " 'Welfare' and 'Well-being' in South Asian Societies," Mimeo, ACLS-SSRC Joint Committee on South Asia, SSRC. New York.

Deaton, Angus, and John Muellbauer. 1980. *Economics and Consumer Behaviour*. Cambridge: Cambridge University Press.

Debreu, Gerard, 1959. *Theory of Value*. New York: Wiley.

Dore, Ronald. 1983. "Goodwill and the Spirit of Market Capitalism," 34 *British Journal of Sociology* 459 - 482.

Elster, Jon. 1979. *Ulysses and the Sirens*. Cambridge: Cambridge University Press.

Friedman, Milton. 1953. *Essays in Positive Economics*. Chicago: University of Chicago Press.

Green, Edward J. 1981. "On the Role of Fundamental Theory in Economics," in Pitt (1981).

Hahn, Frank H. , and Martin Hollis, eds. 1979. *Philosophy and Economic Theory*. Oxford: Oxford University Press.

Hammond, Peter J. 1982. "Consequentialism and Rationality in Dynamic Choice under Uncertainty," Technical report no. 387, Institute for Mathematical Studies in the Social Sciences, Stanford University.

Harsanyi, John C. 1977. *Rational Behaviour and Bargaining Equilibrium in Games and Social Situations*. Cambridge: Cambridge University Press.

Hausman, Daniel M. 1981. "Are General Equilibrium Theories Explanatory?" in Pitt (1981).

Helm, Dieter. 1984. "Predictions and Causes: A Comparison of Friedman and Hicks on Method," 36 *Oxford Economic Papers* 118 - 134.

Herzberger, Hans G. 1973. "Ordinal Preference and Rational Choice," 41 *Econometrica* 187 - 237.

_____ 1978. "Coordination Theory," in C. A. Hooker, J. J. Leach, and E. F. McClennen, eds. , *Foundations and Applications of Decision Theory*. Boston: Reidel.

Hicks, John R. 1983. "A Discipline Not a Science," in his *Classics and Moderns*. Oxford: Blackwell.

Hirsch, Fred. 1977. *Social Limits to Growth*. London: Routledge.

Hirschman, Albert O. 1970. *Exit, Voice and Loyalty*. Cambridge: Harvard University Press.

_____ . 1982. *Shifting Involvements: Private and Public Action*. Princeton: Princeton University Press.

Hollis, Martin, and Nell, E. J. 1975. *Rational Economic Man*. Cambridge: Cambridge University Press.

Kornai, Janos. 1971. *Anti-Equilibrium*. Amsterdam: North-Holland.

Körner, Stephan. 1971. *Experience and Conduct*. Cambridge: Cambridge University Press.

Kreps, David M. , Paul Milgrom, John Roberts, and Robert Wilson. 1982. "Rational Cooperation in the Finitely Repeated Prisoner's Dilemma," 27 *Journal of Economic Theory* 245 - 252.

Lave, L. B. 1962. "An Empirical Approach to the Prisoners' Dilemma Game," 76 *Quarterly Journal of Economics* 424 - 436.

Leibenstein, Harvey. 1976. *Beyond Economic Man. A New Foundation for*

Microeconomics. Cambridge: Harvard University Press.

Levi, Isaac. 1980. *The Enterprise of Knowledge*. Cambridge: MIT Press.

_____ . 1982. "Liberty and Welfare," in A. Sen and B. Williams, eds. , *Utilitarianism and Beyond*. Cambridge: Cambridge University Press.

Luce, Duncan R. , and Howard Raiffa. 1957. *Games and Decisions*. New York: Wiley.

Lukes, Steven. 1973. *Individualism*. Oxford: Blackwell.

Marglin, Stephen A. 1963. "The Social Rate of Discount and the Optimal Rate of Investment," 77 *Quarterly Journal of Economics* 95 - 111.

Margolis, Howard. 1982. *Selfishness, Altruism and Rationality*. Cambridge: Cambridge University Press.

Marx, Karl. [1857 - 1858] 1971. *Grundrisse* in *Marx's Grundrisse*, trans. D. McLellan. London: Macmillan.

Matthews, Robin C. O. 1984. "Darwinism and Economic Change," 36 *Oxford Economic Papers* 91 - 117.

McPherson, Michael. 1984. "Economics: On Hirschman, Schelling, and Sen," 51 *Partisan Review* 236 - 247.

Morishima, Michio. 1982. *Why Has Japan 'Succeeded'? Western Technology and Japanese Ethos*. Cambridge: Cambridge University Press.

Nagel, Thomas. 1970. *The Possibility of Altruism*. Oxford: Clarendon Press.

Nelson, Richard R. , and Sidney G. Winter. 1982. *An Evolutionary Theory of Economic Change*. Cambridge: Harvard University Press.

Olson, Mancur. 1965. *The Logic of Collective Action*. Cambridge: Harvard University Press.

Parfit, Derek. 1981. "Prudence, Morality and the Prisoner's Dilemma," *Proceedings of the British Academy for 1979*. London: Oxford University Press.

_____ . 1984. *Reasons and Persons*. Oxford: Clarendon Press.

Pitt, Joseph, C. , ed. 1981. *Philosophy and Economics*. Boston: Reidel.

Putterman, Louis, and Di Giorgio, Marie. 1985. "Choice and Efficiency in a Model of Democratic Semi-collective Agriculture," 37 *Oxford Economic Papers* 1 – 21.

Radner, Roy. 1980. "Collusive Behaviour in Non-cooperative Epsilon-Equilibria of Oligopolies with Long but Finite Lives," 22 *Journal of Economic Theory* 136 – 154.

Rapoport, A. , and A. M. Chammah. 1965. *Prisoner's Dilemma : A Study in Conflict and Cooperation*. Ann Arbor: University of Michigan Press.

Regan, Donald H. 1980. *Utilitarianism and Cooperation*. Oxford: Clarendon Press.

Rescher, Nicholas. 1975. *Unselfishness*. Pittsburgh: University of Pittsburgh Press.

Rosenberg, Alexander. 1981. "A Skeptical History of Microeconomic Theory," in Pitt (1981).

Schelling, Thomas C. 1960. *The Strategy of Conflict*. Cambridge: Harvard University Press.

_____ . 1984. "Self-Command in Practice, in Policy, and in a Theory of Rational Choice," 74 *American Economic Review*, *Papers and Proceedings* 1 – 11.

Scitovsky, Tibor. 1976. *The Joyless Economy*. London: Oxford University Press.

Sen, Amartya K. 1961. "On Optimizing the Rate of Saving," 71 *Economic Journal* 479 – 496.

_____ . 1966. "Labour Allocation in a Cooperative Enterprise," 33 *Review of Economic Studies* 361 – 371; reprinted in Sen (1984a).

_____ . 1967. "Isolation, Assurance and the Social Rate of Discount," 81

Quarterly Journal of Economics 112 – 124; reprinted in Sen (1984a).

_____. 1971. "Choice Functions and Revealed Preference," 38 *Review of Economic Studies* 307 – 317; reprinted in Sen (1982a).

_____. 1973. "Behaviour and the Concept of Preference," 40 *Economica* 241 – 259; reprinted in Sen (1982a).

_____. 1974. "Choice, Orderings and Morality," in S. Körner, ed. , *Practical Reason*. Oxford: Blackwell; reprinted in Sen (1982a).

_____. 1977. "Rational Fools: A Critique of the Behavioural Foundations of Economic Theory," 6 *Philosophy and Public Affairs* 317 – 344; reprinted in Sen (1982a).

_____. 1980. "Description as Choice," 32 *Oxford Economic Papers* 353 – 369, reprinted in Sen (1982a).

_____. 1982a. *Choice, Welfare and Measurement*. Oxford: Blackwell, Cambridge: MIT Press.

_____. 1982b. "Rights and Agency," 11 *Philosophy and Public Affairs* 3 – 39.

_____. 1983. "The Profit Motive," 147 Lloyds Bank Review 1 – 20, reprinted in Sen (1984a).

_____. 1984a. *Resources, Values and Development*. Oxford: Blackwell; Cambridge: Harvard University Press.

_____. 1984b. "Rationality, Interest and Identity," unpublished paper written for a festschrift for Albert Hirschman.

Simon, Herbert. 1979. *Models of Thought*. New Haven: Yale University Press.

Smale, S. 1980. "The Prisoner's Dilemma and Dynamic Systems Associated to Non-Cooperative Games," 48 *Econometrica* 1617 – 1634.

Smith, Adam. [1776] 1976. *An Inquiry into the Nature and Causes of the*

Wealth of Nations，ed. R. H. Campbell and A. S. Skinner. Oxford：Clarendon Press.

＿＿＿．［1790］．1974. *The Theory of Moral Sentiments*，ed. D. D. Raphael and A. L. Macfie Oxford：Clarendon Press.

Suzumura，Kotaro. 1976. "Rational Choice and Revealed Prefe-rence，" 43 *Review of Economic Studies* 149–158.

Ulmann-Margalit，Edna. 1977. *The Emergence of Norms*. Oxford：Claren-don Press.

Watkins，John. 1974. "Comment：Self-interest and Morality，" in S. Körner，ed.，*Practical Reason*. Oxford：Blackwell.

＿＿＿．1984. "Second Thoughts on Self-interest and Morality. " Mimeo，London School of Economics.

Weymark，John A. 1978. " 'Unselfishness' and Prisoner's Dilemma，" 34 *Philosophical Studies* 417–425.

Williams，B. 1973. "Utilitarianism：A Critique，" in J. J. C. Smart and B. Williams，eds.，*Utilitarianism：For and Against*. Cambridge：Cambridge University Press.

＿＿＿．1985. *Ethics and the Limits of Philosophy*. London：Fontana；Cam-bridge：Harvard University Press.

Williamson，Oliver E. 1964. *The Economics of Discretionary Behavior：Managerial Objectives in a Theory of the Firm*. Englewood Cliffs，N. J. ：Pren-tice-Hall.

＿＿＿．1970. *Corporate Control and Business Behavior*. Englewood Cliffs，N. J. ：Prentice-Hall.

＿＿＿．1983. "Credible Commitments：Using Hostages to Support Ex-change，" 73 *American Economic Review* 519–540.

Winston，Gordon C. 1980. "Addiction and Backsliding：A Theory of Com-

pulsive Consumption，"1 *Journal of Economic Behavior and Organization* 295 -
324.

Winter，S. G. 1964. "Economic 'Natural Selection' and the Theory of the
Firm，"4 *Yale Economic Essays* 225 - 272.

注释

［1］弗里德曼曾正确地强调指出，判断经济理论中的假设应当依据它们
的有用性，但正如我在其他地方指出的（1980），弗里德曼对经济理论及其方
法论问题仍然持一种过于狭隘的观点。还可参见 Hicks；Helm。

［2］卢斯和赖法（Luce and Raiffa）提出这一博弈，并将它归之于塔克
（W. W. Tucker）。还可参见 Olson；Rapoport and Chammah；Axelrod（1984）。
相关问题可参见 Sen（1961，1967）；Marglin；Watkins（1974，1984）；Re-
scher；Collard；Weymark；Regan。

［3］注意，这一完备性假设还要求，每个参与人所处的位置能够对结果
作出完备排序，同时并不知道实现这些结果的过程，也就是说，参与人能够
对"抽彩结果"进行排序（在给定目标的优先性的情况下，这种行为模式也
就是哈蒙德所规定的结果主义）。还需注意的是，不管是明确地还是隐含地，
在许多博弈的分析中，除了结果的完备排序外，通常还加上内在一致性的假
设（如"强独立性""必赢法则"）。

［4］如果目标不是自我相关的，那么这些排序的效率标准将不是帕累托
最优的。但是，我们无须假定每个人的福利独立于他人，而且目标的自我相
关性要求并非必须否定对他人的同情与反感因素。

［5］在某些情况下，目标的优先性并不能恰当地预测参与人的选择，我
们还需要补充一些行为假设，比如，不符合目标的完备性，不存在共同知识，
或者在策略组合与结果之间的因果联系存在着不确定性。

［6］共同知识不仅要求每个参与人知道其他参与人的目标、价值和博弈
的知识，而且也知道他们都彼此知道这一事实，包括 A 知道这一点，即 B 知

道 A 知道。

[7] 参见 Debreu；Arrow and Hahn（1971）。

[8] 还有一种不同的探讨路径是通过引入适当的契约安排来改变其激励结构（参见 Williamson，1983：537 - 538），从而改变这一博弈的性质。

[9] 这方面的文献现在极为繁多。不同类型的批判可参见下面这些人的论著：Schelling（1960，1984）；Marglin；Hirschman（1970，1982）；Williamson（1970）；Kornai；Herzberger（1973）；Hollis and Nell；Hirsch；Leibenstein；Scitovsky；Broome；Collard；Elster；Hahn and Hollis；Simon；Winston；Green；Hausman；Rosenberg；Margolis；Akerlof and Dickens（1982）；Akerlof（1983）；McPherson；Putterman and Di Giorgio；Williams（1985），等等。我自己在这一领域中探讨了经济的行为基础的不同方面，参见 Sen（1961，1966，1973，1974，1977，1982a）。

[10] 这一问题也许蕴涵在目标追求之外的价值观。参见 Williams（1973，1985）。

[11] 马克思注意到，虽然现代政治经济学倾向于假定"每个人的头脑中仅只有他的个人利益，并且不再有任何其他东西"，但事实上，"个人利益本身已经是为社会所决定的利益"（Marx，1857 - 1858：65 - 66）。福利认同的问题在社会人类学的文献中也占据了重要的地位（如 Das and Nicholas；Beteille）。还可参见 Lukes。

[12] 尤其参见 Nagel；Hirschman（1970，1982）；Margolis；Akerlof（1983）。

[13] 森（1974）和赫希（Hirsch）讨论了这一问题。还可参见瓦特金斯（Watkins，1974）与贝尔（Baier）的争论，以及 Watkins（1984）。乌尔曼-马格丽特（Ullmann-Margalit）精辟地探讨了该问题，虽然我并不"认可"她对 Sen（1974）的解释。

[14] 请注意，这是"行为准则"工具性应用的一个事例。当然，人们还有可能对某类行为准则赋予内在的价值，由此更一般地偏离了那种肆无忌惮

地追求一己私利的行为。参见 Williams（1973）。

［15］关于这个一般性问题，参见 Winter；Nelson and Winter；Matthews；Helm。

［16］"显示偏好"的正式定义指选择所蕴涵的二元关系，而不是指对这一关系任意独立于选择的解释。关于这类关系的规则特征，参见 Arrow（1959）；Sen（1971）；Herzberger（1973）；Suzumura。注意，只有通过对可能结果的各个子集进行有区别的选择才可得出显示偏好。

［17］另一种求得该解的方法是针对另一参与人的选择行为产生正确的"信念"（参见 Levi，1980，1982）。

［18］注意，与确信博弈一样，克雷普斯等人的解也要求"只有在每一方都假定另一方也将合作的情况下合作才有可能"（11）。事实上，这也是这一博弈之所以得名的"确信"特征（参见 Sen，1967）。为避免这一条件，对于囚徒困境的求解来说，不可或缺的"似真"目标要求对真实目标有更大的偏离（Sen，1974，pp. 78－80）。

第6章
理性与不确定性[*]

1. 一致性与利益

可以说，存在着两种主流的理性选择观，它们广泛见于决策论和经济学中。

（1）内在一致性：根据这一观点，理性选择仅仅被视作选择的内在一致性。

（2）自利追求：在这里，选择的理性等同于对自利的不止追求。

这两种观点都是针对确定性条件下的选择所给出的直截了当的解释。内在一致性方法更多地用于"显示偏好"理论，其中包含作为选择的内在一致性条件的各种显示偏好"公理"（参见 Samuelson，1947）。[1]在现代经济学理论中，"理性选择"很大程度上被视为完全等同于一致性选择，当且仅当它是足够一致的并具有一个二元的偏好表达（或者更严格的表述是，具有偏好排序所规定的表达）时，选择函数成为"可理性化的"函数。

自利观对于传统的和现代的经济理论中某些关键结论——如竞争均衡的帕累托最优性——的推导而言是至关重要的。[2]效用的传统理论——无论是边沁的快乐的计算还是不同种类的欲望的实现的

　　* 出自 *Theory and Decision* 18（1985），pp. 109 - 127，© by D. Reidel Publishing Company。

公式——为追求个人效用的理性提供了一个似乎很牢靠的基础。事实上，"效用"和"偏好"所具有的模糊性在自利与选择的中介上发挥了一个实质性的作用，从而给出了一个将理性选择与自利追求牢牢相连的景象。[3]

自利观往往与内在一致性观点相混，其办法是将利益或效用定义为"显示偏好"的二元关系（即表示其选择函数能够满足特定的内在一致性条件的二元关系）。但很显然，这种定义上的花招并未真正建立起选择与独立定义的自利之间的对应关系。个人通过选择来追求他的自利这一判断，与个人无论最大化什么（如果这种二元关系的确存在的话）[4]都可以视为他的效用（或利益）这一判断之间，存在着天壤之别。内在一致观与自利观根本上就不是一回事。

这里我将指出，这两种观点都不足以把握理性的内容。首先我们来看内在一致观。令选择函数 $C(.)$ 是"可理性化的"（亦即"二元的"），并用 R 来表示这种二元关系。[5]令 R 中的二元关系 R^* 表示"逆转"每种严格偏好的关系，$C^*(.)$ 表示由 R^* 生成的（且 R^* 上"可理性化的"）选择函数。如果一个具有不变的非选择特征的人（具有相同的感情、价值和兴趣等等）最终在每种情况下都选择了"对立的"一方，也就是说，根据 $C^*(.)$ 而不是 $C(.)$ 作出选择，那么就不能说他的选择仍然是"理性的"。但是这种"对立的"恰恰是一致的。

理性必然包括选择与其他特征的某些对应，任何内在一致性的观念很难充分把握它的内涵，不管这种内在一致性的条件如何严格。就此而言，内在一致性观念过于宽泛（尽管在一致性条件过分严格的情况下，它在其他方面限制过严）。相反，自利观却显然过于严格。个人如果追求他本人自利之外的某些目标，那并不意味着他缺乏理性或推理能力。[6]现实生活中的人也许是彻底自私的，也许不是，但若断定某个没有追求他自认为的自利的人必然是非理性的，则是极其荒谬的。

有理由认为，这两种标准的理性观的失误在于它们对辨别理性与非理性的推理（reasoning）没有给予充分和恰当的关注。推理所要求的不仅仅是一致性。[7]（而且我们也无须要求理性必须具有一种二元形式——这一观点可能需要更多的讨论。[8]）事实上，并不存在充分的理由让我们相信，个人的推理必然蕴涵着他的自利考虑。内在一致性的理性观只是间接地包含了推理——仅仅就一致性条件所可容许的范围之内。自利的理性观则拒绝承认任何追求非自利目标的过程中存在合理的选择。这两种观点在概括理性时都只是很狭隘地涉及推理。

一种常见的观点认为，当选择是在确定性条件下作出的时候，理性是"毫无问题的"，而若将理性——在确定性条件下是非常明确的——扩展到包含不确定性的情况时，则存在很大的困难。我将证明，这一观点是站不住脚的，把握不确定性条件下理性的巨大困难涉及许多问题，这些问题在确定性条件下的选择中也一样存在。

2. 推理与对应

理性必定涉及实际选择与推理应用的对应关系。存在两类理性失败的类型。个人有可能没有做到在经过推理和反思后他决定的应做之事。这一失败有许多原因，比如：（1）个人也许在行动时"未经任何考虑"；（2）个人对于应做之事考虑不周，因为没有发挥他应有的能力；（3）个人经过审慎推理，决意去做 x，但最终仍然做了 y，这是由于意志薄弱等原因（希腊人称之为 akrasia）。所有这些情况，都具有一个共同点，即此人若是审慎反思就会拒绝他现在的选择——从这个意义上说，此人的推理和选择之间缺乏下面的对应关系。我将这种情况称为"对应非理性"（correspondence irrationality）。[9]

与"对应非理性"相反，个人也许会由于他的推理能力的限度而无法做到理性。个人也许会尽其可能地对一项选择进行审慎地反思，但是再敏锐的推理也无法揭示出更多的有意义的内容。我将这种情况称为"反思非理性"（reflection irrationality）。在"对应非理性"的情况下，此人无法按照他自己的看法（或者他若审慎反思后所应具有的看法）来做应做之事，而在"反思非理性"的情况下，此人无法认清实现其目标所应采取的选择（就他所具有的信息基础而言），他若换一种选择也许就能更好地实现其目标。

我们用布利丹的驴子来说明这个问题。布利丹的驴子面对两堆都很有吸引力的干草而踌躇不决，最终饿死。这匹驴子是不是非理性的？当然，若没有关于这一故事更多的细节，我们并不能断定它是否理性。也许它是一匹极其高尚并乐意"行善"的驴子，为把这干草留给其他的驴子而决意饿死，它之所以犹豫不定是为了避免让其他驴子难堪。若果真如此，那么布利丹的驴子就绝不是非理性的（虽然理性的自利观这一学派仍然会这样看）。

无论如何，我们姑且假定，这匹驴子希望活下去，并且也无任何将干草遗赠其他驴子的打算。那么，它为什么不选择其中的一堆呢？它难道不明白，无论它如何排序，拒绝接触任何一堆干草并饿死是所有可能的三种选择中最糟的一种吗？如果它明白这一点，却仍然没有选择（比方说，由于贪婪），或者它若审慎反思就会明白这一点，但可惜并未如此反思（比方说，由于紧张），那么这就是

"对应非理性"。另一种可能是，这匹驴子完全不能认清形势（比方说，它不能明白，即使它不能决定两堆干草中哪堆更大，但选择任何一堆也要比完全不选择明智得多）。[10] 如果是这种情况，它体现的是"反思非理性"。也许这匹驴子读过太多的关于"显示偏好"理论的书籍，它认为，当 y 也可供选择时，它无法选择 x，因为它无法确定 x 优于 y（或者至少和 y 一样好），而且也无法确定——根据显示偏好的"弱公理"——当 x 可供选择时，它永远不会选择 y。

　　这两种理性观都存在着深刻的问题，因为无法提出一种简单的标准来对某项是否理性作出决定性的判断。"对应理性"包含着反事实（此人若经审慎反思将会如何决定）的运用。虽然社会科学很难避免反事实[11]，但那些实际的操作主义者最害怕误入"如果……那将会怎么样"之类的判断。同理，在诊断"反思非理性"的时候，我们也无法轻易地知道这一判断究竟有多少理由。比如说，个人由于无法计算出（它与其选择行动相关）一道复杂的数学难题——它的解就包含在问题当中，从而作出了错误的选择，我们能否称他是"反思非理性"的？我们应如何划定反思理性与非理性的界线？

　　我希望大家明白的是，"对应理性"和"反思理性"都存在可判定性（decidability）问题，但我并不认为它们对我所提出的理性观点形成了冲击。恰恰相反。我的观点包括：理性蕴涵着内在的含糊之处；对应理性和反思理性的可判定性问题只是使这些含糊之处更为清晰；无论处在确定性还是不确定性下，这些含糊之处都是不可避免的；标准的理性观通过错误地规定理性问题来避免这些含糊之处（根据其本身的观点算是避免了它们）。我还要指出的是，试图抛弃所有含糊之处，并达致一种在每种情况下都必定能成的检验，这必将缺乏使理性成为一个重要概念的根据。事实上，理性的部分不可判定性是我的论文的重要观点。

判定性问题并未使这一概念毫无用处。确认许多含糊之处既很方便，也很有益处。事实上，那种——通常隐含地——认为一个满意的标准必须是"完备的"的观念往往对社会科学有害，因为它强迫我们在毫无根据的失败主义与武断的成就之间作出选择。

我曾经论证了在效用的人际比较、不平等的测度、真实收入比较、计量贫困和测度资本等问题上系统考虑不完备性的必要性。[12] 在理性问题上也应采取相同的办法。在"对应非理性"问题上尤其如此，个人会毫不迟疑地承认，如果他曾周全地考虑过，他会作出不同的选择。在由于"意志薄弱"而导致的"对应非理性"方面也是如此，虽然个人的确作出过审慎思考的决定，最后却改变了初衷。

同理，虽然在如何将"反思非理性"的标准嵌入推理过程中还存在许多疑问，但在某些情况下是毋庸置疑的。我们都知道，人们是通过实践而习得决策技术的，而且决策理论的一个重要目标就是证明人们有能力对决策进行推理。[13] 尽管要作出明确的划分还存在许多困难，但有理由承认，在某些并不复杂的决策过程中，存在着一些明显的推理失误，若是经过一些培训的话它们本是可以避免的。

3. 不确定性和推理

前面大致给出了关于估价选择理性的基本观点，下面我将简要比较它与其他观点的不同之处。它与纯粹形式的"内在一致性"和"自利观"之间的区别是不言而喻的。但另外一些观点则相对更为复杂一些。

约翰·海萨尼（John Harsanyi，1978）提出了自己的"社会行为的理性选择模式"，并认为他的理论是"一种规范（规定性的）理论"，并且"它着重讨论的问题是，每个参与人应如何行动才能最有效地促进他本人的利益"（p. 16）。海萨尼的观点与我的观点的区别在于，他明显集中于个人如何促进"他本人的利益"（而不是任何他可能具有的其他目标）这一点上。不过，这也许并不能构成大的问题，因为海萨尼的很多分析都可以重新解释为对普遍目标的追求——服从于某些形式上的限制——而不仅仅是自利最大化的特殊目标。

另一个更为根本性的差别源自海萨尼所强调的规定性动机，这最终仍然将一致性条件视为决策理论的忠告，认为任何人若想富有意义地实践就必须服从这些忠告。相反，"对应理性"并不是规定性的，而"反思理性"也只是有条件地具有规定性。

下面用一个事例来说明这一对比，虽然这几乎是冒着感情用事的危险。按照海萨尼的框架，阿莱（Allais）对于以他命名的悖论中的选择的反应以及萨维奇（Savage）有名的第一反应（first-blush response）（与阿莱的反应相似）都是"非理性的"，因为它们都违背了被视作"理性的规定要求"的"强独立性"（strong independence）条件。相反，在我的"对应理性"框架中，阿莱的选择并不是"对应非理性的"，他经过推理反思之后为他的选择辩护，并且继续这种选择。[14] 另外，萨维奇的选择很显然是"对应非理性的"，他在对选择进行深思熟虑的反思之后，拒绝了他的第一次选择。

至于"反思非理性"，它存在更多的可判定性问题。但如果某人认定，阿莱在这些选择上的推理是错误的，他就必须说明，为什么这些恰当的证明"事实上"是不可接受的。这一事例中，我们有必要去追求反思理性，但这种反思理性与作为一致性条件的强独立性是完全不同的两码事。在下一节中，我将对这一问题给予更细致的讨论。

不管是在不确定性中的决策分析还是许多理性决策模型中，"内在一致性"的观点都极其流行。[15]某些模型——比如冯·诺依曼-摩根斯坦效用模型——无论是在不确定性条件下的理性行为上提出重要问题，还是在"解释或预测现实生活中人们的行为"方面（Harsanyi，1978，p. 16），都取得了很大的成就。[16]后面这一要求——对现实行为的解释与预测——包含了一些与理性不同的问题，这一区别在卡纳曼、斯罗维克、特韦尔斯基等人所创立的实验研究解释明显非理性的心理反应中尤其重要。[17]

就理性而言，内在一致性观点在不确定性条件下的决策问题上所遇到的困难，与那些在确定性条件下的决策中的困难并无本质上的区别。个人可能是内在一致的，但仍然可能做那些与他应追求的目标相悖的事情。正如我们前面所讨论的，根本就不存在一种内在一致性条件——无论它如何严格——能够解决这一问题。此外，通过合理的反思，个人也许会实质性地修正他的选择，哪怕第一反应满足了所有的内在一致性条件。很显然，不论这些一致性对于理性而言是否必要，它们都不可能是理性的充分条件。

必要性问题也提出了类似于确定性条件下的选择问题，而且逻辑力量更强。"为什么要求二元选择"这一问题现在还得到诸如"为什么要求强独立性"之类的问题的补充。这些都是要求给出支持或反对理由的问题。它反过来有助于"对应理性"（蕴涵"自控"）和"反思理性"（涉及从决策论的培训到"求同存异"等一系列问题）这些概念的应用。

4. 独立性与理性

用于不确定性条件下的选择中的理性公理中争议最大的可以肯定地说是强独立性。这一条件的其中一个版本要求，彩票 L^1 优于彩票 L^2，当且仅当对任意彩票 L^3 和任意概率 p，组合彩票（pL^1，$(1-p)L^3$）优于组合彩票（pL^2，$(1-p)L^3$）。将每种彩票与第三种相混合——在这两种情况下按相同的比例——并未改变它本身的排序。阿莱著名的反例显然违背了这一公理，还有许多其他有趣的反例也一样。

强独立性公理对于预期效用理论来说确实极其重要。在给定这一公理之后，在不同的彩票中选择时估价的线性形式就无法避免，因为其他所要求的公理（包括完备排序和连续性的温和条件）并不是特别严格。[18]有关预期效用理论上的争论绝大部分都围绕着独立性这一问题。虽然强独立性对于理性条件来说似乎是理所当然的必要条件——对于内在一致性来说确乎如此——它肯定还需要更进一步的辩护。就布利丹的驴子这一事例来看，违背强独立性的条件并不必然意味着愚蠢。如果作出了"错误的"选择，这个错误也不是那么直接，而且与声称强独立性对合理选择是自明的条件相比较，在这方面我们有着更充分的理由。

为预期效用（蕴涵强独立性）辩护的一种广为流传的观点是彼得·哈蒙德（Peter Hammond，1982）从他所谓的——稍微有些冒昧——"结果主义"所推导出来的预期效用理论。根据哈蒙德的概括，"结果主义"要求应选择的行动只能限于"偶然结果的可行集合"，它们反映了总体的不确定性所规定的"奖金"。哈蒙德再加上连续性，就得出基于"概率结果主义"的预期效用，其中不确定性是一种概率规定。此处的操作性选择仅仅限于"结果彩票"，而选择行动将遵从这些规则。

哈蒙德的论证有趣且非常重要，但对于建立预期效用的排他性的合理性来说，它未免不够充分（他自己也不认为是充分的）。部分困难源自结果主义推理的限度，近年来，哲学界对这一问题给予了相当的注意（参见 Williams，1973，1982；Nagel，1980；Parfit，1984）。而且哈蒙德所规定的属性，在某些重要的方面，甚至比传统的结果主义还要严格。道德哲学中主流的"结果主义"观点主要是建立在功利主义之上，后者将注意力限制在各种结果状态中相关人的"效用"上。[19]在哈蒙德的公式中，这些精神状态根本就无关紧要，他严格遵从冯·诺依曼-摩根斯坦的"预期效用"的传统，其中"效用"的确定依据是各类彩票的选择而不是其他方式。当然，这将引起阿莱及其追随者一方的反对，他们宁愿采用影响彩票选择的心理基数效用分析。[20]这一问题极其重要，因为对"可能会那样"的结果的考虑通过影响个人的幸福感觉及其他心理特征而影响有关彩票的选择。

当然，这是一扇通向关于"后悔"（regret）之类的老主题［比如，"最小最大的后悔"（minimax regret）或 Bell（1982），Loomes and Sudgen（1982）等的新理论］的大门，预期效用理论倾向于把这些主题视为不相干的事物。像"后悔"之类的主题涉及两个不同的问题，人们往往存在某种程序上的混淆。有必要区别"后悔"中的理性与后悔发生时思考后悔的理性。即使我对某件已经无可挽回的事情的后悔是非理性的，如果不管我愿不愿意，我都必定会后悔，那么，我也就必然会思考后悔这一事实。[21]

除了这类理性所涉及的心理问题，我们还可以进一步对整个结果主义观念——比如主体的相关性（谁作出什么决策）——提出质疑。"结果主义彩票"并不需要这类信息，而且只要结果相同，它也就没有必要弄清楚是经由"决策节点"（decision node）还是经由"机会节点"（chance node）的路径。但是"结果主义推理"还存在另一类包括更多信息的方式（参见 Sen，1982b，1983），从而可以有这类考虑，否则的话，我们必须超越"结果主义彩票"。

我认为，强独立性条件对于下面两种视角来说都存在着深刻的问题：（1）心理敏感性（psychology sensitivity）；（2）主体敏感性（agency sensitivity）。此外，我们还可以加上第三点，即（3）信息敏感性（information sensitivity）。个人所拥有的关于奖金和不确定性的信息，自然会反映在"结果彩票"中，但他对这些结果所赋予的值也可能依赖于他从所面临的各种彩票中所学习到的东西。在传统的"预期效用"理论中存在着不可理喻的不对称，其中观察者（如决策分析家）可以通过观察选择者的决策而知道选择者的偏好，但选择者不能够利用他所面临的彩票的性质来了解这一世界的性质，世界的性质可能会影响他对结果及其选择的估价。可以肯定的是，并不存在这类学习的形式限制，而一旦系统承认了这类学习效应，这些预期效用公理（包括"强独立性"）就很难站得住脚。当一项彩票与其他彩票形成组合时，个人对状态和行动的估值就会发生变化，甚至放在一个比较宽泛的结果主义框架中也是如此。

各类文献（比如 Allais，1953；Machina，1981；Tversky，1975）所提供的一些有关预期效用及其公理（包括"强独立性"）的反例可以归为这三类情况，尤其是前面两种（心理敏感性与主体敏感性）。[22]

下面我另外举出三个"反例"。

事例 1　没有信件的反应

你下班后回到家，然后打开邮箱。你也许希望在一次全国性的彩票中获得奖金（你认为其概率是 p），在这种情况下，你可能会得到一封信件。如果没有信件，你就会去做某些需要花费时间的家务，比如油漆垃圾桶。在另一种情况下，也有一种可能性（你认为其概率是 p），你等来的是一张关于汽车事故的法庭传票——警察尚未彻底了解这一事情，本来昨天就应发出传票却拖延到今晚。如果你没有信件，你可能会打开一瓶香槟，自斟自饮，而不是去油漆垃圾桶。没有信件的意义依赖于有可能会发生但并未发生的事情（一种情况下是获得彩票奖金，另一种情况下是收到法庭传票）。这样，你的偏好如下：

$$\begin{bmatrix} p，获得奖金，没有传票 \\ \\ 1-p，没有奖金，没有 \\ 传票，油漆垃圾桶 \end{bmatrix} \quad 优于 \quad \begin{bmatrix} p，获得奖金，没有传票 \\ \\ 1-p，没有奖金，没有 \\ 传票，喝香槟 \end{bmatrix}$$

并且

$$\begin{bmatrix} p，没有奖金，收到传票 \\ \\ 1-p，没有奖金，没有 \\ 传票，喝香槟 \end{bmatrix} \quad 优于 \quad \begin{bmatrix} p，没有奖金，收到传票 \\ \\ 1-p，没有奖金，没有 \\ 传票，油漆垃圾桶 \end{bmatrix}$$

"没有信件"——意味着"没有奖金，没有传票"——根据获得奖金或收到传票的不同期望有着不同的解读（根据不同的抽彩结果，作出喝香槟或者油漆垃圾桶的不同决定）。

这样，你完全违背了强独立性，你还得预备面对"预期效用"

问题。[23]但如果你在进一步反思后仍然没有改变你的想法，那么你就会背上我们给你贴上的"反思非理性"之名。

事例 2　医生的困境

常医生生活在一个偏僻的农村，他面对两个生命垂危的病人，而他却只有一盒药，那盒药只能拯救其中一个。如果用于郝，常医生认为，郝将有 90％ 的治愈的希望。如果把药用在林身上，救活他的概率将更高一些，常医生认为大概是 95％。如果把药分开用，那谁也救不了。如果由常医生在这两个人中毫不含糊地选择其中一个（"请说出来是谁"），他可能会把药给林。但若存在一个机会各半的抓阄的办法（直接或者间接地由其他医生决定），常医生宁可抓阄，也不愿意自主选择任何一个。这就是说，他认为，结果 $L^1 =$（0，郝；1，林）优于 $L^2 =$（1，郝；0，林），但又认为（0.5，郝；0.5，林）要优于（0，郝；1，林），这也就等于他认为（0.5，L^1；0.5，L^2）要优于（0.5，L^1；0.5，L^1）。

这一情况违背了强独立性和预期效用理论，这可能是由于常医生要在对待郝和林的问题上有一种公平感（并不因为郝生存的概率稍低而忽视郝，毕竟他治愈的可能性也比较高）。[24]还有可能是因为，常医生拒绝由他个人在郝与林之间作出选择，这像是"判处"其中一个人的死刑。事实上，也许常医生很希望由林赢得这次抓阄，因为林更有可能痊愈，但他宁可选择抓阄，也不愿意由他本人把药给林，从而完全忽略郝的权利。实际选择的主体——常医生是否必须决定拯救其中一位（从而让另一位死去）——对他而言具有非常重要的意义。当然，常医生更偏好于抓阄是否在道德上合理，这仍然是一个值得讨论的问题（两方面都有理由），但我们很难据此判定，常医生在"主体敏感性"方面是彻底的非理性。

事例3　驱逐出境的消息

阿以莎是一位住在英国的移民，在选择事业方面她考虑是当一名民法律师，还是商法律师。如果要在两者之间选择的话，她更愿意选择后者，即当商法律师。但她获知，由于她的移民文件上还有一些微小的技术错误（并且她来自人们为与白人相区别而委婉地称作"新"联邦的国家），她在被驱逐出境与从事律师业上各具有50％的可能性。她决定，如果存在这种前景并且如果——最终——她并未被驱逐出境，她将选择成为一名民法律师。无论如何，如果她并未被驱逐出境，现实世界中的一切（除了她头脑中的思想）依旧原样，就好像这些问题从未发生过一样。那么她是否由于违背了强独立性而是非理性的？

阿以莎的选择可以根据"心理敏感性"而得到合理的支持，就像"没有信件的反应"那个事例一样。她也有可能会认为，她现在有"责任"关注那些曾经涉及她本人的公民权利的问题。但在此我不考虑这两种情况。（我假定阿以莎的心理状态并未受此事影响，并且对于她可能驱逐出境的前景一事也没有特殊的道德责任感。）我要指出的是她本人面临着被驱逐出境的可能这一事实，使她更多地了解移民以及移民所面临的各种问题。世界并无二致，但她的认识多少受了她移民时所面临的不确定性的影响。当阿以莎面临着本人被驱逐出境的前景时，她的这种偶然偏好反映了她对英国移民政策的现状以及公民权利问题的实质有了更多的理解。

如果个人所面临的不确定性的性质影响了个人的知识，并进而影响了此人对结果的估价（但并没有改变"结果"，就这一文献的定义而言），那么预期效用理论中的诸公理条件就确实亟待修正了。

5. 结束语

本文的主要论点简短归纳如下：

（1）"理性选择"的两种主流观点，即"内在一致性"和"自利追求"，都存在缺陷。

（2）那种认为"理性"在确定性条件下的选择中是"没有问题的"，而在不确定性条件下的选择中则存在许多困难的说法是错误的。无论选择者所面临的是确定性条件还是不确定性条件，许多严重的困难都照样存在。

（3）理性选择的问题可以分为两类，它们分别是"对应理性"和"反思理性"。

（4）"对应非理性"是指个人的理性思考与他的实际选择之间缺乏对应性。之所以如此，可能有不同的原因，比如，（i）行动"未经考虑"；（ii）考虑不周；（iii）意志薄弱。

（5）"反思非理性"指缺乏审慎反思的情形。即使尽可能审慎，仍然可能忽略某些关联以及相关的事情，这可能是由于知识的限制，也有可能是因为缺乏关于问题决策的训练。

（6）"对应理性"和"反思理性"都存在着重要的可判定性问题。但对本文所提出来的理性观来说并不重要。理性的概念包含着内在含糊之处，这些含糊之处都与"对应理性"和"反思理性"的可判定性问题相关。如果某种属性本身就蕴涵着含糊之处的话，那么检验这一属性的合理标准也无法得出完备而清晰的答案。存在着强烈的理由要求在理性判断中系统地承认不完备性，并将（任意一种）非理性的、明白无误的事例与其他事例区别开来。

（7）"预期效用"理论提出了一些有趣的关于"反思理性"的

问题。预期效用理论的诸公理（包括"强独立性"）和"概率结果主义"的条件都给它带来了严重争议。尽管这一理论也不乏可取之处，但也存在着严重的反对理由。在违背强独立性和概率结果主义的事例上，"反思理性"有着真切的含糊性。

（8）违背强独立性的事例有三种不同的根据，它们是：（i）心理敏感性；（ii）主体敏感性；（iii）信息敏感性。这些根据可以解释见诸文献的反例中对预期效用公理的合理违背。

（9）本文对强独立性的合理性提出了三个反例，分别是：（i）"没有信件的反应"；（ii）"医生的困境"；（iii）"驱逐出境的消息"。第一个事例说明了"心理敏感性"，第二个事例则说明了"主体敏感性"，而第三个事例既可以视作"心理敏感性"的例子，也可以视作"信息敏感性"的例子。

（10）概而言之，理性选择指的是选择与个人推理及其推理质量的对应问题。虽然两种问题都很难处理，但它们都是不得不面对的问题。如果试图避免这些问题，无论是通过外在地施加具体目标或实质性规则（比如，自利最大化），还是通过施加内在一致性条件（比如，二元性，强独立性），都将会导致失去选择理性的一些重要维度。并不存在这样一组内在一致性条件——无论它如何严格——可以成为选择理性的充分条件，而且看起来很平常的一致性条件也不可视为选择理性的必要条件。理性需要的是一种不那么机械的观点。

参考文献

Akerlof, G. (1983). "Loyalty Filters," *American Economic Review*, 73.

Allais, M. (1953). "Le Comportement de l'Homme Rational devant le Risque: Critique de Postulates et Axiomes de l'Ecole Americaine," *Econometrica*, 21.

Allais, M. , and Hagen, O. , eds, (1979). *Expected Utility Hypotheses and the Allais Paradox: Contemporary Discussions of Decisions under Uncertainty with Allais' Rejoinder* (Dordrecht: Reidel).

Arrow, K. J. (1951a). *Social Choice and Individual Values* (New York: Wiley, 2nd edition, 1963).

Arrow, K. J. (1951b). "An Extension of the Basic Theorems of Welfare Economics," in J. Neyman, ed. , *Proceedings of the 2nd Berkeley Symposium of Mathematical Statistics* (Berkeley, Calif: University of California Press).

Arrow, K. J. (1959). "Rational Choice Functions and Orderings," *Economica*, 26.

Arrow, K. J. (1970). *Essays in the Theory of Risk-Bearing* (Amsterdam: North-Holland).

Arrow, K. J. (1982). "Risk Perception in Psychology and Economics," *Economic Inquiry*, 20.

Arrow, K. J. (1983). "Behaviour under Uncertainty and Its Implications for Policy," in Stigum and Wenstøp (1983).

Arrow, K. J. and Hahn, F. H. (1971). *General Competitive Analysis* (San Francisco: Holdenday; republished North-Holland, Amsterdam, 1979).

Bell, D. E. (1982). "Regret in Decision Making under Uncertainty," *Operations Research*, 30.

Borch, K. , and Mossin, J. (1968). *Risk and Uncertainty* (London: Macmillan).

Broome, J. (1984). "Uncertainty and Fairness," *Economic Journal*, 94.

Campbell, D. E. (1976). "Democratic Preference Functions," *Journal of Economic Theory*, 12.

Chipman, J. S. , Hurwicz, L. , Richter, M. K. , and Sonnenschein, H. F. , eds. , *Preference Utility and Demand* (New York: Harcourt).

Cohen, L. J. (1982). "Are People Programmed to Commit Fallacies? Further Thoughts about Interpretation of Experimental Data on Probability Judgement," *Journal of the Theory of Social Behaviour*.

Davidson, D. , Suppes, P. , and Siegel, S. (1957). *Decision Making: An Experimental Approach* (Stanford: Stanford University Press).

Debreu, G. (1959). *A Theory of Value* (New York: Wiley).

Diamond, P. (1967). "Cardinal Welfare, Individualistic Ethics, and Interpersonal Comparisons of Utility: A Comment," *Journal of Political Economy*, 75.

Drèze, J. H. (1974). "Axiomatic Theories of Choice, Cardinal Utility and Subjective Probability: A Review," in J. H. Drèze, ed. , *Allocation under Uncertainty: Equilibrium and Optimality* (London: Macmillan).

Edwards, W. , and Tversky, A. , eds. (1967). *Decision Making* (Harmondsworth: Penguin Books).

Elster, J. (1978). *Logic and Society* (New York: Wiley).

Fishburn, P. C. (1973). *The Theory of Social Choice* (Princeton, N. J. : Princeton University Press).

Fishburn, P. C. (1981). "Subjective Expected Utility: A Review of Normative Theories," *Theory and Decision*, 13.

Gärdenfors, P. , and Sahlin, N. -E. (1982). "Unreliable Probabilities, Risk Taking and Decision Making," *Synthese*, 53.

Hammond, P. J. (1976). "Changing Tastes and Coherent Dynamic Choice," *Review of Economic Studies*, 43.

Hammond, P. J. (1982). "Consequentialism and Rationality in Dynamic Choice under Uncertainty," Technical Report 387, Institute for Mathematical Studies in the Social Sciences, Stanford University.

Harsanyi, J. C. (1966). "A General Theory of Rational Behaviour in

Game Situations," *Econometrica*, 34.

Harsanyi, J. C. (1977). *Rational Behaviour and Bargaining Equilibrium in Games and Social Situations* (Cambridge: Cambridge University Press).

Herzberger, H. G. (1973). "Ordinal Preference and Rational Choice," *Econometrica*, 41.

Hirschman, A. O. (1982). *Shifting Involvements* (Princeton: Princeton University Press).

Jeffrey, R. C. (1965). *The Logic of Decision* (New York: McGraw-Hill).

Kahneman, D., and Tversky, A. (1979). "Prospect Theory: An Analysis of Decisions under Risk," *Econometrica*, 47.

Kahneman, D., Slovik, P., and Tversky, A. (1982). *Judgment under Uncertainty: Heuristics and Biases* (Cambridge: Cambridge University Press).

Kanger, S. (1976). "Choice Based on Preference," mimeographed, Uppsala University.

Keeney, R. L., and Raiffa, H. (1976). *Decisions with Multiple Objectives: Preferences and Value Tradeoffs* (New York: Wiley).

Levi, I. (1974). "On Indeterminate Probabilities," *Journal of Philosophy*, 71.

Levi, I. (1982). "Ignorance, Probability and Rational Choice," *Synthese*, 53.

Loomes, G., and Sugden, R. (1982). "Regret Theory: An Alterative Theory of Rational Choice," *Economic Journal*, 92.

Luce, R. D., and Raiffa, H. (1957). *Games and Decisions* (New York: Wiley).

MacCrimmon, K. R. (1968). "Descriptive and Normative Implications of Decision Theory Postulates," in Borch and Mossin (1968).

Machina, M. (1981). " 'Rational' Decision Making vs. 'Rational' Decision

Modelling?" *Journal of Mathematical Psychology*, 24.

Machina, M. (1982). " 'Expected Utility' Analysis without the Independence Axiom," *Econometrica*, 50.

Machina, M. (1983). "Generalized Expected Utility Analysis and the Nature of Observed Violations of the Independence Axiom," in Stigum and Wenstøp (1983).

McClennen, E. F. (1983). "Sure-Thing Doubts," in Stigum and Wenstøp (1983).

Margolis, H. (1982) . *Selfishness, Altruism and Rationality* (Cambridge: Cambridge University Press).

Nagel, T. (1970). *The Possibility of Altruism* (Oxford: Clarendon Press).

Nagel, T. (1980). "The Limits of Objectivity," in S. McMurrin, ed. , *Tanner Lectures on Human Values* (Cambridge: Cambridge University Press).

Parfit, D. (1984). *Reasons and Persons* (Oxford: Clarendon Press).

Plott, C. (1973). "Path Independence, Rationality and Social Choice," *Econometrica*, 41.

Raiffa, H. (1968). *Decision Analysis* (Reading, Mass. : Addison-Wesley).

Ramsey, F. P. (1931). "Truth and Probability," in F. P. Ramsey, *The Foundations of Mathematics and other Logical Essays* (London: Kegan Paul).

Richter, M. K. (1971). "Rational Choice," in Chipman, Hurwicz, Richter, and Sonnenschein (1971).

Samuelson, P. (1947) . *The Foundations of Economic Analysis* (Cambridge, Mass. : Harvard University Press).

Savage, L. J. (1954). *The Foundations of Statistics* (New York: Wiley).

Schelling, T. C. (1984). "Self-Command in Practice, in Policy, and in a Theory of Rational Choice," *American Economic Review*, 74, Papers and Proceedings.

Schick, F. (1984). *Having Reasons: An Essay on Rationality and Sociality* (Princeton: Princeton University Press).

Schwartz, T. (1972). "Rationality and the Myth of the Maximum," *Nous*, 7.

Sen, A. K. (1970a). *Collective Choice and Social Welfare* (San Francisco: Holden-Day; republished by North-Holland, Amsterdam, 1979).

Sen, A. K. (1970b). "Interpersonal Aggregation and Partial Comparability," *Econometrica*, 38; "A Correction," *Econometrica*, 40 (1972).

Sen, A. K. (1971). "Choice Functions and Revealed Preference," *Review of Economic Studies*, 38.

Sen, A. K. (1973). "Behaviour and the Concept of Preference," *Economica*, 40.

Sen, A. K. (1977a). "Social Choice Theory: A Re-examination," *Econometrica*, 45.

Sen, A. K. (1977b). "Rational Fools: A Critique of the Behavioural Foundations of Economic Theory," *Philosophy and Public Affairs*, 6.

Sen, A. K. (1979). "Utilitarianism and Welfarism," *Journal of Philosophy*, 76.

Sen, A. K. (1982a). *Choice, Welfare and Measurement* (Oxford: Blackwell, and Cambridge, Mass.: Harvard University Press).

Sen, A. K. (1982b). "Rights and Agency," *Philosophy and Public Affairs*, 11.

Sen, A. K. (1983). "Evaluator Relativity and Consequential Evaluation," *Philosophy and Public Affairs*, 12.

Sen, A. K. (1984a). *Resources, Values and Development* (Oxford: Blackwell, and Cambridge, Mass.: Harvard University Press).

Sen, A. K. (1984b). "Rationality, Interest and Identity," written for a festschrift for A. O. Hirschman.

Simon，H. A. (1957). *Models of Man* (New York: Wiley).

Stigum，B. P. , and Wenstøp，F. , eds. (1983). *Foundations of Utility and Risk Theory with Applications* (Dordrecht: Reidel).

Sugden，R. (1985). "Why Be Consistent? A Critical Analysis of Consistency Requirements in Choice Theory," *Economica*，52.

Suzumura，K. (1976). "Rational Choice and Revealed Preference," *Review of Economic Studies*，43.

Suzumura，K. (1983). *Rational Choice，Collective Decisions and Social Welfare* (Cambridge: Cambridge University Press).

Tversky，A. (1975). "A Critique of Expected Utility Theory: Descriptive and Normative Considerations," *Erkenntnis*，9.

Tversky，A. , and Kahneman，D. (1974). "Judgement under Uncertainty: Heuristics and Biases," *Science*，185.

von Neumann，J. , and Morgenstern，O. (1947). *Theory of Games and Economic Behaviour* (Princeton: Princeton University Press).

Williams，B. (1973). "A Critique of Utilitarianism," in J. Smart and B. Williams，*Utilitarianism: For and Against* (Cambridge: Cambridge University Press).

Williams，B. (1982). *Moral Luck* (Cambridge: Cambridge University Press).

注释

[1] 还可参见 Arrow (1959)，Richter (1971)，Sen (1971)，Herzberger (1973)。

[2] 参见 Arrow (1951b)，Debreu (1959)，Arrow and Hahn (1971)。这些结论要求人们的实际行为是自利最大化的，而这里所蕴涵的进一步假设即

实际行为也是"理性的"（被视为自利最大化）。

［3］参见 Sen（1973），Sen（1982a）。

［4］参见 Arrow（1959），Sen（1971），Herzberger（1973）。

［5］参见 Richter（1971），Sen（1971），Suzumura（1976）。

［6］参见 Nagel（1969），Sen（1973，1977a），Hirschman（1982），Margolis（1982），Akerlof（1983），Schelling（1984）以及 Schick（1984）。

［7］在一篇很有见地的评论文章中，马其纳（Mark Machina，1981）指出："一个人不喜欢芦笋，这绝不是非理性的。"这当然不是。（虽然他没口福！）但是，如果这位讨厌芦笋的人一直在吃它，而且又提不出选择这一讨厌事物的理由（比如芦笋中含有某种特殊的维生素，或者如不吃这一"蔬菜"将面临某个患有芦笋癖的黑帮的生命威胁），我们很难把他视为理性的。就此处的例子而言，与选择的理性相关的是选择和推理之间的对应以及推理的质量。在确定性的环境下，马其纳将理性视为个人偏好的"传递性"。

［8］在"二元"选择的合理性问题上有着不同的看法，参见 Arrow（1951a），Sen（1970a，1977a），Schwartz（1972），Fishburn（1973），Herzberger（1973），Plott（1973），Kanger（1976），Campbell（1975），Suzumura（1983），Sugden（1985）。

［9］我曾在 Sen（1984b）中讨论了"对应理性"中的动机问题。

［10］关于布利丹的驴子，还有一种解读——也许是最常见的解读——认为，这两堆干草对驴子是无差异的（而不是认为它不能决定哪堆更好）。若是这样，驴子就更没什么理由不选择其中的任意一堆干草了（因为不管它如何选择，都可以保证它的最大化）。

［11］参见 Elster（1978）。

［12］参见 Sen（1982a，1984a）。

［13］参见 Raiffa（1968），Keeney and Raiffa（1976）。

［14］还可参见 Allais and Hagen（1979），Stigum and Wenstøp（1983）。

［15］参见 Fishburn（1981），其中精辟地分析了这一问题。

［16］还可参见 Arrow（1970）。

［17］尤其参见 Kahneman，Slovik，and Tversky（1983）。关于人们所观察到的心理现象中某些所谓的非理性，柯亨（Cohen，1983）提出了一个富有挑战性的理性辩护。还可参见 Jeffrey（1965），Levi（1974，1982），Arrow（1982，1983），Gärdenfors and Sahlin（1982），Machina（1983），等等。

［18］独立性条件对于整体线性（即固定效用）分析是极其必要的，但对于更宽松的带有"局部效用"（用于权重效用的局部线性系数）的"预测效用分析"就不必要了。参见 Machina（1982）。

［19］我曾经指出，即使对于结果主义而言，这种仅仅集中于"效用结果"的条件也是对功利主义观点过于严格的限制，参见 Sen（1979）。

［20］关于个人对于选择行动的感觉上"实际的心理现实"（比如，阿莱的选择）与预期效用程序所派定的"心理价值"之间的区别，参见 Machina（1981）。

［21］也许只有一个由严格的奶妈所教育出来的英国上等人士才会相信，如果一个人认定某种心理态度是不明智的，那么他肯定能够防止这种情绪的发生。

［22］还可参见 MacCrimmon（1968），Drèze（1974），Allais and Hagen（1979），McClennen（1983），Stigum and Wenstøp（1983）。

［23］处理这一情况的另一个办法是，把你的"失望"（没有获得奖金）或者"解脱"（没有收到传票）纳入你的状态或结果描述中，但这与预期效用相背，并且使"强独立性"完全失去了意义。第三种可能性是假定此人并不知道将会是什么结果（即不知道等来的是奖金还是传票）。但是，如果将这种无知与这种在各种抽彩结果上的理性决策相结合，我们就不得不假定此人在作出决策后已经忘记了彩票（和奖金）的性质。像这类非常巧妙的手段并不能真正拯救"强独立性"。

［24］关于对称的个人位置上的不同情况，参见 Diamond（1967），Sen（1970a），Broome（1984）。

第7章
非二元选择与偏好[*]

1. 引 言

斯蒂格·坎加尔（Stig Kanger）是一位极富理解力和创造性的哲学家。他在逻辑学、选择理论、权利理论以及许多其他领域中都作出了广泛的贡献，这些贡献都具有重要的价值。但他不是那种抱定一个目标就矢志不渝的人，往往在某个领域里作出了极其富有创新价值的成就之后，还不待他所开创的工作完成，就去探索另一个新的领域。

这种情形在选择理论上非常突出。他在这方面富有邃识洞见，提出了深刻的观点。他的一篇薄薄的论文《基于偏好的选择》（Choice Based on Preference）具有彻底的独创性，它完成于20世纪70年代中期（本文称之为 Kanger I）。它在第一次被提交出来的时候，就是残缺不全的（文中缺少两节，并且没有参考文献），并且一直到他逝世10多年后仍然没有补足完篇。接下来的论文《选择与形式》（Choice and Modality，以下称 Kanger II）似乎想去

---

　　* 谨以此文献给斯蒂格·坎加尔。非常感激 Nich Baigent，Ben Fine，Dagfinn Follesdal，Wlodzimierz Rabinowicz，Ryszard Sliwinski，以及感激多年来斯蒂格·坎加尔本人对这一主题及其相关问题极富教益的讨论。选自 Logic，*Methodology and Philosophy of Science Ⅸ*，Proceedings of the Ninth International Congress of Logic，Methodology，and Philosophy of Science，Uppsala，Sweden，August 7 - 14，1991，edited by Dag Prawitz，Brian Skyrms，and Dag Westerstahl（Amsterdam: Elsevier Science，1994）。

补足前篇，但实际上它只是扩展了第一篇的分析，而且它本身也还
留有许多未竟的工作。[1]

本文将讨论自坎加尔在决策理论中所作出的创造性的贡献后该
领域出现的几个具体问题。由于坎加尔的论文都没有完篇，这样做
将不得不对坎加尔实际的思想作出一些揣测。在这方面，我有幸曾
与他有过多次交流，第一次是在 20 世纪 70 年代中期我在伦敦经济
学院的时候，后来是在我于 1978 年和 1987 年两次造访乌普萨拉的
时候。

下一节简单讨论了二元选择和非二元选择理论的标准模型，然
后（第 3 节）重新建构了斯蒂格·坎加尔的思想以及引申的含义。
第 4 节细致考察了这一重新表述中所隐含的动机，并以具有实质意
义的事例来说明这些创新思想的价值。最后，在结语中对坎加尔思
想的意义作出全面的评价。

2. 选择函数与二元性

虽然不免有些过于简单，但选择理论的所有文献都可以根据其
"原始表达式"（the primitive）的内容而分为两大类，即：（1）某
些二元关系 R（可解释为"偏好""价值""目标"或"效用关
系"——某种被视为先于选择的内容），（2）选择函数 $C(.)$ 本
身。[2] 这两种通常的观点可以视为背景，由此我们可以理解坎加尔
的独创之处。

2.1　二元关系作为原始表达式

首先来看"关系选择"的传统观点，其中标准方式是根据原始
关系 R 作出选择。二元关系 R 对可行备选方案集合 X 排序，其中

非空"菜单"S用于选择，$S \subseteq X$，然后根据二元关系 R 从 S 中选出"最优集合"$C(S，R)$。事实上，最优集合中只有一个元素最终能够被选出，但这一最优集合反映了 S 的"可选"元素的集合。

$$C(S，R) = \{x \mid x \in S \text{ 且 } \forall y \in S：xRy\} \qquad (1)$$

$C(S，R)$ 也叫做针对二元关系 R 的 S 的"选择集合"。$C(S，R)$ 的解释涉及二元关系 R。比如说，如果 R 代表一种"至少和……一样好"的关系，那么 $C(S，R)$ 就是 S 中的"最好"元素的集合。

现在我们把二元关系视为原始关系，并从中推导出选择。在这个一般性的框架中，选择的方法往往视 R 的特征而定，而 R 可能是完备的，也可能不是完备的，可能是传递的，也可能不是，如此等等。

根据 R 的对称性和非对称性可分割成不同的情形，其中 xRy 可分成 xPy 和 xIy 。

$$xPy \Leftrightarrow [xRy \text{ 且非 } yRx] \qquad (2)$$

$$xIy \Leftrightarrow [xRy \text{ 且 } yRx] \qquad (3)$$

如果 R 解释为"至少和……一样好"，那么 P 可以视作关系"优于"，而 I 则是关系"无差异"。

在另一种关系选择的路径中，选择元素可以规定为"最大值"集合，而不是"最优集合"。[3]为使从"最大值"集合中做选择有意义，元素 x 必须不次于任何其他元素（也就是说，不存在任意 y，使得 yPx 成立），甚至也不一定要求 xRy 成立。

$$M(S，P) = \{x \mid x \in S \text{ 且不存在 } y \in S：yPx\} \qquad (4)$$

最大值集合 $M(S，P)$ 与最优集合 $C(S，R)$ 的区别对于不同情况下的关系选择都很重要，但也许最重要的情况是，当 R 不完备的时候，最优集合 $C(S，R)$ 可能是空集。虽然在选择理论中的许多情况下，反身性（要求对所有 x，xRx 成立）往往是无关紧要的（比如，很难否认 x"至少和它本身一样好"），但完备性确定是一个相当严格的要求。而在不完备性的条件下，最优集合不存在，而最大值集合仍然可能成立。比如说，当 xRy 不成立，yRx 也不成立，那么 $C(\{x, y\}, R)=\varnothing$，而 $M(\{x, y\}, R)=\{x, y\}$。

选择理论中还有一类偏好关系为"半序"（quasi-ordering），其中 R 是传递的，但并不一定是完备的。坎加尔在分析"基于偏好的选择"时，也曾将这类关系当成一个研究起点。根据半序关系，当"最大值集合"显然不是空集时，一个"最优集合"也可能会是空集。当然，对无限集合 S 的半序关系 R，必然存在一个最大值集合 $M(S, R)$（Sen，1970，引理 1^* b）。但是，下面这一引理也成立（证明参见 Sen 1970，引理 1^* d，p. 11 - 12）。

(T. 1) 对半序关系 R，如果 $C(S, R)$ 为非空集，那么 $M(S, R) =C(S, R)$。

当最优集合并不存在的时候，最大值集合（与最优集合相对）的问题就很有意义。

2.2 选择函数作为原始表达式

在另一种传统观点中，原始表达式是选择函数 $C(.)$ 本身，该函数关系设定对于全集 X 中的任何非空子集 S，一个"选择集合" $C(S)$ 为 S 的子集。这样就可以根据这一选择函数（通过一些标准假设）得出一个"显示偏好"或"隐含偏好"的二元关系，在这方面文献极其丰富。比如说，当且仅当从包含 y 的集合 S 中，x 实际上被选择（无论 y 是否也被选择）时，x 弱"显示优于"y。[4] 更进一步说，当且仅当 x 恰好从二元组 $\{x, y\}$ 中被选中时，x 弱"基关系优于"y。[5]

弱显示偏好：

$$xR_cy \Leftrightarrow [\exists S: x \in C(S) \text{ 且 } y \in S] \tag{5}$$

弱基关系（weak base relation）：

$$x\overline{R}_cy \Leftrightarrow [x \in C(\langle x, y \rangle)] \tag{6}$$

将式（2）和式（3）用于 R_c，就可得出 R_c 的对称因素（分别以 P_c 和 I_c 表示）。同理也可用于 $\overline{R}_c$。

事实上，我们还可以将强显示偏好关系 P^c 直接定义为，x 选自一个包含 y 的集合，但 y 并未被选中（即选中 x 并拒绝 y）。[6]

强显示偏好关系：

$$xP^cy \Leftrightarrow [\exists S: x \in C(S) \text{ 且 } y \in (S - C(S))] \tag{7}$$

2.3　二元选择

当且仅当这一选择函数所生成的显示关系 R_c 被用来当作选择函数的基时，一个选择函数是二元的，R_c 还能再生成这一选择函数。根据式（1）和式（5），可以对二元性下定义。

选择函数的二元性：一个选择函数是二元的，当且仅当对所有 $S \subseteq X$，有：

$$C(S) = C(S, R_c) \tag{8}$$

人们对选择函数提出过各种各样的一致性条件，比如弱显示偏好公理、路径独立性，等等。下面两个基本的条件对于选择函数的二元性来说是不可或缺的。

属性 α（基本收缩一致性）：对 X 中的所有 x 和所有 S，$T \subseteq X$，有：

$$[x \in C(X) \text{ 且 } x \in T \subseteq S] \Rightarrow [x \in C(T)] \tag{9}$$

属性 γ（基本扩张一致性）：对 X 中的所有 x 以及任意类集合

$S_j \subseteq X$，有：

$$[x \in \bigcap_j C(S_j)] \Rightarrow [x \in C(\bigcup_j S_j)] \tag{10}$$

属性 α 要求，如果 x 选自集合 S 并属于 S 的子集 T，那么 x 也必须选自集合 T。属性 γ 要求，从每一类集合 S_j 中选择元素 x，必须同时也是从所有 S_j 的并集中选择 x。

我们可以将属性 α 和属性 γ 与完备选择函数〔即对任意非空集合 S，$C(S)$ 都不是空集的选择函数〕的选择二元性联系起来，从而直接证明下面这一结论（参见 Sen，1971；Herzberger，1973）。

(T. 2) 一个完备选择函数是二元的，当且仅当它满足属性 α 和属性 γ 时。

我们还可以根据基关系 $\overline{R}_c$ 而不是显示偏好关系 R_c 来定义二元性，其证明过程都是一样的。我们还可以证明，如此定义的"基的二元性"等价于根据显示偏好关系定义的二元性，并因此而等价于属性 α 和属性 γ 的组合（相关问题可参见 Herzberger，1973）。通过改变相关条件，选择函数能够提出比二元性更多或更少的条件。[7]

3. 坎加尔的独创之处

坎加尔所引入的标准结论的基本变形是根据二元偏好关系 R^V 进行选择的可能性，其中 R^V 与"背景"集合 V 相关，而不是独立于备选方案的集合（正如上一节所讨论的 R）。虽然选择仍然视为建立在二元关系之上，但在坎加尔体系中，特殊的二元偏好关系受背景集合 V 的影响。下一节我们再来讨论这一变形的深远意义。

这一节主要将单独讨论坎加尔公式中的形式特征，他的表述非常复杂，甚至令人费解。[8]我首先叙述坎加尔自己表述的逻辑结论，并指出，该表述的意义可以根据标准的选择理论格式换一种相当简单的方式来说明。这样，如果读者不愿纠缠于许多形式上的论证，那么他可以直奔下面的式（15）和式（16）。

坎加尔一开始就提出了一个决策函数 D 作为"原始"表达式，选择函数 C 从中推导而出。为纪念坎加尔，下面我们把它们分别以 D^K 和 C^K 表示。为了更容易地理解这几个概念，我们可以用一个集合 V 和 X 的交集图来表示（这样做可能丧失了一般性，但并不影响这些概念的正式定义）。令 $S = V \bigcap X$。

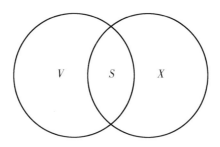

根据背景集合 V 的严格二元关系 P^V，$D^K(V, X)$ 是 V 中所有不次于 $V - X$（等价于 $V - S$）中的任意元素的元素。

$$D^K(V, X) = \{x \mid x \in V \text{ 且不存在 } y \in V - X : yP^V x\}$$

$$\tag{11}$$

很容易证明下面的关系成立：

$$D^K(V, X) = D^K(V, S) \tag{12}$$

$$D^K(V, V - X) = D^K(V, V - S) \tag{13}$$

根据 D^K 可以将选择函数 C^K 定义为：

$$C^K(V, X) = D^K(V, V - X) \bigcap X \tag{14}$$

定义了选择函数 C^K 之后，坎加尔进一步在背景相关偏好关系

P^V 中引入更多的结构：首先要求 P^V 严格非反身；其次要求 P^V 是不含有无限上升链的严格部分排序，这样，它也就是一种半序；并且它也只是一种严格弱排序。他检验了这些条件的不同属性并将它们与主流文献中的一致性条件（比如属性 α 和属性 γ）相比较。

选择函数 C^K 所蕴涵的基本思想可以根据下面这一更直接的方式加以阐释。设立如式（4）所定义的最大值集合 $M(S, P)$，但其中的严格偏好关系 P 并不依赖任何背景集合 V。现在令关系 P 依赖于选择背景 V，并以 P^V 表示。将 $C^*(S, V)$ 简单定义为 $M(S, P^V)$，它类似于传统的最大值集合，只是用 P^V 代替 P。

$$C^*(S, V) = M(S, P^V) = \{x \mid x \in S \text{ 且不存在 } y \in S: yP^V x\}$$
$$\tag{15}$$

我们记得，S 是 V 和 X 的交集，由此很容易得出，坎加尔的选择函数 C^K 按照下面的方式与 C^* 相关（因此也与标准的最大值函数 M 相关）：

(T. 3) $C^K(V, X) = C^*(S, V) = M(S, P^V)$ $\tag{16}$

根据式（14），我们将式（15）与坎加尔体系中的 $C^K(V, X)$ 相比较，可以很容易得出式（17）的结论：

$$C^K(V, X) = \{x \mid x \in V \bigcap X \text{ 且不存在 } y \in V \bigcap X: yP^V x\}$$
$$\tag{17}$$

这样，我们最终得到了传统的最大值函数 $M(.)$，只是带一个附加条件，即严格偏好关系 P 现在是背景相关的 P^V。另外，我们还应记住，旧的结论（T.1）要求，传统的最大值集合 $M(S, P)$ 就等价于传统的选择函数 $C(S, R)$，只是后者是非空集合且 R 为半序关系（Sen，1971）。我们现在对坎加尔的体系与传统的选择集合和最大化集合的关系有了清晰的理解。

坎加尔体系倾向于最大值观念而不是最优值（传统的二元选择函数所隐含的观念），并且进一步使二元偏好关系 P^V（定义最大值的根据）也依赖于背景集合 V 的规定。后者是一项重要的独创，下一节将分析并说明这一独创之处所蕴涵的动机因素及其重要意义。仅仅就形式上而言，我们用 $M(S, P^V)$ 来取代坎加尔体系中的 $C^K(V, X)$ 并不会有任何损失。

下面将以不那么专业化的方式展开随后的全部讨论，并将传统的最大值观念与坎加尔的背景相关的偏好关系 P^V 相提并论。

4. 为什么背景相关？

背景最大值选择 $M(S, P^V)$ 等价于坎加尔的另一种表述的选择结构，在实质水平上，这一选择公式所隐含的观念可以通过与标准最大值选择 $M(S, P)$ 相背离的两方面看出来：（1）偏好关系 P 与一个背景集合 V 相关并可以根据它来定义；（2）背景集合 V 并不必然等于从中作出选择的集合 S（菜单）。我将简短地考虑判断坎加尔所提出来的最广泛的选择行为概念是否合理的三种动机因素。由于坎加尔本人回避了这种一般意义上的动机说明，我无权声称这些动机能够解释为什么坎加尔作出了这样的创新。即使如此，这些动机上的论证仍然有助于我们理解坎加尔公式相对于选择行为的传统模型所具备的一些优势。

我们首先来看不存在第二种情况的第一个差异（即当背景集合是菜单本身时偏好的背景相关性）。令偏好关系 P^S 与从中作出选择的集合 S 相关：$M(S, P^S)$。它已经在很大程度上背离了选择的标准模式 $C(S, R)$ 和 $M(S, P)$，其中偏好关系 R 和 P 都是菜单独立性的（并且，更一般地来说，也是与背景无关的）。相关条件适用于有待选择的菜单性质影响选择的情况。排序的菜单依赖性的理由是各种各样的，而传统的二元选择的模型都把它们忽略不计。

此处针对偏好的菜单依赖性，我简短地提出了三种不同的——本质上独立的——理由，我在其他地方曾经更广泛地讨论了偏好的菜单依赖性（Sen，1992）。[9]

位置选择：不同备选方案的排序有可能依赖于它与菜单中其他方案的相应位置。比如说，当我们从蛋糕中取出一块时，一个非常喜欢蛋糕的人可能为了避免让人看上去过于贪吃，而不去取最大的一块。他除了不取最大的之外，仍然试图取尽可能大的，也就是第二大的蛋糕。[10]这类选择违背了二元性甚至还有属性 α（基本收缩一致性）的条件。如果有三块蛋糕，分别按降次排序为 a 大于 b，b 大于 c，并组成菜单（a，b，c），此人将选择 b，并从（b，c）中选择 c。

在这类行为中并不存在任何的"非理性"因素，虽然这些选择都违背了属性 α 和二元性。同理，一个人不会决定从餐后的果篮中取走最后一个苹果，而是会决定取许多梨子中的一个，虽然他可能从装有许多苹果和梨子的果篮中取走的是一个苹果。

菜单的认识论价值：一个人也许接受了一个他并不是非常了解的朋友的邀请去喝茶，但若这位朋友还提供了另一种去吸食可卡因的建议，他便会连喝茶也一并拒绝。后一建议提供了关于这位朋友的更多信息，这使得他怀疑与之喝茶的这个想法。对个人的行动方案的排序而言，菜单具有信息价值。此外，它也违背了属性 α 和二元性，而理由却相当充分。

自由的价值：个人享有的自由依赖于他所面对的菜单的性质。行动方案的选择也可能受自由范围的影响。比如说，当一个人可以读任意一种报纸时，他也许会选择阅读某一种报纸，但若他被强迫阅读那种报纸并且不允许读其他报纸时，他就可能抗议并拒绝读任何报纸。

所有这些情况都违背了收缩一致性和二元性，但当偏好关系 P^S 依赖于所选择的菜单时，从"基于偏好的选择"角度来解释和理性化这些选择并不存在任何困难。这类例子都曾在菜单依赖性偏好 P^S 的名下，或多或少会为人们所讨论和审查，但事实上，它们都可以为斯蒂格·坎加尔所提出的更具一般性的背景相关性偏好 P^V 所涵盖。

现在我们来看背景集合 V 与菜单并不一致的情形。这一点是坎加尔的专属领域。选择一个不同于备选菜单的背景集合的理由是什么？坎加尔自己在他的论文中并未说明这样做的动机，但可能的解释并不难寻找。菜单告诉我们能够选择什么。而在作出选择之后，各种备选方案之间的排序也可能依赖于所选方案的地位。

比如说，选择网球选手代表一个国家去参与戴维斯杯网球锦标赛。选择者所要求的不仅仅是该国彼此对阵中最优秀的选手，而且也必须是与他国选手对阵中最优秀的选手。不管是单打还是双打，选手 A 和 B 可以击败选手 C、D、E、F。但仍然存在着这样一种情况，由于球路风格之间的差异，选手 C 和 D 可以击败美国出征戴维斯杯网球锦标赛的对手，而其他人却做不到这一点。选手 E 和 F 可以击败来自瑞典的对手，这可能也是其他队友望尘莫及的。在这种情况下，该国球队在与美国队比赛时，有充分的理由挑选 C 和 D，而在对手是瑞典队时，则推举 E 和 F 出战。这样，排序关系 P^V 并不是根据国内选手之间的成绩，而是他们与可能的外国选手对抗的水平——这是一个恰当的"背景"。

　　同理，在授予"桂冠诗人"这一称号的情况下，决定者所考虑的不仅仅是候选人之间的内在比较，而且也考虑这些候选人与其他著名诗人——包括已故和他国的诗人——在相应地位和水平上的比较。换个例子来说，大学在入学申请问题上所考虑的不仅仅是申请者在学校期间表现的比较，而且看申请者是否符合该学校的具体要求。我们还可以提出许多其他类型的事例。

　　所有这些事例的一个共同因素是比较菜单中的备选方案时的外在参照——外在于菜单本身。坎加尔的选择公式干净利落地引入与菜单 S 一致或者不一致的背景集合 V，从而把握了这种一般的可能性。

5. 结束语

　　本文简要叙述了斯蒂格·坎加尔的"基于偏好的选择"模型。通过以一种与他本人稍微不同的方式来表述其理论，我们可以把其理论视作标准的最大值的二元选择的一种扩展，其中选择的二元关系 P^V 与一个背景集合 V 相关，后者可以是，也可以不是菜单 S。其创新之处包含三个不同的方面：（1）使用最大值而不是最优值；（2）允许偏好的菜单依赖性；（3）允许偏好对于一个不同菜单本身的集合的依赖性。我分别讨论了这三种情况，其中最后一种完全是坎加尔本人独立的成就。

　　我的结论是，坎加尔的公式使得选择理论超越了通常所使用的有限的二元选择框架，他所用的原始概念是根据给定的背景集合定义的二元关系 P^V。从这个意义上说，坎加尔的模型可以视作是二元选择的一个一般模型（正如他自己所说的，"基于偏好的选择"）。

　　坎加尔分析的意义在于提醒我们重新反思作为决策和选择基础

的最大化的条件。坎加尔理论极具普适性地违反了最大化选择的标准条件，这并不是要求我们抛弃这种最大化观念所蕴涵的所有内在特征，而是要求我们放宽主流文献中关于偏好关系必须背景无关的假设。事实上，斯蒂格·坎加尔的理论显示，最大化是一个远比最大化的诸理论家所认为的那样更为一般的概念。这才是通过最大化进行各种选择的关键问题。

参考文献

Arrow K. J. （1959），"Rational Choice Functions and Orderings," *Economica* 26.

Danielsson，S. （1974）， "Two Papers on Rationality and Group Preference," Uppsala：Philosophy Department，Uppsala University.

Debreu，G. （1959），*Theory of Value*，New York：Wiley.

Elster，J. （1983），*Sour Grapes*，Cambridge：Cambridge University Press.

Fine，B. （1990），"On the Relationship between True Preference and Actual Choice," mimeographed，Birkbeck College，London.

Fine，B. ，and Fine，K. （1974），"Social Choice and Individual Ranking," *Review of Economic Studies*，41.

Gärdenfors，P. （1973），"Positional Voting Functions," *Theory and Decision* 4.

Hansson，B. （1968），"Choice Structures and Preference Relations," *Synthese* 18.

Herzberger，H. G. （1973）， "Ordinal Preference and Rational Choice," *Econometrica* 41.

Kanger，Stig （1970s）， "Choice Based on Preference," mimeographed，

University of Uppsala (cited here as Kanger I).

Kanger, Stig (1980s), "Choice and Modality," mimeographed, University of Uppsala (cited here as Kanger II).

Levi, I. (1986), *Hard Choices*, Cambridge: Cambridge University Press.

Pörn, I. et al. (1992), *Choices, Actions and Norms. Conceptual Models in Practical Philosophy—Scandinavian Contributions*, forthcoming.

Rabinowicz, W. , and Sliwinski, R. (1991), "Introduction," Pörn et al. (1992).

Samuelson, P. A. (1938), "A Note on the Pure Theory of Consumers' Behaviour," *Economica* 5.

Sen, A. K. (1970), *Collective Choice and Social Welfare*, San Francisco: Holden-Day; republished, Amsterdam: North-Holland, (1979).

Sen, A. K. (1971), "Choice Functions and Revealed Preference," *Review of Economic Studies* 38; reprinted in Sen (1982).

Sen, A. K. (1982), *Choice, Welfare and Measurement*, Cambridge, MA: MIT Press, and Oxford: Blackwell.

Sen, A. K. (1992), "Internal Consistency of Choice," 1984 Presidential Address to the Econometric Society, forthcoming in *Econometrica* 1993.

Suzumura, K. (1983), *Rational Choice, Collective Decisions, and Social Welfare*, Cambridge: Cambridge University Press.

Uzawa, H. (1956), "A Note on Preference and Axioms of Choice," *Annals of the Institute of Statistical Mathematics* 8.

注释

[1] 事实上，这两篇论文都存在一些小小的瑕疵，斯蒂格·坎加尔的同事拉宾诺维斯基（Wlodzimierz Rabinowicz）和斯里维恩斯基（Ryszard Sliwinski）在一本关于决策论和伦理学的论著中将它们剔除了。该书收录了坎加尔没有发

表的——也没有最后定稿的——《基于偏好的选择》。参见 Pörn et al.（1992）。序言部分全面而深入地评价了坎加尔在决策理论方面的成就。

　　[2] 这一区分在不确定性和确定性的问题上都可以适用。但本文将不涉及前者，因为坎加尔的论文并未讨论不确定性。

　　[3] 关于"最优值"与"最大值"的区别，参见 Debreu（1959，ch. 1），Sen（1970）。

　　[4] 参见 Samuelson（1938），Arrow（1959），Hansson（1968），Herzberger（1973）。

　　[5] 参见 Uzawa（1956），Herzberger（1973），Suzumura（1983）。

　　[6] 参见 Arrow（1959），Suzumura（1983）。

　　[7] 主要结论参见 Arrow（1959），Hansson（1968），Sen（1971），Herzberger（1973），Suzumura（1983）。

　　[8] 拉宾诺维斯基和斯里维恩斯基在 Pörn et al.（1992）的序言中指出，坎加尔"选择一个人为的概念 D 作为他的原始表达式的理由"是"D 与模型逻辑中的模型操作者之间在形式上存在着紧密关联"。拉宾诺维斯基和斯里维恩斯基分析了这些关联，它们对于坎加尔重构选择问题的形式来说极其重要（参见 Kanger I 和 Kanger II）。但本文主要关注坎加尔的贡献所蕴涵的实质意义。相关问题还可参见 Danielsson（1974）。

　　[9] 还可参见 Sen（1982，1992），Elster（1983），Levi（1986），Fine（1990），等等，其中有对菜单独立性的各种理由的讨论。

　　[10] 参见 Gärdenfors（1973），Fine and Fine（1974），其中广泛讨论了位置估价在社会选择中的含义。

第三部分　理性与社会选择

理性与自由

第8章
理性与社会选择*

亚里士多德虽然同意阿迦同（Agathon）的观点，认为即便是上帝也无法改变过去，但他确实认为未来是由我们去创造的——通过将我们的选择建立在理性之上。运用理性来辨识和建立更好的——或者说更能让人接受的——社会，并消灭各类不可容忍的剥夺现象，这种观念已经并将继续激励无数的仁人志士为它的实现而奋斗。本文将讨论这个问题的某些方面，它们在最近的社会选择和公共选择理论中获得了关注。当代世界充斥着各类新旧经济问题，包括在普遍经济进步的同时贫困和剥夺的依然存在，饥荒不断和更普遍的饥饿现象，以及对我们生活的环境和世界的可持续发展的威胁。理性地运用科学技术所提供的机会，同时又不违背我们的价值观和目的，是我们今天所面临的一个巨大的挑战。

1. 问题及困难

我们应如何看待社会决策中理性的要求？亚里士多德认为，人类的选择应接受"符合某种目的的欲望与理性"的指引。我们能够

　　* 本文得益于许多人富有教益的讨论，在这方面我最感激的是 Eric Maskin，我还应向下列人士表示谢意，他们是：Sudhir Anand，Kenneth Arrow，Nick Baigent，Kaushik Basu，Anthony de Jasay，Frank Hahn，Pia Malaney，Dennis Mueller，Robert Nozick，Mancur Olson，Ben Polak，Louis Putterman，Emma Rothschild，Kotaro Suzumura，Vivian Walsh，Stefano Zamagni。

　　本文是作者于 1995 年 1 月 7 日在华盛顿召开的美国经济学会第 107 次年会上发表的主席演讲。

从中学习到什么？这里存在几个非常棘手的难题。

第一，首要问题是：谁的愿望？谁的目的？不同的人有着不同的目的，正如贺拉斯所言，"有多少人就有多少喜好"。肯尼思·阿罗（1951）在著名的"一般可能性定理"（这是更为常见的——也更能说明问题的——阿罗"不可能定理"的一个貌似乐观的名称）中证明，试图从不同的个人偏好达致一个一致的社会偏好的做法，一般不可能满足某些看似温和的反映合理性的基本要求的条件。[1]其他的一些甚至不需使用阿罗条件的不可能定理也有许多，它们包括其他一些基本的标准，诸如个人自由的优先性。[2]我们必须讨论这些困难是如何发生的，以及我们应如何克服这些困难。从这些观点中得出的悲观结论是否正确？我们能否明智地作出总和的社会福利判断？社会决策的程序能否合理地考虑到个人的价值和偏好？

第二，还有一组问题涉及詹姆斯·布坎南（Buchanan，1954a，b）所提出的观点，这些观点只是部分地对阿罗的结论作出了回应，但就其本身而言是具有重要的价值的。[3]在"社会理性这一概念"所蕴涵的"基本哲学问题"上，布坎南（1954a）认为，"作为社会群体的属性的理性或非理性是指群体作为一个不同于其个体成员的有机实体的属性"（p.116）。布坎南可能是"第一个认为阿罗的不可能定理是将福利最大化的逻辑应用于集体选择程序上的错误尝试"（Robert Sugden，1993，p.1948）。此外，他还认为，"阿罗的分析中存在着重大的混淆"（不仅仅是不可能定理，而且是阿罗及其追随者的全部理论框架），这一错误源自这样的观念，即"根据其生成社会排序所要求的结论来判断社会或集体理性"（Buchanan，1960，pp.88-89）。我们必须考察，布坎南的批评是不是证否了不可能性结论，此外我们还得探讨布坎南所提出的更一般的问题。[4]

　　第三，布坎南对"社会偏好"这一概念的质疑，至少意味着，我们必须留意社会选择中施加强"一致性属性"的合理性；而他对程序判断的强调，则在更宏观的层次上提醒了我们应当全部抛弃根据结果来估价社会事件的方法，而代之以一种程序观。在其纯粹的形式上，这种观点要求"正当的"制度，而不是"美好的"结果，并要求正当程序的优先性（包括对这些程序结果的接受）。建构于古典功利主义之上的福利经济学传统主张，每次决策都应建立在对不同状态的排序之上（将程序看作是其对于结果的工具价值），而这种观点恰恰与福利经济学相对立，它虽然并没有为布坎南所明确肯定，但它每每见于布坎南其他的著作之中，并显著影响公共选择理论此后的发展方向［这一点在 Robert Sugden（1981，1986）中尤其突出］。

　　这一比较在权利这个一般性问题和自由这个具体问题上显得尤其重要。社会选择文献主要根据事务状态来定义这些概念，并集中讨论现实发生的状态与个人所希望的以及选择的状态之间的对比。相反，在自由至上主义的文献［由罗伯特·诺齐克的开创性工作所激发，包括以博弈形式表述的著作 Wulf Gaertner，Pattanaik and Suzumura（1992）］中，权利的定义根据是程序，而不是事件状态。我们必须审查这两种不同理论路径之间的深刻差别以及各自的适用性。

　　第四，社会决策的理性含义从根本上视个人理性的实质而定。在个人的理性行为问题上，存在着形形色色的观念。比如说，将理性视作精明的自利最大化（如公共选择理论中将人类视作"经济人"的假设）。阿罗（1951）的定义相对更为宽泛，它允许社会价值对人们的选择的影响。在这种观念中，个人偏好反映了一般的

"价值观"（value），而不是建立在阿罗称之为"趣味"（taste）的事物之上。这些个人理性的不同概括，通过理性行为的假设（为绝大多数经济模型所遵循），来描述实际行动和选择，究竟是否恰当？

最后一个问题与个人行为和理性相关，即社会互动（social interaction）在价值观发展中的地位以及价值形成与决策过程之间的关联。社会选择理论完全避开这类问题，其依据是阿罗比较节制的看法："我们还应假设，在这一研究中，个人的价值观被视为数据（data），并且不会为决策过程本身的性质所影响"（Arrow，1951，p. 7）。[5] 在这个问题上，布坎南则采取一种更具包容性的立场——这的确值得我们重视："将民主定义为'通过讨论来统治'，这意味着个人的价值观能够也必将在决策的过程中发生转变"（Buchanan，1954a，p. 120）。[6] 我们也必须检视这一差别的重要性。

这是一份冗长并有些过于琐碎的菜单，然而这些不同的问题彼此相关，我将简要讨论这些问题，并对它们的实践意义作出评价。

2. 社会福利判断和阿罗不可能定理

福利经济学的主题在一个相当长的时间内由功利主义传统占据了统治地位，它观察所有人的效用总和，实现了人际效用加总的目的。但到了 20 世纪 30 年代，经济学家开始接受莱昂内尔·罗宾斯（1938）等人的观点（受逻辑实证主义的影响），认为效用的人际比较并不存在科学的基础。[7] 这样，功利主义福利经济学的认识论基础被视作具有不可救药的脆弱性。

由于避免了个人效用的比较，随后的"新福利经济学"试图树立一个基本的社会改进的标准即帕累托标准。这种标准将社会改进的确认仅仅局限在每个人的福利得到增加的情况（或有一个人得到增加，而其他人并未下降），它并不要求人际比较，因此也不要求任何个人的效用的基数性。但对于一个良好社会来说，帕累托效率很难算得上是一个充分的条件。它对效率的分配（包括幸福与痛苦的不平等）完全不敏感，对任何效用之外的内容（如权利或自由），除了它们对于生成效用的间接作用之外，它并未加以直接的考虑。很显然，在社会福利判断方面还需要进一步的标准。

艾布拉姆·伯格森（1938，1966）澄清了"社会福利"（或事件状态的普遍良性）有序的、总体的判断的要求，保罗·萨缪尔森（1947）则进一步深入探讨了这一问题。他们所关注的是，在其定义的所有备选社会状态上的"社会福利"的实值函数 W，或者至少在这些状态之上的总和排序 R，即所谓的"社会偏好"。当我们重新反思伯格森-萨缪尔森（Bergson-Samuelson）理论（包括作为一门学科的社会选择理论的诞生）时，需要注意社会福利函数所隐含的基本原理。

阿罗（1951）将"社会福利函数"定义为，对每个个体偏好集合，确定社会排序 R 对所有社会状态的函数关系。除了假设——并未引起什么争论——至少存在三种不同的社会状态并且至少有两个（而不是无限多）人之外，阿罗还希望社会福利函数能够从每种可能的个人偏好中产生一个社会排序，也就是说，它必须具有一个万有域（universal domain）。另外还有一个条件是无关备选方案的独立性（the independence of irrelevant alternatives）。它有几种不同的解释，我将取其中最简单的一种形式。社会对一对社会状态 x 和 y 排序的方式仅仅依赖于个人在这对社会状态上的偏好——具体地说，并不涉及其他（"无关"）备选方案的排序。

现在我们来看，某些人具有"决定性"的情形：一个人群集合

G——下面称作群体 G——可以自行决定而不管其他人的偏好。在 x 和 y 之间的排序上，如果群体 G 中的每一个人都认为 x 优于 y（不管 G 之外的人如何偏好），则 x 社会优于 y，那么就称 G 对有序偶（x，y）具有决定性。如果群体 G 对所有的有序偶都具有决定性，那么它就具有"决定性"。

阿罗要求，任何个人（形式上，非单个人群体）都不得具备决定性（非独裁），但——根据帕累托传统——也要求包含所有个人的群体应当具备决定性（帕累托原则）。在这种情况下的"不可能定理"（参见 Arrow，1963）说明，不可能存在一个同时满足独立性、帕累托原则和非独裁条件的定义在万有域之上的社会福利函数。

这一定理可以通过三个简单的步骤得到证明[8]，前两个步骤如下（其中第二个引理从第一个得出）。

域扩展引理：如果一个群体对任意一组状态是决定性的，那么它就是决定性的。[9]

群体收缩引理：如果一个群体（包含不止一个人）是决定性的，它包含的某个更小的群体也是决定性的。[10]

最后的步骤是运用群体收缩引理来证明这一定理。根据帕累托原则，包含所有个人的群体是决定性的。因为它是有限的，通过持续的分割（每次都挑出具有决定性的部分），我们最后得到一个决定性的个人，他必定是一位独裁者。由此证明了不可能性。

3. 社会偏好、 社会选择和不可能性

前面的讨论常常运用到"社会偏好"这一概念。我们是否应如布坎南所主张的放弃这一概念？如果放弃这一概念，那么阿罗不可能定理还能够成立吗？

我们必须区别"社会偏好"这一概念中所包含的两种不同的含义：（1）决策机制的运作；（2）作出社会福利判断。社会偏好的第一个含义类似于社会根据通行的机制所作出的实际决策中"所隐含的偏好"——社会的"显示偏好"。[11]从形式上看，这种社会偏好的"派生"观点是对决策机制中的选择行为的一种二元表达。

第二种"社会偏好"的含义——作为社会福利判断——反映了社会善的观念：某些排序对社会来说将更好或更差。一般是由某一给定个人或机构来作出这种判断。在这里也涉及加总问题，因为对社会福利或不同社会状态的相对品质作出判断的个人必须将各种人群的不同利益和偏好进行整合。

布坎南的反对意见对于第一种解释（指决策机制）来说是极富说服力的，尤其是因为并不存在一个预设的假定，这种机制必定——或应该——最终导向满足二元表达条件（更不用说更严格的有序表达式的条件）的选择。[12]另外，第二种解释并不涉及这一问题，即使个人表达一种对社会福利的看法时也必然需要这种观念。[13]当个人或机构作出社会福利判断时，我们不能根据某种有机的社会存在的观念来批评阿罗的不可能定理。不可能性的改进必须换一种路径（参见第 4 节）。而布坎南对阿罗不可能定理的批评应当用于社会决策的机制问题上（如投票程序）。

放宽社会选择必须根据二元关系的条件——尤其是传递性排序——是否会否定社会决策中的结论呢？大量的文献已经证明，在放宽了传递性之后，只要还要求某种规则（比如缺乏循环），权力的武断性（其中阿罗的独裁性只是一个极端例子）仍然会以一种或另一种形式存在。[14]但我们仍然还需进一步探讨布坎南对不仅需放弃传递性而且需放弃社会偏好本身所提出的理由。从选择的观点来看，所需要的只是决策机制决定社会的"选择函数"，由它来从每个备选的"菜单"（或机会集合）中确定何者当选。[15]

但是，只要对选择函数施加"内在一致性"的种种条件（将针对某一菜单的决策的方法"前后一致"地用于另一个相关菜单的决策中），我们就会发现，权力的武断性并没有消除。[16]詹姆斯·布坎南的批评可以用下面这种更为有力的方式来表述：为什么要对社会的选择函数提出先验性的限制？为什么不可以接受一致同意的社会机制中得出的决策，同时又不必拿某些预先设定的如何在不同的相关状态中选择的观念来检验这一决策的结论？

如果不再施加任何与社会选择函数所谓的"一致性条件"相关的限制，那么阿罗的不可能定理能否成立？这些将个人偏好与社会选择相关联的条件（如帕累托原则、非独裁和独立性）彼此之间是否一致？如果帕累托原则、非独裁和独立性等条件都应用于并不施加任何社会偏好的先验内容的社会选择中，就仍然会出现相似的不可能性（参见 Sen，1993，定理 3）。

这种"一般选择函数的不可能定理"是如何实现的呢？隐含的直觉是这样的，每一种将个人偏好与社会决策相关联的条件都消除了——或者根据其本身的要求或者与其他条件一起——选择某种备选方案的可能性。这些条件的组合可能会最终导致一个空选择集合，使得它"不可能"选择任何方案。

比如说，帕累托原则仅仅只是一个条件，在选择环境中这一条件的目标无疑是避免选择一种帕累托次优的方案。因此，这一条件显然可以这样定义，即如果每个人都认为 x 优于 y，那么社会决策机制就应当在 x 可选的时候，y 不应当选。[17]当然，在消除某种可能性的时候，我们都自觉不自觉地在使用某种社会选择的菜单内一致性，我们可以将所有条件都定义为某一给定的菜单（或机会集合）S；这样，我们可以集中考虑一个给定的备选状态的集合中的选择问题。帕累托原则对于这一集合 S 仅仅要求，如果每个人都认为，某些 x 优于某些 y，那么就不应在那一集合中选择 y。

同理，非独裁要求，不存在这样一个人，只要他认为，集合 S 中，任意 x 优于 y，那么就不能在该集合中选择 y。独立性呢？我们必须修正在这一选择环境中群体的决定性观念，后者与从给定集合 S 中选择的观念相关。一个群体对选择 x 且拒绝 y 是决定性的，当且仅当该群体的所有成员都认为，如果 S 中任意 x 都优于 y，那么不应从 S 中选择 y。独立性将要求任何群体对二元组 (x, y) 的决定权力完全独立于个人对 (x, y) 之外的状态的偏好。可以看出，并不存在一种满足独立性、帕累托原则、非独裁性、无限制域这几个选择导向的方法，从而可以从个人偏好过渡到社会选择，这里既不需要援引任何"社会偏好"的概念，也不需对社会选择施加任何"集体理性"的要求或任何菜单内一致性条件。[18]

从布坎南对"社会偏好"的质疑中我们可获得的教训如下：阿罗所证明的"不可能性"结论的具体形式还可以扩展，而且在完全放宽"社会偏好"这一观念的情况下，这一结论也仍然成立。但是，这并未减小布坎南对社会偏好（其中选择出自社会的决策机制）这一概念的批判的意义，因为它是一个非常有效的批判。在这个方面，阿罗所证明的"不可能性"问题也无法逃避这一批判。

4. 关于合乎逻辑的社会福利判断

我们怎样才能避免不可能性？在此我们必须把作出总和的社会福利判断与社会决策机制的运作这两者区别开来。我们首先来看前者。

我们知道，伯格森-萨缪尔森分析和阿罗不可能定理都源自福利经济学的一个转向，即放弃效用的人际比较。传统福利经济学采取了一种功利主义的形式，在信息方面排斥了某些内容，反对对非效用信息的使用，因为所有事情都要根据结果事态的效用总和来判断。现在的新趋势不但没有消除关于非效用信息的排斥问题，反而更进一步拒绝效用的人际比较。这种"贫瘠"的信息前景使得这一理论很难实现对社会福利的系统判断。在这一环境下，阿罗的定理可以解释为，它证明了，在给定的信息私人性（informational privation）的条件下，甚至将个人偏好与社会福利判断联系起来的非常微弱的条件也无法同时得到满足。[19]

这绝不仅仅是一个不可能性的问题。我们来看域扩展引理：对任意一对备选方案的决定性也蕴涵着对每一对备选方案的决定，而不管相关社会状态的性质是什么。在两个人中间按三种方式来分一块蛋糕：（99，1），（50，50）和（1，99）。首先来看这个假设，每个人——作为经济人——都希望得到较大的那份。这样的话，他们都有着相对立的偏好。现在来看（99，1），（50，50）两者的排序。如果人们认为（50，50）对于社会而言优于（99，1），那么根据偏好信息，参与人2的偏好优先于参与人1的偏好。

域扩展引理的一个变形会接着要求，参与人2的偏好必须对其他组状态也具备优先性，这样，（1，99）就必须优于（50，50）。[20]确实，在这一假设之下，我们不可能将（50，50）视为三者中的最优方案；我们或者将参与人1的偏好赋予优先性，或者将参与人2的偏好赋予优先性。我并不认为，（50，50）必定是三者中最优的选择，但是如果我们无权将（50，50）作为这个分蛋糕问题的最优方案，那将是极其荒谬的。

我们可以考虑把（50，50）视作不错的选择所可能具备的论据，以及在源自阿罗条件的信息框架中不能使用这些论据的原因。首先，根据某种一般非福利主义理论，甚至无须考虑偏好或效用，将蛋糕平分似乎是一个不错的选择。如果排除某些非效用信息的估价，我们将无法做到这一点，而这正是域扩展引理所表达的内容。其次，假定每个人都具有同样的严格凹效用函数，我们也许会认为，平分蛋糕将可以最大化效用总和。但这种功利主义论证包含了基数效用的可比性，在这个框架中，那是不容许的。再次，我们还可以认为，平分效用将使两人的效用相等，而这正是效用平等主义（utility-centered egalitarianism）的主张（参见 James Meade，1976）。但这涉及基数效用的人际比较，而它也被排除在外。这些标准的区别不同状态的方法，没有一个能够符合这一信息框架，而唯一的选择方法就是根据其中一个或另一个的偏好（因为他们有着对立的偏好）。

看来，试图不使用效用的人际比较并且不使用任何非效用信息来作出社会福利判断，是一项劳而无功的事业。我们都关怀总体成就的规模和分配；我们也有理由减少剥夺、贫困和不平等；所有这些都需要人际比较——或者是效用，或者是其他的个人利益的指标，如真实收入、机会、基本善或可行能力（capabilities）。[21]一旦引入人际比较，经过恰当构建后，不可能性问题就会消失。[22]人际比较可能极为粗糙，并容易引发争论，但这类比较是系统的社会福利判断的主要成分。即使不存在任何基数性，序数的人际比较也将会产生诸如最大最小规则、词典式最大最小规则之类的法则。[23]只要容许基数效用的人际比较，这类法则就都符合阿罗的各种条件

（以及其他人提出的条件），虽然这类可行的社会福利判断是相当有限的（参见 Louis Gevers，1979；Kevin Roberts，1980a）。一旦引入使用人际比较的可能性，其他各类社会福利判断的可能规则（当然也包括功利主义）都可以为我们所用了。[24]

目前这类文献中的各种社会福利规则的公理推导仅仅将人际比较用于效用上，但当人们将人际比较用于真实收入、基本善的比较、可行能力的作用等方面时，往往可以得出相似的分析结论。因此，只要比阿罗体系应用更多的信息，我们就能作出各类不同的社会福利判断。

我们还可将它们应用到专门致力于作出社会福利判断的程序以及根据各种机构通行的人际比较而作出的其他总和判断上：比如，收入不平等的指标［参见 Serge Kolm（1969），Anthony Atkinson（1970），他们在这方面作出了开创性的贡献］，或纠正分配后的真实国民收入总测量（Sen，1976a），以及总贫困（Sen，1976b）。[25]它们将社会选择理论与某些经济政策中最实际的争论联系起来。[26]虽然阿罗的不可能定理是一个否定性的结论，但它所提出的挑战辩证地带来了富有建设性的发展。

5. 关于社会决策机制

从作出社会福利判断到选择社会决策机制，这其中还有许多新的困难。虽然系统的人际效用比较（以及其他的个人利益比较）可以用于个人的社会福利判断中或者通过一致接受的程序来作出社会判断（基于可行的数据来对总贫困、不平等或纠正分配后的真实国民收入作排序），但在社会决策机制方面仍非易事，后者要求个人偏好的标准表达（比如投票），而很难直接采纳人际比较。

　　因此，不可能性问题在这方面具有更大的弹性。布坎南（等人）对"社会理性"和"社会偏好"的概念的批判对于这类情况（判断社会决策机制）尤其贴切。正如我们所证明的，即使在阿罗的体系中放弃社会偏好和社会理性的概念，不可能定理仍然成立（第 3 节）。那么，我们应如何应对这一挑战呢？

　　我们首先应记取这一点，阿罗所表述和采用的条件，虽然极具诱惑力，但并未逃出批判的范围。第一，在设计一种社会决策程序时，并不需要考虑到每一种可能的个人偏好的组合，因为只有其中一些才可能应用于实际。正如阿罗本人所言，如果无限制域这一条件放宽，我们就能找到满足关于实质性的个人偏好组合的所有其他条件（以及其他更多的条件）的决策规则。阿罗（1951）与邓肯·布莱克（Duncan Black）尤其关注"单峰偏好"（single-peaked preference）的情形，而我们可以证明（Sen，1966），这一条件可以进一步扩展，并概括成一个不那么严格的限制条件，即"价值限制"（value restriction）。[27]

　　个人偏好的不同组合的合理性依赖于其问题的本质以及个人动机的特征。很容易证明，在三个人或更多的人来分蛋糕的问题上，如果每个人都是一位经济人（永远希望自己有更多的蛋糕，而不管其余的人），那么价值限制和相关条件都会被违背，而多数规则必然会导致非传递性。同样很容易证明的是，在一个商品区间里，如果每一个人都只关注他本人的商品束，那么这一定义域上的任何决策机制也就无法满足阿罗条件。如果每个人都根据本人的狭隘利益投票，多数规则和其他的决策程序在这一（人际商品区间的）"经济域"上将会导致普遍的循环。

　　无论如何，在这种情况下，多数规则将成为一个极其糟糕的决策程序，它的非传递性也会成为一个严重的问题。举例来说，在一个社区里，最穷困的人的蛋糕被两个富裕的人所瓜分，这是一种多数的改进，但很难说是福利经济的胜利。由此看来，多数规则不仅是粗暴而危险的，而且缺乏一致性。[28]在社会福利判断〔如 Meade（1976），Arrow（1977），Mirrlees（1982），William J. Baumol（1986），John Broome（1991）所探讨的那些〕与假定内向的自我中心主义的个人的机械决策规则（如多数规则）之间的紧张关系在此尤其显眼。此外，正如布坎南（1994a，b）所指出的，多数规则的可接受性事实上与它导致循环的倾向有关，只要假定用以参考的备选方案具有内生性，多数规则的内在循环就是不可避免的。

事实上，当需要作出政治决策时，人们的选择也许并不会进入如此难堪的处境（在政治纲要和方案中往往混合了各类问题），而且个人在政治立场和态度上也不一定仅仅只关注他本人的"蛋糕份额"。[29]"公共选择"学派强调了政治妥协和社会决策中的互投赞成票的重要性。虽然这一学派也在相当程度上固守每个人都是经济人这一假设（参见 Buchanan and Tullock，1962），但在检验决策机制上，它们还可能会考虑更一般性的社会过程（蕴涵各类动机）。这就是公共讨论（public discussion）对于偏好和价值形成问题所起的关键作用，布坎南（1954a，b）曾强调过这一问题。

无关备选方案的独立性条件也不能免于质疑，而且人们确实在这一问题上——或隐或显——有过长期的争论。在这一问题上，J. C. 博尔达（1781）和孔多塞侯爵（1785）这两位在投票和群体决策程序的理论上作出开创性贡献的数学家的立场彼此对立。博尔达的办法是在每个投票者的偏好表上加入候选人的排序，由此而提出的一种规则彻底违背了独立性条件，但它也不乏其他长处（并每每用于实践）。[30] 其他投票规则也被证明具有不同的可取的属性。[31]

在检验社会决策机制上，我们必须认真对待阿罗的各种条件，但无须将它们视作不可更改的要求。在这些问题上我们的直觉彼此各异，阿罗本人的定理也证明，并不是所有吸引我们的条件都会同时成立。在这艰难的"为基本原则而战"的事业中，有必要逐步放松某些要求。问题并不是缺乏合乎理性的社会决策程序，而是彼此各异的考虑的相对重要性使得我们在估价各种程序时趋于不同的方向。我们并不是处于悬崖之巅来确定是否存在"可能"的出路。

6. 程序与结果

我们现在来看前面已经提到过的一个一般性问题，即两种对立依据的对比：（1）程序的"正当性"；（2）结果的"良性"。传统形式的社会选择理论似乎属于这两种对立依据的后一类别，它首先判断事态（"社会偏好"或"社会福利判断"的主题），然后确定生成"最优""最大"或"满意"状态的程序。这里有两个问题。第一，我们能否在不涉及任何程序的情况下对结果作出合理的判断？还可质疑的是，这种程序无关的假设是不是一种恰当地看待社会选择理论的要求？第二，我们能否反过来，以一种与结果无关的方式来对结果作出合理的判断？我们先来看第一个。

萨格登（Sugden，1981，1986）广泛探讨了（结果观与程序观的）这种对立，并将他所支持的公共选择理论解释为，"政府的基本职能不是最大化社会善，而是维持一种规则框架，其中个人可以自由地追求他们的目标"（Sugden，1993，p. 1948）。这的确有道理，但即使在判断"规则框架"问题上，我们也需要某些结果分析，从而可以判断这些让个人"自由地追求他们的目标"的框架的有效性。在一个相互依赖的世界里，宽容的规则并未实现人们追求各自目标的自由的事例并不鲜见（参见 Sen，1982b）。

事实上，我们很难相信，公共选择理论是——或者能够成为——完全与结果无关的。比如说，布坎南对市场体系的支持是基于对市场机制所可能产生的结果的解读，当他估价各种程序时显然是考虑到其结果的："自愿交换之所以值得肯定，而强制之所以需要否定，从而用前者来取代后者之所以是合适的，都是基于这样一种假设，即这种取代在技术上是可行的，并且在耗费的成本方面也不是高昂得无法承担"（Buchanan，1986，p. 22）。虽然这一判断与布坎南拒绝任何对结果的"超验的"估价的主张（p. 22）并不属严重的对立，但结果评价毕竟以某种形式进入了这种估价实践。[32]

文献中还有许多其他的——更纯粹的程序——理论体系。如果说判断任何事物都依据结果效用的功利主义传统属于一个极端的话，那诺齐克（1974）对自由至上主义的"权利理论"（entitlement theory）则属于另一个极端（仅仅关注个人自由以及持有、使用、交换和赠与合法财产的权利）。在任何一个程序体系中都必须讨论产生一种无法接受的结果的可能性。如果结果对于许多人甚至所有人来说都是糟糕的，那会怎么样呢？

事实上，我们可以看到，在一个可以实现诺齐克理论体系中规定的自由和权利的经济中，也有可能发生严重的饥荒。[33]因此诺齐克（1974）极其恰当地为结果无关性留有余地，以免这些权利导致"灾难性的道德恐怖"。[34]由于这一修正，结果最终还是发挥了作用，所以作出这种让步是源于诺齐克意识到（与布坎南相似），一种可能产生灾难性的道德恐怖权利的程序体系（我们必须对此具有共识）将是——并应当是——伦理上不可接受的。无论如何，一旦引入对结果的考虑，不但结果无关性体系丧失了其纯粹性，而且"正当规则"和"良性"结果的相对重要性问题也得以符合逻辑地重新建立。

我们现在来看这一两分法的另一端：我们能否在完全不涉及程序的情况下作出合理的结果判断？古典功利主义确实在提出这类体系，但很难让人信服，我们可以明智地判断任意给定的效用分配而完全无视产生这种分配的过程（比如说，对某种具体的效用再分配方式是否由慈善、税收或酷刑引起并不重视）。[35]

事实上，这一对过程作用的认可并不违背社会选择理论，因为它并不妨碍我们把过程描述视为由它们产生的结果状态的组成部分。[36]如果行动 A 已被执行，那么"行动 A 已经完成"就必定是这一事件的一个——事实上，是最基本的——结果。如果约翰·梅杰先生不仅希望他能再次当选为首相，而且也希望他能"公平地再次当选"（当然，我并未暗示梅杰先生曾经表达过这类偏好），那他所追求的结果就已经暗含了程序性的要求。

这并不是说每一种程序都可以毫无障碍地嵌入事态描述中，同时又不必对社会选择理论作出任何变动。一部分讨论如何达到给定状态的有关决策机制的比较文献都需要作出修正。一般而言，如果导致社会状态的过程都包括在那一状态的概括之中，那么我们就必须建构忽略某些差别（在此指某些先行过程之间的差别）的"等价类"，这样我们才能恰切地讨论由不同决策机制产生的"相同状态"。要把握诸如"路径独立性"（参见 Plott，1973）的概念且不至于使它们失之无用，毫无疑问，这种等价类是不可或缺的（关于等价类和不变性条件，参见 Sen，1986b）。

由此可见，程序观和结果观之间的对立在某种程序上被过分夸大了。在很大程度上，通过对事态的恰当概括，我们可以把两者结合起来。这种对立绝非纯粹的，它主要是一个相对重要性的问题。

7. 自由、权利与偏好

将程序考虑置入结果分析的必要性在权利和自由领域尤其重要。传统福利经济学往往忽略了基本自由或权利的侵犯或实现，这不仅是因为它的结果主义观，而且也是因为它的"福利主义"，其中结果事态的判断依据仅限于不同状态所生成的效用。[37]虽然过程最终也由于它们影响人们的效用而获得间接的注意，但在功利主义框架的事态估价中，权利和自由从未赋予过直接而基本的重要性。

社会选择的最初公式并未偏离功利主义的框架，但在一个宽泛的阿罗框架中可以作出一些更改（参见 Sen，1970，1982a），而且在后来的社会选择理论的文献中，许多人都致力于在事态的估价中纳入权利和自由的基本相关性，由此而估价经济的、政治的和社会的安排。如果一个人在显然属于他的"私人领域"中都被禁止做某些他所喜欢的事情，那么由于这方面的缺乏，事态可以视作已经恶化。恶化程度的估价不仅仅依据由此而导致的效用损失（与其他方面的效用收益——如果有的话——相比较），因为它还关系到更多的东西。正如约翰·斯图亚特·穆勒（John Stuart Mill，1859，p. 140）所言，"在一个人对自己观念的感觉与为他持有这种观念而受了侮辱的人的感觉之间，不存在任何的可比之处"。[38]保证"最低限度的自由"的优先需要可以嵌入社会选择理论中。

但是，这些赋予自由的无条件优先性往往与社会选择的其他原则包括备受尊崇的帕累托原则相冲突。"帕累托自由的不可能性"表明了（1）个人偏好对于他的私人领域的特殊重要性与（2）人们对于各种领域的选择的偏好的普遍重要性之间的冲突。这一不可能性已经引发了扩展、解释、质疑和演化这一结论的大量文献。[39] 人们寻求的"出路"各种各样：（1）弱化自由的优先性条件（由此修正最低限度的自由条件）；（2）限制偏好的与领域无关的普遍力量（由此修正帕累托原则）；（3）限制可行的个人偏好组合的定义域范围。与阿罗的不可能定理一样，不同的解决冲突的方案有着不同的意义，它们都依赖于所涉社会选择的实践类型的本质。

也有的学者试图从纯粹的程序角度来重新定义自由。这种思路就其本身而言也极其重要（完全与它所可能具有的解决这种不可能性的用途无关），下面我将主要讨论这种想法。但正如吉尔特纳、帕特奈克和铃村（Gaertner，Pattanaik，and Suzumura，1992）——他们（根据博弈形式）最近提供了一个最广泛的自由定义——所注意到的，"在每一种合理的个人权利的概念下都存在着"不可能性问题（p. 161）。[40]

自由的纯粹程序观的决定性步骤是由诺齐克（1974）来完成的，他对我的社会选择公式和帕累托自由的不可能性作出了回应（Sen，1970）。随后加顿弗斯（Gärdenfors，1981）和萨格登（1981）在这方面作出了重要的建构性贡献，吉尔特纳等人（1992）则将它加以扩展并用博弈论的形式作了表述。用博弈论的形式来说，每个参与人都拥有一组可行的策略，而结果是每个参与人的策略组合的函数（也许还加上"自然"的"行动"）。不同个人的自由和权利是根据各个人的策略组合中的可行子集来定义的。只要在可行集的策略组合范围，个人就可以如他所愿地任意行使他的权利。

根据这一理论，在定义个人的权利方面，或者在检验他的权利是否受到尊重方面，我们无须审查或估价事态结果，同时也无须考虑相关个人所偏好的状态。将这一偏好无关的、结果无关的权利观与社会选择理论中的权利观相比较，它所引发的关键问题是，将人们的公认权利完全与行使这一权利的后果分割开来是否恰当。这是一个一般性的问题，前面我们已经在更广泛的层次上进行了讨论（第6节）。

在某些情况下，将权利视作行动的许可也许并不合适，尤其是因为出自各种原因的"选择禁忌"（choice inhibition）。英国人关于未能对数百万潜在福利接受者提出合法要求（显然是羞于将自己的穷困公开化并记入档案）的长期讨论说明，存在一种权利的非现实化，其中许可绝非其关键问题。[41] 同理，在流行传统性别观的社会中，妇女不能运用那些在形式上已经赋予她们的权利，这也是另一类权利的失效，对于这类权利失效，博弈论的形式并不能说明什么（参见 Sen，1992b，pp. 148-150）。在这种国家中，甚至在确定强暴是否发生时所提出的标准问题也必定远远优先于检验受害者是否可以"自由地"反抗的问题。

姑且把这些情况置之不论，似乎仍可以合理地主张，在许多情况下用博弈形式可以很精致地定义权利的含义。但即使如此，在确定应保护和实施何种权利，以及确定如何最有效地实现隐含的目标问题上，仍然有必要考虑不同的博弈形式规定的可能后果，并将它们与人们的价值和追求联系起来。比如说，如果人们聚会时并没有禁止吸烟的规定（是否吸烟由当事人自由决定），那么这将会导致被动的受害者不得不吸入别人所吐出的烟。这时，人们有理由考虑修正这一博弈形式，从而禁止在这类聚会上吸烟。是否作出这一决定，完全依赖于结果分析。在这里，它的目标是防止这样一种事态，其中不吸烟者不得不吸入其他人吐出的烟：这是他们所厌恶的

情形，并且——可以假定——他们有权去避免这种情形。我们从那
个角度出发，通过结果分析（是一种"逆"形式：从结果到前提条
件），最后到达一种并不能取得合意结论的具体的博弈形式。博弈
形式自称结果独立和偏好独立，这并不是一种特别深刻的主张，它
与结果和偏好的基本相关性事实上是极其一致的。

　　因此，在权利问题上，博弈论表述与社会选择理论的观念之间
的对立并不像初看之时那么严重（参见 Sen，1992b）。[42] 正如前面
所提到的其他领域一样，这里也强烈需要将程序上的关怀与对实际
事情和结果的关怀结合起来。

8. 价值观与个人选择

　　我将对个人行为与理性的关系的讨论推迟到这一节，虽然这一
问题对于前面的讨论也具有间接的相关意义（比如说，社会选择中
的规范、社会福利判断中的个人利益和投票行为的确定）。公共选
择传统倾向于依赖这一假设，即人们以一种相当狭隘的自我为中心
的方式行事——具体地说，就是经济人假设，虽然布坎南（1986，
p. 26）本人也注意到这个问题上存在着某种程度上的紧张（还可参
见 Geoffrey Brennan and Loren Lomarsky，1993）。公务员则更加
被视作是为他们本人的福利和成功而工作。

　　亚当·斯密有时被看作是证明"经济人"的普遍事实和伦理正
当性的滥觞者，但这是完全错误的。事实上，斯密（1776，1790）
曾考察过"自爱""审慎""同情""慷慨"和"公共精神"等不同
方面，不仅讨论了它们各自的内在价值，而且也注意到它们对于社
会成功的工具性作用，以及它们对人们实际行为的影响。理性的要
求并没有完全局限于其中的某个动机（比如自爱），而且大量的经

验证据也说明，今天与斯密时代一样，对狭隘的自利的不懈追求都是一个错误的假设。[43]正如我们有必要避免高尚情操的假设，即所有人（尤其公务员）都不懈追求某些无私的"社会善"，同样我们也必须避免狭隘的情操假设，即每个人都完全为个人自利所驱动。[44]

但是，这并不否认布坎南等人所提出的公务员倾向于实现他们本人的目标函数这一问题的重要含义。这一点有必要与更进一步的主张（常常有人将两者混同）区别开来，即目标函数就是官员本人的自利。此处的重要问题是相当一部分的资源配置文献〔比如，自奥斯卡·兰格（Oscar Lange）和亚伯·勒纳（Abba Lerner）以来的分散化资源配置的运算〕都缺少了某些东西，它们都不含任何公共行动的代理人自己独立的目标函数。没有经济人这一额外假设对于这一理论来说是一个巨大的缺隙。

虽然在社会选择理论中这是一个在某种程度上受到忽视的问题（虽然在执行的相关文献上只是部分地进行了探讨），这里并不存在特别的理由，为什么动机的多元性不可以纳入社会选择框架，从而具有更丰富的社会状态和更多特征的个人选择和行为。在阿罗（1951）和传统社会选择理论对于个人偏好的表述中，每个人的目标函数的本质是没有加以规定的。虽然此处还留有许多补充的工作有待完成，但它是一个很有益的宽容框架——既不完全固守不懈的行善，也不是一定要求彻底以自我为中心。

即使这一扩展后的框架能够超越经济人理性，此处的个人理性仍然存在一定程度上的困难。它与其他的工具理性观都存在着一个相同的"不充分性"的问题，因为它们并未规定任何对目标本身的批判性审查。苏格拉底的"未经省察的人生没有价值"之语或许略带夸张，但对如何明智地选择生活方式的省察绝不能与理性选择完全无关。[45]"工具理性主义者"是这样的决策专家，当他看到一个人用一把极钝的刀在剁自己的脚趾时，便冲上去提出建议，刀若更锋利更能有效地实现其目标。

相对于预测行为的工具理性，规范环境中的理性假设也许更多的是一种限制，因为这种批判性省察也许并不需广泛使用。但也未必尽然，因为讨论和交换，甚至还有政治主张，都有助于价值观的形成和修正。正如弗兰克·奈特（1947，p. 280）所指出的，"价值观是通过讨论才得以形成、验证和认可的，而讨论是一种社会的、知识的和创造性的活动"。事实上，布坎南的主张（1954a，p. 120）更有道理，即这就是民主［"通过讨论来统治"（government by discussion)］的中心问题，而"个人价值能够而且确实在决策过程中发生了改变"。

这一问题具有一部分实际意义。举例来说，在为什么有些国家发生了饥荒而另外一些国家却没有的问题上，我曾指出这一现象，在任何一个实行多党民主、定期选举和新闻自由的国家中，都没有发生过大的饥荒（Sen，1984）。[46]无论是穷国（如印度、津巴布韦或博茨瓦纳）还是富国，都概莫能外。[47]这主要是因为，虽然饥荒会导致几百万人死亡，但它对于统治阶级和独裁者的福利并未产生直接的影响，除非饥荒威胁到他们的统治，否则他们绝不会有动机去预防饥荒。对世界范围内的饥荒的经济分析表明，只有一小部分人可能会死于饥荒——大约 5％多一点的比例。由于穷人的收入和食品的份额通常不超过国家总额的 3％，因此只要努力去做，即使在穷国也不难获得他们所失去的收入和食品（参见 Sen，1981；Drèze and Sen，1989）。饥荒相对比较容易预防，而直面公共批评和选民为政府提供了对突发事件采取行动的政治动机。

问题就在这里。由于只有一小部分人遭受了饥荒的打击（通常5％或更少），这是如何发展为选举和公共批评中的一种潜在力量的？在普遍的以自我为中心的假设与我们拥有能力——并且往往也有倾向——理解和对他人的困难作出反应这一事实之间存在着某种程度上的矛盾。[48]在这种情况下，尤其有必要审查在苦难事情上的公共讨论中的价值观形成过程，其中一部分公民对另一部分公民产生同情，并承诺避免这类事情的发生。

即使是发展文献中常见的"基本需要"（basic needs）这一观念，我们也应明白，"需要"的内容绝不仅仅是生物因素或没有影响力的因素。比如说，经常怀孕对母亲的福利和自由所造成的后果日益得到人们的关注和讨论，人们越来越认识到，一个更小的家庭是妇女（也包括男子）的"基本需要"。在这一价值观的形成过程中，民主、自由的公共媒体和基本教育（尤其是妇女教育）一起共同发挥了很大的作用。这一事实对于所谓的"世界人口问题"的理性探讨有着特别重要的启示意义。

在环境问题上也有着相似的处境。我们所面临的环境危机呼唤有组织的国际行动，它还要求民族国家政策的转变，从而更好地在价格和激励方面反映出社会成本。但这些问题也依赖于与公共讨论相关的价值观形成，一方面可以对个人行为发生影响，另一方面也可以通过政治过程来导致政策转变。所有这些问题都包含着许多的"社会选择问题"，但在分析它们时，我们绝不可满足于只寻求关于给定个人偏好的最优反映，或基于这些偏好的最能让人们接受的选择程序。我们既不可采用关于给定偏好的假设（如传统的社会选择理论），也不可采取关于狭隘自利经济人的假设（如传统的公共选择理论）。[49]

9. 结束语

最后就一开始所提出的问题作个简短的总结。首先，阿罗不可能定理的确证明了在将个人偏好排序汇成一个总的社会福利判断上所存在的深刻困难（第 2 节）。但这一结论绝不可视作否定性判断，因为它直接提出了这一问题，即如何克服这些困难。在社会福利判断上，解决这一问题的方法自然就是扩展其信息基础，而如何扩展信息基础存在着许多方式（第 4 节）。此观点往往见于个人所作的总和判断中，但它们也用于对穷困、不平等、分配调整后的真实国民收入以及其他总和指标进行社会测度的组织程序中。

其次，布坎南对社会偏好概念（以及其通过排序来作出或解释社会选择的用法）的质疑在社会决策机制问题上极其恰切，但在社会福利判断上相对不那么确当（第 3 节）。如果社会决策机制被概括为未施加任何菜单内一致性条件的选择函数，那么这一批评并不适用于最初的阿罗定理。无论如何，如果将社会决策视为一种选择函数，其合乎逻辑的结果就是，阿罗不可能定理必须重新表述，而不可能性结论则再一次成立（第 3 节）。对于这一不可能性结论来说，社会偏好或社会选择的内在一致性的概念完全都是多余的。因此，布坎南的质疑并未否定阿罗不可能定理。另外，它本身也具有重要的开创性价值。

在社会决策机制上与不可能性问题达成妥协在很大程度上是一个各具优点的不同原理之间的取舍与折中的问题。它只需对可行的社会决策规则的各种公理给出不那么严格的解释（第 5 节）。

再次，布坎南对社会决策的更具程序意义的看法确实有许多道理。即使如此，我们仍有充分理由怀疑纯粹的（与结果无关的）程序观是否恰当，就好像极其狭隘的（与程序无关的）结果主义观点也具有严重的缺陷一样。但是，程序关怀可以与结果关怀相结合，从而可以恰当地重新描述事态，而状态的估价也必须注意这两个方面（第 6 节）。如果我们将权利和自由纳入社会判断以及社会决策机制中，这两者的结合就会显得尤其重要（第 7 节）。

最后，我们还应对理性社会决策中不可或缺的个人的行为理性给予更多的注意。特别是，由于忽视了社会互动中的价值形成过程，传统形式的社会选择理论所解释的范围大大缩减了。布坎南正确地强调了公共讨论（民主的重要组成部分）在偏好形成上的作用。但是，传统公共选择理论坚持个人总是作为一个经济人行事（在这方面社会选择理论相对更加宽容）而使自己过于狭隘。这种顽固的限制大大误解了社会关怀和价值观的本质。除了这些描述性的限制之外，还有一个重要的"实践推理"（practical reason）方面的问题。当代世界中许多紧迫问题——从预防饥荒到环境保护的各类问题——事实上都要求通过公共讨论来实现价值的形成（第 8 节）。

在社会决策的理性问题上，社会选择理论和公共选择理论都给我们带来了许多有益的教训。如果我们将两方面的教训结合起来，我们还可以走得更远。事实上，作为一名社会选择理论家，我本来无意在本文中持一种不偏不倚的态度，不过我想，我也没有必要非得为自己相当折中的立场道歉。

参考文献

Aizerman，M. A. "New Problem in the General Choice Theory." *Social Choice and Welfare*，December 1985，*2*（4），pp. 235 - 282.

Aizerman, Mark A. , and Aleskerov, Fuad. "Voting Operators in the Space of Choice Functions. " *Mathematical Social Sciences*, June 1986, *11* (3), pp. 201 – 242; corrigendum, June 1988, *13* (3), p. 305.

Aizerman, Mark A. , and Malishevski, A. V. "General Theory of Best Variants Choice: Some Aspects. " *IEEE Transactions on Automatic Control*, 1981, AC-26, pp. 1031 – 1041.

Anand, Sudhir. *Inequality and Poverty in Malaysia: Measurement and decomposition.* New York: Oxford University Press, 1983.

Anand, Sudhir, and Ravallion, Martin. "Human Development in Poor Countries: On the Role of Private Incomes and Public Services. " *Journal of E-conomic Perspectives*, Winter 1993, *7* (1), pp. 133 – 150.

Arneson, Richard J. "Equality and Equal Opportunity for Welfare. " *Philosophical Studies*, May 1989, *56* (1), pp. 77 – 93.

Arrow, Kenneth, J. *Social choice and individual values.* New York: Wiley, 1951; 2nd Ed. , 1963.

_____ . "Extended Sympathy and the Possibility of Social Choice. " *American Economic Review*, February 1977 (*Papers and Proceedings*), *67* (1), pp. 219 – 225.

_____ , ed. *Markets and welfare.* London: Macmillan, 1991.

Arrow, Kenneth J. , and Raynaud, Hervé. *Social choice and multicriterion decision-making.* Cambridge, MA: MIT Press, 1986.

Atkinson, Anthony B. "On the Measurement of Inequality. " *Journal of Economic Theory*, September 1970, *2* (3), pp. 244 – 263.

_____ . *Social justice and public policy.* Cambridge, MA: MIT Press, 1983.

_____ . "James M. Buchanan's Contributions to Economics. " *Scandinavian Journal of Economics*, 1987, *89* (1), pp. 5 – 15.

_____ . *Poverty and social security*. New York: Harvester Wheatsheaf, 1989.

Barberá, Salvador, and Dutta, Bhaskar. "General, Direct and Self-Implementation of Social Choice Functions via Protective Equilibria. " *Mathematical Social Sciences*, April 1986, *11* (2), pp. 109 – 127.

Basu, Kaushik. *Revealed preference of government*. Cambridge: Cambridge University Press, 1980.

_____ . "The Right To Give Up Rights. " *Economica*, November 1984, *51* (204), pp. 413 – 422.

Baumol, William J. *Superfairness*. Cambridge, MA: MIT Press, 1986.

Bergson, Abram. " A Reformulation of Certain Aspects of Welfare Economics. " *Quarterly Journal of Economics*, February 1938, *52* (1), pp. 310 – 334.

_____ . *Essays in normative economics*. Cambridge, MA: Harvard University Press, 1966.

Binmore, Ken. *Playing fair: Game theory and the social contract*, Vol. I. London: MIT Press, 1994.

Blackorby, Charles, and Donaldson, David. " Measures of Relative Equality and Their Meaning in Terms of Social Welfare. " *Journal of Economic Theory*, June 1978, *18* (1), pp. 59 – 80.

_____ . "Ethical Indices for the Measurement of Poverty. " *Econometrica*, May 1980, *48* (4), pp. 1053 – 1060.

Blackorby, Charles, Donaldson, David, and Weymark, John. " Social Choice with Interpersonal Utility Comparisons: A Diagrammatic Introduction. " *International Economic Review*, June 1984, *25* (2), pp. 325 – 356.

Blair, Douglas H. , Bordes, Georges A. , Kelly, Jerry S. , and Suzumura, Kotaro. "Impossibility Theorems without Collective Rationality. " *Journal of Economic Theory*, December 1976, 13 (3), pp. 361 – 379.

Blair, Douglas H. , and Pollak, Robert A. "Acyclic Collective Choice Rules." *Econometrica*, July 1982, *50* (4), pp. 931–944.

Borda, J. C. "Mémoire sur les Élections au Scrutin. " *Mémoires de l'Académic Royale des Sciences* (Paris), 1781.

Brennan, Geoffrey, and Lomasky, Loren. *Democracy and decision: The pure theory of electoral preference.* Cambridge: Cambridge University Press, 1993.

Broome, John. *Weighing goods.* Oxford: Blackwell, 1991.

Buchanan, James M. "Social Choice, Democracy, and Free Markets. " *Journal of Political Economy*, April 1954a, *62* (2), pp. 114–123.

____ . "Individual Choice in Voting and the Market. " *Journal of Political Economy*, August 1954b, *62* (3), pp. 334–343.

____ . *Fiscal theory and political economy.* Chapel Hill, NC: University of North Carolina Press, 1960.

____ . *Liberty, market and the state.* Brighton, U. K. : Wheatsheaf, 1986.

____ . "Foundational Concerns: A Criticism of Public Choice Theory. " Unpublished manuscript presented at the European Public Choice Meeting, Valencia, Spain, April 1994a.

____ . "Dimensionality, Rights and Choices among Relevant Alternatives. " Unpublished manuscript presented at a meeting honoring Peter Bernholz, Basel, Switzerland, April 1994b.

Buchanan, James M. , and Tullock, Gordon. *The calculus of consent.* Ann Arbor: University of Michigan Press, 1962.

Caplin, Andrew, and Nalebuff, Barry. "On 64% Majority Rule. " *Econometrica*, July 1988, *56* (4), pp. 787–814.

Chakravarty, S. R. "Ethically Flexible Measures of Poverty. " *Canadian Journal of Economics*, February 1983, *16* (1), pp. 74–85.

Chichilnisky, Graciela. "Social Aggregation Rules and Continuity. " *Quarterly Journal of Economics*, May 1982, *97* (2), pp. 337 - 352.

Chichilnisky, Graciela, and Heal, Geoffrey M. "Necessary and Sufficient Conditions for a Resolution of the Social Choice Paradox. " *Journal of Economic Theory*, October 1983, *31* (1), pp. 68 - 87.

Cohen, G. A. "On the Currency of Egalitarian Justice. " *Ethics*, July 1989, *99* (4), pp. 906 - 944.

Condorcet, Marquis de. *Essai sur l'application de l'analyse à la probabilité des décisions rendues à la pluralité des voix*. Paris: L'Imprimerie Royale, 1785.

Cowell, Frank A. *Measuring inequality*. New York: Wiley, 1977.

Dasgupta, Partha. *An inquiry into well-being and destitution*. Oxford: Oxford University Press, 1993.

d'Aspremont, Claude. "Axioms for Social Welfare Ordering," in Leonid Hurwicz, David Schmeidler, and Hugo Sonnenschein, eds. , *Social goals and social organization*. Cambridge: Cambridge University Press, 1985, pp. 19 - 76.

d'Aspremont, Claude, and Gevers, Louis. "Equity and Informational Basis of Collective Choice. " *Review of Economic Studies*, June 1977, *44* (2), pp. 199 - 209.

Deb, Rajat. "Binariness and Rational Choice. " *Mathematical Social Sciences*, August 1983, *5* (1), pp. 97 - 106.

Desai, Meghnad. *Poverty, famine and economic development*. Aldershot, U. K. : Elgar, 1995.

Drèze, Jean, and Sen, Amartya. *Hunger and public action*. Oxford: Oxford University Press, 1989.

_____ . *India: Economic development and social opportunity*. Oxford: Oxford University Press, 1995 (forthcoming).

Eichhorn, W. *Measurement in economics*. New York: Physica-Verlag, 1988.

Elster，Jon，and Hylland，Aanund，eds. *Foundations of social choice theory*. Cambridge：Cambridge University Press，1986.

Elster，Jon，and Roemer，John，eds. *Interpersonal comparisons of well-being*. Cambridge. Cambridge University Press，1991.

Fine，Ben，and Fine，Kit. "Social Choice and Individual Ranking Ⅰ." *Review of Economic Studies*，July 1974，*41*（3），pp. 303－322.

____. "Social Choice and Individual Rankings Ⅱ." October 1974，*41*（4），pp. 459－475.

Fishburn，Peter C. *The theory of social choice*. Princeton，NJ：Princeton University Press，1973.

Foster，James E. "On Economic Poverty：A Survey of Aggregate Measures." *Advances in Econometrics*，1984，3，pp. 215－251.

____. "Inequality Measurement," in H. Peyton Young，ed.，*Fair allocation*. Providence，RI：American Mathematical Society，1985，pp. 31－68.

Gaertner，Wulf. "An Analysis and Comparison of Several Necessary and Sufficient Conditions for Transitivity of Majority Decision Rule," in Jean-Jacques Laffont，ed.，*Aggregation and revelation of preferences*. Amsterdam：North-Holland，1979，pp. 91－112.

Gaertner，Wulf，Pattanaik，Prasanta K.，and Suzumura，Kotaro. "Individual Rights Revisited." *Economica*，May 1992，*59*（234），pp. 161－178.

Gärdenfors，Peter. "Positional Voting Functions." *Theory and Decision*，September 1973，*4*（1），pp. 1－24.

____. "Rights，Games and Social Choice." *Nous*，September 1981，*15*（3），pp. 341－356.

Gevers，Louis. "On Interpersonal Comparability and Social Welfare Orderings." *Econometrica*，January 1979，*47*（1），pp. 75－89.

Gibbard，Allan F. "Manipulation of Voting Schemes：A General Result."

Econometrica, July 1973, *41* (4), pp. 587 – 601.

Grandmont, Jean-Michel. "Intermediate Preferences and the Majority Rule." *Econometrica*, March 1978, 46 (2), pp. 317 – 330.

Griffin, Keith, and Knight, John, eds. *Human development and the international development strategy for the 1990s.* London: Macmillan, 1990.

Habermas, J. "Three Models of Democracy." *Constellations*, April 1994, *1* (1), pp. 1 – 10.

Hamlin, Alan, and Pettit, Phillip, eds. *The good polity.* Oxford: Blackwell, 1989.

Hammond, Peter J. "Equity, Arrow's Conditions, and Rawls' Difference Principle." *Econometrica*, July 1976, *44* (4), pp. 793 – 804.

____. "Welfare Economics," in G. Feiwel, ed., *Issues in contemporary microeconomics and welfare.* Albany: State University of New York Press, 1985, pp. 405 – 434.

____. "Consequentialist Social Norms for Public Decisions," in Walter P. Heller, Ross M. Starr, and David A. Starrett, eds., *Social choice and public decision-making*, Vol. 1. *Essays in honor of Kenneth J. Arrow.* Cambridge: Cambridge University Press, 1986, pp. 3 – 27.

Hansson, Bengt. "Choice Structures and Preference Relations." *Synthese*, October 1968, *18* (4), pp. 443 – 458.

____. "Voting and Group Decision Functions." *Synthese*, December 1969, *20* (4), pp. 526 – 537.

____. "The Existence of Group Preferences." *Public Choice*, Winter 1976, *28*, pp. 89 – 98.

Harsanyi, John C. "Cardinal Welfare, Individualistic Ethics, and Interpersonal Comparisons of Utility." *Journal of Political Economy*, August 1955, *63* (3), pp. 309 – 321.

Hausman，Daniel M.，and McPherson，Michael S. "Taking Ethics Seriously: Economics and Contemporary Moral Philosophy." *Journal of Economic Literature*, June 1993，*31*（2），pp. 671 – 731.

Hayek，Friedrich A. *The constitution of liberty*. London: Routledge and Kegan Paul，1960.

Heller，Walter P.，Starr，Ross M.，and Starrett，David A.，eds. *Social choice and public decision-making*，Vol. 1. *Essays in honor of Kenneth J. Arrow*，Cambridge: Cambridge University Press，1986.

Hirschman，Albert. *Exit，voice，and loyalty*. Cambridge，MA: Harvard University Press，1970.

Inada，Ken-ichi. "On the Simple Majority Decision Rule." *Econometrica*, July 1969，*37*（3），pp 490 – 506.

＿＿＿. "Majority Rule and Rationality." *Journal of Economic Theory*, March 1970，*2*（1），pp. 27 – 40.

Kakwani，Nanak. *Analyzing redistribution policies*. Cambridge: Cambridge University Press，1986.

Kalai，E.，and Muller，E. "Characterization of Domains Admitting Non-dictatorial Social Welfare Functions and Nonmanipulable Voting Procedures." *Journal of Economic Theory*，December 1977，*16*（2），pp. 457 – 469.

Kanbur，S. M.（Ravi）. "The Measurement and Decomposition of Inequality and Poverty," in F. van der Ploeg，ed.，*Mathematical methods in economics*. New York: Wiley，1984，pp. 403 – 432.

Kanger，Stig. "On Realization of Human Rights." *Acta Philosophica Fennica*，May 1985，*38*，pp. 71 – 78.

Kelly，Jerry S. *Arrow impossibility theorems*. New York: Academic Press，1978.

Kelsey，David. "The Role of Information in Social Welfare Judgments."

Oxford Economic Papers, June 1987, *39* (2), pp. 301 - 317.

Knight, Frank. *Freedom and reform: Essays in economic and social philosophy.* New York: Harper, 1947, republished, Indianapolis: Liberty, 1982.

Kolm, Serge Ch. "The Optimal Production of Social Justice," in J. Margolis and H. Guitton, eds., *Public economics.* London: Macmillan, 1969, pp. 145 - 200.

Laffont, Jean-Jacques, ed. *Aggregation and revelation of preference.* Amsterdam: North-Holland, 1979.

Lambert, Peter J. *The distribution and redistribution of income: A mathematical analysis.* Oxford: Blackwell, 1989.

Le Breton, Michel, and Trannoy, Alain. "Measures of Inequalities as an Aggregation of Individual Preferences about Income Distribution: The Arrovian Case." *Journal of Economic Theory*, April 1987, *41* (2), pp. 248 - 269.

Levi, Isaac. *Hard choices.* Cambridge: Cambridge University Press, 1986.

Levin, Jonathan, and Nalebuff, Barry. "An Introduction to Vote-Counting Schemes." *Journal of Economic Perspectives*, 1995 (forthcoming).

Mansbridge, Jane J., ed. *Beyond self-interest.* Chicago: University of Chicago Press, 1990.

Maskin, Eric. "Social Welfare Functions on Restricted Domain." Mimeo, Harvard University, 1976.

———. "A Theorem on Utilitarianism." *Review of Economic Studies*, February 1978, *45* (1), pp. 93 - 96.

———. "Decision-making under Ignorance with Implications for Social Choice." *Theory and Decision*, September 1979, *11* (3), pp. 319 - 337.

McKelvey, R. D. "General Conditions for Global Intransitivities in Formal Voting Models." *Econometrica*, September 1979, *47* (5), pp. 1085 - 1112.

Meade, James E. *The just economy.* London: Allen and Unwin, 1976.

Mill, John Stuart. *On liberty*. London: Parker, 1859; republished, in *Utilitarianism*; *On liberty*; *Representative government*. London: Everyman's Library, 1910.

Mirrlees, James A. "The Economic Uses of Utilitarianism," in Amartya Sen and Bernard Williams, eds., *Utilitarianism and beyond*. Cambridge: Cambridge University Press, 1982, pp. 63 – 84.

Moulin, Hervé. *The strategy of social choice*. Amsterdam: North-Holland, 1983.

Mueller, Dennis C. *Public choice II*. Cambridge: Cambridge University Press, 1989.

Myerson, Roger B. "Utilitarianism, Egalitarianism, and the Timing Effect in Social Choice Problems." *Econometrica*, July 1981, *49* (4), pp. 883 – 897.

Nozick, Robert. *Anarchy, state and utopia*. New York: Basic Books, 1974.

——. *The examined life*. New York: Simon and Schuster, 1989.

Nussbaum, Martha. "Nature, Function and Capability Aristotle on Political Distribution." *Oxford Studies in Ancient Philosophy*, Supplementary volume, 1988, pp. 145 – 184.

Nussbaum, Martha, and Sen, Amartya, eds. *The Quality of life*. Oxford: Oxford University Press, 1993.

Osmani, Siddiq R. *Economic inequality and group welfare*. Oxford: Oxford University Press, 1982.

Pattanaik, Prasanta K. *Strategy and group choice*. Amsterdam: North-Holland, 1978.

Pattanaik, Prasanta K., and Salles, Maurice, eds. *Social choice and welfare*. Amsterdam: North-Holland, 1983.

Pattanaik, Prasanta K., and Suzumura, Kotaro. "Rights, Welfarism and

Social Choice." *American Economic Review*, May 1994a, (*Papers and Proceedings*), *84* (2), pp. 435 – 439.

＿＿. "Individual Rights and Social Evaluation: A Conceptual Framework." Mimeo, University of California, Riverside, 1994b.

Peleg, Bezalel. *Game theoretic analysis of voting in committees*. Cambridge: Cambridge University Press, 1984.

Phelps, Edmund S. , ed. *Economic justice*. Harmondsworth, U. K. : Penguin, 1973.

Pigou, Arthur C. "Some Aspects of Welfare Economics." *American Economic Review*, June 1951, *41* (3), pp. 287 – 302.

Plott, Charles. "Path Independence, Rationality, and Social Choice." *Econometrica*, November 1973, *41* (6), pp. 1075 – 1091.

Przeworski, Adam, and Limongi, Fernando. "Democracy and Development." Mimeo, University of Chicago, 1994.

Ravallion, Martin. *Markets and famines*. Oxford: Oxford University Press, 1987.

＿＿. *Poverty comparisons*. Chur, Switzerland: Harwood, 1994.

Rawls, John. "The Sense of Justice." *Philosophical Review*, July 1963, *72* (3), pp. 281 – 305.

＿＿. *A theory of justice*. Cambridge, MA: Harvard University Press, 1971.

Riley, Jonathan. *Liberal utilitarianism. Social choice theory and J. S. Mill's philosophy*. Cambridge: Cambridge University Press, 1987.

Robbins, Lionel. "Interpersonal Comparisons of Utility: A Comment." *Economic Journal*, December 1938, *48* (192), pp. 635 – 641.

Roberts, Kevin W. S. "Possibility Theorems with Interpersonally Comparable Welfare Levels." *Review of Economic Studies*, January 1980a, *47* (2), pp. 409 – 420.

＿＿＿ ． "Interpersonal Comparability and Social Choice Theory." *Review of Economic Studies*, January 1980b, *47* (2), pp. 421 - 439.

Roemer, John. "An Historical Materialist Alternative to Welfarism," in Jon Elster and Aanund Hylland, eds., *Foundations of social choice theory*. Cambridge: Cambridge University Press, 1986, pp. 133 - 164.

Rowley, Charles K. *Liberty and the state*. Aldershot, U. K. : Elgar, 1993.

Samuelson, Paul A. *Foundations of economic analysis*. Cambridge, MA: Harvard University Press, 1947.

Sandmo, Agnar. "Buchanan on Political Economy: A Review Article." *Journal of Economic Literature*, March 1990, *28* (1), pp. 50 - 65.

Satterthwaite, Mark A. "Strategy-proofness and Arrow's Conditions: Existence and Correspondence Theorems for Voting Procedures and Social Welfare Functions." *Journal of Economic Theory*, April 1975, *10* (2), pp. 187 - 217.

Scanlon, Thomas M. "Contractualism and Utilitarianism," in Amartya Sen and Bernard Williams, eds., *Utilitarianism and beyond*. Cambridge. Cambridge University Press, 1982, pp. 103 - 128.

Schofield, Norman, J. "Generic Instability of Majority Rule." *Review of Economic Studies*, October 1983, *50* (4), pp. 695 - 705.

Schwartz, Thomas. "Rationality and the Myth of the Maximum." *Nous*, May 1972, *6* (2), pp. 97 - 117.

＿＿＿ ． *The Logic of collective choice*. New York: Columbia University Press, 1985.

Seabright, Paul. "Social Choice and Social Theories." *Philosophy and Public Affairs*, Fall 1989, *18* (4), pp. 365 - 387.

Sen, Amartya K. "A Possibility Theorem on Majority Decisions." *Econometrica*, April 1966, *34* (2), pp. 491 - 499.

＿＿＿ ． "Choice Functions and Revealed Preference." *Review of Economic*

Studies, July 1971, *38* (3), pp. 307 – 317; reprinted in Sen (1982a).

____ . *Collective choice and social welfare.* San Francisco: Holden-Day, 1970; reprinted, Amsterdam: North-Holland, 1979.

____ . *On economic inequality.* Oxford: Oxford University Press, 1973.

____ . "Real National Income." *Review of Economic Studies*, February 1976a, *43* (1), pp. 19 – 39; reprinted in Sen (1982a).

____ . "Poverty: An Ordinal Approach to Measurement." *Econometrica*, March 1976b, *44* (2), pp. 219 – 231; reprinted in Sen (1982a).

____ . "Social Choice Theory: A Re-examination." *Econometrica*, January 1977a, *45* (1), pp. 53 – 89, reprinted in Sen (1982a).

____ . "On Weights and Measures: Informational Constraints in Social Welfare Analysis." *Econometrica*, October 1977b, *45* (7), pp. 1539 – 1572, reprinted in Sen (1982a).

____ . *Poverty and famines : An essay on entitlement and deprivation.* Oxford: Oxford University Press, 1981.

____ . *Choice, welfare and measurement.* Oxford: Blackwell, 1982a.

____ . "Rights and Agency." *Philosophy and Public Affairs*, Spring 1982b, *11* (2), pp. 113 – 132.

____ . "Liberty and Social Choice." *Journal of Philosophy*, January 1983, *80* (1), pp. 5 – 28.

____ . *Resources, values and development.* Oxford: Blackwell, 1984.

____ . "Social Choice Theory," in Kenneth J. Arrow and Michael Intriligator, eds. , *Handbook of mathematical economics*, Vol. Ⅲ. Amsterdam: North-Holland, 1986a, pp. 1073 – 1181.

____ . "Information and Invariance in Normative Choice," in Walter P. Heller, Ross M. Starr, and David A. Starrett, eds. , *Social choice and public decision-making*, Vol. 1. *Essays in honor of Kenneth J. Arrow.* Cambridge: Cambridge Universi-

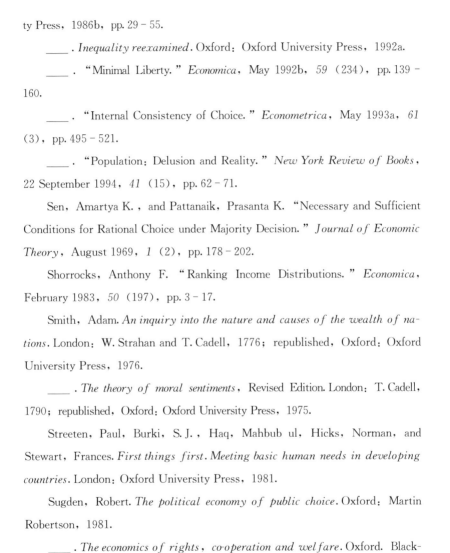

ty Press，1986b，pp. 29 – 55.

＿＿＿. *Inequality reexamined*. Oxford：Oxford University Press，1992a.

＿＿＿. "Minimal Liberty. " *Economica*，May 1992b，*59*（234），pp. 139 –
160.

＿＿＿. "Internal Consistency of Choice. " *Econometrica*，May 1993a，*61*
（3），pp. 495 – 521.

＿＿＿. "Population：Delusion and Reality. " *New York Review of Books*，
22 September 1994，*41*（15），pp. 62 – 71.

Sen，Amartya K. , and Pattanaik，Prasanta K. "Necessary and Sufficient
Conditions for Rational Choice under Majority Decision. " *Journal of Economic
Theory*，August 1969，*1*（2），pp. 178 – 202.

Shorrocks，Anthony F. "Ranking Income Distributions. " *Economica*，
February 1983，*50*（197），pp. 3 – 17.

Smith，Adam. *An inquiry into the nature and causes of the wealth of na-
tions*. London：W. Strahan and T. Cadell，1776; republished，Oxford：Oxford
University Press，1976.

＿＿＿. *The theory of moral sentiments*，Revised Edition. London：T. Cadell，
1790; republished，Oxford：Oxford University Press，1975.

Streeten，Paul，Burki，S. J. , Haq，Mahbub ul，Hicks，Norman，and
Stewart，Frances. *First things first. Meeting basic human needs in developing
countries*. London：Oxford University Press，1981.

Sugden，Robert. *The political economy of public choice*. Oxford：Martin
Robertson，1981.

＿＿＿. *The economics of rights，co-operation and welfare*. Oxford. Black-
well，1986.

＿＿＿. "Welfare，Resources，and Capabilities：A Review of *Inequality Re-
examined* by Amartya Sen. " *Journal of Economic Literature*，December 1993，

31 (4)，pp. 1947 - 1962.

Suppes，Patrick. "Some Formal Models of Grading Principles. " *Synthese*，December 1966，*16* (3/4)，pp. 284 - 306.

Suzumura，Kotaro. *Rational choice*，*collective decisions*，*and social welfare*. Cambridge: Cambridge University Press，1983.

____ . "Alternative Approaches to Libertarian Rights," in Kenneth J. Arrow，ed. ，*Markets and welfare*. London. Macmillan，1991，pp. 215 - 242.

Tocqueville，Alexis de. *Democracy in America*. New York: Langley，1840，republished，New York: Knopf，1945.

Tullock，Gordon. " The General Irrelevance of the General Possibility Theorem. " *Quarterly Journal of Economics*，May 1967，*81* (2)，pp. 256 - 270.

Wilson，Robert. "On the Theory of Aggregation. " *Journal of Economic Theory*，February 1975，*10* (1)，pp. 89 - 99.

World disasters report. Geneva: International Federation of Red Cross and Red Crescent Societies，1994.

Wriglesworth，John. *Libertarian conflicts in social choice*. Cambridge: Cambridge University Press，1985.

Young，H. Peyton，ed. *Fair allocation*. Providence，RI: American Mathematical Society，1985.

注释

[1] 关于这一公理及其他表述和证明的讨论，参见 Arrow（1951，1963），Sen（1970，1986b），Peter C. Fishburn（1973），Robert Wilson（1975），Bengt Hansson（1976），Jerry S. Kelly（1978），Graciela Chichilnisky（1982），Chichilnisky and Geoffrey Heal（1983），Prasanta Pattanaik and Maurice Salles（1983），Kotaro Suzumura（1983），Charles Blackorby et al.（1984），Ken

Binmore（1994），等等。

　　［2］关于"帕累托自由"的不可能性，参见 Sen（1970，1983），Kelly（1978），Suzumura（1983），John Wriglesworth（1985），Jonathan Riley（1987），等等。与阿罗定理相关的结论还有 Allan F. Gibbard（1973）和 Mark A. Satterthwaite（1975）关于"可操作性"是投票计划的普遍特征的证明；相关问题参见 Pattanaik（1978），Jean-Jacques Laffont（1979），Hervé Moulin（1983），Bezalel Peleg（1984），Salvador Barberá and Bhaskar Dutta（1986），等等。

　　［3］Dennis C. Mueller（1989），其中提供了一个关于公共选择理论以及它与社会选择问题之间关系的精辟述介。还可参见 Atkinson（1987），Sandmo（1990），其中有对布坎南的论述。

　　［4］公共选择理论的经典文献当属 Buchanan and Tullock（1962），我们也应注意该文献附录里所强调的差别。

　　［5］Arrow（1951），他本人指出"这一假设的不现实"（p. 8）。

　　［6］政治讨论的重要意义也为哈贝马斯（Habermasian）的理论所强调，关于这一问题可参见 Jon Elster and Aanund Hylland（1986），Jürgen Habermas（1994）。还可参见 Albert Hirschman（1970）以及由他的作品所激发的相关文献。

　　［7］Robbins（1938），他本人并不怎么反对进行人际比较，相反他将其称作是"科学的"。

　　［8］此处的证明策略（也见于 Sen，1986b）要比 Arrow（1963）和 Sen（1970）的证明过程更为直截了当，它并不要求定义许多附加的概念（诸如"近似决定性"）。

　　［9］证明过程如下，令两对备选状态（x, y）和（a, b），彼此并不等价（如果它们没有根本区别，则证明极其容易），群体 G 在（x, y）上是决定性的，我们则必须证明它对（a, b）也是决定性的。根据无限制域，当所有其他人都认为，a 优于 x 且 b 优于 y 时，不管其他状态的排序如何，可以令 G 中的

每一个人都认为 a 优于 x 且 y 优于 b。根据 G 在（x, y）上的决定性，x 社会优于 y。根据帕累托原则，a 社会优于 x，而 y 社会优于 b。这样，根据传递性，a 社会优于 b。如果这一结论受到个人在除（a, b）之外其他状态上的偏好的影响，那么就违反了独立性条件。因此，仅仅是因为 G 中的每一个人都认为 a 优于 b，a 就必须排序置于 b 之上（其他人在这组状态上可以任意排序）。如此，G 确实对（a, b）具备决定性。

［10］证明过程如下，将决定性群体 G 分割为 G_1 和 G_2。令 G_1 中每一个人都认为，x 优于 y 且 x 优于 z，在（y, z）上则任意排序；G_2 中每一个人都认为，x 优于 y 且 z 优于 y，在（x, z）上则任意排序。现在，如果 x 社会优于 z，则群体 G_1 对这组状态是决定性的，因为他们已经确定无疑地认为，x 优于 z（其他人在这组状态上可以任意排序）。如果 G_1 不是决定性的，我们就可以得出，对（x, z）上的个人偏好来说，G_1 之外的某些人认为，z 至少和 x 一样好。如此，将这种社会排序（z 至少和 x 一样好）与 x 优于 y 的社会偏好（G 的决定性以及 G 中的每一个人都认为 x 优于 y 这一事实的结论）合并来看，根据传递性，z 社会优于 y。但只有 G_2 的成员确定性地认为 z 优于 y。G_2 在（z, y）上具有决定性。如此，根据域扩展引理，G_2 是决定性的。所以，G_1 或者 G_2 必须是决定性的。证毕。

［11］通过观察政府的选择来推导出"政府的显示偏好"所包含的各种分析性问题，参见 Kaushik Basu（1980）。

［12］二元性要求两类不同的选择一致性：基本收缩一致性（α）和基本扩展一致性（γ）。这些条件都是相当严格的，并且它们还必须进一步加强，从而得出传递性和其他条件（关于这一问题可参见 Sen，1971，1977a；Rajat Deb，1983；Isaac Levi，1986）。

［13］关于这一问题，参见 Harsanyi（1955，p. 310）："很显然，当我提到'根据某一社会立场'的偏好时，往往缩略为'社会'偏好之类的表达。我所指的是，根据给定的个人关于'社会福利'的价值判断上的偏好。"

［14］证明见于 Gibbard, Hansson, Andreu Mas-Colell, Hugo Sonnenschein，Donald Brown，Georges Bordes，Kelly，Suzumura，Douglas Blair，Robert Pollak，Julian Blau，Deb，David Kelsey 等人的一系列结论；关于批评观点，参见 Blair and Pollak（1982），Suzumura（1983），Sen（1986a）。

［15］选择函数的公式表达的开创性贡献参见 Hansson（1968，1969），Thomas Schwartz（1972，1985），Fishburn（1973），Plott（1973）。埃泽曼（Mark Aizerman）和他在莫斯科控制科学研究所的同事提出了许多关于从个人选择函数转向社会选择函数的一般函数特征的深刻见解（参见 Aizerman，1985；Aizerman and Fuad Aleskerov，1986）。相关问题可参见 Aizerman and A. V. Malishevski（1981）。

［16］在这一问题及其相关问题上的贡献来自 Plott，Fishburn，Hansson，Donald Campbell，Bordes，Blair，Kelly，Suzumura，Deb，R. R. Parks，John Ferejohn，D. M. Grether，Kelsey，V. Denicolo，Yasumi Matsumoto 等人。关于一般性的综述和批评，参见 Blair et al.（1976），Suzumura（1983），Sen（1986a）。

［17］还可参见 Buchanan and Tullock（1962）。

［18］关于这些条件及其证明的严格表述，参见 Sen（1993）。

［19］关于这一问题，参见 Sen（1977b，1982a）。

［20］从形式上看，参与人 2 在第一组是"决定性的"（从赢得所有其他人——本案例是参与人 1——的反对这一意义上说），而域扩展引理的另一种版本则会说，他对所有其他组状态是近似决定性的（事实上是充分决定性的）（参见 Sen，1970，pp. 43 - 44，引理 3a）。注意"域扩展"的基础是"无限制域"这一条件的运用，其中存在这样一种可能，即相关个人也许本来还具备其他偏好。

［21］关于不同类型的人际比较以及效率与公平判断之间的相关"区间"，参见 Sen（1982a，1992a），John Roemer（1986），Martha Nussbaum（1988），Richard Arneson（1989），G. A. Cohen（1989），Arrow（1991），Elster and Roemer（1991），Nussbaum and Sen（1993）。

〔22〕另外，阿罗的不可能定理能够扩展到无须人际比较而纳入基数效用，参见 Sen（1970）中的定理 8.2。

〔23〕最大最小规则对处境较差的人群给予了完全的优先性。这一规则由约翰·罗尔斯（1963）提出，作为他的"差别原则"（difference principle）的一部分（虽然他所比较的不是效用，而是基本善）。词典式最大最小规则，有时也叫做"leximin"，由森（1970）提出，意在使罗尔斯的方法与强帕累托原则相符合，罗尔斯在他的《正义论》（1971）中支持并采纳了这一规则。词典式最大最小规则的公理推导最先见于 Peter J. Hammond（1976）和 Claude d'Aspremont and Gevers（1977）等。还可参见 Edmund Phelps（1973）。

〔24〕参见 Harsanyi（1955），Patrick Suppes（1966），Sen（1970，1977b），Phelps（1973），Hammond（1976，1985），Arrow（1977），d'Aspremont and Gevers（1977），Gevers（1979），Eric Maskin（1978，1979），Roberts（1980a，b），Roger B. Myerson（1981），James Mirrlees（1982），Suzumura（1983），Blackorky et al.（1984），d'Aspremont（1985），Kelsey（1987）等。

〔25〕关于这类测量的文献现在相当多。各类测量方法可见 Sen（1973），Frank Cowell（1977），Blackorby and Donaldson（1978，1980），Siddiq Osmani（1982），Sudhir Anand（1983），Atkinson（1983，1989），S. R. Chakravarty（1983），Anthony Shorrocks（1983），Suzumura（1983），James E. Foster（1984，1985），Ravi Kanbur（1984），Michel Le Breton and Alain Trannoy（1987），W. Eichhorn（1988），Peter J. Lambert（1989），Martin Ravallion（1994）等。

〔26〕人们围绕着联合国开发计划署的《人类发展报告》展开了许多政策讨论。另一个讨论的热点是联合国儿童基金会的《世界儿童状况》。与这些判断相关的政策问题可参见 Paul Streeten et al.（1981），Nanak Kakwani（1986），Jean Drèze and Sen（1989），Alan Hamlin and Philip Pettit（1989），Keith Griffin and John Knight（1990），Anand and Ravallion（1993），Partha Dasgupta（1993），Meghnad Desai（1995）。

［27］当个人偏好是线性排序时，对于一致多数规则的定义域来说，"价值限制"是它的充分必要条件，而在弱排序的情况下，这些条件将更为复杂（参见 Sen and Prasanta Pattanaik，1969；还可参见 Ken-ichi Inada，1969，1970）。这些关系可以扩展用于所有阿罗社会福利函数和非操纵性投票程序［关于这一问题参见 Maskin（1976），E. Kalai and E. Muller（1977）］。其他类型的条件可参见 Tullock（1967）（其标题颇为夸张："一般可能性定理的一般无关性"），以及 Jean-Michel Grandmont（1978）中的一篇权威性论文。关于不同类型的定义域的详尽讨论可参见 Gaertner（1979），Arrow and Hervé Raynaud（1986）。

［28］参见 R. D. McKelvey（1979），Norman Schofield（1983），这些文献深入广泛地探讨了多数规则中普遍存在的投票循环。

［29］甚至个人的社会福利判断（更一般地，个人对社会的适当看法）对政治偏好也具有一定的影响。

［30］参见 Peter Gärdenfors（1973），Ben Fine and Kit Fine（1974a，b），他们曾深入探讨了其他类型的位置性规则。关于博尔达规则的另一种表述，参见 Sen（1977a；1982a，pp. 186 - 187）。

［31］比如，Andrew Caplin and Barry Nalebuff（1988），其中提出了一种64％的多数规则。还可参见 Jonathan Levin and Nalebuff（1995），其中有关于投票程序的讲座。

［32］布坎南（1986）对"倾向自由的社会主义者"（与反自由的社会主义者相对）抱有基本的好感，但认为他们对市场的反对用意虽佳，却实质皆误，之所以如此，是因为他们缺乏"市场运作方式的基本观念"以及"无可救药的对经济理论的无知"（pp. 4 - 5）。在此，布坎南所用以批判倾向自由的社会主义者的依据正是经济理论中的结果分析。

［33］关于这一问题，参见 Sen（1981），其中以四次饥荒为例，将饥饿与不平等权利联系起来。还可参见 Ravallion（1987），Drèze and Sen（1989），Desai（1995）。

［34］还可参见 Nozick（1974），其中有对"洛克但书"（Locke's proviso）的讨论。

［35］这一问题可参见 Sen（1982a，b）。

［36］关于这一问题，参见 Sen（1982b），Hammond（1986），Levi（1986）。

［37］效用可以根据所作选择、欲望或满足来定义，但这一论点都适用于这些解释。功利主义福利经济学传统上集中于满足，这部分是因为若不考虑某些精致的假设选择，个人选择就不能直接为人际比较提供支持，关于这一问题，可参见 Harsanyi（1955），而且也因为对于功利主义经济学家来说，"满足"似乎提供了一个更为坚实的判断个人福利的基石。比如证券交易，A. C. 庇古（1951，pp. 288 - 289）给出的理由是："某些经济学家……用'效用'这一概念毫无差别地代替满足和欲望。我在此仅仅用它来代指满足，这样我们就可以说，一个人的经济福利是由他的效用构成的。"

［38］"私人领域"和"受保护领域"这两个概念都可追溯至穆勒的研究（参见 Riley，1987），最近，它们在 Friedrich Hayek（1960）中得到了强有力的表达。

［39］关于这方面文献的一般性描述，参见 Kelly（1978），Suzumura（1983，1991），Wriglesworth（1985），Paul Seabright（1989），Pattanaik and Suzumura（1994a，b）。关于公共选择学派的批判，参见 Sugden（1981，1993），Rowley（1993）。

［40］某些作者认为，通过帕累托改进契约可以解决这一问题，但这一想法忽略了所谓的解包含了激励不相容问题，而且也许更重要的是，它混淆了该冲突的性质，因为价值观的冲突影响到任何相关个人所将要提出或接受的契约内容。比如，我们来看一个（讨论相当充分的）究竟是由正经者还是由淫荡者来阅读《查泰莱夫人的情人》的事例。我们完全无法判定，如果正经者具有自由至上主义的倾向，他实际上是否会提出契约，同意阅读一本他非常痛恨的书，从而避免淫荡者来读他所喜欢的书。事实上，虽然正经者可能

希望淫荡者并不阅读那本书，并且还希望无须通过一个强迫性的契约来实现这一点，但"帕累托自由的困境"却依然如故。淫荡者也面临着是改变正经者的生活还是只关注自己的事情这样的问题。关于这些问题，可参见 Sen (1983，1992b)，Basu (1984)，Elster and Hylland (1986)。

［41］斯蒂格·坎加尔（1985）精辟地讨论了权利的"非现实化"和之所以发生的各种原因。

［42］相关问题可参见 Pattanaik and Suzumura（1994a，b）。

［43］参见 Jane Mansbridge（1990），其中提供了一组相关问题的研究文献。

［44］在现代经济学中，每每可见将每一个由社会动机所促成的行动解释为某种精巧的纯粹自利的最大化的学术努力。这是一个很有趣的问题，即在不必作出实际行为的概括的情况下，相比于欧洲，排他的自利假设在美国是不是一个更为普遍的信念。托克维尔（Tocqueville）就是这样想的："美国人……喜欢利用'正确理解'的自利原理来解释他们生活中的一切行动；他们自鸣得意地说明他们的光明磊落的自爱会如何使他们互相援助和为国家的利益而情愿牺牲自己的一部分时间和财富。我以为，在这方面，他们自己的评价并未恰当，因为在美国和在其他国家一样，也有人出于自然的无私激情而行动。但是美国人绝少承认他们会服从于这种冲动；他们宁愿让自己的哲学生辉，也不让本人增光"［Tocqueville，1840（book Ⅱ，chapter Ⅷ；in the 1945 edition，p. 122）］。

［45］关于这一问题，可参见 Nozick（1989）。

［46］还可参见 Drèze and Sen（1989），World Disaster Report（1994，pp. 33 - 37）。

［47］印度虽然在其他方面都很糟糕，但自 1947 年独立并建立多党民主制以后就没有再发生大规模的饥荒（最后一次饥荒是"孟加拉大饥荒"，发生于 1943 年）。

［48］关于这个一般性问题，可参见 Rawls（1971），Thomas Scanlon

(1982)。还可参见 Daniel Hausman and Michael McPherson（1993）。

[49] 参见 Sen（1994，pp. 62 - 71）所援引的讨论和文献，尤其是 Dasgupta（1993）。还可参见 Adam Przeworski and Fernando Limongi（1994）所进行的国际比较，该文指出在民主与生育率递减之间存在着相当强的相关性。印度喀拉拉邦的总生育率从 20 世纪 50 年代的 4.4 急剧降低到现在的 1.8（与英国和法国相似，略低于美国），其中与教育、民主和公共讨论相关的价值观起了莫大的作用。但是，这类公共讨论在印度的其他各邦却未产生如此的效果，这是因为基础教育水平较低，尤其是妇女。相关问题可参见 Drèze and Sen（1995）。

第9章
作为社会选择基础的个人偏好*

1. 引　言

社会选择理论是一门广泛运用公理方法的分析学科。它的许多长处与短处都与这一特点相关，如它往往擅长于解释的多义性，而它又往往容易忽视实质性问题。本文的主题是讨论这一优缺点混杂的模式。

我将就作为社会选择基础的个人偏好这个具体问题来讨论这个一般性问题。这一社会选择理论的基础特征——它是后启蒙时代关于一致同意的统治的遗产——曾经招致了许多批评。[1]许多批评观点都没有注意到这门公理式学科所具有的解释的多义性这一优点。由于这种参数的适用性，对个人偏好的依赖可以将许多不同的观点都包容进这个一般性的框架之中，从而赋予这一传统以比批评观点所假设的宽得多的范围。此外，我也注意到这种分析性特征所具有的某些局限性。

2. 对社会选择的偏好基础的各种批评观点

40多年前，当肯尼思·阿罗开始创立现代形式的社会选择理论之时（其经典著作《社会选择与个人价值》发表于1951年），他

*　选自 K. J. Arrow, A. Sen, and K. Suzumura, eds., *Social Choice Re-examined* (London: Macmillan, 1997)。

将我们的个人价值观和偏好挑出来作为社会选择的基础。社会决策必然需要几类偏好之外的信息，比如历史上既定的规则、习惯或程式，或与偏好无关的程序权利。但阿罗所采取的方法则专注于个人偏好排序这一包含广泛的概念，并用来作为社会决策的起点。在这里，阿罗事实上遵从了许多著名法国数学家的方法，其中包括博尔达（1781）和孔多塞（1785），他们在18世纪创建了民主集中决策这门学科，从而将法国启蒙的范围扩展到社会加总和一致同意的统治的形式分析。[2] 在好几个方面，社会选择理论都是后启蒙传统的继承人，而在社会决策中对个人价值观和偏好的倚重就是其中的一部分知识遗产。

但是，每每有人提出质疑，他们认为，将个人偏好视为社会选择的基础并不具有充分的根据。质疑来自好几个不同的方面。具体而言，存在以下几种对基于偏好的社会选择的批评观点：

（1）偏好的解释模糊。偏好似乎没有固定的含义，并且分别被解释为满足、欲望、价值观、选择的二元关系，等等。

（2）个人偏好信息的估价不充分。"单纯的偏好"并不告诉我们有关个人的利益与优势。

（3）偏好形成的重要性。为什么要采用"给定的"偏好呢？

（4）在"恰当的"社会决策中程序和过程的优先性。比如说，在通过"博弈形式"而实现的所谓"正确的"个人自由和权利这一过程中，对于结果的偏好也许在规定何为正当的方面是无足轻重的。

下面我将依次讨论这些批评观点。

3. 公理和公式的偏好基础

阿罗（1951，1963）所用以证明他那著名的一般可能性定理的具体框架，在很大程度上是为了保证对不同人群的个人偏好至少应给予最低限度的关注。就此而言，我们很容易解释不同的标准的社会选择条件。就阿罗等人所采用的具体的形式条件能否恰当地反映选择这些条件的动机问题，已经产生了许多意义深远的争论，也出现了许多实质性的修正建议。[3]其中普遍的观点是把这些基本动机视为社会选择传统中的一部分。

在社会选择理论这一庞大的文献中，尤其是自 20 世纪 60 年代以来，阿罗的"社会福利函数"的公式已经用几种不同的方式作了修正和扩展。比如，容许非传递的社会关系和非二元的社会选择（如"社会决策函数""社会选择函数"或"泛函集体选择法则"），吸收效用的人际比较和基数性（如各种"社会福利函数"及其相关形式），寻求均衡结果的泛函限定（"弱"形式和"强"形式），如此等等。这些扩展可以容纳极其丰富的决策程序，并让偏好得出更准确的表达，但个人偏好的基础性作用仍然存在。到了现在，社会选择理论这门学科在很大程度上可以用"社会选择与个人价值"——阿罗 1951 年的那部著作的书名——来作恰当的概括。

4. 解释多义性和环境规定

偏好这一概念往往涉及几个不同的目标，包括精神满足（Marshall，1890；Pigou，1952）、欲望（Ramsey，1931；Hicks，1939）、选择（Samuelson，1947；Harsanyi，1955）和价值观（Arrow，1951；Hare，1963；Griffin，1986）。这些不同含义之间的区别常常并不重要，因为人们假设这些不同的含义一般都会导致相同的排序。[4]事实也是如此，主流经济学将它们混为一谈，从而抹杀了它们之间的区别。

　　"偏好"这一概念的多义性极其明显地促进了这些概念的混同，不论是在什么语境中，它总可以代表这些彼此不同的含义中的一种。"偏好"所具有的多种语义并不是没有意义的，因为它部分地反映了这些不同概念之间的相似性，尤其是它们都将个人视为对如何思考、感受、估价或行动负责任的"决策者"。这种有限度的相似性无疑是很重要的。

　　但是，这些个人偏好的不同解释之间的接近并不能抹去它们各自内容之间的区别。它们各自强调的只是个人的某一个方面。我曾在其他地方说过（Sen，1973，1977c），逃避个人不同特征之间的区别最终将会把人们视为"理性的白痴"，一个毫无辨别力的思考者，只会用一个通用的偏好排序代替个人所实际具有的各种不同的观念。人类行为理论，甚至在经济问题上，都需要更多的分析结构和差别。

　　但这种个人偏好解释的多义性——当我们无法保证它们彼此之间都一致的时候——是否将导致对基于偏好的选择理论的严重限制？我将指出，恰恰相反，多义性正是偏好观用于社会选择的长处所在。不同类型的恰当社会决策的估价根据，可以——或隐或显地——考虑个人意志和主体的各个方面，而释义的丰富又允许社会选择理论根据环境来考虑个人的不同特征。

　　偏好的不同解释源自不同的规范基础。比如，基于利益的估价根据与基于自由的估价根据就可能截然有别。在判断一个人的利益时，他的实际选择也许只是提供了一个不充分的信息基础。更多地，我们还需要他作出实际选择的理由（关于这一问题，参见Sen，1973，1982a）。另外，就个人的行动自由而言，此人实际所作的选择——或在相关的反事实环境中可能所作的选择——也许是

探讨的最佳出发点，在此我们完全不必涉及这些选择所蕴涵的
动机。[5]

同理，在判断经济不平等的程度以及效率与公平分配各自的作
用时，我们有充分的理由特别关注对各人的私人利益的偏好解释。
而在决定谁应当做国家总统之类的政治问题上，最重要的输入变量
是所有相关人们的普遍价值观，而不是他们根据本人利益而决定赋
予这一总体性评价的权重。

阿罗（1951）本人在个人的"价值观"和"兴趣"之间作出实
质性区分，并考虑到许多在不涉及后者的情况下应用前者的情形。
他这样解释他的公式，"作为社会福利函数自变量的个人排序在此
定义为个人的价值观而不是其兴趣"（p. 23）。另外，他也曾将个人
偏好排序定义为根据每个人的机会集合而作出的选择（参见第 2
章），其中所蕴涵的假设是——在那一语境中——价值观与选择的
一致。

无论如何，我们不需完全遵从阿罗 1951 年的那部著作，而且
即使我们——根据环境——只是采取其中一种偏好解释，从而无法
同时包容其他的含义，这也不妨碍我们运用阿罗形式体系（以及自
该文出版以来的相关方法）。阿罗（1951）本人也注意到，"抽象假
设方法的最大优点就是，同一体系可以给出几种不同的解释"
（p. 87）。这在偏好的不同解释上尤其明显。在这上面并不存在任何
的方法论问题，只要我们在用到偏好这一概念时，对其所可能包含
的不同意义加以留心。

在社会选择的信息基础上，有可能需要同时用上偏好的几种不
同含义，并把它们视作彼此区别、不相一致的实体；此外，我们还
可以设定更复杂的偏好结构，比如"元排序"（即对各种排序的排

序），相应对汇总条件加以重新规定。在此我将不会去探讨这类扩
展问题（关于这类扩展的基础参见 Sen，1982a），只是提醒一句，
它们使偏好对社会选择具有更加贴切的意义，而不是减少了其相关
程度。

5. 偏好在估价个人利益中的限度

在估价作为个人效用函数的事态上，传统福利经济学堪称是
"福利主义"。它与"结果主义"一道，对所有社会决策（针对行
动、制度等等）的估价都给出相关效用的赋值。[6]效用的概念通常
被视为某种偏好，如满足、欲望或选择。[7]

最近这一福利结果主义受到了来自不同方面的批评。某些批评
观点主张将正当过程和程序给予优先性，而不是将社会选择构建在
个人利益之上，这种对福利结果主义的批评只是更一般地要求根据
程序来估价社会选择的一部分。我将把对这一问题的讨论推后到第
6 节。

在那些承认个人利益在社会决策中的中心地位的各种观点中，
也存在一些对于估价个人利益的偏好中心观的争论。首先就是一个
"非理性"问题，此外还有海萨尼（1955）所谓的"反社会"因素
的存在，后者要求"清洗"偏好（参见 Goodin，1986）。这类"净
化"的伦理学可能相当复杂（关于这一问题参见 Sen and Williams，
1982，序言），但我们无须在此浪费时间。不管我们采取什么立场，
我们都处在宽泛概括的偏好观之中，这里的实际问题是如何给出个
人偏好的恰当解释。

个人偏好的净化和清洗提出了一类重要问题，而另一些问题则
出自这样的批评观点，后者要求扩展信息，以考虑自由、公平和正

义等原则。就自由而言，即使存在着明显的超越功利主义和福利主义的需要，社会选择理论中对自由关怀的表述也不可脱离偏好——事实上恰恰相反。[8]但焦点主要集中在如何在社会决策中保证对个人在其"私人领域"或"个人空间"的偏好有最低限度的尊重。这蕴涵着对阿罗的特殊公理体系的偏离，但它并未排斥基于偏好的社会选择的一般性观点。[9]

无论如何，我们用这些关于"最低限度的自由"的社会选择公式来探讨自由的某些基本含义，主要是用以检验它们与帕累托原则的一致性。它们并未赋予更大的概括自由的一般条件的任务。但很显然，用社会选择理论来探讨权利和自由，就必然是基于偏好的视角，不管它的公式如何恰当。相反，许多作者（包括 Nozick，1974；Gärdenfors，1981；Sugden，1981，1985；Gaertner，Pattanaik，and Suzumura，1992）都反对用偏好形式来分析自由，主张正当程序的优先性。这是一个需要深入讨论的问题，我将在第 7 节分析它。

在这一节的剩下部分，我将讨论社会正义在公平方面的要求。对社会选择理论影响最大的正义论无疑当属约翰·罗尔斯（1971）的"作为公平的正义"，尤其是他的"差别原则"——可以用公式表述为反映词典式最大最小排序的一般社会排序，它在经济学中的影响极其深远（如参见 Phelps，1973；Meade，1976；Atkinson，1983）。这一理论与其他类型的正义公式——包括功利主义——都要求对不同类型的个人利益进行人际比较：各自在人际可比性上具有不同程度的"水平""单位""比率"等等。[10]社会选择中的加总公式之所以出现差异，如功利主义加总对词典式最大最小规则，最终都是因为所使用的人际比较类型不同（关于这一点可参见

d'Aspremont and Gevers，1977）。

这些扩展到人际可比性的做法并未从根本上背离基于偏好的社会选择观。相反，它们需要考虑个人偏好，不只是社会状态空间，而且是状态与人的笛卡尔积。[11]偏好的不同解释——选择、欲望、价值观等等——各自的相关性都可以在人际比较中得到关键的检验，就好像在内心排序的情况下所进行的检验（第 4 节的讨论）。[12]

但是，仍然存在两个实质性的问题需要加以考虑。首先，人际比较绝不能仅仅局限于个人福利（就好像福利主义的成规），还应包括从其他方面所作出的对个人利益的判断，比如说，基本善（Rawls，1971，1982，1993）、可行能力（Sen，1980，1985b，1993a）、资源（Dworkin，1981，1985）和相关空间（Arneson，1989；Cohen，1989，1990，1993）。因此，这些人际比较的排序和基数形式必须定义在恰当的空间，而且也不必然被视为福利的比较。比如，罗尔斯基本善的排序最终涉及个人根据它们在促进他们各自的目标中的作用来对这些善所进行的排序。这些目标绝不可混合于他们的福利，而对手段的估价也不可混同于对取得目标的估价。[13]罗尔斯确实依赖于这一可能性，即人们在基本善的排序上达成共识。事实上，也有人提出基于个人偏好的罗尔斯基本善的"不可能定理"（用阿罗的定理来比拟）（参见 Plott，1978；Gibbard，1979；Blair，1988）。但我在其他地方已经指出，这些对罗尔斯基本善的加总指标的"不可能性怀疑"，在很大程度上，是因为不容许偏好结构中的丰富信息（Sen，1991b）。无论我们在这一具体问题上采取什么立场，这些讨论表明，基本善的社会指数是如何与基于偏好的社会选择理论所使用的程序与方法相关的。

其次，虽然偏好以某种或另一种形式与人际比较相关，但很难否认，在实践中（比如社会保障和分配政策）人们往往采用各类传统的经验法则来进行这类人际比较，根本就没有等待个人偏好的精确表达来给予明确的支持。在某种程度上，这一程序仅仅只需要猜测人们所持的偏好和价值观，而不需真的去询问人们的表达方式。如果是这种情况，那么在原则上也没有偏离标准的基于偏好的社会选择。

另外，正如托马斯·斯坎伦（1975）在一篇论证精到且影响广泛的论文中所指出的，人际比较的社会作用往往蕴涵某些概念——比如"紧迫性"（urgency）——它们反映了某些社会上普遍接受的标准，而这些标准往往偏离了对"偏好"的通常解释。这种情况是无法否认的，但也可以证明，"紧迫性"之类的标准之所以为人们普遍接受，是因为其中蕴涵某种社会共识——在它们发挥作用的具体环境中——由此而值得社会关注。这里再一次涉及对"偏好"的可能解释的多义性。如果我们不仅根据欲望强度或个人选择中的二元关系来解释偏好，而且根据具体的社会实践中个人实际上普遍接受的价值观念来解释偏好，那么，偏好（如此定义）与紧迫性（斯坎伦的概括）之间的分歧将会大大减少。

6. 偏好形成、对话和交换

基于偏好的社会选择理论所面临的另一个困难引起了人们的注意，这一困难就是该理论将个人偏好视为给定的，而事实上这些偏好是可变的，远不是给定的。至少在某一范围内，这一反对意见源自对社会选择理论的假设的错误理解。根据阿罗的社会选择函数（或相关结构），在给定的个人偏好的组合下，来看社会选择所必定

（或可能）取得的结果，并不意味着将"给定的"个人偏好视为永远不变的或不可改变的。

但这一质疑确实提出了一个值得研究的重要问题。我们认为，社会选择理论完全可以更加深入到偏好的形成中，尤其是社会互动对于偏好形成的作用（参见 Elster and Hylland，1986）。相关学科对社会选择中的个人偏好和选择行为的生成过程方面作出了重要贡献，尤其是政治辩论和对话（如参见 Habermas，1994）、社会互动与沟通（如 Coleman，1986）或基于各自利益的"妥协"与"交易"，其中包括互投赞成票（尤其可参见 Buchanan，1954a，1954b；Buchanan and Tullock，1962）。

对于对话和交换及它们对个人偏好影响的分析确实能够对社会选择理论作出重要的贡献。虽然我们并不否认这些交流对于社会选择理论的重要性，但在社会选择理论这门学科内部仍然不存在这一特别活跃的探讨领域。显然将社会选择理论的分析扩展到偏好形成及其对于社会选择的含义这方面还有很大的空间。[14]

无论如何，有必要强调，问题在于，扩展社会选择理论的价值只是处于一个具体的方面，而绝非对它曾经所作出的贡献的否定。尤其是，探讨偏好形成和选择行为的理由丝毫没有减少研究基于偏好的社会选择理论的重要性。一旦个人偏好的集合发生变化，相应的社会选择也就必将会改变，要理解这一关系，标准的社会选择论据仍然很重要。我们还要注意，探讨偏好形成的扩展路径往往要求作出实质性的经验假设，涉及对话或交换将产生什么样的结果，这将使我们完全超出传统社会选择理论的分析格式。

7. 程序、权利和博弈形式

社会选择理论所隐含的哲学观点具有强烈的结果主义倾向。个人偏好被定义在社会状态的空间上，加总则只关注于社会状态，而有关政策、制度和规则之类的决策则视它们所生成的状态的估价而定。[15]这一以结果为中心的表述近年来遭到许多学者的批评，他们要求赋予过程和程序以优先性，并要求将关注点从结果状态转移到过程本身上来。

詹姆斯·布坎南（1954a，1954b）在他早期对社会选择理论的批评中很有力地提出了这个问题，当然，他并没有否认结果分析的重要性。其他作者所持的观点则更为激进，罗伯特·萨格登（1993）则将社会选择理论——尤其在我关于社会选择理论方面的作品中——与另一种观点完全对立起来，后者将公共政策的作用视为"不是去追求社会善，而是维持一种规则框架，其中个人可以自由地追求他们自己的目的"（p. 1948；还可参见 Sugden，1981，1985）。

这种程序观点在自由的探讨中尤其突出，它始于罗伯特·诺齐克（1973，1974）的自由至上主义，随后加顿弗斯（1981）、萨格登（1981，1985）以及吉尔特纳、帕特奈克和铃村（1992）等人则用"博弈形式"发展了它。[16]在规范博弈形式中，n 个参与人中每人都拥有一组可行的策略，结果就是参与人各自选择 n 元策略组合的函数（可能为"自然"的"行动"所修正）。不同个人的自由和权利被定义为不同个人的 n 组策略集合的笛卡尔积中的可行子集。在这一可行的集合中，个人可以任意地行使他的权利。在确定个人所具有的权利，以及检验其权利是否得到尊重方面，我们无须检验或估价结果状态，同时也不必检验相关个人所偏好的状态。正如帕特奈克（1996）所言，"博弈论方法并不需要个人偏好这一概念来对个人权利作出确切解释"。

与偏好独立的概念不同，结果无关的权利观和社会选择权利观的对比会引发许多问题。其中最重要的问题是将人们的公认权利与行使权利的后果相分开的合理性。在（1）边沁的将权利纯粹视为提高效用的工具的极端观点与（2）自由至上主义将权利完全与后果分开——不管其后果如何恐怖——的极端观点之间，仍然留有许多解释的空间。

在权利的程序观上，这种观点一开始就成为引发争议的根源。在诺齐克（1973，1974）最初有关改变权利的社会选择观点的建议中，他确曾主张结果与此无关，但他也注意到，在这些权利引发了灾难性的后果时，应当如何去补救的问题。诺齐克的担心是有道理的。事实上，不难证明，即使是普遍性的饥荒也可能发生在一个满足诺齐克理论中全部自由至上主义的条件的经济制度中（关于这一问题可参见 Sen，1981）。

因此，不难理解，诺齐克为什么在当权利的行使将导致"灾难性的道德恐怖"时，对结果独立性持一种反对的态度。[17]通过这一修正，结果状态最终对权利观发生了作用，而人们对于状态的偏好和判断——尤其在涉及"灾难性的道德恐怖"方面——再次进入权利的考虑之中。这一让步所包含的是诺齐克的良好意识，即一种可能导致灾难性的道德恐怖的权利程序观是完全不可接受的。

这一问题的根源并不难索解。那种认为现实社会中权利和程序的可接受性根本不必考虑这些权利和程序所可能造成的后果以及有关人们对这些后果的考虑的观点，是极其荒谬的。同样特别不合理的是这样的观点，即权利必定"存在"而不管它们是否为人们接受，程序可以是"正当的"或"错误的"，而不论人们如何看待它们。这种观点所否定的不仅仅是社会选择理论，而且还否定了那种权利是"政治的"观点，后者认为权利既不是"自然的"或"给定的"，也不是被某些外在的主体所赋予的。[18]

我想，那种强烈主张"博弈形式"的权利观的人也无法否认，这一观点确实存在这一问题。事实上，我们可以将这一问题放在博弈观点中，通过从社会状态到策略组合的"反函数"来实现这一"回溯"推理。我在 Sen（1992，p. 152）中就曾讨论这一方法：

我们来看他人不得将烟吐在我的脸上这一权利。当然，这是一种对于结果的权利，在权利致力于避免某些结果时，即使是一种程序观也显然做不到完全与结果无关。在具体的操作中，博弈形式的表述只是间接地讨论了这一问题。它不是拒绝将烟吐在脸上这一结果状态，而是程序要求限制人们的策略选择，即如果他人反对则禁止吸烟。

但这种逆向结果分析——从无法接受的结果到不可行的策略组合——也是一种结果分析，并且如果采取这种路径，很难说博弈形式观事实上没有承认"并不需要个人偏好这一概念来对个人权利作出确切解释"。[19]

一般社会选择观的一个优点是，社会状态可以宽泛地定义为包括狭义的结果和达成这一结果的过程。[20]因此，社会选择分析如果想超越用以证明某些简单结论的"最低限度的自由"的公式，就必须将我们对"正当"过程的偏好和根据狭义"结果"定义的善考虑在内。将两者都加以考虑并没什么可奇怪的。[21]如果有人告诉我们，克林顿总统希望"公平地再次当选总统"，我们不能因为其结果（"赢得选举"）与过程（"公平"）相互混杂，而说其偏好是不可理喻的。我们还可以在各种博弈形式上再加上各种社会选择的要求，这样，博弈形式的长处（如果有的话）与社会选择理论中的民主特征可以结合起来。毫无疑问，两者结合并不能独立于个人偏好，即使在描述任意给定的其中偏好不必明确表述出来的博弈形式时，也是如此。

吉尔特纳、帕特奈克和铃村（1992）强烈支持纯粹的"博弈形式"观，这部分是因为他们对权利的社会选择观的真实关怀由于不确定性的存在而遇到了困难。而不管是约翰·斯图亚特·穆勒，还是弗雷德里希·哈耶克，他们对私人领域和受保护的空间的关怀为社会选择公式所吸收，但他们对不确定环境下行使自由和权利的策略性问题都未加以特别留心。[22]当穆勒（1859）讨论在"个人仅与其本人相关的生活与那些涉及他人的生活"（p. 146）之间作出区分的重要意义时，他认为（1）个人在其私人领域内的目标和（2）为追求这些目标而采取的选择行动之间存在着相当直接的对应关系。我认为，在理解权利的本质方面，这一关注相当具有启发性，而在放弃古典的自由讨论中的确定性假设和将不确定性条件下的策略考虑给予相当突出的位置时，我们应预防那种泼洗澡水时将孩子也倒掉的危险。

这并不是否认在不确定性条件下行使权利所可能发生的与他人的策略相关的问题（相关讨论可参见 Gaertner, Pattanaik, and Suzumura, 1992）。比如说，穆勒讨论了人们对于喜欢吃什么的不同信仰问题，尤其是在保证穆斯林不吃猪肉的自由的同时，也保证非穆斯林吃猪肉的自由（pp. 152 - 154）。但如果一个人并不知道每个具体的菜盘里所盛的内容，就会出现策略性问题，他得依赖于其他的选择策略。

在处理这些问题时，社会选择理论由于具有基于偏好解释的多义性而提供了相当大的余地，它可以视具体情况下自由的"主体"而定。如果这里的自由是实际上去吃猪肉或者不吃猪肉的自由（穆勒在概括自由时所提出的事态），那么自由原则就可以只涉及这一点，并检验不希望去吃猪肉的个人是否达致目标，同时让其他人愿意吃就去吃。另外，如果自由被定义为选择个人所喜欢的状态的自由（而不管个人是如何取得这一结果的），那么这一自由观就必须涉及偏好的选择观（"你应当得到你所喜欢的"被解释为"你应当得到你所选择的"，亦即"你可以自由选择"）。[23]偏好解释的多义性——它占了本文的相当一部分篇幅——就可以处理这些问题。

选择观就其状态所定义的方式而言可以用于策略性选择，也可以直接用于选择的结果状态，如用于社会选择理论中的标准表述。帕特奈克曾指出不确定性条件下这种偏好的"选择观"用于状态或结果上时所存在的一些困难，因为在不知道个人选择什么内容时，"选择"这一术语很难处理（参见 Pattanaik，1995；还可参见 Pattanaik and Suzumura，1994）。从自主性来看，这里的真正问题不在于"被选"（chosen）这一单词的用法，而在于个人能否确定他在选择过程中遇到什么困难，尤其是，个人行动能否阻止这一困难的发生。根据这一选择观，社会选择理论对于自由的解释可以让我们知道这一点。[24]

与社会选择理论这一参数视角所具有的广泛范围相比，博弈形式观由于仅仅根据策略的选择来定义自由而显得狭隘。根据博弈形式结构来概括穆勒的吃自己所喜欢的食物的自由，第一步就要求将个人所选择的吃东西的行为纳入可行的策略集合之内。但是这是不充分的，因为个人对他将要吃的东西并不知情。要实现穆勒的主张，即每个人都可以吃到他所喜欢的，同时又避开了他所不喜欢的，那么其他人的策略选择也必须加以约束，比如说，从可行策略集合中排除当他人询问菜单时撒谎的行为（并且将询问这类问题也纳入可行的策略之中，食客必须知道他自己的权利并能够行使这一权利）。通过这样的策略规定，在给定完全服从的条件下，我们就可以得出穆勒的基于偏好的自由观（即穆斯林可以避免吃猪肉，而非穆斯林只要愿意的话可以吃猪肉）。这样，我们确实根据博弈形式观而得出了这一结论，但这种对可行策略组合的规定，正如前面所述，并未真正脱离偏好。而且我们也很难相信，以这么一种复杂的方式来重新概括穆勒的自由观，究竟具有什么特别有益的长处。

与偏好观相比较，博弈形式观在探讨"选择禁忌"问题上还存在一些困难，如：众所周知的潜在福利的接受者并不愿意明显地寻求国家援助（这一问题在英国讨论得非常热烈）。根据偏好的欲望观来进行的社会选择表述在此显然更加直截了当：如果某个人有权获得援助并由于选择禁忌而没有得到帮助，那么欲望观就会认为没有实现其欲望。但由于没有实现在形式上主要是因为潜在接受者的行动——事实上是不行动，博弈形式观将不得不引入许多附加的条件来得出同一结论，比如，博弈形式观对其他人的策略作出限制，来排除潜在接受者的选择禁忌。这些限制有可能十分艰难（比如，不容许他人将福利接受者视为寻求援助，或者不容许他人对寻求援助的人持一种否定性的看法）。主要问题是，博弈形式而非实现的状态是否有助于我们概括这种情况下的权利问题。虽然博弈形式在某些情况下能够较好地表达权利形式，但在其他情况下未必如此。

权利的社会选择观具有非常广泛的适用性，这恰恰是因为偏好解释的多义性。首先，过程和结果都可以包含在偏好这一概念之内，由此而纳入权利的社会选择观。其次，偏好的不同解释还容许权利的社会选择观根据外在的参数来探讨人们的选择或人们在其私人领域中得到其想得到的实际能力。正如我们所看到的，我们的自由关怀的不同层面都与这些特征相关。最后，如果说在一些具体的情形中，博弈形式的概括也许是极其恰切的，我们仍然可以对各种博弈形式的规定采取一种社会选择的观点，从而将权利最终与它们的社会支持联系起来，而不是仅仅将权利视为来自外部（或"自然"）的赋予。

博弈形式结构的范围相对较窄，这是因为其关于自由的规定仅仅限于策略的选择。通过倒推——从不可接受的结果倒推到不可行的策略组合，博弈形式的范围可以扩展到穆勒对结果的关怀。除了这种方法的复杂性之外，我们还应注意，这种"反结果"程序绝非可以脱离偏好而独立存在。

8. 结束语

基于偏好的社会选择理论的范围涉及偏好解释的参数变化的可能性。许多对社会选择的批评往往是源于对这门学科的传统所具备的不充分的认识（第 3 节）。解释的多义性是社会选择理论的一个长处而不是局限（第 4 节）。对个人偏好的依赖既没有限制我们对基于公平的正义的探讨（第 5 节），也没有限制我们对权利和自由的关注（第 7 节）。

但是，过多关注分析问题，在某种程度上，将会限制社会选择理论在实际问题上的直接性。在阿罗所开创的"社会选择理论"与布坎南所开创的"公共选择理论"之间的一个根本差别就是，前者更多地关注形式分析，而后者的出发点是两个更具经验含义的一般性论断，即：（1）社会关系中"交换"的实际意义；（2）经济人假设（包括追求个人自利的行为）。由于这一对具体的经验假设的依赖性，公共选择理论在经验基础上更容易遭受批评，而社会选择理论则不是这样。[25]

虽然社会选择理论取得了远离事实争辩的效果，但其做法丧失了直接性和有用性。要将它往实质方面进行扩展，比如要理解偏好形成（第6节），就必须对某些经验本质加以考虑。而如果它涉及实质问题，社会选择理论的分析程式就会发生较大的改变。这是一个如何在不丧失既有成就的同时取得新进展的问题。

参考文献

Arneson，R. (1989) "Equality and Equality of Opportunity for Welfare," *Philosophical Studies*, vol. 56, pp. 77 - 93.

Arrow，K. J. (1951) *Social Choice and Individual Values* (New York: Wiley).

Arrow，K. J. (1963) *Social Choice and Individual Values*, 2nd extended edn. (New York: Wiley).

Arrow，K. J. (1973) "Some Ordinalist Utilitarian Notes on Rawls' Theory of Justice," *Journal of Philosophy*, vol. 70, pp. 245 - 263.

Arrow，K. J. (1977) "Extended Sympathy and the Possibility of Social Choice," *American Economic Review*, *Papers and Proceedings*, vol. 67, pp. 219 - 225.

Atkinson，A. B. (1983) *Social Justice and Public Policy* (Brighton: Wheatsheaf, and Cambridge, Mass. : MIT Press).

Basu, K., Pattanaik, P. K., and Suzumura, K., (eds.) (1995) *Choice, Welfare and Development* (Oxford: Clarendon Press).

Binmore, K. (1994) *Playing Pair: Game Theory and the Social Contract*, vol. I (London: MIT Press).

Blackorby, C., and Donaldson, D. (1977) "Utility versus Equity: Some Plausible Quasi-orderings," *Journal of Public Economics*, vol. 7, pp. 365 – 381.

Blackorby, C., Donaldson, D., and Weymark, J. (1984) "Social Choice with Interpersonal Utility Comparisons: A Diagrammatic Introduction," *International Economic Review* vol. 25, pp. 325 – 356.

Blair, D. H. (1988) "The Primary-Goods Indexation Problem in Rawls' Theory of Justice," *Theory and Decision*, vol. 24, pp. 239 – 252.

Borda, J. -C. de (1781) "Mémoire sur les Elections au Scrutin," *Mémoires de l'Académie Royale des Sciences*, pp. 657 – 665. English translation de Grazia, A. (1953) *Isis*, vol. 44, pp. 42 – 51.

Breyer, F. (1977) "The Liberal Paradox, Decisiveness Over Issues and Domain Restrictions," *Zeitschrift für Nationalökonomie*, vol. 37, pp. 45 – 60.

Broome, J. (1991) *Weighing Goods*. (Oxford: Blackwell).

Buchanan, J. M. (1954a) "Social Choice, Democracy, and Free Markets," *Journal of Political Economy*, vol. 62, pp. 114 – 123.

Buchanan, J. M. (1954b) "Individual Choice in Voting and Market," *Journal of Political Economy*, vol. 62, pp. 334 – 343.

Buchanan, J. M. (1986) *Liberty, Market and the State* (Brighton: Wheatsheaf Books).

Buchanan, J. M., and Tullock, G. (1962) *The Calculus of Consent*. (Ann Arbor: University of Michigan Press).

Chichilnisky, G. (1982) "Social Aggregation Rules and Continuity," *Quarterly Journal of Economics*, vol. 97, pp. 337 – 352.

Chichilnisky, G. , and Heal, G. M. (1983) "Necessary and Sufficient Condition for Resolution of Social Choice Paradox," *Journal of Economic Theory*, vol. 31, pp. 68 - 87.

Cohen, G. A. (1989) "On the Currency of Egalitarian Justice," *Ethics*, vol. 99, pp. 906 - 944.

Cohen, G. A. (1990) "Equality of What? On Welfare, Goods and Capabilities," *Recherches Economiques de Louvian*, vol. 56, pp. 357 - 382.

Cohen, G. A. (1993) "Equality of What? On Welfare, Resources and Capabilities," in Nussbaum and Sen (1993).

Coleman, J. S. (1986) *Individual Interests and Collective Action* (Cambridge: Cambridge University Press).

Condorcet, Marquis de (Caritat, J. A. N.) (1785) *Essai sur l'Application de l'Analyse à la Probabilité des Décisions Rendues à la Pluralité des Voix* (Paris).

d'Aspremont, C. (1985): "Axioms for Social Welfare Ordering," in Hurwicz et al. (1985).

d'Aspremont, C. , and Gevers, L. (1977) "Equity and the Informational Basis of Collective Choice," *Review of Economic Studies*, vol. 44, pp. 199 - 209.

Deb, R. (1989) "Rights as Alternative Game Forms: Is There a Difference in Consequences?", mimeo, Southern Methodist University, Dallas, Texas.

Deb, R. (1994) "Waiver, Effectivity and Rights as Game Forms," *Economica*, vol. 61, pp. 167 - 178.

Deb, R. , Pattanaik, P. K. , and Razzolini, L. (1994) "Game Forms, Rights and the Efficiency of Social Outcomes," mimeo, Southern Methodist University, Dallas, Texas.

Dworkin, R. (1981) "What is Equality? Part 1: Equality of Welfare" and

"What is Equality? Part 2: Equality of Resources," *Philosophy and Public Affairs*, vol. 10, pp. 185 - 246 and 283 - 345.

Dworkin, R. (1985) *A Matte of Principle* (Cambridge, Mass.: Harvard University Press).

Elster, J., and Hylland, A. (eds.) (1986) *Foundations of Social Choice Theory* (Cambridge: Cambridge University Press).

Elster, J., and Roemer, J. (eds.) (1991) *Interpersonal Comparisons of Well-being* (Cambridge: Cambridge University Press).

Fishbum, P. C. (1973) *The Theory of Social Choice* (Princeton, NJ: Princeton University Press).

Gaertner, W., Pattanaik, P., and Suzumura, K. (1992) "Individual Rights Revisited," *Economica*, vol. 59, pp. 161 - 178.

Gärdenfors, P. (1981) "Rights, Games and Social Choice," *Noûs*, vol. 15, pp. 341 - 356.

Gevers, L. (1979) "On Interpersonal Comparability and Social Welfare Orderings," *Econometrica*, vol. 47, pp. 75 - 89.

Gibbard, A. (1974) "A Pareto-consistent Libertarian Claim," *Journal of Economic Theory*, vol. 7, pp. 388 - 410.

Gibbard, A. (1979) "Disparate Goods and Rawls's Difference Principle: A Social Choice Theoretic Treatment," *Theory and Decision*, vol. 11, pp. 267 - 288.

Goodin, R. E. (1986) "Laundering Preferences," in Elster and Hylland (1986).

Gosling, J. C. B. (1969) *Pleasure and Desire* (Oxford: Clarendon Press).

Gottinger, H. W., and Leinfellner, W. (eds.) (1978) *Decision Theory and Social Ethics* (Dordrecht: Reidel).

Griffin, J. (1986) *Well-being* (Oxford: Clarendon Press).

Habermas, J. (1994) "Three Models of Democracy," *Constellations*, vol. 1, pp. 1 - 10.

Hammond, P. J. (1976) "Equity, Arrow's Conditions and Rawls' Difference Principle," *Econometrica*, vol. 44, pp. 793 - 804.

Hammond, P. J. (1981) "Liberalism, Independent Rights and the Pareto Principle," in Cohen, J. (ed.), *Proceedings of the 6th International Congress Logic, Methodology and Philosophy of Science* (Dordrecht: Reidel).

Hammond, P. J. (1982) "Utilitarianism, Uncertainty and Information," in Sen and Williams (1982).

Hammond, P. J. (1985) "Welfare Economics," in Feiwel, G. (ed.), *Issues in Contemporary Microeconomics and Welfare* (Albany, NY: SUNY Press).

Hare, K. M. (1963) *Freedom and Reason* (Oxford: Clarendon Press).

Harsanyi, J. C. (1955) "Cardinal Welfare, Individualistic Ethics and Interpersonal Comparisons of Utility," *Journal of Political Economy*, vol. 63, pp. 309 - 321.

Hayek, F. A. (1960) *The Constitution of Liberty* (London: Routledge & Kegan Paul).

Hicks, J. R. (1939) *Value and Capital* (Oxford: Clarendon Press).

Hurwicz, L., Schmeidler, D., and Sonnenschein, H. (eds.) (1985) *Social Goals and Social Organisation: Essays in Memory of Elisha Pazner* (Cambridge: Cambridge University Press).

Kelly, J. S. (1978) *Arrow Impossibility Theorems* (New York: Academic Press).

Marshall, A. (1890) *Principles of Economics* (London: Macmillan).

Maskin, E. S. (1978) "A Theorem on Utilitarianism," *Review of Economic Studies*, vol. 45, pp. 93 - 96.

Maskin, E. S. (1979) "Decision-making under Ignorance with Implications for Social Choice," *Theory and Decision*, vol. 11, pp. 319 - 337.

Maskin, E. S. (1994) "Majority Rule, Social Welfare Functions, and Game Forms," mimeo, Harvard Institute of Economic Research, Cambridge, Mass.

Meade, J. E. (1976) *The Just Economy* (London: Allen & Unwin).

Mill, J. S. (1859) *On Liberty* (London); republished 1974 (Harmondsworth: Penguin).

Nozick, R. (1973) "Distributive Justice," *Philosophy and Public Affairs*, vol. 3, pp. 45 - 126.

Nozick, R. (1974) *Anarchy, State and Utopia* (Oxford: Blackwell).

Nozick, R. (1989) *The Examined Life* (New York: Simon & Schuster).

Nussbaum, M., and Sen, A. (eds.) (1993) *The Quality of Life* (Oxford: Clarendon Press).

Pattanaik, P. K. (1971) *Voting and Collective Choice* (Cambridge: Cambridge University Press).

Pattanaik, P. K. (1996) "On Modelling Individual Rights: Some Conceptual Issues," in Arrow, K. J., et al. (eds.), *Social Choice Re-examined*, vol. 2 (London: Macmillan).

Pattanaik, P. K., and Salles, M. A. (eds.) (1983) *Social Choice and Welfare* (Amsterdam: North-Holland).

Pattanaik, P. K., and Suzumura, K. (1994) "Individual Rights and Social Evaluation: A Conceptual Framework," mimeo, Department of Economics, University of California, Riverside, California.

Phelps, E. S. (ed.) (1973) *Economic Justice* (Harmondsworth: Penguin).

Pigou, A. C. (1952) *The Economics of Welfare*, 4th edn. with eight new appendices (London: Macmillan).

Plott, C. R. (1976) "Axiomatic Social Choice Theory: An Overview and

Interpretation," *American Journal of Political Science*, vol. 20, pp. 511 – 596.

Plott, C. R. (1978) "Rawls' Theory of Justice: An Impossibility Result," in Gottinger and Leinfellner (1978).

Ramsey, F. P. (1931) *Foundations of Mathematics and Other Logical Essays* (London: Paul, Trench, Trubner).

Rawls, J. (1971) *A Theory of Justice* (Cambridge, Mass. : Harvard University Press).

Rawls, J. (1982) "Social Unity and Primary Goods," in Sen and Williams (1982).

Rawls, J. (1993) *Political Liberalism* (New York: Columbia University Press).

Riley, J. (1987) *Liberal Utilitarianism: Social Choice Theory and J. S. Mill's Philosophy* (Cambridge: Cambridge University Press).

Riley, J. (1989) "Rights to Liberty in Purely Private Matters: Part Ⅰ," *Economics and Philosophy*, vol. 5, pp. 121 – 166.

Riley, J. (1990) "Rights to Liberty in Purely Private Matters: Part Ⅱ," *Economics and Philosophy*, vol. 6, pp. 27 – 64.

Roberts, K. W. S. (1980a) "Possibility Theorems with Interpersonally Comparable Welfare Levels," *Review of Economic Studies*, vol. 47, pp. 409 – 420.

Roberts, K. W. S. (1980b) "Interpersonal Comparability and Social Choice Theory," *Review of Economic Studies*, vol. 47, pp. 421 – 439.

Rothschild, E. (1992) "Commerce and the State: Turgot, Condorcet and Smith," *Economic Journal*, vol. 102, pp. 1197 – 1210.

Samuelson, P. A. (1947) *Foundations of Economic Analysis* (Cambridge, Mass. : Harvard University Press).

Scanlon, T. M. (1975) "Preference and Urgency," *Journal of Philosophy*, vol. 72, pp. 655 – 669.

Scanlon，T. M. （1991）"The Moral Basis of Interpersonal Comparisons," in Elster and Roemer （1991）.

Seidl，C. （1975）"On Liberal Values," *Zeitschrift für Nationalökonomie*, vol. 35，pp. 257 – 292.

Sen，A. K. （1970）*Collective Choice and Social Welfare* （San Francisco: Holden-Day）；republished 1979 （Amsterdam: North-Holland）.

Sen，A. K. （1973）"Behaviour and the Concept of Preference," *Economica*, vol. 40，pp. 241 – 259；reprinted in Sen （1982a）.

Sen，A. K. （1976）"Liberty，Unanimity and Rights," *Economica*, vol. 43，pp. 217 – 245，reprinted in Sen （1982a）.

Sen，A. K. （1977a）"Social Choice Theory: A Re-examination," *Econometrica*, vol. 45，pp. 53 – 89；reprinted in Sen （1982a）.

Sen，A. K. （1977b）"On Weights and Measures: Informational Constraints in Social Welfare Analysis," *Econometrica*, vol. 45，pp. 1539 – 1572, reprinted in Sen （1982a）.

Sen，A. K. （1977c）"Rational Fools: A Critique of the Behavioural Foundations of Economic Theory," *Philosophy and Public Affairs*, vol. 6，pp. 317 – 344； reprinted in Sen （1982a）.

Sen，A. K. （1980）"Equality of What?"，in McMurrin，S. M. （1980）, *Tanner Lectures on Human Values*, vol. 1 （Cambridge: Cambridge University Press）；reprinted in Sen （1982a）.

Sen，A. K. （1981）*Poverty and Famines: An Essay on Entitlement and Deprivation* （Oxford: Clarendon Press）.

Sen，A. K. （1982a）*Choice，Welfare and Measurement* （Oxford: Blackwell，and Cambridge，Mass. : MIT Press）.

Sen，A. K. （1982b）"Rights and Agency," *Philosophy and Public Affairs*, vol. 11，pp. 3 – 39.

Sen, A. K. (1983) "Liberty and Social Choice," *Journal of Philosophy*, vol. 80, pp. 5 – 28.

Sen, A. K. (1985a) "Well-being, Agency and Freedom: The Dewey Lectures 1984," *Journal of Philosophy*, vol. 82, pp. 169 – 221.

Sen, A. K. (1985b) *Commodities and Capabilities* (Amsterdam: North-Holland).

Sen, A. K. (1991a) "Welfare, Preference and Freedom," *Journal of Econometrics*, vol. 50, pp. 15 – 29.

Sen, A. K. (1991b) "On Indexing Primary Goods and Capabilities," mimeo. Harvard University, Cambridge, Mass.

Sen, A. K. (1992) "Minimal Liberty," *Economica*, vol. 57, pp. 139 – 160.

Sen, A. K. (1993a) "Well-being and Capability," in Nussbaum and Sen (1993).

Sen, A. K. (1993b) "Markets and Freedoms," *Oxford Economic Papers*, vol. 45, pp. 519 – 541.

Sen, A. K. (1993c) "Positional Objectivity," *Philosophy and Public Affairs*, vol. 22, pp. 83 – 125.

Sen, A. K., and Williams, B. (eds.) (1982) *Utilitarianism and Beyond* (Cambridge: Cambridge University Press).

Strasnick, S. (1976) "Social Choice Theory and the Derivation of Rawls' Difference Principle," *Journal of Philosophy*, vol. 73, pp. 85 – 99.

Sugden, R. (1981) *The Political Economy of Public Choice* (Oxford: Martin Robertson).

Sugden, R. (1985) "Liberty, Preference and Choice," *Economics and Philosophy*, vol. 1, pp. 213 – 229.

Sugden, R. (1993) "Welfare, Resources, and Capabilities: A Review of *Inequality Reexamined* by Amartya Sen," *Journal of Economic Literature*, vol. 31，pp. 1947 - 1962.

Suzumura，K.（1978）"On the Consistency of Libertarian Claims," *Review of Economic Studies*，vol. 45，pp. 329 - 342.

Suzumura，K.（1982）"Equity，Efficiency and Rights in Social Choice," *Mathematical Social Sciences*，vol. 3，pp. 131 - 155.

Suzumura，K.（1983）*Rational Choice，Collective Decisions and Social Welfare*（Cambridge：Cambridge University Press）.

Weymark，J.（1991）"A Reconsideration of the Harsanyi-Sen Debate on Utilitarianism," in Elster and Roemer（1991）.

Wriglesworth，J.（1985）*Libertarian Conflicts in Social Choice*（Cambridge：Cambridge University Press）.

注释

[1] 这些批评散见于极其广泛的文献——从对社会选择理论的"公共选择"批判到对社会决策的"博弈形式"的动机讨论，我将依次讨论这些批评。要了解这些批评，可以参见埃尔斯特和海兰德（Hylland）1986 年所编辑的《社会选择理论的基础》（Foundations of Social Choice Theory）这个极其有用的批评性文献。

[2] 关于孔多塞侯爵的政治理念与当代思想和问题之间的关系，参见 Rothschild（1992）。

[3] 关于这些问题，参见 Arrow（1963，1977），Sen（1970，1977a，1982a），Pattanaik（1971），Fishburn（1973），Hammond（1976，1985），Plott（1976），d'Aspremont and Gevers（1977），Kelly（1978），Gevers（1979），Maskin（1979），Roberts（1980a，1980b），Chichilnisky（1982），Suzumura（1982，1983），Chichilnisky and Heal（1983），Pattanaik and Salles（1983），Blackorby，Donaldson and Weymark（1984），d'Aspremont（1985）等。

〔4〕如庇古（1952）讨论了欲望为什么很大程度上与精神满足相重叠；拉姆斯（1931）则将欲望与选择相关联起来；萨缪尔森（1947）则将选择代指福利，如此等等。

〔5〕我在斯坦福大学的肯尼思·阿罗讲义（本书第 20～22 章）中探讨了"自由与社会选择"这一问题。还可参见 Sen（1991a，1993b）。

〔6〕结果主义要求所有选择变量都应根据它们各自对状态的影响来估价，而福利主义则主张状态的估价基础仅仅只应建立在这些状态中的个人效用上。这两个条件再加上个人效用应仅根据其总效用来判断的总排序，我们就得出了古典功利主义，后者只是福利结果主义的一个特例。

〔7〕关于效用的不同解释，可参见 Marshall（1890），Ramsey（1931），Pigou（1952），Harsanyi（1955），Hare（1963），Gosling（1969），Griffin（1986），Broome（1991）。

〔8〕关于这一问题可参见 Sen（1970，1976），Gibbard（1974），Seidl（1975），Breyer（1977），Suzumura（1978，1983），Hammond（1981，1982），Wriglesworth（1985）等。

〔9〕鉴于我们往往可以听到相反的观点，这里就顺便提一句，相对于基于效用的社会选择而言，基于偏好的社会选择的格式更为宽泛，效用只是被视为偏好的实值表达。这主要是因为，将社会选择函数形式的信息基础仅仅限于效用，必然要求被称作（往往容易引人误解）"中立性"的条件。设若给定个人对其私人领域的偏好以优先性，这一条件就无法成立。

〔10〕参见 Sen（1970，1977b），Arrow（1973，1977），Hammond（1976，1985），Blackorby and Donaldson（1977），Strasnick（1976），d'Aspremont and Gevers（1977），Maskin（1978，1979），Gevers（1979），Roberts（1980a，1980b），Blackorby, Donaldson and Weymark（1984），d'Aspremont（1985），Broome（1991）等。

〔11〕相关分析问题可参见 Sen（1970，1977b），Gevers（1979），Roberts（1980a，1980b），d'Aspremont（1985），Hammond（1985）。

［12］比如，海萨尼主张人际比较的选择导向的解释（参见 Harsanyi，1955），并将他对功利主义的著名辩护置于这一解释之上。关于这一观点的合理性及其相关问题，可参见 Sen（1982），Scanlon（1991），Weymark（1991）。

［13］请注意，即使每个人都只追求他本人的福利，对各自所拥有的基本善的排序也并不等同于对各自福利的排序。这是因为，在个人将基本善转化为福利的过程中，可能存在人际差别。即使每个人对促进福利的基本善的排序都完全一致，但仍然会存在转换上的差别（对这个问题的一般分析，参见 Sen，1985b，pp. 40 - 41）。

［14］博弈论推理在这方面具有特别的重要性。宾莫尔（Binmore，1994）对一类相互关联关系作出了极富启发意义的深刻探讨。（在此，我并不讨论宾莫尔对森的解释！）

［15］这种权利的表述不应被视作蕴涵这样一种主张，即结果分析对于社会伦理来说已经足够。个人行为的伦理学包含着一些重要的义务论问题，我认为这些问题无法被纳入结果主义的框架之中，除非这些结果估价是"位置相关的"（关于这一问题参见 Sen，1985a，1993c）。我以为，对于结果主义来说，它所面临的主要问题来自"义务"，而不是"权利"。

［16］Deb（1989，1994），Deb，Pattanaik and Razzolini（1994），其中探讨了在权利问题上社会选择公式与博弈形式之间的关系。关于一般的博弈形式与定义域限制中的投票规则之间的关系，参见 Maskin（1995）。

［17］在后来的著作中，诺齐克（1989）还提出了其他方面的限制条件。

［18］这种关系处在我们意料之中，因为——正如前面的论述——孔多塞等人所开创的社会选择理论本身就是一致同意的统治和社会秩序这种后启蒙传统的产物。

［19］不论别人是否真的反对，由于别人的存在（或者他人只是合法地在那一地方）而禁止吸烟这一事例也包含着结果分析。在美国的许多地方，吸烟都采取这样的形式。这一禁例所包含的基本动机是避免难以接受的被动吸烟的结果，其中根本不必要求人们真的采取积极反对这种并不讨人喜欢的行

动。这里，我显然不是讨论——将各种因素（包括吸烟者的偏好）考虑在内，这种限制是否正当的问题，我所讨论的问题只是这种限制所包含的动机。

［20］要做到这一点就必须放弃福利主义（参见 Sen，1970，1982b），并最终拒绝边沁将权利仅仅视作效用实现工具的功利主义观点。

［21］参见 Sen（1982a，1982b，1985a），还可参见 Pattanaik and Suzumura（1994）。

［22］关于穆勒的自由观及其与社会选择理论的关系，可参见 Riley（1987，1989，1990）。

［23］关于偏好的不同解释对于探讨自由的不同方面的作用，可参见 Sen（1983，1992）。

［24］关于这一问题可参见 Sen（1992）。"选择"这一术语的通常用法并不是本文的关注所在，但我仍然相信，帕特奈克的批评低估了这一术语所可能包含的各种意义。奥滕西奥（Hortensio）的抱怨不无道理（见 *The Taming of the Shrew*，Ⅰ.i.74 - 75）："在烂苹果里只有很少的选择。"但我们很难说一个人所选择的苹果实际上没有被选中，因为它出乎意料地腐烂了。

［25］经济人的假设极其有限。事实上，布坎南（1986）本人也对这一假设的经验可接受性表达了相当程度的怀疑，并注意到这方面所存在的"紧张"关系（p.26）。

第 10 章
社会选择与正义*

1. 引 言

伟大的作品通常无法一问世就获得它们所应得的荣誉。用大卫·休谟自己的话来说,《人性论》"刚诞生就死了过去"。[1] 约翰·斯图亚特·穆勒的《妇女的屈从地位》也备受冷落(这是出版商唯一亏损的穆勒的著作)。[2] 伯特兰·罗素这样描述《数学原理》的遭遇所导致的失望心情:"据我所知,只有六个人曾经读过这本书的后半部,其中有三个人是波兰人,后来(我相信)都被希特勒清洗掉了。"[3] 而剩下的三个人显然又回到他们的老路上去了:"另外三个人是得克萨斯人,后来也很快就被同化了。"就《数学原理》为人所弃的地步而言,它的遭遇与受清洗也差不到哪里去(虽然对得克萨斯人来说,他们的运气尚未坏到这种程度)。

肯尼思·阿罗怎么也不可能发出类似的抱怨。他在博士论文中提出了"不可能定理",然后在 1950 年的一篇文章[见《肯尼思·阿罗文集》(以下简称《文集》)的第 1 卷第 1 章]中首次表述这一思想[4],它立即成为经典。福利经济学家、政治理论家、道德哲学家和其他学者不得不面临一个似乎是——确实是——灾难性的结

* 本文是为《肯尼思·阿罗文集》第 1 卷而写的一篇评论。感谢 Eva Colorni, Peter Hammond,他们对本文的早期版本作了评论。出自 *Journal of Economic Literature* 23 (1985)。

论。尤其是福利经济学，它将完全被改写。对该定理的反应是各种各样的，有的试图加以反驳，有的谋求解决之道，有的提议折中，有的则完全绝望，还有的则声称阿罗的分析不能应用于这个或那个问题。那些没有提及阿罗的结论的作品则不得不承认这一事实（比如，利特尔在他的《福利经济学批判》第 2 版的序言中承认，他最初并未考虑阿罗的书）[5]——这也间接说明了阿罗的著作的影响及其重要性。

在一个相当短的时间内，社会选择理论这门新的学科很快就得以建立，并对经济学、哲学、政治学和其他社会科学产生直接而广泛的影响。有关社会选择理论方面的文献扩张得如此之快，以至于各杂志的编者都为之吃惊不已[6]，现在这类文献称得上是汗牛充栋。[7]当年的经典现在已经成为经久不衰的读物。

《文集》第 1 卷收录了发表在 1950—1981 年期间的 15 篇论文，它们都与社会选择理论、福利经济学和道德哲学相关。其中三篇（第 1、3 和 4 章）直接涉及不可能定理，其表述彼此不同。阿罗所创立的不可能定理和社会选择理论体系显然也影响了其他的研究论文。对这一领域所出现的新结论、回应和建议，阿罗作出了批判性的审查（第 6、9、11 和 12 章）。他的批评对象有伊恩·利特尔在福利经济学的贡献（第 2 章）和约翰·罗尔斯与罗伯特·诺齐克在道德哲学中的贡献（第 8、10 和 13 章）。在公共支出的分析上，阿罗采取了功利主义的观点（第 7 章），并针对其他的哲学观点作出了温和的辩护（第 8～13 章）。此外，他还精辟地分析了偏好体系中的道德义务（第 5 章）和增长与公平之间的权衡（第 14 章）。《文集》的最后一篇论文对收入分配中的自愿转移和福利经济学给出了干脆利落的分析（第 15 章）。

　　这一卷堪称将最伟大的经济学家之一的精深入微的分析、激发覃思的理念和环环相扣的论证集于一身。其推理的性质无所不包，既有较为松散的言说，也有严谨细致的论证。无论如何，我们仍然可以不时发现一些问题，而不必无休止地唱着赞歌。我将指出一些可能的异议之处，它们往往也值得我们强调。正如这方面的文献所展示的，不可能定理的本质本身就是一个值得争论的问题，我将不惮质疑阿罗本人对它的解释。这本阿罗文集的出版提供了一个对不可能定理进行全面回顾的好机会。第 2 节将探讨阿罗不可能定理的内容、语境及其意义。第 3 节将讨论阿罗对不可能定理的"出路"和道德哲学问题的"进路"的分析，其中主要讨论效用的人际比较。[8]最后一节则对阿罗的动机和成就给出一些总体性的评价。

2. 不可能定理：内容、语境和意义

　　阿罗的不可能定理（正式名称应叫"一般可能性定理"）所关注的是如何将社会成员的各种偏好组合糅合成一个总体的社会偏好的问题。本书第 3 章的原文最初是 1952 年以法文发表的，其中阿罗相当简洁地阐释了这个问题：

　　首先叙述每一种合理的社会选择函数都应具备的几种特征，然后检验实现这些条件的可能性。如果运气好的话，我们就会得到一个恰恰符合所有这些条件的社会选择函数。如果运气不那么好，就会得到好几个符合这些条件或公理的社会选择函数。最后，糟糕透顶的是，根本就不存在可以满足这些合理条件的函数。[9]

　　不可能定理结果被断定是"糟糕透顶了"。

一个社会福利函数（social welfare function，SWF）从每个人对所有社会状态的偏好排序出发，最终达到一个对这些状态的社会排序。它可以说是一种汇总程序，用以根据社会成员的偏好来确定社会排序（从而可以用于社会选择的目的）。

那么，社会福利函数所无法满足的条件又是什么呢？在这一定理的最初表述（Arrow，1950；《文集》的第1章）中，存在五个这样的条件，但后来经过删减之后，第4章（Arrow，1967a）就只剩下四个条件。[10]

"无限制域"（以下称条件 U）要求，社会福利函数的定义域必须包括所有可能的个人偏好组合（即无论社会成员持什么样的偏好，社会福利函数都能够成功地将它们汇总为一个社会偏好排序）。"帕累托原则"（以下称条件 P）要求，如果每个人都认为 x 优于 y，那么 x 就社会优于 y。"无关备选方案的独立性"（以下称条件 I）要求，对任意状态 x 和 y 的社会排序仅仅依赖于对这两种状态的个人排序。[11]最后，"非独裁"（以下称条件 D）禁止独裁者的存在（即这样一个人，只要他认为任意 x 优于 y，那么 x 就社会优于 y）。阿罗的不可能定理认为，如果存在至少三种不同的社会状态并且个人的集合是有限的，那么就不存在一种可以同时满足条件 U、P、I 和 D 的 SWF。

寻求社会福利函数的动机出自艾布拉姆·伯格森（1938）关于系统的社会福利判断要求社会排序的经典分析和保罗·萨缪尔森（1947）对这个问题的进一步探索。1948年，兰德公司的一位逻辑学家奥拉夫·赫尔默（Olaf Helmer）对把博弈论用于国际关系的做法颇存疑问（"参与人是国家，而不是个人"），并询问年轻的博士阿罗："在何种意义上，集体可以说具有效用函数？"阿罗（我相信，他一定充满了学科的自豪感）回答道："经济学家已经考虑过这个问题，艾布拉姆·伯格森的社会福利函数对它作出了回答。"（p. 3）当阿罗开始就赫尔默的问题写一篇解释性的论文时，他很快意识到，并不存在一种将一组排序汇总为一个排序的满意方法。不可能定理及其相关结论和证明"大约在三个星期"之内就完成。阿罗因为这一新发现而改变他的论文题目，并应《政治经济学杂志》编辑的要求，寄出一份关于这一结论的简短证明（《文集》的第 1 章）。

　　阿罗的不可能定理往往被视作旧的投票悖论的一般性扩展。阿罗本人也承认这种说法，并在文中将其不可能定理与投票悖论相联系（ch. 1，p. 5；ch. 3，p. 53；ch. 4，p. 72）。参与人 1 认为，x 优于 y 且 y 优于 z；参与人 2 认为，y 优于 z 且 z 优于 x；参与人 3 认为 z 优于 x 且 x 优于 y。根据多数规则，其结果必然是，x 胜过 y，y 胜过 z，而 z 又胜过 x。这一逻辑非常有力地证明了，多数投票规则并不能产生一个一致的排序，并且在此根本就不存在多数的胜利者。毫无疑问，这一投票悖论在阿罗的思想路径中是起过一定作用的。在他应奥拉夫·赫尔默的要求而解释社会福利函数之时，阿罗说，他"早已知道多数规则的偏好加总方式虽然貌似合理，实则无法令人满意；而经验上的一些证据也暗示着，在这个意义上，其他的方式也无法确定排序"（pp. 3 - 4）。

　　在一国内部或者国际关系——后者是赫尔默给阿罗所提出的问题中的参考框架——中，通过多数规则来解决政治争端并非鲜见。但能否把多数规则当成福利经济学中的加总规则呢？而且我们能否认为，一般而言，多数规则确实是"偏好加总的合理方式"呢？阿罗似乎强烈地坚持这一信念，他在其他地方说过，"在集体环境中，投票是个人偏好加总为社会选择的最直截了当的方式"（ch. 9，

p. 125)，并断定，"当存在两种备选方案时，多数投票规则是一个满意的社会选择机制"，而且"并不要求两者是传递性的"（ch. 12，pp. 168 - 169）。但缺乏传递性是否就是多数投票规则应用于福利经济学中所面临的最大问题呢？

很难让人相信这一点。甚至阿罗在另一种语境下的分析也表明，难以让福利经济学决策接受多数规则。在讨论"许多完全自利的个人用多数规则来分割一个单一商品的固定总量"时，阿罗得出了这样的结论（在证明不存在多数胜利者的推理过程中）："对任何特定个人，比如 1，分配一定数量的配置方案来说，都存在着另一种方案，其中 1 什么也没分到，他的那一份被其他人分割完毕；除 1 之外的所有人都偏好于第二种方案"（ch. 6，p. 87）。现在，我们姑且忘记非传递性和缺乏多数胜利者的问题，令可行选项集合包含的两种备选方案恰如上述所引阿罗的话那样，更具体地说如下：x 为蛋糕在 1、2、3 三个人中间平均分配的方案，y 为 1 什么也没得到，蛋糕在 2 和 3 中间分配。这里不存在非传递性问题（因为这里只存在两种不同的状态），也不存在缺乏多数胜利者的问题（根据 2 对 1 的多数规则，y 优于 x）。但在这一选择问题上，y 究竟在何种意义上可以说是一个"满意的"福利经济学结果呢？1 完全被逼入了绝境，而 2 和 3 却因此而各自获益更多。对于这些福利经济学判断来说，很难认为多数规则是"偏好加总的合理方式"。即使存在着传递性的两种备选方案，这一问题也恰恰存在。

对于某些问题来说，多数方法确实具有许多优点，但收入分配并不属于这类适用多数规则的问题。[12]阿罗这样说过，"至少对于经济学家来说，也许研究社会选择理论的最深刻的动机在于希望在对收入分配的估价问题上得出某些有用的理论"（ch. 6，p. 87）。如果事实如此，那么多数规则作为社会选择程度的承诺就是相当有限的，即使非传递性的问题从未发生。

根据前面的论证，似乎可以得出结论，收入分配问题在不存在效用的人际比较的情况下无法得到恰当的处理。如阿罗所阐明的（ch.1, pp. 5 - 6，23 - 24），他所使用的社会选择格式排除了任何这类直接的人际比较，因此根本就不存在任何可以解决收入分配问题的办法。这样，一旦人际比较被排除在外，多数方法在处理这类问题时所面临的困难同时也是所有其他的加总方式所面临的困难。由此看来，阿罗主张解决收入分配问题是社会选择问题的有效动机（不用说它的"最深刻的动机"）的看法未免过于泛谈，但他认为，将投票程序作为社会选择机制（当然，除了非传递性）并不存在什么特别的可疑之处，这确实是对的。失败是"普遍的"——对所有不使用人际比较的规则而言都一样。

我并不认为上述对投票程序用于福利经济学的判断提供了修正的辩护是确当无疑的。效用的人际比较只是估价不平等的一种方式——功利主义往往采用这种方式，但有其更直截了当的评估不平等的方式，比如比较收入或财富。富人和穷人之间的不平等并不主要是效用问题，或者说它不是人们感觉到什么的问题，而是其中一个人拥有什么的问题。不存在明显的理由可以证明，拒绝效用的人际比较必然导致无法在社会福利判断中探讨经济不平等问题。[13] 如果多数规则无法有效地处理不平等问题，那么这就是一个实实在在且无可避免的失败。但若社会选择方法真正想"在对收入分配的估价问题上得出某些有用的理论"，那么这类失败还是可以避免的。

在这一格式中，无法在收入分配（如收入维度）上取得合理的判断，问题并不主要在于忽视了效用的人际比较，而在于他所用以证明其不可能定理的中立性条件。中立性的强形式要求，如果在每个人的偏好排序中，在任意包含 x 或 y 的有序组上，我们用 a 取代 x 并用 b 取代 y，那么在社会排序中我们也必须这样做。[14] 中立性的本质要求是，社会选择并不依赖于这类状态，而仅仅依赖于个人在这些状态上的偏好。如果个人在一种情况下对（x，y）的偏好等价于另一种情况下对（a，b）的偏好，那么社会选择在后一情况下的排序将相应地如（x，y）在第一种情况下的排序。相应地，社会选择不应受 x、y、a、b 各自的性质影响，而只是由个人对它们的偏好所决定。

以前面的情形为例（其中，x＝给定蛋糕的平均分配，y＝1 什么也没分到且 2 和 3 分配所有蛋糕），我们进一步定义两种备选方案：a＝2 和 3 什么也没分到且 1 分到全部蛋糕，b＝平均分配，正如 x 一样。根据阿罗的"完全自利的偏好"（p. 87），每个认为 x 优于 y 的人都认为 a 优于 b（这里实际上指参与人 1），而每个认为 y 优于 x 的人都认为 b 优于 a（这实际上指参与人 2 和 3）。如此，中立性要求，当且仅当 a 社会优于 b 时，x 社会优于 y。这样，从社会上来看，我们或者认为 a 优于 b（即参与人 2 和 3 什么也没分到要优于平均分配），或者 y 优于 x（或者参与人 1 什么也没分到要优于平均分配）。或者从社会的角度来看，我们必定将所有这些方案——平均分配与极其不平等的分配方案——都视为彼此无差异的。一旦要求这种格式中所要求的中立性，我们就再不可能以一种对福利经济学有意义的方式来对收入分配作出任何判断。

我们必须记取的是，阿罗并未预设任何中立性（neutrality）。他证明了中立性。[15] 这些公理并不要求中立性，但这些公理（确切地说 U、P 和 I）的联合仍然可以推导出一种形式的中立性。阿罗由此证明了不可能定理。显然，多数规则确实具备这种中立性，但阿罗并不要求社会选择程序也同样是中立性的。[16] 认为阿罗并未预设中立性丝毫无损不可能定理的意义。基于此，那些关于投票悖论以及多数规则的适用性问题，也是很容易令人误解的。一旦中立性成立，我们就无法考虑备选方案的性质（只能考虑个人对这些备选方案的偏好），得出不可能定理也就顺理成章了。证明不可能定理的许多步骤都用在根据其他公理证明一种中立性的形式上。同样，当我们做完了大部分工作，并且已经接近不可能性结论的时候，投票悖论的类比才开始具备相关性。

从福利经济学的角度来看，一旦在阿罗的框架中证明了中立性（并且还逃避了效用的人际比较），那么就再不会留下真正有意义的社会选择程序。以前面的例子来说，我们必须（1）将所有的对给定的蛋糕的分配都视为同样好，或者（2）拒绝平等分配，并倾向于让参与人 1 什么也分不到，或者（3）拒绝平等分配，并倾向于让参与人 2 和 3 什么也分不到。在这种情况下，如果存在一种社会选择程序能够逃避这一不可能性结论，这对福利经济学来说可并不是什么福祉。正如我们所看到的，最终的结果是，并不存在任何可以同时满足阿罗条件的社会选择程序。

当然，对于某些问题来说，中立性结论并不像刚才那样恼人。在选择和投票［比如，博尔达（1781）最初所关注的如何选举法国科学院院士的问题］等问题上，我们可以理所当然地忽略备选方案的性质（在博尔达的事例中，指院士候选人），而仅关注选举人对它们的估价。但在收入分配的问题上，平等与不平等的问题使得备选方案的性质相当重要。从 x 转向 y（即从平等分配的起点出发，剥夺参与人 1 的份额）的个人偏好，与从 a 转向 b（即对身无分文的参与人 2 和 3 各给予总量的 1/3，从而实现平均分配）的个人偏好，两者都是相同的。尽管它们在个人偏好的维度上是一致的，但在福利经济学中这是两种不同的问题。[17]

尽管在此我对阿罗的某些解释和动机上的评论表示异议，但是，这一质疑的净效应使得阿罗结论的范围与原创性得到更为清楚的理解。我们必须拒绝将"阿罗问题"视为仅仅是投票悖论的一般化。它远远超出这一任务。将条件 U、I 和 P 各自单独考察，我们看不出从中会导致任何灾难性的中立性结论。[18]但这些灾难性结论最终发生了。而且它们一出现，不可能定理的其余证明——投票悖论确实与此相关——也就顺理成章了。

阿罗的不可能性结论具备广泛的领域，涉及许多不同类型的问题。阿罗定理（和其他结论）的相关性依赖于所考虑问题的性质。在这些问题的任何一个分析阶段都会出现"糟糕透顶"的情形。比如，一旦中立性成立，对福利经济分析来说，我们就——正如前面所论——会深陷困境，而对于选举方法和投票程序来说，这一阶段的战斗还远未言输；然而，在证明不可能定理的最后阶段，危机也终将降临。所有人都会遇上不幸的消息，但不幸消息的内容彼此各异。

3. 出路与进路

阿罗在对不可能性结论进行证明的同时又提出了可能的补救方法。在最初的表述（Arrow，1951）中，阿罗本人讨论得最多的可能性是"域限制"（domain restriction），即排除特定个人偏好的结构，从而可以满足阿罗的其余条件。他证明，单峰偏好使得多数排序成为一致，因此，当个人偏好是单峰的时候，可以根据它来构建一种社会福利函数。[19]事实上，他在还没推导出不可能性结论的时候，就得出了这一结论。后来他才看到邓肯·布莱克（Black，1948）在多数投票问题上的单峰偏好有着相似的分析（ch.1，p.3）。"优先权"问题在经济学中造成了许多混乱，然而，有意思的是，在这一结论的报告上，这位哥伦比亚大学的年轻博士生将所有的荣誉都归功于布莱克，并将这一条件称为"布莱克公设"（Arrow，1951，pp.75-80）。事实上，阿罗的文章是对这一条件的首次严格表述，并且第一次提供了这一确定的可能性结论的精确证明。

自那以后，许多社会选择理论家更加广泛地探讨了这一研究路径，阿罗有两篇文章就讨论了一些最近的建议（ch.6，ch.9）。在《文集》的第6章，阿罗检验并扩展了塔洛克（Tullock，1969）提出来的一类有趣的域限制。[20]看来，阿罗仍然将域限制视为摆脱不可能性问题的重要出路，他还注意到，"如果个人偏好排序限制在布莱克、森或塔洛克所提出的条件可以成立的集合中，那么多数规则和许多其他方法将满足（所有其他）条件"（ch.9，p.131）。

无论如何，正如上一节已经讨论过的原因，我们可以认为，这种逃避路径对于福利经济学来说并不是特别令人感兴趣，不管它对于政治理论来说如何重要。如果前面的论述是正确的话，那么非传递性就并不是应用多数规则（和其他程序）来对福利经济学作出判断或决策时的主要问题。[21]视社会选择问题的性质而定的变量相关性问题再次出现。理解多数规则和其他投票程序的一致性的定义域条件，其本身就具有相当的意义，但对于福利经济学来说，其相关性却不那么清晰。

最近的社会选择理论的文献还广泛探讨了阿罗不可能定理存在其他的可能"出路"。阿罗在最近的论文中也对其中一些方法作出

了评论，比如放宽社会选择的二元性这一条件（ch. 12，pp. 170 -
171）。

阿罗在其近来的论文中给予极大关注的出路是应用效用的人际
比较的可能性。这种扩展所具有的明显的相关性不仅在于避免不可
能性结论本身，而且在于将福利经济学分析与道德哲学结合起来，
比如，功利主义方法，阿罗显然对此抱有很大的兴趣。人际比较的
引入不仅是不可能性的一条"出路"，还是一条将规范社会选择理
论引入伦理传统的"进路"，后者拥有一个深厚的传统，并且在最
近的哲学讨论中吸引了许多批判性的关怀。

在不可能定理的最初表述中，阿罗确实注意到排除人际效用比
较的关键性作用。在他 1950 年的论文中，不可能定理是这样表述
的："如果我们排除效用的人际比较的可能性，那么将个人兴趣转
化成满意的且定义在个人排序集合的宽广域上的社会偏好，其方法
就只可能是施加或者命令"（ch. 1，p. 24）。但是，他那时如此坚信
"效用的人际比较的困难"，以至于看不到这一手段所具有的补救不
可能性结论的希望。

阿罗说，他曾对约翰·希克斯在哥伦比亚大学的一次演讲
（"可能是 1946 年秋天"）中提出的"人际比较的序数观"（an ordi-
nal approach to interpersonal comparisons）甚感兴趣："如果 A 认
为他自己的商品束优于 B 的商品束，而且 B 也认为 A 的商品束优
于他自己的商品束，A 就被定义为比 B '更好'"（ch. 1，p. 2）。希
克斯还注意到，这种"更好"的关系也可能是不完备的。阿罗"更
进一步指出，这一关系并不必须是传递性的"（p. 3）。

事实上，将这种"人际比较的序数观"作为效用的人际比较方
式还存在着其他的问题。其中一个就是，这种观点事实上并未对不

同人的效用作过比较；它只是将同一个人在不同环境下的效用进行比较。在后面这一情形中，不同个人的排序之间的一致性对前者毫无暗示。比如，试考虑如下不同环境中不同个人的效用排序，其中令 $U_i(x_j)$ 表示个人 i 对于个人 j 实际享有的商品束的效用：$U_B(x_A) > U_B(x_B) > U_A(x_A) > U_A(x_B)$。A 和 B 都认为，A 的商品束优于 B 的商品束，这样根据这一标准，A 要比 B "更好"。但当然，B 事实上要比 A 拥有更多的效用，因为 $U_B(x_B) > U_A(x_A)$。

如果人际比较可以利用，那么就必须作出人际比较。无法通过其他类型的比较来取代人际比较。事实上，在 20 世纪 70 年代，人际比较的运用出现了伟大的复兴，并因此而恰当地修正了阿罗的社会选择格式。在帕特里克·苏佩斯（Patrick Suppes）的重要论文之后，阿罗本人在他的书的第二版中对这种方法作出了一些评价，从而促进了它的复兴（Arrow，1963，pp. 114 - 115）。在《文集》的第 11 章，阿罗指出了最近的某些重要进展，尤其是彼得·哈蒙德（1976）、史蒂文·斯特拉斯尼克（Strasnick，1976）及克劳德·达斯普勒蒙和路易斯·葛威尔（d'Aspremont and Gevers，1977）所取得的结论，此外，他还指出了几个一般性的方法论问题。[22]

阿罗所提出的一些结论涉及将词典式最大最小规则作为社会福利标准（即根据处境差的个人的福利来判断一种状态的社会福利；如果存在两种相关的状态，则根据处境较差的个人福利判断；如此等等）的公理推导。这一标准在形式上完全等同于约翰·罗尔斯（1971）的差别原则，但比较的标准是效用而不是罗尔斯体系中的基本物品束（primary goods bundles）。阿罗指出这一很有意义的对立：

我在这里所讨论的原则与罗尔斯的差别原则具有一种反讽关系。根据特定的关于个人效用的认识论假设，社会选择方法将推导出罗尔斯的差别原则——不过根据是效用而不是基本物品 [ch. 11, p. 149]。

这一对立对于正义论来说极有价值，并且我们必须检验，在判断一个人的利益与他人的比较上，"社会选择方法"倾向于采取效用计算而不是非效用特征（在罗尔斯的体系中，指基本物品）的范围。

表面上看，这一对立完全只起因于阿罗为"社会福利或宪政函数"所下的定义："将 U 映射到 X 的排序的函数"（p.150）。由于 U 是状态集合 X 和个人集合 N 的笛卡尔积上的实值效用函数，因此，状态的社会排序 R 似乎也必定是它们的效用值的函数，据此，在公理证明之前，基本物品和罗尔斯就不存在机会了。如果事实如此，那么从这一对立中我们也学习不到什么东西。但情况要复杂得多，理由有二。

第一，排除状态的非效用信息的相关性是一个"中立性"结论，事实上，这绝非阿罗（1977）关于宪政函数的定义的本义。正如第 2 节所讨论的 SWF 一样，中立性结论必须从其他公理中推导出来（"投票悖论"只有在此推导之后才具有意义），同理，这里的中立性也只能推导出来，而不能预先假设（只有在推导之后才能排除基本物品和其他的非效用函数）。事实上，$R=F(u)$ 是一个泛函数，因为社会排序 R 被视作定义在所有状态和个人的全部效用函数 u 上的函数。在 Sen（1970）中，它被称作是社会福利泛函（social welfare functional，SWFL）[23]，这里我将使用这一术语（从而将它与社会福利函数 SWF 相区分，后者定义在状态的 n 元个人偏好排序上）。从 $F(u)$ 可知，如果我们得到整个函数（定义为 X 和 N 的笛卡尔积），我们就能解出社会排序 R，但这并不排除认真对待各种状态的非效用信息，包括哪些人拥有哪些基本物品。如果排除这些非效用特征的信息，我们就需要一个中立性结论（如前面讨论的 SWF），同样，只要将那些公理即无限制域、独立性和帕累托原则相结合，SWFL 也就得到了中立性。[24]

中立性结论排除了非效用信息的使用。对于 SWF 来说，其作用在于将可行程序实质上限制于投票规则上（第 2 节）。而对 SWFL 来说，由于存在可能使用效用的人际比较，其他的方法如功利主义、基于效用的最大最小规则或词典式最大最小规则等也都可以成立。但罗尔斯的正义原则毫无疑问是被排除在外的，而基本物品除非通过效用这一概念，否则也无法发挥作用。这样，阿罗所说的"与罗尔斯的差别原则具有一种反讽关系"，主要是源自阿罗所使用的 SWFL 框架的中立性，尤其是因为无限制域、独立性和帕累托原则的组合。如果考虑基本物品，并且使罗尔斯的差别原则也具有相关性，那么就必须对其中的至少一个条件加以明确地拒绝。"社会选择理论"处理这一问题的结果不是否定罗尔斯主义，或者宣称效用的至高无上地位，而是澄清罗尔斯的理论所必须面对的挑战。由于无限制域、独立性和帕累托原则都具有相当的吸引力，这一挑战具备相当的意义，而且极其严峻，社会选择理论对这一问题的贡献绝非小可。

我将要讨论的"反讽关系"的第二个方面涉及对人际比较的解释。虽然阿罗在《文集》的第 11 章（Arrow，1977）所提出的形式分析与效用尤其相关，但其解释并不必然如此。假设 $u(x, i)$ 并不表示个人 i 在状态 x 上的效用，而是反映了根据其他（非福利主义）视角 i 在状态 x 上的福利或利益。[25]阿罗的分析仍然有效。从这些 u 值总和的最大化、最小 u 值的最大化等方法中所相应推导出来的结论都同样可以成立。这些分析并不依赖于 u 值解释为效用（任何一种为人们所接受的效用含义，如幸福、满意、欲望的实现、选择的二元关系等）。在分析过程中，我们无须使用这些概念。阿罗的定理告诉我们如何求得向量 u 的标量值（给定中立性，即忽略非 u 特征），而公理方法则告诉我们什么时候进行加总，什么时候应当求最小值，如此等等。但对于效用向量并不存在任何特殊的规定。

在这一语境中，我们可以追问，罗尔斯的基本物品指标能否像阿罗的形式体系中的 u 值那样进行分析。其中一个问题在于，拥有基本物品并不是一个人的生存状态的特征，而是他达到某种状态的手段。本节前面所讨论的内心比较与人际比较的对立（"希克斯的"建议）也无法严格地表述基本物品指数。如果 A 拥有的基本物品束要比 B 的基本物品束具有更高的价值，那么我们就可以知道，从这方面看来，A 比 B 更占优势。那种在将利益解释为效用的做法中常常出现的相反情形，即 $U_B(x_A) > U_B(x_B) > U_A(x_A) > U_A(x_B)$，就不会在基本物品的观点中出现。如果 x_A 要比 x_B 具有更高的指数值，那么根据基本物品来解释，此人的利益值 I 将完全独立于除他所拥有的基本物品束之外的事物，即 $I_A(x_A) = I_B(x_A) > I_A(x_B) = I_B(x_B)$。效用具有一种"人格化"维度而基本物品并不存在这一点，从这个意义上说，后者是"非人格化的"。

基本物品缺乏人格化维度，这使得在此基础上的计算较少出现歧义，尤其是使它难以运用无限制域的全部力量。它还意味着，基本物品也许在福利或利益方面相当严格甚至于不合情理。如果 A

拥有与 B 一样多的基本物品，他可能会获得更少（比如由于 A 具备更高的代谢率，他不得不需要更多的食品和收入才能保证营养平衡），那么在道德考虑中 A 的劣势必须加以认可，而纯粹的基本物品指数无法做到这一点（参见 Sen，1985a，1985c）。

因此，从阿罗的分析来看，真正的对立尚不在于基本物品和某些特殊规定的效用之间的对比，而在于基本物品和其他的个人多样性指标在将物品转换成个人成就方面的对比。效用只是如此论证的一个指标（它可分别解释为幸福、选择、欲望的实现等等）。可以说，阿罗所说的差距虽然没有他所指出的特殊差别（效用对基本物品）那么具体，但确实有那么重要。

4. 动机和成就

阿罗在《文集》的序言（p. vii）中提到，他的作品不仅源自他对数学、数理统计和逻辑学的兴趣，而且也受大萧条时代的影响（"就在那时我长大成人"）。阿罗的动机关注点在于深刻而复杂的社会问题。这是一个很有意思的现象，因为不可能定理具有消遣价值，并往往被视作一个难题。其结论所具备的逻辑上的美感与洁净是任何人也无法否认的，但最终之所以能使社会选择理论成为一门重要学科还在于它对于实际和严肃问题的深远影响。[26]

阿罗的不可能定理有助于我们更系统地分析社会加总。在政治思想的语境中，如"公意"（the general will）、"共同善"（the common good）或"社会命令"（the social imperative），就是这种系统的加总概念。但很显然，这些政治思想都需要根据阿罗的结论来加以检验。人们每每否定这些结论对于福利经济学的相关性，并且辩称政府的经济政策很难根据个人偏好的加总来加以证明。但这是一个极具欺骗性的论点。"社会福利"就其含义而言在经济政策的争论中占有一席之地。比如说，即使预算赤字的规模也许不可以根据社会福利的概念而直接加以确定，但在各种视情况而定的实用政策上，我们有必要对这些实用政策给出更为深刻的证明，而绝不可仅仅着眼于政府的利益，无视社会成员的得失。这一证明的要求在政策分析上是不可避免的，哪怕并不需要在每一种情况下都明确作出表述。福利经济学的实际意义总是依赖于它将经济政策的争论置于一个更深刻的基础之上。阿罗对这一问题的概括使这一深刻的基础显露出来，而他的方法对于经济政策的分析具有极端的重要性。[27]

当阿罗开始从事这一事业的时候，那时福利经济学的传统是对人际比较持敌视态度的，并通常倾向于——往往是隐含地——阿罗所用以得出其结论而概括的条件。不可能性的证明打通了探讨传统福利经济学所蕴涵的不同限制（如避免福利的人际比较）的道路。

这一成就的后果是，福利经济学开始越来越接近道德哲学，阿罗在最近的论文（收入本文集）中对这一更宽广的问题作出了独创性的重要贡献。很难相信，如果没有这些相近的学科，福利经济学会有如此繁荣，阿罗本人的分析则使这些学科之间的关系更加紧密。

自35年前阿罗初创正式的社会选择理论以来，它以惊人的速度获得了发展。虽然阿罗在一个不同的语境［讨论某些中世纪观念如"正当价格"（just price）被忽视的现象］下指出，"今天，学生们从来都没听说过……存在过30年以上的经济学概念"（p. viii），但没听说过不可能定理的经济学学生寥寥无几。重要问题在于他们所听到的不可能定理是什么以及他们所理解的社会选择理论所蕴涵的动机是什么。如果他们将不可能定理视为"魔鬼般精致的"数学结论，并仅此而已，那么从阿罗的作品中所获得的巨大收益也将付诸东流。《文集》所收录的阿罗的这些论文，将他所研究的这一领域中的动机、目标、问题、解决和疑问都和盘托出，一定能够长久地激励和指引他人。

当然，这只是阿罗文集的第 1 卷。他还对许多其他经济学领域作出了基础性的贡献。随后的几卷将涉及其他领域，如一般均衡理论（第 2 卷）、选择和不确定性（第 3 卷）和信息经济学（第 4 卷）。很难找到合适的方法来估价阿罗作为一个经济学家所取得的伟大成就。在这里，我饶有兴趣地注意到，阿罗将这卷文集献给哈罗德·霍特林（Harold Hotelling），并提及他的"有限自信"是受霍特林的鼓舞而得到的。亚当·斯密曾经说过，"这个世界中的伟大成就以及在人类情感和意见方面的伟大学说，在取得它们的时候，几乎没有不带某种程度上的……格外的自我陶醉的"（1790，Ⅵ. ⅲ. 28，p. 250）。至少阿罗本身提供了证明，这不存在不可能性。

参考文献

Arrow，Kenneth J. "A Difficulty in the Concept of Social Welfare," *J. Polit. Econ.*，Aug. 1950，*58*，pp. 328 - 346.

_____ . *Social choice and individual values*. N. Y.：Wiley，1951.

_____ . "Le principe de rationalité dans les décisions collectives," *Écon. Appl.*，1952，*5*，pp. 469 - 484.

_____ . *Social choice and individual values*. 2d（enlarged）ed. N. Y.：Wiley，1963.

_____ . "Values and Collective Decision Making," *Philosophy，politics and society*. 3d Ser. Eds.：Peter Laslett and W. G. Runciman. Oxford，Eng.：Blackwell，1967a，pp. 215 - 232.

_____ . "Public and Private Values," in *Human values and economic policy.* Ed. ; Sidney Hook. N. Y. ; NYU Press, 1967b, pp. 3 - 21.

_____ . "Formal Theories of Social Welfare," in *Dictionary of the history of ideas.* Vol. 4. Ed. ; P. P. Wiener. N. Y. ; Charles Scribner's Sons, 1973a.

_____ . "Some Ordinalist-Utilitarian Notes on Rawls's Theory of Justice," *J. Philosophy*, 1973b, *70* (9), pp. 245 - 263.

_____ . " Extended Sympathy and the Possibility of Social Choice," *Amer. Econ. Rev.* , Feb. 1977, *67* (1), pp. 219 - 225.

d'Aspremont, Claude, and Gevers, Louis. "Equity and Informational Basis of Collective Choice," *Rev. Econ. Stud.* , June 1977, *44* (2), pp. 199 - 209.

Basu, Kaushik. *Revealed preference of government.* Cambridge, Eng. ; Cambridge U. Press, 1980.

Bergson, Abram. "A Reformulation of Certain Aspects of Welfare Economics," *Quart. J. Econ.* , Feb. 1938, *52* , pp. 310 - 334.

Berlin, Isaiah. *The age of enlightenment.* Oxford, Eng. ; Oxford U. Press, 1979.

Black, Duncan. "On the Rationale of Group Decision-making," *J. Polit. Econ.* , Feb. 1948, *56* , pp. 23 - 34.

Blackorby, Charles, Donaldson, David, and Weymark, John. " Social Choice with Interpersonal Utility Comparisons: A Diagrammatic Introduction," *Int. Econ. Rev.* , 1984, *25* (2), pp. 327 - 356.

Blair, Douglas, and Pollak, Robert A. "Rational Collective Choice," *Sci. Amer.* , Apr. 1983, *249* (2), pp. 76 - 83.

Blau, Julian H. "The Existence of Social Welfare Functions," *Econometrica*, Apr. 1957, *25* , pp. 302 - 313.

_____ . "Neutrality, Monotonicity, and the Right of Veto: A Comment," *Econometrica*, May 1976, *44* (3), p. 603.

Borda, Jean-Charles de. "Mémoire sur les élections au scrutin," in *Mémoires des l'Academie Royale des Sciences*. Paris, 1781. English translation by A. de Grazia, *Isis*, 1953, 44.

Chichilnisky, Graciela. "Social Aggregation Rules and Continuity," *Quart. J. Econ.*, May 1982, *97* (2), pp. 337 – 352.

Davidson, Donald. "Judging Interpersonal Interests," in Elster and Hylland, 1985.

Dworkin, Ronald. "What Is Equality? Part 2: Equality of Resources," *Phil & Public Affairs*, Fall 1981, *10* (4), pp. 283 – 345.

Elster, Jon, and Hylland, Aanund, eds. *Foundations of social choice theory.* Cambridge, Eng.: Cambridge U. Press, 1985.

Fishburn, Peter C. *The theory of social choice.* Princeton: Princeton U. Press, 1973.

Gibbard, Allan. "Interpersonal Comparisons: Preference, Good, and the Intrinsic Reward of a Life," in Elster and Hylland, 1985.

Graaff, Jan de V. *Theoretical welfare economics.* Cambridge, Eng.: Cambridge U. Press, 1957, republished 1967.

Grandmont, Jean-Michel. "Intermediate Preferences and the Majority Rule," *Econometrica*, Mar. 1978, *46* (2), pp. 317 – 330.

Guha, Ashok S. "Neutrality, Monotonicity, and the Right of Veto," *Econometrica*, Sept. 1972, *40* (5), pp. 821 – 826.

Hammond, Peter J. "Equity, Arrows' Conditions and Rawls' Difference Principle," *Econometrica*, July 1976, *44* (4), pp. 793 – 804.

Harsanyi, John C. "Cardinal Welfare, Individualistic Ethics, and Interpersonal Comparisons of Utility," *J. Polit. Econ.*, Aug. 1955, *63*, pp. 309 – 321.

Hicks, John R. *Value and capital.* Oxford, Eng.: Clarendon Press, 1939.

Inada, Ken-Ichi. "The Simple Majority Decision Rule," *Econometrica*, July

1969, *37* (3), pp. 490 - 506.

Kelly, Jerry S. *Arrow impossibility theorems.* N. Y. ; Academic Press, 1978.

Kolm, S. Ch. "The Optimal Production of Social Justice," *Public economics.* Eds. ; J. Margolis and H. Guitton. London, Eng. ; Macmillan, 1969, pp. 145 - 200.

Kramer, Gerald H. "On a Class of Equilibrium Conditions for Majority Rule," *Econometrica,* Mar. 1973, *41* (2), pp. 285 - 297.

Laffont, Jean-Jacques, ed. *Aggregation and revelation of preferences.* Amsterdam; North-Holland, 1979.

Little, Ian M. D. *A critique of welfare economics.* Oxford, Eng. ; Clarendon Press, 1950; & 2nd rev. ed. , 1957.

_____ . "Social Choice and Individual Values," *J. Polit. Econ.* , Oct. 1952, *60* , pp. 422 - 432.

McManus, M. "Some Properties of Topological Social Choice Functions," *Rev. Econ. Stud.* , July 1982, *49* (3), pp. 447 - 460.

Maskin, Eric. "A Theorem on Utilitarianism," *Rev. Econ. Stud.* , Feb. 1978, *45* (1), pp. 93 - 96.

Mill, John Stuart. *Autobiography.* London, Eng. ; Oxford U. Press, [1874] 1971.

Moulin, Hervé. *The strategy of social choice.* Amsterdam; North-Holland, 1983.

Pattanaik, Prasanta K. *Strategy and group choice.* Amsterdam; North-Holland, 1978.

_____ and Salles, Maurice, eds. *Social choice and welfare.* Amsterdam; North-Holland, 1983.

Peleg, Bezalel. *Game theoretic analysis of voting in committees.* Cambridge, Eng. ; Cambridge U. Press, 1984.

Plott, Charies R. "Axiomatic Social Choice Theory; An Overview and Interpretation," *Amer. J. Polit. Sci.* , 1976, *20*（3）, pp. 511 - 596.

Rawls, John. *A theory of justice.* Cambridge, MA: Harvard U. Press, 1971.

____ . "Kantian Constructivism in Moral Theory: The Dewey Lectures 1980," *J. Philosophy*, 1980, *77*, pp. 512 - 572.

Roberts, Kevin W. S. "Interpersonal Comparability and Social Choice Theory," *Rev. Econ. Stud.* , Jan. 1980, *47*（2）, pp. 421 - 439.

Roemer, John. *A general theory of exploitation and class.* Cambridge, MA: Harvard U. Press, 1982.

Russell, Bertrand. *My philosophical development.* London, Eng. : Allen & Unwin, 1959.

Ryan, Alan. *J. S. Mill.* London, Eng. : Routledge, 1974.

Samuelson, Paul A. *Foundations of economic analysis.* Cambridge, MA: Harvard U. Press, 1947.

____ . "Foreword," in Graaff 1967.

Scanlon, Thomas M. "Preference and Urgency," *J. Philosophy*, 1975, *72*（9）, pp. 665 - 669.

Sen, Amartya K. *Collective choice and social welfare.* San Francisco: Holden-Day, 1970. (Reprinted, Amsterdam: North-Holland, 1979.)

____ . *Choice, welfare and measurement.* Oxford, Eng. : Blackwell; Cambridge, MA: M. I. T. Press, 1982.

____ . *Commodities and capabilities.* Amsterdam: North-Holland, 1985a.

____ . "Social Choice Theory," *Handbook of mathematical economics.* Eds. : Kenneth Arrow and Michael Intriligator. Amsterdam: North-Holland, 1985b.

____ . "Well-being, Agency and Freedom: The Dewey Lectures 1984," *J. Philosophy*, 1985c, *82*, pp. 169 - 221.

____ and Pattanaik, Prasanta K. "Necessary and Sufficient Conditions for

Rational Choice under Majority Decision," *J. Econ. Theory*, Aug. 1969, *1* (2), pp. 178 – 202.

Smith, Adam. *The theory of moral sentiments*. 6th ed. , 1790. Republished, edited by D. Raphael and A. L. Macfie. Oxford, Eng. ; Clarendon Press, 1976.

Strasnick, Steven. "Social Choice Theory and the Derivation of Rawls' Difference Principle," *J. Philosophy*, 1976, *73* (4), pp. 85 – 99.

Suppes, Patrick. "Two Formal Models for Moral Principles," Technical Report No. 15, Applied Mathematics and Statistics Laboratory, Stanford U. , 1957.

_____ . "Some Formal Models of Grading Principles," *Synthese*, 1966, 16 (3 – 4), pp. 284 – 306.

Suzumura, Kotaro. *Rational choice, collective decisions and social welfare*. Cambridge, Eng. ; Cambridge U. Press, 1983.

Tullock, Gordon. *Toward a mathematics of politics*. Ann Arbor: U. of Michigan Press, 1969.

Williams, Bernard. *Ethics and the limits of philosophy*. London, Eng. ; Fontana; Cambridge, MA: Harvard U. Press, 1985.

注释

[1] 参见 Isaiah Berlin (1979, p. 162)。伯林注意到，社会名流看到作为哲学家的休谟避之唯恐不及，20 多年后——他们把休谟当作历史学家之后才趋之若鹜。

[2] 参见 Alan Ryan (1974, p. 125)。穆勒在自己的自传 (Mill, 1971, p. 169) 中将自己在妇女选举权上的观点视作"突发奇想"。

[3] Russell (1959, p. 86)。罗素还提到怀特海对《数学原理》受到人们尤其是数学家的冷落的失望。库尔特·哥德尔 (Kurt Gödel) 对该书作了修正，但显然这并没达到怀特海和罗素的期望。

[4] Arrow (1950)。阿罗博士论文完成于 1951 年，在此基础上完成的专

著《社会选择与个人价值》也在该年出版（Arrow，1951）。

[5] Ian Little（1957，p. Ⅴ）。事实上，利特尔此前已经对阿罗的书有过评论，参见 Little（1952）。阿罗在本书的第 3 章和第 15 章（pp. 50，202）对利特尔的批评观点作出了回应。他还在本书的第 2 章对利特尔的这一著作的初版作了评论。

[6] 前些年，《计量经济学》（*Econometrica*）、《经济理论期刊》（*Journal of Economic Theory*）和《经济学研究评论》（*Review of Economic Studies*）的编者曾在其各自的杂志中插入按语，表达出向社会选择理论屈服的沮丧情绪，很显然他们已经被这一领域如潮水般涌来的文章所淹没。我想，他们现在的压力应当会有所减轻，因为出现了新的专业杂志《社会选择与福利》（*Social Choice and Welfare*）以及某些非专业杂志如《数理经济学期刊》（*Journal of Mathematical Economics*）、《理论与决策》（*Theory and Decision*）、《数理社会科学》（*Mathematical Social Sciences*），等等，它们也发表社会选择方面的作品。

[7] 在正规的社会选择理论方面所发表的著作和论文现在已远远超过了 1 000 篇，绝大多数都发表在过去的 15 年间。关于最近的文献综述，可参见 Peter C. Fishburn（1973），Charles R. Plott（1976），Jerry S. Kelly（1978），Prasanta K. Pattanaik（1978），Jean-Jacques Laffont（1979），Hervé Moulin（1983），Pattanaik and Maurice Salles（1983），Kotaro Suzumura（1983），Bezalel Peleg（1984）。在集体理性的问题上，Douglas Blair and Robert A. Pollak（1983）堪称一本优秀的大众读物。我曾在 Sen（1985b）中对这方面的主流文献作过批判性述评。

[8] 在这种情况下，正义问题相当重要，正如本文的题目所说明的。

[9] Ch. 3，"The Principle of Rationality in Collective Decisions，" *Collected Papers of Kenneth J. Arrow*，Volume 1，p. 51. Originally written in French for a talk at François Perroux' Institut des Sciences Economiques Appliqúees in Paris，and published as Arrow（1952）.

[10] 这个四个公理的版本最初出现在《社会选择与个人价值》（*Social Choice and Individual Values*）（Arrow，1963）的第二版。最初的五个公理加在一起也要比修订版的四个公理弱一些。事实上，它们太弱，而且最初的版本并不能够充分适用于不可能性结论，布罗（Julian Blau，1957）在他的著名论文中指出了一点。除了它的不充分性之外，布罗还对阿罗结论中的中立性给予了透彻的分析——本节也要讨论这一问题。

[11] 这里对"无关备选方案的独立性"条件的表述并不是阿罗最初所采用的表述（Arrow，1950，1951），就其本身而言，它的要求不那么严格。但对这一结论而言，它已经足够，并且易于表述和理解。切切尔尼斯基（1982）最近证明了另一种"不可能性"结论，其中无须"独立性"条件但要求其他的条件，即"连续性"；还可参见 M. McManus（1982）。

[12] 在上述分割蛋糕的两种方式 x 和 y 的事例中，多数规则显然是反平等的。为什么在估价多数规则时人们通常并未考虑这种案例，其中的一个理由是，在绝大多数社会中，穷人要比富人多得多，如果多数的投票者根据自己的利益来投票的话，那么多数都会偏好在损害富人利益的前提下来改善穷人的境况。但即使在这样的社会中，仍然有可能出现最穷的人所占份额被其余的人瓜分，而这样的增加不平等的方案仍然会得到多数人的投票。关键问题在于备选方案的性质。

[13] 我在其他地方曾经指出，用以测度不平等的最佳维度，既非效用，也非收入或商品所有权，而是人们的机能性活动和可行能力。

[14] 既不包含 x 也不包含 y 的有序组可以任意再次排序，使得每个个人的偏好仍然是一种排序。这是一种中立性的强形式，其中包含着独立性的特征（参见 Sen，1970）。阿罗（1963）定义了中立性的弱形式："令 $T(x)$ 为备选方案集合一对一地转换成自身的转换函数，它保存所有个人排序。令环境 S 在这一 T 的转换中转换成 S'。那么根据 T，S 中的社会选择 $C(S)$ 将转换成 S' 中的社会选择 $C(S')$"（p. 101）。

[15] 事实上，阿罗所证明的只是一类特殊的中立性，即一个群体对一组

备选方案具有"决定性",那么它对所有备选方案都具有"决定性"。事实上还可证明一个更强的结论:一个群体对一组备选方案具有弱决定性,那么它对所有备选方案都具有强决定性。还可参见 Sen (1970),Ashok Guha (1972),Blau (1976),Claude d'Aspremont and Louis Gevers (1977)。

[16]"中立性"这一术语看起来要比其实际的内容更为吸引人。阿罗将它解释为"社会选择程序对任意一个备选方案都不应具备内在的偏向"(p. 167),这一定义也过于宽容。中立性排除了对任何与事态相关的非效用信息的直接运用,这在许多问题上是一个重大的损失,其中之一就在收入分配的判断上。

[17]阿罗定理对于福利经济学和政治程序具备不同的相关性,参见萨缪尔森(1967)的著名论断,阿罗的结论与其说是福利经济学的成就,毋宁说是对"数理政治学"(mathematical politics)的贡献(p. vii)。阿罗的公理结构具备相当的合理性,却产生了出乎意料的不可能性,这对福利经济学也存在着一种深刻而基本的相关性。本文的观点是,只要阿罗的关于中立性的"引理"成立,即使不可能定理不成立,其损失也并不会少很多。这里所关注的是阿罗的结论中的各个组成部分及其相应的相关性,并检验投票悖论被用于说明的恰当性。

[18]当然,如果容许进行人际效用比较,那么这一中立性结论就不像在阿罗的体系中那样让人扰烦。但即使在有关人际效用比较的信息更为丰富的框架中,中立性仍然可能会排除许多有价值的可能性,比如说,罗尔斯(1971)的正义原则(定义为"自由的优先性"以及在"基本善"问题上的效率与公平)。甚至在人际比较上,可行程序的集合仍然局限于一个相当狭隘的类别,比如说,功利主义、基于效用的"最大最小规则"或"词典式最大最小规则"。参见 d'Aspremont and Gevers (1977);Charles Blackorby, David Donaldson and John Weymark (1984);还可参见下面的第 3 节。

[19]如果备选社会状态可以排序成一条直线,使得个人偏好的强度从左至右递降,或从左至右递升,或递升至峰顶然后递降,那么个人偏好就是"单峰的"。事实上,这一条件可以不那么严格,并可以单独应用于每个三元

组。这一条件等于是说，所有人一致认为，在任何三元组（x，y，z）中，某一状态（比如，x）"不是最差的"。这一条件还可轻易地扩展到对某些状态"并非最好"的一致同意，或承认"不存在中等"状态的一致同意。这一更具一般性的条件可称为"价值受限偏好"（Sen，1970）。关于传递性多数决策和一致性多数选择各自的充分必要的域限制条件，参见 Ken-Ichi Inada（1969），Amartya Sen and Prasanta Pattanaik（1969），Sen（1970）。

[20] 这一路径的概括可参见 Jean-Michel Grandmont（1978）。

[21] 同样，这些对定义在商品区间上的"经济"偏好的域限制的可能性也许是微乎其微的（参见 Gerald H. Kramer[1973]）。

[22] 最近两篇关于人际比较的方法论问题的论文是 Donald Davidson（1985），Allan Gibbard（1985）。还可参见 John Harsanyi（1955），S. Ch. Kolm（1969）和 Sen（1970）。

[23] 在那里，SWFL 的自变量是 n 元个人效用函数 $\{U_i\}$，但它包含与阿罗定义在二元组空间（x，i）上的 u 相同的信息。这只是一个术语的问题，阿罗所谓的"基数差分不变性"不仅蕴涵着差分的可比性，还包含差分的差分、差分的差分的差分的可比性，如此类推。森（1970，p. 106）把它叫做"基数单位可比性"，它可以被视作一个高阶差分的可比序列的极限。还可参见 Kaushik Basu（1980）。

[24] 这些条件的用法并不是特别清楚，因为它们只是间接地涉及。阿罗的"二元相关性"（p. 152）蕴涵着独立性条件，"无差异个人的排除"（p. 154）蕴涵着帕累托原则，而对"宪政函数"（p. 153）的概括则蕴涵着无限制域。注意，阿罗所使用的中立性（p. 155）采取的是弱形式（而不是这里的强形式，这样，功利主义、最大最小规则、词典式最大最小规则等可以满足这一条件）。还可参见 Peter Hammond（1976），Claude d'Aspremont and Louis Gevers（1977），Eric Maskin（1978），Kevin Roberts（1980），Charles Blackorby，David Donaldson，and John Weymark（1984）。

[25] 福利或利益的非效用观点可以参见最近的一些文献，如 Thomas

M. Scanlon（1975），John Rawls（1980），Ronald Dworkin（1981），John Roemer（1982），Sen（1985a，1985c），Bernard Williams（1985）。

　　[26] 第 2～3 节中之所以提出一些与阿罗不同的解释，其目的也在于澄清阿罗的理论的意义与适用范围。

　　[27] Sen（1970），Pattanaik and Salles（1983），Suzumura（1983），这些文献讨论了这一问题。

第 11 章
规范选择中的信息与不变性*

1. 引　言

任何选择原则都必须使用某类信息，同时又必须忽略其他信息。对原则的理解和估价可以依据它所要求的信息以及所"排除"（亦即不直接运用）的信息。[1]在社会选择、道德哲学、确定性和不确定性下的理性选择以及实际行为研究这些领域中的原则都可以根据它们所蕴涵的——通常是隐含的——信息约束（informational constraints）来加以解释和分析（Sen, 1970a, b；1979）。

信息分析的哲学基础至少可以追溯到康德（1788），其中他讨论了将绝对命令普遍化的必要性。在相似的环境中作出相似的判断的必要性就是一项具有多种表现形式的要求，这种要求的定义域和范围有赖于对环境的"相似性"的解释以及所要求的判断的"相似性"的性质。但这类普遍性要求的"耐人寻味之处"就在于，这一约束无法根据排除在环境的相似性含义之外的信息来作出区分。

信息约束通常都是隐含的。虽然信息约束常常有助于分析和评价选择原则，但在这些原则中约束通常只是蕴涵的，而没有明确表述。一个有趣而重要的信息约束是阿罗（1951）所明确指出的"无

　　* 非常感谢 Peter Hammond, Mark Johnson, 他们对本文的早期版本作了富有教益的评论。选自 *Social Choice and Public Decision Making*：*Essays in Honor of Kenneth J. Arrow*, Vol. Ⅰ, ed. W. P. Heller, R. Starr, and D. A. Starrett （Cambridge University Press, 1986).

关备选方案的独立性"，这使得在给定的（"相关的"）备选方案集合上的社会选择中，排除了对任何"无关备选方案"的信息（在个人偏好方面）的直接应用。[2]通常情况下，选择原则中的信息约束并没有像阿罗的"独立性"条件那样得到明确的表述。

　　这一章的目的是分析不变性（invariance）条件下使用信息约束的程序（第 2 节），并采用这种方法对规范选择理论中存在的一些困难加以评论，这些困难涉及社会选择理论（第 3、4 节）、理性选择行为（第 5 节）以及道德哲学（第 6 节）。

2. 信息约束和不变性

　　信息约束的基本形式是一种不变性的要求：如果两个对象 x 和 y 属于同一个等信息集合 θ（也就是说，它们在相关信息方面具有相似性），那么在选择和判断方面它们也必须得到相同的对待（xJy）。

　　不变性条件：对所有 x、y：

$$x, y \in \theta \Rightarrow xJy \tag{1}$$

在一个具体语境中陈述的不变性条件蕴涵了对象（即 x、y 等）的特征和以同一方式对待的内容规定（J）。在约定的环境中，不变性要求将对象集合分割成一类等信息集合，其含义在于，如果两个对象 x 和 y 属于同一个等信息集合 θ，那么就讨论的问题而言，它们得到了相同的对待。

　　为说明这一问题，我们来看两类不同的不变性要求：（1）选择社会状态中的帕累托无差异规则（P^0）；（2）阿罗的无关备选方案的独立性条件。

　　我们首先来看帕累托无差异规则。在这里，"对象" x，y…表示各种社会状态，xJy 则表示在社会选择中，x 与 y 之间无差异。
一种解释是 x 和 y 被视为同样好，并且社会选择就是根据这种"至
少一样好"的关系而作出的最优化。但是这要求一种"二元选择"
格式，它在一个更为一般的语境中有相当的局限性（虽然在当前的
情况下并没什么可怀疑的），因此我们最好是根据更为直接的选择
函数术语来定义。在这种格式中，xJy 可以被视为表示阿罗与赫维
兹（Arrow and Hurwicz，1977）所称的"最优等价的"关系[3]，
这就是说，在任意包含 x 和 y 的集合，或者两者都选择，或者两者
都不选择，但绝不会只选择其中之一并拒绝另一个。令 $x\hat{P}_c y$ 表示
在阿罗（1959）的意义上[4]，x 显示偏好于 y，也就是说，在集合
S 中，x 被选择，而 y 没有被选，虽然 y 也属于 S。否定用～表示，
$U(z)$ 表示状态 z 上的个人效用的效用向量。

定义 最优等价性：

$$xJy \Leftrightarrow [\sim (x\hat{P}_c y)\text{ 且 }\sim (y\hat{P}_c x)] \tag{2}$$

帕累托不变性：对所有 x、y，

$$U(x) = U(y) \Rightarrow xJy \tag{3}$$

这里 J 指最优等价关系。需要指出的是，这种定义帕累托不变
性的方式不同于——在一个重要方面更为严格——将 xJy 看作在二
元组 $\{x, y\}$ 中同时选择 x 和 y 的方式。这种特殊的要求是此处定
义的帕累托不变性所施加的条件的推论，如果选择函数的定义域包
括二元组 $\{x, y\}$，那么在这个二元组中就存在要选择的对象。

现在来看第二个事例，即阿罗的无关备选方案的独立性的最初
版本。在这里，对象 x 和 y 分别表示 n 元个人偏好排序 $\{R_i\}$ 和
$\{R_i^*\}$。当且仅当每个人对 S 中的状态排序在两种情况下都相同时，
这两者都可以被视作在从给定的子集 S 中作出选择时属于同一个等

信息集合。$R_i|^S$ 表示 R_i 在子集 S 上的限制，两个偏好排序 R_i 和 R_i^* 在子集 S 上的一致性表示为 $R_i|^S = R_i^*|^S$。在这一情况下，xJy 解释为，对 x 和 y 的 n 元偏好，各自从给定子集 S 中作出相同的选择。对任何 n 元个人偏好 z 的选择集合表示为 $C(S, z)$。

定义　S 上的子集选择等价性：

$$xJy \Leftrightarrow C(S, x) = C(S, y) \tag{4}$$

阿罗独立性条件：对所有 $x = \{R_i\}$ 且 $y = \{R_i^*\}$，有

$$(\forall i: R_i|^S = R_i^*|^S) \Rightarrow xJy \tag{5}$$

这里 J 就是 S 上的子集等价关系。

3. 阿罗的不可能定理

阿罗（1951，1963）的一般可能性定理对几十年来对社会选择问题的讨论提供了深邃的洞识，其中使用了一种将信息约束与其他条件相结合的公理体系。正如前一节所论，无关备选方案的独立性（I）主要是一种信息约束。弱帕累托原则（P）要求，二元组上的严格一致的个人偏好必须被反映在对该二元组的严格的社会偏好[5]中（这一条件不可以与帕累托无差异规则 P^0 相混淆），这一条件也蕴涵着"方向性"的特征（越多越好）。

无限制域（U）也是一种部分的信息约束，它将注意力仅仅限制在偏好组合上。令社会方案 z 为与社会状态集合 X 的社会排序可能相关的所有事情的集合：$R = R(z)$（参见 Bergson，1938；Samuelson，1947）。条件 U 指，两种社会方案 x 和 y（不管特征如何丰富），如果它们还嵌入相同的 n 元个人偏好排序（不管这些社会方案在其他方面如何不同[6]），那么就必定会产生相同的社会排序 R：$\{R_i^x\} = \{R_i^y\} \Rightarrow R(x) = R(y)$。但除此以外，它还有可能的 n 元偏好 $\{R_i\}$

能够被这种方式覆盖（即这类社会方案被视为对于所有需要覆盖的可能的 n 元偏好已经足够充分）。当然，这要比纯粹的信息约束［根据式（1）的含义］具有更多的内容。最后，非独裁性（D）从任何意义上来看也不是一种信息约束。它仅仅排除了这样一个人的存在，即只要他认为，任意 x 严格优于 y，社会也就必须如此认为。但这一条件确实否定了有关单个人的偏好（除非他是无差异的）的信息的运用。

可见，公理体系是一种混杂物。除掉非独裁条件，其他的公理条件即 U、I、P，都具有信息内容，从结果来看，它们也都产生了两个重要的信息约束。这些"中间"结论与阿罗本人的证明密切相关，它是排除这些中间结论的可变的、方向性的特征［如放宽"近似决定性"（almost decisiveness）的概念[7]］，同时又严格遵守等式的产物。

定义　决定性：个人集合 G 对二元组 $\{x, y\}$ 具有决定性，记作 $D_G(x, y)$，当且仅当，对所有 G 中的 i，xP_iy 成立，记作 xP_Gy，并蕴涵 xPy。[8]一个对所有二元组具有决定性的个人集合就是"决定性的"，并且 $\mathscr{D}$ 是一类决定性的个人集合（有可能是空集）。

第一个引理建立了对社会状态二元组的不变性条件，其中 $\{x, y\}J^1\{a, b\}$ 表示这一要求，任意群体对 (x, y) 都具有决定性，当且仅当它对 (a, b) 具有决定性。注意，根据定义，J^1 必须是自反的、对称的和传递的。令 X 为影响社会方案的所有社会状态的集合，并且 $\sharp X \geqslant 3$。

恒决定性（ID）　对任意 X，

如果 $\{x, y\}, \{a, b\} \in X^2$，那么 $\{x, y\}J^1\{a, b\}$　　（6）

ID 的证明：设立 $D_G(x, y)$。令 xP_Gy 和 yP_Gb，而所有不在 G 之内的人认为，y 优于 b（其余的状态可以任意排序）。根据 G 的决定性，可得 xPy，并且根据弱帕累托原则，yPb 成立。根据传递性，xPb 成立。[9] 根据独立性条件，可以推导出 $D_G(x, b)$。同理，反命题也成立。如此可得出 $\{x, y\}J^1\{x, b\}$。根据同样的方法论证，可以证明 $\{x, y\}J^1\{a, y\}$。将这两个结论合并，可以得出其他结论。如果 x、y、a、b 各不相同，那么可得出 $\{x, y\}J^1\{a, y\}$ 和 $\{a, y\}J^1\{a, b\}$，由此可得 $\{x, y\}J^1\{a, b\}$。根据 $\{x, y\}J^1\{a, y\}$ 和 $\{a, y\}J^1\{a, x\}$，可得 $\{x, y\}J^1\{a, x\}$。根据 $\{x, y\}J^1\{x, b\}$ 和 $\{x, b\}J^1\{y, b\}$，可得出 $\{x, y\}J^1\{y, b\}$。最后，对 $\{a, b\}=\{y, x\}$，我们可以得出 $\{x, y\}J^1\{x, z\}$、$\{x, z\}J^1\{y, z\}$ 以及 $\{y, z\}J^1\{y, x\}$。因此，可得 $\{x, y\}J^1\{a, b\}$。因此，ID 成立。[10]

恒决定性是一种在个人集合的决定性环境下排除与社会状态的具体特征相关的信息的不变性条件。[11] 接下来的不变性条件要求不同的个人集合。令 S 和 T 为两个不同的个人集合，SJ^2T 表示 S 具有决定性，当且仅当 T 具有决定性，即 $S\in\mathcal{D}\Leftrightarrow T\in\mathcal{D}$。集合 S 和 T 处于同一个等信息集合，当且仅当其中一个是另一个的子集，且前者在后者中的补集本身并非决定性的。

定义　非决定性集合的可排除性：

$$S, T\in\boldsymbol{\theta}\Leftrightarrow[S\subseteq T\text{ 且 }T-S\notin\mathcal{D}] \tag{7}$$

等价子集（ES）　对所有 S，T，

$$S, T\in\boldsymbol{\theta}\text{ 意味着排除了非决定性}\Rightarrow SJ^2T^{[12]} \tag{8}$$

ES 的证明：令 $T\in\mathcal{D}$，$S\subset T$，且 $T-S\notin\mathcal{D}$。显然，

$$S \in \mathcal{D} \Rightarrow T \in \mathcal{D}$$

但反命题还需证明。令对 S 中的每一个人，x 严格优于 y 且 x 严格优于 z，而令对 $T-S$ 中的每一个人，x 严格优于 y 且 z 严格优于 y。S 和 T 的其他偏好都没有规定（即可以是任意偏好），对于那些不在 T 中的人的偏好也完全不存在任何要求。由于 $T \in \mathcal{D}$，显然可得 xPy。如果 zPy，那么 $D_{T-S}(z, y)$。根据 ID，$T-S \in \mathcal{D}$ 成立，而这是虚假的。因此 yRz 成立，而且给定 xPy，可得 xPz。[13] 然后可得出 $D_S(x, z)$，根据 ID，$S \in \mathcal{D}$。如此可得出 $SJ^2 T$。因此，ES 成立。

我们在阿罗的条件 U、I 和 P 的基础上证明这两个不变性条件，即：（1）忽略与状态（ID）的特征相关的信息；（2）忽略那些没有构成决定性子集（ES）的个人的在场或不在场的信息。给定这两个条件之后，阿罗定理的其余部分也可随即加以证明。

阿罗定理的证明：根据弱帕累托原则，所有个人的集合是决定性的。由于这一集合是有限的，通过重复分割，根据等价子集最终得出某个个人必定是决定性的。而这违背了非独裁性条件。

这种证明阿罗定理的方式具有简洁的特点，更重要的是它说明了这一事实，即这一结论的真正精髓在于证明表现为不变性条件的纯粹信息约束。在给定这些不变性要求之后，帕累托原则与非独裁性相冲突。[14] 从帕累托原则出发，根据 ES，我们不得不只关注个人集合中的某一个人，并忽略所有其他人在场或不在场的信息。

即使在无限的个人集合中，这一"等价性"结果仍然成立。它可以解释像科曼与松德尔曼（Kirman and Sondermann, 1972）所提出的"不可见的独裁者"之类的极限结论（还可参见 Hansson，

1976；相关问题可参见 Fishburn，1970；Blau，1972，1979；Brown，1974；Blair and Pollak，1979；Chichilnisky，1982）。

值得注意的是，事实上，阿罗定理的标准证明中所使用的近似决定性的概念（Arrow，1963；Sen，1970a）完全是冗余的。确实，它除了使证明极其复杂之外，还使我们的注意力偏离了对纯粹不变性条件（即 ID 和 ES，为阿罗的条件 U、P 和 I 所蕴涵）的作用——它对于证明阿罗那绝妙而深奥的定理所起的关键性作用——的关注。

4. 社会选择中的不变性条件

阿罗的独立性条件的特点是：个人在对某一个给定的子集的偏好相同的情况下对该给定子集进行选择的相似性。它要求我们忽略所有其他的辨析信息的基础。在阿罗所开创的社会选择理论中，大量文献都对这一独立性条件提出了挑战。在此，我们必须区别两类不同的对阿罗无关备选方案的独立性条件的批评，并且我们可以根据不变性条件的格式来对它们进行评价，即使它们并不是典型地具备这一形式。

一种批评意见——其代表为利特尔（1952）和萨缪尔森（1967a）——否定了偏好"组合间的"一致性条件（还可参见 Bergson，1966）。用本文的分析框架来说，这种意见实质上否定了当不同的社会方案蕴涵不同的 n 元个人偏好 $\langle R_i \rangle$（即不同的组合，有时人们如此称呼）时，对于这些方案的选择需要考虑等信息集合的必要性。他们根据现在被称作单一组合的伯格森-萨缪尔森社会福利函数来解释社会福利，主张完全放弃两类不同的 n 元个人偏好必须满足不变性条件的要求（哪怕正如阿罗的证明那样，n 元个人偏好恰巧符合一个给定的子集）。萨缪尔森如此解释："对伯格森来说，需要的只是一个，而且也是唯一的一个……可能的个人排序的模式"；"它可以是任何一个，但却只有一个"（Samuelson，1967a，pp. 48 - 49）。对个人兴趣的假设在利特尔（1952，p. 423）对该问题的表述中尤其关键。他认为，"阿罗的工作对于传统福利经济学来说毫不相干，后者的最高成就在于伯格森 - 萨缪尔森公式"（p. 425）。由于不存在独立性条件的不变性要求[15]，也就不存在相似的不可能性[16]，所以萨缪尔森可以坚持认为，"许多人认为，肯尼思·阿罗教授证明了社会福利函数的不可能性，其实并非如此"（Samuelson，1967b，p. vii）。

我已经在其他地方检验这类批评（并否定了这类看法）（Sen，1977b），因此不必在此重复了。当两种社会方案在 X 上的 n 元个人偏好不同时，不论这一差别对社会选择所要考虑的子集来说有多大，我们都很难看出，在这里不变性问题是不相关的。在特定子集上的社会选择中什么信息相关什么信息不相关的问题上，还必须考虑社会选择的各种规范，而且当任意个人在任意二元组的个人偏好发生了一些变化——不论这些变化对于所要选择的子集是如何不相关，只要变化存在就否认一致性存在的做法未免过分。如果伯格森 - 萨缪尔森的方法必须只使用"唯一的" n 元个人偏好 $\{R_i\}$，那么利特尔的话即"阿罗的工作对于传统福利经济学来说毫不相干，后者的最高成就在于伯格森 - 萨缪尔森公式"，对阿罗的理论来说并不是什么坏事。按照这种解释[17]，"传统福利经济学"并未认真对待基于信息的福利判断和社会选择这一基本问题。

另一种批评观点并未质疑阿罗的独立性不变性条件，而是质疑阿罗独立性条件所提出的特殊要求。这是因为在某些情况下，显然无关的备选方案的位置可以视为信息相关的（比如，它告诉我们偏好的强度[18]）。或者，对独立性的质疑是因为认识到（正如阿罗本人的分析所表明的），将独立性与其他显然是相当温和的条件放在一起会导致无法接受的结论（比如阿罗的不可能性结论，或者这类作为恒决定性和等价子集的不变性结论），因此有理由断定，"必须放弃"某个条件。[19]这种对阿罗独立性条件的批评往往隐含这种观点，即阿罗的社会选择框架在信息方面过于严格，尤其是它排除了人际效用可比性的信息（参见 Sen，1970a，b）。如果扩展该框架的信息结构，那么独立性条件就必须重新表述，从而将与社会选择相关的各种等信息集合包括进来。

后一种批评的逻辑所质疑的不仅仅是独立性条件，而且还包括无限制域，因为在条件 U 中蕴涵的信息约束在排除效用的人际可比性的同时，也排除了效用的基数性。[20]如果对社会状态集合 X 的社会排序 R 是一个定义在 X 上的 n 元个人效用函数 $\{U_i\}$，那么独立性条件就必须重新定义为个人效用价值观的相容性。此外，社会选择框架还必须包括其他不变性条件，要求不同的 n 元个人效用函数 $\{U_i\}$ 和 $\{U_i^*\}$ 必须置入同一个等信息集合，这样，我们可以根据特殊的可测度性和人际比较框架所容许的信息基础，从一个函数推导出另一个函数。

通过将无限制域 $\tilde{U}$ 和某种效用等价性的概念相结合，我们可以把在社会方案 x，y，…上的社会排序 R 这个一般性的格式（见第 2 节的讨论）转化为 SWFL 体系。前者特别要求，如果对所有 $i, U_i^x = U_i^y$，那么 $R(x) = R(y)$。若吸收 SWFL 的表述：$R = F(\{U_i\})$，则 X 上的社会排序成为 n 元个人效用函数在 x 上的函数。[21]根据可测度性和个人效用的可比性的确切范围对可行的 n 元转换 $\{T_i\}$ 的集

合 T 加以规定，从而定义与 n 元个人效用相关的等信息集合（参见 Sen，1970a，b；Gevers，1979；Roberts，1980a，b）。

定义 效用等信息：对所有 $\{U_i\}$ 和 $\{U_i^*\}$，

$$\{U_i\}, \{U_i^*\} \in \boldsymbol{\theta} \Leftrightarrow \exists \{T_i\} \in \mathcal{T}: \forall i: U_i^* = T_i(U_i) \qquad (9)$$

效用等价性（UE）：对所有 $\{U_i\}$ 和 $\{U_i^*\}$，

$$\{U_i\}, \{U_i^*\} \in \boldsymbol{\theta} \Rightarrow F(\{U_i\}) = F(\{U_i^*\}) \qquad (10)$$

SWFL 独立性条件（$\tilde{I}$）：对所有 $\{U_i\}$ 和 $\{U_i^*\}$，如果对某个 S 中的所有 x，$S \subseteq X$：$\forall i: U_i(x) = U_i^*(x)$，那么

$$C(S, \{U_i\}) = C(S, \{U_i^*\})^{[22]} \qquad (11)$$

在这个 SWFL 的框架中，如果反映了效用等价性的不变性条件容许效用的人际可比性（哪怕只容许序数的可比性），则阿罗的条件 U、I、P 和 D（根据 SWFL 作出重新定义）是完全一致的。[23] 通过规定不同的可测度性和可比性假设来概括 $\mathcal{T}$，各种运用阿罗诸条件和其他要求的文献就得出了彼此各异的可能性和不可能性条件，而且某些"著名的"规则（比如功利主义、基于效用的词典式最大最小规则）也可以实现彻底的公理化表述（参见 Hammond，1976a，1977；Strasnick，1976；Arrow，1977；d'Aspremont and Gevers，1977；Sen，1977b；Deschamps and Gevers，1978，1979；Maskin，1978，1979；Roberts，1980a，b；Myerson，1983；Suzumura，1983；Blackorby，Donaldson and Weymark，1984）。

这些条件可以通过它们所蕴涵的不变性限制以及相应的信息约束来有效地加以检验。但在本文中，我不再如此继续下去。相反，我很愿意对文献中可见到的另一种不变性要求作出评论。这种不变性放宽了社会排序 R 的完备性以及相应的社会选择函数的完备性。

它没有坚持要求效用等价性，而是要求只有各种函数所生成的社会排序的集合的交集才是可以接受的选择结果。[24]

效用交集（UI）：对任意等信息集合 $\boldsymbol{\theta}$，正确的社会局部排序 $\overline{R}$ 给定如下：

$$\overline{R} = \bigcap_{\langle U_i \rangle \in \boldsymbol{\theta}} F(\langle U_i \rangle) \tag{12}$$

这是一个更为宽泛的框架，它无须放弃社会排序不含争议的部分［因为缺乏效用等价性所需要的生成社会排序的完全一致性］。另外，当效用等价性条件确实成立，交集社会排序 $\overline{R}$ 就是 UE 所生成的完全相等的排序。当 UE 不成立的时候（比如，试图运用带有单位效用的人际可比性的功利主义规则），两者的差别就出来了。这时，效用等价性方法将无法产生结果，而效用交集方法就能得出一个社会局部排序，它可能具有相当广泛的应用性（参见 Sen，1970b；Blackorby，1975；Fine，1975；Basu，1979）。

事实上，采用"等价性"方法还是"交集"方法反映了一个一般性的问题，并且反映了两种完全不同的信息约束。等价性方法将等信息集合 $\boldsymbol{\theta}$ 解释为，确定无疑地赋予相关选择以"完全相同的"信息。如果两个对象 x 和 y 属于同一个等信息集合，那么任何对于 x 和 y 没有得出相同结论的规则必定是出了"差错"。根据这种解释，这种对不一致规则的排斥确实发挥了作用。

另外，交集方法对等信息集合采取了一种更为谨慎的观点。$\boldsymbol{\theta}$ 中的两个元素很可能是信息恒等的。我们知道，信息恒等所要求的只不过是为 $\boldsymbol{\theta}$ 中的每一个元素所支持的内容。这样，如果任何局部排序通过了 $\boldsymbol{\theta}$ 中的每一个元素，那么它肯定就"可以了"。在这些局部排序中，如果 θ 的不同元素产生了差异，那么就我们所已知的信息而言，无法作出任何决定。根据这种方法，甚至会出现这种情况，如果信息的本质具有不可避免的模糊之处，那么将 θ 重新定义来满足 UE 的做法是绝对行不通的。无论如何，根据第二种观点，我们没有理由忽视 θ 中的每一个元素都一致认可的信息。

综上所述，"等价性"方法和"交集"方法各有其合理的根据。虽然这里的对比仅仅是放在效用的人际可比性的语境中进行讨论的，但很显然，两种方法的差别还可以应用于其他类型的信息问题上。[25]本章主要采用的是等价性方法，但交集方法也具有相当的应用范围。

5. 状态、效用和基于信息的理性

本节将根据不变性条件和信息约束检验理性行为理论中的一些问题。首先评价理性选择理论中的两个基本概念，即状态和效用。这两个概念都要在接下来的两节应用于对社会选择的讨论中，但我们不必对状态和效用之间的关系给予特殊的关注。

一个需要追问的重要问题是，状态是否已经包含了相关个人的效用。道德哲学中的"事态"（state of affairs）确实将效用信息视为状态中的一部分（如，参见 Williams，1973；Hare，1981），而且在功利主义道德哲学中，它甚至成了事态所最终考虑的唯一部分。相反，在社会选择理论中，效用函数被定义为事态上的函数 $U_i(x)$。这看上去只是一个细微的差别，在许多情况下，这一差别确实也微不足道。但在某些方面，这一差别却极其关键。如果状态"包含"效用，而同时效用又能够对状态进行排序，这就发生内在的矛盾了。[26]即使我们能够根据某个特殊的假设（如根据有待排序和评价的状态而将不同状态的同一效用函数相关联），使得这一表述中的两个不同部分彼此相容，无限制域条件也很难嵌入这类结构。由于这些原因，在标准的社会选择理论中，一般都采用阿罗的不含效用的社会状态，然后在不同的社会方案中考虑个人对这些状态的排序。但是，在个人理性选择理论中，是否同样有必要排除状态中的效用，仍然需要加以审查。现在我们来看这个问题。

复杂性的另一个根源是对个人效用的不同解释，比如，幸福、欲望的实现、个人选择的二元关系的数字表达。可以说，效用的标准解释已经从对精神状态的关注（如边沁、埃奇沃思、马歇尔、庇古，甚至还有希克斯的观点）变成了对"选择函数"的二元关系（很大程度上受了显示偏好关系的影响）的关注。正如我在其他地方所说过的（Sen，1977a），基于选择的方法论基础隐含着深刻的问题，但我不想在此讨论这个问题。毕竟，无法否认的是，效用的精神状态说与效用的选择说各有其合理之处，虽然它们彼此也并非毫不相干，但从信息上看，两者也无法彼此完全包容对方。我在状态 x 是否比在状态 y 中更幸福这一个问题确实有意义，但是它不同于我考虑过所有事情之后将选择哪一种状态这个问题（参见Broome，1978；Sen，1977a，1982）。因此，问题不在于哪一种关于效用的解释是"正确的"，而在于不同的解释对于实际的选择问题所起的作用（不管我们采用哪一种效用的含义）。

这一问题的值域与不确定性条件下的理性行为上的争论以及"强独立性"和"必赢法则"等公理的运用显著相关。简而言之，真正的问题就在于此。如果结果被视作不含有相应结果的精神状态，那么我们就不清楚强独立性何以成为理性的条件，因为我们的理性很明显受到了并未构成结果内容的预期精神状态的影响（在这方面我们具有有限的控制）。另外，如果结果确实包含了精神状态，那么强独立性之类的公理几乎就不可能运用于实际的操作中，因为后悔、失望、解脱等各类精神状态将使那些本来是同一个结果的状态成为彼此各异的状态。[27]

为进一步讨论这一问题，我们来看强独立性条件。它也是一种反映信息约束的不变性条件。根据不变性的要求，这里的对象可以被视为抽彩的有序偶，如 $x=(L_1, L_2)$，$y=(L_1^*, L_2^*)$。如果其中一对有序偶，比如说 x，可能从另一对即 y 得出，通过将第三只彩票与 y 的两个元素（以相同的概率）"混合"而生成两个不同的复合彩票，那么这两对有序偶同属于相同的等信息集合。这就是说，x，$y\in\theta$，当且仅当存在一个彩票 L^{**} 和一个概率 p：$0\leqslant p\leqslant 1$，使得当 $i=1$，2 时，$L_i^*=(p, L_i; 1-p, L^{**})$ 成立。这时我们称 x 和 y 是可加等信息的（additively isoinformative）。这样，这两对有序偶具有（xJy）关系时，它所包含的内容就可能是前面（第 2 节）定义过的最优等价性。或者，我们可以不那么严格地用 xJy 表示，从有序偶（L_1, L_2）中选择（拒绝）L_1，当且仅当从有序偶（L_1^*, L_2^*）选择（拒绝）L_1^*。这可以称作偶选择等价性（pair choice equivalence）。

强独立性：对所有彩票 x 和 y 的有序偶，

x，$y\in\theta$ 是可加等信息的$\Rightarrow xJy$，即偶选择等价性

首先考虑精神的反应不属于结果的情况。考虑一下我到家后要做的事情，我将选择 L_1 而不是 L_2，这里指选择某种"有价值的"事情（如阅读报纸）而不是某些带有自我放纵的行为（如看电影）。假设我在路上遭遇了风险，回到家可能有不同的选择。比如说，我有可能会受伤并被送进医院，其概率为 $1-p$。如果我平安到家，

我仍然面临着有价值的工作（L_1）和自我放纵行为（L_2）的选择。我们可以用混合彩票来描述这一选择：$L_1^* = (p, L_1; 1-p, $ 住院）和 $L_2^* = (p, L_2; 1-p, $ 住院）。如果我选择 L_2^* 而不是 L_1^*，我有理由认为这是明智的选择，因为既然我回到了家，这意味着我已经逃过了受伤并住院的"可怕结果"，而这种解脱感的高潮将是某种自我放纵的行为而不是去干有价值的事情。如果说这违反了强独立性，那么这是无法否认的。

另外，也可以认为这里并不存在对强独立性的违背。确实，在两种情况下，我在 L_1 和 L_2 之间的选择都是基于我回到家这一事实，我毫无危险地到家与我知道自己逃脱了一场事故（这里的事故是一个并未发生的"反事实"，因此并不属于结果状态）而回到家这两者在结果区间上并没什么差别——除了精神状态之外。但考虑到反事实，我的精神却截然有异，如果我们将结果视为包含着精神状态，那么 L_1^* 和 L_2^* 就不能简单地与 L_1 和 L_2 形成对应关系。[28] 带着逃脱危险的解脱感来看电影并不能等同于在另一种环境中看电影；在这两种环境中阅读报纸也是两种不同的状态。根据这种结果观，强独立性并没有被违背。但这恰恰是因为强独立性没有提出任何要求。当然，这也是问题的困难之处。对结果的概括愈加充分，尤其是它包含了精神状态的信息，那么像强独立性之类的条件就愈没有用武之地。但如果我们从结果中排除精神状态，强独立性（以及许多其他同类型的不变性条件）就成为完全不可理喻的了。

这类问题在其他详细规定结果的方式中也可能遇到，比如，吸收过程因素，考虑责任问题或者容许后悔（作为一种行动而不仅仅是对逝去机会的情感表达）。对于强独立性之类的条件问题，已经有大量的文献讨论了它们的"反例"（如参见 Allais，1953；Savage，1954；

Davidson, Suppes and Siegel, 1957; Diamond, 1967; MacCrimmon, 1968; Drèze, 1974; Luce and Raiffa, 1957; Tversky, 1975; Allais and Hagen, 1979; Machina, 1981; Arrow, 1982; Bell, 1982; Kahneman, Slovik and Tversky, 1982; Loomes and Sugden, 1982; McClennen, 1983; Stigum and Wenstøp, 1983; Broome, 1984; Sen, 1984b）。事实上，如果将结果加以合理地概括，也许并不存在反例，不过这也并不起什么帮助作用，因为强独立性在这种情况下什么作用也发挥不了，这一条件的适应范围将是极其狭窄的。

这是一种真正的困难，我并不认为这里可以作出简单的判断。但一般而言，对相关的不同结果（包括过程、责任、后悔、解脱等等）作出区别似乎已经足够。如果它们对于理性评价是不相关的，那么我们最好去寻求为什么如此的根据（当然，这种根据处处可见；可参见 Davidson，1980）。另外，如果它们确实是相关的，我们就不能将它们从结果中分离出来，从而对强独立性之类的条件给出适用范围而人为地构造等信息集合。

6. 普遍性与客观性

最后，我将讨论另一种不同类型的不变性条件，即道德哲学中的普遍性。康德在《实践理性批判》（1788）中认为，最终而言，"只存在一种绝对命令，即，只根据箴言行事，如此你可同时指望它将成为一项普遍法则"（p. 38）。自那以后，信息判断中的普遍性的重要性已为人们所承认。虽然这可能是为人们所讨论最多的普遍性条件，但在道德哲学中还存在许多广泛讨论过的普遍性要求（参见 Mackie，1977；Hare，1981；Parfit，1984）。

但这里存在一个非常一般性的困难，即如何赋予普遍性要求的具体内容。将两种情况视为"相似"，并要求以相同方式对待它们，这显然要求我们对它们之间的相似性要有清晰的认识。绝对不会有两种情况（或者状态、行动等等）是完全一样的。事实上，如果它们的确完全相同的话，我们就不能将它们视作是两种情况（状态、行动等等）。因此，要使普遍性的条件具有非平凡的定义域（non-trivial domain），两个对象的确认就必须包含：（1）注意到两者之间的区别；（2）在将它们视为相似的时候忽略它们之间的区别。在忽略可见的差别这一辨析活动中，显然蕴涵了相似性的概念。

亨利·西季威克（Henry Sidgwick）认为（应用普遍性原则时），"如果一种行动对我而言是正确的（或错误的），但对别人而言却不是正确的（或错误的），那么在这里，除了我和他人是两个不同的人之外，还必须存在辨析其差别的根据"（1907，p. 379）。这里，他使用了一种强有力的信息约束，用以排除与作出判断的个人身份相关的信息。[29] 在某些情况下，个人身份的差别也许重要，甚至是极其关键的（比如说，在追求自利或最大化个人利益的时候）。西季威克关于普遍化的论断可以视为这样一种主张，即在行为善恶的道德判断上，个人身份的差别可以忽略不计。等信息集合的规定要求对这里考虑的相似性采取一种特定的恰当观念。

在道德判断的普遍性问题上，在等信息集合的规定上有可能存在两种不同的解释。其中一种将它视为反映了某种非常基本的道德判断，它可以满足所有"合理的"道德体系。另一种解释则将它视为所有道德判断所必须满足的必要条件，其必要性来自道德语言的学科要求，而根本不必涉及任何具体的道德观。我们可以说，在福利经济学的传统中，第一种观点（即等信息集合包含了某种实质性的道德判断）对绝大多数经济学家来说更富有吸引力。另外，第二种观点则具有更有力的论证，尤其是黑尔（Hare，1952，1963）的"道德语言"分析中的为人著称的论证。在这一分析论证中，不变性约束被视为必要条件，其理由在于规范判断以及作为规定性语言（包括道德语言）的学科的本质。黑尔说，"我无法这样说，'这是一部好车，而挨着的一辆，虽然在所有其他方面都一模一样，却不是一部好车'"（1952，p. 135）。此外，"如果我称某一事物为良好的 X，我就不得不将所有与此相似的 X 都视为良好的"（Hare，1963，p. 15）。阿罗（1963）则在另一种完全不同的语境中作出了一种可以说是基本相同的判断："各种价值判断可以将经验上完全不同的现象视为相等，但它们不能区别经验上完全无法区别的状态"（p. 112）。[30]

在某种程度上，这个问题简单地被视作一种身份的理论问题，即：$x=y \Rightarrow f(x)=f(y)$。如果 x 和 y 确实是相等的，那么对于任何函数——即使是一个规范函数（如道德函数）——都必须有 $f(x)=f(y)$，不管这一估价中所蕴涵的实质内容是什么。也就是说，$f(x)=f(y)$ 仅仅是因为 $f(\cdot)$ 是一个函数，而不依赖 $f(\cdot)$ 是一个什么样的函数。这种解释恰好可以推导出这样的含义，即某些道德判断必然源自经验判断，由此而违背了"休谟法则"（Hume's law），后者认为从纯粹的事实判断中无法推出道德判断来（参见 Sen，1966）。[31]如果 x 和 y 在经验上是不可分辨的，那么它们必然在道德上是等价的。

但这种看待问题的方式也可能存在问题，因为 x 和 y 的"身份"已经蕴涵了某些信息的选择，并因此在形式上已经将两者置于相同的等信息集合中，而不是将它们视为真的在每一个方面都是完全不可分辨的。用黑尔自己的话来说，那部"挨着的"也被视为

"好的"汽车在位置上已经有别于第一辆，而黑尔却将两者在"所有其他方面"都视为一模一样。

这里存在着一个深刻的元伦理学问题。很难认为经验上的等同这一概念完全是没有意义的。等信息集合的特殊类的性质使得在该类中的不同元素的差别被视为是——即使在道德的语境中——无足轻重的。我们必须认真对待基于经验上的等同而作出的普遍性的判断，而不能简单地断定经验上等同的不可能性。

客观性的宽泛含义主要是一个信念的问题（参见 Nagel，1980；McDowell，1981）。直接表达出来的一些道德信念也许无法做到客观。武断的判断标准涉及某些无足轻重的事实变量，它们并不需要事前道德的估价，道德观念的客观性却无法在这些情况中作出辨析。（比如，"我相信 A 和 B 在经验上都是相同的，但在道德上 A 是正当的，而 B 是邪恶的！"）这里的中心问题在于道德评价的"附加性"（supervenient）（参见 Sen，1966，1985；Nagel，1980；Hare，1981；Hurley，1985）。

更具体地说，如果一个人因为某种行为以一种道德上正当的口吻责难他人，而他自己如此行事却并不自责，我们可以认为此人的道德判断是非常"不客观的"。如此种种的"不客观性"都蕴涵着对不变性限制条件的违背，而这些不变性条件对于道德观念力图做到"客观性"而不是"主观性"而言是必需的。如果我们接受（1）道德客观性仅仅被视作是一个道德信念性质的问题，（2）道德判断具有或多或少的客观性（而不是要么有要么没有的表述），那么旧的道德客观性的问题就可以用完全不同的方式来看待——它涉及的问题不同于对自然主义的传统拒绝和休谟法则的旧主张。根据这种客观性的观点，中心问题在于道德信念中的不变性限制条件的具体地位，这涉及特定类别的等信息集合的规定所反映出来的经验特征。[32]

7. 结束语

我已经检验了规范选择中规范原则所蕴涵的信息约束问题。涉及等信息集合的不变性限制提供了一个一般性的格式，它可以根据选择实践的不同性质和不同原则而运用到不同的环境中（第1、2节）。本文提供的应用事例涉及不同领域中的规范选择理论。

其中也包括由阿罗（1950，1951）所开创的社会选择理论。阿罗明确地使用了某些与信息约束相关的不变性限制条件（如独立性条件）。事实上，我们可把阿罗不可能定理视为根据其公理体系所证明的两个不变性限制条件的推论（第3节）。本文认为，这种方法还提供了阿罗不可能定理的更为简洁的证明方法，当然，这只是一个附带的结论，此处的主要目的仍在于澄清阿罗公理体系中所蕴涵的信息不变性条件的推导和运用。

在社会选择中通过扩展信息就可消除不可能性结论（Sen，1970a）。但通过相应的不变性特征和信息排除，我们可以对那些修正后的能容许更多信息的条件进行富有成果的比较和检验（第4节）。

此外，不变性条件及其隐含的信息约束还有助于我们集中理解和评价不确定性条件下的纯粹理性选择理论中的某些争议问题。理性选择理论中的等信息集合的具体规定涉及效用的性质和状态的内容等基本问题，而这些问题反过来在不同程度上影响了强独立性之类的公理的运用（第5节）。本文还认为，选择意义上的效用观并不取代经典文献中的精神状态意义上的效用观。精神状态与选择之间的关系极其复杂，从而容许对"不含精神状态"的理性选择实现合理的公理化（第 5 节）。

我曾经明确地借助信息约束和不变性条件分析过具体的道德原则（Sen，1970a，1979）。本文并不讨论这个实质性的道德哲学问题，对道德评价的关注主要体现在与普遍性和客观性相关的道德方法论问题上。普遍性原则由康德（1788）提出，它要求相当具体的等信息集合。这一问题涉及道德评价的附加性，最终也与道德信念的客观性问题这一基本问题紧密相关（第 6 节）。

我们在某种语境下使用某种不变性限制条件的格式，这并不能要求我们在另一种语境中也使用该格式。但不变性和信息约束在形式程序上的共同性使得我们可以将它们视为一般性方法的不同应用。无论如何，更深刻的理解来自特殊应用中的细节规定。

参考文献

Allais，M.（1953），"Le comportement de l'homme rational devant le risque：Critique des postulates et axiomes de l'ecole Américaine," *Econometrica*，21：503 - 546.

Allais，M.，and O. Hagen（Eds.）（1979），*Expected utility hypothesis and the Allais paradox：Contemporary discussions under uncertainty with Allais' rejoinder*，Dordrecht：Reidel.

Arrow，K. J.（1950），"A difficulty in the concept of social welfare," *Journal of Political Economy*，58：328 - 346.

Arrow，K. J.（1951），*Social choice and individual values*，New York：Wiley.

Arrow，K. J.（1959），"Rational choice functions and orderings," *Economica*，26：121 - 127.

Arrow, K. J. (1963), *Social choice and individual values*, 2nd ed. , New York: Wiley.

Arrow, K. J. (1967), "Public and private values," in Sidney Hook (Ed.), *Human Values and Economic Policy*, New York: New York University Press.

Arrow, K. J. (1973), "Some ordinalist-utilitarian notes on Rawls' theory of justice," *Journal of Philosophy*, 70: 245 - 263.

Arrow, K. J. (1977), "Extended sympathy and the possibility of social choice," *American Economic Review*, 67: 219 - 225.

Arrow, K. J. (1982), "Risk perception in psychology and economics," *Economic Inquiry*, 20: 1 - 9.

Arrow, K. J. , and L. Hurwicz (1977), "An optimality criterion for deci-sion-making under ignorance," in K. J. Arrow and L. Hurwicz (Eds.), *Studies in resource allocation processes*, Cambridge: Cambridge University Press.

Basu, K. (1979), *Revealed preference of governments*, Cambridge: Cam-bridge University Press.

Bell, D. E. (1982), "Regret in decision making under uncertainty," *Operations Research*, Vol. 30.

Bergson, A. (1938), "A reformulation of certain aspects of welfare eco-nomics," *Quarterly Journal of Economics*, 52: 310 - 334.

Bergson, A. (1954), "On the concept of social welfare," *Quarterly Journal of Economics*, 68: 233 - 252.

Bergson, A. (1966), *Essays in normative economics*, Cambridge, Mass. : Harvard University Press.

Binmore, K. (1975), "An example in group preference," *Journal of Economic Theory*, 10: 377 - 385.

Blackorby, C. (1975), "Degrees of cardinality and aggregate partial orderings,"

Econometrica，43：845－852.

Blackorby，C.，D. Donaldson，and J. A. Weymark（1984），"Social choice with interpersonal utility comparisons：A diagrammatic introduction，" *International Economic Review*，25：327－356.

Blair，D. H.，and R. A. Pollak（1979），"Collective rationality and dictatorship：The scope of the Arrow theorem，" *Journal of Economic Theory*，21：186－194.

Blair，D. H.，G. Bordes，J. S. Kelly，and K. Suzumura（1976），"Impossibility theorems without collective rationality，" *Journal of Economic Theory*，13：361－379.

Blau，J. H.（1957），"The existence of a social welfare function，" *Econometrica*，25：302－313.

Blau，J. H.（1971），"Arrow's theorem with weak independence，" *Econometrica*，38：413－420.

Blau，J. H.（1972），"A direct proof of Arrow's theorem，" *Econometrica*，40：61－67.

Blau，J. H.（1979），"Semiorders and collective choice，" *Journal of Economic Theory*，21：195－206.

Borch，K.，and J. Mossin（1968），*Risk and uncertainty*，London：Macmillan.

Borda，J. C.（1781），"Mémoire sur les elections au scrutin，" *Mémoires des l'Academie Royale des Sciences*；English translation by A. de Grazia，*Isis*，44（1953）.

Borglin，A.（1982），"States and persons—On the interpretation of some fundamental concepts in the theory of justice as fairness，" *Journal of Public Economics*，18：85－104.

Broome，J.（1978），"Choice and value in economics，" *Oxford Economic Papers*，30：313－333.

Broome，J.（1984），"Uncertainty and fairness，" *Economic Journal*，94：

624 - 632.

Brown, D. J. (1974), "An approximate solution to Arrow's problem," *Journal of Economic Theory*, 9: 375 - 383.

Buchanan, J. M. , and G. Tullock (1962), *The calculus of consent*, Ann Arbor: University of Michigan Press.

Chichilnisky, G. (1982a), "Social aggregation rules and continuity," *Quarterly Journal of Economics*, Vol. 96.

Chichilnisky, G. (1982b), "Topological equivalence of the Pareto condition and the existence of a dictator," *Journal of Mathematical Economics*, 9: 223 - 233.

d'Aspremont, C. , and L. Gevers (1977), "Equity and informational basis of collective choice," *Review of Economic Studies*, 46: 199 - 210.

Davidson, D. (1980), *Essays on actions and events*, Oxford: Clarendon Press.

Davidson, D. , P. Suppes, and S. Siegel (1957), *Decision making: An experimental approach*, Stanford: Stanford University Press.

Deschamps, R. , and L. Gevers (1978), "Leximin and utilitarian rules: A joint characterisation," *Journal of Economic Theory*, 17: 143 - 163.

Deschamps, R. , and L. Gevers (1979), "Separability, risk-bearing and social welfare judgments," in J. - J. Laffont (Ed.), *Aggregation and revelation of preferences*, Amsterdam: North-Holland.

Diamond, P. A. (1967), "Cardinal welfare, individualistic ethics, and interpersonal comparisons of utility: Comment," *Journal of Political Economy*, 75: 765 - 766.

Drèze, J. H. (1974), "Axiomatic theories of choice, cardinal utility and subjective probability: A review," in J. H. Drèze (Ed.), *Allocation under uncertainty: Equilibrium and optimality*, London: Macmillan.

Edgeworth, F. Y. (1881), *Mathematical psychics: An essay on the application of mathematics to the moral sciences*, London: Kegan Paul.

Fine, B. J. (1975), "A note on 'Interpersonal aggregation and partial comparability'," *Econometrica*, 43: 173 – 174.

Fishburn, P. C. (1970), "Arrow's impossibility theorem: Concise proof and infinite voters," *Journal of Economic Theory*, 2: 103 – 106.

Fishbum, P. C. (1973), *The theory of social choice*, Princeton: Princeton University Press.

Fishburn, P. C. (1974), "On collective rationality and a generalized impossibility theorem," *Review of Economic Studies*, 41: 445 – 459.

Gevers, L. (1979), "On interpersonal comparability and social welfare orderings," *Econometrica*, 47: 75 – 90.

Graaff J. de V. (1967), *Theoretical welfare economics*, 2nd ed. , Cambridge: Cambridge University Press.

Hammond, P. J. (1976a), "Equity, Arrow's conditions and Rawls' difference principle," *Econometrica*, 44: 793 – 804.

Hammond, P. J. (1976b), "Why ethical measures of inequality need interpersonal comparisons," *Theory and Decision*, 7: 263 – 274.

Hammond, P. J. (1977), "Dual interpersonal comparisons of utility and the welfare economics of income distribution," *Journal of Public Economics*, 6: 51 – 71.

Hansson, B. (1973), "The independence condition in the theory of social choice," *Theory and Decision*, 4: 25 – 49.

Hansson, B. (1976), "The existence of group preferences," *Public Choice*, 28: 89 – 98.

Hare, R. M. (1952), *The language of morals*, Oxford: Clarendon Press; 2nd ed. , 1961.

Hare, R. M. (1963), *Freedom and reason*, Oxford: Clarendon Press.

Hare, R. M. (1977), "Geach on murder and sodomy," *Philosophy*, Vol. 52.

Hare, R. M. (1981), *Moral thinking*, Oxford: Clarendon Press.

Harsanyi, J. C. (1955), "Cardinal welfare, individualistic ethics, and interpersonal comparisons of utility," *Journal of Political Economy*, 63: 309 – 321.

Harsanyi, J. C. (1977), *Rational behaviour and bargaining equilibrium in games and social situations*, Cambridge: Cambridge University Press.

Herzberger, H. G. (1973), "Ordinal preference and rational choice," *Econometrica*, 41: 187 – 237.

Hurley, S. (1985), "Objectivity and disagreement," in T. Honderich (Ed.), *Ethics and objectivity*, London: Routledge.

Jeffrey, R. C. (1965), *The logic of decision*, New York: McGraw-Hill; 2nd ed. , Chicago: University of Chicago Press, 1983.

Kahneman, D. , P. Slovick, and A. Tversky (1982), *Judgment under uncertainty: Heuristics and biases*, Cambridge: Cambridge University Press.

Kant, I. (1788), *Critique of practical reason*, English translation by T. K. Abbott, *Kant's critique of practical reason*, London: Longmans; 6th ed. , 1909.

Kelly, J. S. (1978), *Arrow impossibility theorems*, New York: Academic Press.

Kemp, M. C. , and Y. -K. Ng (1976), "On the existence of social welfare functions, social orderings and social decision functions," *Economica*, 43: 59 – 66.

Kemp, M. C. , and Y. -K. Ng (1977), "More on social welfare functions: The incompatibility of individualism and ordinalism," *Economica*, 44: 89 – 90.

Kirman, A. P. , and D. Sondermann (1972), "Arrow's theorem, many agents and invisible dictators," *Journal of Economic Theory*, 5: 267 – 277.

Laffont, J. - J. (Ed.) (1979), *Aggregation and revelation of preferences*, Amsterdam: North-Holland.

Levi, I. (1974), "On indeterminate probabilities," *Journal of Philosophy*, 71: 391 - 418.

Little, I. M. D. (1952), "Social choice and individual values," *Journal of Political Economy*, 60: 422 - 432.

Little, I. M. D. (1957), *A critique of welfare economics*, 2nd ed. , Oxford: Clarendon Press.

Loomes, G. , and R. Sugden (1982), "Regret theory: An alternative theory of rational choice under uncertainty," *Economic Journal*, 92: 805 - 824.

Luce, R. D. , and H. Raiffa (1957), *Games and decisions*, New York: Wiley.

McClennen, E. F. (1983), "Sure-thing doubts," in B. P. Stigum and F. Wenstøp (Eds.), *Foundations of utility and risk theory with applications*, Dordrecht: Reidel.

MacCrimmon, K. R. (1968), "Descriptive and normative implications of decision theory postulates," in K. Borch and J. Mossin (Eds.), *Risk and uncertainty*, London: Macmillan.

McDowell, J. (1981), " Non-cognitivism and rule-following," in S. H. Holtzman and C. M. Leich (Eds.), *Wittgenstein: To follow a rule*, London: Routledge.

Machina, M. (1981), " 'Rational' decision making vs. 'rational' decision modelling?" *Journal of Mathematical Psychology*, 24.

Machina, M. (1983), "Generalized expected utility analysis and the nature of observed violations of the independence axiom," in Stigum and Wenstøp (1983).

Mackie, J. L. (1977), *Ethics*, Harmondsworth: Penguin Books.

Marshall, A. (1890), *Principles of economics*, London: Macmillan.

Maskin, E. (1978), "A theorem on utilitarianism," *Review of Economic Studies*, 45: 93 - 96.

Maskin, E. (1979), "Decision-making under ignorance with implications for social choice," *Theory and Decision*, 11: 319 - 337.

Mirrlees, J. A. (1982), "The economic uses of utilitarianism," in A. K. Sen and B. Williams (Eds.), *Utilitarianism and beyond*, Cambridge: Cambridge University Press.

Myerson, R. B. (1983), "Utilitarianism, egalitarianism, and the timing effect in social choice problems," *Econometrica*, 49: 883 - 897.

Nagel, T. (1979), *Mortal questions*, Cambridge: Cambridge University Press.

Nagel, T. (1980), "The limits of objectivity," in S. McMurrin (Ed.), *Tanner lectures on human values*, Cambridge: Cambridge University Press.

Nash, J. F. (1950), "The bargaining problem," *Econometrica*, 18: 155 - 162.

Parfit, D. (1984), *Reasons and persons*, Oxford: Clarendon Press.

Parks, R. P. (1976), "An impossibility theorem for fixed preferences: A dictatorial Bergson-Samuelson social welfare function," *Review of Economic Studies*, 43: 447 - 450.

Pattanaik, P. K. (1978), *Strategy and group choice*, Amsterdam: North-Holland.

Pigou, A. C. (1920), *The economics of welfare*, London: Macmillan.

Plott, C. R. (1976), "Axiomatic social choice theory: An overview and interpretation," *American Journal of Political Science*, 20: 511 - 596.

Pollak, R. A. (1979), "Bergson-Samuelson social welfare functions and the theory of social choice," *Quarterly Journal of Economics*, 93: 73 - 90.

Rawls, J. (1971), *A theory of justice*, Cambridge, Mass. : Harvard University Press.

Ray, P. (1973), "Independence of irrelevant alternatives," *Econometrica*, 41: 987 - 991.

Roberts，K. W. S. （1980a），"Possibility theorems with interpersonally comparable welfare levels," *Review of Economic Studies*，47：409 - 420.

Roberts，K. W. S. （1980b），"Interpersonal comparability and social choice theory," *Review of Economic Studies*，47：421 - 439.

Roberts，K. W. S. （1980c），"Social choice theory：The single and multiple-profile approaches," *Review of Economic Studies*，47：441 - 450.

Rubinstein，A. （1981），"The single profile analogues to multiple profile theorems：Mathematical logic's approach," mimeo，Murray Hill：Bell Laboratories.

Samuelson，P. A. （1938），"A note on the pure theory of consumer's behaviour," *Economica*，5：61 - 71.

Samuelson，P. A. （1947），*Foundations of economic analysis*，Cambridge，Mass. ：Harvard University Press.

Samuelson，P. A. （1967a），"Arrow's mathematical politics," in S. Hook （Ed. ），*Human values and economic policy*，New York：N. Y. U. Press.

Samuelson，P. A. （1967b），"Foreword" in J. de V. Graaff，*Theoretical welfare economics*，2nd ed. ，Cambridge：Cambridge University Press.

Savage，L. J. （1954），*The foundations of statistics*，New York：Wiley.

Sen，A. K. （1966），"Hume's law and Hare's rule," *Philosophy*，41：75 - 79.

Sen，A. K. （1970a），*Collective choice and social welfare*，San Francisco：Holden Day；North-Holland，Amsterdam.

Sen，A. K. （1970b），"Interpersonal aggregation and partial comparability," *Econometrica*，38：393 - 409；"A correction," 40 （1972）：959.

Sen，A. K. （1971 ），"Choice functions and revealed preference," *Review of Economic Studies*，38：307 - 317.

Sen，A. K. （1974），"Informational bases of alternative welfare approaches：

Aggregation and income distribution," *Journal of Public Economics*, 3: 387 - 403.

Sen, A. K. (1977a), "Rational fools: A critique of the behavioral foundations of economic theory," *Philosophy and Public Affairs*, 6: 317 - 344.

Sen, A. K. (1977b), "On weights and measures: Informational constraints in social welfare analysis," *Econometrica*, 45: 1539 - 1572.

Sen, A. K. (1979), "Informational analysis of moral principles," in R. Harrison (Ed.), *Rational action*, Cambridge: Cambridge University Press.

Sen, A. K. (1982), *Choice, welfare and measurement*, Oxford: Blackwell, and Cambridge, Mass. : M. I. T. Press.

Sen, A. K. (1984a), *Resources, values and development*, Oxford: Blackwell, and Cambridge, Mass. : Harvard University Press.

Sen, A. K. (1984b), "Consistency," Presidential Address to the Econometric Society. *Econometrica*, forthcoming.

Sen, A. K. (1985a), "Well-being, agency and freedom: The Dewey lectures 1984," *Journal of Philosophy*, 82: 169 - 221.

Sen, A. K. (1985b), "Social choice theory," in K. J. Arrow and M. Intriligator (Eds.), *Handbook of mathematical economics*, vol. 3, Amsterdam: North-Holland.

Sen, A. K. (1985c), "Rationality and uncertainty," *Theory and Decision*, 18: 109 - 127.

Sen, A. K. , and B. Williams (Eds.) (1982), *Utilitarianism and beyond*, Cambridge: Cambridge University Press.

Sidgwick, H. (1907), *The method of ethics*, 7th ed. , London: Macmillan.

Stigum, B. P. , and F. Wenstøp (Eds.) (1983), *Foundations of utility and risk theory with applications*, Dordrecht: Reidel.

Strasnick, S. (1976), "Social choice theory and the derivation of Rawls' difference principle," *Journal of Philosophy*, 73: 85 - 99.

Suppes，P. （1966），"Some formal models of grading principles," *Synthese*，6：284 - 306.

Suzumura，K. （1983），*Rational choice，collective decisions and social welfare*，Cambridge：Cambridge University Press.

Tversky，A. （1975），"A critique of expected utility theory：Descriptive and normative considerations," *Erkenntnis*，9.

Williams，B. A. O. （1973），"A critique of utilitarianism," in J. J. C. Smart and B. William （Eds.），*Utilitarianism：For or against*，Cambridge：Cambridge University Press.

Wilson，R. B. （1972），"Social choice theory without the Pareto principle," *Journal of Economic Theory*，5：478 - 486.

注释

[1] 但请注意，我们并不能根据这一原则所要求和排除的信息来对这一原则进行充分的概括。这里存在着一个影响方向的问题，而后者又依赖于某些"单调性"条件。我们可以把这看作逆转影响方向（比如，用效用总数的最小化来取代选择的功利主义原则——前者与功利主义一样有着相同的信息基础）。然而，一旦信息基础已经确定，方向通常也是非常明显的，从而这也不再是一个值得争论的问题。

[2] 这个独立性条件存在许多不同的版本，参见 Arrow （1963），Blau （1971），Fishburn （1973），Hansson （1973），Ray （1973），Plott （1976），Kelly （1978），Pattanaik （1978），Suzumura （1983）。

[3] Arrow and Hurwicz （1977） 根据一个给定的备选方案集合来定义"最优等价"关系 （p. 464）。此处所用的定义是将这一特征很自然地应用到所有包含 x 和 y 的集合的扩展。

[4] 它不同于文献中常见的萨缪尔森 （1938） 意义上的显示偏好。关于两者的区别，参见 Arrow （1959），Sen （1971）。还可参见 Herzberger （1973），

Suzumura（1983）。

[5] 从形式上看，对任何 x、y，如果对所有 i，xP_iy，那么 xPy。这里表述的条件是一种社会偏好而不是社会选择，但这类条件可以很容易地转化为阿罗（1951）基本框架中的选择条件；关于这一问题可参见 Sen（1982）。还可参见 Blair，Bordes，Kelly，and Suzumura（1976）。

[6] 这些方案还可以包括福利、偏好强度、当前状态的历史等人际比较方面的信息。加于阿罗的社会福利函数 $R=f(\{R_i\})$ 上的无限制域条件排除了将函数关系 $f(.)$ 用于每个可能的 $\{R_i\}$ 上，从而排除了任何额外信息。

[7] 阿罗并未使用"近似决定性"这一术语，但他区别了 xDy 与充分决定性 $x\bar{D}y$，而这涉及后来被称为近似决定性的概念，"xDy 指 x 社会优于 y，条件是个人 I 认为 x 优于 y 并且所有其他个人具有相反的偏好"（Arrow，1963，p.98）。此处的证明并不使用这一概念，而严格坚持对不同二元组的充分决定性的纯粹等式。

[8] 社会偏好框架可以再一次（参见前面的注释）很轻易地转换成相应的社会选择框架。

[9] 通过加强帕累托原则和独立性条件的内在对应性，我们可以去掉社会偏好 P 的传递性条件（以及相应的外在施加的社会选择的内在一致性条件），参见 Sen（1984b）。

[10] 注意，这里证明的结论是一种纯不变性条件，即决定性的等价性，而不是阿罗所证明的严格得多的引理，后者要求，对任意二元状态的近似决定性的个人集合对所有二元状态都具有充分的决定性（Arrow，1963，pp.98 - 100；还可参见 Blau，1957）。

[11] 唯一的关键之处在于，将社会状态置入个人的偏好排序。由于阿罗所概括的"社会状态"并不包含这些状态在个人排序中的效用或位置（与通常关于"事态"的哲学文献有别），将条件 U、P 和 I 相结合，社会状态就不再具备任何影响社会选择的信息特征。

［12］当然，这是决定性集合的特殊的超滤波属性（参见 Hansson，1976）。

［13］此处的传递性可以通过加强其他条件来加以取代（参见 Sen，1984b）。

［14］这个等价结论 ES 及其基础性证明有助于我们理解 Chichilnisky（1982b）这篇有趣而重要的论文所提出的非常复杂的论点："帕累托条件与独裁的拓扑等价性"。

［15］萨缪尔森坚持认为他并不反对独立性条件，从而不知不觉地将这个问题弄得有些复杂。他说："如果排序是传递的，那么它自动满足所谓的'无关备选方案的独立性'这一条件"（Samuelson，1967a，p. 43）。遗憾的是，内在一致性的表现形式为对任意偏好组合的社会排序的传递性，它并不保证任意组合间的一致性也具备这类独立性。萨缪尔森的主张可能是建立在一个错误的判断之上，即他将阿罗的独立性条件与纳什（Nash，1950）的独立性条件弄混了。关于这个问题的相关论述，参见 Sen（1970a，1977b），Ray（1973）。

［16］事实上，各种不可能定理与阿罗不可能定理之间的相似性源自单一组合的社会选择，参见 Parks（1976），Kemp and Ng（1976），Hammond（1976b），Pollak（1979）等。但与阿罗的独立性条件不同，此处所使用的公理蕴涵某些中立性条件——与恒决定性相似，但用于给定的个人偏好组合——的直接运用（参见 Sen，1985b，Section 9）。关于单一组合结论与多元组合结论之间的关系，参见 Roberts（1980c），Rubinstein（1981）。

［17］注意，利特尔提到的传统并不是指根据某种形式的功利主义而构建的福利经济学（比如，Edgeworth，1881；Marshall，1890；Pigou，1920）。这一传统要求大量有关组合间的一致性信息，并且当独立性的定义符合承认人际基数效用可比性的社会选择框架时，功利主义社会福利函数尤其能够满足这一独立性条件。参见 Harsanyi（1955），Sen（1970a，1977b），d'Aspremont and Gevers（1977），Deschamps and Gevers（1978），Maskin（1978），Roberts

(1980b)，Mirrlees（1982）。

[18] 这种观点与博尔达（1781）提出博尔达规则的动机极为接近，博尔达规则使用了间接涉及备选方案的信息来构成对偏好强度的判断。另一种对某些"无关"备选方案赋予重要性的理由是纳什（1950）关于在非现状状态排序中的现状相关性的论点。还可参见 Buchanan and Tullock（1962）。

[19] 参见 Wilson（1972），Fishburn（1974），Binmore（1975），Hansson（1976）等，他们论述了"集体理性"与阿罗的"独立性"条件之间的基本紧张关系。

[20] 事实上，将个人效用的基数性引入阿罗的框架并不改变阿罗的不可能性结论，后者还可以扩展到非可比的基数效用（参见 Sen，1970a，定理 8*2）。而人际比较则的确消除了这一不可能性结论。

[21] 注意，这一表达式本身并不要求中立性（或"福利主义"），因为没有必要在不同的社会状态产生相同的效用信息时，一定以同样的选择方式看待它们。只有当无限制域与其他条件共同施加于 SWFL（比如，独立性与帕累托原则）时，才能得出中立性；关于这个问题可参见 d'Aspremont and Gevers（1977）。此外还需注意，无限制域还要求，$R(\cdot)$ 所定义的这类社会方案必须足够丰富，包括所有可能的 X 上的 n 元个人效用函数，从而使得 SWFL 的定义域不受限制。

[22] $C(S, \{U_i\})$ 是在给定 n 元效用（U_i）的情况下，在 S 上的选择集合。

[23] 参见 Sen（1970a）。德斯丘帕斯和葛威尔（Deschamps and Gevers，1979）和罗伯茨（1980a）证明了效用的序数可比性上的这一结论，其中阿罗的非独裁条件加强至"匿名性"（anonymity），其余的阿罗诸条件则将可行的社会福利函数限制在一类"等级独裁"规则上，即赋予第 k 差的位置以独裁影响力（在罗尔斯的体系中，最大最小规则或词典式最大最小规则表示最差的位置的独裁性）。

[24] 关于这一方法所隐含的动机，参见 Sen（1970a：ch. 7，1970b）。相关

问题，参见 Levi（1974）。

[25] 我在 Sen（1970a，1979，1985a，c）中讨论了道德判断和经济政策中局部无知与不完备排序之间的关系。还可参见 Basu（1979）。

[26] 在事态上的效用的人际可比性问题上也存在着严重的概念问题，参见 Arrow（1963，1977），Suppes（1966），Sen（1970a，1982），Hammond（1977），Gevers（1979），Roberts（1980a），Borglin（1982）。

[27] 如果精神状态可以根据其他信息而获得的话，就可以避免这种缺隙。尤其是精神状态可以是该状态的其他特征的函数，并且如果两种状态"本来是相同的"，那么它们也就会产生相同的结果。但事实上，精神状态还依赖其他要素，比如产生该结果的过程。

[28] 同理，如果导致某一特殊结果的过程也被考虑在结果状态之内，这种简单的关系再一次被打破。

[29] 罗尔斯（1971）的"无知之幕"同样对他的关于公平的正义理论施加一种信息约束。事实上，许多伦理上的对立观点都可以归结为关于何种信息是相关的以及应使用何种相应的不变性限制条件问题的不同理解。关于这个问题可参见 Sen（1974，1979，1985a）。

[30] 这里，阿罗事实上在讨论——可以说是反驳——艾布拉姆·伯格森（1954）的主张，即"如果某个人能够根据经验上的可比性而推进功利主义的标准，那么他也可以无须经验上的可比性而实现这一点"（p.251）。这里的不可分辨性与黑尔语境中的有所区别。但是，即使将不可分辨性理解为相同性，而不是不可比性，阿罗的评价也仍然同样有效。

[31] 我那篇论文（1966）的主旨并不是证明休谟法则是错误的，而是认为"黑尔一方面坚持'休谟'法则，另一方面又主张'普遍规定性'，这两者相互冲突"（Sen，1966，p.75）。从形式上看，也就是说，（承认有可能否认"两种不同的对象完全相似"的情况，）"或者黑尔的普遍性原则完全是空洞无物的，或者它与休谟法则相冲突"（pp.78-79）。在这个问题上，黑尔极其大度

地表明，"根据森教授和其他人所提出的案例，我后来承认，还必须作出进一步的修正，尤其是在普遍性问题上，应当容许从'A完全像B那样行事'推导出'如果B犯了错误，那么A也犯了错误'这一结论"（Hare，1981，pp. 223 - 224；还可参见 Hare，1977）。我在其他文章中检验了这些修正的范围及其意义（Sen，1985a）。

[32] 我曾在其他地方讨论过这些问题（Sen，1985a），故不必在此赘述。关键问题在于某些事实区别的任意性。

第四部分　自由与社会选择

第 12 章
自由与社会选择*

个人自由是否与帕累托原则——福利经济学的基石，它认为社会决策必须反映一致同意的个人偏好排序——相冲突？社会选择理论的一个结论——所谓"帕累托自由的不可能性"——指出，确实存在这类冲突[1]，而这一结论又可以推导出许多其他结论——其中一些是这一冲突的扩展，另一些是避免这一冲突的方法（参见下面的第 4 节）。然而，社会选择理论的特殊表述方法使得它难以确定这类结论对于伦理学、福利经济学、社会或政治哲学的意义。本文主要讨论这个问题。

此外本文还有另外两个目标。第一，社会选择理论中的形式条件可以具有多种解释，但这些结论的实际含义并不依赖于人们所采用的解释。这不仅仅适用于帕累托自由的不可能性，而且对于其他结论也是如此，包括由肯尼思·阿罗所提出来的更为深刻的不可能性结论。[2]之所以出现各种不同解释，其中的一个原因在"社会偏好"的内容方面，本文将对这一概念的三种不同解释作出区分并加以讨论。

第二，本文还深刻质疑了社会选择理论中有关自由的表述（更准确地说，有关自由的最低限度的要求）[3]，认为该表述至少与某

---

* 感谢 Peter Hammond，Susan Hurley，Isaac Levi，Jim Mirrlees，Robert Sugden，John Vickers，Bernard Williams 等，他们做了有益评论。选自 *The Journal of Philosophy*，80（1983）。

些更为传统的将自由视为程序而不是结果的自由观相抵触。本文还
讨论了如何看待自由这一宽泛的问题，并对纯粹程序上的自由观给
予了批评。

1. 社会偏好

典型的社会选择理论的方法是将一个（事实上，n 元）个人偏
好排序的集合转换成一个社会偏好关系或社会选择函数。阿罗要
求，社会偏好关系是一个完备的弱排序（反身的、完备的并且传递
的），而社会选择函数则根据这一社会偏好关系对每个社会状态的
非空集合（可行集合，或者说"菜单"）确定了最优的元素（选择
集）。其他人的要求或者在社会偏好关系上不那么严格（如容许
非传递性或不完备性），或者限制社会选择函数的类型（容许非二
元选择），由此又提出各种不同的可能性结论和不可能性结论。

虽然社会偏好存在许多不同的解释，但在本文我将集中于讨论
"x 社会优于 y"的三种解释：

（1）结果评价："对社会而言，x 被认为是比 y 更好的事态"；

（2）规范选择："社会决策过程必须如此组织，使得当 x 可以选择
时，绝不能选择 y"；

（3）描述性选择："社会决策过程是如此组织，使得当 x 可以选择
时，将不会选择 y"。

需要强调的是，虽然后两种选择确实将偏好与选择相联系，但
它们并未要求选择函数——无论是规范的还是描述的——必须是
"二元的"，即可以用一种二元关系来表示。[4] 每一种解释都提出了

选择函数——相应地——应当或者可以满足的条件；至于社会选择总体上能否被二元关系所表达的问题则仍然悬而未决。

在这三种宽泛的解释中，当然还可以根据陈述的语境作出进一步的区别。比如结果评价观有可能反映了某一具体个人的道德判断，也可能反映了应用某个评价程序（如计划或政策制定中的具体的"目标函数"）后得出的结论。

2. 帕累托自由的不可能性

帕累托原则的弱形式要求，如果每个人都认为，社会状态 x 优于社会状态 y，那么 x 就必须社会优于 y。个人自由可以被视为要求——除了别的要求以外——每个人都应具备一个公认的私人领域（a recognized personal sphere），在其中仅仅只有他的偏好才可以计入社会偏好之中。比如说，考虑一个喜欢读一本特别的小说的人。假定在其他情况都已给定的情况下，将他对该书的选择视为他的公认的私人领域，那么在给定的情况下，社会偏好必须将他阅读该书置于不阅读之上。事实上，最低限度的自由（minimal liberty, ML）是一个比这种情况更弱的条件，它要求，对至少两个人（并不必须是所有人，所有人也可以，但并不必须）来说，存在着这样一个非空的公认的私人领域。[5]

对任意（事实上是 n 元）个人偏好排序的集合，社会决策函数可以得出定义在备选状态集合上的完备和一致的（不会出现循环）社会偏好。当社会决策函数用于任意逻辑上都可能的 n 元个人偏好排序时，它就拥有无限制域。帕累托自由的不可能性是指，不存在一种可以同时满足无限制域、帕累托原则（即使是最弱的形式）和最低限度的自由这三个条件的社会决策函数。

传统上将偏好解释为欲望[6]，本文将采用这一解释。在"显示偏好"理论的影响下，另一种观点则将偏好定义为选择行为所隐含的二元关系。这种不自然的定义不具备任何通常的偏好含义，并且——更重要的是——对两种完全不同的观念的确认尚不足以构成一个重要的概念。此外，并不是所有选择函数都能够以二元关系表达出来。

虽然无法以充分的理由将偏好与选择在定义上视为相等，但社会选择理论的传统却依据这样的经验假设，即个人选择事实上完全建立在个人偏好之上。阿罗描述了这样一种个人行为的模式（ch. 2，pp. 9 - 21），我把这种假设称为普遍的基于偏好的选择。对于社会选择理论中的自由观来说，这一假设的较弱的版本已经足够，即对于个人公认的私人领域中的选择而言，个人完全依据他的偏好来作出决定。如果 (x, y) 是一组属于 i 的公认私人领域的状态且 i 认为，x 严格优于 y，那么他在可以选择 x 的时候，就不会选择 y。[7] 我将它称为最低限度的基于偏好的选择，其中普遍的基于偏好的选择只是一个特例。

现在我们来看任意公认私人领域的偏好组合，根据满足 ML 的各种规则，其中相关的个人都被视为具有一种特殊的权威；这一权威的具体内容由对所选择的社会偏好的解释来加以确定。令 (x, y) 属于 i 的公认私人领域且 i 认为，x 严格优于 y。他不但希望拥有 x 而不是 y，而且根据有限的基于偏好的选择条件（如果根据普遍的基于偏好的选择，这一结论更加成立），如果他必须在两者之中选择一个的话，他必然选择 x。根据社会偏好的结果评价观，包含 ML 的自由条件要求，在给定的情况下，x 被视作对社会而言要比 y 更好的事态 [参见前一节的（1）]。

根据规范选择观这一条件要求，社会必须如此组织，以便在规定的情况下，如果 x 可供选择，则必不至于选择 y［参见前一节的 (2)］。我们还应注意，比这一条件更弱的形式是，在 x 和 y 之间的选择（无论是否还有其他选择）都由 i 个人决定，这样他将会排除可供选择的 y 而选择他所偏好的 x。如果由他来选择，他当然不会选择 y。这种"个人控制"的假设对于 ML 来说是相当充分的，但并不是必要条件，因为 ML 仅仅只要求，不管社会如何决策，y 都绝不能成为最终的选择。由于这一定理是一种不可能性结论，因此，我们不能排斥这一更弱的条件，因为不可能性绝不可因为任何条件的加强而受到影响——它要求 i 被赋予选择的"个人控制"的权利或者如果 x 可选，就绝不可选择 y。

描述性选择观则假定社会决策体系已如此组织，以至于当 x 是一个可行的选择时，y 将不会被选择［参见前一节的 (3)］。

根据前一节的 (1)、(2) 和 (3) 所给出的不同社会偏好观，可以相应得出对弱帕累托原则的不同解释。

我们现在直接来看针对不同解释的帕累托自由不可能性的具体内容：

（Ⅰ）结果评价的不可能性：根据前一节 (1) 的解释，对某些个人偏好组合，并不存在同时满足帕累托原则、最低限度的自由的一致和完备的社会状态。

（Ⅱ）规范选择的不可能性：根据前一节 (2) 的解释，当社会决策要求同时满足帕累托原则和最低限度的自由这两个条件时，并不存在一种良好的组织社会决策的方式，使得不管个人偏好如何，都能从任意社会状态的非空集合中选择出某种状态。

（Ⅲ）描述性选择的不可能性：根据前一节（3）的解释，不管个人偏好如何，任何能够从任意社会状态的非空集合中选择某种状态的社会决策体系都无法同时满足帕累托原则和最低限度的自由两个条件。

3. 事　例

我们可以在文献中发现各种不同的帕累托原则与自由相冲突的事例。[8]对是否阅读《查泰莱夫人的情人》的事例的关注已经远远超过它所应得的程度[9]，我在此将采用一个不那么陈腐的事例，即所谓的"工作选择案例"。[10]

在给定其他人的工作状况之后，参与人1和2都认为，拥有一份全职工作（1）要优于一份兼职工作（1/2），而后者又优于失业（0）。但由于为所生存其中的竞争性社会所熏染，每个人都希望另一个人失业（即对他人，则0优于1/2，1/2优于1）。事实上，每个人都是如此嫉妒，以至于他从其他人的失业中要比从自己的工作中得到更多的满足感。在给定的相关工作的性质下，对两个人来说存在着四种可能的备选状态，这里由四组状态表示，其中每一组的第一个数字表示参与人1的工作状况，第二个则表示参与人2的状况。两个人的偏好降次排列如下：

参与人1	参与人2
(1/2, 0)	(0, 1/2)
(1, 1/2)	(1/2, 1)
(0, 1/2)	(1/2, 0)
(1/2, 1)	(1, 1/2)

令参与人1和2都拥有一个由最低限度的自由所规定的公认私

人领域。参与人 1 的私人领域涵盖了 $(1, 1/2)$ 和 $(0, 1/2)$ 上的选择；在给定另一个人的工作状况 $(1/2)$ 时，他可以自由地选择工作或不工作，而参与人 2 在给定参与人 1 的工作状况 $(1/2)$ 时，也可以如其所愿地决定是否工作。

现在我们来看社会偏好的三种不同的解释。根据结果评价观，这里的问题是如何对这四种状态进行排序，从而最大满足由两人组成的社会的偏好。其中一种特殊的方法就是前面讨论过的"社会福利判断"。法官是一位外部观察者或者两个人中的任意一个，他将对社会状态作出道德判断。根据最低限度的自由原则，法官将 $(1, 1/2)$ 置于 $(0, 1/2)$ 之上，因为参与人 1 实际上更偏好于 $(1, 1/2)$，参与人 2 并不直接干涉参与人 1 的工作，因为这一组选择属于参与人 1 的私人领域。同理，根据参与人 2 的偏好，$(1/2, 1)$ 优于 $(1/2, 0)$，注意在此参与人 1 并未直接涉及这一组选择，因为这事实上属于参与人 2 的私人领域。但是，如果这位法官还坚持帕累托原则，那么他必定会认为 $(1/2, 0)$ 优于 $(1, 1/2)$，因为两个人都认为前者优于后者。出于同样的理由，他会认为 $(0, 1/2)$ 优于 $(1/2, 1)$。将两者合起来考虑就可得出社会偏好的循环结果：$(1, 1/2)$ 优于 $(0, 1/2)$，后者又优于 $(1/2, 1)$，后者又优于 $(1/2, 0)$，而后者又优于 $(1, 1/2)$。对每一种状态来说，都存在一种比它更好的状态。

现在来看描述性选择观。也许最简单的办法就是个人对自己的私人领域的直接控制。如果 $(0, 1/2)$ 可供选择，那么参与人 1 就有权使 $(1, 1/2)$ 得选。同样，如果 $(1/2, 0)$ 可供选择，那么参与人 2 有权使 $(1/2, 1)$ 得选。这样实际的选择仅仅限于 $(1, 1/2)$ 和 $(1/2, 1)$ 这两种情况。但这两种状态都是帕累托次优的。

根据规范选择观，ML 要求，良好的社会决策体系绝不可导致
（1/2，0）和（0，1/2）这两个选择结果，而弱帕累托原则要求，良
好的决策体系绝不可导致（1，1/2）和（1/2，1）这两个选择结果。
如此，无法作出选择且并不存在这种意义上的良好的社会决策
体系。

4. 限制、扩展和重构

帕累托自由不可能性的根据是无限制域、弱帕累托原则和最低
限度的自由这三个条件之间的不一致性。要避免这种不一致性，就
必须在实质上放弃或放宽至少其中的一个条件。在该问题上，这三
种路径的每一种都得到了广泛而深入的探讨。

弱化无限制域也就是排除特定的个人偏好的组合，使得余下的
组合不会发生冲突。这类调解手段包括假设人们的实际偏好具备
"宽容"性，也就是说，凡属于他人的公认的私人领域中的备选状
态对他而言都是无差异的[11]，或者假设人们能够"移情"，即个人
偏好反映了他人在其私人领域的偏好[12]，或者假设个人"不爱干
涉他人"或是"宽容的"，即个人把他本人的私人领域中的备选方
案的排序看得比他人的私人领域中的排序更为重要[13]，或者满足
其他的适当的限制条件。[14]这些探讨阐明了隐含的冲突的性质，并
促使人们思考教育和价值观形成的意义。

但是，限制定义域并不是一种排除冲突的充分方式，因为它并
未告诉我们如何针对违背限制条件的偏好来作出社会判断（或者应
选择哪一种社会状态，社会决策机制应如何组织），当这类偏好组
织确实存在时，它就无能为力了。而且，与任意排除某些偏好组合
的域限制条件相对应，对那些不属于可能的域的每种偏好组合，都

存在相关的解决办法，其形式或者是否定弱帕累托原则，或者是否定最低限度的自由条件。我们可以通过剥夺人们对其自己的私人领域的权威而实现对那些喜欢干涉的人的“惩罚”[15]，或者根据弱帕累托判断忽略或“修正”喜欢干涉的人的偏好[16]。这些修正将相应地弱化最低限度的自由条件或者弱帕累托原则。学者们还探讨了其他的限制这些条件的方法——其中一些试图避免这种冲突，另一些仍然保留了这些冲突。[17]

在该主题上，许多文献都致力于解决这一冲突的各种方法，但扩展这一冲突并使之一般化仍然是一个有趣的工作。艾伦·吉巴德（Gibbard，pp. 388-397）证明，如果加强最低限度的自由这一条件，使它允许个人使社会状态的一个“特征”（feature）固定化，那么不管别人如何选择，也不管他本人如何选择他的“特征”，个人自由甚至也会导致内在的不一致。如果我在给定其他条件（包括你的墙壁颜色）下有权决定我的墙壁颜色，而你在给定其他条件（包括我的墙壁颜色）下也有权决定你的墙壁颜色，那么我们有可能会导致一种循环，比如说，我希望我的墙壁能够与你的墙壁颜色相配，而你却希望有别于我的颜色。

要避免这种问题——吉巴德悖论（Gibbard paradox），或者使权利的分配更为严格（用铃村的话来说，使它们与 ML“彼此一致”），或者权利必须依赖于满足“可分性”（separability）的个人偏好而定。[18]可分性要求我对我的私人“特征”（如我的墙壁颜色）的排序必须独立于其他人在他们的私人特征上的排序。依据赋予个人对其私人选择的权利的基础，我们也许可以合理地证明这些可以避免吉巴德悖论的限制条件。如果我试图把我的墙壁刷成与你的墙壁不同的颜色，那么我的这种欲望就不全是“私人的”或者“自我相关的"，如此，我们可以不无理性地拒绝这样一种做法，即将这些依外在条件而定的偏好的实现视为我的个人自由的必要部分。但即使吉巴德悖论可以避免（通过"彼此一致的"权利或者可分的偏好），帕累托自由的不可能性仍然成立[19]，要避免这一冲突还需要作出进一步的限制。[20]

另一条重要的研究路径是由 R. N. 巴特拉（R. N. Batra）和 P. K. 帕特奈克所开创的[21]，他们将帕累托自由的不可能性进行扩展，证明帕累托原则不但与个人自由相冲突，而且与群体权利（如"联邦主义"或"多元主义"规定的权利）相冲突，其分析的理由大体上相同。[22]

上述这些避免冲突和扩展冲突的方法，都同处于社会选择理论的一般格式之中。有人质疑这种自由观的合理性，并强烈辩称，社会选择理论对自由的概括是根本错误的。下面我将讨论这个一般性的问题，并同时检验其他几种有关自由的表述。

5. 自由、控制和社会选择

罗伯特·诺齐克指出了一个重要问题，在帕累托自由的不可能性的讨论上，他批评了"将个人在各种备选方案中选择的权利视为确定这些方案在社会排序中的相关地位的权利"的观念。[23]相反，他将权利概括为赋予个人对特定决策的控制权，并且"每个人在他选择时就在行使他的权利"。"这些权利的行使令这个世界的某些特征固定下来。在这些固定下来的特征里面，可以通过基于社会排序的社会选择机制进行选择，如果这里还存在选择的机会的话！"（p. 166。）

我们还可以在其他几位作者那里找到相似的批评。[24]罗伯特·

萨格登对帕累托自由的不可能性作出如下评论：

> 我以为，这种精致的论证的缺陷在于森对于自由原则的概括。虽然他声称 [Sen, 1976 ("Liberty, Unanimity and Rights"), p. 218]，他接受穆勒关于自由的解释，但他的自由观念与穆勒的自由观念仍然存在着重大的差别。穆勒应当会同意"存在某些特定的个人事务，其中个人可以自由决定如何处置"这一判断，但他是否会同意"在这些事情的选择问题上，无论他或她认为何者更好，都必须被视为对整个社会而言也是更好的"这一判断呢？这两个命题的第一个是一个关于程序的价值判断，它主张，某些问题应当授权给个人或者保留个人决策的权利。第二个命题是关于结果状态的价值观判断；它的含义是，将这些问题保留给个人决策的程序必然会导致选择最可行的结果状态。但为什么一个自由主义者必须如此主张呢？……就自由主义价值观的要求而言，在阅读《查泰莱夫人的情人》一事上，不存在任何内在的体面或不体面（pp. 196 - 197）。

这一论点是相当有力的，但它的根据是一种对"社会偏好"的过于狭隘的观念——被视为"对社会更好"。事实上，正如第 1 节所阐述的，社会偏好命题不过是反映了选择函数的条件。甚至即使采取结果评价的解释，它也并不必然是关于各种状态的"内在的"善恶的判断。就萨格登所归功于穆勒的程序判断而言，社会偏好也可以被视为反映了根据各种权利程序的一致性而作出的备选方案的——并不必然是完备的——排序。这种对不同结果的相对价值的判断并不存在任何非同寻常之处，像这类判断在穆勒的著作那里也到处可见。[25]一个关于某个事物的判断并不必然只是该事物的内在属性的函数。我们可以用另一个领域的事例来作一类比，试比较下面关于密特朗作为法国代言人的两个判断：

（A）密特朗是最适合为法国代言的人，因为他赢得了总统选举；

（B）密特朗是最适合为法国代言的人，因为任何其他人都不具备他那样解释法兰西精神的能力。

基于程序而对状态好坏所作出的判断将是（A）而不是（B）。

当我们依据自由的纯粹程序观来思考有关社会偏好的结果评价含义时，从自由的观点来看，结果被视为"对社会更好"，这只是因为它是相关个人的选择。甚至"一个关于程序的价值判断"也意味着——在给定的行为参数下——对何种状态会出现即对运用该程序的结果的判断。社会偏好可以反映该判断。[26] 这样，即使在那种对于社会决策中的自由的程序观（我将在第 6 节质疑这种观点）是相当充分的情况下，最低限度的自由也能够在该框架中作出相应的解释和合理的证明。如果只有违背某种正当的程序才能达到某种社会状态，那么在这里，这种程序价值观体系本身就隐含着对状态的控诉（indictment）。而帕累托自由的不可能性——在与自由的纯粹程序观相结合的结果评价观下——则指基于这类控诉的排序（反映在对相应的"最低限度的自由"的解释上）与帕累托准排序（Pareto quasi-ordering）的不一致。

如果我们不用社会偏好的结果评价观，而采用规范选择观，那么就可以直截了当地将最低限度的自由解释为作为控制的自由。它要求，最后的结果必须等同于将某些问题授权给个人或保留个人决策权利时的选择结果。如果这一条件被违背，那么它也违背了萨格登所描述的这一条件——"某些问题应当授权给个人或者保留个人决策的权利"。根据规范选择观，帕累托自由的不可能性尤其主张，对于一个无限制域而言，这样一种选择程序观无法得出帕累托最优的结果。

　　这些关于社会选择命题的误解部分起因于社会选择理论本身的缺失。社会选择理论的语言——虽然表述相当精确——具有远离社会和政治哲学的主流语言的倾向，而社会选择理论家在讨论这些观念问题上的倾向往往无法与他们推导结论时的技术相称。这里尤其需要澄清一个给定的结论针对社会偏好的不同解释而具有的不同的实质含义，并阐述清楚这些不同的含义与社会和政治哲学中的各个传统问题的关系。

　　此外，还需要强调的是，社会选择理论中的各种自由条件——如条件 L 和条件 ML——并不试图提出一种关于自由的综合性观念，相反，它只是隐含了某些自由观念。这对帕累托自由的不可能性而言已经相当充分，因为要证明帕累托原则与自由的不一致只需证明它与自由的某些含义的不一致，而不必对自由给予充分的概括。

　　比如说，也许有人认为，自由不仅要求个人得到如果由他选择他将选择的事物，而且要求他必须通过他本人的选择来获得该事物。在这种情况下，关于自由的判断并不是对称的：（1）他得到如果由他选择他将选择的事物；（2）他没有得到如果由他选择他将选择的事物。如果我们知道，他没有得到如果由他选择他将选择的事物，那么显然他的自由受到侵犯了，这种推论对于帕累托自由的不可能性证明已经很充分。另外，即使我们知道他得到如果由他选择他将选择的事物，这种自由观也仍然无法保证他的自由的实现，因为他的自由仍然可能受到侵犯，比如说，其他某个人替他选择了他本人将要选择的事物。因此，在推导帕累托自由的不可能性的过程，我们无须否定这种自由观，当然，也不必主张这种自由观。

6. 控制与间接自由

现在我们来看自由是否只涉及实际的控制这一搁下的问题。很显然，自由与控制相关——这是毫无争议的，但它是否只与控制相关呢？

我们首先考虑艾德的事例，他在车祸中受伤，但意识非常清晰。医生说有两种治疗方案，A 和 B，其中方案 A 从副效果角度来看对他更为有效。艾德说，他非常理解这两种选择，也知道方案 A 更有利于他的福利，但他在道德上无法接受方案 A（因为这种治疗方案包含对动物的残忍处置），因此，他宁肯采取方案 B。在此，很容易看出，医生采用方案 B 更遵从艾德的自由，虽然采用方案 A 更有利于他的福利。我把这一事例描述为方案 B 能够更好地实现艾德的直接自由（direct liberty）。

现在来看艾德在车祸中丧失意识的情况，他的亲友知道艾德的道德信仰以及这一信念的强度。救治的方案仍然如前，医生对这两种方案的评价也与上一事例一样。亲友完全坚信，如果艾德能够选择的话，他一定会选择方案 B，哪怕方案 A 能够更好地实现他的福利。在这里，我们似乎可以合理地认为，与前面的事例一样，医生采用方案 B 能够更好地遵从艾德的自由，虽然艾德本人并未对这一具体的选择进行任何直接的控制。我将把这一事例描述为方案 B 能够更好地实现艾德的间接自由（indirect liberty）。

当然，我们似乎有理由认为，在第二个事例中，医生和艾德的亲友所作出的选择涉及的只是艾德的福利。但是，这一事例如此规定，以至于这一假设很难成立，因为医生、艾德的亲友以及艾德本人都无法假设方案 B 将更好地实现艾德的福利。选择方案 B 而不是方案 A 的唯一理由是，艾德应当会这样选，这显然是一个对自由的考虑而不是对福利的考虑。而伯林所谓的"一个人或一个民族选择他们所希望的生活的自由"[27]似乎也确实要求这种反事实要素。将自由完全视为谁在行使控制权的问题显然并不充分。

间接自由在现代社会中十分重要。警察在街道上预防犯罪的行动也许能够很好地实现我的自由——因为我并不希望被人抢劫或殴打，但此处的控制权并不在我而在警察。（它还很好地促进了我的福利这一事实当然也是一种重要的考虑。）在这一事例中，与我的间接自由相关的是弄清楚如果我对那些直接针对我的犯罪行为具有控制权的话，我是否要行使我的选择权来制止这一行为。当然也可能存在这样一种认识，即一个人也许会选择被抢劫、殴打或被一部错误开进单行道的汽车撞倒，但对间接自由的考虑所根据的假设是他将不会如此选择。

将自由简单地与直接控制相联系存在危险，它忽略了间接自由所包含的反事实因素，而且会失去许多重要的东西。社会并不能如此组织，使得每个人都可以掌握所有与他私人领域相关的控制杆。[28]但在一个个人并未直接作出选择的事例中，假定个人自由与此无关是错误的观念。在给定艾德无意识的情况下，治疗方案A——虽然所有人都认为它可以更好地实现艾德的福利——仍然未遵从艾德的自由，而治疗方案 B 则没有。在判断一个人的自由上，个人如果拥有控制权，那么他将如何选择是一种重要的考虑因素。

社会选择理论对自由的概括可以比作如果个人可以选择的话将会出现什么结果，而不论他是否真的作出选择。它忽略了某种也许对自由相当重要的东西，即他得到的东西是否真的就是如果由他选择他将选择的事物，而不仅仅只停留在他将会选择的事物（而不必

然由他来选择）上。这就存在着差距，虽然这一差距丝毫没有影响
到帕累托自由的不可能性的成立（正如上一节所论），因此仍然有
必要对自由持一种更为一般的看法（它与这一结论的某些推论相对
立）。要缩小这一差距，我们只有充实对社会状态的描述，使选择
的主体也得以嵌置其中。这里包含了一种对现存的社会选择理论的
格式的偏离，在现存的格式中，人们在社会状态中进行选择，对选
择的描述并不包含在对状态本身的描述之中。在这里，我将不再深
入讨论这一问题。[29]

　　另外，仅仅把自由规定为"谁实际上控制什么"的问题并不恰
当。根据这种自由观，虽然帕累托自由的不可能性——经过恰当解
释——仍然成立（参见前面的论述），但社会选择框架容许间接自
由的分析，而实际控制的框架却做不到这一点。

7. 偏好、选择和私人领域

　　正如第 2 节的讨论，在社会选择理论对自由的讨论中，偏好与
个人在公认的私人领域中的选择之间的关联占据了一个重要的位
置。这一"最低限度的基于偏好的选择"假设要比通常的"普遍的
基于偏好的选择"假设（见阿罗等人的著作）更弱一些，但即使是
这一"最低限度"的假设也受到了质疑。

　　将偏好作为选择的基础在个人的私人生活中的决策上远比在其
他类型的决策上具有更充分的力量，因为私人生活并不直接影响他
人。个人的欲望就是在自己的私人领域中作出选择的充分理由，但在
他人的私人领域或者公共领域中，它就不再是充分的选择理由了。

　　我们用一个事例来说明这一对立——某个人喜欢桃子甚于苹
果，他在用餐后面临果篮轮流传递时遇到了一个决策问题。[30]当轮

到他拿水果时，果篮里只剩一个桃子和许多苹果。这一选择并不是一个纯粹的私人选择，因为如果他拾取了桃子，那么后面的人完全就没有选择桃子的权利。当然，也有可能这个人迅速抓起桃子并很庆幸这只果篮及时传递到他面前。但假设他并没有这样做，相反拿起一个苹果。我们并不清楚这一选择是否与他的偏好或欲望相冲突，因为虽然他一般而言更喜欢桃子，但在此他将各种因素（道德、尴尬处境等等）考虑在内，却更倾向于选择苹果而不是唯一的那个桃子。即使如此，还存在一种可能，即事实上他权衡之后仍然偏好于那个诱人的桃子。但在这种情况下，他认定此时他绝不可拿那个桃子，即使这一行为与他本人的偏好（此处的偏好定义是欲望而不是选择）相冲突，那么我们就在此看到一个对"普遍的"基于偏好的选择假设的违背。但是这一事例并没有违背——这才是关键所在——"最低限度的"基于偏好的选择；因为在这一取食水果的事例中，他的选择并不仅仅属于他的私人领域，也直接影响了他人的选择，后者在他的选择中占据了重要的地位。这一事例完全不同于那种各种水果对所有人来说都足够多的情形。

最低限度的基于偏好的选择假设仅仅要求，根据自由条件，个人选择在公认的私人领域中由各自的个人偏好所引导。个人的公认的私人领域只是他的更一般意义上的私人领域的一部分，这个一般意义的私人领域指其他人没有直接受到影响的领域。当然，根据"最低限度的自由"条件，对于两个人来说，私人领域可能是微不足道的，而对其他人来说，则是一个空集。

8. 与囚徒困境的对比

曾有人将帕累托自由的不可能性结论所隐含的个人偏好与囚徒

困境中的个人偏好相比较。[31]虽然这一比较富有启发性，并且在
《查泰莱夫人的情人》事例中其相似性更为明显，但这一类比至少
在三个方面往往容易误导人。第一，通常在对囚徒困境的分析中，
从来没有人怀疑过个人偏好决定结果好坏的地位，并且帕累托最优
被视为毋庸置疑的目标。但是在帕累托自由的不可能性分析中，这
恰恰是一个关键问题。

第二，在囚徒困境中，每个人都拥有策略列表可供选择（比如
说，坦白还是不坦白），并且每个人的策略可行性独立于另一个人
的行动。它与自由条件的"特征"或"问题"相似，其中每个人都
固定化社会状态的某些特征（比如，参与人 i 确定是否阅读《查
莱夫人的情人》）。[32]但在现实世界中，这种完全"独立的"个人选
择特征也许无法做到"技术上可行"，即使对那些被完全视为个人
决策的可能存在独立选择的事务也是如此。[33]比如说，在工作选择
事例中，全部的就业机会也仅仅局限于四种不同备选方案的可行组
合，而且它不容许个人以完全独立于对方的方式选择他本人的职
位。另外，在这类独立选择确实存在的范围内——每个人都存在这
样一对选项（如果另一方是兼职的话，他可以选择全职工作或者完
全不工作），对自由的考虑要求每个人的选择应当完全由他本人来
决定。这种情况形象地说明了帕累托自由的不可能性，但它并不具
备囚徒困境的博弈形式。

第三，即使每个人都能够以完全独立于他人选择的方式来选择
他的私人"特征"或"问题"，帕累托自由的不可能性也仍然成立，
而不会演变成囚徒困境的另一种变化形式。[34]比如，将工作选择事
例略微改变一下，每个人都拥有选择工作（1）或不工作（0）的权
利，并且任其所愿地选择他自己的就业状况。我把参与人 1 称作

"嫉妒的工人"，他的偏好降次排序如下：$(1，0)$、$(0，0)$、$(1，1)$、$(0，1)$。参与人 2 的偏好降次排序如下：$(0，0)$，$(1，1)$，$(1，0)$，$(0，1)$。与没有人工作 $(0，0)$ 相比，参与人 1 更倾向于 $(1，0)$，并且如果由他选择的话，他将自由地选择工作。而与 $(1，0)$ 相比，参与人 2 更偏向于 $(1，1)$，因此，如果由他选择，他也将自由地选择工作。虽然每个人都在给定另一个人的选择条件下作出了审慎的选择，其结果 $(1，1)$ 是一个"纳什均衡"，但它帕累托次于 $(0，0)$，并导致一个帕累托自由的循环。在这种情况下，不可能使由帕累托判断与在各自私人领域中基于个人偏好的选择而导致的均衡同时成立。[35]但是这一博弈并不是囚徒困境——事实上参与人 2 根本就不存在占优策略。

9. 通过共谋求解

无论帕累托自由的博弈形式与囚徒困境是否恰好重合，在给定的个人行使权利的帕累托无效结果上，没有一个人能够单独采取行动而导致帕累托改进。但显然存在潜在的可能性，个人可以共谋行动来实现帕累托改进，从而解决自由结果的帕累托无效问题。为容许这类共谋行动，个人权利的概括必须容许权利的"市场交易"。比如说，在工作选择事例中每个人都可以承诺不使用接受更多职位的权利，用以换取另一个人的相似承诺。

某些作者（比如 Buchanan、Gärdenfors、Barry）已经指出这种对帕累托自由的不可能性的"解"的存在可能。我认为这并不是一个解，但是这种共谋行动从而偏离帕累托无效结果的可能性必须被考虑。事实上，不可能性结论的最初表述已经注意到这样一种背离的可能性：所谓的"自由主义"的解"不仅不是帕累托最优的，而且它也是非均衡的"，并且很有可能"市场也不会取得这种帕累托非最优的'解'"（*Collective Choice and Social Welfare*，p. 84）。

为什么这种推理路径并不能提供帕累托自由的不可能性的解呢？存在几个不同的对"解"的障碍，我将简短讨论其中的几个主要问题。[36] 下面列出四个不同的问题：

（1）合法性问题：个人权利的范围是否会接受这种市场化的契约？

（2）帕累托结果问题：个人是否实际上试图摆脱个人行使权利的结果而追求帕累托最优的状态？

（3）契约手段问题：如果唯一取得这种帕累托最优状态的手段是缔结具有约束力的契约，个人是否会努力朝这一目标迈进？

（4）无能问题：如果个人确实试图通过缔结具有约束力的契约而达致帕累托最优状态，他能否维持这一契约结果？

契约的合法性要求双方都放弃各自私人领域中的选择自由（比如，接受雇佣），我们可以对此提出种种质疑，这类质疑可以从约翰·斯图亚特·穆勒的观点那里得到支持。他认为，"自由原则绝不可要求个人可以自由地选择不自由"，并且"自由原则绝不可用于排斥他本人的自由"。[37] 但是穆勒的这些观点所讨论的是奴隶制这种极端的情况，这些论点显然并不适于否定彼此雇佣的契约。

但是，还存在另一个不同的问题，即使缔结这类契约并不存在任何不合法之处，这类契约能够公共执行吗？这一区别——正如罗尔斯所指出的——相当重要。检查你是否违背不接受雇佣的契约（或确定正经者是否违背他每天读《查泰莱夫人的情人》的协议）的执行者角色纵使不是特别令人沮丧，至少也是成问题的。

　　帕累托结果是另一类不同类型的问题。帕累托最优的结果在每个人的排序中更高这一事实显然是达成这一结果的论据。另外，偏好的位置——无论采取欲望还是满足的形式——也绝不是不存在道德上的疑问。约翰·布鲁米（John Broome）曾经指出，偏好必然需要理性的估价[38]，某些类型的基于嫉妒的偏好——如工作选择事例中针对他人的工作状况的偏好——完全有可能无法通过这些估价。针对那些"爱管闲事的"偏好——如更关心他人的阅读习惯而不是自己的阅读习惯——也可以提出类似的疑问。虽然一种偏好被视为"非理性的"，哪怕他本人也这么看待，但这并不意味着此人的偏好实际上将发生改变——立刻或永远——并不再具有这种性质。在这种情况下，我们有理由认为，个人不但根据他的实际偏好行事，而且也可以根据他的反映了他很希望偏好会是怎么样的"元排序"行事。[39]

　　还存在另一个问题。即使个人完全安于他的偏好，并认为它们绝不是非理性的，他也许仍然会在偏好的不同部分作出区分。他也许会同意穆勒的观点，"个人对于他的观点的感觉与另一个由于他持这种观点而感到受到冒犯的人的感觉并不相等"，并且"个人的兴趣就像他的观点或钱包一样完全是他本人独有的关怀"（*On Liberty*，p. 331）。个人一方面肯定他本人的偏好的正当性，另一方面又不希望在涉及他人的私人生活时还需"计入"这一偏好[40]，这里不存在任何不一致或者奇怪之处（比如，"如果你不这样做，我早这样做了，但既然这是你的事情，而不是我的，我请你不必考虑我的偏好"）。

　　我的观点并不是说，如果个人认为合谋行动是可取的，那么他去寻求这种改进就是错误的，而是说，个人也许并不会认为这种行动是可取的。我们不可将这类涉及他人的私人生活的个人决策视为理所当然，即使对个人的偏好并不存在任何不确定的地方。

现在我们来看契约手段问题，即使每个人都希望另一个人的生活不同于那人自己所希望的那样，但没有一个人会希望通过一个可执行的契约来取得这一结果。这是一个爱与友谊的传统问题，但在其他情况下也存在类似的问题，结果的价值——事实上也是其性质——受到如何产生该结果的过程的影响。我无法确切估价这类手段上的考虑究竟如何重要——显然它视情况而定，但是通过共谋求解的方式必然会面对这种问题。

最后，忽略所有这些困难不计，我们来看所有当事人确实缔结了帕累托改进的契约，并且他们完全可以合法地缔结这一契约的情形。这是否就解决了这一困难了呢？事实上并没有解决，因此，双方仍然存在违背该契约的动机。帕累托改进契约的可能性的关键之处在于，它打破了个人行使权利而导致的帕累托无效结果的均衡性[41]，但它并不能保证这一契约安排本身就是一种均衡。事实上，在一个帕累托原则与个人自由相冲突的情况下，也许根本不存在任何均衡——某些状态为帕累托改进契约所拒绝，而另一些状态则为个人在他们的私人领域中的决策所拒绝。在私人生活中执行契约的困难相当大，而对这类契约执行的合法性的质疑——前面已经指出——并不会使这类问题更容易求解。

帕累托自由的不可能性——用描述性选择观来解释——是一个空集"核"的博弈。不稳定性问题深深地根植于这一冲突的性质中[42]，一方面是帕累托改进契约的可能性的一般影响，另一方面又存在循环的非传递的群体决策。[43]

帕累托改进契约并不是帕累托自由的不可能性的一个解，而只是这个"问题"的组成部分。首先我们来看描述性选择观的解释。如果没有这种契约，稳定结果将是帕累托无效的，而如果存在这种契约，这种结果又是不稳定的。当然，完全有可能在某种特殊的冲突情况下，其结果恰巧又是稳定的。但这样一种偶然情形——视前面讨论的不同情形而定——很难被视为帕累托自由的不可能性的一般解。

　　根据规范选择观，这些困难仍然存在。但这种交换及其执行即使存在并会产生一个稳定的结果，它的规范意义仍然存在疑问。我们必须记取，规范问题——无论是选择观还是结果评价观——不仅要站在外部观察者的立场来看问题，还应从相关个人自己的立场来看问题。很显然，在这一语境中，个人的选择行为绝不可被视为给定的。这里所必须回答的问题是我是否应当寻求这样一种契约，而不是如果我寻求这种契约他人是否会反对。仅仅将偏好视为最大的仲裁者而又试图解决这一问题必定又会带来一个更重要的道德问题。

　　事实上，帕累托自由的不可能性所涉及的一个关键问题就是偏好的地位问题。[44]我们可以把这一问题的解答视为证明这样一个命题，即在接受一致的偏好排序的前提下，不可能同时赋予私人领域的偏好以优先性。在私人选择的道德性问题上，我们必然会面临这种冲突。帕累托改进契约的可能性完全无助于解决这一冲突。

10. 结束语

　　本文首先指出，社会选择理论中的"社会偏好"存在几种解释，"自由"也具有几种相应的含义。在每一种解释中，帕累托自由的不可能性结论都可以成立，但又具有相应的不同的——却又彼此相关的——内容。结果评价观、规范选择观、描述性选择观就是几种不同解释的例子。

第二，我还指出，在独立于结果的性质的情况下，完全根据个人所具有的实际控制而作出的自由的表述是彻底不充分的。在这种自由的"控制观"中，本文称为"间接自由"的内容被系统地忽视了。

第三，即使采用这种自由的控制观，帕累托原则与个人自由的冲突也仍然成立，因此，这一解释的不充分对这一冲突的性质并不存在什么影响。

第四，不管采用哪一种解释，帕累托改进契约的可能性并没有消除（或"解决"）不可能性问题，而是恰恰相反。

最后，不存在任何"解决"之道。帕累托自由的不可能性说明了原则之间的冲突——这一冲突初看并不特别明显。当然，还存在许多类似的冲突。真正有价值的问题都涉及冲突的含义。[45]结果评价和决策程序的选择存在一些相关的推论，本文探讨的只是其中的部分观点。

注释

[1] Sen, "The Impossibility of a Paretian Liberal," *Journal of Political Economy*, 78（1970）: 152 - 157; *Collective Choice and Social Welfare*（San Francisco: Holden-Day, 1970）.

[2] *Social Choice and Individual Values*（New York: Wiley, 2nd ed., 1963）; 本文中参见 Arrow 即指参见此书。解释性问题，尤其关于阿罗定理的解释，可以参见 Sen, "Social Choice Theory: A Reexamination," *Econometrica*, 45（1977）: 53 - 89; "Personal Utilities and Public Judgments, or What's Wrong with Welfare Economics?" *Economic Journal*, 89（1979）: 537 - 558。

[3] 尤其可参见 Robert Nozick, "Distributive Justice," *Philosophy and Public Affairs*, 3, 1（Fall 1973）: 45 - 126; *Anarchy, State and Utopia*（Ox-

ford: Blackwell, 1974), pp. 149 - 182; Peter Bernholz, "Is a Paretian Liberal Really Impossible?" *Public Choice*, 19 (1974): 99 - 107; C. K. Rowley and A. T. Peacock, *Welfare Economics: A Liberal Restatement* (London: Martin Robertson, 1975); James Buchanan, "An Ambiguity in Sen's Alleged Proof of the Impossibility of the Paretian Liberal," mimeographed, Virginia Polytechnic, 1976; Kevin Roberts, "Liberalism and Welfare Economics: A Note," mimeographed, St. Catherine's College, Oxford, 1976; Peter Gärdenfors, "Rights, Games and Social Choice," *Noûs*, 15, 3 (September 1981): 341 - 356; Robert Sugden, *The Political Economy of Public Choice* (Oxford: Martin Robertson, 1981; 本文中参见 Sugden 即指参见此书); Brian Barry, "Lady Chatterley's Lover and Doctor Fischer's Bomb Party: Liberalism, Pareto Optimality, and the Problem of Objectionable Preference," forthcoming in J. Elster and A. Hylland, eds., *Foundations of Social Choice Theory*, Cambridge University Press; Bruce Chapman, "Rights as Constraints: Nozick versus Sen," mimeographed, Westminster Institute for Ethics and Human Values, 1981。

　　[4] 关于选择函数的二元性，可参见 Bengt Hansson, "Choice Structures and Preference Relations," *Synthese*, 18, 4 (October 1968): 443 - 458; Amartya Sen, "Choice Functions and Revealed Preference," *Review of Economic Studies*, 37 (1971): 307 - 317; Hans Herzberger, "Ordinal Preference and Rational Choice," *Econometrica*, 41 (1973): 187 - 237; Peter Fishburn, *The Theory of Social Choice* (Princeton, N. J.: University Press, 1973); Thomas Schwartz, "Choice Functions, 'Rationality' Conditions, and Variations on the Weak Axiom of Revealed Preference," *Journal of Economic Theory*, 12 (1976): 414 - 427; Charles Plott, "Axiomatic Social Choice Theory: An Overview and Interpretation," *American Journal of Political Science*, 20 (1976): 511 - 596。

　　[5] 这一条件最初被称作 "最低限度的自由主义" (minimal liberalism),

为避免误解还加上如下一段说明："'自由主义'存在许多解释，往往令人难以把握。其中一些解释并不符合此处所定义的条件。这一条件的内涵是指，条件 L 表示一种蕴涵许多人都倾向的个人自由的价值观"（"The Impossibility of a Paretian Liberal," p. 153）。后来我在论文中又曾把这一条件称为"最低限度的自由至上主义"（minimal libertarianism）。但这两者都无法令人满意，这里所使用的概念——"最低限度的自由"——的优点是它集中关注了自由本身，而不是宣扬某种特殊的自由观念。

［6］传统经济学理论就持这种观念，如参见 John Hicks, *Value and Capital* (Oxford: Clarendon Press, 1939)。在道德领域中的讨论也是如此，如参见 Richard Hare, *The Language of Morals* (Oxford: Clarendon Press, 1952)。

［7］这里所涉及的问题是，如果 x 和 y 同时可供选择（有可能还有其他选项），此人将如何选择。这种偏好选择的对应关系不应与吉巴德所讨论的另一个重要问题相混淆［"A Pareto-consistent Libertarian Claim," *Journal of Economic Theory*, 7 (1974): 388 - 410］。吉巴德的问题是，如果由其他人的权利或帕累托原则的应用导致个人所偏好的选择（在这里指 x）实际上无法可选时，个人应如何选择。帕累托自由的不可能性的推论是，如果个人必须拒绝帕累托次优方案的话，那么他就无法根据最低限度的自由条件所要求的方式对私人领域中的两种方案进行选择。

［8］各类事例可以参见 Sen, *Collective Choice and Social Welfare*, ch. 6; Gibbard, *op. cit.*; Jonathan Barnes, "Freedom, Rationality and Paradox," *Canadian Journal of Philosophy*, 10, 4 (December 1980): 545 - 565; J. Fountain, "Bowley's Analysis of Bilateral Monopoly and Sen's Liberal Paradox in Collective Choice Theory: A Note," *Quarterly Journal of Economics*, 95 (1980): 809 - 812; E. T. Green, "Libertarian Aggregation of Preferences: What the 'Coase Theorem' Might Have Said," *Social Science Working Paper* No. 315, California Institute of Technology. 1980。

［9］参见 Sen, *Collective Choice and Social Welfare*, p. 80。

[10] 参见 Sen，"Liberty，Unanimity and Rights，" *Economica*，43（1976）：217‐245，pp. 222/3。

[11] 参见 C. Seidl，"On Liberal Values，" *Zeitschrift für Nationalökonomie*，35（1975）：257‐292。

[12] 参见 F. Breyer and G. A. Gigliotti，"Empathy and the Respect for the Right of Others，" *Zeitschrift für Nationalökonomie*，40（1980）：59‐64。

[13] 参见 J. H. Blau，"Liberal Values and Independence，" *Review of Economic Studies*，42（1975）：395‐402；Breyer，"The Liberal Paradox，Decisiveness over Issues，and Domain Restrictions，" *Zeitschrift für Nationalökonomie*，37，4（1977）：45‐60，and *Das Liberal Paradox*（Meisenheim am Glan，1978）。

[14] 彼此互惠也可完成这一限制的任务，参见 Ted Bergstrom，"A 'Scandinavian Consensus' Solution for Efficient Income Distribution among Nonmalevolent Consumers，" *Journal of Economic Theory*，2（1970）：383‐398。令人惊讶的是，如果个人将其恶意行为针对所有其他人的偏好，甚至全面的恶意行为也能实现这些条件的一致性。马斯金（Eric Maskin）、奈尔伯夫（Barry Nalebuff）和我计划共同写作一篇论文，该文将探讨这些相关条件。

[15] 参见 Gibbard，*op. cit.*；Blau *op. cit.*；D. E. Campbell，"Democratic Preference Functions，" *Journal of Economic Theory*，12（1976）：259‐272；J. A. Ferejohn，"The Distribution of Rights in Society，" in H. W. Gottinger and W. Leinfellner，eds.，*Decision Theory and Social Ethics：Issues in Social Choice*（Dordrecht：Reidel，1978）；W. Gaertner and L. Krüger，"Self-supporting Preferences and Individual Rights：The Possibility of Paretian Libertarianism，" *Economica*，47（1981）：241‐252。

[16] 参见 M. J. Farrell，"Liberalism in the Theory of Social Choice，" *Review of Economic Studies*，43（1976）：3‐10；Sen，"Liberty，Unanimity and Rights"；K. Suzumura，"On the Consistency of Libertarian Claims，" *Review of Economic*

Studies, 45（1978）: 329 – 342; P. J. Hammond, "Liberalism, Independent Rights and the Pareto Principle," forthcoming in the *Proceedings of the 6th International Congress of Logic, Methodology and Philosophy of Science*; D. Austen-Smith, "Restricted Pareto and Rights," forthcoming in *Journal of Economic Theory*; P. Coughlin and A. K. Sen, unpublished notes, Institute of Economics and Statistics, Oxford, 1981。

［17］参见 J. S. Kelly, "The Impossibility of a Just Liberal," *Economica*, 43（1976）: 67 – 76; J. Aldrich, "The Dilemma of a Paretian Liberal: Some Consequences of Sen's Theorem," *Public Choice*, 30（1977）: 1 – 21; D. C. Mueller, *Public Choice* （Cambridge: University Press, 1979）; F. Breyer and R. Gardner, "Liberal Paradox, Game Equilibrium, and Gibbard Optimum," *Public Choice*, 35（1980）: 469 – 481; Gardner, "The Strategic Inconsistency of Paretian Liberal," *Public Choice*, 35（1980）: 241 – 252; Suzumura, "Equity, Efficiency and Rights in Social Choice," *Discussion Paper* No. 155, revised June, 1981; J. L. Wriglesworth, "Solution to the Gibbard and Sen Paradoxes Using Information Available from Interpersonal Comparisons," mimeographed, Lincoln College, Oxford。

［18］Gibbard, *op. cit.*; Farrell, *op. cit.*; Kelly, *Arrow Impossibility Theorems* （New York: Academic Press, 1978）; Hammond, *op. cit.*

［19］Gibbard, *op. cit.*, pp. 394 – 397; Suzumura, "On the Consistency of Libertarian Claims"; Hammond, *op. cit.*

［20］吉巴德本人对于前一悖论的解决方案主要是"放弃"某些个人权利。

［21］"On Some Suggestions for Having Non-binary Social Choice Functions," *Theory and Decision*, 3, 1（October 1972）: 1 – 11。还可参见 D. N. Stevens and J. E. Foster, "The Possibility of Democratic Pluralism," *Economica*, 45（1978）: 391 – 400; Wriglesworth, "The Possibility of Democratic Pluralism: A Comment," *Economica*, 49（1982）。

［22］关于这一定理的不同扩展方向，可参见 Albert Weale, "The Impossi-

bility of Liberal Egalitarianism,"*Analysis*，40.1，185（January 1980）：13‑19；
Iain McLean，"Liberty，Equality and the Pareto Principle：A Comment on
Weale,"*ibid.*，40.4，188（October 1980）：212‑213。

[23] Nozick，*Anarchy，State and Utopia*，p. 165.

[24] 参见前面的注释。此外还可参见 Peter Hammond，"Liberalism，Inde-
pendent Rights and the Pareto Principle," and "Utilitarianism，Uncertainty and
Information,"in A. Sen and B. Williams，eds.，*Utilitarianism and Beyond*
（Cambridge：University Press，1982）；C. R. Perelli-Minetti，"Nozick on Sen：A
Misunderstanding,"*Theory and Decision*，8，4（October 1977）：387‑393；
Paul Grout，"On Minimal Liberalism in Economics," mimeographed，Birming-
ham University，1980。

[25] 需要提及的是，穆勒虽然如萨格登所言，采取了这种程序判断观念，
但他事实上并未持一种纯粹程序的自由观念。

[26] 用莱维关于"社会价值"和"社会福利"的区别来说（"Liberty and
Welfare,"in Sen and Williams，eds.，*op. cit.*），最低限度的自由的解释指涉的
是"社会价值"而不是"社会福利"。莱维本人将他的讨论限制在最低限度的
自由作为"社会福利"的一个条件的观念（被视作与个人福利而不是与任何
选择的程序条件相关）上。社会选择理论中的"社会福利"这一术语确实具
有这种"福利主义"的特征，但它并不必然具有"福利主义"内容（参见
Sen，*Collective Choice and Social Welfare*，pp. 33‑34），也可以视同莱维所说
的"社会价值"："某种社会价值的标准，可用以估价各种社会状态是更好还
是更差"（p. 240）。莱维正确地指出，甚至"相当粗糙的自由至上主义"也具
备社会价值的含义，要求"当社会价值标准并不能完全适合自由至上主义的
选择机制时，对它作出修正"（p. 242）。

[27] *Four Essays on Liberty*（New York：Oxford，1969），p. 70.

[28] 这一问题涉及塞德尔（Seidl）所谓的"自由主义的技术因素"（"On
Liberal Values,"p. 260）。

［29］参见 Sen, "Rights and Agency," *Philosophy and Public Affairs*, 11, 1 (Winter 1982): 3–39; Sen, "Evaluator Relativity and Consequential Evaluation," forthcoming in vol. 12 of the same journal（1983）。

［30］参见 P. H. Nowell-Smith, *Ethics*（Harmondsworth: Penguin, 1954）, pp. 102–103。

［31］参见 Ben Fine, "Individual Liberalism in a Paretian Society," *Journal of Political Economy*, 83（1975）: 1277–1282。托马斯·谢林（Thomas Schelling）在 1969 年曾对我的"帕累托自由的不可能性"结论作出评论（未发表），其中包含相似的比较。

［32］参见 Gibbard, *op. cit.*; Bernholz, *op. cit.*; Nozick, *Anarchy, State and Utopia*; Gärdenfors, *op. cit.*; Levi, *op. cit.*。

［33］这一问题涉及塞德尔（*op. cit.*）称之为"技术复杂"的情况。巴恩斯（Jonathan Barnes, *op. cit.*）提出了一个有趣的事例，其中存在一个相似的"复杂"情况。

［34］前者具备比后者更宽的定义域。事实上，凯文·罗伯茨（Kevin Roberts, *op. cit.*）已经证明并分析了在一个比囚徒困境更宽但比帕累托自由更窄的定义域上的不可能性结论。

［35］在这种事例以及与囚徒困境相对应的事例中，结果的帕累托次优属性是因为每个人都把另一个人的策略视为给定的。一旦另一个人的策略是给定的，他就没有动机去改变他的策略。莱维（"Liberty and Welfare"）曾探讨了个人并不知道另一个人的选择的情形。根据这一假设以及每个人对于另一个人的策略的信念是他自己的策略函数这一假设，莱维证明，如果信念正确的话，就可以避免个人选择结果的帕累托无效。

［36］还可参见 Sen, "Liberty as Control: An Appraisal," *Midwest Studies in Philosophy*, 7（1982）。

［37］*On Liberty*; reprinted in M. Lerner, ed., *Essential Works of John Stuart Mill*（New York: Bantam Books, 1965）, p. 348.

［38］ "Choice and Value in Economics," *Oxford Economic Papers*, 30 (1978).

［39］关于对偏好的偏好对于个人道德决策的意义，可参见我的 "Choice, Orderings and Morality," in Stefan Körner, ed., *Practical Reason*（Oxford：Blackwell, 1974）。还可参见 Kurt Baier, "Rationality and Morality," *Erkenntnis*, 11, 2（August 1977）：197-232；R. Harrison, ed., *Rational Action*（New York：Cambridge, 1979）, including the papers by M. Hollis and A. Sen；R. J. van der Veen, "Meta-rankings and Collective Optimality," *Social Science Information*, 20（1981）；A. Hirschman, *Shifting Involvements*（Princeton, N. J.：University Press, 1982）, ch. 4。

［40］关于社会选择理论中"计入"这一概念的形式含义，参见我的 "Liberty, Unanimity and Rights," pp. 235-237, 243-244。

［41］这是 *Collective Choice and Social Welfare*（p. 84）的一个命题，前面已经引用过。

［42］J. Aldrich, "The Dilemma of a Paretian Liberal：Some Consequences of Sen's Theorem," and "Liberal Games：Further Comments on Social Choice and Social Theory," *Public Choice*, 30（1976）：29-34；M. Miller, "Social Preference and Game Theory：A Comment on 'The Dilemma of a Paretian Liberal,'" *Public Choice*, 30（1976）：23-38；Gardner, *op. cit.*；Green, *op. cit.*

［43］Bernholz, "Liberalism, Logrolling, amd Cyclical Group Preferences," *Kyklos*, 29（1976）：26-37, and "A General Social Dilemma：Profitable Exchange and Intransitive Group Preferences," *Zeitschrift für Nationalökonomie*, 40（1980）：1-23；Schwartz, "Collective Choice, Separation of Issues, and Vote Trading," *American Political Science Review*, 72（1977）.

［44］参见我的 "Utilitarianism and Welfarism," *The Journal of Philosophy*, 76（1979）, pp. 479-487。

［45］参见第 4～5 节所引用的相关文献。

第 13 章
最低限度的自由*

本文的主旨是比较社会选择理论中的自由观与博弈论的自由观。不同人的可行策略集合绝不可被视为彼此不相关，而个人的"私人领域"必须根据确定可行的策略集合来定义。这种方法要求引入社会选择的考虑作为博弈形式的权利观的组成部分。另外，博弈论方法集中讨论偏好的选择问题。相反，社会选择的概括的多义性则使得自由问题的讨论在一个宽泛得多的范围展开。我还将证明，除其他因素以外，就人们可以自由地缔结契约而言，为什么缔约并不能消除帕累托自由的困境。

引 言

社会选择理论中现在已有庞大的文献讨论自由与权利问题。[1]虽然其中的大部分主要关注各种可能性结论，但仍然有一些正确地讨论了自由条件的表述问题。在后一语境中，社会选择理论对自由的各种公式化表述得到批判性的审查，这些批评的对象包括各种自由观，角度也各自不一。[2]本文的主要目的是评价这种批判性审查，

　　* 本文在提交给 1989 年 9 月 15—17 日于杜兰大学墨菲研究所召开的"自由会议"的论文的基础上修改而成。我对国家科学基金所提供的科研资助表示感谢。在修改的过程中，我从 Nick Baigent, Rajat Deb, Wulf Gaertner, Daniel Hausman, Loren Lomasky, Michael McPherson, Prasanta Pattanaik, Sanjay Reddy, Jonathan Riley, Emma Rothschild, Kotaro Suzumura, Yongsheng Xu, 以及《经济学》(*Economica*) 的两位匿名评审人的评论中获益良多。原文出自 *Economica*，59（1992）。

同时也探讨相关的公式表述问题。我将尤其关注由吉尔特纳等（1992）所提出的广泛重估自由表述的意见，他们反对传统的社会选择理论的表述，而主张根据博弈形式来概括自由。

此外，我还涉及一个相关的——但完全不同的——问题，即一种常见的观点，认为"帕累托自由的不可能性"（有人把它称为"自由悖论"）这一社会选择理论中的结论可以通过帕累托改进契约的可能性来求解。某些作者（比如 Sugden，1985；Barry，1986；Hardin，1988）表达过这样一种观点，社会选择理论关于自由的概括是不充分的，必须通过帕累托改进契约来解决不可能性问题。我将指出，这种方式无法解决"帕累托自由的不可能性"（第 3 节）。

虽然我将讨论两个问题（自由的表述和帕累托自由不可能性的建议解决之道），但这两个问题必须区别开来。吉尔特纳等（1992）广泛地分析了重新概括社会选择理论中的自由表述的必要性，但他们并未认为这种重新概括能够解决这一不可能性结论。事实上，他们认为，不可能性结论"在我们所主张的实质上相当合理的个人权利下仍然存在"（Gaertner et al.，1992，p.161）。[3] 与此相似，诺齐克（1973，1974）第一个系统地批判了社会选择理论中的自由观，但并不特别关注不可能性结论（这与某些作者不同）。事实上，他用这一结论来加强对任何自由的社会结果的"模式"的质疑（pp.164‑166）。由于帕累托原则要求一种非常特殊的模式，诺齐克无意使它与自由的要求相容。本霍兹（Bernholz，1974）也较早对社会选择的自由观提出了批评，但却同时考虑了解决不可能性问题的可能性，并通过扩展分析"一般社会困境"（帕累托自由的不可能性只是其中的一个特例）来进一步加强他的特殊论点（Bernholz，1980）。

因此，将诺齐克、本霍兹、吉尔特纳、帕特奈克、铃村等人所主张的重新概括社会选择理论中的自由所隐含的实质性论据与声称用这种方法可以解决不可能性问题的或有的——我相信并非特别有趣的——命题相混淆是一个错误的做法。我将只是顺便讨论一下不可能性问题（第 3 节），认为这种可以解决的看法是错误的。本文的主体将探讨各种针对社会选择的自由观的批评观点。此外，虽然我并不同意这些观点，但我显然并不怀疑这些推理中包含逻辑力量。

1. 自由与社会选择： 几个一般性问题

本节将讨论自由和权利的几个一般性问题以及社会选择理论对它们的概括，从而为当代在这两个问题上的争议提供一个知识背景。

（1）必要，但不充分。

社会选择理论讨论自由和权利的方式中存在的两种不同的目标（Sen，1970a，b）。更一般的目标是致力于扩展由肯尼思·阿罗（1951）所创立的古典的社会选择格式，从而为一般意义上的权利和特殊意义上的自由留下明确的空间。[4]而更为具体的目标则一方面试图在形式上表述自由与权利这两种因素之间的紧张关系，另一方面则概括出自由与福利经济学中主流的各种纯粹基于效用的（"福利主义的"）原则之间的冲突。后者的形式就是简单的不可能性结论（"帕累托自由的不可能性"）。[5]

由于这种不可能定理的隐含的动机要求，弱条件对于证明它来说已经相当充分，因此，在这一语境中不存在试图将自由的全部含义都给予公理化的表述，而只是确定这些要求中的一个含义。个人自由的最低限度的要求被概括为，个人至少有一组社会状态可以选择，在给定所有其他条件的情况下，这些社会状态由于作为他或她的私人事务彼此区别开来。这就是"最低限度的自由主义"或"最低限度的自由"（简称 ML）条件，它要求社会中至少有两个人必须各自具有一个非空的、至少存在一组社会状态的私人领域。ML试图表述各种可能的关于自由的更为充分的观念都蕴涵的弱条件，因此可以把 ML 视为保证社会中的自由的必要但不充分的条件。

（2）方面选择（aspect choice）蕴涵着结果选择（outcome choice），但反过来并不成立。

很显然自由还要求比 ML 更多的内容，但若设定在一组特殊的详细规定上，就很难获得所有人的同意。一种常见的主张认为，个人能够决定可能出现的任意社会状态的一个方面（这个方面与该人的"私人领域"相关）。比如说，可以认为，个人应当可以自由决定用口哨吹奏（或者不吹奏）某个曲调，因此可以自由地决定总体社会状态中的这个方面（即他或她是否吹口哨）。这种主张对应于吉尔特纳等（1992）所谓的自由的"直觉观念"（后面将对此展开讨论）。如果个人能够进行这样一种"方面选择"，那么，在给定其他方面的相应选择下（由其他人或"自然"确定），他有权在各组不同的（描述充分的）社会状态中进行选择。但相反的情形并不能成立，即个人拥有最低限度的在一组状态上选择的自由并不意味着他可以在不管别人如何选择的情况下拥有对某个方面进行选择的一般权利。

举例来说，当一个群体唱歌时（也就是说，如果其他人唱歌），我也有权唱歌。这是一种在"我们都唱歌"（a）和"除我之外所有人都唱歌"（b）这两种状态之间选择的权利。对我而言，只有当这一选择出现时（在这一事例中，指只有当其他人唱歌时），这一权利才是可用的。最低限度的自由（ML）就是指这样一种对一组社会状态的选择权利的存在。相反，如果我拥有可以任意唱歌或不唱歌的全部权利（即选择唱歌的权利，而不论别人是否唱歌），那么只要 (a, b) 这组状态出现，我自然拥有在 (a, b) 上的选择权利。另外，如果——根据 ML 的表述——我仅仅有权在 a 与 b 之间进行选择，这并不必然赋予我不论别人是否唱歌我可以选择唱歌或不唱歌的一般权利。因此，方面选择的权利蕴涵着结果选择的权利（如 ML），但一般而言，反过来并不成立。

（3）权利的存在区别于权利的价值。

权利赋予个人以特定的机会。权利的存在必须区别于该机会的价值。由于各种原因，一种权利也许对某个人来说毫无价值，比如说，也许没有机会来行使该权利；或者行使该权利毫无益处。但是没有行使该权利并不能抹杀该权利存在的意义。[6]

在上面讨论的唱歌事例中，虽然我有权在其他人唱歌时加入进去（在 a 和 b 之间作出选择），但这一权利可能对我来说毫无用处，因为①其他人并未唱歌，或者②其他人在唱歌，但我并不知情，或者③我根本无意加入唱歌。但是未行使该权利并不影响我可以选择加入的权利的存在。

（4）区别于个人行动的私人领域。

在唱歌事例中，我们可以通过观察相关个人是否可以自由地如其所愿地行动来讨论自由和个人权利的观念。但在别的情况下，自由与权利还遇到了新的问题，其中他人的行动也许会影响个人的私人领域。[7]

这一重要差别往往在特殊的语境（比如，阅读一本书的权利）

中消失不见，我曾用该情况说明了最低限度的自由的要求（参见 Sen，1970a，b），虽然它也不影响其形式上的要求。有时候，决策的关键行动者并不是该人本身。（不同类型的事例可参见 Sen，1982a，b，1983；Riley，1987，1989a，b）。比如说，你有权不让一个无聊的吸烟者朝着你吞云吐雾，或者你有权在夜间不听隔壁的杂乱聒耳的音乐而安然入眠，这种权利在很大程度上视他人的行动而定。这些确实属于你的私人生活和自由。这种情况可以称作"侵犯性行动"（invasive actions），其中他人的行动侵犯了你个人的私人领域。

同理，宗教信仰自由的权利要求，个人不但可以自由地选择他或她的行动，而且与这些行动相关的功能性活动也不得受到他人或国家的阻碍。如果由于他人的大声喧哗，个人无法沉思宗教问题（大声喧哗使得坐下来沉思没有效果），那么他或她的自由就受到了侵犯，虽然这种侵犯并不禁止沉思者选择他或她的行动或策略。在约翰·斯图亚特·穆勒（1859）对自由的经典表述中，他从未明确或隐含地假设，个人私人领域的控制全都一成不变地掌握在该人的手中。事实上，穆勒所担心的社会对个人自由的威胁很大程度上涉及"侵犯性行动"——个人控制与私人生活的一致性的缺乏。[8]

2. 社会选择表述的多义性

自由与帕累托原则的不可能性结论使用了最低限度的自由（ML），它要求至少两个人各自有权决定一组社会状态。令 P_i 和 P 分别表示个人偏好和社会"偏好"（下面将讨论这一概念所包含的各种含义），参与人 i 对一组社会状态 (x, y) 具有决定性，当且仅当存在 xP_iy 时，xPy 成立。所谓"帕累托自由的不可能性"证明，不存在这样一个无限制域的选择函数，它能够同时满足最低限度的自由和帕累托原则。[9]

这一冲突存在着不同的解释——在同一分析属性里蕴涵了不同的实质内容，这些解释取决于我们对社会偏好 P 和个人偏好 P_i 的定义（关于这个问题可参见 Sen，1970a，1983）。在社会偏好上，我们至少可以对 xPy 作出两种解释[10]：

- 社会选择：对任意包含 x 的集合上的选择，y 不可以成为选择结果。
- 社会判断：社会认为，x 优于 y。

对于 xP_iy 也存在一个相似的分类，还可根据个人效用的不同观念（如幸福、欲望的实现等等）对个人偏好的解释作出进一步的区分[11]：

- 个人选择：在任意包含 x 的集合中，参与人 i 不选择 y。
- 个人欲望：参与人 i 希望选择 x 而不是 y。
- 个人幸福：如果选择 x 而不是 y，则参与人 i 将更幸福。

为简化起见，我们只考虑这些解释中的两种，即选择观与欲望观（幸福观在很多方面都相似）。

由此可以构成四种不同的情况，如下所示[12]：

（1）CC（基于个人选择的社会选择条件）；
（2）CD（基于个人欲望的社会选择条件）；
（3）JC（基于个人选择的社会判断条件）；

（4）JD（基于个人欲望的社会判断条件）。

其中选择观 CC 对 P_i 和 P 的解释在某种程度上最符合人们通常所持的私人事务上的自由观念。根据这种 CC 观，不可能性结论意味着，如果社会选择必须尊重帕累托原则（在选择的意义上），甚至任何两个人都无权对他们的私人领域（至少每个人都有一组状态）的有效选择具备决定性。如果考虑到"侵犯性行动"以及由此带来的"私人领域"与"个人行动"的分野，这一问题就会更为复杂。而在缺乏"侵犯性行动"的情况下，将社会选择理论中自由概念的选择观（CC）作为中心解释是合理的。

在下面的讨论中，我将特别集中关注这一中心解释（CC）。但在此我们可以怀疑，将讨论完全集中在一种基于选择的解释上是否会损失一些内容。是否有理由将全部注意力集中在另一种解释（比如 CD、JD 或 JC）上？首先我们来看个人偏好 P_i，为什么不采用一种欲望或幸福观呢？无可置疑的是（这一论据是可以成立的），自由关系到一个人是否可以有效地作出选择，而不是他是否得到他所欲求的事物（不必考虑他本人的行动）。如果只要个人这样选择他就可以得到 x 而不是 y，但是由于他不这样选择（由于其他方面的原因），最终他得到的是 y，说这样违背了他的自由显然是荒谬的。我们可以把这种原则称为"主体责任"（agency responsibility）原则。

集中讨论这种选择观还有许多其他理由，但它也具有某些局限性。第一，个人的实际选择也许受环境影响，在判断个人是否拥有自由的问题上也应考虑这一因素。社会影响也许会导致个人不按他本来实际希望的那样去选择。比如说，一个存在严重的性别歧视的社会可能会要求妇女应当如何着装，而妇女也许缺乏勇气把头露在外面，即使她并不愿意把头发包得严严实实。请注意，事实上该人拥有采取必要行动（即不戴头巾出去）的自由，但在这种情况下，它并不足以保证该权利的实现。要想使自由理论成为政治哲学、福利经济学和实践理性的有用向导，就必须假设不存在这种"选择禁忌"现象。[13]

我们来看另一种权利，社会保障权利可以被视为大打折扣的权利，这不是因为任何申请都会被拒绝，而是一些潜在的应受保障的人没有申请，虽然他们希望获得其合法的权益。没有申请往往是因为担心被社会瞧不起、害怕不受欢迎的官员调查，或者仅仅只是弄不清楚、误解或心灰意冷。虽然个人只要申请就能获得社会保障，但在这一事例中这本身并不是一个充分的判断基础。[14]对于这些选择禁忌在其中起了很大作用的事例，一个办法是将结果与该人所希望或欲求的结果联系起来，而不是仅仅只关注他选择或没有选择什么。[15]经济学家和政治学家似乎应当具备比他们目前更多的社会心理学知识。

第二，我们在讨论私人事务上的自由时，也不可完全忽视"侵犯性行动"这一问题。比如，你并不希望别人朝着你吞云吐雾，这不只是你的选择行动问题，它还涉及别人（尤其是那位烟鬼）的行动。欲望观将你的自由与你所希望的事物（即不再遇到袅袅烟圈）联系起来，在这里它显然具有一定的优势。

我现在讨论这种关系的另一个方面，即社会偏好 P 的解释。一些分析家坚决反对将自由与社会判断（而不是实际行动）联系起来，其理由是自由不是一个判断何者"对社会更好"（关于这个问题可参见 Nozick，1974；Sugden，1981）的标准，而是赋予个人在这一领域中应如何选择的权利。但困难在于，如果结果是个人的选择自由被以某种方式侵犯了，那会怎么样。我们是否认为这是一件很糟糕的事情（或者它还可能会是其他什么行为，如侵犯者的错误行动）？如果我们拥有伦理上的理由来帮助这位私人领域的选择自由受到侵犯的受害者，我们能否完全排斥"社会判断"呢？

我曾经指出，完全排斥"社会判断"是不充分的，并将会导致政治上对自由的严重忽视。我们乐于为他人的自由辩护，这涉及我们关于他人自由受到侵犯是一件错误事情的判断，而忽略该问题的这个方面只会导致非常荒谬的决策。（我在 Sen，1976，1982a，b 中用事例说明了这些问题。）除非我们引入社会判断问题，否则很难理解伏尔泰的话："尽管我不同意你的观点，但我誓死捍卫你发表自己观点的权利。"

在估价自由并防范它被侵犯的过程中都蕴涵了社会判断。并且，正如本节前面所述，在自由的估价方面，个人欲望也占有一席之地。虽然我们必须认可选择观 CC 的重要性（关于这一观点，下面还将讨论更多的事例），但若排斥 CD、JD 和 JC 的相关性则是完全错误的。在自由的表述上，一般社会选择理论的一个优点是社会选择理论的表达上的弹性使之可以容纳不同的解释，我们可以根据讨论问题的不同性质采取其中一种。[16]这些不同的解释——虽然彼此相关——阐明了自由的不同方面，并且它们根据 P 和 P_i 的具体含义都各自对应于同一个形式结论。

3. 缔约是不可能性结论的解吗？

正如前面的讨论，帕累托自由的不可能性引发了大量的解释、扩展或解决这一问题的文献。一种许多人都可以想到的解决方案是相关人缔约从而取得帕累托改进的解，这样可以改善所有人的位置。[17]在著名的《查泰莱夫人的情人》（它被这方面的文献屡屡引用）一例中，假若淫荡者承诺不去读该书的话，正经者将承诺读该书，从而使他们两人都取得帕累托最优的位置。

注意，在各种帕累托次优的情况下，帕累托改进契约只是一种可能性。如果我们仅仅只关注这一契约的可行性（这并不是本文的主题，但也应加以考虑），那么就存在这样一个问题，即是否存在这种可能，一份帕累托改进的契约在这种情况下是可行的，而在另一个帕累托次优的结果中却不是可行的（比如，污染者相互缔约不再制造污染，从而带来帕累托改进）。就这一问题而言，我们还必须考虑到这一契约的可信性[18]，以及保证执行的困难（即如何确保正经者真的读该书而不仅仅是装作在读该书，同时又确保淫荡者不可偷偷阅读该书）。我曾经讨论过（Sen，1982b，1983）为什么这个问题相当困难，更重要的是，为什么借着自由的名号来执行这类契约的做法（比如，警察强迫正经者阅读该书，或者强令淫荡者不得在其卧室里偷偷阅读该书）往往会极大地——并且令人沮丧地——危害自由本身。

如果人们自愿遵从协议，这类执行将是不必要的。如果在选择解释中采用个人偏好 P_i，那么（在不改变排序的前提下）这种可能性是不存在的，因为预设的排序意味着个人会作出其他选择。另外，如果 P_i 被应用于欲望解释，在这里也许存在一定的可能性，因为我们可以说，即使正经者和淫荡者都不希望按照协议行事，他们实际上也不必然采取这种行动。但如果问题已经出现，并且也允许不照人们所希望的欲望行事，那么我们就必须追问一个前提问题：为什么我们应该假设正经者和淫荡者一开始就要缔结这样一份契约

（即使他们希望取得相应的结果）？

我们并不清楚为什么正经者和淫荡者必定要缔结这样一份特别的"涉及他人"的社会契约，其中：（1）正经者同意阅读一本他很痛恨的书，以免淫荡者去读它；（2）淫荡者反过来同意放弃读一本他很希望去读的书，从而诱使非常不情愿的正经者去读它。如果人们认为每个人只需照管自己的事情，那么就根本不必缔结这样一份古怪的契约。善意的自由主义者奉行阅读自己喜欢的书并让他人阅读他们所喜欢的书，这应该可以胜过缔结这种相当惹眼的契约的做法。

出于某些无法说明的原因，一些作者似乎相信，这里的问题在于权利是不是"可让渡的"（alienable）（即人们是否有权就特殊的权利进行交易）以及相关人是否可以缔结这种契约（如参见 Barry，1986；Hardin，1988）。很难相信，所谓的"可让渡性"是这个问题的焦点。[19] 我找不出任何理由，为什么这些权利一般不可以通过双方的一致同意来实现缔约与交易。巴里（Barry）给出了一些"不容许"某些特定类型的契约的理由，但在任何一个尊重自由的社会里，这种限制都是微不足道的。穆勒（1859）确实认为，法律上容许的"双方一致同意"的一般规则存在"一些例外"，但这些例外只涉及奴隶契约之类的极端事例。

几乎没有人会怀疑，一般人们都需要另一个人（或者"社会的"）认可才有可能缔结这样一份契约。但他们确实需要一个理由。将这一事实——这一契约是唯一可以获得并维持帕累托最优结果的方式——作为理由（某些人就是这样做的）只可能带来问题，因为我们讨论不可能性结论的目的本来就是质疑和估价帕累托最优性的社会价值。[20]

真正的问题在于（1）缔结这样一份契约和（2）维持该契约是否有充分的理由。当然，并非毫无意义的快乐或欲望最大化（将只关心自己事务的原则搁置不论）也能提供某些寻求和接受这一契约的理由。但如果行为普遍只根据欲望行事的话，那它同时又会赋予正经者和淫荡者以缔约后再背约的理由（因为他们的欲望排序要求这样做），并且在缔约时，正经者和淫荡者两人都会考虑到这一事实。更重要的是，即使选择基于欲望，我们也必须作出区别：（1）希望他人以一种特殊方式行事的欲望，如淫荡者希望正经者读这本书；（2）希望他人行事从而使契约得以执行，比如，淫荡者希望正经者签订一份契约，迫使他读这本书。事实上，虽然淫荡者抱有希望正经者读这本书的一般欲望，但他并不必然同时也抱有订立契约从而使正经者阅读该书的欲望。这里所隐含的假设是仅仅根据一个人希望他人如何去做的欲望就能实现契约解，然而，这一假设很成问题。仅仅根据与个人行动相关的欲望来引进契约求解的方法带来了许多无法逃避的问题。

如果人们可以自由地缔结或不缔结这样一份契约，帕累托自由的困境仍然成立。在个人行为的困境中，帕累托自由的冲突再一次出现。

4. "直觉观念" 与最低限度的自由

这种最低限度的自由的表述是如何与我们称之为共同的自由的"直觉观念"相关联的呢？吉尔特纳、帕特奈克与铃村所阐述的"直觉观念"如下：

在我们可以选择自己衣服的权利的直觉观念中，个人有权决定这一社

会备选方案的特殊方面或特征（即他自己着装的颜色）；并且当他在这一特定方面上作出选择时，他的选择就对最终的社会结果施加了某种限制，就此而言，在最终的社会结果中，这一特殊的方面必须恰恰是他所选择的那样（Gaertner et al.，1992，p. 167）。[21]

这一直觉观念是如何与 ML 公式相关的？首先，需要注意的是，这一观念仅涉及选择观（与上一节讨论的 CC 相对应）。其次，它所讨论的情况中并没有出现"侵犯性行动"，因此，它假设在私人领域和个人行动之间存在着一致性。在讨论社会选择的 ML 公式与这一"直觉观念"的对应性时，我们不应忽视社会选择框架的一般性和多义性，它容许对不同类型的问题采取不同的解释（参见第 2 节的探讨）。但我们仍然可以富有成效地追问：在直觉观念这一有限的语境（不存在侵犯性行动、选择禁忌等）中，这一直觉观念究竟是如何与以选择观表述的 ML 公式相关联的？[22]

事实上，早在讨论为什么"方面选择蕴涵着结果选择，但反过来并不成立"时，这个问题就已经有了答案（在第 1 节）。正如吉尔特纳等（1992）所言，根据"这一直觉观念……个人有权决定这一社会备选方案的特殊方面或特征（即他自己着装的颜色）"。而这确实使该人有权决定至少一组社会结果（事实上，其权利并不止于此，但这不是我们目前所关心的问题）。如果我有权唱歌（无论别人是否唱歌），我必然有权在别人唱歌时加入进去（如果他们确实在唱歌的话）。因此，在直觉观念这一有限的语境中，任何支持这一观念的人必须同时支持 ML。

但反过来并不成立。我加入别人唱歌的权利也许并不能保证无论别人是否唱歌，我都拥有决定某个"方面"（即我唱歌这一特征）

的自由。只有那种非常无知的人才会认为，在听讲座、聆听布道或与守旧的亲友进餐时也可以引吭高歌。虽然所谓的直觉观念包含 ML，但 ML 并不包含这一直觉观念。（我希望我那些守旧的用餐朋友们会有解脱之感。）由于我们只要寻求一种必要条件而不是允分条件（参见第 1 节），因此采用 ML 应当已经足够了。

但吉尔特纳等人并不这么认为。为什么不呢？在上面所引用的那段话后面，他们又接着说：

对比之下，公式 S（2.1）[与 ML 相对应]并未提及个人决定社会备选方案的某个具体特征的能力。相反，社会选择的约束应当与若干组社会状态上的个人偏好或社会所有方面的完备描述联系起来（Gaertner et al., 1992, p.167）。

这当然是正确的。这两种观念彼此有别，而所谓直觉观念中所包含的固定一个方面（无视其他方面的选择）显然要比 ML 所要求的内容更为强烈。而正如我曾指出的，这恰恰就是我采用 ML 的理由。

那么，问题出在哪里？其实就在于吉尔特纳等人认为，直觉观念不仅与 ML 所隐含的自由观念不同，而且与它直接对立。他们那篇《对森的公式的批评：一个反例》指出了三个问题，第一个问题就是这种主张。另外两个问题（"问题 B"和"问题 C"）则涉及 ML 的扩展而不是 ML 本身。

他们用了一个事例说明他们的观点。墨守成规者 1 希望他的着装颜色与标新立异者 2 的着装相配，如果 2 穿白色衣服则着白色装（w），如果 2 穿蓝色衣服则着蓝色装（b）。根据对 ML 的解释，他

们认为，参与人 1 的私人领域是 $\{(w, w), (b, w)\}$。而自由的直
觉观念则是一种参与人可以选择他本人的衣服（"方面"观）的情
形。就此而言，尚看不出什么问题。只要参与人 1 愿意，他可以使
(b, w) 状态不被选择，而选择白色衣服，因此，只要参与人 2 选
择白色（w），其结果将是（w, w）。如果另一方选择蓝色，（b,
w）也就会被排除，因为他自己选择了（w）而参与人 2 选择了
（b）。因此，在他可以自由选择（w, w）的情况下，完全可以排除
（b, w）的选择，而不论参与人 2 选择什么。根据这种直觉观念，
ML 仍然是恰当和完善的。

我们继续追问：问题究竟出在哪里？吉尔特纳等人所考虑的问
题是，如果参与人 1 是一位按最大最小规则行事的选择者的话，他
将如何行事（p. 165）。我们可以假设，与参与人 1 的墨守成规相
应，他认为最差的结果是（w, b），而不是（b, w）。要避免这种
最差的结果，参与人 1 将会选择蓝色着装。如果参与人 2 实际上穿
白色衣服，其结果将是（b, w），而这正是参与人 1 在 $\{(w, w),$
$(b, w)\}$ 上的选择所极力避免的结果。这说明了什么呢？我认为，
这并不是说参与人 1 不拥有选择（w, w）而排除（b, w）的自由，
而是说他决定不行使这一权利。如果选择（w），参与人 1 可以确
保排除（b, w），而选择（w, w），但他不这么选择是因为要确保
避免另一种更糟的结果，即另外一个人的领域中的（w, b）。

参与人 1 并未行使某种权利的情形——在给定他的偏好排序
后，这一权利对他而言并不是特别有价值——一点儿也没影响一个
事实，即他具有剔除（b, w）而倾向于（w, w）的权利和能力。
正如第 1 节所讨论的，这一权利的行使必须与它的价值区别开来。

我认为，对于自由的"直觉观念"（"方面"观）蕴涵着 ML 所

隐含的自由的选择观这一简单的命题，吉尔特纳等人所提出的事例无论如何也算不上一个反例。不过，这一事例可以说明一些问题——问题在于，它说明了什么问题。它指出了 ML 的选择观与 ML 的欲望观之间的紧张关系。如果参与人 1 遵从最大最小理性（或者其他类型的决策规则），并选择了蓝色着装，那么他在 $\{(w, w), (b, w)\}$ 上的基于选择的自由是并不矛盾的，因为他并未决定行使他的权利来剔除 (b, w) 而选择 (w, w)。但就他的欲望而言，我们无法否认这一事实，即他虽然选择了 b，但仍然认为，(w, w) 优于 (b, w)。这样，如果我们对个人偏好 P_i 持一种欲望观（CD）的话，这一行为显然侵犯了这种意义上的自由，而在选择意义上的个人偏好观（CC）看来，这并不存在明显的侵犯。

这种矛盾是不是有趣且出人意料？确实有趣，但出人意料则未必。我接下来将讨论其中的缘故。"直觉观念"完全只关心个人的选择，而 ML 的欲望解释则完全处在一个不同的层面——个人的欲望及其实现。两者之间的分野是很明显的。如果选择完全基于欲望（尤其是在不存在"选择禁忌"的情况下），并且如果不存在不确定性，或者虽然存在不确定性，但欲望排序使得每人都拥有一个占优策略，那么两者的联系也会非常紧密。传统政治哲学所关心的对自由的侵犯问题（如 Mill，1859）尚未涉及不确定性情况下的决策问题，也未讨论个人的选择与欲望之间的差距。吉尔特纳等人将不确定性引入这一问题，从而丰富了传统的自由观。[23]

一旦问题被视为社会选择框架中 ML 的两种解释之间的冲突，接下来的问题就是，我们在社会选择分析中应当采取哪一种观念。选择观具有很明显的优点。此外，它还直接与所谓的"直觉观念"相对应。但另一方也有一定的理由。首先，"侵犯性行动"的存在以及个人行动与私人领域的背离也限制了选择观的用途，从而也说明了欲望观的某些可取之处。其次，选择观对于"选择禁忌"之类的现象也无能为力，这时我们就有理由超越选择观（采用 CD 或者更为激进的立场）。

事实上，在选择观与欲望观相冲突的地方，要确定哪一种角度更为恰当，我们还必须审慎考虑相关事例的实质，而不应仅仅留在同一选择框架中各种事例的挑选上。比如说，吉尔特纳等人讨论的特殊事例表明，此处采用选择观具有明显的优势。"主体责任"这一概念也在探讨这一方面。如果参与人 1 可以如其所愿地任意着装，并能够根据最大最小策略来保证 (b, w) 不被选择，那为什么我们要担心他的自由呢？

但现在我们来看同一选择框架中的一个完全不同的事例，它与性别歧视社会中妇女的选择禁忌的事例（第 2 节）相似，但其中并不存在任何选择禁忌。如果某个保守的家族成员不在市场中（w）而不是在市场中（b），那么她很愿意披着"可见的"头发去市场（w）而不是把头裹得严严实实地去市场（b）。这样，她将（w，w）排在（b，w）之上。但如果担心此人在那里，她不希望撞见他并给自己带来麻烦，因此还是把自己的头裹好。这样，她把（b，b）排在（w，b）之上。这一事例中的备选方案的排序与前面这一事例的排序一模一样，仅仅只是对于 b 和 w 这两个符号的解释不同。

现在我们来看只要她愿意可以不必戴头巾去市场的权利（即那位专横的人不在那里），即她选择（w，w）而不是（b，w）的权利。根据"直觉观念"的解释，她可以戴头巾也可以不戴，但若情况有变则不能这样做。（社会选择的表述与吉尔特纳等人的直觉观念的区别就在于这一条件性。）如果情况有变，她最担心的糟糕情况是（w, b），这意味着她没戴头巾去市场，并碰见她最担心的人。根据最大最小策略，她不敢披着头发去市场。如果她戴上头巾赶到市场，发现那位过于专横的人并不在那里，她的结果就是（b, w），而这显然次于（w, w）。我们要惋惜她失去的自由（我认为我们必须这么认为），这不是因为我们否认了她有选择戴头巾的自由，也不是因为在不确定性情况下她的选择缺乏理性。我们之所以惋惜，只是因为我们认为她缺乏自由时，我们采取了欲望观（与选择观相对立）。

如果这一事例可以扩展到选择禁忌，我们可以看出，选择观存在相当的局限性。比如说，她也许实际上希望无论那位守旧的人在与不在市场，她都能够不戴头巾出去，但她缺乏根据那一欲望来作出选择的勇气。要理解她的权利，我们就必须超越选择观所说明的内容。在深刻的不平等下的自由问题（如传统社会中的性别不平等中的自由）都需要作出这类扩展，在这方面社会选择框架中的多义性是一笔丰厚的财富。

最后需要说明的是，吉尔特纳等人所谓的自由的"直觉观念"是一种基于选择的解释，它在许多方面都具有局限性，尤其是它忽略了侵犯性行动和选择禁忌。但它确实蕴涵根据选择观来解释的社会选择的 ML 公式，但它并不为 ML 公式所蕴涵（这对 ML 来说是可喜的）。ML 的欲望观处在一个完全不同的坐标平面，它无法为基于选择的直觉观念所包含。当两种观念发生冲突时，究竟是选择观还是欲望观更忠实于我们传统的自由关怀，这纯粹是一个有待确定的实质性问题。

5. 吉巴德的扩展以及对此的批评

艾伦·吉巴德（1974）在一本影响相当广泛的论文中，澄清了自由概念的几个基本特征，他还建议在森（1970a，b）提出来的最低限度的自由（ML）的基础上再增加条件。他增加的条件要求，对一个任意给定的人，只要两种社会状态仅仅在一个方面存在区别，则该人应当在那组状态的社会选择上具有决定性。吉巴德证明，这个更为严格的自由条件，虽然听上去是合理的，但与其本身是不一致的。这一"吉巴德悖论"已经引出了大量而重要的文献。[24]

吉巴德的扩展是如何使 ML 公式中最低限度的自由概念发生实质的改变的？吉尔特纳等人认为，"很难看出，为什么人们已经愿意接受式（2.1）[ML 条件]之后，还会反对式（2.6）[吉巴德的条件]"（p. 164）。在当前的语境中，这是一个极其重要的问题，因为吉尔特纳等人在"批评森的公式"时所提出来的三个问题中的两个（"问题 B"和"问题 C"）都应用了吉巴德的扩展而不是原本的 ML 公式本身。（关于这一问题可参见 Gaertner et al.，1992，p. 165。）

在接受 ML 之后，是否也自然意味着同意吉巴德的扩展呢？我认为，答案是否定的。一种理解两者之间差距的方式就是要注意，在选择框架中，ML 要比"直觉观念"更弱（正如上一节的讨论），而吉巴德的条件在几个方面要严格得多。

要把握这一差别，我们可以将吉尔特纳等人讨论的旧事例略作改变以说明吉巴德悖论。在穿什么衣服的问题上，墨守成规者 1 与标新立异者 2 陷入了强烈的冲突状态。墨守成规者 1 将 (w, w) 排在 (b, w) 之上，并将 (b, b) 排在 (w, b) 之上。而标新立异者 2 则认为，(b, w) 优于 (b, b)，而 (w, b) 优于 (w, w)。在给定吉巴德所概括的自由条件下，1 和 2 两人都应当对两个规定的偏好中的任意一个具备社会决定性（因为在每一种情况下两个社会状态仅仅在该人的那个方面存在区别）。这导致一种循环，四个可能的备选方案中的每一个都因为另一个的存在而被拒绝。这就是"吉巴德悖论"。

在 ML 公式中，至少可以保证每个人在一对社会状态上具备决定性，这样无法确保任何一个人的衣服能够与另一个人的衣服相配或区别于另一个人。不难看出，这种情况并不能导致吉巴德式的循环。[25] 在社会选择的公式中，如果要求 ML 扩展到覆盖另一组状态，这一扩展也并不是非得要采用吉巴德的条件（正如吉巴德本人的分析所表明的）。与另一个人的衣服"相配的权利"或"差异化的权利"确实是一种非常古怪的权利。根据穆勒（1859）对出自"自我相关"行为的豁免权的论证，这类权利显然无法得到证明，因为与他人"相配"或"差异化"是显著"与他人相关的"行为。

自由的"直觉观念"包含 ML，而吉巴德的条件并不包含。比如说，参与人 1 在 (w, w) 和 (b, w) 上具备决定性，他可以着白装，但他无法在另一个人着蓝装时作出相配的选择，即选择 (b, b) 而拒绝 (w, b)。而吉巴德的表述则将后一决定性的权力也赋予参与人 1。吉巴德的条件比直觉观念还要求更多的内容，而 ML 公式要求更少的内容。可见，ML 与吉巴德公式的差异很大且十分重要。

由于吉尔特纳等人的《对森的公式的批评：一个反例》一文所指出的三个"问题"中的两个并没有使用 ML 而是使用了吉巴德的扩展，因此，我无法认为这些对 ML 的批评是中肯的。事实上，我非常同意吉尔特纳等人的观点，即要求自由也应具备这些含义是最不合理的做法，但正如这几位作者所注意到的，这些含义并不是 ML 本身所固有的部分。吉尔特纳等人之所以要如此批评是因为他们相信，一旦接受了 ML，那么也就接受了吉巴德的扩展。这些部分（"问题 B"和"问题 C"）的不公平存在于这一看法的错误本质之中。当然，这并不影响他们批评的第一部分（"问题 A"），对于那一问题，我已经在上一节讨论过了。

6. 博弈形式、 侵犯性行动与自由

我们可以看到这样的观点，自由与个人取得其选择的或倾向的结果的能力无关，而只与正当程序相关。确实，"自由至上主义"的立场有时就采用这种结果无关的自由表述。[26] 最近有人试图用博弈形式来表述这种以过程为倾向的自由观。[27] 在这一表述中，每个人 i 拥有一个可行的行动或策略集合 A_i，其中每个人都可以选择他所喜欢的策略。[28] 结果函数决定 n 元选择行动或策略的最终结果。自由的条件就体现在对可行的选择行动或策略的限制上，而不是体现在可行结果上。这个结构是否足够普适从而可以充分地定义自由呢？

其中一个复杂性的根源就在于——也仅仅在于——相互依赖性（interdependence）问题：个人做某件事情的权利可以被视作取决于其他发生或没有发生的事情。我们回到先前的那个事例，如果我加入别人唱歌的权利不同于无论发生什么（比如，无论别人是否唱歌、祈祷、用餐或演讲）我都可以唱歌的权利，那么对我而言，可行策略就必须根据他人的策略选择来定义。社会选择公式可以很容易地表达这种相互依赖性，因为权利以对结果或策略组合的明显偏

好为特征。个人权利的博弈形式表述为获得相似的敏感性，就必须考虑到他人行动的信息，而不应当采取吉尔特纳等人所谓的"直觉观念"（见第 4 节的讨论）。

在概括自由的时候，如果考虑到"侵犯性行动"，那么相互依赖性问题就尤其重要。我们来看我所拥有的不让他人对我吞云吐雾的权利。当然，这只是一个对结果的权利，不难看出，如果一种程序观试图避免这种结果，那么它也不能完全与结果无关。实际上学者们建议的博弈形式观迂回地处理这个问题。程序性的条件不是拒绝这种朝我吞云吐雾的状况，而是采取一种对策略选择的限制形式，比如，禁止他人在场时吸烟，或者如果他人反对则禁止吸烟。这样，如果他人处在烟雾的"辐射区"（例如如果他人采取了一种特殊的行动方式），个人的吸烟权利就被禁止。这样，行动组合或策略组合的可行集合通常意义上并不是"不可分解的"，因为可行性将不得不视人们之间的行动和策略的互动而定。[29]

毫无疑问，博弈形式在概括自由时完全可以考虑相互依赖性，从而使人们可以免于侵犯性行动。重要问题是：它是如何做到这一点的，并且如果它做到这一点，与社会选择的表述还存在什么样的实质区别。

每个人的可行策略集合将根据别人的行动来定义。确定可行的策略集合时，如果目标是赋予人们避免一些结果（如被动吸烟）的权利和自由，那么显然要考虑到结果（即使结果仅仅被规定为已经发生的策略集合）。"博弈形式"的表述也许无不有益，但即使如此，自由与影响结果——即使把它仅仅视为策略集合——之间的联系仍然有待证明。这意味着，博弈形式观与社会选择观之间的对立并不像他们所说的那样特别深刻。[30]

策略选择上的实际限制有时是一种"计总的"形式，而不是明确参照他人的行动。比如说，公共场合往往禁止吸烟，无论他人是否在场，或者无论在场的他人是否反对。普遍禁止也许是实践中最有效地避免被动吸烟的方法，哪怕并没有明确提到避免被动吸烟的动机。[31]公共管制往往建立在考虑到直接和间接效应的结果分析之上。[32]

策略集合的结果就是社会状态（即使这一社会状态被描述成仅仅只是发生过的行动的特殊组合）。社会选择理论直接关注社会状态。而博弈形式的表述则关注每个参与人的"可行策略"。反过来，可行性可以——直接或间接地——表述为不同参与人的策略所导致的特征与结果（如，吸烟是不可行的，如果它导致某位在场的不情愿的受害者"被动吸烟"），就此而言，博弈形式与社会选择之间的分歧与其说是实质的，毋宁说是表达上的。

7. 结束语

这里并不总结全文，而是说几句关于讨论这个问题的一般性意见。第一，社会选择理论对自由的表述遵从的是极简主义的动机。关键之处在于引入自由要求的弱形式——这足以证明有必要超越传统福利经济学的效用基础（包括帕累托原则），同时又能够说明不同原则之间的相互冲突的力量（由所谓的"自由悖论"所体现出来的不可能性结论）。如果要更充分地把握自由，则有必要超越"最低限度的自由"。这是一个共同的基础，但是在其他方面人们还存在分歧，如"最低限度的自由"这一表述是否处在正确的路径上，我们是否应当采取一种完全不同的观点，比如提出结果无关的要求，使用"博弈形式"的表述。

第二，自由的要求是多样的，而自由的实现或受侵犯的问题在各种完全不同的语境中都可能出现。其中一些问题涉及自由要求的基础（比如，这些要求是应与个人选择相关，还是应与个人偏好相关）以及自由的应用领域（比如，他应倾向于社会选择还是社会判断）。这些不同的事情视语境而各自具有内在的相关性。根据不同的解释，社会选择对于自由的表述可以被应用于不同的语境，这种多义性是它的长处之一（第 2 节）。

第三，某些作者（比如 Sugden，Barry，Hardin）质疑了以社会选择表述的自由观，并主张引入帕累托改进契约的可能性来解决这一"自由悖论"。不难检验，情况并非如此，只要个人可以自由地缔结或不缔结这样一份契约，这一困境就仍然存在（第 3 节）。

第四，所谓自由的"直觉观念"采取了一种简单的看法，即无论别人做什么，个人都可以自由地去做某件事情。这种观念存有缺陷。其局限性在于：（1）它只是基于选择观；（2）在对选择的解释中，它也忽视了这一事实，即个人的权利往往取决于他人的行动。（比如说，如果我有权与别人一起唱歌，它并不自动意味着我有一种无论别人唱歌、演讲还是沉思我都可以唱歌的权利。）但在某些情况下，这种直觉观念是相当充分的。"最低限度的自由"这一观念所隐含的社会选择的自由观也为区别充分与不充分的情况留下了余地（第 4 节）。

第五，吉尔特纳等人（1992）对最低限度的自由这一社会选择公式的批评部分是基于这样一种说法，即当充分实现了直觉观念中的自由时，最低限度的自由将被违背。但是，在最低限度的自由的选择观中，情况并非如此。在不存在不确定性，或者虽存在不确定性但存在占优策略时，这一结论是相当明显的。但即使在不存在不确定性并且也不存在占优策略的情况下，只要我们区别了（1）拥有一种权利与（2）行使该权利的充分理由，那么也容易理解其中的蕴涵关系。（在这里，不确定性只是影响了后者。）另外，如果持欲望解释，这种蕴涵关系也不需成立（因为直觉观念完全是基于选择的）。如果自由的选择观与欲望观存在分野的话，那么实质性的问题就在于哪一种能够更好地把握自由，答案是这要取决于相关问题的背景（第 4 节）。

第六，吉尔特纳等人在其他方面的批评，事实上是在证明吉巴德对最低限度的自由的社会选择观的扩展中所提出的要求是多余的。对于这些批评观点，我是同意的，但它们完全不能被用于最低限度的自由上。吉巴德的自由观要求比"直觉观念"还多的内容，而最低限度的自由则要求更少的内容，这两种表述之间的差距，无论是在动机上还是在形式上，都是相当大的（第 5 节）。

第七，相比较社会选择的表述而言，自由的博弈形式表述更为明显专注于自由的过程特征，这无疑是它的一个优势（虽然仅仅根据可行策略的规定并不能把握自由各个层面所涉及的过程的多样性）。[33]博弈形式方法在分析权利的不同分配以及可能的均衡方面极有帮助，这对自由的社会选择分析方法来说是一个积极的补充。

第八，博弈形式方法的局限性部分是因为它仅仅只专注于自由的选择方面，因为自由的要求远远不限于此（第 2、4 和 6 节）。在某些问题上，这成为它的一个严重的弱点，如在讨论"侵犯性行动"和不同类型的"选择禁忌"时，后者对理解存在深刻不平等时自由的缺乏问题极其关键，如传统性别歧视社会中的妇女问题（第 2 和 4 节）。社会选择表述的多义性容许我们在必要的时候超越实际选择，这时多义性成为它的一大优势。

　　最后，在讨论自由和权利的相互依赖问题时，不同人的可行策略集合绝不可被视为彼此独立（如所谓的权利的直觉观念）。个人的私人领域将根据确定可行的策略集合（考虑它们的后果）来定义，而这一做法要求引入社会选择的考虑，并把它当成博弈形式的权利表述的部分（第6节）。

　　事实上，吉尔特纳等（1992）提出了这个问题："对给定环境中的某个具体的参与人，社会应怎样决定哪一种策略应当或不应当是可行的？"他们正确地指出，这是一个"重要的问题"。但是，他们接着说，"我们在此搁置不论"（p. 174）。他们的文章提出了许多非常有意思且十分重要的观点，在许多方面极富创见，我们不应抱怨他们没有探讨这个更进一步的问题。话又说回来，博弈形式表述与社会选择表述之间的关系恰恰取决于对这个更进一步的问题的回答（博弈形式方法的有限格式局限于以选择来看待自由这一特殊事例上，而社会选择方法则不是如此）。我们绝不可为"博弈形式"中的"形式"所吸引住。我们必须检验它的内容以及根据。正是在这个方面，社会选择框架的对应性是显而易见的。

参考文献

Arrow, K. J. (1951). *Social Choice and Individual Values*. New York: John Wiley.

＿＿. (1963). *Social Choice and Individual Values*, 2nd (extended) edn. New York: John Wiley.

Barnes, J. (1980). Freedom, rationality and paradox. *Canadian Journal of Philosophy*, 10, 545 – 565.

Barry, B. (1986). Lady Chatterley's Lover and Doctor Fischer's Bomb Party:

liberalism, Pareto optimality and the problem of objectional preferences. In Elster and Hylland (1986).

Basu, K. (1984). The right to give up rights. *Economica*, 51, 413 - 422.

Bernholz, P. (1974). Is a Paretian liberal really impossible? *Public Choice*, 20, 99 - 108.

_____ . (1980). A general social dilemma: profitable exchange and intransitive group preferences. *Zeitschrift für Nationalökonomie*, 40, 1 - 23.

Blau, J. (1975). Liberal values and independence. *Review of Economic Studies*, 42, 413 - 420.

Breyer, F. , and Gardner, R. (1980). Liberal paradox, game equilibrium and Gibbard optimum. *Public Choice*, 35, 469 - 481.

Campbell, D. E. (1989). Equilibrium and efficiency with property rights and local consumption externalities. *Social Choice and Welfare*, 6, 189 - 203.

_____ . (1990). A "power structure" version of Sen's "Paretian liberal" theorem. Mimeo.

Coughlin, P. C. (1986). Rights and the private Pareto Principle. *Economica*, 53, 303 - 320.

Deb, R. (1989). Rights as alternative game forms: is there a difference of consequence? Mimeo, Southern Methodist University.

Dworkin, R. (1978). *Take Rights Seriously*. London: Duckworth.

Elster, J. , and Hylland, A. (eds.) (1986). *Foundations of Social Choice Theory*. Cambridge University Press.

Farrell, J. J. (1976). Liberalism in the theory of social choice. *Review of Economic Studies*, 43, 3 - 10.

Feinberg, J. (1980). *Rights, Justice and the Bounds of Liberty: Essays in Social Philosophy*. Princeton University Press.

Gaertner, W. , and Krüger, L. (1983). Alternative liberal claims and Sen's paradox. *Theory and Decision*, 15, 211 – 230.

Gaertner, W. , Pattanaik, P. , and Suzumura, K. (1992). Individual rights revisited. Mimeo. *Economica.* 59, 161 – 177.

Gärdenfors, P. (1981). Rights games and social choice. *Nous*, 15, 341 – 356.

Gardner, R. (1980) . The strategic inconsistency of Paretian liberalism. *Public Choice*, 35, 241 – 252.

Gibbard, A. (1973). Manipulation of voting schemes: a general result. *Econometrica*, 41, 587 – 601.

＿＿ . (1974). A Pareto-consistent libertarian claim. *Journal of Economic Theory*, 7, 338 – 410.

Hahn, F. , and Hollis, M. (eds.) (1979). *Philosophy and Economic Theory*. Oxford University Press.

Hammond, P. J. (1981). Liberalism, independent rights and the Pareto principle. In J. Cohen (ed.), *Proceedings of the 6th International Congress of Logic*, *Methodology and Philosophy of Science*. Dordrecht: Reidel.

＿＿ . (1982). Utilitarianism, uncertainty and information. In Sen and Williams (1982).

Hansson, S. O. (1988) . Rights and the liberal paradoxes. *Social Choice and Welfare*, 5, 287 – 302.

Hardin, R. (1988). *Morality within the Limits of Reason*. University of Chicago Press.

Hilpinen, R. (ed.) (1971). *Deontic Logic*. Dordrecht: Reidel.

Hurley, S. (1989). *Natural Reasons*. Oxford University Press.

Kanger, S. (1957). *New Foundations for Ethical Theory*. Stockholm. Reprinted in Hilpinen (1971).

＿＿ . (1985). On realization of human rights. *Acta Philosophica Fennica*, 38, 71 – 78.

Kelly, J. S. (1976). Rights-exercising and a Pareto-consistent libertarian claim. *Journal of Economic Theory*, 13, 138 – 153.

____. (1978). *Arrow Impossibility Theorems*. New York: Academic Press.

Kelsey, D. (1985). The liberal paradox: a generalization. *Social Choice and Welfare*, 1, 245 – 550.

____. (1988). What is responsible for the "Paretian Epidemic?" *Social Choice and Welfare*, 5, 303 – 306.

Levi, I. (1982). Liberty and welfare. In Sen and Williams (1982).

____. (1986). *Hard Choices*. Cambridge University Press.

Lindahl, L. (1974). *Position and Change*. Dordrecht: Reidel.

Mill, J. S. (1859). *On Liberty*. London. Republished in J. S. Mill, *Utilitarianism*, ed. Mary Warnock. London: Collins/Fontana, 1962.

Nozick, R. (1973). Distributive justice. *Philosophy and Public Affairs*, 3, 45 – 126.

____. (1974). *Anarchy State and Utopia*. Oxford: Basil Blackwell.

Parfit, D. (1984). *Reasons and Persons*. Oxford: Clarendon Press.

Pattanaik, P. K. (1989). A conceptual assessment of Sen's formulation of rights. Mimeo, Birmingham University.

____. (1991). Welfarism, individual rights and game forms. Mimeo, University of California at Riverside.

____. and Xu, Y. (1990). On ranking opportunity sets in terms of freedom of choice. *Recherches Economiques de Louvain*, 56, 383 – 390.

Rawls, J. (1971). *A Theory of Justice*. Cambridge, Mass. : Harvard University Press.

____. (1982). Social unity and primary goods. In Sen and Williams (1982).

Riley, J. (1987). *Liberal Utilitarianism: Social Choice Theory and*

J. S. Mill's Philosophy. Cambridge University Press.

_____ . (1989). Rights to liberty in purely private matters, part Ⅰ. *Economics and Philosophy*, 5, 121 – 166.

_____ . (1990). Rights to liberty in purely private matters: part Ⅱ. *Economics and Philosophy*, 6, 27 – 64.

Scanlon, T. (1975). Preference and urgency. *Journal of Philosophy*, 72, 665 – 669.

_____ . (1988). The significance of choice. In S. McMurrin (ed.), *Tanner Lectures on Human Values*, vol. Ⅷ. Salt Lake City: University of Utah Press and Cambridge University Press.

Scheffler, S. (ed.) (1988). *Consequentialism and its Critics*. Oxford University Press.

Schotter, A. (1985). *Free Market Economics: A Critical Appraisal*. New York: St. Martin's Press.

Schwartz, T. (1981). The universal instability theorem. *Public Choice*, 37, 487 – 501.

_____ . (1986). *The Logic of Collective Choice*. New York: Columbia University Press.

Seabright, P. (1989). Social choice and social theories. *Philosophy and Public Affairs*, 18, 365 – 387.

Sen, A. K. (1970a). *Collective Choice and Social Welfare*. San Francisco: Holden-Day. Republished Amsterdam: North-Holland, 1979.

_____ . (1970b). The impossibility of a Paretian liberal. *Journal of Political Economy*, 72, 152 – 157, reprinted in Hahn and Hollis (1979), and Sen (1982c).

_____ . (1976). Liberty, unanimity and rights. *Economica*, 43, 217 – 245, reprinted in Sen (1982c).

_____ . (1977). Social choice theory: a re-examination. *Econometrica*, 45,

53 – 89，reprinted in Sen（1982c）.

_____ .（1982a）. Rights and agency. *Philosophy and Public Affairs*，11，3 – 39.

_____ .（1982b）. Liberty as Control：an appraisal. *Midwest Studies in Philosophy*，7，207 – 221.

_____ .（1982c）. *Choice，Welfare and Measurement*. Oxford：Basil Blackwell and Cambridge，Mass. ：MIT Press.

_____ .（1983）. Liberty and social choice. *Journal of Philosophy*，80，5 – 28.

_____ .（1985a）. Well-being，agency and freedom：the Dewey Lectures 1984，*Journal of Philosophy*，82，l69 – 224.

_____ .（1985b）. *Commodities and Capabilities*. Amsterdam：North-Holland.

_____ .（1986）. Social choice theory. In K. J. Arrow and M. Intriligator（eds. ），*Handbook of Mathematical Economics*. Amsterdam：North-Holland.

_____ .（1990）. Gender and cooperative conflicts. In I. Tinker（ed. ），*Persistent Inequalities*. New York：Oxford University Press.

_____ .（1991）. Welfare，preference and freedom. *Journal of Econometrics*，50，15 – 30.

_____ . and Williams，B.（eds. ）（1982）. *Utilitarianism and Beyond*. Cambridge University Press.

Subramanian，S.（1987）. The liberal paradox with fuzzy preferences. *Social Choice and Welfare*，4，213 – 218.

Sugden，R.（1981）. *The Political Economy of Public Choice*. Oxford：Martin Robertson.

_____ .（1985）. Liberty，preference and choice. *Economics and Philosophy*，1，213 – 229.

Suppes，P. （1987）. Maximizing freedom of decision. In G. R. Feiwel
(ed.)，*Arrow and the Foundations of Economic Policy*. New York University
Press.

Suzumura，K. （1980）. Liberal paradox and the voluntary exchange of
rights-exercising. *Journal of Economic Theory*，22，407 - 422.

＿＿＿. （1983）. *Rational Choice，Collective Decisions and Social Wel-
fare*. Cambridge University Press.

＿＿＿. （1991）. Alternative approaches to libertarian right. In K. J. Arrow
(ed.)，*Markets and Welfare*. London. Macmillan.

Waldron，J. （ed.）（1984）. *Theories of Rights*. Oxford University Press.

Wriglesworth，J. （1985）. *Libertarian Conflicts in Social Choice*. Cam-
bridge University Press.

Xu，Y. （1990）. The liberal paradox：some further observations. *Social
Choice and Welfare*，7，343 - 351.

注释

［1］关于 20 世纪 80 年代早期以前的批评性文献综述，可参见 Suzumura
（1983），Wriglesworth（1985）。还可参见 Riley（1987，1989a，b），Seabright
（1989）。

［2］尤其可参见 Nozick（1973，1974），Bernholz（1974，1980），
Gärdenfors（1981），Sugden（1981，1985），Gaertner et al.（1992）。相关问题
还可参见 Levi（1982），Deb（1989），Pattanaik（1989，1991），Suzumura
（1991）。

［3］关于博弈论中帕累托原则与自由条件的冲突的分析性特征，参见 Pat-
tanaik（1991）。还可参见 Campbell（1990），其中有对"权力结构"表述中的
冲突的分析；Suzumura（1980）和 Basu（1984）在相关问题上作了探讨。

［4］我在我的肯尼思·阿罗讲座（"自由与社会选择"）中试图对这个一般

性目标进行讨论，该讲座是我于 1991 年 5 月在斯坦福大学所作的演讲（本书的第 20～22 章）。

[5] 关于这一定理及其相关问题与结论，可参见 Sen（1970a，b，1976，1983），Nozick（1973，1974），Bernholz（1974，1980），Gibbard（1974），Blau（1975），Farrell（1976），Kelly（1976，1978），Hahn and Hollis（1979），Barnes（1980），Gärdenfors（1981），Hammond（1981，1982），Schwartz（1981，1986），Sugden（1981，1985），Gaertner and Kruger（1983），Suzumura（1983），Waldron（1984），Kelsey（1985），Schotter（1985），Wrigglesworth（1985），Coughlin（1986），Riley（1987，1989，1990），Subramanian（1987），Hansson（1988），Scheffler（1988），Deb（1989），Campbell（1989），Seabright（1989），Xu（1990），Gaertner et al.（1992）。

[6] 在估价个人的自由的不同实践中，当然必须考虑该机会的价值。关于这个问题，可参见 Sen（1985b，1991），Suppes（1987），Pattanaik and Xu（1990）。

[7] 关于不同类型的权利之间的区别，参见 Kanger（1957）。还可参见 Lindahl（1974），其中有对"从边沁到坎加尔"的不同权利分类体系的比较。

[8] 穆勒还进一步指出，对个人自由的侵犯不仅源自直接禁止个人追求他所希望的生活方式，而且也源自对该追求的机会的否定。在后面这种情况上，穆勒批评了英国的做法，在英属印度中，"所有不传授《圣经》的学校都没有获得公共资金的支持，这样做的必然后果是，除了那些真诚或虚伪的基督徒之外，谁也无法获得公共职位"（Mill，1859，p.157）。"在这种愚民政策下，谁还会抱着宗教迫害一去不返这样的幻想呢？"（p.158。）

[9] 帕累托原则要求，对任何组（x，y），只要对所有 i，存在 xP_iy，则 xPy 成立。

[10] 更细致的区分可参见 Sen（1970a，1983）。

[11] 关于其他解释，可参见 Sen（1982c，1983）。

[12] 关于解释性问题，可参见 Sen（1977，1983）。

［13］我曾在其他文章（Sen，1990）中指出，如果不深入选择禁忌和其他类型的社会禁忌中，就无法理解为什么性别不平等和妇女地位低下的问题往往由妇女本人来强化。这个问题往往与其他类型的深刻不平等现象同时发生。

［14］斯蒂格·坎加尔（1985）讨论了与这些问题相关的"权利实现"问题。

［15］还有其他的处理方法，比如说，可以评价他人的行动或态度的变化，使得该人能够更自由地选择他所希望的事物（或希望在选择该事物时不再感到拘束）。事实上，实际的愿望也可能受到逆境的很大影响，在这种情况下，我们必须超越对实际愿望和选择的解释，而应采取一种更为激进的观点，将 P_i 解释成如果我们拥有更充分的知识，我们"将会有什么样的偏好"［我在 Sen（1985a）中涉及过这一问题，在阿罗讲座"自由与社会选择"中则进行了进一步探讨］。社会选择框架中的多义性允许我们进行这类扩展。

［16］关于这个问题还可参见 Arrow（1951），Sen（1986）。

［17］关于这个问题可参见 Gärdenfors（1981），Barry（1986），Sugden（1985），Hardin（1988）。还可参见 Seabright（1989），其中有对这一观点的分析。

［18］事实上，这类契约的激励相容问题是完全不清楚的，关于这个问题可参见 Suzumura（1980），Basu（1984）。还可参见 Barnes（1980），Bernholz（1980），Breyer and Gardner（1980），Gardner（1980），Schwartz（1981，1986），Suzumura（1983）。

［19］Barry（1986）和 Hardin（1988）两人似乎都相信，只要禁止权利交易，就无法缔结权利交易的契约（如此不得不行使初始权利）。后者甚至认为我混淆了"权利"与"义务行动"（p. 109）。把这种观点归于我的做法事实上只是出于想象。我从未认为这些初始权利"必须"被行使，因此不得被交易。当然，真正的问题在于相关当事人是否有充分的理由进行交易并接受这样一份契约，以及他们是否能够维持它。

［20］关于这一问题可参见 Sen（1970a，pp. 83 - 85，196 - 200）。还可参见

Hammond（1981，1982），Suzumura（1983），Coughlin（1986）。相关问题可参见 Rawls（1971，1982），Nozick（1974），Dworkin（1978），Scanlon（1975，1988），Parfit（1984），Riley（1987），Hurley（1989）。

［21］Gaertner et al.（1991），他们在讨论"历史背景"的时候注意到，这一直觉观念与诺齐克（1974）和本霍兹（1974）所表达的观点极为接近。

［22］关于这一问题，还可参见 Seabright（1989），Pattanaik（1991），Suzumura（1991）。

［23］占优策略的假设是一个特例，但应当注意的是，它对于"帕累托自由的不可能性"来说已足够充分。令参与人 1 的偏好降次排序为：(w, w)，(b, w)，(w, b)，(b, b)；而参与人 2 的偏好降次排序为 (b, b)，(b, w)，(w, b)，(w, w)。对参与人 1 来说，其占优策略为 w，而参与人 2 的占优策略为 b。每个人行使其权利的结果是 (w, b)，它帕累托次于 (b, w)。

［24］Suzumura（1983）和 Wriglesworth（1985）提供了很有用的文献综述。

［25］虽然如此，自由与帕累托原则的冲突仍然成立。吉巴德（1974）还指出这样一种情况，即使可以根据占优策略来行使自由权利从而避免他所讨论的不可能性，自由与帕累托原则的冲突照样也会出现。还可参见 Hammond（1981）。

［26］结果无关的内容并不是特别清晰。这个一般观点存在几种解释，参见 Nozick（1973，1974），Bernholz（1974），Gärdenfors（1981），Sugden（1981）。

［27］Gärdenfors（1981），Sugden（1981，1985），Gaertner et al.（1992），Pattanaik（1989，1991），Suzumura（1991）提出并讨论了博弈形式的自由观。相关问题还可参见 Gibbard（1973，1974），Nozick（1973，1974），Bernholz（1974），Breyer and Gardner（1980），Gardner（1980），Hammond（1982），Basu（1984），Levi（1982，1986），Campbell（1989，1990），Deb（1989），Riley（1989a, b）。

[28] Deb（1989）透彻并广泛地探讨了社会选择与博弈形式的表述之间的关系，并提出了一种不同的方法，用以分析具体层面上的自由与一般层面上的社会伦理。

[29] 有人曾以此归咎于诺齐克（1974）的权利观，认为他的表述包含了一种"幼稚的博弈形式"，其中每个人的策略选择完全独立于他人的选择。如果诺齐克的表述确实是结果无关的——正如他的某些命题一样很容易使人这么认为，那么这一批评就是公正的。但事实上，诺齐克的权利观，至少在这一语境中，也考虑到某些特定的结果并排除了其他可能的结果。他指出，"权利并不能决定一个社会排序，相反它确立了可以在其中进行社会选择的约束，它排除了特定的备选方案并固定其他一些备选方案，如此等等。权利无法决定某个备选方案的位置或两个备选方案在一个社会排序中的位置；它们对于社会排序的作用在于**约束它可能产生的选择**"（Nozick，1974，p. 166；黑体是后来所加的）。

[30] 也许可以说，博弈论的优势在于允许人们犯错误。如果你有权穿一件红衬衫，但错误地穿了一件蓝衬衫，你的权利并未受到侵犯：你不过是在行使权利时"出了差错"。这种解释具有多大的价值尚不清楚。但即使这是一个相当重要的问题，社会选择理论也不必在此妥协。如果采用个人偏好的"选择解释"，那么个人的自由可以依据他的实际选择行动来判断，后者并不必然是"有意的"。

[31] 甚至那些反对这些限制的论点——要求放宽限制——也往往会提出更有效地取得所期望的结果的方法（比如，一些避免被动吸烟同时又不至于全面禁止主动吸烟的计划）。

[32] 吉尔特纳等（1992）讨论的"消极权利"（关于这一问题，可参见Feinberg，1980）也可以用隐含的动机来分析。吉尔特纳等人正确地注意到，"i 的免于非法逮捕的权利禁止了一类特定的行动，即使 i 由于他自己的原因甘愿在没有批准的情况下被捕，这一权利仍然有效"（p. 171）。事实上，i 的自由之所以被视为重要的预防措施，就是因为它与不被逮捕的权利相关（而不

是被逮捕的权利），而且这一权利的无条件性也涉及个人反对非法逮捕的立场假设。这里与其他事例一样，我们必须超越权利的形式以探究隐含的动机。

[33] 虽然达到某一社会状态的过程也可归为这一社会状态的特征（实质上可引入社会选择表述的自由的定义域），这一表述的隐含性质有时也无济于事。我曾在阿罗讲座"自由与社会选择"中讨论过这个一般性的问题（参见第 20～22 章）。

第 14 章
权利：表述与结论[*]

《分析与批评》杂志（*Analyse & Kritik*，1996）组织的关于所谓的自由悖论的专题提供了重新检验这一结论隐含的形式与动机问题以及由此引发的丰富文献的很好机会。作为该结论的辩护者，我将讨论各种新结论及其分析的意义、它们对权利的表述与隐含的影响，并将纠正一种错误的解释。自由悖论所引发的各种思考可以影响各种社会决策原则的可接受性以及对"偏好"和"一致同意"的解释。此外，它们还涉及这样一些关怀，它们影响了相互依赖的社会生活中的个人偏好的形成过程。

1. 引　言

我非常感谢《分析与批评》的编辑们给我这样一个机会，来回应本期（指《分析与批评》第 18 期，下同。——译者注）杂志所收录的各篇非常有价值的论文。我从这一专题讨论文集中学到了许多东西。尽管我崇尚自由，但我同时还是一个快乐主义者，因此我非常看重从这些讨论中享受到的莫大乐趣，即使——尤其是——我无法同意其中的所有观点。除此以外，我很高兴有机会在此重新检验一些问题，这些问题曾经促使我提出这一所谓的自由悖论。

我在为《数理经济学手册》撰写的关于社会选择理论的综述文章中说明提出自由悖论的动机如下：

---

[*]　选自 *Analyse & Kritik* 18 (1996)，S. 153 - 170. ©Westdeutscher Verlag, Opladen.

"帕累托自由的不可能性"以及相关结论的益处不在于它们作为悖论或难题的价值，而在于重新审视对个人和群体权利的各种通常表述以及普遍接受的决策原则（包括声称不存在争议的帕累托原则）。（Sen, 1986, 1139；还可参见 Sen, 1970a, 81 - 86。）

在本专题中，"权利表述"与"决策原则"都获得了学者们的关注。

极其丰富的文献显然是由我在 1970 年的那篇简短的评论所引起的，而这一事实本身也是非常有趣的。丹尼斯·缪勒（Dennis Mueller，1996，114）在本期的文章中说，"不管是森还是其他人，谁都不可能料到那 6 页评论"所引发的"文章和书的庞大数量"；当然这是一个严重保守的说法。事实上，我最初在决定将该文送交发表时非常犹豫，虽然这个问题还是一个相当粗糙的形式，但在我的课堂上——1967 年在德里经济学院和 1968 年在哈佛大学——就引发了有趣的反应和可喜的异议。在肯尼思·阿罗的热心鼓励下，我才将这篇文章送交杂志社。除了无法肯定这个问题是否过于琐碎之外，我还担心这个"悖论"过于"费脑筋"的形式特征会不会掩盖我希望提出来的严肃问题。

但是，最终绝大多数反馈意见都是针对我的动机关怀，有时甚至我对这一问题的解释也完全被弃置一边。这是非常令人可喜的现象，权利的陈述与结论问题在这些文献中一开始就得到了极其细致的审查。这些文献包括 Hillinger/Lapham（1971）、Ng（1971）、Batra/Pattanaik（1972）、Peacock/Rowley（1972）、Fishburn（1973）、Nozick（1973，1974）、Gibbard（1974）、Bernholz（1974，1975）、Hammond（1974；1977）、Karni（1974，1978）、

Blau（1975）、Rowley/Peacock（1975）、Seidl（1975）、Campbell
（1976）、Farrell（1976）、Kelly（1976a，1976b）、Suzumura
（1976，1978）、Aldrich（1977a，1977b）、Blau/Deb（1977）、
Breyer（1977）、Miller（1977）、Perelli-Minetti（1977）、Ferejohn
（1978）、Stevens/Foster（1978）等，自那以后，在这个问题上的
兴趣一直没有衰减。[1]这些文章大大扩展了有关这个问题的文献。

在这篇回应性文章中，我将问题分成两类。首先我将在接下来
的 4 节中讨论权利的"表述"问题，然后讨论决策原则的"悖论"
所隐含的意义。

2. 权利表述、 诺齐克的建议与博弈形式

我提出的"重新检验个人和群体权利的通常表述"的主张迅速
获得了罗伯特·诺齐克（1973，1974）影响深远的回应，他所使用
的推理路径在本期主题各篇论文中得到了很好的反映（尤其是
Fleurbaey/Gaertner，1996；Pattanaik，1996a；Suzumura，1996）。在
此，我们有必要回忆一下诺齐克对自由悖论的回应那一节：

问题出在将在各种备选方案中选择的个人权利视为决定这些备选方案
在社会排序中的相对地位的权利……一个更为恰当的个人权利观如下：各
种个人权利都是可能的；每个人都可以按其选择来行使他的权利。 这些权
利的行使确定了这个世界的某些特征。 在这些固定下来的特征的约束下，
个人可以根据基于社会排序而构建起来的社会选择机制来作出选择，如果
还存在有待作出决定的选择的话！权利并不决定一种社会排序，它通过排
除特定的备选方案，固定另一些备选方案，如此等等，从而设定从中可以
作出社会选择的各种约束……如果任何模式化都是合法的，它必定落入社

会选择的领域中，从而受到人们各种权利的约束。*除此以外，我们对于森的结论还能有什么办法呢？*（Nozick，1974，165 - 166；斜体部分为诺齐克所强调的内容，还可参见 Nozick，1973。）

在此，有三个问题需要特别加以强调。第一，诺齐克在暗示，权利应当以不同于森（1970a）所概括的方式来加以表述，其表述尤其应该蕴涵个人在特殊领域中独立行动的权限与权力。包括加顿弗斯（1980）、萨格登（1981，1985）以及吉尔特纳等（1992）的研究在内的许多作品都坚持这一路径，它们将权利视为"个人行动或策略的可容许性"，将社会结果视为"各种 n 元可行策略的执行的（同时的或序贯的）结果，其中 n 是拥有各种权利的个人的数目"（Fleurbaey/Gaertner，1996，55）。正如帕特奈克（Pattanaik，1996a）所指出的，与森（1970a）对权利的社会选择的表述相对立，"个人权利的博弈表述完全不涉及个人对各种社会备选方案的偏好，它也不涉及任何博弈的实际结果"（p.42）。要恰当地检验权利的博弈形式表述是否恰当，我们必须考虑它的偏好无关与结果无关的特征。由于这是弗勒拜尔和吉尔特纳（Fleurbaey and Gaertner）的论文以及范希斯（van Hees）的论文的特殊主题，我将讨论他们的推理过程与结论。我把这一工作放在下一节。

第二，诺齐克把自由悖论中反映出来的困境视为一个严肃的问题，这促使他采用不同的表述，他认为如此可以消除这一困境。（"除此以外，我们对于森的结论还能有什么办法呢？"）而这引发了第二个问题，在博弈形式的解释中这一自由悖论是否就消失了呢？帕特奈克（1996a）和铃村（1996）探讨了这个问题，宾莫尔也顺便简短地涉及它。我将在第 4 节谈这个问题。

第三，从诺齐克建议消除这一困境的主张中可以看出，他并不认为，自由悖论足以证明个人权利与帕累托原则的相容性。帕累托原则是诺齐克称之为"模式化"的一个事例，跟权利的社会选择表述一样。与其他的模式化的主张相同，如果它是"合法的"，这种模式可以导致一种局部的社会秩序，但它的用途必须受到个人行使各种权利的"约束"。在诺齐克的框架中，帕累托原则对这些权利并不存在任何优先性（正如它在"福利主义"框架之中，包括帕累托福利经济学），消除这一"困境"并不需要满足帕累托原则。根据这一观点，它是否满足帕累托原则取决于个人行使权利的方式，在这个问题上，不存在任何的规定。这种权利的概括符合许多不同的行为假设［本期专题收录的 Pattanaik（1996a）和 Suzumura（1996）讨论了这个问题］。根据诺齐克的看法，帕累托原则与公认的"社会排序"的其他模式和成分一起降级，对于个人权利不再具有优先性。这里需要提醒的是，由于自由悖论所具有的明显的反帕累托原则的含义，一些人将它视为寻求权利的不同表述的根据。这并不是诺齐克的关注所在。

3. 博弈形式、 结论与权利类型

弗勒拜尔和吉尔特纳（1996）为权利的博弈形式表述提出了一个合理的辩护，其中绝大部分理由我都同意。他们指出，吉尔特纳等（1992）提出的权利观"主要集中在权利的形式方面"，但即使如此，"在博弈形式方法中，结果仍然在起作用，而个人通过他们的偏好排序仍然关心这些结果"。他们还进一步指出，"在某些情况下，结果是主要的焦点所在，而在另外一些情况下，社会所主要关注的是权利的适当且没有限制的行使，而不是特殊的结果"（Fleurbaey/Gaertner，1996，55）。两位作者接着根据结果或行动（或策略）是否为权利的重要特征而提出一种权利的划分。

权利的社会选择表述，包括森（1970）提出来的观点，相当关注权利的结果。这一特征在由诺齐克所发起的批评以及此后的文献中被视作一个"错误"。重申结果相关性——至少在一类主要的权利上——绝不可被看作是对权利的社会选择方法的辩护。由于"个人权利的博弈表述完全不涉及个人对各种社会备选方案的偏好，也不涉及任何博弈的实际结果"（参见 Pattanaik，1996a，42），显然有必要引入更多实质性的关怀来补充权利的博弈形式表述的形式规定。按照弗勒拜尔和吉尔特纳的分类，这尤其适合于那些"结果是主要的焦点所在"的权利。

我现在对这一分类作出评论，我完全同意：（1）有几类权利，其中行动自由的行使属其中心问题，而博弈形式的表述可以充分地概括这些权利；（2）对那些结果相当重要的权利来说，博弈形式的表述还需要实质性的补充，从而根据权利可能的后果在不同的权利分配上作出选择（因此在不同的博弈形式上作出选择）（关于这个问题也可参见 Hammond，1996；Suzumura，1996）。要理解这一双方都接受的立场的基本观点，我们可以将弗勒拜尔和吉尔特纳的实质方面的讨论与铃村（1996）所探讨的分类结合起来，区别三种不同的情况：

（1）权利的形式结构；

（2）所赋权利的实现；

（3）权利的初始赋予（还可参见 Pattanaik/Suzumura，1994，1996）。

我在森（1992）中断言，"我们绝不可为'博弈形式'中的'形式'所吸引住"（p.155），这一主张无疑过于轻率，但现在，超越无视结果的博弈形式表述并分析不同的"权利的初始赋予"的种种后果的必要性似乎已经获得普遍的接受。如果这一认识是正确的，我没有任何抱怨的理由。这类社会选择表述所集中关注的问题（与结果中权利的实现相关）在博弈形式观中仍然很重要，正如铃村在本期专题中的论文中所指出的，两者的关联可能相当紧密。我还要加上一句，结果敏感性在肯·宾莫尔（1996）对权利的透辟分析中也占据了重要地位，他主要"将权利和职责视为规则体系所嵌入的组成部分，我们通过这种体系彼此协调行动以实现生命博弈的均衡，后者构成我们的社会契约"（p.79）。

我不同意的是，弗勒拜尔和吉尔特纳将"结果导向的"权利与"策略导向的"权利分别与范因伯格（Feinberg，1973）分成的"消极"权利和"积极"权利相对应。我并不反对"消极权利是结果导向的"这一判断（p.61），但我怀疑能否正确地假定，所有的积极权利都是"策略导向的，不考虑任何特殊的结果"（p.62）。

这一主张是可疑的，因为弗勒拜尔和吉尔特纳没有在个人的策略与相应的"私人后果"之间作出区分。弗勒拜尔和吉尔特纳认为，（着黑装的）"私人后果与着黑装的策略几乎是不可分辨的"（p.60）。但恰恰是（1）做某件事情的策略（如持某种宗教信仰、穿某件衣服）与（2）能够做这件事情的能力之间的差距，才使得约翰·斯图亚特·穆勒（1859）在《论自由》中提出种种分析。所有这些意味着，结果分析不同于许多狭隘的观点，它必须包括"所做的行动"（关于这一问题可参见 Sen，1982b，1985）。当然，这可能并不是我们观点的实质差异所在，我相信，弗勒拜尔和吉尔特纳并无意否定这一点。

我以为，真正的差别在于其要求不限于免于他人干涉的积极权利上。即使当权利只是对某些自由的积极行使时，其结果也无法仅仅由相关人的策略选择来决定，而有可能实质性地取决于他人的行动。森（1996）所举的一个事例可以说明这种情形。约翰·斯图亚特·穆勒（1859）讨论了不同信仰的人吃他们所喜欢的食物的自由时指出，在保证非穆斯林吃猪肉的自由的同时，也要保证穆斯林不吃猪肉的自由（Mill，1859，152 - 154）。但如果一个人无法确知一碟菜中具体是什么内容时，问题仍然存在。为确保穆斯林和非穆斯林的权利都得到相应的实现，我们必须超越仅仅赋予各人行动自由权利的做法。在这里，正当结果的出现对于自由的实现来说相当重要，哪怕它并不能符合"积极"权利这一概念。在这类自由上，到处可见类似的事例。

宾莫尔（1996）正确地同意"吉尔特纳等人与萨格登认为森忽略了人们应当能够彼此独立地行使权利这一事实"的批评观点（p.73）。我也同意这一批评。但不可否认的是，这一观点的适用范围取决于人们在彼此独立的情况下，事实上能否有效地行使他们的全部权利（关于这个问题可参见 Sen，1982b，1992）。在某些也属于范因伯格所谓的"积极权利"这个一般概念范畴的事例中，这种彼此独立性完全是不可能的（更不用说"消极权利"的情形，在那里独立性完全是不现实的）。

除了这种相互依赖性之外，甚至对于"积极权利"来说，也可能会有森（1992）所称之为"选择禁忌"的问题出现。由于某些事情为那些富有权势的人所不以为然，即使博弈赋予人们做这种事情的权利，但人们仍然可能缺乏勇气去做。森（1992，148 - 150）所

举的事例就是妇女缺乏不戴头巾出现在公共场合的勇气（在一个有
传统束缚的社会中，这类行动被视作是非比寻常的），哪怕根据博
弈形式事实上她已被赋予了这种行动权利。在铃村的富有启发意义
的分类中，"权利的实现"与"权利的赋予"超越了博弈形式的
"形式结构"。

虽然存在这些细节上的差别，但是我相信在一般原则上较少有
异议。我们的共识就在于如下观点：

- 结果导向的权利与策略导向的权利这一分类是非空的和实质性的（虽
  然在其边界上还有一些模糊之处）；
- 博弈形式表述可以被应用于这两种情况；
- 但是"结果导向"的权利还需要对博弈形式的表述进行实质性的补
  充，加入权利的实现和赋予中的结果分析。

因此，在理解权利方面，即使选择博弈形式的表述，社会选择
方法也仍有发挥的空间。

在一篇相关的论文中，马丁·范希斯（Martin van Hees，1996）
提出了一种不同类型的问题，在我看来，它极其重要（还可参见
van Hees，1994，1995）。博弈形式方法可以分开运用，而它的形
式性也可以满足局部的考虑。范希斯考虑的问题包括"整个法律体
系"的研究，其中一个特殊的法律规范只是其中的一个部分。根据
各类权利的法律理论，范希斯不仅在博弈论框架中区分不同类型的
权利，而且也检验了它们的"法律效力"问题（包括某种特定的权
利是否"存在"的确定）。这要求研究彼此相关的各种博弈形式的
复杂结构，而这又必须涉及相关个人的偏好。因此，范希斯提出的

分析是对上面提出的着重偏好（及其实现）的论点的补充，并使博弈形式框架更加接近于与偏好紧密相关的社会选择的权利观。

4. 博弈形式与自由悖论

另外一个备受关注的问题是权利的博弈形式表述是否消除了自由悖论。许多作者明确表示，这一悖论已被消除，其中包括加顿弗斯（1980）和萨格登（1981；1985a）。宾莫尔质疑了这种可能性，其简单而又基本的判断根据是，语言和形式的转换并不能消除一个既存的实质性问题："任何人……都不能仅仅通过采用博弈论的语言就可以避免森的悖论"（Binmore，1996，73）。

帕特奈克（1996a）和铃村（1996）则更深入地分析了这个问题。帕特奈克提出了两种不同的自由悖论的博弈形式的表述。虽然在这两种情况下，这一悖论都可以成立，帕特奈克注意到：

> 不管根据哪一种解释，这一悖论都不能被视作帕累托主义与自由价值的直接冲突。这是因为，在这两种解释中，为获得这一冲突关系，使用了特殊的行为假设（Pattanaik, 1996a, 51；还可参见 Levi, 1982，其中有对相关问题的论述）。

事实确实如此，但是对行为假设的需要并没什么可奇怪的，因为博弈论的形式结构中的权利蕴涵了策略选择的权利，如果没有行为假设，这些权利本身并不会产生任何结果（不管符不符合帕累托最优）。两者处于不同的领域，而只有行为假设才能将它们联系起来。帕累托原则指出应当选择哪一种结果，而博弈形式的权利，正如前面讨论过的，并未——就其形式结构而言——说明任何与结果或偏好相关的内容（还可参见 Sugden，1985，其中有对这一问题的论述）。这很难说是一种"解决"该问题的方法，而帕特奈克也并未主张它可以做到这一点。打个比方，如果你有权吃桃子（即如果由你选择你会选择桃子），这一权利本身并不与桃子仍然没被吃相冲突，只有事实上选择吃桃子时，这一冲突才会发生。因此，很难认为，冲突就如此"消除"了。[2]

相形之下，铃村（1996）的结论和对这个问题的解释则清晰得多。他关注更多的是权利的"实现"与"赋予"，而不是"形式结构"。铃村证明，自由悖论"不仅存在于博弈形式权利的实现中，也存在于博弈形式权利的赋予中"（p. 34）。更重要的是，铃村进一步讨论了这一冲突的"经验相关性"，并举了许多富有说服力的可能发生冲突的事例，这些事例具有极大的实践意义。他认为，这一悖论体现了"两种基本价值观的冲突——一端为是福利主义的社会效率，一端为非福利主义的个人价值"（p. 35）。

在这些证明过程中，铃村还讨论了哈里尔与尼茨安（Harel and Nitzan，1987）提出的一个早期的观点，即契约安排将消除自由悖论。经常可以见到这一主张（比如说 Barry，1986；Hardin，1988）。[3]铃村证明，这个"解"对于"一个相信自由（就这个词语所包含的通常含义来讲）的人来说毫无价值"（p. 26）。我曾在其他地方讨论过这个问题（Sen，1992，144 - 146），并得出相似的结论（但没有像铃村那样给出更为明确的证明）。即使从最简单的常识层面上来说，在《查泰莱夫人的情人》一事上，也很难说通过缔约这一冲突就可以得到真正的"解决"，其中正经者为避免淫荡者阅读一本他讨厌的书而答应阅读该书，而淫荡者只是为了让正经者阅读这本正经者讨厌的书而决定放弃阅读他喜欢的书。[4]人们可能会从自由或自主的角度认为，这并不是一个理想的结果。

5. 一个错误的解释

我以为，詹姆斯·布坎南关于公共决策的思想——见于其他文章——对于理解自由悖论的含义来说是非常重要的。但是，布坎南（1996）在这篇文章里，其关注点却略有不同，他认为，"将决定性赋予某个个人必然排除把它同样赋予社会中另外一个人的可能性"（p. 119）。这一论断在其一般的形式上提出了一个非常有趣的问题：在什么样的情况下以及在什么领域中，个人对其个人自由的决定性排除了另一个人对他自己受保护领域的决定性？这一表述也涉及与阿罗"不可能定理"相关的冲突。那一结论的证明的根据是一个引理，其中在给定阿罗的条件下，个人对任意组社会状态具有决定性使得他对每一组社会状态都具有决定性（独裁结论就是从这里推导出来的）（关于这个问题参见 Arrow，1963；Sen，1970b，1986）。我在课堂上曾使用过布坎南的论文（他提到这一点），并细致地探讨过这一问题，我的学生和我曾试图探讨这些不相容性的一般特征。[5]

但是，与布坎南这里的论断相反，在构成自由悖论的一部分的最低限度的自由（ML）所使用的相似的决定性上，并不存在这种相容性问题。两个人——事实上每一个人——都可以按照 ML 条件所描述的方式具有决定性。德雅赛和克利姆特（de Jasay and Kliemt，1996）的文章也存在完全一样的误解，我想布莱易尔（Breyer，1996）是正确的，他在本期专题所收录的文章里认为这两篇论文对自由悖论的解释存在着"严重的误解"（p. 149）。理由恰如布莱易尔所言。尤其是：

个人被赋予对某组状态（x，y）的决定性，他所有效行使的只是把他的偏好排序（假定是 xPy）加于社会，并避免其中一种状态（这里是 y）成为"最好的"状态。因此，它导致一种（在两种规定的状态中）否决一种状态的权利。不难看出，与布坎南的主张相反，有多少可行的社会状态，就可以有多少人被赋予相似的否决权（Breyer，1996，150）。

在基于偏好的形式中，ML 条件要求，两个人中的每一个都必须对至少一组备选方案 $\{x, y\}$ 拥有一个私人领域，使得"如果这个人认为 x 优于 y，那么社会也应认为 x 优于 y；并且如果此人认为 y 优于 x，那么社会也应认为 y 优于 x"（Sen，1970a，153）。布坎南坚信，这一条件"是自相矛盾的"。但怎么会呢？如果参与人 1 在 $\{x, y\}$ 上拥有一个私人领域，参与人 2 在 $\{a, b\}$ 上拥有一个私人领域，他们可以任其所愿地排序，并将它们反映到社会排序上，只要它们不是同一组状态，那么不管参与人 1 和参与人 2 各自偏好什么，这里都不存在冲突。

布坎南也许考虑的是 ML 条件的选择解释。但那又会要求，如果参与人 1 对 $\{x, y\}$ 具有决定性，认为 x 优于 y，那么"当 x 可选时 y 就不应被社会选择"（Sen，1982a，322；还可参见 Sen，1976，1983）。如果我们只考虑在该组状态上的选择，那么这一要求就不会与参与人在另一组状态 $\{a, b\}$ 上行使权利发生任何冲突。另外，如果我们考虑一个包含 $\{x, y\}$ 的更大集合 S，那么当参与人 1 认为 x 优于 y 时，除了 y 之外，任何备选方案都有可能被选。正如布莱易尔所言，这只是一种在该组的两个备选方案中"否决"其中一个的权利（在这里，他否决 y）。如果该集合还包含分配给参与人 2 的那组状态，比如说 $\{a, b\}$，那么参与人 2 在 $\{a, b\}$ 上的偏好将会剔除该组中不受偏爱的备选方案。也就是说,如果参与人 2 认为 a 优于 b,那么 b 不应被选,因为在该集合中 a 可供选择。在这里并未发生任何冲突,因为在这个更大的集合 S 中,除了 y 和 b 之外,所有备选方案都可供选择(比如 x 或 a,或者这四种备选方案之外的其他选项),即使每个备选方案 x、y 等都是"对每个人都身处其中的社会的一个完备描述"。但布坎南错误地作出结论:因此,将决定性赋予某个人必然排除了把它同样赋予社会中另外一个人的可能性(p. 119)。[6]

德雅赛和克利姆特(1996)也犯了同样的错误,他们举例认为,ML 蕴涵着"参与人 1 获得了(从社会状态集合中)选择某个社会状态的权利"(p. 130)。事实上,参与人 1 只是获得了从分配给他的那组状态中选择备选方案的权利。当德雅赛和克利姆特指出,"个人在仅仅行使他们的自由时,永远也不可能单方面得出一个集体结果"时,他们无疑是正确的;但本来就没有人假设他们能够做到这一点。如果在 $\{x, y\}$ 上的选择被置放于参与人自己的领域,这仅仅意味着,如果他认为 x 优于 y,那么如果在选择集合中存在 x,y 就不能被选。

这一错误恐怕在德雅赛和克利姆特的文章中屡屡出现,因此,我们毫不怀疑,这两位作者会得出完全相对立的判断:如果所谓的自由悖论应当依赖于我们所指出来的那种明显的错误观念,那它必须解释它是如何得出的,以及为什么应得到人们的重视(p. 127)。幸运的是,我们不需要去寻求这样一个假定的谜题解。

6. 决策原则

导致一个结论或引发一场讨论的动机并不必然是理解该结论或

讨论的最佳方式。但在这个事例中，也许仍然值得我去回忆提出它的动机。其中一个隐含的目标就是将权利这一概念引入社会选择理论，后者在当时有着强烈的福利主义特征。这一目标显然是完成了，并且得到了广泛的响应和更深入的探讨。引言里已经提到，相关的检验权利表述的目标也获得了此后很多文献的响应，其中就有关于博弈形式表述的文献。进一步的目标就是对各种决策原则进行检验，这在第 1 节已经提到。需要检验的主要原则就是帕累托最优和权利的某些特征。[7]

帕累托排序有好几种不同的解释，每一种解释中所谓该原则的无争议性质都存在一些问题。其中一个鲜明的对立就是根据古典意义上的个人快乐或效用而作出的一致同意的排序。另一种解释就是人们所一致感受到的欲望。还有一种就是选择行动的一致同意。

即使在乔纳森·巴恩斯（Jonathan Barnes，1980）所巧妙阐释的一致同意的选择观中，也存在冲突，并且它使得循环选择本身就是一件值得注意的事情。无论如何，如果需要放弃——或弱化——其中的一个条件，很难认为我们可以真的不必重视每个人所一致希望并将选择的事物。这尤其将引发丹尼斯·缪勒所提出的问题：

> 如果理性的、自利的个人产生了帕累托无效的结果，他们能否确证自由的权利呢？如果一部宪法只是一种公民之间缔结的用以规定该政治制度的契约形式，并且这一契约为所有人所接受，那么，只要公民是理性的并且是自利的，宪政权利就必定是帕累托有效的。（1996, pp. 96 - 97 ）

缪勒进一步讨论了权利的宪政基础、法律权衡的可能性，并极其透辟地分析了各种"理性自利的个人有可能写入宪法的权利与各种自由主义观念之间的关系"（p.97）。他的分析与宾莫尔（1996）、范希斯（1996）各自讨论的博弈论分析和法理讨论一道，有助于澄清社会权利的各种基础，这是本期专题所取得的主要成就之一。

根据考虑一切的选择观来解释的帕累托原则究竟处在什么地位上是一个有趣的问题。虽然我确实曾批评过帕累托福利经济学（见 Sen，1970b，1979），并对偏好持一种功利主义解释（如见 Hicks，1939；Samuelson，1947），但尚不清楚这种批评能否扩展到考虑一切的偏好。如果偏好或效用代表个人享受某种快乐或遭受某种痛苦的程度（如正经者对淫荡者阅读《查泰莱夫人的情人》要比他自己阅读该书更加感到痛心，虽然他并不愿意阅读这本书），这些快乐与痛苦往往与其他的要求（例如他们对另一个人自主与自由的尊重）对立。但如果现在我们解释他们的偏好时将一切因素考虑在内（包括他们对彼此的自主和自由的尊重），那就不容易提出进一步的论据来反对每个人权衡之后所选择的事物。

最后一个问题与文献中屡屡出现的主题相关，即作为自由悖论的一个解的域限制（参见 Blau，1975；Seidl，1975；Breyer，1977；Breyer/Gigliotti，1980；Austen-Smith，1981）。如果所建议的域限制被解释成减少该原则的适应性，这肯定会排除其中所可能出现的某些可能性。但另一种解释则追问个人偏好是否对自由悖论所蕴涵的冲突——或者更一般地针对以纯粹的快乐与痛苦为一方和以其他人的自主与自由的伦理要求为另一方的冲突——作出反应。其结论是，要防止自由悖论所表述的这类冲突出现，最终的出路就在于人们偏好的进化，这种偏好尊重他人过上那种每个人都有理由认为有价值的生活的自由（关于这个问题还可参见 Fine，1975；Breyer，1977）。

　　这类偏好的进化可能源自长期以来的自然选择，但对自由悖论所确认的那类偏好的自觉反思也有助于它们的产生。虽然社会选择理论不给偏好修正留下余地也不会有什么损失，但应当承认，詹姆斯·布坎南的主张是合理的，他认为，"个人价值观能够并且也确实在决策过程中发生了变化"（Buchanan，1954，120）。他对"基于讨论的治理"的民主的探讨对解决这一悖论所蕴涵的文明生活的各种冲突是极其重要的。[8]

　　在这个问题上，我曾使用过"元偏好"（metapreference）这一概念（对各种偏好的偏好），这个概念还曾被我用于其他的讨论目的（Sen，1977）。这也是我自提出这个问题后第一反应所能想到的解决途径之一，我将这一观点以与自己商讨的形式写入《选择、排序与道德》一文中，并提交给 1972 年布里斯托尔关于"实践理性"的学术会议，该会议的论文集两年后出版（Sen，1974）。我们不妨以《查泰莱夫人的情人》中的淫荡者为例来想象和反思：

　　我确实希望那个正经者……阅读这本书；这对他很有益处。 但他并不想这样做。 而我相当开明，如果他不想去读，那么他就不必读。 这样在给定他的偏好后，我不再认为他应当阅读此书。 我必须对我的偏好重新排序，如果考虑到他的观点，我的偏好将是，他阅读该书在道德次序上低于我对该书的偏好（Sen, 1974; Sen, 1982a, 82）。

　　帕累托原则的力量不仅取决于它的解释（是基于"古典效用"还是"考虑一切的偏好"）和推理的范围（是直接的还是反思的），而且也取决于个人的实际偏好在他本人的批判性元排序中的位置。

　　最终而言，没有人能帮助我们，我们只有依靠我们自己来澄清我们所制造的混乱，因此，这些学术上的争鸣的意义是不可低估的。在结束这篇自视甚高的评论的时候，我应当再次向这一极其精彩的主题研讨专刊表示感谢。

参考文献

Aldrich，J. H. （1977a），Dilemma of a Paretian Liberal：Consequences of Sen's Theorem，in：*Public Choice 30*，1-22.

_____ （1977b），Liberal Games：Further Comments on Social Choice and Game Theory，in：*Public Choice 30*，29-34.

Arrow，K. J. （1951），*Social Choice and Individual Values*，New York，2nd edition 1963.

_____ （ed. ）（1991），*Markets and Welfare*，London.

_____/M. Intriligator （eds. ）（1986），*Handbook of Mathematical Economics*，Amsterdam.

_____/A. K. Sen/K. Suzumura （eds. ）（1996），*Social Choice Re-examined*，to be published in London.

Austen-Smith，D. （1982），Restricted Pareto and Rights，in：*Journal of Economic Theory 26*，89-99.

Baigent，N. （1981），Decompositions of Minimal Liberalism，in：*Economics Letters 7*，29-32.

Barnes，J. （1980），Freedom，Rationality and Paradox，in：*Canadian Journal of Philosophy 10*，545-565.

Barry，B. （1989），Lady Chatterley's Lover and Doctor Fischer's Bomb Party. Liberalism，Pareto-Optimality and the Problem of Objectionable Preferences，in：Elster/Hylland （eds. ），11-43.

Basu，K. （1984），The Right to Give up Rights，in：*Economica 51*，413-

422.

Batra, R. /P. K. Pattanaik (1972), On Some Suggestions for Having Non-Binary Social Choice Functions, in: *Theory and Decision 3*, 1 - 11.

Bernholz, P. (1974), Is a Paretian Liberal Really impossible?, in: *Public Choice 20*, 99 - 108.

____ (1975), Is a Paretian Liberal Really Impossible? A Rejoinder, in: *Public Choice 23*, 69 - 73.

____ (1980), A General Social Dilemma: Profitable Exchange and Intransitive Group Preferences, in: *Zeitschrift für Nationalökonomie 40*, 1 - 23.

Binmore, K. (1994), *Playing Fair: Game Theory and the Social Contract. Vol.* I, Cambridge/MA.

____ (1996), Right or Seemly? in: *Analyse & Kritik*, this number.

Blau, J. H. (1975), Liberal Values and Independence, in: *Review of Economic Studies 42*, 395 - 403.

____ /R. Deb (1977), Social Decision Functions and Veto, in: *Econometrica 45*, 871 - 879.

Breyer, F. (1977), The Liberal Paradox, Decisiveness Over Issues and Domain Restrictions, in: *Zeitschrift für Nationalökonomie 37*, 45 - 60.

____ (1996), Comment on the Papers by J. M. Buchanan and by A. de Jasay and H. Kliemt, in: *Analyse & Kritik*, this number.

____ /R. Gardner (1980), Liberal Paradox, Game Equilibrium and Gibbard Optimum, in: *Public Choice 35*, 469 - 481.

____ /G. A. Gigliotti (1980), Empathy and Respect for the Rights of Others, in: *Zeitschrift für Nationalökonomie 40*, 59 - 64.

Buchanan, J. M. (1954), Social Choice, Democracy and Free Markets, in: *Journal of Political Economy 62*, 114 - 123.

____ (1996), An Ambiguity in Sen's Alleged Proof of the Impossibility of a Paretian Libertarian, in: *Analyse & Kritik*, this number.

Campbell, D. E. (1976), Democratic Preference Functions, in: *Journal of Economic Theory 12*, 259 - 272.

Cohen, J. et al. (eds.) (1981), *Logic, Methodology and Philosophy of Science*, Amsterdam.

Coughlin, P. J. (1986), Rights and the Private Pareto Principle, in: *Economica 53*, 303 - 320.

Deb, R. (1994), Waiver, Effectivity and Rights as Game Forms, in: *Economica 61*, 167 - 178.

Elster, J./A. Hylland (eds.) (1986), *Foundations of Social Choice Theory*, Cambridge.

Farrell, M. J. (1976), Liberalism in the Theory of Social Choice, in: *Review of Economic Studies 43*, 3 - 10.

Feinberg, J. (1973), *Social Philosophy*, Englewood Cliffs.

Ferejohn, J. A. (1978), The Distribution of Rights in Society, in: Gottinger/Leinfellner (eds.), 119 - 131.

Fishburn, P. C. (1973), *The Theory of Social Choice*, Princeton.

Fleurbaey, M./W. Gaertner (1996), Admissibility and Feasibility in Game Forms, in: *Analyse & Kritik*, this number.

Gaertner, W./L. Kruger (1981), Self-Supporting Preferences and Individual Rights: The Possibility of a Paretian Liberal, in: *Economica 48*, 17 - 28.

____/L. Kruger (1983), Alternative Libertarian Claims and Sen's Paradox, in: *Theory and Decision 15*, 211 - 230.

____/P. K. Pattanaik/K. Suzumura (1992), Individual Rights Revisited, in: *Economica 59*, 61 - 178.

Gärdenfors, P. (1981), Rights, Games and Social Choice, in: *Noûs 15*, 341 - 356.

Gardner, R. (1980), The Strategic Inconsistency of Paretian Liberalism, in: *Public Choice 35*, 241 – 252.

Gibbard, A. F. (1974), A Pareto Consistent Libertarian Claim, in: *Journal of Economic Theory 7*, 388 – 410.

Gottinger, H. W. /W. Leinfellner (eds.) (1978), *Decision Theory and Social Ethics*, *Issues in Social Choice*, Dordrecht.

Hammond, P. J. (1974), *On Dynamic Liberalism*, mimeographed, University of Essex.

⸺ (1977), Dynamic Restrictions on Metastatic Choice, in: *Economica 44*, 337 – 380.

⸺ (1981), Liberalism, Independent Rights and the Pareto Principle, in: Cohen et al. (eds.), 607 – 620.

⸺ (1982), Utilitarianism, Uncertainty and Information, in: Sen/Williams (eds.), 85 – 102.

⸺ (1996), Game Forms versus Social Choice Rules as Models of Rights, in: Arrow/Sen/Suzumura (eds.).

Hardin, R. (1988), *Morality within the Limits of Reason*, Chicago.

Harel, A. /S. Nitzan (1987), The Libertarian Resolution of the Paretian Liberal Paradox, in: *Zeitschrift für Nationalökonomie 47*, 337 – 352.

Hicks, J. R. (1939), *Value and Capital*, Oxford.

Jasay, A. de/H. Kliemt (1996), The Paretian Liberal, His Liberties and His Contracts, in: *Analyse & Kritik*, this number.

Karni, E. (1976), *Individual Liberty, the Pareto Principle and the Possibility of Social Choice Function*, Working Paper No. 2, Foerder Institute for Economic Research, Tel – Aviv University.

⸺ (1978), Collective Rationality, Unanimity and Liberal Ethics, in: *Review of Economic Studies 45*, 571 – 574.

Kelly，J. S.　（1976a），The Impossibility of a Just Liberal，in：*Economica* *43*，67 – 75.

　　　（1976b），Rights Exercising and a Pareto-Consistent Libertarian Claim，in：*Journal of Economic Theory 13*，138 – 153.

　　　（1978），*Arrow Impossibility Theorems*，New York.

Knight，F.（1947），*Freedom and Reform：Essays in Economic and Social Philosophy*，New York.

Körner，S.（ed.）（1974），*Practical Reason*，Oxford.

Levi，I.（1982），Liberty and Welfare，in：Sen/Williams（eds.），239 – 249.

Mill，J. S.（1859），*On Liberty*，London；republished Harmondsworth 1974（Page references relate to this edition）.

Miller，N. R.（1977），"Social Preference" and Game Theory：A Comment on "The Dilemma of a Paretian Liberal，" in：*Public Choice*，*30*，23 – 28.

Mueller，D. C.（1979），*Public Choice*，Cambridge.

　　　（1989），*Public Choice Ⅱ*，New York.

　　　（1996），Constitutional and Liberal Rights，in：*Analyse & Kritik*，this number.

Ng，Y. -K.（1971），The Possibility of a Paretian Liberal：Impossibility Theorems and Cardinal Utility，in：*Journal of Political Economy 79*，1397 – 1402.

Nozick，R.（1973），Distributive Justice，in：*Philosophy & Public Affairs 3*，45 – 126.

　　　（1974），*Anarchy，State and Utopia*，New York.

　　　（1989），*The Examined Life*，New York.

Pattanaik，P. K.（1996a），The Liberal Paradox：Some Interpretations When Rights Are Represented as Game Forms，in：*Analyse & Kritik*，this number.

　　　（1996b），On Modelling Individual Rights：Some Conceptual Issues，in：Arrow/Sen/Suzumura（eds.）.

_____ /K. Suzumura （1994）, Rights, Welfarism and Social Choice, in: *American Economic Review. Papers and Proceedings 84*, 435 - 439.

_____ /_____ （1996）, *Individual Rights and Social Evaluation: A Conceptual Framework*, Oxford Economic Papers, forthcoming.

Peacock, A. T. /C. K. Rowley （1972）, Pareto Optimality and the Political Economy of Liberalism, in: *Journal of Political Economy 80*, 476 - 490.

Perelli-Minetti, C. R. （1977）, Nozick on Sen: A Misunderstanding, in: *Theory and Decision 8*, 387 - 393.

Rawls, J. （1982）, Social Unity and Primary Goods, in: Sen/Williams （eds. ）, 159 - 185.

Riley, J. M. （1985）, On the Possibility of Liberal Democracy, in: *American Political Science Review 79*, 1135 - 1151.

_____ （1986）, Generalized Social Welfare Functional: Welfarism, Morality and Liberty, in: *Social Choice and Welfare 3*, 233 - 254.

_____ （1987）, *Liberal Utilitarianism*, Cambridge.

Rowley, C. K. （1993）, *Liberty and the State*, Aldershot.

_____/A. T. Peacock （1975）, *Welfare Economics: A Liberal Restatement*, London.

Samuelson, P. A. （1947）, *Foundations of Economic Analysis*, Cambridge/MA.

Seidl, C. （1975）, On Liberal Values, in: *Zeitschrift für Nationalökonomie 35*, 257 - 292.

_____ （1996）, Foundations and Implications of Rights, in: Arrow/Sen/ Suzumura （eds. ）.

Sen, A. K. （1970a）, The Impossibility of a Paretian Liberal, in: *Journal of Political Economy 72*, 152 - 157, reprinted in Sen （1982a）.

_____ （1970b）, *Collective Choice and Social Welfare*, San Francisco; republished Amsterdam 1979.

　　____ (1974)，Choice, Ordering and Morality，in：Körner（ed.），54 –
67；reprinted in Sen（1982a）.

　　____ (1976)，Liberty, Unanimity and Rights，in：*Economica 43*，217 –
245；reprinted in Sen（1982a）.

　　____ (1977)，Rational Fools：A Critique of the Behavioural Foundations
of Economic Theory，in：*Philosophy & Public Affairs 6*，317 – 344；reprin-
ted in Sen（1982a）.

　　____ (1979)，Personal Utilities and Public Judgements：or What's Wrong
with Welfare Economics? in：*Economic Journal 89*；reprinted in Sen（1982a）.

　　____ （1982a），*Choice, Welfare and Measurement*，Oxford and Cam-
bridge/MA.

　　____ (1982b)，Rights and Agency，in：*Philosophy & Public Affairs
11*，3 – 39.

　　____ (1983)，Liberty and Social Choice，in：*Journal of Philosophy 80*，
5 – 28.

　　____ （1985），Well-being, Agency and Freedom：The Dewey Lectures
1984，in：*Journal of Philosophy 82*，169 – 221.

　　____ (1986)，Social Choice Theory，in：Arrow/Intriligator（eds.），1073 –
1181.

　　____ (1992)，Minimal Liberty，in：*Economica 59*，139 – 159.

　　____ （1996），Individual Preferences as the Basis of Social Choice，in：Ar-
row/Sen/Suzumura（eds.）.

　　____ /B. Williams（eds.）（1982），*Utilitarianism and Beyond*，Cambridge.

　　Stevens，D. N. /J. E. Foster（1978），The Possibility of Democratic Pluralism，
in：*Economica 45*，401 – 406.

　　Sugden，R.（1981），*The Political Economy of Public Choice*，Oxford.

_____ (1985), Liberty, Preference and Choice, in: *Economics and Philosophy 1*, 213 – 229.

_____ (1993), Welfare, Resources, and Capabilities: A Review of Inequality Reexamined by Amartya Sen, in: *Journal of Economic Literature 31*, 1947 – 1962.

Suzumura, K. (1976), Remarks on the Theory of Collective Choice, in: *Economica 43*, 381 – 390.

_____ (1978), On the Consistency of Libertarian Claims, in: *Review of Economic Studies 45*, 329 – 342.

_____ (1980), Liberal Paradox and the Voluntary Exchange of Rights Exercising, in *Journal of Economic Theory 22*, 407 – 422.

_____ (1983), *Rational Choice, Collective Decisions and Social Welfare*, Cambridge.

_____ (1991), Alternative Approaches to Libertarian Rights in the Theory of Social Choice, in: Arrow (ed.), 215 – 224.

_____ (1996), Welfare, Rights, and Social Choice Procedures, in: *Analyse & Kritik*, this number.

Van Hees, M. (1994), *Rights, Liberalism and Social Choice*, dissertation at the Catholic University of Nijmegen.

_____ (1995), *Rights and Decisions: Formal Models of Law and Liberalism*, Dordrecht.

_____ (1996), Individual Rights and Legal Validity, in: *Analyse & Kritik*, this number.

Weale, A. (1980), The Impossibility of Liberal Egalitarianism, in: *Analysis 40*, 13 – 19.

Wriglesworth, J. (1985), *Libertarian Conflicts in Social Choice*, Cambridge.

注释

[1] 在 20 世纪 80 年代中期以前这方面文献的主要观点的评述可参见 Suzumura，1983；Wriglesworth，1985；Riley，1987；Mueller，1989。

[2] 更重要的是，帕特奈克还指出，对于一些源于策略性互动的不确定性情况来说，这个将导致普遍冲突的一般行为模式是不可取的。由于具有策略性问题，我们所面临的情况完全不同于古典作家所讨论的侵犯自由的事例（如对约翰·斯图亚特·穆勒来说，源自策略性互动的不确定性并不是他关心的问题），现在还很难把握这一修正的意义。帕特奈克还指出，这一修正还具有这种可能性，某些"权利结构"也许并不具有任何纯策略的纳什均衡，而这时又具有使那些与帕累托原则相冲突的行为假设固定化的效应。我不敢肯定所有这些发现对于论证博弈形式权利与帕累托原则的一般相容性有多大益处，而帕特奈克也并未主张它能够做到这一点。从纯技术角度来看，这一发现是非常有趣的，虽然它们的实质性影响并不是特别严重。

[3] 对相关问题的讨论可参见本期专题所收录的 Rowley and Peacock，1975；Rowley，1993；Buchanan，1996；de Jasay and Kliemt，1996。

[4] 除了这一"解"与自由价值的不相容性之外，在这种解决路径中还存在其他的严重问题，即它的一般应用性（尤其是在两个人以上的世界里）、可维持性以及一致性。关于这些问题，参见 Breyer/Gardner，1980；Breyer/Gigliotti，1980；Gardner，1980；Suzumura，1980，1991，1996；Basu，1984；Breyer，1996。

[5] 在此我认为，布坎南的这一论断是错误的（因为它基于对最低限度的自由的错误解释），但相容性仍然是一个很有价值的一般问题。它还涉及布坎南在其他地方提到过的"基于讨论的治理"（governance by discussion）这一重要观点，本文后面还要提到这一点。

[6] 布坎南在本期杂志 119～120 页上所举出的事例混淆了这个问题，他没有从四个备选方案中排除其中两个，却假定所有四个都被排除。还有一个小问题，布坎南所给出的事例中有些令人费解的地方，分配给参与人 2 的那组

状态，即 $\langle z, w \rangle$ 视参与人 1 的条件而定（无论参与人 1 蓄胡须还是刮掉——参与人 2 在每种情况下都蓄胡须）；这样根据布坎南的定义，参与人 2——相当狭隘地——就有权在参与人 1 的胡须的保留上具有选择权（无论参与人 1 希望什么）。如果不是布坎南在讨论这个问题时引用了我的一句话（在那里备选方案不是这些），而这很容易给人以我曾经讨论过该问题的错误印象，也许本来就不值得讨论该问题。当然，布坎南的推理路径所存在的主要问题在其他地方，即他没有明白在一组状态上的权利只是赋予一个人否决两个备选方案之一的权利。

[7] 在自那以后的文献中，一些主张弱化帕累托原则（比如 Farrell，1976；Suzumura，1978，1983；Hammond，1981，1982；Austen-Smith，1982，1991；Rawls，1982；Riley，1985，1986，1987；Wriglesworth，1985；Coughlin，1986），另外一些则提出了不同种类的放宽自由要求的弱化形式（如 Ng，1971；Gibbard，1974；Bernholz，1974；Blau，1975；Campbell，1976；Seidl，1975；Kelly，1976a，1976b，1978；Aldrich，1977a，1977b；Ferejohn，1978；Karni，1978；Mueller，1979，1989；Austen-Smith，1980；Breyer/Gardner，1980；Gardner，1980；Suzumura，1980，1983；Baigent，1981；Gaertner/Kruger，1981，1983；Levi，1982；Wriglesworth，1985）。其他需要注意的问题包括权利与平等的相容性，关于这一问题可参见 Kelly，1976a；Weale，1980；Suzumura，1983。

[8] 还可参见 Knight（1947）。公众讨论的重要性弥补了个人对所希望的生活的反思的不足，而 Nozick（1989）讨论了后面这一实践以及"省察生活"这一主题，它们在更一般的意义上涉及苏格拉底式的种种关怀。

第五部分 观点与政策

理性与自由

第 15 章
位置客观性*

1. 引　言

我们所观察到的内容取决于我们相对于观察对象的位置（position）。我们决定相信的内容受我们所观察到的内容的影响。我们决定行动的方式又与我们的信念相关。与位置相关的观察、信念和行动对我们的知识和实践理性来说处于中心地位。认识论、决策论和伦理学中的客观性必须考虑到观察的参数相关性和基于观察者位置的推论。本文将探讨一些参数相关性的广泛后果。[1]

强调位置的一个直接含义就是质疑以个体观察者及其位置的不变性的形式观察客观性的传统观念——"来自乌有乡的观点"，正如托马斯·内格尔（Thomas Nagel）在他那本富有启迪意义的著作中所说的。"一种观点或思想形式要比另一种更为客观，如果它更少取决于个人的气质、他在世界中的位置或他所属的这类特殊的生物的特征等的规定。"[2]这种看待客观性的方式有着明显的优势，内

　　* 本文出自 1990 年 9 月我在耶鲁大学法学院的 Storrs 讲座中关于"客观性"的讲义。我非常感谢下列人士的富有教益的评论和建议，他们是：Jonathen Bennett，Joshua Cohen，Thomas Scanlon，Susan Brison，Guido Calabresi，Lincoln Chen，G. A. Cohen，Koichi Hamada，Susan Hurley，Mark Johnston，Arthur Kleinman，Anthony Laden，Isaac Levi，Tapas Majumdar，Frank Michaelman，Christopher Murray，Derek Parfit，Hilary Putnam，Thomas Nagel，Emma Rothschild，Bernard Williams，以及《哲学与公共事务》（*Philosophy and Public Affairs*）的编辑们。选自 *Philosophy and Public Affairs*（1993）。

格尔的概括集中讨论了客观性的古典观念中的一个重要方面。但是，这种客观性观念与不可避免的观察立场存在一定程度上的紧张关系。

这一紧张关系在基本观察结论的客观性问题上最为直接。客观评价的主题可以是对象在一个具体的观察位置上显示的方式。观察的内容可以根据不同位置而彼此有差异，但是不同的人可以在相似的位置进行观察，并得出相同的结论。当然，这种位置参数并不一定是场所（或与任何空间位置相关），它还包括：（1）任何影响观察的条件；（2）任何在参数上适用于不同人的条件。根据这种广泛的含义，不同类型的位置参数包括：近视、色盲或通常视力；通晓或不通晓一门特殊的语言；理解或不理解一些具体的观念；能或不能计算。观察的客观性必须是一个与位置相关的特征：不是"来自乌有乡的观点"，而是"来自确定的某个地方的"观点。[3]

但如果位置相关性仅仅只用于直接的观察，那么除了那类特殊的陈述，古典的客观性观念在很大程度上仍然是恰当的。我认为，这一紧张关系事实上要比这更为广泛。位置的多样性与信念和行动的决策的客观性也存在着普遍的相关性。

位置相关的客观性［简称"位置客观性"（positional objectivity）］在不同的语境中发挥着不同的重要性。第一，它对于直接的观察结论来说处于中心地位（第 2 节）。第二，位置客观性在获取科学知识的过程里也起了关键性的作用，由此也成为科学的建构部分（第 3 节）。

第三，更一般地，位置客观性对于理解信念的客观性来说也相当重要，不管这些信念是否正确。推理的客观性体现在给定个人所拥有的信息来推导出一个特殊的信念的过程，但真理是一个完全不同的问题。(恺撒相信布鲁图斯不会谋杀他时并不特别缺乏客观性，但他显然犯了大错。) 位置客观性对于理解"客观幻觉"(objective illusion) 也相当重要 (第 4 节)。客观幻觉可以用实际例子来说明，本文用发病率的评价问题和家庭里面的性别偏见来作范例。

第四，位置客观性还可以用来重估主观性 (第 6 节) 以及文化相对主义 (第 7 节) 这两个概念。

第五，位置客观性对于决策论来说至关重要，因为个人必须根据他有理由相信的事物来决定如何去做。它尤其有助于解释"主观概率"(subjective probability) 这一概念，后者可以被视为位置客观的预期 (第 8 节)。

最后，个人对其行动的伦理可接受性的自我估价也必须考虑到他所处的特殊位置，这一特殊位置与他本人的行动以及包括该行动的事态相对。这种自我评价对于判断结果主义伦理在义务论问题和行动者相对的道德观上的适用范围来说是一个中心问题 (第 9 节)。

2. 位置客观的观察结论

来看这一说法：

(A) 太阳和月亮看起来一样大。

很显然，这一结论并不是位置无关的，比如说，如果从月亮上看，这两个物体看起来完全不一样。但我们没有理由把这一判断视为不客观的。另一个人从大致相同的位置 (即地球) 来观察太阳和月亮，并有着同样的大小观念，将会同意前面的这个说法。并不存在直接的理由把说法 (A) 看作"具有精神上的根源"或"属于或专属于个人主观或精神活动"(引用两种主观性的标准陈述)。[4] 即使这里没有明确提及位置的参照系，我们仍然可以把 (A) 视为一个位置判断，其陈述如下：

（B）从**这里**看，太阳和月亮看起来一样大。

当然，人们还可以从与他现在所处位置不同的位置来观察事物，并作出判断：

（C）从**那里**看，太阳和月亮看起来一样大。

一旦观察位置确定下来，客观性要求人际不变性（interpersonal invariance），但这一条件与观察的位置相对性完全相容。不同的人可以处在相同的位置上作出相同的观察结论；同一个人可以处在不同的位置上作出不同的结论。从这个意义上说，客观性并不是一种"来自乌有乡的观点"，而是一种"不是来自具体某个人的观点"。观察结论可以既是位置相关的，又是不以人为转移的。

3. 知识、 科学和位置客观的信念

但是，观察结论的认识论地位仍然存在许多问题。也许有人认为，像（A）、（B）、（C）之类的观察命题"只不过"是表面现象的说法，它与"实在"（reality）对立。另外似乎有理由将这类陈述的主题不看作世界如其所是的知识，而看作世界如其所**显示**的知识，这样，此处的客观性就不再是关于如其所是的世界的客观性。但是观察的发生本身也是我们生活于其中的世界的一部分。这里的直接问题不在于观察特征（包括所谓的"第二性质"）是否为物体**本身**的特性，而在于，观察者和被观察物同属于我们生活于其中的世界，观察本身也是如此。将不变性作为观察结论的客观性的要求是基于这样一种事实，即我们可以检验这种观察能否被处在相似位置上的他人所复制。

还有一个更为基础的问题是，我们能否做到在与反思的观察者

无关的情况下思考世界如其所"是"的情形。[5]在这里我将回避这个深刻的形而上学问题。即使根据传统的对现实世界的理解，位置客观性也必须是科学的一个重要部分。如果对象的观念不能离开观察和反思行为的话，位置客观性将会更为重要。

观察无疑是建立在位置的基础之上，但科学推理当然不能仅仅依据从一个特殊的位置所观察到的信息。因此有必要进行所谓的"跨位置"评价（trans-positional assessment）——吸收不同位置的观察结论同时又超越它们。要建构"来自乌有乡的观点"，就需要将这些不同位置的观点加以糅合。不同观察结论的位置客观性仍然非常重要，但本身已经不够充分。跨位置的审查将要求关于不同位置的观念之间具有某种一致性。[6]

当我们进行"跨位置"评价时，往往会获得对各种位置上的（并可能彼此不同的）观察结论的更广泛理解。拿太阳与月亮的相对外观这一简单事例来说，我们也许可以毫不困难地区别：（1）太阳与月亮对我们而言看起来有多大；（2）我们认为它们"实际上"有多大（根据我们所能理解的方式，比如我们以规定的速度移动的话，分别要多长时间才能绕它们一圈）。我们对这两种不同的结论有着一致的理解，因为我们知道一些光学和投影知识，知道我们与太阳和月亮之间的距离，也知道估计太阳和月亮大小的不同方式之间可能存在的对应性。

我们还知道，我们所看到的太阳和月亮的相对尺寸将对应于它们在我们的观察视域中的投影。事实上，太阳与月亮看上去同样大小也可用另一个现象来说明，当发生（从地球上看到的）日全食时，月亮几乎刚好覆盖了太阳。[7]这些位置的相对性可以根据光学和投影知识来加以讨论，如果我们熟悉的话。

但是科学家跨位置的推理能力取决于他所知道的内容以及他所使用的推理类型，而这些事物，在一个更广泛的意义上，也属于位置性特征。那些有助于我们理解世界的"概念框架"，也完全可以被视为与观察行动和反思相关的一般位置特征。但各种建议的（或隐含的）概念框架以及推理路径当然也会受到挑战，引发各种相对立的概念以及建构路径。跨位置的一致性和批判性的审查要求具有广泛的穿透力。科学史上到处可见新的公认的科学信念推翻原先的公认结论或克服不同结论的多元性的事例。[8]

4. 位置与客观幻觉

观察和理论建构的位置在推导科学知识的过程中发挥了重要的作用，这在人们信念形成的一般过程中也是如此，即使信念远不符合科学中学科训练和检验的要求。事实上，位置尤其有助于解释系统的幻觉和持续的误解，这对于社会分析和公共事务来说相当重要。

我们再回到太阳和月亮的相对大小的事例上，假定有个人，他生活的社会不了解与距离相关的投影知识，也没有其他的与太阳和月亮相关的信息来源。由于缺乏相关的概念框架和相应知识，此人也许认定，太阳和月亮确实是一样大小，并且如果绕它们移动的话，要花去同样多的时间（在两种情况下都以相同的速度移动）。[9]如果他了解距离、投影等方面的知识，那么这种判断无疑是极不合理的，但既然他对这些知识全然不解，那么这种判断并非那么不合理。他关于太阳和月亮确实一样大小的信念（也就是说，如果一个人以相同速度绕它们一圈的话，将花费相同的时间），无疑是错误的（一种幻觉），但是在给定了他的位置的全部条件下，这种信念本身并不能被视作是完全主观的。事实上，任何一个恰恰处在他的位置上的人——对相关信息和概念同样无知——都会因为同样的理由而持同样的观点。[10]这一信念所包含的**真实性**不同于他所相信的内容的**客观性**（给定他所观察的对象以及他所知道的其他知识，等等）。

位置客观性有助于解释马克思哲学中的"客观幻觉"这一概念。[11]根据这种解释，客观幻觉是一种位置客观的信念，但事实上是错误的。客观幻觉这一概念包括：（1）位置客观的信念；（2）认为该信念错误的诊断。在太阳和月亮的相对大小的事例中，它们外观上的相似性（这是位置客观的）将导致——缺乏其他信息以及批判性审查的机会——关于它们的"实际大小"的位置客观的信念（用绕它们一圈的时间来表示）。可见，该信念的错误恰当地说明了客观幻觉。

G. A. 柯亨提出了下面有着客观幻觉的分析，发展了马克思关于"具有客观地位的事物的外部形式"的观念：

马克思认为，感官使我们错误地理解空气的成分和天体的运动。 但是，一个人若企图通过呼吸来测定空气的不同成分，那么他的鼻子必然不能像健康的鼻子那样发挥作用。 一个人若真诚地宣称，他感觉到太阳是静止的而地球是转动的，那他的视力一定出了毛病，或是视神经失去了控制。 感觉空气是一种元素和感觉太阳在运动，比起产生幻觉更类似于看到海市蜃楼的经验。 因为，如果一个人在适当的条件下还看不到海市蜃楼的话，那么他的视力就有问题了。 他的眼睛无法记录远处的光的活动。[12]

这些观察结论也是客观的，它们与用正常鼻子呼吸、用正常眼睛看太阳、用正常的视力观察远处的光线等的位置特征相关。

这里位置观察结论并不仅仅是主观性的；它们在它们自己的范围内有理由是客观的。与信念相关的幻觉建立在有限的位置观察结论之上。而这些信念——虽然可能是虚假的，在缺乏其他的位置审查的途径（如在实验室分析空气，观察其他行星和恒星相对于太阳和地球的运动，等等），并且缺乏对相关观念和概念的知识（如无嗅气体的芳香不可分性，物体相对运动的性质，等等）时，其推导仍然可以是客观的。

因此，位置客观的信念这一观念有助于我们将"客观幻觉"置入一个更具包容性的框架之中。这一框架必然是广泛的，因为一个位置客观的信念可能是一种幻觉，也可能不是。

5. 客观幻觉的事例： 发病率和性别偏见

客观幻觉在许多事例中都可以找得到。马克思自己主要是把它用来分析阶级和"商品拜物教"，而这又使得他深入探讨他称为"虚假意识"（false consciousness）的领域。一种不同类型的问题涉及自我认识的发病率问题，而这对于分析发展中国家人们的健康状况尤其重要。

比如说，在印度各邦中，喀拉拉邦有着最长的寿命期望值，远远超过其他各邦（男性为 67.5 岁，女性为 73 岁，而整个印度男性和女性的寿命期望值为 56 岁），专业医疗方面的评价显示，喀拉拉邦成功地改善了卫生条件。但是，喀拉拉邦的报告同时也显示，它有着最高的自我认识的发病率（在平均发病率和分年龄段的发病率上都是如此）。另一个极端的事例是像比哈尔邦和北方邦等地方有着非常低的寿命期望值，也不存在卫生条件改善的迹象，但却有着低得惊人的自我认识的发病率。如果医疗证据和死亡率的记录可信的话（我们没有特殊的理由把它们排除在外），那么这幅根据自我评估而画出的相对发病率的图景必定是错误的。

而将这些自我认识的发病率视为偶然的误差或者个人主观的结论将是荒谬的。客观幻觉在此就具有解释力量。比起印度其他邦来，喀拉拉邦具有高得多的识字率（包括妇女的识字率）以及更为广泛的公共卫生服务体系。因此在喀拉拉邦，人们强烈地意识到，对于可能的疾病必须寻求医疗救治和采取预防措施。这些思想和行动有助于降低喀拉拉邦的实际发病率和死亡率，它们同时也提高了对病痛的认识。另一个极端是，北方邦的公共卫生设施严重短缺，其大量的文盲对疾病的认识非常少，也很少采取治疗和预防措施。这使得北方邦的卫生条件和寿命期望值情况更加恶化，也使对发病率的意识远比喀拉拉邦要有限得多。北方邦的低发病率的幻觉确实有着位置客观的基础，这一结论也适用于处于相反位置的喀拉拉邦。[13]

这些观点的位置客观性——以参数位置的规定为前提——值得我们注意，社会科学家绝不可仅仅把它们视为是主观的或者任意的。但在任何跨位置的理解中，这些自我认识也不可被视作是对相对发病率的准确反映。事实上，甚至从"生活"在特定地域——比如北方邦——的一般位置来看，它们也算不上是位置客观的，因为地理特征往往还附带不同的参数位置规定。（北方邦显然也有许多优秀的医生和精通医术的人。）健康幻觉的位置客观性取决于影响单个主体的位置参数（地理位置并不占中心地位），而这种现象在北方邦发生的频率也与这些位置参数和该地区大多数人口的情况的一致性相关。在各国和国际组织提供的医疗卫生统计数据的比较上，客观幻觉的可能性和频率有着广泛的意义。对自我报告的疾病和寻求医疗救治的数据进行比较时，我们必须对位置视角进行批判性审查。

另一种也取自印度的实际幻觉则涉及男性和女性之间在自我认识的发病率与观察到的死亡率上的不一致。在印度，妇女总体上要比男性在生存上处于劣势（正如亚洲和北非的许多其他国家一样，如巴基斯坦、伊朗和埃及）。[14] 在（经过短暂新生期的）各个幼龄阶段一直到 35～40 岁的年龄组，妇女的死亡率要显著偏高。但是这一阶段妇女的发病率却并不比男性高，有时甚至还低。这似乎与对妇女在教育方面的剥夺有关，此外还与社会倾向于将"正常的"性别不平等当作通常的生活方式的一部分有关。我曾在以前的一部作品中指出一个显著的事实，一项关于孟加拉大饥荒之后的情形的研究表明，寡妇极少自称处于"极为糟糕的健康状态"之中，而鳏夫则大声抱怨他们的处境。[15]

位置客观性的观念在理解性别不平等方面尤其重要。家庭工作既蕴涵着利益和家务分配上的利益一致，也蕴涵着利益冲突，和谐的家庭生活往往要求这些冲突的解决只能采取隐性的方式，而不是采取明确的讨价还价的方式。整天思考这类冲突通常被视作有悖伦常。结果，行为习惯就被（通常是隐含地）视作理所当然的模式，双方共同的倾向都是忽略妇女相对男性的被系统剥夺的存在。

在给定这些条件时，很难挑战这些公认的性别不平等现象，甚至将它们明确地定义为不平等从而要求人们关注也并非易事。[16] 虽然这里主要指许多发展中国家的医疗卫生状况，但这一现象本身是极为普遍的，有着许多其他表现形式（比如说家务劳动的分配以及事业机会的分享），甚至在欧洲与北美也不鲜见。家庭中的性别不平等往往通过与被剥夺者携手生活的形式而得以存在，位置视角的模糊则促成这些不平等得以盛行并持续下去。

6. 主观性与位置客观性

如果一个决定论者的观点用普遍因果关系来解释的话，可以如下表述，任何一个人的实际观察和实际信念都可以完全用影响他或她的观察和理解的位置参数来给予充分的解释。如果这些参数全都规定为同一位置的一部分的话，这些观察结论和信念将成为这一约束条件下的位置客观性。这样看来，每一种观念或意见都能够通过合理而彻底的位置参数的规定而获得位置客观性。

当然，这并不与影响观察和信念的主观特征所起的作用相矛盾。相反，在考虑的具体事例中，影响观点和意见的主观特征可以被简单地纳入规定的位置参数之中。相互重叠的形式可能性是位置客观性的参数形式的直接结论，它使得估价与所选的位置参数相关。

无论如何，相互重叠的形式可能性的存在本身并不是说，探讨作为重要的社会观念的主观性问题并没有意义。在审查某些主观武断的观点时，仍然有必要检验能否仅仅根据包含特别的精神倾向、特殊类型的缺乏经验或推理的约束特征在内的参数规定来推导出这些观点。如果可以这样，那么主观武断的诊断就仍然有效，而不管我们是否可以从那个非常特殊的位置将这些观点描述成具有位置客观性。

事实上，在确定位置客观性的时候，我们有着充分的实践理由来排除特别的精神倾向、特殊类型的经验缺乏，如此等等。如果我们选择了这种排除方式，那么，主观性与位置客观性相互重叠的部分将会大大减小，而且这样做对某些人来说至少术语会"更加简洁"（因为主观性和客观性通常被视作是彼此对立的）。另外，这样做又与以位置来看待客观性的一般方法存在矛盾之处。事实上，在分析系统的社会偏见（为处于同一社会的大多数人所共同持有）的时候，我们可以将某个显然具有主观特征的现象也视作具备从一个细致规定的位置出发的位置客观性，因为这样有助于我们集中讨论具有解释力量的因果联系。无论我们是否采取这种排除的路径，主观性和位置客观性在一般层次仍然有所不同；两者重叠的可能性并不能抹杀这一基本的区别。

7. 文化相对主义与内在批判

在给定位置客观性的参数形式下，仍然存在疑问：它是否自动使文化相对主义完全"客观"。这里我专门讨论受文化影响的对社会现象的解读问题。比如，妇女在某一特殊技艺方面的低能这一信念也许在统计上与她们所生活于其中的社会相关，该社会将需要该技术的职位部分或全部留给男性，妇女基本上没有机会来习得干这些工作的能力。让我们把这样的一个社会称为一个 S^* 社会。那么不管这一信念在其他地方看来如何荒谬，从 S^* 社会成员的立场来看，妇女低能的信念是否就是位置客观的呢？

通过详细规定 S^* 社会中个人的背景和其他的位置特征，这种没有根据的信念确实也具备基于那一详尽规定的位置的"位置客观性"。但很显然，从文化相对主义的证明力量来看，这里面并没有特别了不起的地方，因为得出该结论的位置参数必须相当特殊，通常蕴涵了某种一般性的无知（如对其他社会的经验和观察结论的无知）。文化相对主义的规范要求倾向于表达在一个更广泛的单位中，即将整个社会视作一个整体。这样，对 S* 社会中的主流信念和实践的批判只能来自另一种异质的文化（比如，有点像文化帝国主义的傲慢主张一样）。文化相对主义的规范要求包括对一个社会及其内在文化的顺从——这似乎是一种免于"外部"批判的豁免权。

但是这里所涉及的位置客观性并未涵盖所有处于其中并属于该具体社会的参数位置。[17]对位置参数的具体规定而言，这种信念也许是位置客观的，但它并不必然意味着，从作为 S* 社会成员的一般位置来看，这一信念也是位置客观的。这一假定的真正困难在于，它假定一组特殊的参数是 S* 社会成员的唯一选择。但毫无疑问的是，生活在一个特殊国家这个一般形式的位置规定（或作为该国的土著居民）并不能以非常直接的方式转化为位置参数的具体规定。不能仅仅因为一个人生活在这样的社会中，就一定要选择多数人（或甚至绝大多数人）的有利位置。考虑与 S* 社会相容的各种不同的位置参数是非常必要的，一个主流观念或多数的意见的存在并不能抹杀这种必要性。

在否定妇女低能信念的客观性问题上，人们当然有必要引入包含跨国视角的跨位置评价，吸取其他那些妇女拥有着更多展示才能的机会的社会中的结论和信念。但是更直接的问题在于，即使对那些生活在 S* 社会中的人来说，也不必然要持公认的妇女低能的观点。持相反的观点并不与生活在该社会相矛盾，而对那一观点的批评可能完全是"内在的"（而不是源于该社会的外部）。[18]

这个一般观点并不取决于任何对某种观点持异议或者不接受的实际经验，我们还应充分注意到，生活在 S* 社会中，这仍然是一个有待规定的位置，它向各种备选的位置特征开放。事实上，每个社会都有持异议者，甚至在最为极端的采取高压手段的社会中也会——

通常确实——存在怀疑分子。而且，在这些宣称同质信念的社会中，迫害机器的存在与使用似乎也说明，不同观点的可能性并不仅仅只停留在理论上。比如说，在伊朗，占绝对优势的教徒的观点可能并不比许多持异议者的观点更有资格评价"伊朗的立场"。这种跨位置实践的必要性是这个国家的内在审视的组成部分，它不可与外部批判相混淆，即使这些持异议者的观点受他们对外国作者（诸如康德、休谟、马克思或穆勒）作品的阅读所影响，这些成员的观点和批判解释对 S^* 社会来说也仍然是"内在的"。

文化相对主义的论点通常指涉一个过于模糊的单位。要检验这些特殊信念的位置客观性，我们还需要对位置参数加以更为细致的规定。这就打开了内在批判的可能性。在给定任意社会中持不同立场观点的可能性下，在每个社会里面都存在跨位置的评价的必要性。在任何给定的社会中，绝不可假定可疑的无异议的一致性，或通过维护权威观点或多数意见的政治高压来抹杀比较和评价不同观点、角度和结论的必要性。我们必须根据客观性的位置观所提出的各种问题，彻底地重新审视文化相对主义上的争论。

8. 主观概率作为位置客观的预期

当我们使用位置客观性来探讨所谓的"主观概率"时，这里存在一种紧张关系。主观概率这一术语意味着对任何客观性的否定，确实它也经常被定义为用于引导个人事实上希望下的赌注的信念和信条。另外，庞大的决策理论文献尤其关注如何形成这些信念并将它们系统地修正成未来可用的新信息——所谓的贝叶斯法则（Bayers' Law）就是它的一个经典事例。[19]其中广泛使用了推理要求，拒绝完全依赖异质信仰和主观信念。[20]可见，在某些方面，主观概率最终仍然要求客观性。问题在于，在哪些方面？

　　我们来看一个游戏，你从 52 张牌中抽出一张（你知道它是什么牌，但我无法知道），要我猜它究竟是什么牌，并为猜中下赌注。假定我猜它是黑桃 J，并以 1∶1 的赔率下赌注。除非我了解这一游戏以及你的行动的内情，否则我肯定会被视作相当古怪的人。我们假定我对其他情况并不能知道得更多，但仍然愿意用这一赔率下赌注。如果某个人对我解释这是不明智的做法（因为这里有 52 张牌），那意味着我必须"更为客观"。

　　但是，这一关于客观性的要求与我实际所处的位置有关。从你的位置来看，你确实知道这张牌是什么；但我所知道的仅仅是你从 52 张牌中抽出了一张。在任何确定这张牌究竟是什么的跨位置评价上，从你所处位置上的观察无疑是优先的（因为你能看到它而我不能）。但那一优先性对我毫无用处，因为我并不知道你所观察的事物。我必须从我的实际位置来评价这一状况。基于我的实际位置的位置客观性恰恰就是这里提到的客观性概念。当新的信息展开时，我的预期可以进行系统的修正，但每次我都试图在我有理由相信的事物上保持客观性。

　　当然，虽然我并不知道你挑出哪一张，但我也许并不会将每张牌都视为具有同等抽出的可能性。我也许有某种证据认为，你倾向于喜欢黑桃而且喜欢图案而不是数目。[21]我显然并不是仅仅接受统计的频率的指引。但不管我受到什么方面的因素影响，合理的主观概率考虑到我在实际所处位置上所拥有的相关信息和证据。

　　贝叶斯在给英国皇家学会的通信中将一个事件的概率视为："基于该事件发生的预期应当可以计算出的事物价值与预期该事件发生的事物价值之间的比率。"在这里，"应当"指最佳利用个人所能使用的信息。伊恩·哈金（Ian Hacking）在讨论贝叶斯的观点时，注意到贝叶斯对概率的概括存在着一个"表面的困难"：

有的地方，他的表述反映，似乎公平的赌率完全是可用信息的函数，而一旦有了任何新的信息，这一赌率将可能发生改变。但在其他地方，他又与这一观点相悖；他将一个事件的未知概率表述成，似乎存在一个概率的客观属性，它完全独立于可使用的信息。[22]

哈金分析了贝叶斯在（1）"证据相关的"概率含义即"公平的赌率"和（2）"机会，或长期的频率"上所作的区分，并指出了解决这一困难的方法。虽然哈金把后者而不是前者称为是"客观的"，但从他的分析中不难看出，前者"公平的赌率"本身也意味着避免异质的或主观的倾向，从而倾向于合理运用可以获得的信息。而且当获得新信息之后，还有必要修正这些赌率。可见，主观概率这一概念，虽然通常被视作是非客观的，但在贝叶斯的分析中，它也必须反映从打赌者的位置出发根据他所拥有的信息而要求的客观性。位置客观性这一概念恰恰就是理解贝叶斯的这一概念所需要的内容。

主观概率决策理论探讨了位置信息的理性使用。它并不关注作为"来自乌有乡的观点"的这种客观性——既没有频率形式，也不存在跨位置的审查。客观概率与主观概率在理性运用上的区别并不在于一方基于客观考虑，另一方则不基于客观考虑。相反，它们的区别主要表现为在不同环境中使用不同类型的客观考虑。

9. 义务论与位置结果主义

位置客观性对于伦理学也极为重要。[23]个人道德决策的本质使得某些位置特征必然与评价和选择相关。比如说，个人在导致某些灾难性后果中的作用也许在该人对包含这些后果的事态的评价中占据了特别重要的地位。从这个意义上说，位置视角在伦理学中比在认识论中具有更多的内在相关性。在此我并不专门研究伦理学是否真能做到实质客观这一问题，而只是探讨伦理推理和理性的位置性，它也适用于伦理判断的客观因素。

几位当代哲学家（包括伯纳德·威廉斯、托马斯·内格尔、德里克·帕费特等）曾主张以"主体相对"的方式来评价行动。[24] 主体相对性被视作是证明结果主义伦理观无法处理重要的主体相对价值观的一个论据。比如在一个经常引用的事例中，他们对（1）亲自谋杀一个人与（2）没有阻止第三人实施谋杀作出了实质性的区分。他们不无合理地将前者视为比后者更具否定性。这一区分的意义被解释为结果主义作为伦理方法的不充分的证据。即使在两种情况下结果都是"一样的"（一个人被谋杀），反对亲自谋杀的伦理理由要比没有阻止他人实施谋杀的理由强烈得多。[25]

但如果从其中所处的位置来看，这两种情况中的结果是否真的相同呢？为什么容许——事实上要求——亲自谋杀者将其结果事态视为与另一个他并未实施谋杀的结果完全相同呢？由于他实施谋杀行为而导致这一事态，谋杀者肯定承担一种特殊的责任。但我们不能认定，他不会将这一事态视为比另一种他未卷入其中这样的事态更具否定性。相应地，认为谋杀者本人看待这一谋杀是其中心方面的事态的方式恰恰与任何他人的看待方式一样，那也是很荒谬的。仅仅因为这一武断性的判断（结果判断是位置中性的），结果主义似乎不能指引主体相对的行动选择并吸收主体相对的价值观。[26]

伯纳德·威廉斯等人坚持行动道德的主体相对性，主张——我相信是正确的——谋杀者与他人各自的行动之间存在着重要的差异。但相似的推理也将强烈地蕴涵着，谋杀者看待结果本身（包括所实施的行动）的方式也并不等于别人所任意看待的方式。[27]结果的位置观可以使结果主义者对谋杀者的道德问题与没有阻止谋杀者的道德问题作出区分。

没有争议的结果的跨位置不变性的要求提出了这个重要问题，即每个人应如何看待结果？比如，当麦克白看到"坟墓中的邓肯"和"叛逆已经对他施过最狠毒的伤害"后，他和麦克白夫人确实有充分的理由采取与别人不同的方式来看待那一事态。并且，他们还有充分的理由怀疑他们所实施的行动，正如麦克白夫人所说："什么！这两只手不再干净了吗？"同理，奥赛罗并没有他人的那种看待苔丝狄蒙娜被扼死——为奥赛罗本人所扼死——这一事态的自由。

当我们评价由行动及其行动后果等因素所构成的事态时，排除对自己的行动有着特殊兴趣的可能性——并承担相应的责任——的做法是相当武断的。[28]如果存在这种可能性——而不是武断地排斥这种可能性，那么结果推理完全可以吸纳前面提到的义务论关怀。结果主义伦理与主体相对性在判断事态和行动上并不存在根本的冲突。

10. 结束语

客观性的位置观考虑到，观察、信念和决策对于个人位置特征具有参数相关性（parametric dependence）。这是一种新的客观性观念，它有别于传统的以不变性来要求的客观性观念。这种观念也蕴涵了个人不变性，而不必同时要求彻底的位置不变性。

　　根据这种观点，我们可以重新解释信念的客观性，包括被证明在探讨某些社会现象上极为有用的客观幻觉的观念（本文用对发病率的评价和对性别偏见的理解这两个特殊的事例进行了说明）。它还可引申出一种对文化相对主义的批判，这种批判与经常对文化帝国主义的批判并不一致。

　　这种客观性的观念还要求对理性决策的位置特征加以考虑，这对决策理论来说极其重要。特别是，它对主观概率和客观概率之间的区别作了重新解释。

　　这一概念还意味着一种更为广泛的结果主义伦理观的可能。一种观点认为，结果主义没有考虑到义务关怀和主体相对价值观的判断，这是源于结果主义对位置不变性的要求。我以为，这一判断是极其武断的。

注释

　　[1] 本文并不研究形而上学上涉及位置相关性的基础问题，尤其是外部世界与我们的观念力量的"二元性"。本文的论证过程会涉及这种二元性，而这种以古典笛卡尔形式出现的主张所蕴涵的实际含义和直接推论是相当简单的。但我相信，只有重新审视二元性这一问题本身，才能充分地理解这种推理路径的含义。

　　[2] Thomas Nagel, *The View from Nowhere*（Oxford：Clarendon Press，1986），p. 5.

　　[3] 观察的位置客观性是我的 Lindley 讲座《客观性和位置》（Lawrence，Kans.：University of Kansas，1992）所关注的主题。

　　[4] 这些话语选自 *Oxford English Dictionary*，但相似的说法到处可见。

　　[5] 相关问题可参见帕特南（Hilary Putnam）的精彩分析，他指出，（从形而上学的角度来看，）"精神与世界共同构成了精神与世界"（*The Many*

Faces of Realism [LaSalle, Ill.：Open Court，1987]，p. 1）。

[6] 参见 Susan Hurley，*Natural Reasons*（Oxford：Clarendon Press，1989），其中探讨了一致性对信念的客观性的一般意义。

[7] 在已故的雷（Satyajit Ray）的最后一部电影 [*Agantuk*——英语版本为《到访者》（*The Visitor*）] 中，这位人类学家向他的侄孙讲了一个惊人的事实，即从地球来看太阳与月亮的大小一样（如日全食所表明的），并且地球在月亮上的投影也是一样大（如月全食所表示的）。这位人类学家甚至想知道这些显著的位置特征是否意味着我们在一个更广阔的世界中所处的位置具有什么特殊的意义。

[8] 当然，无法保证这类趋同现象必然会发生。关于趋同以及语境相关性，可参见 Isaac Levi，*The Enterprise of Knowledge*（Cambridge：Cambridge University Press，1980）。

[9] 在这种情况下，此人与该社会的其他人都持相同的看法。但对于位置的客观性来说，这种相同看法本身既不是必要条件，也不是充分条件。相关性体现在此人的位置特征上，正是这种位置特征的一致性使得对不同的位置的客观判断彼此相符。

[10] 印度的正理（*Nyāya*）学派在公元初取得了正统地位，其成员声称，不但知识而且幻觉也都取决于先前存在的概念。在一个经常为人所引用的事例中，一个人把绳子当成了蛇，之所以产生这种幻觉，是因为事前有对"蛇概念"的理解，这是一种实实在在的理解。一个把"蛇概念"与"猪概念"相混淆的人是不会将绳子当成蛇的。关于这个问题的含义以及幻觉与实在之间的联系，可参见 Bimal Matilal，*Perceptions：An Essay on Classical Indian Theories of Knowledge*（Oxford：Clarendon Press，1986），chap. 6.

[11] 客观幻觉也出现在马克思的经济学著作中（而不仅仅在哲学著作中），其中包括《资本论》第 1 卷和《剩余价值理论》。

[12] G. A. Cohen，*Karl Marx's Theory of History：A Defence*（Oxford：Clarendon Press，1978），pp. 328–329.

［13］我们拿美国的自我认识的发病率与印度（包括喀拉拉邦）的自我认识的发病率相比较，就可以加强这一解释。通过以疾病对疾病的比较，喀拉拉邦在绝大多数疾病上有着比印度其余各邦更高的自我认识的发病率，美国在同一项疾病上有着更高的自我认识的发病率。关于这个问题可参见 Christopher Murray and Lincoln Chen，"Understanding Morbidity Change," *Population and Development Review* 18（1992）：481 – 503。

［14］喀拉拉邦在这个方面是个特例，其妇女的死亡率要显著低于男性。

［15］*Commodities and Capabilities*（Amsterdam：North-Holland，1985），appendix B. 在此还有一个有意思的现象是，一旦对妇女的剥夺被政治化之后，对妇女的不平等剥夺的认识中的偏见就不那么常见了。

［16］对这个问题的研究可参见我的 "Gender and Cooperative Conflict," in *Persistent Inequalities*，ed. Irene Tinker（New York：Oxford University Press，1990）。

［17］正如在分析发病率的认识上，教育和卫生落后的地区（如北方邦）的居民也许往往（在给定他们的位置参数之后）假设他们的发病率是相当低的，但仅仅因为居住在该地区或者因为成为绝大多数人持这种观点的社会中的一个成员，居民并不必然就会持这种信念（参见第 5 节）。

［18］相关问题可参见 Martha Nussbaum and Amartya Sen，"Internal Criticism and Indian Rationalist Traditions," in *Relativism：Interpretation and Confrontation*，ed. M. Krausz（Notre Dame：University of Notre Dame Press，1988）。还可参见 Michael Walzer，*The Company of Critics*（New York：Basic Books，1988），and Clifford Geertz，"Outsider Knowledge and Insider Criticism," mimeographed，Institute for Advanced Study，Princeton，1989。

［19］Thomas Bayes，"An Essay towards Solving a Problem in the Doctrine of Chances," *Philosophical Transactions of the Royal Society of London* 53（1763）；reprinted in *Biometrika* 45（1958）.

［20］比如参见 R. Duncan Luce and Howard Raiffa，*Games and Decisions*

(New York：Wiley，1957），and John C. Harsanyi，*Rational Behaviour and Bargaining Equilibrium in Games and Social Situations* （Cambridge：Cambridge University Press，1977）。

［21］我甚至在没有确凿证据的情况下持有某种信念。主观概率显然受到那些超越所有可用的证据的观念的影响。在给定可用证据的限度下，留给个人取舍的空间仍然相当大。本文的表述并不反对主观概率的这个特征。

［22］Ian，Hacking，*Logic of Statistical Inference* （Cambridge：Cambridge University Press，1965），p. 193.

［23］关于这个问题，可参见我的《权利与主体》［"Rights and Agency," *Philosophy & Public Affairs* 11，no. 1 （Winter 1982）：3 - 39，重印于 *Consequentialism and Its Critics*，ed. S. Scheffler （Oxford University Press，1988）］一文主体部分的最后一节。还可参见里根（Donald Regan）对这些观点的反对意见［"Against Evaluator Relativity：A Response to Sen," *Philosophy and Public Affairs* 12，no. 2 （spring 1983）：pp. 93 - 112］，以及我在同期杂志上的答复（pp. 113 - 132）。还可参见我的 "Well-being，Agency and Freedom：The Dewey Lectures 1984," *Journal of Philosophy* 82 （1985）：169 - 221。

［24］Bernard Williams，"A Critique of Utilitarianism," in J. J. C. Smart and B. Williams，*Utilitarianism：For and Against* （Cambridge：Cambridge University Press，1973），and *Moral Luck* （Cambridge：Cambridge University Press，1981）；Thomas Nagel，"The Limits of Objectivity," in *Tanner Lectures on Human Values*，vol. 1，ed. S. McMurrin （Salt Lake City：University of Utah Press，1980），and *The View from Nowhere*；Derek Parfit，*Reasons and Persons* （Oxford：Clarendon Press，1984）.

［25］我们可以通过检验选择亲自谋杀还是不阻止他人谋杀所面临的伦理困境而扩展这一比较，参见 Williams，"A Critique of Utilitarianism," pp. 98 - 107。

［26］关于不同类型的"中立性"（"行动者中立性""观察者中立性"和"自我评价中立性"）之间的区别和关联的分析，参见我的 "Rights and Agency," pp. 19 - 28（reprinted in Scheffler，*Consequentialism and Its Critics*，pp. 204 - 212）。

［27］当然，如果要求结果事态必须排除所蕴涵的行动，这一扩展结论就会受到约束。但是并不存在特别的、排除行动的理由。事实上，威廉斯在澄清不同观点之间的区别时，他也非常有效地考虑了那种"包含做 A 的事态"（"A Critique of Utilitarianism，"p. 88）。

［28］相似的论点适用于蕴涵个人自主性和完整性的主体相对价值观（另一些曾被视为证明结果主义伦理观的局限性的根据）。关于这个问题以及不同类型的主体相对价值观的区分，参见我的论文《权利与主体》。

第 16 章
论达尔文的进步观*

自 1859 年达尔文发表《物种起源》以来，现在已经过去了 $1\frac{1}{3}$ 个世纪。在这段时间里，达尔文的演化进步观彻底改变了我们思考我们自身以及所生活的世界的方式。在思想史上极少有哪件事情的影响能够比得上达尔文的演化进步思想的出现对人们造成的如此深刻和广泛的冲击。但是，在达尔文对演化进步的理解中包含几个不同的组成部分，这可能是因为其中某些因素的深刻性使我们忘记其他因素的可疑性质。特别是，达尔文的一般进步观——他的演化进步观所赖以建立的基础——往往容易误导我们的注意力，在好几个方面大大影响了当代世界。

我认为，在达尔文对演化进步的分析中包含着三个不同的组成部分：（1）关于进化方式的解释；（2）构成进步的观念；（3）对进化导致进步的方式的证明。在这三个部分中，第（1）部分彻底深刻地解释了世界正发生什么这一问题，同时又打开了一种有力的普遍推理路径，即将变化和转变视为演化和自然选择。当然，就达尔文所集中关注的特殊过程而言，也可以严格地提出其适用性的问题，此外，在这里还可提出其他一些小问题。比如，分析的层面应

＊ 本文是在 1991 年 11 月 29 日我在英国剑桥大学的达尔文学院所作的达尔文讲座内容的基础上修改而成的。我非常感谢下面这些人士所作的评论：Walter Gilbert，David Haig，Albert Hirschman，Richard Lewontin，Geoffrey Lloyd，Robert Nozick，Emma Rothschild。选自 Annual Darwin Lecture，1991，*London Review of Books*，14（November 5，1992）；republished in *Population and Development Review*，1993。

当是在**物种**选择（以及相应的现象概括）还是应在**基因型**（以及相关的基因特征）上。用物种来讨论（像达尔文那样）往往比较方便，但是自然选择往往是通过遗传特征以及相关的基因改变来实现传播的。虽然物种和基因密切相关，但两者并非一致。当然，这些只是属于同一方法内的次要争议，一般意义上的演进分析的作用和深远意义是毋庸置疑的。

同理，我们还可以对这些演进理念用于其他领域——尤其是"社会"领域，比如制度和行为规范的选择和生存——的适用范围提出合理的异议，在这些领域内，达尔文本人并没有确认他的分析的适用性。但不容争辩的是，将这种演进推理路径用于其他的社会研究领域有着极大的用处（即使极端严格的应用已经遭到并非没道理的批评）。这些问题已经有许多人讨论过了，我将不再探讨它们。在达尔文演化进步分析的三层含义中，对于进化如何实现（并得出非比寻常的结论）的解释，我没什么可抱怨的。我将集中讨论达尔文的分析逻辑中所隐含的进步观，也就是那三个组成部分中的第（2）、第（3）部分。

1. 我们的特征与我们的生活

达尔文对他所视为进步的内容有着清晰的理解，他将演化的成就视为进步。"并且由于自然选择，"他在《物种起源》的结尾写道，"每个物种向优秀的方向发展，所有物质和精神上的天赋都会臻于完善。"进步被视为产生"无穷多的最美最奇妙的形式"。达尔文将"更高等生物的产生"视为"我们所能理解的最崇高的目标"。

当他在《物种起源》的结尾中这样写时，很难否认达尔文的"这种极其崇高的生命观点"。问题是，这种观察生命的方式是否使我们恰当地理解了进步。这种观点的一个独特之处是集中关注我们的特征和特点（characteristics and features），关注我们是什么而不是我们能够做什么或能够成为什么。另一种判断进步的观点的根据是我们的生活质量。这种观点——某种程度上属于亚里士多德——在关注点上的转移不仅更加与我们有理由重视的东西相关联，而且它还把我们的注意力吸引到那种只看到物种的"高等性"（或基因的优秀）时往往被忽略的东西上。

我们可以过上另一种生活的能力并不仅仅取决于我们是什么，而且也取决于我们所处的环境。我们对我们所生活于其中的世界发挥全部的影响。因此，我们看待进步的方式对我们的决策和决心有着重要的意义。

2. 人类中心主义与人的价值

我把这两种观点分别称为——有点过于简单化——"物种质量"（the quality of species）观和"生活质量"（the quality of life）观，并检验两者之间的对立。前者——达尔文主义——的现代形式也许可以被描述为"基因质量"观，因为那些被自然选择和遗传的特征属于基因型。虽然我继续使用达尔文的术语"物种"，但"基因型"一般而言能够更好地描述这一含义，不过这两者的区分对于本文的主旨而言无伤大雅。

生活质量观似乎难免具有某种人类中心主义。这不仅仅是因为无法根据人类的生活质量来判断其他生物的生命质量，而且也因为"判断"一词本身就是人类专有的。这些都是真正的问题，初看之下，我们似乎有理由强烈支持物种质量观而不是生活质量观。但是，真正的图景要比这复杂得多。事实上，作为人类的评价框架，这两种观点都很难避免这一情况。即使在评价物种或基因型的质量时（比如判断何种形式是"最美最奇妙的"），也不可避免地蕴涵了我们的判断。当然，有可能取代这种判断，而代之以相当"中性的"以纯粹繁殖成功来判断的标准——在数量上超过竞争群体的能力。演进视角常常与这种绝非没有意义的标准结合起来。我将批判地审查这一标准的性质和用途，并借机讨论该标准"检验"要做到彻底一致所存在的严重困难。这些都是内在的逻辑问题——不同于更为基本的动机问题，即为什么繁殖成功应当成为评价进步的中心问题。

3. 物种、保存与动物生命

似乎可以说，由于达尔文的观点明确地注意到各种不同的物种和基因型，相比较倾向于关注人类生活类型的生活质量观而言，它具有广泛性的优势。比如说，也许可以认为，达尔文的物种导向观要比生活质量观更有助于我们理解涉及保护濒临灭绝物种的环境问题（这个主题获得了全球性的注意，并产生了国际性的决议，包括1992 年"地球峰会"上缔结的公约）。

但是事实完全不是这样。事实上，自然选择是通过选择性灭绝的方式来实现的选择，就此而言，保护濒危物种的环境利益在精神上完全是"非达尔文式的"。《物种起源》的一个最令人感兴趣且最有力的主题是"我们最好是按照我们所知道的造物者对世界施加的法则行事，至于世界上过去和现在的居民的繁殖和灭绝那是次要的事情"。达尔文继续声称，从这一过程来看，生存下来的物种是相当"崇高的"。灭绝是演进过程中的组成部分，任何反灭绝的观点必须在其他地方寻求支持。

相形之下，环境主义者能够从生活质量观那里获得某些支持。我们可以把这个世界里物种多样性的存在视作提高了我们的生活质量。更重要的是，如果人类能够并确实合理地估价了所有现存的物种（即使是那些相当"不适应的"和"不被选择的"物种）的生存，那么根据人类推理（和我们的价值）而不是达尔文的"适者生存"进步观，就能更好地理解环境关怀。

更进一步说，生活质量的一般兴趣要比达尔文的观点更有可能直接关注像残忍对待动物之类的事情（比如，把它们关在小黑箱里，或者使它们有意识地承受痛苦的疾病）。对活着的生物的生活质量的敏感对我们评价各种可能的生命方式有着重要的意义，否则这个世界未免过于冷漠。

4. 标准和比较

达尔文的进步观是怎么评价的？这种根据物种的优越性来判断进步的一般程序具有什么样的特点？什么是达尔文评价这个世界的演进成就的基础？不难理解，这种主张有一定的合理性，生物在长期的历史中存在着进步，或者我们从原始形式演进过来的方式具有某些优点。很显然，知识和文化上的高度进步与现代人类的创造性同原始动物及植物的世界存在着天壤之别，更不用和单细胞原生动物早期世界相比较了。与在围着太阳旋转的无声地球上涌动着亿万只变形虫或寒武纪的节肢动物三叶虫的时代相比，完全有理由将我们这个世界视为一种荣耀。

但是，也不可过急地承认这一判断，我们还需要询问两个与所谓的演化进步的性质相关的问题：（1）根据什么标准？（2）与什么相比较？我将依次讨论这两个问题。

　　达尔文的选择标准存在两个步骤——其中第一个比另一个更为明显。第一个步骤是根据已出现的物种的优越性来判断进步。这是基本的达尔文进步观。正如我前面说过的，它涉及达尔文对于"我们所能理解的最崇高的目标"的理解——即"更高等生物的繁殖"。

　　第二个步骤更为具体，它只是隐含地而不是明确地体现在达尔文本人的著作中，虽然它得到许多达尔文主义者的明确表述与坚定辩护。物种（或基因型）优越性的判断标准就是繁殖成功——生存、繁殖并在总体的数量上超过竞争群体（其他物种、其他基因型）的能力。这一系列复杂的成就都归于"适应性"的名下，它由生存和繁殖成功所反映。"适者生存"这一主题对于达尔文主义确实是至关重要的，虽然这一术语最初是由赫伯特·斯宾塞（Herbert Spencer）所创造的（查理·达尔文也不无兴趣地采用这一概念）。在此基础上，演进最优性的许多现代支持者发展并扩展了这一进步的主张。

　　很明显，适应性必然与自然选择上的成功相关。问题在于，这是否意味着，进步的评价就在于被择物种的适应性增强上呢？看上去这是一个非常简洁的标准，但它是否中肯且富有说服力呢？它真的很简洁吗？

5. 适应性：一致和中肯

　　适应性标准以种种不同的极具抱负的形式广泛见于演进文献。在比较适应性的判断中常常可以推导出"最优性"的概念。根据适应性，一个物种或基因型是"最优的"当且仅当它能够胜过所有的对手。采用这种标准的一个困难在于这一事实：给定的一组备选物种的比较适应性可能取决于它们所争取生存的环境。不存在特殊的理由认为，在环境 A 中基因型 x 比基因型 y 更具适应性，那么在环境 B 中 x 也同样更具适应性。因此，常常会出现这种情况，一个选项并不比另一个选项占优（独立于实际的环境）。当然，也可能在所有相关的不同环境中，一个选项要比另一个选项都要差，而这样一个选项将从"有效"可能性的集合中排除掉。但是，我们可以想象得出，在"有效的"选项中存在着许多的不可比性：在某些环境中更优而在另一些环境中更差，因此并不存在一个对一个的一般排序。

这里有理由采用某些更为广泛的极大性（maximality）的数学概念，它容许某种不完备性（如某些"不受约束的"领域诸如社会选择理论中所使用的数学推理所系统包含的）而不是那种充满血腥的版本——纯粹的最优性，后者受到当前演进文献的偏爱。我们还注意到可能的非传递性：选项 x 也许胜过 y，y 胜过 z，但 x 也许无法胜过 z。这种可能性源于不同选项所具优势条件的多样性和异质性。这一过程类似于网球选手 x 也许能够击败 y，y 能够击败 z，但是我们不能完全肯定 x 事实上也能够击败 z。当生存竞争充满着相互依赖性，尤其是不同类型的基因型或物种同时存在的时候，非传递性和不完备性尤其可能会出现。

通过放弃某些容易误导人的简洁性可以使适应性的标准一致且彻底。根据这种标准而产生的进步观也许具有"漏洞"和"不足"，但它的基础不再是环境无关的适应性排序或自认充分的简单的两两对比之类的武断假设。由于寻求适当的判断进步的标准是一项艰巨的任务，付出一些代价是值得的。不管增强的适应性是一个判断进步的好方式这一主张具有多少优点，简洁和简单并不属于它的优点。

　　然而，把适应性作为进步标准还存在其他更深刻的困难。更基本的问题当然是：为什么？为什么繁殖和生存的成功必须成为成就的标尺？在我进一步讨论这个问题之前，我必须对演化进步观所涉及的第二个问题说上几句，即："与什么相比较？"

6. 比什么更适应？

　　在比较繁殖胜利上存在两种不同的确认竞争物种或基因型的方式。一种是长期的，另一种横跨各种选项的可能性。第一种评价方式是将每个时期的物种或基因型与先前一个时期的相比较。但是，由于不同时期的环境往往存在很大的差异，优胜的物种在历史上的成功并不能证明它们在适应性上的普遍优越性。假定某个时期内繁荣茂盛的一个物种在现存环境中具有特殊的优势，但只要超越它在当地和相似环境中的优势，这种推理并不能得出任何关于普遍的长期进步的结论。即使完全根据达尔文的适应性来定义进步，他的"所有物质和精神上的天赋"都会通过"自然选择"而"臻于完善"的观点也很难成立。

　　此外，如果不把一般的适应性当成标准，而采用诸如机械构造上的效率等直接的物质特征作为标准，达尔文的论述就还存在更多可议之处。事实上，朱利安·赫胥黎（Julian Huxley）就是用这种机械效率来确认长期进步的。[1] 比如说，他注意到长期以来马的奔跑速度的改进以及它们牙齿咀嚼能力的加强。最近吉拉特·韦尔梅（Geerat Vermeij）还将这类论据进一步加以推广，抱负也更为宏大。他认为，长期而言，在那些普遍适于生存的特征上存在着完全的改进，因此现代机体能够更好地应付不同的环境，从而超越它们曾经生活于其中的特殊环境。[2] 韦尔梅还为此找出因果解释，他发现，随着时间的长期流逝，"给定栖息地范围的生态环境本身就会越来越严峻"。

这些经验证据具有启发性，而相关分析也很有价值，但关于长期演化进步的结论也只能是试探性的，且相当温和。在一个"严峻的"环境中，某一物种比另一物种生存并繁殖得更好，这并不意味着它在另一个不那么严峻的环境（或者更为严峻的环境）中也会一成不变地做得更好。在证明长期的演化进步问题上，不能通过假定环境长期趋于严峻而把不同环境的适应性问题一笔勾销。

另一个与由这些长期比较得出演进的结论相关的基本问题是：什么内容可以，什么内容不可以归结为演化本身？将所有的长期发展都归结为演化显然失于武断。尤其是，某些短暂的自然事件也会导致变迁。演化，就其本身而言，并不会得出这样的结论，即恐龙的灭绝促成了一条不同的发展道路，并最终产生了人类。我们显然应当感谢那颗撞上地球的小行星——如果实情如此的话——它在6 500万年前灭绝了恐龙，但却最终促成了我们人类的出现。从我们的观点来看，即使（回避恐龙问题）承认长期以来存在着进步，我们仍然无法得出结论，说是演化本身带来了这种进步。

所有这些使我们有理由不通过长期的情况来作出判断，而通过横跨不同的可能性来判断，尤其是，可以通过将那些出现的物种与另一些没有出现的或者已经灭绝的物种进行比较来作出判断。这种认为物种在那一环境中是"最优的"这一主张包含着多大程度上的合理性呢？

事情也并不那么容易。达尔文或斯宾塞所说的"适者"可能属于某类中的最顶端——那类碰巧与相关的特殊物种相竞争的物种。许多因素——系统的以及偶然的——可能会阻止其他竞争者的出现。

进化生物学的研究表明，"发展约束"（development constraints）的影响使得最优性的主张力度大大减少，并变得更为复杂。[3]

如果我们不仅仅着眼于现存有机体的变异，而且还考虑到，在世界历史上存在不同的发展约束以及自然的彩票有着不同的结果时，现在可能出现的是完全不同的有机生物，那么问题会变得更为复杂。具有超人力量的像吉尔伽美什、阿朱那或阿喀琉斯之类的史诗人物使得虚构世界那么令人神往（当然不那么平静），他们也许是不现实的，但是很难排除每一种反事实的可能性，在这些可能性下，我们的适应能力比现在更强，因此能更好地生活在今天的世界里。根据不同的环境和概率，其他的情况本来也会出现。演进主张就像伏尔泰《老实人》中的主角所宣称的，"所有事情的发生都是如此完满，是所有世界中最好的"，但是这一主张还亟待界定何者被视作是"可能的"。

因此，严格说来，这种演化进步观的跨选项版本至多只具有某种局部的最优性——在一个有限的备选事物类别中的成功。但即使这种小小的成功也必须取决于将演化适应性作为判断进步的基本标准的合理性。

7. 为什么采用适应性？

很显然，适应性对于一个物种的生存和繁殖来说是充分的理由——事实上，适应性也就是这样定义的。但是为什么它本身必须成为进步的标准呢？生存优势往往源于不同类型的特征，这里并不存在特殊的理由以保证这些特征能使生命体更为舒适、更为富裕或更为美好。

我们来看一个例子。帕特里克·贝特森（Patrick Bateson）指出："一夫多妻的雄性灵长目动物为占有雌性而会与其他雄性争斗，它们通常要比一夫一妻的雄性灵长目动物具有更大的犬齿。"[4] 虽然这些拥有更具战斗力的牙齿的物种具有不容置疑的繁殖和生存优势（我并不想在这个很微妙的问题上过多纠缠），但人们并不会理所当然地认为，拥有巨大的犬齿具有内在美——以至于缺乏这类牙齿的一夫一妻的灵长目动物真的羡慕它们那硕大无比的牙齿。

不难看出，查理·达尔文将自然选择视为"每种生物的优秀品质"的理所当然的促进者以及达到"完善"的途径是不充分的。我们应当认识到，许多并不利于我们生存的美德和成就有理由受到我们的重视；另外，与生存相关的许多品质遭到我们极力反对。比如说，一群统治者将某类奴从——某种智人的变种——变成非人的模样，他们适应了这种情形并且演化成不仅是非常有用的奴隶而且是顽强的生存者和迅速的繁殖者，我们会把这种发展当成进步的征象吗？当然，与此相同的类比是我们用这种方式来对待我们所喂养的动物。但是，这种安排对于人类来说是完全不可以接受的，而且也无法确定，但对于动物来说却是可以接受的（前面已经说过）。

8. 评价与推理

在选择进步标准时必须进行合理的评价，这一工作不可全部留给自然选择。但是我们的判断能力究竟有多大程度的真实性和可信赖性呢？需要指出的是，不管我们持有什么样的价值观，也不论我们有着什么样的推理能力，它们本身也都是演化的产物。一些人根据这一点，声称我们的推理能力是特意挑选出来的，赋予我们以生存和繁殖的优势，因此这种能力不能用于其他目的。另一些人则认为，把我们的理性能力挑选出来显然就为支持演化成功的标准准备了筹码，因为我们本来就是那一过程的产物。这些观点是否削弱了我们的评价理论的相关性呢？我认为没有。

声称我们的推理能力也许本身是通过生存优势演化而来，这本身并不能自动得出它只用于这一目标的结论。一般而言，我们的机能并不是用来指向一个单一的目标。我们对颜色的分辨能力也有助于我们生存得更好（瞄准猎物或者避开掠夺者），但对于为什么我们无法欣赏塞尚或毕加索的画却是没有理由的。不论我们的推理能力是如何发展起来的，以及为什么会发展起来，我们都可以如我们所愿地使用它，在它的多种可能的用途中检视繁殖成功或生存优势能否合理地用作进步的标尺。

另一种反对意见也并不具有特别的说服力。相比较其他场景下或生活在其他可能的世界的生物而言，也许存在良好的理由使我们更有可能认同现存的世界。但是这一事实本身并未降低我们的价值观的重要性。更有意思的问题是，这种相互依赖性是否会使我们无批判性地接受我们发现的所有事情，对自然选择的任何产物都加以支持。没有什么证据能够证明这一点。比如说，作为一个我们也许会作出反应的信号，疼痛具有极大的"生存"优势，但我们并不认为，疼痛由此而成为一种值得拥有的事物。事实上，我们也许讨厌疼痛，即使在那种我们认为它确实具有激励作用的环境下也是如此。任何激励制度都具有胡萝卜或大棒的作用。虽然两者在信号传导和劝诱方面可以相容，但我们有着充分的理由倾向于一种胡萝卜体制而不是大棒体制。

2 500 多年前，释迦牟尼离开他的宫殿去寻求解脱，他这样做，是源于对人类的苦难以及疾病、衰老和死亡的痛苦的失望，显然，并不是没有能力不满于人类诞生的方式。当释迦牟尼认为杀生并吃肉是一种很恶劣的生活方式时，这一判断并不存在任何矛盾之处，即使自然已经倾向于由一种物种来吞食另一物种。

9. 个体与类

除了我们还有生存之外的其他价值这个一般性的困难之外，还存在一些更具体的问题。其中一个最重要的问题是演化与个体生存的相关性不大，而我们作为个体更倾向于这一主题。大概在《物种起源》出版的前 10 年，丁尼生就得出了正确的结论，他对自然抱怨道：

自然似乎如此宠渥这一类生物，
又如此毫不在意单个的生命。

首先，一旦我们过了生育年龄，自然对我们的福利或生存便不再感兴趣。其次，在选择优势的范围内，降低幼龄阶段上的死亡率并不比生育能力具有优先性，只要后者总体上能够促进该物种或基因型的增长。

因此，自然选择主要有两种"毫不在意单个的生命"的方式。它几乎不关心个体生命的长度，更不关心生命的质量。事实上，除了碰巧在一定程度上与生育优势相吻合——或者说相关之外，自然选择并未促进任何我们有理由重视的事物的发展。

10. 基因改进与优生学

我们有理由认为，达尔文的观点看上去是一种普遍的进步观，但事实上集中关注的是物种如何适应环境，而不是改进物种生活于其中的环境。因此，毫不令人惊讶，这种进步观直接鼓励了某种有意识的计划，即基因改进计划。达尔文适者生存的观点影响了世纪之交兴起来的优生学运动。它还纵容了这样一种观念，即对自然伸出"援助之手"来培养更好的基因型，主要方式是限制"不适于生存的"异体的繁殖。这种运动所宣扬的政策各种各样，从知识上的信念一直到强迫绝育。

这种运动有许多知名的鼓吹者，从弗朗西斯·高尔顿爵士（Sir Francis Galton，达尔文的表弟）到伊丽莎白·尼采（Elisabeth Nietzsche，哲学家尼采的妹妹）。这种对控制基因型的宣传曾在一段时间里甚嚣尘上，尤其是得到了希特勒这位残忍者的支持（希特勒 1935 年在伊丽莎白·尼采的葬礼上致哀），但最终仍引发争议。虽然达尔文从来没有宣扬过基因计划，但优生学观点与主要根据物种特征来解释的进步观相安共存。那些将达尔文的进步观视作是对一般进步的充分理解的人还必须面对通过选择性生育来实现基因控制的可接受性和限度这个问题。作为一种世界观，这种进步观必须符合我们有理由重视的其他与之相反的价值观的要求，包括自主和自由。

11. 有意设计与决心

虽然优生学运动从达尔文主义那里乞得灵感与知识上的支持，但应当公平地指出，达尔文本人的观点是将进步视为自发的、不含有意设计的。对于宗教信仰来说，达尔文主义最激进的方面在于对上帝同时有意创造所有物种的否认。但这种自发进步的一般问题远远超出了外在的神圣造物者的意图论的问题。如果演化能够保证进步，那么就此而言，演化的部分内在物——人类——的意图的必要性就将会大大减弱。更进一步可以这么推论，人们为试图带来进步而有意改变他们生活于其中的世界，这样将会对演进过程的自发运转造成危害。如果我们持进步的物种质量观，并且我们接受自然选择极大地改善了我们的适应性的观点，那么——也许可以怀疑——为什么要鼓励不适应的基因呢？自发进步的信念所否定的不仅仅是具有创造意识的基督教上帝的劳动。

可见，达尔文的进步观推着我们走向两个不同的方向。一个主张基因控制，另一个则要求无为而治，完全依赖自发性。当然，两者之间的共同之处在于，它们对如何改造世界以满足我们的需要的问题都沉默不语。这两种意图上的差距是根据物种性质而判断进步所直接得出的结果，它与根据物种的生命来判断进步的观点恰恰相反，后者直接将我们的注意力转向了对改造外部世界的需要。从那一共同的达尔文观点出发，积极的观点则提出了基因控制，而更为消极的观点则主张放任自然。两种都不主张改变我们生活于其中的世界。

12. 达尔文和马尔萨斯

这个问题与另一个问题相关：普遍放任自然与试图改变其不可接受的后果之间的巨大的态度反差。我们可以用马尔萨斯鼓吹自然从而建议社会不行动的主张与威廉·葛德文积极干预的主张来说明这两种态度的对立。[5]事实上，马尔萨斯是进化论的真正创始人。达尔文在《物种起源》中解释道，他的理论在某种程度上是"以加倍的力量应用于动物和植物世界的马尔萨斯学说"。

在 1798 年发表的著名的《人口论》中，马尔萨斯将人口增长问题与自然资源上的竞争相联系，从而确立了自然选择理论的基础。虽然该著作更大的哲学抱负是质疑葛德文和孔多塞的激进进步主义观（正如该论著的最初题名所言）[6]，但是其直接的目的是反对英国立法机关更改济贫法，试图按家庭规模比例来分配福利的主张。[7]在马尔萨斯看来，对自然过程的这种阻止将会带来问题；最好是放弃这些有意帮助那些不能接受帮助的人的做法。

马尔萨斯确实在宣扬——但不带什么乐观主义——自愿约束，把它当作一种减少人口增长的方法。这里我们再次看到（正如优生学的事例），其重心在于改造我们自身而不是使外部世界适应我们。马尔萨斯前后一贯且彻底地仇视那些帮助穷人的公共行动，并反对针对未婚母亲的妇产医院和针对弃婴的育婴堂之类的公共设施。[8]

对被剥夺者和受苦难者任其自然与运用公共设施来帮助他们之间的对立，在当代世界中仍然非常突出。事实上，这一对立的意义在近年来日益紧迫，因为那种让非人格力量——比如说，市场机制——大行其道的倾向在日益扩大它的影响。第二世界中普遍的破产现象每每被解释为，不仅仅是某种特殊的干预机制的失败，而且是所有类型的有意改良措施的失败。

13. 物种灭绝与环境

干预问题与社会事务紧密相关（如马尔萨斯与葛德文之间的对立），但环境事务也存在这个问题。我们来看潜在的臭氧层损耗问题。很有可能，如果任其自然发展，臭氧层的损耗可能最终会通过进化而导致某些基因反应。比如说，不那么脆弱的基因型在辐射变化时也许能够比另一些基因型更好地生存下来，并因此繁殖得非常多。（曾经有人说，我们这些有色人种将比白色人种的进化更慢，当然我并不会为此打赌。）

自然选择也许会用更"合适的"人种来取代我们，这只是演化的进步性质的部分特征。但若我们重视我们的生命，并厌恶疾病和物种灭绝，我们就会希望考虑一类行动，以便有力地阻止环境中那些不利的变化。从由我们所构成的人类的观点来看，基因的自然选择具有令人无法接受的而不是可喜的前景。

我并不希望将这一对立推到极端，但是显著的态度差异隐含在看待自然——或者更一般地，看待我们身处其中的环境——的这两种完全不同的观点中。可以说，那位优柔寡断的丹麦王子（指哈姆雷特。——译者注）的著名心声表达了这个困境的某个方面：

> 何者更为崇高？
>
> 是精神默默忍受无情命运的刀枪与箭戟，
>
> 还是拔剑冲向大海一般的苦难，
>
> 奋勇搏击，直至结束它们？

要不是达尔文晚年开始觉得莎翁非常令人生厌，这种含义也许本来不会吸引他的注意力。"我后来曾试图解读莎士比亚，"达尔文在他的自传里这样说，"但我发觉它是如此令人无法容忍地乏味，我实在无法卒读。"因此我也不再坚持解读莎士比亚，但是，有一点很重要，我认为，达尔文进化论者对此反思是不无裨益的。

14. 达尔文主义与我们的生活

总而言之，达尔文的进化论分析包括他对通过自然选择而实现的进化过程的解释以及对自然在物种（包括"更高等的动物"）起源上的作用的评价。达尔文的演进分析极其恰当地实现了这一解释性的目的，即使——正如我已经说过的——"适者生存"所隐含的适应性概念也许还需要更多的探究。

　　达尔文还根据物种质量——更具体地，生存的适应性——提出了一种进步观。这种观点集中关注生物的特征而不是它们的实际生命。达尔文的著作和影响的这个方面有许多值得质疑的地方。它倾向于忽略人类和其他动物的生活质量；它削弱了理性评价我们的各种优先事务并根据这一评价来生活的重要性；它还使我们的注意力从改造我们生活于其中的世界的必要性转移。而这又反过来导致这样的倾向，或者鼓励积极的基因控制（如优生学运动），或者纵容对自发进步的消极依赖（它更符合达尔文本人的主张）。但在这两种情况下，它们都没有关注我们的生活质量与外部世界的可调节性之间的关联。

　　著名的动物学家和达尔文主义理论家恩斯特·迈尔（Ernst Mayr）曾指出，自 1859 年《物种起源》出版后，西方世界任何一位思想家所提出的世界观必然与达尔文之前所形成的世界观存在彻底的不同。[9]确实如此，这个重要的事实值得充分的认可。但是一个建立在达尔文的进步观上的世界观存在着深刻的局限性，因为它集中关注的是我们的特征，而不是我们的生活，并且它要求改造我们自身而不是我们生活于其中的世界。

　　这些局限性在今天的世界尤其明显，现在到处可见各种**可以补救**的剥夺，诸如贫穷、失业、流离失所、饥荒和流行病、环境破坏、物种濒危、持续的动物虐待以及大多数人类普遍恶劣的生活条件。我们确实需要达尔文，但必须适度。

注释

［1］Julian Huxley, *Evolution in Action*（New York：Harper，1953）.

［2］Geerat Vermeij, *Evolution and Escalation*（Princeton：Princeton University Press，1987）。

[3] 关于这一怀疑观点的经典表述，可参见 Stephen J. Gould and Richard C. Lewontin，"The spandrels of San Marco and the Panglossian paradigm：A critique of the adaptationist programme," in *Proceedings of the Royal Society of London*，B，205（1979）。还可参见 John Dupre，*The Latest on the Best：Essays on Evolution and Optimally*（Cambridge，Mass.：MIT Press，1987）。

[4] Patrick Bateson，"The biological evolution of cooperation and trust," in Diego Gambetta（ed.），*Trust：Making and Breaking Cooperative Relations*（Oxford：Blackwell，1988），p. 16.

[5] 参见 William St. Clair，*The Godwins and the Shelleys：A Biography of a Family*（London：Norton，1989），其中精彩地分析了这种鲜明的态度对立。

[6] 原题是 *An Essay on the Principle of Population as it Affects the Future Improvement of Society，with Remarks on the Speculations of Mr. Godwin，M. Condorcet and Other Writers*（London，1798）。

[7] 参见 J. L. Brooks，*Just before the Origin*（New York：Columbia University Press，1984）。

[8] 参见 Brooks（1984）也即注释 [7] 中的引文；St. Clair（1989）也即注释 [5] 中的引文。

[9] Ernst Mayr，*One Long Argument*（Cambridge，Mass.：Harvard University Press，1991），p. 1.

第 17 章
市场与自由[*]

1. 引　言

本文从个人自由的视角，对竞争性市场机制会作出什么给出新的解释，并对它有望取得的结果给予重新评论。在为市场机制的辩护中，人们常常大量地使用"自由"这一修辞，比如有一种主张认为，市场体系可以让人们——用 Friedman 和 Friedman（1980）中的开创性的话来说——"自由选择"。但是市场配置的经济理论倾向于与"福利主义"规范框架更紧密地联系在一起。[1]竞争性市场的成与败完全根据个人福利的成就来判断（比如，基于效用的帕累托最优），而不是促进个人自由方面的成就。

我们很自然会怀疑福利主义成就与自由成就（当然还有在这两个方面的失败）之间存在某些联系，但我们必须检查和审视这些联系。我们应当探讨个人自由的不同方面以及它们与——如果有的

　　* 本文是在 1990 年 5 月 17 日约翰·希克斯讲座的演讲稿基础上修改而成的。本文没有收录演讲的开始部分关于已故约翰·希克斯爵士的某些个人评价：他不仅是一个伟大的经济学家和学界领袖，而且也是一个优秀的同事和热情的朋友。在本文的修改过程中，我从下面诸人的评论与讨论中获得了很大的帮助，他们是：Jean Drèze, G. A. Cohen, A. B. Atkinson, Emma Rothschild, Thomas Scanlon, Nicholas Stern, Richard Velkley, Stefano Zamagni，以及《牛津经济学论文集》（*Oxford Economic Papers*）的两位匿名评审人。此外，我还要感谢国家科学基金会所给予的研究资助。选自 *Oxford Economic Papers*，45（1993），"Markets and Freedoms: Achievements and Limitations of the Market Mechanism in Promoting Individual Freedoms."

话——竞争性市场均衡的本质联系。本文区别了自由的不同方面，其中尤其包括：（1）实质机会；（2）过程考虑，如决策自由和免于侵占。我将根据这些因素来检视竞争性市场机制。

在某些方面自由观要比"经济效率"（定义为效用方面的效率）观更为古老，但后者现在已经成为经济理论评价市场完成或没有完成其预定目标的标准程序。约翰·希克斯明确地指出这一重心的转移：

首先，古典经济学家（斯密或李嘉图）的自由或非干预原则并非经济学原理；它们是一个更为广阔的领域中的原则在经济学上的应用。 对经济效率而言，经济自由的内容只不过是第二位的支持……我要质疑的是，我们是否有理由忘却——正如我们中的绝大多数已经这样做了——这一论点的另一面（Hicks, 1981, p. 138）。

本文部分遵从了希克斯所建议的方向，根据市场机制在促进个人自由方面的贡献和局限来重估市场机制。[2]一般而言，在评价市场机制上，往往都掺杂着批评与赞扬[3]，在这个方面，一个基于自由的评价也没什么根本不同的地方。关键问题在于指出它具体的哪些方面应获得赞扬或批评、什么是判断的理由，以及支持与谴责的根据是什么。

下面一节简短讨论了标准福利主义对于竞争性市场均衡的成就的评价基础。第3节区分了自由的不同方面，探讨了研究的概念基石，并对个人自由的评价基础的不同方面加以评论。对自由的过程方面，包括自由、豁免权、自由意志权利和否定性自由等内容的考虑，将在第4节深入探讨，同时这一节还对这些条件下的市场机制的作用进行了分析。

　　接下来的两节专门探讨了自由的机会方面。第 5 节致力于分析自由的机会方面与偏好实现的实质范围之间的关联中所蕴涵的概念问题。这里集中关注了自由效率的弱形式。本文指出，个人偏好的共享含义提出了自由的机会方面与竞争性市场的本质的联系基础（由于我们必须超越商品区间来评价自由机会，因此两者之间的联系更为复杂）。第 6 节分为三个小节，其中竞争性市场均衡的福利效率的要求被一个相关的但实质不同的机会自由的弱效率所取代。

　　第 7 节根据与个人自由相关的各种正面要求讨论了市场机制的局限性。最后一节对本文的主题作了总结性评论。

2. 市场与福利主义效率

　　现代经济学对市场机制的基本评价在很大程度上建立在所谓的"福利经济学的基本定理"之上。[4]这一定理只关注完全竞争市场，并且集中讨论均衡中的市场而不关心非均衡状态。定理包含两个部分。第一个命题（我把它称为"直接定理"）是，在特定的规定条件（包括不存在"外部性"，即非市场相互依赖）下，每个竞争性市场均衡都是"帕累托有效的"（也称作"帕累托最优"）。一种事态被定义为"帕累托有效"是指这样一种情况，其中没有人能够在不降低其他人的效用的条件下提高自己的效用。也就是说，"直接定理"认为，从任意竞争性市场均衡出发，不可能作出不含冲突的普遍改进（根据个人效用来判断的改进）。

　　这一定理的第二个部分稍微复杂一些。它认为，在给定某些条件（包括无外部性，但还缺乏显著的规模经济）下，每一种帕累托有效结果都是一个在某组价格上与某种给定资源的初始分配相关的竞争性均衡。这就是说，无论我们对帕累托有效状态如何规定，通过适当地选择资源的初始分配，都有可能达到一个竞争性市场均衡并恰恰产生那一状态。这一"逆定理"通常被视作支持市场机制的更重要的主张。

"直接定理"——所有竞争性市场均衡都是帕累托有效的——对于市场机制来说，似乎算不上特别的胜利品，因为很难看出帕累托效率是社会最优的充分条件。帕累托效率对效用（或收入或其他什么）的分配完全不关心，也没有涉及公平。另外，"逆定理"所隐含的动机则指出帕累托效率对于社会最优的必要性。在给定结果福利主义观（完全根据个人效用来判断社会善与正当行动的学说）的条件下[5]，容易认为，如果某种变化会使每个人的效用都得到提高（或者某个人提高了效用，其余人则至少拥有同样的效用），这一变化就应当发生。如果这一主张是可以接受的，那么社会最优就必定还是帕累托有效的，因为帕累托无效状态下还能够实现社会改进。这一基本假设与该定理的第二部分具有直接的相关性。给定结果福利主义观的条件，无论我们怎样确认社会最优状态，我们都可以通过在相关的初始资源分配下的竞争性市场均衡来达到这一社会最优（诸帕累托有效点中的一个）。

但是，这种看待"逆定理"的方式具有非同小可的欺骗性，即使在纯粹的福利主义评价所要求的限制条件之内也是如此。用竞争性市场均衡来取得任意社会最优，我们就必须令最初的资源分配是恰当的，而这又取决于我们的社会目标所具有的公平意识，后者可能要求对所有权模式的全面的重新配置，不论我们在历史上接受了什么配置模式。

可以说，"逆定理"属于"革命家的手册"。[6]我并不对这一社会事实感到惊讶，即市场机制的热情鼓吹者通常在主张所有权的辐射状分配时并不特别具有革命性。这里更直接的意义在于认识到，如果我们不能够——由于政治、法律或其他什么理由——自由地重新分配资源，对于任何给定的资源的初始分配，逆定理甚至并不保证帕累托效率这一有限的成就。相反，"直接定理"则确实保证那一要求——它确保此时此地某种东西相当牢固，即使那一成就远非恰当。[7]

3. 自由概念：　过程与机会

我们现在来看自由的要求。自由具有许多不同的方面，几乎不可能得出一个充分反映自由各个方面的实值指数。具体地说，自由至少具有两个重要的方面，我将把它们分别称为"机会方面"和"过程方面"。我曾在其他文章中指出，自由的综合评价必须包括这两个方面，它们中的每一个都具有不可低估的重要性。[8]

第一，自由赋予我们以机会来追求我们的目标——那些我们有理由重视的东西。由此，自由的机会方面指我们达到目标的实际能力。它也指我们所拥有的达到我们能够并且确实重视的目标的实际机会（不论达到目标的过程是什么）。

第二，自主选择的过程方面也极其重要，它是个人手中握有的控制杆（不论它是否增加了我们达到目标的实际机会）。自由的过程方面指个人自由决策的程序。

完全关注自由的"机会方面"的事例可以在消费者理论关于"预算集合"的评价所隐含的自由态度（Samuelson，1938，1947；Hicks，1939）中找到。由于这一观点仅仅在工具的意义上考虑自由（专注于我们实际能够获得的最好商品），因此，选择"预算集合"中任意元素的自由隐含地受到了重视，确切地说是集合中被选择的——"最偏好的"——元素的价值受到了重视；该菜单中的其他元素从根本上无关紧要。这种看待自由的机会方面的方式蕴涵了一种在相当简单的不存在不确定性的条件下的自由观。

但是，正如库普曼斯（1964）和克雷普斯（1979，1988）的探讨所表明的，这种方法可以通过引进对未来兴趣的不确定性来作出重要的扩展，其结论实质性地重视了不同的选择可能性，但仍然是基于纯粹的工具理由（即未来兴趣的可变性）。他们关于"灵活性偏好"（the preference for flexibility）——因此涉及实质自由——的论述仅仅关注自由的机会方面，即在不同的未来兴趣下最好的结果将是什么。在克雷普斯的分析中，对未来选择的菜单的评论是根据相应的预期效用给出的，其中该人未来可能具有不同的效用函数，其权重是相应的概率。

库普曼斯-克雷普斯的观点对自由的实质理论来说极其重要，因为未来的不确定性是一种促进选择自由的重要理由。[9]但本文将不引入不确定性，因此在此将不采纳作为自由机会方面的工具性的库普曼斯-克雷普斯扩展。在缺乏不确定性的情况下，最大值机会观估价选项集合时仅仅根据该集合中最大的那个元素（或几个元素）。

但是，即使缺乏不确定性，也仍然可能采取一种更为广泛的观点，并在某种程度上考虑选择的"值域"（除了最受欢迎的能够可供选择的备选方案之外）。我们可以估价各种不同的机会，而不必将机会估价完全归结到最大值上，即使最大值在我们的考虑中占有重要的地位。如何实现这一点，我将在第5节对它加以讨论。

与机会方面相对立，许多作者则强调了自由的过程方面。弗雷德里希·哈耶克（1960）在他的《自由宪章》中最富雄辩色彩的一章为自由的过程方面提出了一种相当纯粹的——并且是相当极端的——形式：

> ……去做某件事情的自由非常重要，它与我们或大多数人能否利用这种可能性毫不相干……甚至可以说：利用去做某件事情的自由的机会越小，对整个社会来说，它也就越珍贵。机会越小，在它出现后又再失去的后果就越严重，因为它提供的经验几乎是独一无二的（Hayek, 1960, p. 31）。

哈耶克认为，那些最不大可能使用的机会反而被赋予更多的价值，这种主张也许包含着某种"矛盾"。但显然哈耶克正确地认识到，"做某件事情的自由"对我们相当重要，即使我们不大可能行使那一自由。这里的考虑涉及自由的过程方面——哈耶克本人尤其强调在个人自由的实践中免于强制的重要性。过程方面包括了一些在自由的机会方面并未涉及的一些考虑。[10]

就过程方面而言，它包括几个不同的特征，尤其是：（1）有待选择的决策自主性；（2）免于他人的干预。前者涉及个人在选择过程中的操作性地位，而在此关键问题上是自我决定的，即选择是由该人亲自作出——而不是由他人或机构（为他作出）。这要求确认自主决策的正当领域。

另外，为了阐述免于强制的内容，有必要定义是什么构成了"干预"，许多自由至上主义哲学家曾经讨论过这个问题。作为免于干预的自由与曾被称为"消极自由"（negative freedom）的自由密切相关。事实上，消极自由这一概念可以指自由的"过程"方面

"免于干预"的成分，在此我将遵从这一传统。[11]

然而，"积极自由"与"消极自由"的区分——伯林（1969）在这个问题上曾作过深入的探讨——存在好几种完全不同的解释。[12]伯林本人的分类对消极自由采取了一种更为严格的观点。在他的分析中，消极自由还考虑到在使一个人不能做某件事情上他人所起的不同作用，因此完全超越了过程的"免于干预"的组成部分（比如说，劳动力市场上由于不充分的需求而导致的贫穷与饥饿也被视为对消极自由的损害）。相应地，伯林对积极自由的定义更为狭隘，尤其是在克服源自该人"内心"而非外部的障碍方面。

其他人则倾向于比较宽泛地看待积极自由，把各方面的因素——包括他人的干预和帮助，以及个人自己的力量和局限性——考虑在内，个人可以自由地去做任何事情。[13]这种解释事实上是T. H. 格林（1889）所论述过的。最近关于消极自由和积极自由之间的区别的研究倾向于集中关注消极自由中的免于干预的成分。[14]我将在更为狭窄的含义上使用"消极自由"，即免于干预的自由，几乎不用我补充，其中不存在任何实质性的内容。当然，最终而言，这取决于我们在考虑了各种因素之后，如何对它们进行分类。

总结一下本节关于自由概念的讨论，我们必须注意自由的两个方面，即：（1）机会方面；（2）过程方面。机会方面特别关注达到所能取得的最好结果的机会，但也可以扩展到某些补充性的对于所提供机会的范围的关怀。过程方面指个人决策的自由，它包括：（2a）个人选择中自主的范围；（2b）免于他人干预的自由。

4. 过程方面： 免于干预和自主

接上面一节的讨论，我先集中讨论自由的三个不同的侧面：

（1）达致目标的机会；

（2）决策自主；

（3）免于侵犯。[15]

然后分别在这三种条件下检视市场机制的作用。

自由至上主义的"权利"观念［如见诺齐克（1974）］包括第（2）和第（3）个方面，但在其通常的表述中，并不使用第（1）方面的含义。[16]在自由至上主义哲学与自由的"过程"方面确实存在着紧密的联系。尤其是免于侵犯的观念通常被视作"消极自由"的核心以及权利的自由至上主义中的中心特征。

我将讨论这种观点对于评价市场机制的含义，但在此我首先就自由至上主义的权利观（特别是免于侵犯的权利）与消极自由的观念（从免于侵占的自由来理解）之间的对应性提出一个一般性的论点，这一论点往往受到人们的忽视。有些人认为，只要接受了自由至上主义的权利观，那么就不能否定消极自由（以免于干预的形式）的观念。但是，虽然自由至上主义的权利与消极自由共享相同的定义域，但事实上，支持自由至上主义的"权利"的逻辑力量和优先性对于定义消极自由或者重视消极自由来说并不是必要条件。几类特定的人际干预可以划为一类单独的概念——"侵犯行为"，这一概念可以视为概括消极自由的定义域的基础，因此不必预先假定人们具有不容置疑的免于侵犯的权利。在消极自由与自由至上主义的权利之间的关联上，它们彼此谁都不是对方的"先决"条件（两者都共同使用侵犯概念），因此我们可以在不必充分接受自由至上主义的"权利"下，确定并估价消极自由。[17]

如果自由至上主义的自由交换和交易的权利受到保护，那么就可以在不用（或不受）他人（包括国家）允许（或阻碍）的条件下采取各种市场行为。如此，为市场辩护的根据是人们所拥有的权利（即他们可以自由地交易），而不是因为市场所产生的福利后果。可以说，如果这些权利被视作是十分重要的［正如诺齐克（1974）所阐述的自由至上主义一样］，那么整个市场机制的评价基础就要发生彻底的改变。对市场的证明源自先有的权利，而不是后来的结果或效用（如帕累托效用）。

虽然自由至上主义的权利假设使得对市场的辩护成为绝对的，而且不容置疑，但能否接受该假设的问题还有待研究。自由至上主义的推理路径是无视后果的，但是这一思路的说服力并不能真正做到无视后果。尤其是当行使自由至上主义的权利和市场配置所导致的结果在个人福利方面非常差时，或者在以"达致目标的机会"来判断的个人自由方面没什么可称道的地方时，这个问题就相当严重了。事实上，完全有可能在不侵犯任何一个人的自由至上主义的权利和不偏离市场机制的情况下，发生大规模的饥荒。[18]因此，从伦理的可接受性来看，自由至上主义的结果无关的主张是非常值得怀疑的。[19]

无论如何，即使不能将自由至上主义的权利视为绝对权利，阻止侵犯行动——和违背消极自由——的一般理由也仍然是成立的。[20]市场机制在支持免于侵犯的消极自由方面具有显而易见的优势，这一优势还可以得到市场机制的其他特征的肯定。相当一般的伦理立场应当是承认消极自由的重要性，而不是宣扬自由至上主义的绝对免于侵犯权利的完全优先地位。

事实上，市场机制除了可以保护"免于侵犯"，还具有保护"决策自主"的作用。在一个完全竞争市场中，决策和控制的操纵杆掌握在不同的个人手中，并且在缺乏各类"外部性"（与决策自主相关）的情况下，人们可以自由地如其所愿地运用市场机制。可以说，免于侵犯和决策自主都是不带外部性的竞争市场机制中的构成要素。

自由的这些方面的重要性将赋予市场一个直接的地位——它不以市场的其他成就（诸如效用或偏好现实）为前提。当我们在判断市场机制在促进自由上的"总体"作用时，我们必须将这些方面的因素与市场机制在促进经济机制和达致目标的自由方面所取得的成就结合起来考虑。

5. 机会方面： 偏好与自由

在主流的"自由至上主义"文献中，过程方面获得了相当程度上的关注。某些作者事实上倾向于将"自由"这一概念仅限制于对它的消极解释。另外，许多作者——相当广泛，包括亚里士多德、亚当·斯密、卡尔·马克思、圣雄甘地和富兰克林·罗斯福（这里仅只列举几个）——更加关注自由的实质和人们所拥有的实际机会，而不仅仅是程序与过程。人们似乎有理由认为，如果我们赋予每个人在可行性的前提下所拥有的过他愿意过的生活的实际机会以重要性的话，那么自由的机会方面必定在社会评价中处于中心地位。

正如我们所看到的，在缺乏几类特定的外部性的情况下，市场机制在过程（包括决策自主和免于侵犯）方面做得不错。现在我们的关注点转换到它在机会自由方面的业绩。我们应如何估价机会自由呢？个人达致目标的机会必定涉及他或她可以从中选择的备选成就集合。这就引发了两个问题：

（1）我们根据什么标准来估价这样的成就集合？

（2）成就是处于什么样的"空间"，也就是说，什么成就？

我们首先来看第一个问题。

文献中存在好几类关于比较成就集合的公理。[21]其中的一个中心问题与个人偏好和选择在他或她的机会自由评价中的重要性相关。

一种提出问题的方式是：机会自由是怎样与偏好相关的？这一表述有些模糊，因为"偏好"这一词具有非常多的不同含义。[22]大量的证据表明，生活在社会中的人们的偏好并不仅仅局限于追求个人利益。[23]在这里尤其重要的一个含义是最早由肯尼思·阿罗在讨论社会福利函数的信息基础时所提出的解释。阿罗（1951a）将个人偏好排序宽泛地定义为"个人的价值观而不是他们的兴趣"（p.23），它反映了所有影响选择的价值观，尤其包括该人的"公平的一般标准"和"极其重要的社会化的欲望"（p.18）。这并不是那种只反映个人私利的狭隘的偏好，后者我们常常在标准的微观经济学理论中可以见到。阿罗对个人偏好排序的概括可以视作基于影响并理性化其决策的个人价值观上的排序。[24]根据这种解释，个人偏好担负着反映人们的价值观和选择的双重职能，因为它与基于总体的价值观的选择相对应。下面将采用这一概念。

我们可以根据各自的内容和要求来将偏好与自由进行对比。如此看来，自由所涉及的是一个个人可以选择的集合的规模问题，而偏好则是一个关于个人从给定集合中所选择的元素的问题。我认为，这种自由与偏好之间的简单对比是十分具有欺骗性的，尤其是在讨论机会自由方面的时候。对我在一个特定的成就菜单上所享自由的估价，取决于我对该菜单中的元素的赋值。除了一些特殊情形，我们无法在不涉及个人的价值观和偏好的情况下，对集合的"规模"，或个人所享自由的"范围"作出判断。

比如说，似乎可以将集合中备选方案的数目——所谓集合的"基数性"——视作在不涉及偏好的前提下判断与任何备选成就集合相关的自由"范围"的依据。[25]但这可能导致极端的与直觉对立的结论，它要求我们接受这样的一个结论，在"糟糕""非常糟糕"和"极为糟糕"这三种成就之上的选择与在"好""非常好"和"好极了"另外三种成就之上的选择具有同样多的自由。如果我们认为后者赋予我们更多的达致目标的自由——给予我们更多的机会来过我们愿意过的生活，那么这恰恰是偏好在自由估价中发挥的重要作用。

我曾在其他文章（Sen，1985a，1991）中讨论过用于估价达致目标自由（或机会自由）的公理化类型，并将它与相关个人的偏好（即基于价值观的选择）联系起来。在这里，我不过多地讨论技术细节，而只是指出，机会自由通常采取不完备排序的形式。当一些集合比较的结果足够明显的时候，而另一些却仍然悬而未决。

不同成就集合的机会自由比较的一个基本标准如下（参见Sen，1985a)[26]：

公理 R 如果集合 A 的某个子集 A^* 与另一个集合 B 一一对应，使得集合 A^* 的每一个元素被视为不比集合 B 中的对应元素差，那么集合 A 可以提供至少和集合 B 能提供的一样多的机会自由，记作 $A R^F B$。

由于这种关系通常是相当不完备的，严格排序最好单独定义，使得在缺乏不确定性的情况下存在某些一般的支持（参见 Sen，1991）：

公理 P 如果子集 A^* 与另一个集合 B 存在像公理 R 中定义的一一对应的关系，使得集合 A^* 的每一个元素都严格优于集合 B 中的对应元素，那么集合 A 可以比集合 B 提供严格多的机会自由，记作 $AP^F B$。

这些公理最多也不过是充分条件，如果把它们视为必要条件未免过于严格。如果我们集中关注个人能够有效地去做的最好的事情，我们就可以放宽公理 P 中的条件，并把注意力放在最优元素的首要地位上。

公理 P^* 如果（1）集合 A 可以提供至少和集合 B 能提供的一样多的机会自由，如公理 R 所规定的，并且，（2）集合 A^* 的某个元素优于集合 B 中的每一个元素，那么集合 A 可以比集合 B 提供严格多的机会自由，记作 $AP^{F^*} B$。

用以确保集合 A 至少可以和集合 B 提供一样多的机会自由的必要条件可以视为这样一个要求，A 中的某个元素至少和 B 中的每一个元素一样好。同理，确保机会自由的扩展可以视为这样的要求，A 中的某个元素优于 B 中的每一个元素。这两个条件使得最优机会的地位成为改进或维持自由的必要条件，它们都可以用公理来表述。

公理 O（偏好机会的相关性） 要确保 A 可以比 B 提供更多的机会自由（或者，至少和 B 一样多），就必定要求 A 中的某个元素优于（或者，被视为至少一样好）B 中的所有元素。

注意公理 O 是一个必要条件，不是充分条件。这一公理中严格的"更多"自由的必要条件与公理 P^* 中的条件（2）相对立，但并不需要条件（1）。根据这一公理，我们不能确定一个备选方案的集合可以赋予个人更多的机会自由，除非它起码可以赋予该人一个得到更好方案的机会。但反过来并不能成立，即得到更好方案的机会并不必然赋予该人更多的自由，比如说，他或她的其他重要选择被取消了。这一条件所隐含的不充分性是公理 O 与纯粹的工具自由观［包括 Koopmans（1964）和 Kreps（1979）提出的应用于不存在不确定性情况下的公理系统］之间的一个重要区别。确保自由的增加要求有一个更优的备选方案存在，但存在一个更优的备选方案并不必然保证自由的增加。

比如，如果一个人对选项赋值的严格排序（依递降次序）为：x、y、z，那么以自由来看，$\{y, z\}$ 就绝不可严格置于 $\{x, y\}$ 之上，更不能优于 $\{x\}$。另外，虽然 $\{x, y\}$ 在排序上可以高于 $\{y, z\}$（这事实上包含了公理 P 或公理 P^*），但是这并不意味着 $\{x\}$ 优于 $\{y, z\}$，即使从偏好实现来看，$\{x\}$ 严格优于 $\{y, z\}$。事实上，如果仅仅只根据公理 P 或公理 P^*，那么在自由排序上，$\{x\}$ 绝不可置于 $\{y, z\}$ 之上。

在至少拥有同样多的自由这一弱关系上也可以得出相似的结论。要保证 A 比 B 能够赋予人们更多的自由，其必要条件是，A 中的某个元素优于 B 中的每一个元素，但是后者成立并不能使前者也成立。因此，我们不难看出，这种自由估价方法往往可以得出一种具有不完备性的局部排序。

我们还必须承认，公理 O 是一种在我们能够保证或不能保证的内容方面的弱条件。这并不是说，只要新菜单 A 中没有一个元素优于旧菜单 B 中的每一个元素，一个人就永远不能认为机会自由得到了增加。参与人 A 也许会认为，通过增加一些并不比他原有菜单的方案好的备选方案，他的机会得到了扩展，因为这给了他额外的选择机会（即使这并未提高他所能取得最优方案的机会）。[27] 因此，$\{x，y，z\}$ 可以视为比 $\{x，y\}$ 提供了更多的自由机会，即使在这两个菜单中，最优备选方案 x 都是可选的。

公理 O 所阐述的是，我们无法肯定是否存在机会自由的扩展，除非存在一个能获得更好的备选方案的机会（正如前面指出的，这是一个必要条件而不是充分条件）。非最优选项的增加并不必定被视作机会自由的扩展。这一立场的理由涉及两个不同的问题。首先，从个人的机会来看，一个方案加于可行的方案之上并不是特别地为人感兴趣（比方说，增加在黎明前被砍头的机会，或者说多了另一辆车可供选择，它除了变速箱有些问题外其他方面和现有的一辆车毫无二致）。因此指望新增加的选项来扩展取得他希望取得的目标的机会，这是一种错误的想法。

其次（并且更为重要的是），即使新增加的方案是相当不错的，甚至也许与可供选择的最优选项一样好，个人也仍然可以有理由认为，他的机会并未通过这一增加的选项而得到扩展。他不可能比他以前做得更好。只要他不是特别荒谬，他就只能认为，他的机会并未实质性地得到改进（虽然也并未变得更糟）。在具体的机会自由的估价上（与前面讨论的过程自由完全是两码事），我们很难忽视这样一种观点，它坚持认为，除非确实存在更好的选择，否则并不存在有效机会的严格扩展。

可见，在有关机会自由的合理判断上，确实存在某种程度上的真正"自由"。公理 O 的弱形式——我们能够或不能"保证"的内容——涉及各类合理判断的可接受性。增加一个并不是更好的选项究竟是否扩展了机会自由的判断，我认为，这里并不存在一种"强迫"他人接受的统一要求。

从公理 O 的弱形式还可以相应地得出一个机会自由的效率的弱观念。

机会自由的弱效率　一种事态在机会自由方面是弱有效的，条件是并不存在另一种可行的事态，其中每个人的自由机会确定无疑地没有变坏并且至少一个人的机会自由确定无疑地得到了扩展。

我们现在来看第二个问题，即用以判断成就的"空间"问题。我曾在其他文章中相当细致地讨论过这个问题，认为单纯依据商品的占有并不能合理地判断机会自由，而应考虑到做某件事情并取得他有理由重视的结果的机会。[28] 这种自由必须包括按个人喜欢的方式生活的自由，而不仅仅是依赖所占有的商品来判断。

这一区别在人际比较方面非常重要。比如说，两个占有同样商品的人也许在过上他们重视的生活方面具有完全不平等的自由，因为其中一个是残疾人或者容易生病，而另一个却没有这方面的不便。拥有和另一个富裕者一样多的商品束的残疾人，由于缺乏自由行动的能力，他无法实现由伤残所影响的机能。如果根据过上我们所愿意的生活的能力来判断自由，那么商品空间就是自由估价的错误空间。即使在获得营养的能力方面的基本自由也在很大程度上（即使消耗同样多的商品）视该人的新陈代谢率、体格、气候条件、寄生虫病、年龄、性别、特殊需要（如怀孕者的需要）等因素而定。合理地判断机会自由应当考虑取得个人所重视的目标的能力，而不能仅仅是商品占有。[29]

从商品空间转换到相关的机能和能力空间，并不要求对前面提出的各条公理（包括公理 O）重新加以概括，但必须修正不同机会所考虑的和偏好所定义的"空间"。[30] 相应地，定义偏好的空间也应是这一空间（作为 n 元机能的成就排序），而不是标准的一般均衡理论中的商品空间。

6. 机会自由中竞争性均衡的弱效率

我现在讨论作为竞争性市场均衡的标准从福利主义效率转向机会自由的效率的问题。这里包含三个步骤：（1）从福利到偏好；（2）从偏好到商品空间的机会自由；（3）从商品空间到机能和能力空间。

6.1 步骤 1：从福利到偏好

在标准的一般均衡文献中，个人偏好排序 R_i 起着两方面的作用：（1）它们决定个人的选择（即每个人 i 的选择函数都采取了 R_i 的二元最大化形式）；（2）它们代表作为市场均衡的福利主义评价的个人福利基础，即每个人 i 的福利函数被视为 R_i 的实值表达式。这两个假设合在一起，导致这样一个假设，即每个人的选择仅仅为他或她的个人福利的最大化所指引，也就是说，个人福利的自利追求。

虽然个人偏好的"双重作用"为市场的福利主义评价开辟了道路（帕累托效率的运用），但应当注意的是，这一基本的分析结论是直接与偏好的实现（在选择的意义上）相关联的，而不是与个人对自利福利的追求相关联的。市场均衡的标准福利主义解释蕴涵着一个额外的——富有争议的——解释（即引入自利最大化的行动基础这一假设），但是这一定理的数学基础更一般地指偏好（作为选择的二元关系）的实现。

如果我们的注意力从福利主义效率转向偏好实现的效率，自利行为假设完全是多余的。完全没有必要假定个人福利的最大化是每个人行动的唯一动机。这一扩展虽然相当容易，可意义绝非小可。假定个人并未最大化被视作是其福利的东西，而且其行动还为其他的考虑所左右。[31] 从偏好实现来看，将偏好视为选择的二元基础（不管其隐含的选择动机是什么），"福利经济学的基本定理"仍然具有实质性的内容。我们可以将偏好实现的效率定义如下：

偏好实现的效率　它是指这样一种情况，不可能将任何个人移至更好的位置（即给定机会下个人所希望的位置），每个人都处于同样好的情况中。

如此重新解释的"直接定理"意味着（给定其他假设），竞争性市场均衡可以取得偏好实现的效率。事实上，这并不是对原初直接定理的扩展；它仍然是该定理的基本内容。相反，福利主义效率的结论（如"基本定理"的标准版本）被"嫁接"到偏好实现的效率上，同时带有辅助的而且可疑的关于每个人最大化他或她的福利的假设。

6.2　步骤 2：从偏好到商品空间的机会自由

第二步转向以机会自由定义的竞争性市场均衡的弱效率（但仍然没有改变对商品空间的关注）。我们可以证明，在给定标准条件下（包括缺乏外部性），偏好实现的效率蕴涵着商品自由的弱效率。

这一命题是很容易证明的。假定一个事态 x 在偏好实现方面是有效的，它在商品空间的机会自由上并不是弱有效的。这样存在另一种事态 y，其中至少有一个人的机会自由——我们令他为 j ——必定更重要，而且每个人的机会自由至少一样大。根据公理 O 可得知，j 在 y 中至少有一个选项要优于事态 x 中的每一个选项。并且，由于选择符合偏好最大化的行为，j 必定在 y 中比在 x 中能更好地实现自己的偏好。现在，假定 x 在偏好实现方面是有效的，那么，至少有一个人——令他为 k ——必定会在 y 中比在 x 中处于更差的境况。这样，在给定偏好最大化的选择行动的情况下，显然，k 并没有这样一种选择，该选择与他在 x 中的每一个选项至少一样好。因此，并不能说，k 的机会自由在 y 中与在 x 中至少一样大。这样，事态 x 在机会自由方面并不是弱效率的这一初始假设将导致自相矛盾。[32]

将步骤 1 和步骤 2 结合来看，不难看出，在给定标准假设（如不存在外部性）下，并不需要自我福利最大化的行为假设，任何竞争性市场均衡在机会自由方面都是弱有效的（在标准的商品空间中）。

但是逆定理并不能作出同样的扩展。正如第 5 节所讨论的，最优的备选方案的改进对于机会自由的提高并不是充分的，它也不能充分保证自由仍然同样大。无论如何，正如第 2 节的讨论所指出的，逆定理虽然看上去具有更重要的含义，但与直接定理相比，它在许多方面对于实际经济政策并没多大的意义。

6.3 步骤 3：从商品空间到机能和能力空间

前面（第 5 节）已经指出了超越商品空间，转向实际的机能和能力空间的必要性。商品占有与机能和能力之间的不同关系使得商品空间无法成为机会自由的人际比较的直接领域。这一缺陷在不平等的评价和正义理论方面显得尤其突出。[33]

另外，一个竞争性市场均衡在机会自由方面是弱有效的这一效率结论完全没有蕴涵任何人际比较。虽然商品占有与能力之间的关系视个人参数不同而有变化，但对于一个给定的人来说，这并不影响商品空间中的预算集合排序与机能空间中相应的能力集合排序的一致性。[34]与身体更好的人相比，拥有同样商品束的残疾人也许具有更少的能力（这一事实对于估价公平与正义的人际比较而言至关重要），但对于每个人——残疾人或健康者——来说，能力将会随着对商品的控制而得到扩展。[35]

如果这一关系实现了形式的公理化，那么商品空间中机会自由的弱效率能够相应地扩展到机能和能力空间中机会自由的弱效率。由于在这一论证的过程中并未使用任何人际比较，商品—能力关系的人际可变性——它对正义理论来说极其关键——对于这一分析并没有直接的影响。因此，在给定这些标准的假设下，竞争性市场均衡在商品占有和能力的机会自由上都是弱效率的。

7. 不平等与市场机制

前面关于机会自由的讨论仅仅限于达致目标的效率（事实上，指弱效率），并不涉及机会自由的不平等问题。扩展至机会自由的"直接定理"弱形式对于分配问题极不关心，而这里关于市场机制的部分证明完全是建立在对效率的考虑上。正如帕累托的有效结果也许完全是不平等的，且难以接受，相应的机会自由的弱效率也可能同样是不具备吸引力的。

我们还应记取，不平等在能力和机会自由的空间中与在商品和福利的空间中具有一样的可能性。事实上，许多实际的不平等往往可归为（1）收入不平等和（2）将收入转换为能力的优势不平等两者的共同作用，两个因素共同作用加强了机会自由的不平等问题。那些残疾人、患者、老人或其他的有生理缺陷的人一方面在挣得一份体面的工资上存在困难，另一方面，在将收入转换成生活能力方面还存在着更大的困难。这些相同的因素使一个人不能找到一份好工作和好收入，即使得到了相同的工作和收入，该人在达到良好的生活质量方面也处于劣势。[36]

在关于贫穷的研究中，挣取收入与使用收入的能力之间的关系无疑是一个很突出的现象。[37]其效应意味着，由于残障者在将收入转化为能力方面存在困难，市场结果中人际收入比较的不平等往往愈加严重。虽然采用机会自由（而不是福利）的视角并未改变竞争性市场均衡的效率含义，但它在某些方面使分配上的成就显得更加可疑。

8. 结束语

本文试图从促进自由的角度对竞争性市场机制的估价问题加以重新表述，这一表述有别于传统的福利主义评价框架（第 1、2节）。文章区别了自由的不同方面，并着重探讨了"过程方面"和"机会方面"的对立（第 3 节）。前者提出了决策自主和免于侵犯的问题，在这些方面（以及相应的自由至上主义的权利和消极自由方面），竞争性市场机制在缺乏特定类型的外部性的时候做得相当不错（第 4 节）。

自由的机会方面提出了各人的偏好以及相应的对选择机会的评价问题（第 5 节）。这一关联对于理解自由的这个方面（与过程方面相对立）是至关重要的。但确实还存在对这一关联的其他概括。本文所使用的公理结构在具体的表述中为各种情况留有余地，并为此寻求一种弱类型的效率，其根据是确保机会自由扩展的必要条件。

这里，一个不同的实质问题涉及估价成就和机会以及估价机会自由的空间。本文指出了超越商品占有而考虑机能和不同生活方式的必要性，并在空间中对效率问题重新作出表述（第 5 节）。

竞争性市场均衡的福利主义效率可以扩展至机会自由的弱效率（第 6 节）。这一扩展包括三个步骤：（1）从福利主义成就到偏好实现；（2）从偏好实现到商品空间的机会自由；（3）从商品空间到机能和发挥机能的能力的实际机会空间。这些结论所需要的假设并不比福利主义效率的标准证明（即"福利经济学的基本定理"）更为严格。事实上，完全可以放弃标准表述中所使用的一个假设（自利最大化行为）。无论如何，重要的是我们应记取，标准假设（如不存在外部性）已经是相当严格了。

虽然对于机会自由（包括选择商品束的自由与发挥机能的能力的自由两个方面）来说，竞争性市场均衡的效率成就能够以一种弱形式再度得到证明，公平问题——在福利主义框架中已经相当严重——往往更为困难与显著（第 7 节）。这是因为收入转换为机能和生活方式机会的劣势往往伴随着收入劣势出现。在给定标准假设下，市场机制的效率优势在某种形式下可以转换为自由领域的效率（即使在能力空间也是如此，而不仅仅是在商品空间），但是不平等问题仍然存在，并且在这一转换过程存在着扩大的倾向。

最终而言，市场体系必须面临实质性自由分配不平等的挑战。这一问题并不同于已经广泛讨论过的下面这些困难：（1）达到均衡；（2）保证竞争；（3）满足效率结论所需的特殊假设（如不存在非市场的外部性条件）。[38]

最后，从市场效率的"福利主义"解释转向基于自由的理解有没有什么实际上的收获呢？我相信，至少有四种实质性的好处。

第一，文献中每每可见用自由来为市场机制作辩护（如市场让人们"自由选择"），这一辩护的逻辑与传统福利经济学单纯地用

"福利主义"解释评判市场机制的做法之间存在着很大的差距。因此，有必要检验根据这一特别含义所做的分析能否——以及在多大程度上——支持这一主张。

第二，自由概念蕴涵着几个方面的不同问题，其中包括过程和程序以及人们所拥有的过上他们所希望的生活的机会。为了更好地理解促进自由的不同方式，必须在自由的不同方面作出区分。本文的探讨仅仅只是检验市场能够或不能够做什么，这一探讨还有着更一般的意义。[39]

第三，在一个更为实质性的层面，基于自由的市场效率分析使得下面这一假设成为不必要的假设，即个人偏好和选择完全致力于提高个人福利——追求各自的一己私利。无论是对于自由的过程方面，还是机会自由的效率结论，福利主义评价中这一陈腐的假设本质上与它们都不存在相关性。

最后，这一自由观将注意力从单纯地关注福利成就转向一般意义上的达致目标的自由，它鼓励经济分析上的技术更多地考虑伦理和政治因素。古典经济学家（正如约翰·希克斯所指出的）将市场与自由的关系视为一个极其重要的问题，我们有充分的理由反对完全忽略这一关系的做法。本文的目的就在于指明两者关系中存在的一些基本问题。

参考文献

Akerlof, G. A. (1984). *An Economic Theorist's Book of Tales*, Cambridge University Press, Cambridge.

Anand, S., and Ravallion, M. (1993). "Human Development in Poor Countries: On the Role of Private Incomes and Public Services," *Journal of Economic*

Perspectives, 7.

Aoki, M. (1989). *Information, Incentive and Bargaining in the Japanese Economy*, Cambridge University Press, Cambridge.

Arrow, K. J. (1951a). *Social Choice and Individual Values*, Wiley, New York.

Arrow, K. J. (1951b). "An Extension of the Basic Theorems of Classical Welfare Economics," in J. Neyman (ed.), *Proceedings of the Second Berkeley Symposium of Mathematical Statistics*, University of California Press, Berkeley, CA.

Arrow, K. J., and Hahn, F. H. (1971). *General Competitive Analysis*, Holden-Day, San Francisco; republished, North-Holland, Amsterdam, 1979.

Atkinson, A. B. (1970). *Poverty in Britain and the Reform of Social Security*, Cambridge University Press, Cambridge.

Atkinson, A. B. (1989). *Poverty and Social Security*, Wheatsheaf, New York.

Bauer, P. T. (1981). *Equality, the Third World and Economic Delusion*, Harvard University Press, Cambridge, MA.

Bentham, J. (1789). *An Introduction to the Principles of Morals and Legislation*, Payne, London.

Berlin, I. (1969). Four *Essays on Liberty*, Oxford University Press, Oxford.

Buchanan, A. (1985). *Ethics, Efficiency and the Market*, Clarendon Press, Oxford.

Buchanan, J. M. (1975). *The Limits of Liberty*, Chicago University Press, Chicago.

Buchanan, J. M. (1986). *Liberty, Market and the State*, Wheatsheaf Books, Brighton.

Dasgupta, P. (1982). *The Control of Resources*, Blackwell, Oxford.

Dasgupta, P. (1986). "Positive Freedom, Markets and the Welfare State," *Oxford Review of Economic Policy*, 2; reprinted in Helm (1989).

Dasgupta, P. (1988). "Lives and Well-being," *Social Choice and Welfare*, 5.

Davidson, D. (1980). *Essays on Actions and Events*, Clarendon Press, Oxford.

de Ruggiero, G. (1925). *Storia del liberalismo europeo.*

Debreu, G. (1959). *Theory of Value*, Wiley, New York.

Dore, R. (1987). *Taking Japan Seriously*, Stanford University Press, Stanford.

Drèze, J., and Sen, A. (1989). *Hunger and Public Action*, Clarendon Press, Oxford.

Dworkin, R. (1978). *Taking Rights Seriously*, Duckworth, London, 2nd edition.

Dworkin, R. (1985). *A Matter of Principle*, Harvard University Press, Cambridge, MA.

Friedman, M., and Friedman, R. (1980). *Free to Choose*, Secker and Warburg, London.

Gaertner, W., Pattanaik, P., and Suzumura, K. (1992). "Individual Rights Revisited," *Economica*, 59.

Green, J., and Laffont, J.-J. (1979). *Incentives in Public Decision Making*, North-Holland, Amsterdam.

Green, T. H. (1889). "Lecture on Liberal Legislation and Freedom of Contract," in R. L. Nettleship (ed.), *Works of T. H. Green*, 3, Longmans, London, 1891.

Griffin, K., and Knight, J. (eds.) (1989). "*Human Development in* the *1980*s *and Beyond*," *Journal of Development Planning*，19（Special Number）.

Groves，T.，and Ledyard，J.（1977）．"Optimal Allocation of Public Goods：A Solution to the 'Free Rider' Problem," *Econometrica*，46.

Hahn，F. H.（1982）．"Reflections on the Invisible Hand," *Lloyds Bank Review*，144.

Hamlin，A.，and Pettit，P.（1989）. *The Good Polity*，Basil Blackwell，Oxford.

Hammond，P. J.（1982）．"Utilitarianism，Uncertainty and Information," in Sen and Williams（1982）．

Hayek，F. A.（1960）. *The Constitution of Liberty*，Routledge and Kegan Paul，London.

Helm，D.（ed.）（1989）. *The Economic Borders of the State*，Clarendon Press，Oxford.

Hicks，J. R.（1939）. *Value and Capital*，Clarendon Press，Oxford.

Hicks，J. R.（1981）. *Wealth and Welfare*，Basil Blackwell，Oxford.

Kanger，S.（1971）．"New Foundations for Ethical Theory," in R. Helpinen（ed.），*Deontic Logic*，Reidel，Dordrecht.

Koopmans，T. C.（1957）. *Three Essays on the State of Economic Science*，McGraw-Hill，New York.

Koopmans，T. C.（1964）．"On the Flexibility of Future Preferences," in M. W. Shelley and J. L. Bryan（eds.），*Human Judgments and Optimally*，Wiley，New York.

Kornai，J.（1988）．"Individual Freedom and the Reform of Socialist E-conomy," *European Economic Review* 32.

Kreps，D.（1979）．"A Representation Theorem for 'Preference for Flexi-bility'," *Econometrica*，47.

Kreps，D.（1988）. *Notes on the Theory of Choice*，Westview Press，

London.

　　Lindahl, L. (1977). *Position and Change*, Reidel, Dordrecht.

　　Lindbeck, A. (1988). "Individual Freedom and Welfare State Policy," *European Economic Review*, 32.

　　Marx, K. (1843). *Critique of Hegel's Philosophy of the Law*, in Karl Mars and Friedrich Engels, *Collected Works*, Lawrence &. Wishart, London, 1975.

　　Marx, K. (1844). *On the Jewish Question*, in Karl Marx and Friedrich Engels, *Collected Works*, Lawrence &. Wishart, London, 1975.

　　McKenzie, L. (1959). "On the Existence of General Equilibrium for a Competitive Marker," *Econometrica*, 27.

　　Morishima, M. (1982). *Why Has Japan "Succeeded?": Western Technology and Japanese Ethos*, Cambridge University Press, Cambridge.

　　Nozick, R. (1974). *Anarchy, State and Utopia*, Blackwell, Oxford.

　　Nozick, R. (1989). *The Examined Life*, Simon and Schuster, New York.

　　Pattanaik, P. K., and Xu, Y. (1990). "On Ranking Opportunity Sets in Terms of Freedom of Choice," *Recherches Economiques de Louvain*, 56.

　　Puppe, C. (1992). "An Axiomatic Approach to 'Preference for Freedom of Choice'," mimeograph, Harvard University.

　　Rawls, J. (1971). *A Theory of Justice*, Harvard University Press, Cambridge, MA.

　　Raz, J. (1986). *The Morality of Freedom*, Clarendon Press, Oxford.

　　Riley, J. (1987). *Liberal Utilitarianism: Social Choice Theory and J. S. Mill's Philosophy*, Cambridge University Press, Cambridge.

　　Samuelson, P. A. (1938). "A Note on the Pure Theory of Consumers' Behaviour," *Economica*, 5.

Samuelson, P. A. (1947). *Foundation of Economic Analysis*, Harvard University Press, Cambridge, MA.

Scanlon, T. M. (1978). "Rights, Goals and Fairness," in S. Hampshire et al. (eds.), *Public and Private Morality*, Cambridge University Press, Cambridge.

Sen, A. K. (1970). *Collective Choice and Social Welfare*, Holden-Day, San Francisco; republished, North-Holland, Amsterdam, 1979.

Sen, A. K. (1980). "Equality of What?" in S. McMurrin (ed.), *Tanner Lectures on Human Values*, I, Cambridge University Press, Cambridge.

Sen, A. K. (1981). *Poverty and Famines: An Essay on Entitlement and Deprivation*, Clarendon Press, Oxford.

Sen, A. K. (1982a). *Choice, Welfare and Measurement*, Blackwell, Oxford; and MIT Press, Cambridge, MA.

Sen, A. K. (1982b). "Rights and Agency," *Philosophy and Public Affairs*, 11.

Sen. A. K. (1983a). "Liberty and Social Choice," *Journal of Philosophy*, 80.

Sen, A. K. (1983b). "Poor, Relatively Speaking," *Oxford Economic Papers*, 35.

Sen, A. K. (1984). *Resource, Values and Development*, Blackwell, Oxford, and Harvard University Press, Cambridge, MA.

Sen, A. K. (1985a). *Commodities and Capabilities*, North-Holland, Amsterdam.

Sen, A. K. (1985b). "Well-being, Agency and Freedom: The Dewey Lectures 1984," *Journal of Philosophy*, 82.

Sen, A. K. (1987). *On Ethics and Economics*, Blackwell, Oxford.

Sen, A. K. (1988). "Freedom of Choice: Concept and Content," *European Economic Review*, 32.

Sen, A. K. (1991). "Welfare, Preference and Freedom," *Journal of Econometrics*.

Sen, A. K. (1992a). "Minimal Liberty," *Economica*, 59.

Sen, A. K. (1992b). *Inequality Reexamined*, Clarendon Press, Oxford, and Harvard University Press, Cambridge, MA.

Sen, A. K., et al. (1987). *The Standard of Living*, Cambridge University Press, Cambridge.

Sen, A. K., and Williams, B. (ed.) (1982). *Utilitarianism and Beyond*, Cambridge University Press, Cambridge.

Suppes, P. (1987). "Maximizing Freedom of Decision: An Axiomatic Analysis," in G. K. Feiwel (ed.), *Arrow and the Foundations of the Economic Policy*, New York University Press, New York.

Suzumura, K. (1983). *Rational Choice, Collective Decisions and Social Welfare*, Cambridge University Press, Cambridge.

Townsend, P. (1979). *Poverty in the United Kingdom*, Penguin, Harmondsworth.

Wade, R. (1990). *Governing the Market: Economic Theory and the Role of the Government in East Asian Industrialization*, Princeton University Press, Princeton.

Wedderburn, D. (1961). *The Aged in the Welfare State*, Bell, London.

Wriglesworth, J. (1985). *Libertarian Conflicts in Social Choice*, Cambridge University Press, Cambridge.

注释

[1] 参见 Hicks (1939), Samuelson (1947), Arrow (1951b), Debreu (1959), McKenzie (1959), Arrow and Hahn (1951), 等等。这方面的一个有益的介绍，可参见 Koopmans (1957)。

[2] 相关问题可参见 Hayek（1960），Nozick（1974），Buchanan（1986）。还可参见欧洲经济协会安排的关于个人作为经济评价的一般基础的专题讨论会：Kornai（1988），Lindbeck（1988），Sen（1988）。

[3] 参见 Hahn（1982），Sen（1987）。

[4] 这些基本结论是由 Arrow（1951b）和 Debreu（1959）证明的。还可参见 McKenzie（1959），Arrow and Hahn（1971）。这些基本结论扩展到公共物品上的证明，参见 Groves and Ledyard（1977），Green and Laffont（1979）等。

[5] 关于"福利主义"和"结果主义"的确切含义，参见 Sen and Williams（1982）："Introduction"。

[6] 关于这一说法的充分论述可参见 Sen（1987）。

[7] 在运用"逆定理"来取得社会最优的路径上还存在着信息问题。市场机制的信息经济并不需要确定可行的市场结果集合并从中挑选出社会最优状态所需要的信息。事实上，在信息搜集过程中采取合作并不符合许多人的利益（尤其是那些在激进的市场计划中失去其财产和资源的人）。因此，通过市场机制来实现革命性的公平计划既有政治上的障碍，也存在认识论上的障碍。关于这个问题上"信息激励"的讨论，参见 Sen（1987，pp. 36 - 38）。

[8] 关于这一区别的广泛含义见我在 1991 年 5 月 7 日至 8 日在斯坦福大学所作的阿罗讲座（"自由与社会选择"，本书的第 20～22 章）。本文的这一节与这一讲座存在紧密的联系。

[9] 我已在我的阿罗讲座上探讨了这些问题（参见本书第 20～22 章）。

[10] 哈耶克的推理还暗示着，即使在评价机会方面，我们也不应持一种完全工具主义的观点。正如第 5 节将证明的，即使估价机会方面的关注焦点是从可供选择的备选方案中取得我们最偏好的那一方案的机会，但一个人也许不会完全忽视非最优或未被选择的备选方案的存在。

[11] 但是，即使考虑到免于干预的问题，自由的过程评价也与对相应结果的认识存在着密切的关联。在"社会选择"关于自由的文献中，这是一个极其重要的问题。比如，参见 Sen（1970，1983a，1992a），Hammond（1982），

Suzumura（1983），Wriglesworth（1985），Riley（1987），Gaertner et al.（1992）。

[12] 意大利思想史学家卢基诺（Guido De Ruggiero）在他的 *Storia del liberalismo europeo*（1925）中也曾对"积极自由"和"消极自由"作了系统的区分，他的区分标准与伯林的有所区别。我非常感谢扎马格尼（Stefano Zamagni）向我指出卢基诺的研究。

[13] 关于最近对"积极自由"的不同用法，可参见 Dworkin（1978），Dasgupta（1982，1986），Sen（1985b，1988），Hamlin and Pettit（1989），Helm（1989），等等。关于含义的辨析还可参见 Kanger（1971），Nozick（1974），Lindahl（1977），Dworkin（1985），Raz（1986）。

[14] 如参见 Dworkin（1978，Essay 12）。

[15] 它们分别与第 3 节讨论的（1）、（2a）和（2b）相对应。

[16] 更广泛的表述参见 Buchanan（1986），其中对自由的机会方面给予了更多的重视。

[17] 将自由而不是权利作为评价分析的起点具有某些优势。这部分是因为自由在某些方面是一个比权利更宽泛的概念，而且也因为相比较权利而言，自由更能防止那种怀疑，即后法律的偶然的概念在使用时提出了前法律的普遍主义的主张［Bentham（1789）和 Marx（1843，1844）充分地探讨了这个问题］。如此看来，权利取决于社会和政治安排，这些安排本身还需要基本的证明——很难从源自这些安排的权利中推导出对它的证明。当然在这一争议的两端都可以提出论据，在此我无意解决这些复杂的问题。

[18] 关于这个问题，可参见 Sen（1981），Drèze and Sen（1989）。饥荒也可能起因于人口中大部分的不充分的权利，而不必出现任何对自由至上主义的权利以及所有权和交换自由的侵犯。

[19] 诺齐克（1974）本人也提出将"灾难性的道德恐怖"视为例外，从而限制了他的自由至上主义的适用领域。还可参见 Buchanan（1986），Nozick（1989）。

[20] 关于这个问题，可参见 Sen（1985b）。

[21] 参见 Sen（1985a，1991），Suppes（1987），Pattanaik and Xu（1990）。

[22] 关于这个问题可参见 Sen（1982a），"Introduction" and Essays 2（"Behaviour and the Concept of Preference"）and 4（"Rational Fools"）。

[23] 动机的多样性对于工业成就来说也非常重要。关于这个问题的不同方面，尤其可参见 Morishima（1982），Akerlof（1984），Dore（1987），Aoki（1989），Wade（1990）。

[24] 试比较 Davidson（1980）关于行为解释的讨论，行为解释总是蕴涵了以目标为依据的理性化。这里的自由概念是指"主体自由"——达致个人希望取得的目标的总体自由，而不是更狭隘的"福利自由"（well-being freedom）——促进个人的福利的自由（关于这一区别，可参见 Sen，1985b）。

[25] 参见 Pattanaik and Xu（1990），他们在自由估价方面作了有趣而又重要的公理化描述，他们将自由解释为个人能够作出选择的集合中的备选方案的数目。其基本公理是，单位集合，如 $\{x\}$ 和 $\{y\}$ 等，具有同样多的自由数量，它们独立于个人在 x、y 等上的偏好。从那一前提出发，可以从一些辅助公理中推导出计算元素的规则。Sen（1991）提出了一种不同的"数目式计算"自由的公理化方式——目的不是为这一方法辩护，而是用来作为辨析基础，从而说明这种解释自由的方法可能会在哪些地方出"差错"。关于这种公理表述的分析和评价意义，可参见 Pattanaik and Xu（1990），Sen（1991）。

[26] 下面依次作出两个重要的修正。第一，这里忽视了"差异性"（即各种备选方案之间的不同）这个重要问题。一个集合比另一个集合更为可取，是因为它的备选方案具有更多的差异，但这种考虑很难通过两个集合的相应元素一对一的比较来做到，如参见 Pattanaik and Xu（1990），其中讨论了这个问题。第二，这整个方法放弃了确定性，包括未来兴趣的不确定性（关于这个问题可参见 Koopmans，1974；Kreps，1979，1988）。

[27] 参见 Clemens Puppe（1992），他对这样一类特殊的事例用公理化的形式进行了表述，其中涉及克雷普斯-库普曼斯所讨论的那类不确定性。

[28] 关于这个问题可参见 Sen（1980，1987，1992b）。

［29］相关问题可参见 Sen（1984，1985a，1992b），Sen et al.（1987），Drèze and Sen（1989），Griffin and Knight（1989），Anand and Ravallion（1992）。

［30］严格地说，这里的"空间"是指机能（functionings）空间，其中"能力"（capability）被视作一个可行的 n 元机能的集合（关于这个问题可参见 Sen，1985a，1992b）。机会自由判断是对机能空间上的能力集合排序的判断。

［31］注意，"不存在外部性"的假设仍然要求每个人的偏好仅仅只与他本人的商品束相关联。有些人认为，根据这一假设，就不可能存在个人还关心除他本人福利以外的内容这种情况。其实不然。比如说，当从苗圃那里购买树苗，显示偏好将与你本人的欢乐相关（像洛伦佐看到"微风轻吻着树木"一样），或者你的偏好可能与增加这世界的树木数量这一无私奉献相关。同样，不论你买更多的食品是与你自己的饮食计划相关，还是与你无私捐献给这一经济体外部的人的计划相关，它都没有改变这一事实，即你的偏好被定义在需要更多食品的偏好的商品束上。

［32］其推论是，偏好实现的有效状态是机会自由的弱有效状态的一个子集。

［33］我曾在 Sen（1980，1992b）讨论过这些问题。

［34］这事实上也是罗尔斯（1971）在差别原则中将"收入"视为一种一般的"基本善"的基础，虽然其中的人际扩展存在着深刻的问题（Sen，1992b）。

［35］这里还有不同的问题是，在给定个人参数下，商品空间是否蕴涵所有决定能力的重要影响。在这方面，寻求所有个人自由的外部手段也许更为完备——所有罗尔斯式的"基本善"（收入只是其中一种）。某些更为重要的影响也许完全处于商品空间之外。无论如何，对任何给定的人来说，"不存在外部性"的假设缩小了非商品因素对机能能力的影响空间。此外，就商品占有可以与其他外部因素的影响相分开这点而言，这一效率结论可以自然地转换成一个更具包容性的框架。

［36］关于两者的联系，可参见 Sen（1983b，1992b）。

［37］如参见 Wedderburn（1961），Atkinson（1970，1989），Townsend（1979），Sen（1983b，1984）。

［38］在卫生、教育、社会保障方面的"公共物品"的重要性大大降低了完全依赖市场来进行资源配置的理由。关于这个问题可参见 Drèze and Sen（1989），Griffin and Knight（1989），Anand and Ravallion（1993）。

［39］我在阿罗讲座（"自由与社会选择"）中进一步对自由的不同方面展开了讨论，参见本书的第 20～22 章。

第18章
环境评估与社会选择*

1. 引 言

安德鲁·索洛（Andrew Solow, 1992）在对"全球变暖"的科学方面作出总体评价时曾说过："事实上，在全球变暖的科学性上基本上不存在争议。有争议的问题在于，由于存在种种不确定性，我们**应当**如何应对气候变化的可能性。"[1]这一"应当"的问题至少包括规范、优先问题以及各种问题的相对轻重。本文试图对环境评估中的基本问题作一初步的探讨。

我将特别关注环境评估问题的一般"公式"。当代关于资源配置的文献受到我们对市场机制的理解和使用的深刻影响，它们所使用的概念和技术都反映了这一特点。这种对市场的关注有许多好处，这不仅是因为市场机制曾被成功地用于处理严重的经济问题，而且也是因为我们现在对市场的运用方式以及它取得它现在的成就的方式有着相当程度上的理解。因此我们确实有着充分的理由把市场机制作为出发点来思考环境领域中的资源配置。我们可以首先集中关注缺乏市场（以及相应的产权）所导致的各种问题，然后讨论

---

　* 本文的原标题为"环境评价与社会选择：或有赋值与市场模拟"。非常感谢 Sudhir Anand, Kenneth Arrow, Kjell Arne Brekke, George（J. R.）DeShazo, Emma Rothschild, Kotaro Suzumura, Richard Thaler，他们给予了富有教益的讨论，同时感谢国家科学基金会所给予的研究资助。

　选自 *Japanese Economic Review*（1996）。

通过创造额外的市场和与市场相关的制度来补救这一缺陷的各种途径。如果这不可能的话，它就会指向预设假定市场的可能性，并且以对这种反事实安排的结论的分析为指引。

市场导向方法所引起的基本问题是这种个人作为市场的参与者的观点能否最恰当地抓住环境评估问题的关键。另一种不同的方式是将个人视为公民——从一个不仅包括他本人的福利，而且也很有可能包含着对他人的考虑的社会视角来对各种备选方案进行判断的主体。个人作为市场参与者只是这种情况的特例，其中世界观更加狭隘，而行动工具则局限于市场中的各种运作手段（比如购入或卖出现实商品或虚拟商品）。在这两种观点之间并不存在必然的冲突，但是更为一般的表述中存在着一些无法运用市场模型的问题。

我将以一些已付诸实践或建议付诸实践的环境评估的实际方法为例来探讨这两种观点之间的对比，这些方法广泛地使用了——明确地或隐含地——市场模拟。首先，我将集中讨论日益受到关注的"或有赋值"这一技术（第 3 节），然后检验处理全球变暖的跨期最优化问题（第 4 节）。

将人们作为公民的概念置入社会选择理论的结构之中，这门学科在过去的 40 年中获得了广泛的发展。[2] 即使本文完全是非技术性的（并未引用任何社会选择理论中的形式结论），也仍然有理由可以说，"社会选择"实践本身为环境评估问题提出了许多洞见，包括它指出了对"社会状态"进行相当丰富的概括的必要性，并对"相关"社会状态上的个人评价做了规定，而且它还确定将社会选择用于个人评价的各种"规则"和"原则"（第 2 节）。这些有助于我们对当代环境评估的方法和程序给予批判性的评价。

2. 社会选择方法

自肯尼思·阿罗（1951）开创现代社会选择理论以来，它的发展极为迅速，所谓的"社会选择方法"在几个不同的方面得到了扩展。但这一方法的扩展仍然存在着基本共同的框架，它包括如下几个不同的组成部分。

（1）**状态空间**（space of states）：评价的对象是社会状态 x，它属于任何选项的机会集合 S，反映出个人 i 进行比较的各种可能性。这一状态可以按评价所要求的加以详细描述。

（2）**状态评价**（valuation of states）：个人对状态 x 的评价被定义在所有这类机会集合 S 上。虽然阿罗把这些个人评价视为一种排序，但也可以把它们当作带有或不带有二元表达式的选择函数，而且还可以把它们与人际比较相结合。

（3）**规则和原则**（rules and principles）：集体选择规则 f 将社会选择与 n 元个人评价或选择相关联。规则反映了在加总个人评价从而确定社会选择时所使用的原则。[31]原则可以是"实质性的"（如帕累托原则、公平或正义规范等），也可以是"结构性的"（如"无关备选方案的独立性"，它要求在一个机会上的社会选择应当仅仅取决于个人对该集合中的备选方案的评价）。

这些都是非常广泛和一般的概念，我将指出，它们具有很强的分析能力，并且事实上为当代环境评估的各种方法提供了质疑的基础。

在我进一步讨论之前，我将对一种广泛为人们所接受的观点加以评论，这一观点认为，阿罗（1951，1963）的"不可能定理"所表述的巨大困境使得社会选择理论的主题在某种程度上失去了作用。阿罗的著名定理显示，普遍而言，不可能存在一种集体选择规则可以同时满足一组看上去相当温和的条件，具体地说包括：帕累托原则、无关备选方案的独立性、非独裁、无限制域。阿罗定理还特别讨论了"社会福利函数"，其中个人选择和社会选择都是二元的并反映了评价排序（每一种排序都是自反的、完备的且传递的）。事实上，这一不可能定理还可以扩展到社会福利函数之外的内容，本质上包括各类不带人际比较的集体选择规则（关于这个问题参见 Sen，1970，1986，1993）。

另外，通过更多的信息输入，尤其是补充根据个人比较而作出的个人评价的表达式，我们可以避免社会评价或社会选择中的这种困境。[4]但这种方法并未改变这个将个人评价与机会集合上的社会选择相联系的一般方法，它加总个人评价的基础是一组明确的原则（结构性原则，如"无关备选方案的独立性"，以及实质性原则，如效率、公平、权利和正义）。在这个一般性的框架中，当代社会选择理论在对各种不可能性和困境进行深入分析的基础上，还更多地着重探讨了各种积极的和建设性的可能性。

这个一般社会选择方法将用于检验某些环境评估的问题。但在此之前，我想对将环境评估置于社会选择方法之上的做法中所存在的一些基本问题作简要的评论。

第一，必须看到，社会选择方法的标准表述仅仅明确关注**评价**本身，而不关注以什么方法和手段来实现被视为最重要的方案或者正确的选择。事实上，许多关于"执行"的相关文献可以补充社会选择方法。本文所关注的焦点恰恰也是评价，评价本身具有重要的价值。事实上，某些蕴涵像"或有赋值""可持续发展"或"跨期最优化"（intertemporal optimization）等程序的环境文献也着重探讨的是评价，而不是执行（或激励相容）问题。

第二，一个重要问题是，**谁**被包括在其评价获得考虑的个人集合之中，尤其是未来世代的处理仍然悬而未决。当然，未来世代的评价必然只是一种此时的假设和猜测，很显然它是无法确证的。但它对于社会选择方法来说并不是一个特殊的问题，所有环境评估的观点都以某种形式涉及它。在某些情况下，在加总评价时，我们有充分理由嵌入未来世代的可能评价和利益。但在另一些情况下（比如，自主能动性相当重要时），直接的关注就在于此时此地的那些人的评价，至于未来世代的利益，则取决于他们对未来人们利益的评价。[5]这两种情况都可以运用社会选择方法。

第三，虽然社会选择方法的表述将个人评价视为"给定的"，然后在此基础上讨论社会选择，但是这一框架并不限制对"偏好形成"给予更广泛的考虑。这在相应的"公共选择理论"中是一个重要的主题，尤其是它的领导者詹姆斯·布坎南（1954a，1954b）非常强调这一问题，而在社会选择的分析中，也有强烈的观点要求考虑社会讨论和交易（以及它们对个人评价的影响）（关于这个问题，可参见 Sen，1995；还可参见 Elster and Hylland，1986）。社会选择理论中的"给定"偏好只是在如果—那么（给定 A，我们应当有 B）的意义上是"给定的"，它并未要求评价或偏好完全不受公众讨论和交易的影响。在环境评估的语境中，这可能是社会评价的一个关键性的方面。[6]

3. 存在价值与或有赋值

环境经济学领域中的一个最有价值的创新是"或有赋值"

(contingent valuation) 程序。[7]这一程序自出现起已有 30 多年——戴维斯（Davis，1963）通常被视作第一个明确使用这种技术的作者。最近几年它突然获得了显著的关注，这部分是因为在测度意外灾难所造成的损害上所引起的诉讼问题，比如油轮大面积的泄油事件造成许多种鸟、鱼或动物死亡（如 1989 年埃克森公司的"瓦尔迪兹"号在阿拉斯加的威廉王子海湾的漏油事件引起人们对这种研究路径的兴趣）。

该程序主要关注如何给某些对象（如鸟）的"存在"（existence）定价，这不是因为相关人对于这些对象的使用可获得直接的价值（如清晨被鸟鸣——闹钟的替代品——唤醒），而是因为他们仅仅希望它们在那里不受损害。这一方法的前提假设是，在"积极使用"（active use）的情况下，价值可以通过市场价格的经常使用（familiar use of market prices）来确定。正如阿罗等（1993）所指出的，"如果漏油造成鱼的死亡，从而减少了职业捕鱼者收入的话，那通过减少了的捕捞量乘以鱼的市场价格就可算出他们的损失（当然，如果计入他们的成本的话，还会更少）"。这一判断存在争论（因为市场价格在福利经济学评价中只具有偶然的有限相关性），但我在此将不讨论这个问题。[8]

或有赋值最好被视为一种对那些不能在市场上买卖的事物的"支付意愿"实施市场定价的扩展——个人对相关事物价值的最大支付价格（包括存在价值再加上使用价值，如果有的话）。或有赋值（简称 CV）程序提出了一个假设的问题，即人们对防止特定对象损失所愿意支付的价格是多少。[9]在法学界处理原油泄漏或其他类似事件的损害赔偿时，或有赋值方法通常被同时用作（1）所涉及的实际损失的测量手段和（2）由于失职（或更严重的行为）而导致该事件的一方当事人的罪责程度的指示。我将分别讨论这两种要求：（1）赋值要求（valuational claim），（2）罪责要求（culpability claim），虽然我主要讨论前者，但我也将简要地评论后者。

CV 程序在各种设计的实验中的实际使用产生了似乎与标准的"理性选择"相对立的结果（如参见 Kahneman and Knetsch，1992a；Desvousges et al.，1993）。德武热（Desvousges et al.，1993）发现，其中一个问题——所谓的"嵌入效应"（embedding effect）——是，防止 2 000 只候鸟被杀的平均支付意愿与防止 2 万或 20 万只候鸟被杀的平均支付意愿是相等的。如果这些鸟属于濒临灭绝的种类，这些选择似乎还不难理解，因为每一种选项都可被视为包含该物种延续这一"有价值的"事情（相关人无须对其他事情赋值）。但是这里的鸟并非濒危物种。答复有很多，包括提出的问题有时相当模糊，相关选择难以理解，如此等等。[10] 我不想在这里讨论这些细节问题，只需指出，如果不深入了解选择看待这一问题的方式以及他们所认为的目标是什么，就很难判断什么选择是或不是"一致的"或"非理性的"（关于这个问题，参见 Sen，1993）。在讨论完对于该问题的社会选择表述的要求之后，我将回到这个问题上说几句。

人们所指出的这类文献所存在的其他困难是（参见 Kahneman，1992；Arrow et al.，1993；Hausman，1993）：（1）如果将许多"存在"的赋值问题一并考虑，就会导致一种过于庞大的所谓支付意愿；（2）观察表明，"接受补偿"的意愿比支付意愿更高（而且也存在着一致性问题）；（3）无法恰当得出预算约束的相关性（实际措施也没有处理好）；（4）很难给予被调查者所有相关信息（比如说替代性方案），同时也很难保证他们都充分理解了所有信息；

（5）在加总各自的支付意愿时，很难决定"市场范围"；（6）被调查者也许表达的是"对公众精神和乐于给予的'光辉形象'的感觉，而不是对于相关计划的实际支付意愿"，或正如卡纳曼和尼奇（Kahneman and Knetsch，1992a）所说，"或有赋值反映了对于公共物品的道德满足的支付意愿，而不是这些物品的经济价值"（p.57）。[11]这些都是相当严重的问题，但阿罗等（1993）认为，不难相信，这些局限性并不能使 CV 程序归之无用，他们继续推荐它，认为在改进信息交流的情况下，这一方法可以提供"有用信息"（不是自动的测度）。[12]尽管存在这些缺点，但仍然可以认为，在或有赋值方法中确实存在着一些很有价值的东西。[13]

我对这些明智的判断并不存在疑问，而仍然要追问在或有赋值程序中所隐含的是哪类"社会选择"。CV 背后的"哲学"是这样一种观念，即一种环境物品（environmental good）在本质上可以被视为我们购买和消费的通常的私人物品。或有赋值也就是单独地取得这一环境利益的赋值过程。比如说，当问到我愿意支付多少来拯救所有这些在埃克森公司的"瓦尔迪兹"号漏油事件中死去的生物时，我说 22.5 美元，那么我就等于是说，如果我出的 22.5 美元能够消除所有的损失，那么我将乐意出这笔钱。很难认为这一提问和回答会被认真对待，因为要求我回答的假想事态根本就不可能是真的（事实上，如果我确实相信我出的 22.5 美元已经足以结束这场混乱，我也无法肯定我的判断具有多大的重要性）。

阿罗（1951）提出来的"无关备选方案的独立性"条件要求，在各种相关备选方案上（即在实际机会集合中的备选状态上）作出选择时，社会选择不应取决于我们对"无关"备选方案（即在机会集合之外的方案）的赋值。我为之已经支付 22.5 美元的事态与埃克森公司的"瓦尔迪兹"号的原油泄漏所造成的损失显然不是一个"相关的"备选方案，因为它是完全不可行的，但是在各种实际可行的备选方案——对选择而言是"相关的"——中作出选择时，我们对"无关"备选方案的赋值也多少受到了我们的集中关注。

毫无疑问，这种方法存在问题，但仍然可以说，在某些相当特殊的假设下，"独立性"条件并不会被违背。这些假设是什么呢？其论据可能是这样的，当共同努力来拯救自然并且 CV 程序反映了对相关备选方案——那些可行的并能被选择的方案——的间接赋值时，我对这个"无关"备选方案上的问题的回答显示了我对于"相关"备选方案的态度。我们可以像那个故事一样得出结果，如果我们假定：（1）我实际支付了我承诺支付的数额（即 22.5 美元），并且其他人也这样做了；（2）收集的支付总数用于弥补损失（或者用于所有人认为与弥补损失同样好的有益之事）；（3）正如我愿意全凭自己单枪匹马去消除相关的损失一样，当其他人也支付时我也同样乐意支付我的 22.5 美元。这些假设没有一个是容易辩护的。但有一点是成立的，CV 问卷的目标并不是从我这里收钱——事实上，它可能只是被用于决定应该对埃克森公司罚款多少，这是一个完全不同的背景。另外，没有任何措施确保从我们这里所收的钱的总额恰恰可抵销避免损害的成本——或者做同等的有益之事；这也削弱了间接路线的作用。

但也许最重要的问题出在与（3）相关的概念层次上。将避免环境危害等同于购买一件私人物品这一想法本身是相当荒谬的。我乐意为我的牙膏支付的金额通常并不受你对牙膏的支付的影响。但是我准备为拯救自然而支付的金额与其他人的支付完全无关这一假设是极其奇怪的，因为它专属于社会关怀问题。到处可见的环境评估的"独行侠"（lone ranger）模型完全混淆了这个问题的本质。

某些人提出了具有相当说服力的看法：即使 CV 问卷中的正式提问是每个人愿意单独支付多少来为拯救自然出一点力，但对这个问题的最佳解释为，他们将"捐资"多少从而取得那一结果（参见 Kahneman，1992；Kahneman et al.，1993；Guagnano，Dietz and Stern，1994）。确实，严肃地追问这个所谓的真正的问题要比实际所提的问题更加不大可能出现"欣然搁置不信任"的情形。但这一回答又导致了其他类型的问题。在给定这一任务的性质下，我愿意捐资的数额取决于我期望其他人捐资多少。这一回答存在多种可能。如果其他人也捐资的话，那么我将乐意捐资，这就会出现一种"确信博弈"的情形（参见 Sen，1967；Deaton and Muellbauer，1980）。另外，如果其他人捐资已经相当多而我的贡献对于这一社会目标而言微不足道，我可能并不怎么感觉到做这件事情的必要（这是一种"搭便车"的路径）。比较来说，CV 的"独行侠"模型规定非常细致，然而却并不可信，而这一"捐资模型"虽然可信，但却严重缺乏规定性。

社会选择方法的一个关键特征是要求输入社会选择中的个人评价与从中作出社会选择的实际备选状态紧密相关。这也是市场模拟之所以特别具有欺骗性的地方，因为市场并没有提供个人可以从中选择的被加以规定的社会状态。给定这些价格，我从我的商品篮子中作出选择，你从你的商品篮子中作出选择；我们两个人都不会"吃着碗里，看着锅里"。这种情况能够合理地用来讨论许多问题，但环境评估并不在其中。为了得出人们对应当做什么的看法，就必须告诉人们实际的方案以及其他可能的选择是什么。这要求具体规定所拟要采取行动的特殊建议（包括罚金和赔偿，如果有的话），或关于行动规则的建议（包括用于罚款和赔偿的程序）。

这些考虑因素对于 CV 方法的"赋值要求"是极其重要的，在"罪责要求"方面也同样可以大量出现。当我说，我乐意支付 22.5 美元来拯救一小块自然时，这并不是说，任何污染了那小块自然的主体除了根据他人的利益而加以处罚之外，还应当——"根据我的利益"——罚以 22.5 美元。这个诉讼问题是一个完全不同的问题，要确定我对这一问题的思考，我就必须有机会表达我对它思考的结论——而不是我所思考的另一个完全不同的问题的结论。我完全可能要价更高（也许基于惩罚的理由），也可能要价更低（也许基于它是一个偶然事件）。但不管我们认为应当索取多少费用，要想知道我们在那个具体问题上的意见，就必须通过直接的提问。

这并不是否认这样一种可能性，即各种策略性考虑可能会导致问题完全偏离最初所寻求的答案。这是一个非常重要的，但是性质不同的问题，在很多情况下必须加以考虑。但这一问题并不能证明 CV 问卷形式的合理性：CV 问我愿意支付多少，这个问题我可以给出任意答案，而不必作出任何实际的支付，因此，CV 并不能真正做到"为了激励相容而迷惑人"。

我并不像某些人那样，怀疑人们在环境保护上的普遍社会关怀上不能作出相当诚实的回答，但是如果人们事实上为策略性考虑所引导，那么确实就可能会出现这种人们策略性地给出信息，并据此处理这种问题的情况。更充分地讲，我的观点是，社会选择方法所关心的是得到能够确认的信息，因此可以得出，这也是社会选择能够对应于人们对相关备选方案的实际赋值的地方。[14] 如果人们被询问的问题并不直接是关于个人对相关备选方案的赋值，那么对这种偏离方法的证明就存在于人们实际拥有的策略优势上，而不在于环境物品上的赋值与私人消费品市场之间的一般类比上。

4. 全球变暖、 困境和评估

近几年，全球变暖问题获得了广泛的关注。[15]但是，对灾难性前景的担心总体上处于消退之中，最近的许多研究都质疑了早期对全球变暖的可能水平所导致的灾难性后果的忧虑。原来许多有关变化的期望现在都往下作了调整。比如，与原来估计 100 年内海水升高 3 米或更多的说法相对立，"最近关于下个 100 年左右海水升高的估计值最高也不会超过 1 米"（Andrew Solow，1992，p. 25）。学者们不仅质疑了原来宣称全球变暖将导致严重损失的说法，甚至找到了全球变暖的有利之处的证据，如严寒地区将有更高的生产率和生活水平，二氧化碳浓度的增加有利于农作物的施肥，如此等等。在"评估 2050 年之前的温室效应所造成的损害"时，诺德豪斯（1991）指出，"气候变化很有可能既有利也有弊，不存在强烈的证据表明它只带来净经济损失"（p. 933）。

在他后来的研究中，诺德豪斯（1994）提出了一个跨代模型（"气候和经济的动态综合模型"，简称 DICE），并使用了跨期最大化方法（参见 Ramsey，1928，其中包括一些古典类型）。[16]这一结论为批评那些放任自流的做法以及 10 年内什么措施也不采取的做法提供了根据（因为与诺德豪斯所提出的最优的有效路径相比，它们都蕴涵着小小的福利损失），但对稳定排放量的政策则提出了严肃的批评（根据诺德豪斯的计算，这将导致更严重的损失）。"什么也无须做——只管站着就是了"，这一说法似乎具有某些值得称道的地方。

我们应当严肃地评估全球变暖以及整治措施的成本，拒绝那些基于恐慌而不是理性评价的政策措施。诺德豪斯审慎而详尽的分析——包括风险处理和敏感分析——无疑是一个重要的成就。无论如何，即使我们接受诺德豪斯在这个问题上的计算，这里也仍然存在问题。[17]尤其是，我们必须追问，"社会状态"是否得到充分的描述，并且用于社会选择的"原则"对于不同国家的公民来说是否公平。

诺德豪斯所概括的事态是以人均消费和人口规模来衡量的。世界不同地区的人们的消费按通常的方式进行加总，其中采用了（明确地或隐含地）市场价格，一个带有边际递减效用的严格凹效用函数（事实上是对数效用函数）则将它们转换成福利水平，最后把长期折现因素考虑进去再把这些福利水平加总。通过效用函数的凹性将代际不平等的问题考虑进去，但是对于每一代内部的不平等——尤其是富国与穷国之间的不平等——却没有采取相应的措施。我们有必要把这两个问题放在一起分析。[18]

对全球变暖的总效用相当小的估计主要根据这一事实，即在主要的产出地区——像美国或其他经济合作与发展组织成员国，只有相当少的生产活动极其依赖于环境。[19]另外，大量的证据表明，"小国和穷国，尤其是那些在极其有限的气候区域内人口流动率相当低的国家，将会受到严重的冲击"（Nordhaus，1991，p.933）。事实上，关于气候变化对于孟加拉国、西非国家和中非国家以及许多其他发展中国家（不仅仅是"小"国）的经济影响的研究表明，存在着相当严重的逆效应——在极低而且脆弱的生活水准的基础上。[20]因此，对全球总产出和人均消费的关注往往模糊了世界不同地区之间的正义与公平问题。

如果关注焦点从人均消费和人口的总值转向以世界不同地区为

对象的更加详细描述的事态，这一隐含的问题显然有助于我们的政治讨论。这并不是否认诺德豪斯贡献的价值，而只是表明，在这一总体数据中存在着一个重大的社会选择问题。发展中国家已经被深深卷入排放问题中，并在其中占据一个越来越重要的位置。因此，任何全球性的提案必须关注分配正义（distributive justice）问题，这不仅仅是因为它对于福利问题极其重要，而且也是因为全球性的协议必然会导致对这些问题的关注。市场和价格所提供的国际加总，表面上具有看待世界整体的"客观性"，但恰恰避免了该领域所面临的关键的社会选择问题。

当我们制订全球性计划时，肯定要考虑通过市场价格来实现的加总。但我们必须对这类加总做些调整，从而在不必丧失市场价格所提供的信息要求的同时，考虑人均收入的不平等。[21]全球性或地区性计划还可以将影子价格用于群体内部的人均收入差异上。[22]这里所质疑的是，使用基于市场价格的加总方式从而逃避了这一加总中所隐藏的分配问题的做法。

更严重的是，绝大部分对全球变暖的损失（以及可能的收益）的计算都倾向于从一个预期的一般反事实背景出发来估计可能平均的得失［诺德豪斯（1994）也不例外］。但是关于全球变暖的许多关怀专门针对不稳定的和局部的灾难（如灾难性的暴风雨和洪水）——这类灾难的可能性和频率随着时间的推移而增加。仅仅检验全球变暖对平均生产和生活水准的影响的预期值往往遗漏了人们如此担心这些事件的理由，包括严重的社会分裂和经济生存能力的突然丧失。[23]

当我们从一个更广泛的社会选择框架中对全球变暖问题进行分析时，还要在其他方面丰富事态的描述，并从商品空间和消费水平转向对广泛意义上的生活质量和生活水准的概括。[24]变化的环境和气候对健康和疾病存在影响，并改变了生活环境和流行病的模式。任何对全球变暖的确定描述都不能回避这些问题，也不能通过商品购入和出售的统计数据来掩盖这些问题。在事态的描述中直接考虑它对于人们生活（以及过上没有疾病的生活的能力）变化的影响，这种必要在环境研究和医疗卫生研究中已经获得了承认（如参见Haines，1993；Last，1993）。商品和消费的空间只能够提供非常狭隘的社会状态的描述。

5. 结束语

个人可以被视为市场中的参与者和社会中的公民（第 1 节）。这两种描述都具有相当的明晰性，并且都揭示了某些重要的方面。但两者所揭示的内容是不同的。在环境评估上，这两种信息集合都具有相关性。社会选择视角为把人们视为负责任的公民提供了一个框架，它集中关注环境评估中的某些关键特征，尤其是：（1）具有充分详尽内容的"社会状态"；（2）个人对相关备选方案的赋值；（3）将个人赋值引向社会选择的规则和原则（第 2 节）。

将人们仅仅视为购买者和出售者遗漏了人们某些极其重要的与环境相关的信息。通过使人们设想购买不存在的事物来实现他们的公民角色的做法（"或有赋值"就在这么做），在获取所缺乏的信息上，既不具有说服力，也不是特别有用（第 3 节）。

在讨论全球性环境问题（如全球变暖）的时候，我们绝不可仅仅将人们视为世界人均消费的总体图景中的一个元素。当然，他们确实在购买商品，并且对这一人均数字作出贡献，但他们也有着各自不同的利益和关怀，因此，还要考虑他们之间的公平和正义问题

(第 4 节)。他们还是关心他们本人以及他人——现在的和未来的——所面临的困境的主体。

社会选择表述对环境问题的讨论为事态的细致描述留有余地。市场描述则集中于这一图景中的一个部分——一个重要的部分,它所获得的信息经济是非常有益的。但是,如果这种过度节俭的结论忽略了那些作为公民的个人所看重的社会事态的特征,这种问题的表述就不能不说存在深刻的缺陷。这种缺陷也是本文的关注焦点所在,当然,我无意否认这种节约信息方法所取得的积极成果的价值。

参考文献

Altaf M. A., and J. R. DeShazo (1994) "Bid Elicitation in the Contingent Valuation Method: The Double Referendum Format and Induced Strategic Behavior," mimeographed, Harvard University.

Anand, S., and A. Sen (1994) "Sustainable Development: Concepts and Priorities" mimeographed, Center for Population and Development, Harvard University, to be published in *World Development*.

Arrow, K. J. (1951) *Social Choice and Individual Values*, New York: Wiley (2nd edition: 1963).

―――― (1993) "Contingent, Valuation of Nonuse Values: Observations and Questions," in J. H. Hausman ed., *Contingent Valuation: A Critical Assessment*, Amsterdam: North-Holland.

―――― , R. Solow, P. R. Portney, E. E. Leamer, R. Radner, and H. Schuman (1993) "Report of the NOAA Panel on Contingent Valuation," mimeographed, National Oceanic and Atmospheric Administration, U. S. Department of Commerce; published in *Federal Register*, vol. 58, 15 January 1993, pp. 4602 - 4614.

Birdsall, N. (1992) "Another Look at Population and Global Warming," Working Paper WPS 1020, World Bank.

Broome, J. (1991) *Counting the Cost of Global Warming*, Cambridge: White Horse Press.

Buchanan, J. M. (19S4a) "Social Choice, Democracy, and Free Markets," *Journal of Political Economy*, vol. 62, pp. 114 - 123.

_____ (1954b) "Individual Choice in Voting and the Market," *Journal of Political Economy*, vol. 62, pp. 334 - 343.

Cairncross, F. (1991) *Costing the Earth*, London: Business Books.

Chivian, E., M. McCally, H. Hu, and A. Haines, eds. (1993) *Critical Conditions: Human Health and the Environment*, Cambridge, MA: MIT Press.

Choucri, N., ed. (1993) *Global Accord: Environmental Challenges and International Responses*, Cambridge, MA: MIT Press.

Cline, W. R. (1992) *The Economics of Global Warming*, Washington DC: Institute for International Economics.

Cummings, R. G., D. S. Brookshire, and W. D. Schulze, eds. (1986) *Valuing Environmental Goods*, Totowa, NJ: Rowman and Allanheld.

Dasgupta, P. (1993) *An Inquiry into Well-being and Destitution*, Oxford: Oxford University Press.

_____ and G. Heal (1979) *Economic Theory and Exhaustible Resources*, Cambridge: Cambridge University Press.

d'Aspremont, C. (1985) "Axioms for Social Welfare Ordering," L. Hurwicz, D. Schmeidler and H. Sonnenschein, eds. *Social Goals and Social Organization*, Cambridge: Cambridge University Press.

Davis, R. K. (1963) "Recreational Planning as an Economic Problem," *Natural Resources Journal*, vol. 3, pp. 239 - 249.

Deaton, A., and J. Muellbauer (1980) *Economics and Consumer Behaviour*,

Cambridge: Cambridge University Press.

DeShazo, J. R. (1993) "The Influence of Information Regimes on the Formation of WTP Bids: An Explanation of the 'Embedding Effect,'" mimeographed, Harvard University.

Desvousges, W. H., F. R. Johnson, K. W. Dunford, S. P. Hudson, and K. N. Wilson (1993) "Measuring Natural Resource Damages with Contingent Valuation: Tests of Validity and Reliability," in J. Hausman, ed., *Contingent Valuation: A Critical Assessment*, Amsterdam: North-Holland.

Diamond, A., and J. A. Hausman (1993) "On Contingent Valuation Measurement of Nonuse Values," in J. A. Hausman, ed., *Contingent Valuation: A Critical Assessment*, Amsterdam: North-Holland.

____ and ____ (1994) "Contingent Valuation: Is Some Number Better than No Number?" *Journal of Economic Perspectives*, vol. 8, pp. 45 - 64.

____, ____, G. K. Leonard, and M. A. Denning (1993) "Does Contingent Valuation Measure Preferences? Empirical Evidence," in J. A. Hausman, ed., *Contingent Valuation: A Critical Assessment*, Amsterdam: North-Holland.

Dietz, T., and P. C. Stern (1995) "Toward a Theory of Choice: Social Embedded Preference Construction," *Journal of Socio-Economics*, forthcoming.

Dorfman, R. (1993) "On Sustainable Development," mimeographed, Discussion Paper 1627, Harvard Institute of Economic Research.

Dornbusch, R., and J. M. Poterba (1992). *Global Warming: Economic Policy Responses*, Cambridge, MA: MIT Press.

Drèze, J., and A. Sen (1989) *Hunger and Public Action*, Oxford: Oxford University Press.

Elster, J., and A. Hylland, eds. (1986) *Foundations of Social Choice Theory*, Cambridge: Cambridge University Press.

Guagnano, G. A., T. Dietz, and P. C. Stern (1994) "Willingness to Pay for Public Goods: A Test of the Contribution Model," mimeographed, National Research Council, Washington, D. C.

Haines, A. (1993) "The Possible Effects of Climate Change on Health," in Chivian et al., eds., *Critical Conditions: Human Health and the Environment*, Cambridge, MA: MIT Press.

Hammond, P. J. (1978) "Economic Welfare with Rank Order Price Weighting," *Review of Economic Studies*, vol. 45, pp. 381 – 384.

——— (1985) "Welfare Economics," in G. Feiwell, ed., *Issues in Contemporary Microeconomics and Welfare*, Albany, NY: SUNY Press, pp. 405 – 434.

——— (1986) "Consequentialist Social Norms for Public Decisions," in W. P. Heller, R. M. Starr, and D. A. Starrett, eds., *Social Choice and Public Decision Making*, vol. 1, *Essays in Honor of Kenneth J. Arrow*, New York: Cambridge University Press.

——— (1993) "Is There Anything New in the Concept of Sustainable Development?" mimeographed, Stanford University.

Hanemann, W. M. (1991). "Willingness to Pay and Willingness to Accept: How Much Can They Differ?" *American Economic Review*, vol. 81, pp. 635 – 647.

——— (1994) "Valuing the Environment through Contingent Valuation," *Journal of Economic Perspectives*, vol. 8, pp. 19 – 43.

Hartwick, J. M. (1977) "Intergenerational Equity and the Investing of Rents from Exhaustible Resources," *American Economic Review*, vol. 67, pp. 972 – 974.

Hausman, J. A., ed. (1993) *Contingent Valuation: A Critical Assessment*, Amsterdam: North-Holland.

Hicks, J. R. (1939) *Value and Capital*, Oxford: Oxford University Press.

Jorgenson, D. W. , and P. J. Wilcoxen (1991) "Reducing U. S. Carbon Dioxide Emissions: The Costs of Different Goals," in J. R. Moroney, ed. , *Energy, Growth and the Environment*, Greenwich CT: JAI Press.

Kahneman, D. (1986) "Comments on Contingent Valuation Method," in Cummings et al. , eds. , *Valuing Environmental Goods*, Totowa: Rowman and Allanheld.

_____ (1992) "Presentation to the Contingent Valuation Panel," mimeographed.

_____ and J. L. Knetsch (1992a) "Valuing Public Goods: The Purchase of Moral Satisfaction," *Journal of Environmental Economics*, vol. 22, pp. 57 - 70.

_____ and _____ (1992b) "Contingent Valuation and the Value of Public Goods," *Journal of Environmental Economics*, vol. 22, pp. 90 - 94.

_____, I. Ritov, K. Jacowitz, and P. Grant (1993) "Stated Willingness to Pay for Public Goods: A Psychological Perspective," *Psychological Science*, vol. 22, pp. 57 - 70.

Last, J. M. (1993) "Global Change, Ozone Depletion, Greenhouse Warming, and Public Health," *Annual Review of Public Health*, vol. 14, pp. 115 - 136.

Leggett, J. (1990) *Global Warming: The Greenpeace Report*, New York: Oxford University Press.

Lind, R. , et al. (1982) *Discounting for Time and Risk in Energy Policy*, Washington, D. C. : Resources for the Future.

Mäler, K. -G. (1994) "Economic Growth and the Environment," in L. Pasinetti and R. Solow, eds. , *Economic Growth and the Structure of Long-term Development*, London: Macmillan.

Manne, A. , and R. G. Richels (1992) *Buying Greenhouse Insurance*, Cambridge, MA: MIT Press.

Milgrom, P. (1993), "Is Sympathy an Economic Value?" in J. A. Hausman, ed. , *Contingent Valuation*: *A Critical Assessment* , Amsterdam: North-Holland.

Moroney, J. R. , ed. (1991) *Energy*, *Growth and the Environment*, Greenwich, CT: JAI Press.

Moulin, H. (1983) *The Strategy of Social Choice*, Amsterdam: North-Holland.

Nordhaus, W. D. (1991) "To Slow or not to Slow: The Economics of the Greenhouse Effect," *Economic Journal* , vol. 101, pp. 920 – 937.

—— (1992) "Economic Approaches to Greenhouse Warming," in R. Dornbusch and J. M. Poterba, eds. , *Global Warming*: *Economic Policy Responses*, Cambridge, MA: MIT Press.

—— (1994) *Managing the Global Commons*: *The Economics of Climate Change* , Cambridge, MA: MIT Press.

Nussbaum, M. , and A. Sen, eds. (1987) *The Standard of Living* , Oxford: Oxford University Press.

Papandreou, A. A. (1994) *Externality and Institutions* , Oxford: Oxford University Press.

Pattanaik, P. K. (1978) *Strategy and Group Choice* , Amsterdam: North-Holland.

Pearce, D. W. , and J. J. Warford (1993) *World without End*: *Economics*, *Environment, and Sustainable Development* , New York: Oxford University Press.

Peleg, B. (1984) *Game Theoretic Analysis of Voting in Committees*, Cambridge: Cambridge University Press.

Plott, C. K. (1993) "Contingent Valuation: A View of the Conference and Associated Research," in J. A. Hausman, ed. , *Contingent Valuation*: *A Critical Assessment* , Amsterdam: North-Holland.

Portney, P. R. (1994) "The Contingent Valuation Debate: Why Economists Should Care," *Journal of Economic Perspectives*, vol. 8, pp. 3 – 17.

Ramsey, F. (1928) "A Mathematical Theory of Saving," *Economic Journal*, vol. 38, pp. 543 – 559.

Reilly, J. M., and M. Anderson, eds. (1992) *Economic Issues in Global Climate Change*, Boulder: Westview Press.

Repetto, R. (1989) "Balance-Sheet Erosion: How to Account for the Loss of Natural Resources," *International Environmental Affairs*, vol. 1, No. 2, pp. 103 – 137.

Roberts, K. W. S. (1980) "Price Independent Welfare Propositions," *Journal of Public Economics*, vol. 13, pp. 277 – 297.

Rothenberg, J. (1993) "Economic Perspective on Time Comparison: Alternative Approaches to Time Comparison," in N. Choucri, ed., *Global Accord: Environmental Challenges and International Responses*, Cambridge, MA: MIT Press.

Sagoff, M. (1988) *The Economy of the Earth: Philosophy, Law and the Environment*, Cambridge: Cambridge University Press.

Schmandt, J., and J. Clarkson, eds. (1992) *The Regions and Global Warming: Impacts and Response Strategies*, New York: Oxford University Press.

Sen, A. K. (1967) "Isolation, Assurance and the Social Rate of Discount," *Quarterly Journal of Economics*, vol. 81, pp. 112 – 124.

_____ (1970). *Collective Choice and Social Welfare*, San Francisco: Holden-Day (reprinted, Amsterdam: North-Holland, 1979).

_____ (1976) "Real National Income," *Review of Economic Studies*, vol. 43, pp. 19 – 39.

_____ (1979) "The Welfare Basis of Real Income Comparisons," *Journal of Economic Literature*, vol. 17, pp. 1 – 45.

_____ (1981) *Poverty and Famines: An Essay on Entitlement and Deprivation*, Oxford: Oxford University Press.

_____ (1982) "Approaches to the Choice of Discount Rates for Social Bene-fit-Cost Analysis," in R. Lind et al. , *Discounting for Time and Risk in Energy Policy*, Washington, D. C. : Resources for the Future.

_____ (1986) "Social Choice Theory," in K. J. Arrow and M. Intriligator, eds. , *Handbook of Mathematical Economics*, vol. Ⅲ , Amsterdam: North-Holland.

_____ (1987) *The Standard of Living*, Cambridge: Cambridge University Press.

_____ (1993) "Internal Consistency of Choice," *Econometrica*, vol. 61, pp. 495 - 521.

_____ (1994) "Population: Delusion and Reality," *New York of Review of Books*, 22 September, vol. 41. pp. 62 - 71.

_____ (1995) "Rationality and Social Choice," *American Economic Review*, vol. 85, pp. 1 - 24.

Smith, V. K. (1992) "Comment: Arbitrary Values, Good Causes, and Pre-mature Verdicts," *Journal of Environmental Economics*, vol. 22, pp. 71 - 89.

Solow, A. (1992) "Is There a Global Warming Problem?" in R. Dorn-busch and J. M. Poterba, eds. , *Global Warming: Economic Policy Responses*, Cambridge, MA: MIT Press.

Solow, R. (1986) "On the Intergenerational Allocation of Natural Re-sources," *Scandinavian Journal of Economics*, vol. 88, pp. 141 - 149.

_____ (1992) *An Almost Practical Step toward Sustainability*, Washington, D. C. : Resources for the Future.

Stone, C. D. (1993) *The Gnat Is Older than Man: Global Environment and Human Agenda*, Princeton: Princeton University Press.

Sunstein，C.（1993）"Endogenous Preferences: Environmental Law," *Journal of Legal Studies*，vol. 217，pp. 223 – 230.

Suzumura，K.（1983）*Rational Choice，Collective Decisions and Social Welfare*，Cambridge: Cambridge University Press.

＿＿（1994）"Interpersonal Comparisons and the Possibility of Social Choice," paper presented at the International Economic Association Round-table Conference on "Social Choice" at Hernstein，Austria，to be published in a volume edited by K. J. Arrow，A. K. Sen and K. Suzumura.

Uzawa，H.（1990）"The Theory of Imputation and Global Warming," mimeographed，Research Institute of Capital Formation，Japan Development Bank.

＿＿（1992）"Global Warming Initiatives: The Pacific Rim," in R. Dornbusch and J. M. Poterba，eds.，*Global Warming: Economic Policy Responses*，Cambridge，MA: MIT Press.

Whittington，D.，V. K. Smith，A. Okorafor，A. Okore，J. L. Liu，and A. McPhal（1992）"Giving Respondents Time to Think in Contingent Valuation Studies," *Journal of Environmental Economics*，vol. 22，pp. 205 – 225.

注释

[1] Andrew Solow（1992，p. 26）。还可参见 Dornbusch and Poterba（1992），他们编辑的一部重要文集收录了这方面的一些文章。

[2] 阿罗（1951）开创了现代社会选择理论。关于这一主题上的正式文献的批评性综述，参见 Suzumura（1983），Sen（1986）。

[3] 关于这一广泛框架中的不同表述，参见 Arrow（1951），Sen（1970，1986），Suzumura（1983，1994），Hammond（1985，1986）。

[4] 在这个问题上存在着广泛的文献；关于其主要结论，参见 Suzumura（1983，1994），d'Aspremont（1985），Hammond（1985），Sen（1986）。

[5] 除了当前世代对于未来世代所包含的"利他主义"和"承诺"之外，未来世代的利益——甚至是那些非常遥远的世代——也可能在给定的"重叠"世代和持续市场均衡的条件下，通过价格体系而得到具有重要意义的间接表达；关于这个问题可参见 Mäler（1994）。

[6] 比如说，世界范围内削减化学肥料的使用的一个概括性特征就是在公众讨论基础上形成价值观（关于这个问题可参见 Sen，1994），而减缓人口增长也有着重要的意义，尤其是长期来看，甚至对放慢全球变暖而言也有作用（参见 Birdsall，1992）。关于内生偏好与环境法之间的一般联系，参见 Sunstein（1993）。

[7] 一组无可挑剔的经济学家（Arrow et al.，1993）对或有赋值程序进行了广泛的评价，他们是：Kenneth Arrow，Robert Solow，Paul Portney，Edward Leamer，Roy Radner，Howard Schuman（我按照他们在报告中出现的先后次序排列）。还可参见 Hausman（1993），他对或有赋值作了有趣的——并且是最严厉的——批评。关于或有赋值方法优势的很有价值的争论，可参见包含 Hanemann（1994），Portney（1994），Diamond and Hausman（1994）的《经济展望杂志》（*Journal of Economic Perspective*）。

[8] 我也不涉及这一事实，即积极使用（"捕捞量"损失）的存在并不能证明不存在消极（或"存在"）利益（例如，你有多疑症并不能证明，"他们"就没有在"算计你"）。

[9] 这一问题可以表述成一个人愿意接受关于这一损失的补偿形式。这种表述应当优于——基于希克斯（1939）的良好理由——防止损失的支付意愿。但这样的话，实际的边际差异将往往过大而难以解释；还可参见 Hanemann（1991）。

[10] 参见 Arrow et al.（1993），他们对这一问题和其他明显违背理性选择的事例作了讨论，也可参见 Arrow（1993），Hanemann（1994）。还可参见 Smith（1992），Kahneman and Knetsch（1992b），以及 DeShazo（1993），Altaf and DeShazo（1994），Dietz and Stern（1995），等等。怀廷顿等（Whit-

tington et al.，1992）还提出了这个问题，即是否给予被调查者充分的时间来回答带有一定复杂性的问题，如果他们拥有更多的时间的话，有理由指望这种方式能够取得更好的效果。

[11] 还可参见 Kahneman（1992），Diamond et al.（1993），Milgrom（1993）。

[12] 他们还建议"公决"型问题——提出有待接受或拒绝的支付（因为这类问题已经被更好地理解了），建议用相当低的数额（由于"保守倾向"）"抵消可能的夸大支付意愿的倾向"。

[13] 参见 Arrow（1993），Hanemann（1994），Portney（1994）；也可参见 Diamond and Hausman（1993，1994），Plott（1994）。

[14] 关于策略性问题的表述，参见 Pattanaik（1978），Moulin（1983），Peleg（1984），以及这些文章中所引用的文献。

[15] 参见 Uzawa（1990），Broome（1991），Cairncross（1991），Jorgenson and Wilcoxen（1991），Nordhaus（1991，1992，1994），Leggett（1990），Dornbusch and Poterba（1992），Birdsall（1992），Cline（1992），Manne and Richels（1992），Reilly and Anderson（1992），Schmandt and Clarkson（1992），Choucri（1993），Pearce and Warford（1993），Stone（1993），等等。

[16] 一种抱负较小的方法将集中在"可持续发展"这一概念上，索洛（1992）将其基本原则表述如下："可持续发展的责任不是留给后代任何特别的事物——当然像约塞米蒂国家公园属于极端的例外情形，而是赋予他们一切必要的条件，使他们至少和我们生活得一样好，并且可以同样地如此照顾其后代"（p. 15）。相关问题可参见 Hartwick（1977），Dasgupta and Heal（1979），Robert Solow（1986），Repetto（1989），Dasgupta（1993），Dorfman（1993），Hammond（1993），Anand and Sen（1994）。这里存在一个重要的"社会选择"问题，即未来世代的要求应与一般生活水准相联系，还是应与生活水准的某些具体特征——如对于"新鲜空气"或"自然遗产"的权利——相关，即使后代的生活水准普遍得到提高，这些具体特征也绝不可被忽略

（正如不吸烟者拥有一种他人不可在他面前吸烟的权利一样，这种权利不可因为他的一般生活水准而打折扣——不管其生活水准有多高）。这里我不讨论这个问题，但可参见 Sen（1982，pp. 344 - 351），Cline（1992，pp. 240 - 243）。

［17］Cline（1992），他充分地讨论了其中一些问题；还可参见 Sagoff（1988），Stone（1993）。

［18］关于这个问题，可参见 Rothenberg（1993），Anand and Sen（1994）。

［19］正如诺德豪斯（1991）注意到的：“我们的估计是，美国的国民产出大概有 3％属于高度敏感部门，10％属于中高敏感部门，大约 87％是完全不受气候变化影响的部门。”（p. 930）

［20］如参见 Schmandt and Clarkson（1992），其中提交了区域性研究。

［21］关于调整收入后对真实收入和真实消费所作的比较以及它所蕴涵的社会选择的理论基础，可参见 Sen（1976，1979），Hammond（1978），Roberts（1980）。

［22］参见 Uzawa（1992），其中就考虑到这一点，这篇文献使用了一个不一致的价格，为“环太平洋国家”提出了针对全球变暖的国际提案。这里排放二氧化碳所采用的“价格”是根据各个国家国民收入的平均资本水平而制定的，比如，对美国是每吨 150 美元，而对印度尼西亚是每吨 4 美元（p. 278）。

［23］对饥荒的研究已经表明，饥荒更多地源自特定群体的经济“权利”损失（家庭购买或获得商品篮子的能力缩减的形式），而不是平均产量或食品供给的普遍削减（关于这个问题可参见 Sen，1981；Drèze and Sen，1989）。长期的平均图景和不同群体的平均图景确实容易误导人。

［24］关于这个问题可参见 Sen（1987），Nussbaum and Sen（1993）。社会制度的性质和运转也可能是相关事态的描述的重要组成部分，关于这个问题可参见 Papandreou（1994），以及该文所引用的文献。

第 19 章
成本收益分析方法*

成本收益分析（cost-benefit analysis）方法是一种一般的方法，它使用了一些基本原则，这些原则虽然也存在着争议，但仍然被视为是相当合理的。如果加上另外一些附加条件，那么还可以对它进行细分。在使用的方便（通过固定公式）与更一般的接受性（通过允许参数变化）之间存在着此消彼长的关系。本文将检验和审查这些附加条件的长处与短处。事实上，现在最常使用的成本收益分析方法的特殊变形形式是极其有限的，因为它坚持在赋值方面完全采用一种与市场机制相类比的方法。这种做法仅仅接受一类狭隘的价值观，它要求个人在市场定价的过程中对许多实质性的变量不闻不问。相反，一般的社会选择方法容许更大的赋值自由，并且也可以吸收更多的信息输入。

成本收益分析方法——就它是方法而言——既拥有坚定的支持者，也有彻底的批评者。这从部分上来说是巨人之间的战斗，因为两边都有着重量级的思想家，各自挥舞着彼此各异的武器。这也可以说是伟大独语者之间的交谈——每个人在阐述自己观点时都十分娴熟，而且也没有哈姆莱特的那种困惑（一方说"存在"，另一方则宣称"不存在"）。

本文的主要目标不是判断哪一方正确，而是确认问题是什么。

---

* 非常感谢 Eric Posner，他作了极富教益的评论。

选自 *Journal of Legal Studies*，29（June 2000）；© 2000 by Amartya Sen.

当然，这也不是我唯一的目的。我将不惮提出我个人的观点和评价。但主要是（并且我认为也是更重要的），我将把导致我们产生分歧的问题单独挑出来。我们可以就问题达成一致意见，哪怕我们并不能就该问题的答案达成一致意见。这一方法存在几个难题，我们必须以某种方式来对它们加以探讨。

1. 主题和争议

我将首先讨论某些表明了一般成本收益分析方法的特征的基本原则。除了某些对这种方法完全不感兴趣的人之外，大部分人会接受这些基本原则。因此前者可以不必再阅读下去（既然他们反对这些基本原则中的一个或另一个的话）。而那些乐意接受这些基本原则的人则必须考虑什么样的附加条件能够使成本收益分析方法更为具体和具有针对性。当然，任何这种收缩同时会使这一方法不那么普遍和宽泛。确实，成本收益分析方法的主流使用了一组非常严格的条件，我们尤其有理由检验这些附加条件。这里所列出的条件都严格跟从主流方法，但在论述过程中我也会简要提及可能的替代性观点。

我把这些附加条件分为三组：结构性要求（structural demand）、评价无差异（evaluative indifference）和以市场为中心的赋值（market-centered valuation）。我来开门见山吧（这又不是一本侦探小说），下面列出各节主要的标题以及主要讨论的原则和条件。

3. 基本原则

A. 明确赋值

B. 广义结果评价

C. 加法计算

4. 结构性要求

A. 假定完备性

B. 完全知识或概率认识

C. 非重复赋值和非参数赋值

5. 评价无差异

A. 行动、动机和权利的不可赋值性

B. 自由内在价值的无差异

C. 行为价值的工具观

6. 以市场为中心的赋值

A. 根据支付意愿

B. 潜在补偿的充分性

C. 忽略了社会选择方案

我相信以上内容涵盖了许多方面的内容，但在我讨论它们之前，我必须澄清三个观点。第一，"成本收益分析"这一术语具有相当大的弹性，许多特殊的程序都曾归到这一名称之下（包括鼓吹者和反对者）。只要我们不拿概念的一致性来要求术语的统一，这种宽泛的理解也没什么特别不好的地方。因此很有可能，某个人接受了成本收益分析的基本观点，但拒绝了结构性要求、评价无差异和以市场为中心的赋值这些主流特征所施加的条件。虽然文献中充斥着包含全部这些附加条件的极其详尽的方法，但我们不可以此为据，认为其他的程序或方法不足以作为正规的成本收益分析。

第二，就跟主流所使用的附加条件一样，接受或不接受这些基本原则本身在某些方面也可以被视为一个重要的分类标准。事实上，一些将自己看作成本收益分析方法的辩护士的分析家仍然对把详尽的赋值方法归为主流感到极为不快。如果还可以为他们留有一席之地的话，我将会提供方便。

第三，这个主题已经流行几十年，并产生了大量的文献，一些文献倾向于探讨相关的分析性问题，另一些则更关注它的实际应用（通常是所谓的主流方法的应用）。其中许多概念问题颇受人们的关注，本文或多或少要涉及这些问题（虽然我并不想把这篇文章做成一篇满文都是参考文献的"文献综述"）。成本收益分析——或者说在这一名称之下的各种程序的集成——还被用于许多实际的决策中，并产生了相应的文献。如果能够对各种特殊方法进行比较评价并讨论它们各自在处理各种决策问题上的绝对优势或相对优势，这当然很不错。但我不知道在这里是否可行。而且由于文献的庞大和我有限的知识，我也不敢说我能做到这一点。虽然我不会这样做，但仍然会涉及这方面的问题，因为我认为，作为一种从实践到理论而不是其他迂回方法（如本文的做法）的训练，这是大有益处的。理解事物有不同的方式，虽然我只采用仅仅一种一般性的研究路径（基于对相关原则的评价），但我无意否认讨论该问题的其他方法的价值。

2. 成本收益的一般推理

成本收益分析的基本根据在于这样一个观念，当从做该事所获得的收益超过了做该事的成本时，某件事情就是值得去做的。这当然不是没有可争议的地方，但在讨论这些争议之前，我们首先要理解其中的明晰推理。如果一个人对我们说"这一工程没有用，而且耗资不菲——让我们来干吧"，我们会对此大惑不解。我们觉得有必要问"为什么"（或者强调一句，"究竟为什么"）。我们有理由关注收益与成本。更进一步讲，我们可以不无道理地——虽然我不能完全肯定——将任何工程的赞成意见视为对收益的说明，而将任何反对意见与成本联系起来。

事实上，许多人在使用成本收益的语言时根本就没有意识到他正在标准地使用成本收益分析。比如说，在印度，人们就讷尔默达河大坝灌溉工程发生了激烈的政治争论，这项工程为许多人提供了用水，但同时也淹没了另外许多人的家（对他们提供的补偿被认为是不够的或者无法接受的）。建造大坝的决策（以及不顾反对意见而仍然继续这一工程的决策）显然是基于成本收益的分析。而该工程的反对者则指出，这一决策忽略了或者没有充分考虑它所耗费的一种成本——有时被称为"人道成本"（human costs）。[1]

成本收益分析框架具有广泛的应用范围，远远超出了通常的成本收益分析中的标准化变量。事实上，考虑各种可能方案的收益和成本并评价它们各自的好处这一普通程序可以被用于各种各样的问题，从评价经济发展或生活质量一直到检验不平衡、贫穷和性别差异的范围。[2]

3. 基本原则

A. 明确赋值

虽然成本收益推理的应用极其广泛，但成本收益分析作为一种独特的方法（或者更准确地说，作为一类独特但相关的方法）仍然对特殊的评价规则和相关程序提出了某些限制性条件。也许将明确赋值视作这一方法所要求的首要一般条件是比较恰当的。这一条件强烈地要求更充分的表述，因此拒绝了传统上人们通常所持的立场，即我也许知道什么是正确的，但不知道为什么它是正确的。虽然存在过分简单化的危险，明确赋值仍然被视为理性主义的组成部分，后者要求决策时必须对其理由给予充分的说明，而不是依据没有经过推理的信念或者隐含的有待推导的结论。

明确赋值虽然有着理性主义的优势，但作为一个原则也不是没有问题。如果一个人在全部私生活中都坚持这一点，生活将会变得无法忍受地复杂。日复一日地决策使时间远远不够用，而对决策的辩护将看起来难以忍受地迂腐（也许是浮华不实的那类，就好像品酒专家推荐酒时所用的"回味无穷""浓郁扑鼻"或"天然怡畅"的术语一样）。

无论如何，相比私人选择或个人行动，公共决策要求具有更加多的明确性。那些没有参与决策的人可以合法地了解为什么选择该方案而不是别的方案。责任性要求不仅适用于执行，而且也适用于项目与计划的选择。因此，可以说，公共决策比私人决策要求有更充分的说明和更明确的赋值。

这里也存在问题。卡斯·苏斯坦因的"不完全理论化的同意"（incompletely theorized agreements）对于需取得人们同意的公共决策来说也许十分重要。[3]只要和谐的确切基础并不是非常准确地得到表述，公共决策就容易获得一致同意。因此，公共决策与私人决策一样，明确赋值也存在问题。

但是仍然有着要求明确性的理由，尤其是在需要鼓励经过推理后同意的可能性，并为那些若明确表述则会被广泛拒绝的决策能够暗度陈仓而设置某些壁垒的时候。虽然在明确赋值所要求的实际关怀以及分析的清晰度之间仍然存在一些冲突，但作为一种分析技术（不同于鼓吹者的修辞），坚持明确赋值确实具有某些非常基本的优势。此外，对一个具体政策判断的同意的不同基础可以纳入一个一般的方法，它取决于政策方案上人们存在局部差异的排序的交集（这个问题在第 4 节还要涉及）。[4]

B. 广义结果评价

成本收益分析的第二个基本原则涉及结果评价的运用。根据这种方法，成本和收益评价的根据是各种决策的结果。广义结果评价不仅仅包括功利主义所关注的幸福或欲望的实现之类的事情，而且也包括特定的行动是否得到执行以及特定的权利是否被侵犯，等等。一些人拒绝这种包容性。由于结果主义者的思维一直以来与功利主义及其相关观点极其接近，因此，长久以来，人们都倾向于以一种非常狭隘的眼光来看待结果所能包含的内容（大致与功利主义者所关注的一致）。

其结果是，许多政治理论家反对一种包容性的结果主义观。比如说，有人曾主张，已被执行的行动不可以包括在该行动的后果之内。但是一个人必须是一个非常纯粹的理论家，才能避开这样的基本思想：不管行动是否具有其他后果，被成功执行的行动必然导致该行动的发生（反对这一结论的主要论据可能是要把如此明显的东西说出来却又不显得愚蠢太费力了）。[5]

同理，如果具体行动侵犯了公认的权利（如将持异议者投入监狱），那么不难看出这些行动导致权利受到了侵犯。我们也无须有特别高的智慧才能来理解下面这一陈述："1976 年对于印度的公民权利来说是一个很糟糕的年头，在所谓的'紧急状态'，许多政策的结果是侵犯了各种公民权利。"绝大多数印度投票者反对继续这种（政府所施加的）紧急状态，他们并不是没有考虑到后果。事实上，对于权利和自由后果的考虑——虽然不同于某些现代政治理论家基于权利的推理——并不是一个新鲜事物，谁都可以在托马斯·潘恩的《人的权利》或玛丽·沃斯通克拉夫特的《女权辩护》（两本书都出版于 1792 年）中找得到论据。

但是，持广义结果评价观并非不言自明的事情。它还需反对根据行动的"权利"而无视其后果来决策的做法。这是一场旷日持久的争论，现在仍然不会停息。那些反对结果评价——甚至包括广义结果评价——的人有一个相同点，就是拒绝结果的指引（根据这种观点，"正当"行动仅仅取决于一个人的"义务"，与后果无关）。但他们在义务论基础上所主张的实质性立场却彼此不同。比如说，圣雄甘地的义务论主张是非暴力，即使其后果实质上与《摩诃婆罗多》中牧牛神讫里什那的义务论发生冲突，后者教诲史诗英雄阿朱那有义务参与正义战争。在大战的前夜，当阿朱那反对战争的时候（其理由是双方都会死去许多人，包括许多他喜欢而且尊敬的人，而他自己作为他这一方的战争指挥者，并不愿意实施杀戮），讫里什那指明阿朱那的战争义务，而无视他对这些结果的评价。在讫里什那看来，这是一场正义的事业，作为一位战士和他这一方所仰赖的将领，阿朱那绝不可推卸他的责任。

讫里什那的义务论对随后一千年中印度的道德争论有着深刻的影响。T. S. 艾略特在他的《四个四重奏》中的一首诗中尤其强烈地支持这种观点。艾略特以警告的形式概括了讫里什那的观点："不要思考行动的后果，/向前行进。"艾略特解释道："没有旅途平安，/但只管向前行进，航行者们。"[6] 另外，成本收益分析主张我们应当保证"旅途平安"，而不能仅仅只是"向前行进"。"良好"的结果必须特别注意侵犯权利和义务是不正当的（如果必须要加以考虑的话），但是决策不能简单地还原成履行个人的"义务，与结果无关"。

可见，结果评价作为一项原则并没有施加一项极其严格的条件。我认为这一原则非常有意义，我也知道，义务论者并不同意这种观念，并无疑会认为他们有强烈的理由来拒绝这种观点（用威廉·康格里夫的话来说，这个世界充满了"非常奇怪且很有教养的"事物）。与独立于结果的责任和义务的过激推理不同，成本收益的世界（包括对恶劣行动和侵犯自由与权利等错误行为的关注）是一种完全不同的决策领域。

C. 加法计算

成本收益分析不仅将决策建立在成本和收益之上，它还要求估价从收益中减去成本的净收益。收益往往有很多种，因此必须选择各自的权重来将它们加总——就能够加总的范围而言，而成本则被视作损失的收益。这样，最终而言，成本和收益都可以定义在同一个"空间"里。

这里存在着一个隐含的加法形式。当我们根据恰当的权重将各种收益加总时，这一框架无疑是一种加法。有人也许会问，既然这么多人都如此熟悉推理的加法形式（与其他可能的形式相比），那这里还有什么可讨论的呢？在对不同的成本收益加以考虑时，加法看上去是最自然的形式——甚至是唯一的形式。但是，乘法形式也曾被用于评估文献（比如，纳什在他的"讨价还价问题"上就曾用过）。[7]此外，还存在其他可能的形式。

事实上，我们有强烈的理由使用凹函数，它与收益正对应（因此与成本逆对应）但并不存在常数权重和线性形式。事实上，凹性在很多情况下是一个目标函数最合理的形式，它包括了不同的事物并能推导出不同点的权重变量以及相应的资源的可变影子价格（比如，使用所谓的库恩-塔克定理）。[8]事实上，我们普遍希望存在某种严格的凹性（或至少严格的拟凹性，对应于不同收益之间的递减边际替代率），从这个意义上说，成本收益分析的加法形式要求谨慎使用。一种处理方式是，集中关注相对边际变化，这样权重也许变化不会太大，而且框架也可能是近似线性的（在此，一些人会使用泰勒定理和局部近似的方法）。但许多工程都相当大，其收益无法这样具体化（尤其是在具有分布敏感性的计算中），以使得权重相当平稳地变化。在这种情况下，不存在其他形式——如果我们使用成本收益分析的加法形式的话——能够考虑到随着收益的变化而改变权重的必要性。因此，其形式必然是同时决定收益的大小以及相关的权重。我将不再讨论这里的技术问题，我们必须认识到，成本收益分析的加法形式是有一定限度的，它必然要求对各种实质性方案的数量和权重同时进行计算。

即使满足所有这些条件（明确赋值、广义结果评价和加法计算），一般成本收益分析仍然是一种相当普通的方法。比如说，它可以采用基于支付意愿的权重，也可以采用完全不同的赋值方式（比如，通过调查问卷），从而补充或取代那种支付意愿框架。[9]其中的推理具有很大的一般性（虽然我们已经指出了许多修正条件和免责条款），我们必须认识到这个一般方法的范围，然后才能继续——从这一点出发——添加越来越多的限制性条件，从而使得这一程序更为具体和特殊，其代价是削减了这个用成本收益来决策的一般方法所赋予我们的广泛自由。

4. 结构性要求

A. 假定完备性

在通常的情况下，成本收益分析倾向于假定评估具有完备性。

它不仅要求每一种结果都是可以确定的和可知的（下面我们会讨论这个问题），而且也要求各种权重在一种合适的范围内必须是确定的和唯一的。它通常在没有明确论据的情况下假定，当我们在评估收益和成本时，每一种可能的状态彼此之间都是必然可比的——从而可以明确排序。这一假定条件有时被成本收益分析的批评家认为是完全不合理的。我们怎么可能永远把各种备选方案进行相互比较，尤其是当决策涉及许多考虑因素，而其中的测度和赋值都不准确和模糊的时候？我们能否找出最佳的方案？如果我们不能对事态进行排序，那会怎么样？

某些人将完备性视为结果分析的必要条件，但事实上并非如此。一个结果主义方法确实蕴涵着一般形式的最大化逻辑，但最大化并不要求所有备选方案都是可比的，甚至也没有要求能够辨识出最佳的备选方案。最大化只是要求，我们不可选择一个比其他可选的方案都要差的方案。如果我们不能在两种备选方案中进行比较和排序，那么可以选择其中一种能充分满足最大化要求的方案。

与其精确定义的数学形式相比，"最大化"这一术语的使用相当宽泛。有时它的意思是，我们必须选择一个最优的方案。[10]在有关集合论和分析（其形式是选择一个不存在比它更好的备选方案的方案）的基础文献中，对于通过一一对比所作的系统而恰当的选择而言，最大化的技术定义已经概括出它必须具备的含义。如果排序是完备的（但不必然完备），最大化和最优化是相同的。比如说，如果（1）选项 A 和 B 彼此之间难分优劣，（2）它们都要比其他任何备选方案好，那么最大化要求选择其中的任意一个：A 或者 B。[11]

我们可以用布利丹的驴子这一老故事来说明两者的区别，其中驴子无法在两堆干草中进行排序。[12]布利丹的驴子是一个坚定的最优化者，坚信完备排序，因此，无法选择任何一堆干草（因为没有一堆可以显示它是最好的），最后只能饿死。它之所以会饿死，是因为它无法在两堆干草中排序，但很显然选择任意一堆都是比饿死更好的结果。即使驴子不能对两者排序，从正确的成本收益角度来看，明智的办法是选择任意一堆而不是不选择。成本收益分析确实要求最大化，但并不要求完备性或最优化。

一个具体的成本收益分析能得出一个完备排序以及明确的最优结果（或结果的最优集合），这当然很好。但是如果不能得出这一结果，那赋值排序就是不完备的，这时就可以很自然地使用最大化来处理不完备排序的情况。这可能会导致好几个彼此无法比较的最大化解，但选择其中任何一个都是明智的。如果赋值采用一种权重范围的形式，我们还可以对缩小变化范围对于扩展生成的局部排序的影响进行敏感性分析。[13]不确切的范围可以反映到评价上，而选择将与赋值的模糊性系统相关。

无论如何，有时仍然可以见到一些文献固守着完备性，由于武断的赋值判断和任意的认识论估价，因此，这往往会导致其完备性过于武断。其结果是忽略了不那么准确测度的结果或没有明确获得一致同意的价值观，后者往往相当重要（可以肯定，虽然我们没有得出确切的权重，但可以接受的赋值权重的范围仍然可以相当明晰）。对所谓的人道成本的忽略部分起因于这种对完备排序的武断要求。在这些情况下，技术方面只需稍稍完善一点就可以纳入许多变量，而一些技术管理型的政府官员却觉得它们太模糊以至于无法加以考虑。

B. 完全知识或概率认识

结果的完全知识假设与确定无误的赋值权重的假设相似。重要的是，我们应当理解认识上的模糊的根源及其后果。同样重要的是，我们还应考虑到实际变量赋值范围（就像用于评估权重一样），它在数学上可能导致类似的可选方案的局部排序（其基础是所有总体排序的交集与相应值域中的每个集合相容）。[14]这里，最大化再次提供了比最优化更为充分的适应范围。

有些人认为可以通过寻求具有概率权重的预期值来避免这个问题。在很多情况下这确实有效。但是，如果要让其结论有意义的话，概率权重仍然需要证明，这跟预期值推理的公理条件框架一样。这些问题在文献中已经得到深入的探讨，我将不再继续赘述。[15]有时我们可以用概率分布和预期值最优化来取代局部排序和最大化，但这一扩展也不是没有代价的。

完全知识假设或者不那么严格（但也相当严格）的预期值推理的有用性是不容怀疑的。问题在于，这些假设是否会造成对实质性关怀的忽视。我认为这个问题相当重要，但在此不必再多论述。

C. 非重复赋值和非参数赋值

我们拥有各种形式的评价判断。其中一些判断是相当基本的，因为它们并不取决于任何隐含的事实假设（不同于该判断本身包含的主题内容）。但是，非基本的判断则——往往是隐含地——依赖于事实假设，因此，当获得更多的知识时就需要加以修正——甚至在应用这些非基本判断的结论时也往往需要修正。[16]

在涉及非基本判断上，比如，赋值权重，我们必须知道，当假定的权重的含义更充分地为人所知或理解时，赋值的各种权重可能会发生改变。比如说，我们也许没有充分理解选择某组赋值而不是另一组的含义，直到使用该组赋值的结果出来时才明白这一点。这意味着需要重复赋值，比如说，采取参数设计的办法。我们不可以把权重视为给定的不可更改的实体，而应把它们视为暂定值，并且在采用这些数值并得出结论之后，我们还可以修改这些赋值。这种方法不是那种单向的赋值结果，而是将暂定值应用于结论，然后再根据所生成的备选方案排序，考虑是否需要修改权重。

在某些情况下，我们对收益表中某个特殊的元素的赋值要比总体的事件评价清晰得多。但在另外一些情况下，根据我们所可能拥有的赋值，总体评价对我们而言更为直接。最近关于环境干预上的或有赋值的文献为这两种情况提供了证据。[17]成本收益分析的格式接受重复赋值和参数技术，虽然主流文献完全忽略了这个方面。抑制重复赋值确定权重的操作上的方便性必须与对基本赋值性质及其总体效果的双向影响的实际重要性进行平衡。

5. 评价无差异

A. 行动、动机和权利的不可赋值性

在讨论广义结果评价时，我们本来可以探讨结果推理的包容性，比如考虑行动的性质和公认权利的实现和侵犯。动机也可以考虑在内，虽然它们的重要性更多的是在个人选择方面而不是公共选择方面。[18]

主流的成本收益分析对这些因素的忽视大大缩减了公共决策中伦理分析的范围。有关人权的文献表明，这些关怀对人们是何等的重要——而且紧密相关。这些因素也潜在适用于成本收益评估，虽然人们无法在关于成本收益估价的有限模型（如市场定价模型）中给予它们确定的值。

B. 自由内在价值的无差异

对人们自由的忽视与对人权的忽视一样，也是一个严重的问

题。事实上，公认权利往往采取向他人呼吁的形式，要求他人遵从——甚至是帮助——实现相关人的自由。这些权利也可能采取这样的形式，规定特殊个人或机构的完全义务（perfect obligation），或者——在人权领域更为常见的是——规定对处于帮助位置的个人或机构的不完全义务（imperfect obligation）。[19]

结果性的成本收益分析完全可以考虑人们拥有的实质自由（形式上它要求机会集合的估价，而不仅仅是对被选方案的估价）。这里包含着一个重要的区别。比如说，一个自愿禁食的人（而不是非自愿挨饿）是在拒绝吃这一选择，但如果排除吃这一选择将使其选择的自愿性毫无意义。禁食在本质上是一种选择饥饿的行动，而排除吃的选择则剥夺了该人的选择机会，正是这一机会才使禁食所蕴涵的"牺牲"具有意义。

将结果分析建立在综合结果之上的理由（考虑过程和自由而不仅仅是最终结果）与这个问题以及结果分析的扩展范围相关。[20] 主流的成本收益分析的有限形式忽视了自由的重要性，其局限性是显而易见的，它与更一般的结果分析方法的对立也是非常清晰的。另外，忽视这些因素所带来的操作上的方便也是显而易见的。我们应当采取什么方法达成一致意见（是采用更具包容性但更为困难的方法，还是相反的方法）并不重要，明白问题的关键在哪里才是重要的（这里确实存在着问题，而有局限性的主流方法的许多支持者们却似乎不愿意承认）。

C. 行为价值的工具观

价值观影响我们的行动，在评估公共工程的结果时，价值观通常假定是既定的。但也有这样一种情形，即重大工程，尤其是那些涉及人们从一种文化环境转到另一种文化环境的变化（比如从农村到城市）以及文化挑战的重大工程，往往会导致价值观的修正。[21]这就带来了如何评价这种价值观的修正这一重大问题，尤其是根据哪一种价值观——最初的抑或后来的——进行估价的问题。

这个问题虽然相当复杂，但已受一些社会分析家的关注。[22]在此我也提不出解决之道，但如果有一个严重的问题受到了忽视——即使有着绝妙理由，说我们不知道该如何处理，我们至少也应该在此说明一下受到忽视的问题。也许有一天最终它会令人信服地在我们的决策分析中占据一席之地，哪怕它只是使我们在坚持既定决策的不可置疑的优越性上稍稍有些松动。

6. 以市场为中心的赋值

A. 根据支付意愿

在主流的成本收益分析中，主要是通过使用支付意愿来实现赋值这一工作的。当然，这一方法的根据是市场赋值的基本原理。确实，基于市场类比的赋值具有市场配置体系的某些优点，包括对个人偏好的敏感性以及相对权重的易处理性。

这一方法的主要局限性包括那些市场信号传递中的局限性。比如说，在以下两种情况下，容易导致对分配问题的忽略：（1）对每个人的美元配以相等的权重（无视相关个人是穷困还是富裕），（2）对由项目和计划所导致的分配变化没有赋以任何权重（因为这些变化虽然在公民个人看来是积极的或消极的，但并不足以使市场体系中的私人物品价格改变）。[23]此外，当存在相互依赖性和外部性的时候，也会发生信号传递困难。

除了实际市场体系和类市场赋值的共同困难之外，后者还存在一些特有的问题。这在公共物品方面尤其显著，在这方面人们常常引用基本市场类比的赋值。使人们显示他们真正的支付意愿并不是一件轻而易举的事情，因为问卷并不意味着要求实际支付，并且在这种情况下，还存在着策略性考虑的可能，从而扭曲了显示的支付意愿。原因多种多样，其中搭便车也许是最为人所知的。当然，不少人设计各种机制来处理执行中的激励相容问题，但尚未见到万无一失的一般方法。

在对重要环境成分的存在价值的或有赋值问题（这对成本收益分析是一个重要的运用）上，支付意愿的估值尤其困难。CV 程序的形式是提出假设性的问题：人们为防止特定目标的损失而愿意支付多少。[24]法学界在处理漏油或其他类似事件所导致的损失时，往往用或有赋值的方法来（1）对相关实际损失进行测度，（2）确定该事件的当事人一方疏于职守的罪责范围。

在设计的实验中实际使用 CV 程序往往会产生与通常被视为标准的理性选择的含义相反的结论。[25]人们发现，其中一个问题——所谓的嵌入效应——是，防止 2 000 只鸟被杀的平均支付意愿与防止 2 万只甚至 20 万只鸟被杀的平均支付意愿是相等的。[26]如果这些鸟属于濒临灭绝的种类，这些选择似乎还不难理解，因为每一种选项都可以被视为包含该物种延续这一"有价值的"事情（相关人无须对其他事情赋值）。但是这里的鸟并非濒危物种。事实上，如果不深入了解选择者看待这一问题的方式以及他们所追求的目标，就很难判断选择是不是一致的或者是不是非理性的。[27]在讨论社会选择方法——与市场类比赋值相对立——对该问题的表述时，我将回到这个问题上。

B. 潜在补偿的充分性

我们还可以把支付意愿的加总解释为再分配的潜在可能性，其中包括对某些人所遭受损失的补偿。在给定某些特定假设的前提下，这些补偿解释确实具有一定的合理性。然而，问题在于，这种伦理推理的根据不是实际的结果，而是实际可能会用得上也可能用不上的潜在补偿，它的相关性和说服力究竟有多大呢？

在用补偿来解读社会福利上存在着现实的动机问题。如果补偿得到实际的支付，那么我们当然并不需要一种补偿标准，因为实际的结果已经包括已支付的补偿，因此无须采用补偿检验（compensation test）来作出判断［在卡尔多-希克斯标准（Kaldor-Hicks criterion）中，当补偿得到实际的支付时，其结果就只是一个简单的帕累托改进］。另外，如果补偿并未得到支付，就难以看出在何种意义上可以说它是一种社会改进（"别担心，亲爱的受害者，我们能够充分补偿你，即便我们丝毫无意实际支付这一补偿也没多大关系，这只是一个分配上的差异而已"）。补偿检验或者是多余的，或者不具有说服力。[28]

那些坚持成本收益分析方法应当使用补偿检验的理由并不是特别充分。但是，这不是抹杀支付意愿方法（不使用旧的补偿逻辑）的优点。不管效率要求是如何规定的，都必须对个人偏好保持敏感，在这方面支付意愿确实能够发挥它的作用。在一个不存在外部性的情况下，如果一个人对 A 的支付意愿少于对 B 的支付意愿，那么在两者都可以采用的情况下，把 B 而不是 A 给予该人就会包含损失。在不涉及分配问题的情况下，这一点是可以成立的（因为此处帕累托标准极为恰当），而且这类子选择（subchoices）能够嵌入更大的选择（还包含分配问题）中。[29]可见不管这种过多吹嘘的补偿检验所得出的公平结论如何空泛，支付意愿所蕴涵的信息确实具有一定的效率意义。我们不应对小小的恩惠抱怨，但也无须把它们视作了不起的成就。

C. 忽略了社会选择方案

前面已经指出，以市场为中心的赋值具有模糊性，尤其是在解释人们表达的对于公共物品（包括环境保护和存在价值）的支付意愿时。在这里，我们可以追问，或有赋值程序所隐含的是一种什么样的社会选择解释。[30]或有赋值背后的"哲学"是这样一种观念，即一种环境物品（environmental good）在本质上可以被视为我们通常所购买和消费的私人物品。这种赋值也就是单独的——这一点极其关键——取得这一环境利益的过程。比如说，当问到我愿意支付多少来拯救所有这些在埃克森公司的"瓦尔迪兹"号漏油事件中死去的生物时，我说 20 美元。根据 CV 的解释，这就等于是说，如果我出的 20 美元能够消除所有的损失，那么我将乐意出这笔钱。很难认为现实中有人——只要他稍微知道一点埃克森公司的"瓦尔迪兹"号漏油事件——会认真对待这一提问和回答，因为要求我回答的假想事态根本就不可能是真的（即便我确实相信，我出的 20 美元已经足以结束这场混乱，我也无法肯定我的判断具有多大的重要性）。

阿罗在《社会选择与个人价值》中提出来的"无关备选方案的独立性"条件要求，在各种相关备选方案上（即在实际机会集合中的备选状态上）作出选择时，社会选择不应取决于我们对"无关"备选方案（即在机会集合之外的方案）的赋值。[31]我为之已经支付 20 美元的假想事态与埃克森公司的"瓦尔迪兹"号原油泄漏所造成的损失显然不是"相关的"备选方案，因为那是完全不可行的，但是在各种实际可行的备选方案——对选择而言是"相关的"——中作出选择时，我们对"无关"备选方案的赋值也多少受到了我们的集中关注。

把我防止环境破坏等同于购买一件私人物品的这一想法本身就是相当荒谬的。我乐意为我的牙膏支付的数额通常并不受你支付的数额的影响。但是我为拯救自然所支付的金额与其他人的支付完全无关这一假设是极其奇怪的，因为它是一种专门的社会关怀问题。环境评估的"独行侠"模型——它对于 CV 的解释极其关键——完全混淆了这个问题的本质。我们不可避免地会使用根据其他信息收集方法所获得的各种赋值，包括能够更充分描述社会状态的调查问卷。

某些人提出具有相当说服性的主张，即使 CV 问卷调查中的正式提问是每个人单独愿意支付多少来拯救一点自然，但答案最好解释为，他们"捐资"多少从而以取得那一结果。[32] 确实，严肃地追问这个所谓真正的问题要比实际所提的问题更加不大可能出现"欣然搁置不信任"的情形。但这一回答又会引发其他问题。在给定这一任务的性质下，我愿意捐资的数额取决于我期望其他人捐资的多少。这一回答存在多种可能。如果其他人也捐资的话，那么我将乐意捐资，这就出现了一种"确信博弈"的情形。[33] 另外，如果其他人的捐资已经相当多而我的贡献对于这一社会目标而言微不足道，那么我可能感觉不到做这件事情的必要（这是一种"搭便车"的路径）。如果说 CV 的"独行侠"模型规定非常细致但却并不可信的话，那么这一捐资模型就是可信的但却严重缺乏规定性。[34]

我们怎么样才能更好地利用社会选择方法来解释这个赋值问题呢？[35] 一种方法是确保个人思考社会选择所要面对的实际备选状

态。适当设计的调查问卷可以很容易做到这一点。这也是市场类比特别具有欺骗性的地方，因为市场并没有提供个人可以从中选择的被加以规定的社会状态。给定这些价格，我从我的商品篮中作出选择，你从你的商品篮中作出选择；我们两个人都没有"吃着碗里，看着锅里"。这种情况能够合理地用来讨论许多问题，但环境评估并不属于其中之一。要得出人们关于应当做什么的看法，就必须告诉人们实际的方案，包括对其他人可能选择的规定。这并不是市场定价的问题，也不是认识上所要探讨的内容。它要求对所要采用行动的具体建议加以详细规定，同时也要求对其他人所采取的行动（包括他人所做的贡献）予以说明。社会状态的赋值是标准的社会选择实践的组成部分，但并不是市场赋值的内容。在这里市场类比尤其具有欺骗性，因为它并没有涉及各种社会备选方案。

7. 结束语

　　总之，成本收益分析是一种非常一般的方法，其中包含一些确立这一方法而不是某一具体手段的基本要求——本文的基本原则。但这些基本要求仍然为一些支持另一种不同的一般方法的人所拒绝，比如说，他们坚持隐含的赋值（而不是明确的赋值），使用纯粹的义务论原则（而不是广义结果评价）。此外，在可加性的策略使用上还存在一些技术性问题（尽管凹的目标函数具有合理性）。但在具备这些不同的基本要求之后（在某种程度上，我试图为它们辩护），成本收益分析方法仍然是相当宽泛的，能够为公共决策领域中各自为战的学说所共同采用。

　　除了附加条件包括结构性要求和评价无差异等等之外，这一方法的可分性也随之增加。这样做有得也有失——其得主要在于可操作性和可用性上，其失主要体现在评估实践的范围在缩小。我已指出各自的正反理由所在。虽然主流做法倾向于吸收所有这些条件，但不难看出在某个具体的评估程序上可以放宽一些条件。

成本收益分析的主流观点不仅采用这些基本原则、结构性要求和评价无差异，而且还使用了一个非常特殊的评估手段，即市场配置的间接使用或类比。这种以市场为中心的观点有时被（尤其是它的鼓吹者们）视作唯一的成本收益分析方法。这种看法完全是武断的，但由于这种方法相当重要，我在本文花了大量的篇幅专门讨论这个问题。

市场类比在许多公共工程上具有一定的优点，尤其是它对个人偏好具有敏感性，是与效率（以某种或另一种形式出现）相关的。但是，它的公平性完全是虚假的，尽管在引入明确的分配权重后这些公平主张似乎更为真实（正如不属主流方法的分配权重一样）。[36] 使用补偿检验也存在着同样的一般问题，它们或者是多余的，或者完全没有说服力。

在许多公共物品问题上，甚至主流观点的效率要求也往往大打折扣，这在很大程度上取决于相关赋值的性质。它在环境评估尤其是存在价值上存在着许多具体的困难。在这里，社会选择的赋值要求是很容易理解的，但通过支付意愿的设计不容易显示出人们的赋值。用于合理赋值的社会状态规定（包括确定谁将做什么）不能仅仅由基于市场的提问（例如"如果你独自一个人就可以改变环境，你愿意支付多少？"或者"不管你认为别人会如何做，你会捐资多少？"）确定。当市场类比所能提供的信息不能满足要求时，用于私人物品的市场体系所具有的信息经济这一巨大的优势却成为一大累赘。

　　在以市场为中心的赋值的所有条件都被纳入一种成本收益分析的程序之后，这种方法就与白日梦也差不多了。但是，如果仅仅根据内在一致性，而不是超越这一狭隘体系的合理性来检验它们的结论，这些重大错误就仍然无法显露出来。白日梦确实可以做得非常一致。明智的成本收益分析方法要求超越主流方法，尤其是引入明确的社会选择判断，从而超越以市场为中心的赋值方法。主流观的拥护者们无须面对义务论者的质疑（后者也不会与他们对话），但他们必须面对其他成本收益分析者所提出的问题。从某种意义上说，这种争议是"内在的"，但就此而言，也仍然是相当重要的。

注释

　　［1］关于反对建造该大坝的理由的强有力的说明，可参见 Arundhati Roy，"The Greater Common Good：The Human Cost of Big Dams," 16（11），*Frontline*，June 4，1999。

　　［2］如参见 Amartya Sen，*On Economic Inequality*（enlarged ed.，1997）（1973）；A. B. Atkinson，*Social Justice and Public Policy*（1983）；Keith Griffin and John Knight，*Human Development and International Development Strategies for the 1990*s（1990）；*The Quality of Life*（Martha Nussbaum and Amartya Sen eds.，1993）；*Women，Culture and Development：A Study of Human Capabilities*（Martha C. Nussbaum and Jonathan Glover，eds.，1995）；*Development with a Human Face*（Santosh Mehrotra and Richard Jolly，eds.，1997）。

　　［3］参见 Cass R. Sunstein，*Legal Reasoning and Political Conflict*（1996）。

　　［4］关于局部排序交集的运用，还可参见 Sen，见注释［2］；Sen，*Employment，Technology and Development*（1975）。

［5］一个有趣的问题是，主体相对伦理观有时被认为与结果推理不相容。除非我们将主体无关的状态判断与主体相对的行动判断作出区分，否则也无法持这么一种更为前沿的主张。一旦避免了那种隐含的精神分裂症，广义结果推理就可以相应地扩展到容许评价状态和行动的主体相对性；关于这个问题可参见 Amartya Sen，"Rights and Agency," 11 *Phil.* & *Pub. Aff.* 3（1982）；Amartya Sen，"Well-Being，Agency and Freedom：Dewey Lectures 1984," 82 *J. Phil.* 169（1985）。

［6］T. S. Eliot，*Four Quartets* 31（1944）（"The Dry Salvages"）。我曾讨论过这一争论中的某些问题，参见 Amartya Sen，"Consequential Evaluation and Practical Reason," 97 *J. Phil.*（2000）。

［7］参见 John F. Nash，Jr.，"The Bargaining Problem," 18 *Econometrica* 155（1950）。

［8］参见 H. W. Kuhn and A. W. Tucker，eds.，1 and 2 *Contributions to the Theory of Games*（1950，1953）；Samuel Karlin，1 *Mathematical Methods and Theory in Games*，*Programming and Economics*（1959）。凹的——与严格线性对立——规划对于一般成本收益分析和具体的影子价格的意义可参见 Amartya Sen，*Choice of Techniques*（3d ed.，1968）。

［9］参见 Partha Dasgupta，Stephen Marglin，and Amartya Sen，*Guidelines to Project Evaluation*（prepared for UNIDO，1972）。还可参见注释［8］；I. M. D. Little and James Mirrlees，*Manual of Industrial Project Analysis in Developing Countries*（1968）；*Cost-Benefit Analysis*（Richard Layard，ed.，1972）；Amartya Sen，*Employment*，*Technology and Development*（1975）；P. S. Dasgupta and G. M. Heal，*Economic Theory and Exhaustible Resources*（1979）。

［10］关于这一条件及其含义，参见 Amartya Sen，*Collective Choice and Social Welfare*，ch. 1*（North-Holland，1979）（1970）。

［11］这是数学文献中最大化的确切定义，包括纯集合论［比如

N. Bourbaki，*Éléments de Mathématique*（1939）；Nicholas Bourbaki，*Theory of Sets*（English trans.，1968）]和公理经济分析［比如 Gerard Debreu，*Theory of Value*（1959）]。最大化和最优化之间关系的公理分析参见 Amartya Sen，"Maximization and the Act of Choice," 65 *Econometrica* 745（1997）（本书的第 4 章）。

[12] 关于布利丹的驴子，还有一个更广泛但不那么有趣的版本，其中说两堆干草对驴子是无差异的，因为它无法决定选择哪一堆。但是，如果对驴子来说真的是无差异的，那么显然任何一堆都与另一堆一样好，这时，即使是一个绝对追求最优化的驴子也不会存在选择的困境。

[13] 关于这种技术关系可参见 Amartya Sen，*Collective Choice and Social Welfare*，ch. 7 and 7*；Amartya Sen，"Interpersonal Aggregation and Partial Comparability," 38 *Econometrica* 393（1970）；Amartya Sen，*Employment，Technology and Development*，见注释［14］。还可参见最近对于"模糊集合"和"模糊赋值"的讨论。

[14] 关于这类变化形式的实际意义，可参见 Sen，*Employment，Technology and Development*，见注释［4］，以及 Amartya Sen，*Resources，Values and Development*，essays 12，14 and 17（1982）。

[15] 参见 Mark J. Machina，"'Rational' Decision Making versus 'Rational' Decision Modelling?" 24 *J. Mathematical Psychology* 163（1981）；Daniel Kahneman，P. Slovik，and A Tversky，*Judgement under Uncertainty：Heuristics and Biases*（1982）。我曾讨论过这个问题，参见 Amartya Sen，"Rationality and Uncertainty," 18 *Theory* & *Decision* 109（1985）（本书第 6 章）。

[16] 关于基本判断与非基本判断之间的区别可参见 Amartya Sen，*Collective Choice and Social Welfare*，ch. 5（1970）。

[17] 可 以 参见 *Contingent Valuation：A Critical Assessment*（Jerry A. Hausman，ed.，1993）；Daniel Kahneman and Jack L. Knetsch，"Contingent Valuation and the Value of Public Goods," 22 J. *Envtl. Econ.* & *Mgmt.* 90

（1992）；W. Michael Hanemann，"Valuing the Environment through Contingent Valuation," 8 *J. Econ. Persp.* 19（Autumn 1994）。

[18] 关于这个问题可参见 Amartya Sen，*On Ethics and Economics*（1970）。

[19] "完全"和"不完全"都属于康德的概念，虽然现代的康德理论家似乎关注前者更甚于后者。事实上，人权不可以是某种适当表述的"权利"这一观点似乎与下面这一思想有关，即权利必须与完全义务相匹配，而不能将它们与不完全义务或者他人更一般的义务联系起来。如参见 Onora O'-Neill. *Towards Justice and Virtue*（1996）。一种相反的立场可参见 Amartya Sen，*Development as Freedom*，ch. 10（1999）；还可参见 Amartya Sen，"Consequential Evaluation and Practical Reason," 97 *J. Phil.*（2000）。

[20] 关于这个问题可参见 Amartya Sen，"Internal Consistency of Choice," 61 *Econometrica* 495（1993）（本书第 3 章）；Amartya Sen，"Maximization and the Act of Choice," 65 *Econometrica* 745（1997）（本书第 4 章）；Amartya Sen，"Freedom and Social Choice," Arrow Lectures（本书第 20～22 章）。

[21] 在此有必要将价值观的真正改变与反映了由决定变量的参数变化导致的权重改变的价值观区别开来；关于这个问题可参见 Gary S. Becker，*Economic Approach to Human Behavior*（1976）；Gary S. Becker，*Accounting for Tastes*（1996）。

[22] 比如参见 Jon Elster，*Ulysses and the Sirens：Studies in Rationality and Irrationality*（1979）；Jon Elster，*Sour Grapes：Studies in the Subversion of Rationality*（1983）。

[23] 各种权重有时并不是直接根据它们实际的或直接的后果来衡量，而是根据它们潜在的用途来衡量，如一些补偿检验所显示的那样。我将在下一节（6B）对这种解释路径加以评论。

[24] 这一问题也可以采取个人愿意接受多少作为损失的补偿的形式。但这很可能会大大超过——根据充分的"希克斯的"理由——防止损失的支付愿意。这样，对两组问题的回答的实际差距有可能大得难以有效解释。

［25］如参见 Kahneman and Knetsch，"Contingent Valuation and the Value of Public Goods," 22 *J. Envtl. Econ. & Mgmt.* 90（1992）。

［26］参见 William H. Desvousges et al.，"Measuring Natural Resource Damages with Contingent Valuation: Tests of Validity and Reliability," in *Contingent Valuation: A Critical Assessment*（Jerry A. Hausman，ed.，1993）。

［27］关于这个问题可参见 Amartya Sen，"Internal Consistency of Choice"（本书第 3 章），以及 Amartya Sen，"Environmental Evaluation and Social Choice: Contingent Valuation and the Market Analogy," 46 *Japanese Econ. Rev.* 23（1995）（本书第 18 章）。

［28］关于这个问题可参见 Amartya Sen，"The Welfare Basis of Real Income Comparisons," 17 *J. Econ. Literature* 1（1979），重印于 Sen，*Resources，Values and Development*，见注释［14］。

［29］关于这个问题可参见 Amartya Sen，"Real National Income," 43 *Rev. Econ. Stud.* 19（1976）；重印于 Amartya Sen，*Choice，Welfare and Measurement*（Harvard University Press，1997）（1982）。

［30］随后的讨论采用下文的研究成果，参见 Sen，"Environmental Evaluation and Social Choice"（本书第 18 章）。

［31］Kenneth J. Arrow，*Social Choice and Individual Values*（1951）.

［32］如参见 Daniel Kahneman et al.，"Stated Willingness to Pay for Public Goods: A Psychological Perspective," 4 *Psychological Sci.* 310（1993）。

［33］关于确信博弈，可参见 Amartya Sen，"Isolation，Assurance and the Social Rate of Discount," 81 *Q. J. Econ.* 112（1967）；Angus Deaton and John Muellbauer，*Economics and Consumer Behaviour*（1980）。

［34］采用"存在价值"的支付意愿方法的更进一步的困难在于，如何解释为什么一个人愿意为了使某个受到威胁的物体持续存在而支付一个特定的数量。正如波斯纳向我指出的，如果该人提出的支付额不是出于他本人的预期收益，而是出于一种"承诺"（他承诺努力实现受威胁物体的持续存在），

那么所有承诺者的支付意愿总和从解释逻辑上来说就无法简单地被视作他们所能获得的收益总和。

[35] 关于这个问题可参见 Sen，"Environmental Evaluation and Social Choice"（本书第 18 章）。还可参见 *Social Choice Re-examined*（Kenneth Arrow，Amartya Sen and Kotaro Suzumura，eds.，1997）所收录的各篇文章。

[36] 参见 Dasgupta，Marglin and Sen，*Guidelines to Project Evaluation*（prepared for UNIDO，1972），其中列举了将分配权重［以及对"有益产品"（merit goods）和一般社会关怀的认可］与支付意愿相结合的技术实例。

第六部分　自由与社会选择：阿罗讲座

理性与自由

引　言

阿罗讲座于 1991 年春在斯坦福大学举行，其题目是"自由与社会选择"。虽然这里提出的某些分析曾为其他作品所用（比如 Sen，1991，1992a，1999a），但阿罗讲座的内容本身却从未出版。它们都被收录在本书中，并作了两个变动——一个是描述性的，另一个是实质性的。

描述性的变动主要体现在形式和技术分析与非形式和一般讨论的分开上。阿罗讲座的形式材料（主要与第一次讲座的主题有关）是用"技术性附录"方式出现，但阿罗讲座的口头表述既包括了形式部分，又包括了非形式部分（就像意大利蔬菜浓汤一样）。在这里，它们是分开的。前面两篇论文（《机会与自由》《过程、自由与权利》）对应于我的第一次和第二次阿罗讲座的非形式和一般讨论，而第三篇论文（《自由与机会评价》）作为单独的一篇，则提供了相当技术性的和形式的材料（它实际上是在旧的"技术性附录"基础上大量扩充后的版本）。我希望，甚至那些对形式结论和技术性联系并不感兴趣的读者也能够毫不费力地理解这些结论和联系在第 20 和 21 章的一般讨论中的用途。[1]

第二个变动是实质性的，并且变动较大。阿罗讲座的内容过了这么长的时间才用于发表，是因为我认为有必要探讨许多 20 世纪 90 年代的文献所关注的问题，在这个十年里，关于自由和权利的分析相当活跃。我把对这些文献中的问题和观点的回应也收录其中，从这些文献［尤其是 Arrow（1995）——但不限于阿罗的作品］中，我学习到了许多东西。

正如所看到的，这些文献也对我在阿罗讲座中提出的观点作出

了评论〔虽然讲座内容从未出版，但部分分析已经被收录在我公开
发表的作品中，尤其是 Sen（1991，1992a，1992b，1993a，
1993d），而且阿罗讲座的技术性附录的油印件也可使用〕。这些评
论除了有对我的观点的支持和扩展之外，也有质疑和反驳。这给了
我从这些讨论和争辩中学习的机会。修改后的阿罗讲座内容从最近
的文献——无论是肯定的还是辩驳的——中获益良多。可以说，我
的拖延恰恰大大帮助了我。

注释

[1] 在某种意义上，我试图遵从我在社会选择方面的第一本书（*Collec-tive Choice and Social Welfare*；Sen，1970a）的写作策略，它将形式分析与非形式的讨论分开，分为标星号和不标星号的章节（它们交替出现）。但在这里，两者的区分并不是特别严格。

第 20 章
机会与自由*

1. 阿罗与社会选择

肯尼思·阿罗在 1950 年发表了他那篇有关社会选择的开创性论文，该文与他次年发表的重要著作《社会选择与个人价值》一起，宣告了现代社会选择理论的诞生。[1] 在这门新的学科诞生的当年——1950 年，许多实际的社会选择出现了进展。独立的印度建立了新的印度共和国，实施了民主宪法和多党选举制度。革命后的中国很快稳定了社会秩序，宣布了彻底的经济改造目标，并获得了广泛的国际承认。

所有这些实际事务对于社会选择理论的主题来说有着重要的相关性，它们所使用的概念和理念与社会选择极其接近。但是这些实际事务的意识形态要素并未在社会选择理论中获得一丝一毫的明确表述。确实，从标准社会选择理论所追求的技术和严格抽象的形式来看，这种忽略是非常自然的，且无可非议。对于社会选择理论与世界范围内的重大事件和利益之间的直接联系，很少有人对它们进行探讨，虽然这些关系本身在概念上是相当丰富的，既有理论价值又有实践意义。

其中的一个领域就是自由这一重要领域。社会选择理论对自由

---

* 本文为我第一次阿罗讲座的扩充版（同题），但并不包含技术材料，后者单列，收录在第 22 章（"自由与机会评价"）。

的抽象概念和人们所享有的实际机会——经济的、政治的和社会的——都具有发言权，自然对两者之间的交集也有发言权。但事实上，它对于这些主题几乎是什么也没说。确实，社会选择理论作为一门学科，虽然取得了辉煌的成就，然而却过于内省。

我把"自由与社会选择"作为我的主题，部分目的是庆贺学术大师肯尼思·阿罗在创建社会选择理论时，将其用途扩展到通常的领域之外。我认为，社会选择理论除了关注自身领域的事务之外，还应参与"他者"的事务。对于本文来说，这里的"他者"，就是自由。用社会选择理论来分析自由（而不是传统上分析福利经济学和投票理论），必然要求对已有的社会选择理论分析的某些背离。我希望能够在此证明，在这一领域，阿罗的基本视角同样可以产生丰硕的成果。

当然，选择这一主题的最终目的是更好地理解一般的自由，而不是任何特殊的探讨，诸如使用社会选择理论的特殊视角对于探讨自由来说是否——或者在多大程度上——有意义。不过，我认为，实现后者是实现前者这一目标的好方式。特别是，我将证明，社会选择理论能够探讨任何需要恰当理解自由这一复杂理念才能深入探讨的具体问题。更进一步地讲，由于这其中的一些问题在社会和政治哲学领域关于自由的主流文献中并未得到关注，因此，这一任务无疑具有一定的价值和重要性。

自由是一个不可还原的复合概念。在一个总体的表述中，我们往往会将它的各个方面以及更低层次的方面结合起来，但更重要的任务在于，我们必须理解自由的各个方面——它们是如何区别的，为什么会出现这种差异，以及它们以何种方式发挥它们的作用。[2]我以为，社会选择方法在澄清自由这一复杂理念中的各个关键成分的性质和意义上大有可为。

2. 自由的两个方面：机会和过程

自由之所以重要，至少有两个理由。首先，更多的自由赋予我们更多的追求我们重视并有理由重视的事物的**机会**。自由的这个方面主要与我们达致目标的能力，而不是与取得目标的过程相关。其次，目标实现的过程对于估价自由来说也相当重要。比如说，我们有理由认为，个人自由决策的过程本身（不论该人是否得到他想得到的）是自由的重要条件。如此，自由的"机会方面"与"过程方面"存在着重要的区别。

但是，认识到这一区别并不能排除两者重叠的可能性的存在。比如说，如果一个人希望通过自由选择来达到某个目标，而不是希望由其他某个人送给他这个结果，或者说希望公平地达成该目标（比如说，"公平地赢得选举"），而不仅仅希望赢（不论采取什么手段），那么自由的过程方面对于自由的机会方面就有着直接的影响。我们在自由的两个方面作出区别，但并不是说两者是完全不同的因素，不存在任何的相互依赖性。[3]

自由的一个方面获得了广泛的注意，它与所谓的"消极自由"这一主题相关。这一术语事实上包含几种不同的含义，但每一种都具有重要的过程导向的关联。一种解释是，消极自由是行动自由的容许方面，它由能够决定如何行动的"自主"方面再加上某些领域中免于他人干预的要求所组成。另一种解释与以赛亚·伯林（1969）为人著称的对这一概念的用法相近，它认为消极自由指达致目标的自由，即免于外部世界（与个人的"内心"相对）所施加的限制的自由方面。同样，积极自由也存在着种种不同的定义，其中，有一种将它定义为达致目标的一般自由，还有一种则将它定义为就其内心所欲的范围内达致目标的自由（这一定义接近于伯林的积极自由概念）。

我自己在这一领域的研究中得出的结论是，更有效的办法是将"积极自由"视为**将各种因素考虑在内**（包括外部约束和内在的限度）的情况下个人做该事的自由。[4]根据这种解释，对消极自由的侵犯必然——除非为其他因素所补偿——侵犯了积极自由，但反过来并不成立。[5]这种看待积极自由的方式与伯林的概念不同，但与T. H. 格林的概括相接近："我们所谓的自由并不仅仅是免于强迫或内心冲动……当我们把自由看得如此重要的时候，我们所说的自由就是指去做或者享受某件值得去做或享受的事件的**积极力量或能力**。"[6]

我们应当把关于积极自由应如何定义的争论与另一个更大的问题上的争议区别开来，即不管积极自由如何定义，积极自由能否单独对自由一般（freedom in general）提供一个充分的视角。我认为，虽然积极自由相当重要（尤其是它的广义解释，它关注个人——考虑一切因素在内——能够做什么这一方面），消极自由确实也有着它自身的基本价值。[7]首先，"对消极自由的侵犯意味着侵犯者一方无法直接作为道德主体而存在"。[8]但更一般地说，自由既具有机会方面，也具有过程方面（本文以及下面一章将对此广泛探讨），而侵犯消极自由所涉及的过程方面具有其自己的规范地位。

本文将特别关注自由的机会方面。下一篇论文（即第 21 章）将主要——但不是全部——讨论将自由视为根本的过程导向的理念问题。许多作者都倾向于这一观念，而过程方面所具有的不同特征也有必要加以区分和研究。但由于机会方面和过程方面存在着一定程度上的重叠，因此，这两方面的探讨也不可能彼此完全不相干。我们必须在它们之间作出区分，但也要认识到两者的相互依赖性。

3. 偏好与推理估价的解释

本文讨论自由的机会方面，尤其关注偏好与自由的关系。事实上，偏好是社会选择理论中最根本的基石，因此也成为探讨"自由与社会选择"这一主题最自然的出发点。但它是不是理解自由一般的性质和要求的适当出发点呢？

一些著名的作者（至少包括苏佩斯）强烈地反对用偏好来分析自由，主张通过个人能够选择的机会集合来进行自由估价。[9] 在很多人看来，偏好的实现是一类完全不同于个人自由的因素。这个基本问题显然也有待于审查。这里我必须解释，为什么我没有采用苏佩斯的研究路径，而是更一般地采用阿罗的基于偏好的方式。对这一方式的辩护必然涉及对自由评价中偏好相关或不相关的各种研究方式以及不同含义的批评性审查。[10]

我将首先讨论最基本的问题，即对偏好概念的解释。这个概念有一些模糊之处。确实，在同一个术语"偏好"之下包含着不同的含义，包括判断、价值、选择、愉快的感觉等等，它们彼此之间存在着很大的区别。这种多义性并不必然是件坏事。在某种意义上，它使得基于偏好的分析要比只采用其中一种解释具有更大的适用性。在某些情况下（尤其是关于排序的形式属性），不同含义的区别对于当时分析的目的无关紧要，这样我们可以无须进一步加以规定。但对于另外一些问题，则需要加以更多的——这是非常关键的——详细规定。

虽然"偏好"这一术语具有不同的含义，但试图使用这一术语时让它**同时**包含所有的含义却只会造成混乱。这种可能性是现代经济学和相关领域中的偏好和选择文献遇到严重困难的根源之一（本书第 1 章"引言：理性与自由"已经讨论过）。在主流经济学文献中，偏好这一概念常常等同于个人的选择——不管出于什么理由，也有时候等同于实现最佳个人利益和最大化个人福利的动机。很大一部分经济学文献中的偏好同时具有这两个含义，于是，产生了一个"过分简单化"的体系（由同一术语的两种含义共同促成），而这又意味着实际上采用了一个极其严格且彻底可疑的经验假设，即现实中人们完全根据他们各自的利益和福利作出选择。结果，它隐约地假定了，个人不受任何其他的目标和价值观所影响，除了遵从——直接或者间接地——他的自利（并且只有他的自利）之外，也不接受任何其他的"选择理由"。这样一种经验假设，除了它在经验上难以成立之外，其定义也是完全不准确的，并且混淆了概念（见第 1 章的讨论）。

这种方法为了将各种本质上不同的目标协调一致，同时采纳同一术语的多重含义，这样最终将个人模型化为一个"理性的白痴"。这个白痴无法区分选择排序、利益排序和价值观判断等等不同的观念（见 Sen，1977）。显然，当需要使用"偏好"的不同含义时，我们不可作出这种假设，而应通过相互关联的观念来分别对待其中的含义。[11]这些不同的概念在形式上都可以纳入偏好排序的分析格式之中（取决于澄清个人在做什么的语境和主题），这一事实并不能够证明它们实质上是一致的概念。[12]人类的心灵并非不能把握不同问题之间的区别。

在道德哲学中，"偏好"这一术语有时指对偏好的**感觉**（不管偏好的内容是什么）。不难理解，有些人可能会认为，仅仅用对偏好的感觉——可能是出于任性和奇想——来估价自由过于困难。但是我们不必选择任何一种解释（只需认定，偏好并不限于对自利的追求）。事实上，阿罗（1951a）在他关于社会选择理论的开创性论著里，将个人偏好排序宽泛地定义为"个人的价值观而不是兴趣"（p. 23），它反映了该人所可能具有的所有价值观（"整个价值观体系，包括对价值观的估价"），其中蕴涵着该人的"一般公平标准"和"极其重要的社会化的欲望"（p. 18）。

阿罗所概括的个人的"偏好排序"可以被视作基于他或她的**价值观**的排序——确实，阿罗论著的书名（"社会选择与个人价值"）也反映了这一含义。社会选择理论利用偏好的多义性同时也具有了多种用途，因此完全有可能将社会选择框架解释为反映了个人的价值观。一些哲学家也许并不喜欢"偏好"这一词所具有的如此灵活的——且如此自然的——用途。不难理解，许多哲学家拒绝像社会选择理论那样来使用"偏好"这一概念。但是，一旦其具体的定义和解释得到明确的阐述，这里就不存在更多的造成混淆的地方了。

事实上，我们还可以进一步要求将合理审查视作偏好排序的条件，从而使其在自由估价中占有重要的地位。根据本书第 1 章指出的理由，经过合理审查的价值排序对于自由估价来说极其关键。当我们用"偏好"来作为评价自由的机会方面的基础时，我们必须对关于偏好的价值观解释给予足够的重视，并考虑它与合理审查的相容性。

4. 社会选择的范围

至少从表面上来看，阿罗对社会选择理论的基本表述与个人自由非常遥远。个人 i 在包含备选社会状态 x 的集合 X（全集）上拥

有偏好排序 R_i，社会福利函数 f 将所有个人偏好集合[13] $\{R_i\}$ 转换成在社会状态集合 X 上的社会排序 R。[14] 各种形式条件施加于函数关系之上，从而可以得出不同的可能性或不可能性结论。

看上去这其中并没有可供讨论自由的空间，因为各种结果都取决于 R_i 中所反映的偏好，其逻辑并未考虑个人自由，而是将社会选择与个人偏好相关联。因此，这就直接带来了两个问题：（1）偏好对于自由的意义；（2）作为个人偏好对象的社会状态所包含的信息内容。这些问题为我们将自由因素引进社会选择提供了机会。

在第一个问题上，首先需要注意的是，由于社会价值观——这也是阿罗著作的根本关怀——具有重要的意义和权重，我们必须认识到个人自由的重要性。社会成员的"声音"在社会选择表述中被认可以及这种声音对于社会决策的影响，都倾向于对社会个人的授权。像"非独裁"之类的公理都是倾向于自由的条件，至少在社会层面上看是如此。

而在个人层面上又如何呢，尤其是个人自由和权利的重要性究竟如何呢？阿罗所提出的一系列公理并未明确地提及这些概念，但社会选择理论的框架仍然为它们留下了余地。我在自己的作品中试图用公式表达一个受保护的私人领域上的个人自由（Sen，1970a，1970b）。我认为，个人对某些选择（那些仅仅涉及他本人的生活的事情）具有决定性这一旧观念具有不可抹杀的价值。这一条件可以如下表述，虽然有些过于简单化：存在一组社会状态 $\{x, y\}$，它们仅仅在某个本质方面存在区别，而这个方面完全属于具体的个人 i（比如说，吸烟者不得对着 i 吞云吐雾）。自由要求社会必须如此安排以使个人 i 所偏好的社会结果（不被人朝着他吸烟）在可能的情况下一定发生。更准确地说，在其他事情给定的情况下，如果反

对吸烟的 i 认为，没人朝着他吸烟（x）要优于相反的情况（y），那么在任何社会选择规则下，"最低限度的自由"都要求，如果 x 可供选择的话（即如果 x 属于可供选择集合 S），y 就不可被选。[15]

我们不能说这种表述把握了自由的每个方面：该要求仅仅只涉及根据对于结果的偏好来概括的自由。我们也不能说，这种"最低"条件可以被视作自由的综合性表述（即使是基于偏好的自由方面）。相反，这一最低要求可以被视作是自由的宽泛观念所蕴涵的。我们已经证明，即使是这种自由的最低要求也与所谓不含争议的帕累托原则冲突（这一分析上的冲突现在已被称作"自由悖论"），这意味着我们有必要质疑或修正福利经济学的帕累托基础。[16] 在本章后面以及下一章中，我还将会回到这个问题，并讨论在什么程度上，我们可以将自由部分地视为**在私人领域中取得所偏好的结果**。[17]

应当记取的是，在前面讨论的这种具体形式中，探讨自由的方式是着眼于个人偏好以及社会状态的内容的。而这把我们带到了前面所指出的第二个有关自由的问题上。事实上，我认为，根据阿罗的概括，"社会状态"的"内容"的一般涵盖范围完全容许将自由因素引入阿罗框架之中（Arrow，1950，1951a）。恰当描述的社会状态不仅包括谁做了什么，而且也告诉我们每个人拥有什么选择。这样，不同社会状态下的偏好或价值观将包括对每个人所享有的机会的估价（关于这个问题参见 Sen，1997a，2000）。拒绝某项可选但未选的备选方案，这正是"所发生的事情"的组成部分，因此也是恰当描述的社会状态的组成部分。一旦认识到这个基本联系，就不难看出，自由的机会方面也可以成为阿罗体系中社会决策的中心问题（比如说，人们有理由认为，一个提供许多机会的社会状态要优于没做到这一点的社会状态）。

　　这一观点如此简单，我们无须再进一步阐述。但许多文献极其幼稚地看待社会状态，因为作者们抱着一种相当浅薄的观念：事态仅仅告诉我们"发生了"什么（充其量包括谁实际做了什么，而没有考虑谁能够做什么但却没有做）。选择的行动和环境不仅仅是世界的重要特征，它们必然也是社会状态的组成部分——社会选择理论的主题。事实上，许多人反对这一基本论点。因此在下面几段里，我将继续阐述这一观点，其中涉及与一般均衡理论（这对绝大多数经济学家都是很熟悉的）的类比。读者如果认为没有必要在这个基本问题上继续纠缠不休（或者为此感到厌烦），尽可以跳过下面几段。

　　根据一般均衡理论方面的文献（如 Arrow，1951b），我们来作一类比：将 C_i^x 定义为个人 i 在社会状态 x 上所拥有的备选实质选项（或选择）。我们可以将 C_i^x 视作 i 在状态 x 中所获得的备选结果。就此与一般均衡类比，这意味着，社会状态 x 可以被视作不仅仅描述了（或者说提供了描述的基础）个人 i 将要得到的东西（商品、效用等），而且还包括了已知的个人所从中选择的备选成就集合（具体地说，"预算集合"）之中的关系（比如说，竞争均衡中的相对价格）。注意，社会状态的综合性描述必定会包含这一信息，正如在一般均衡理论中，我们不仅知道个人已经作出的选择，而且也知道他从中作出选择的预算集合（根据禀赋、价格等）。方案以及方案中的选择都属于社会状态的组成部分。[18]

　　如果这样规定社会状态（包括没有被选的反事实选项），那么将自由嵌入社会选择框架的问题就简单多了，我们可以把它放在阿罗最初的形式结构中来讨论它。每个人在详尽描述的社会状态 x 上的偏好排序 R_i 不仅考虑到了他所取得的东西（和其他人所获取的东西），而且也包括他所拥有的选项（和他人从各自角度出发所拥有的选项）。这种社会状态的规定具有实质性的意义。

我还要加上一句，这种"更为详尽的"描述事态的方式在经济、社会和政治描述中并不鲜见。比如说，当我们区分（1）缺少生活必需品的遭受饥荒者和（2）出于抗议的绝食者（如圣雄甘地）时，我们不仅注意他们各自所吃的内容，而且也注意他们各自所拥有的选择。[19]同理，当我们看到年轻的释迦牟尼放弃他的王位时，我们认为这是自愿的放弃（还存在其他的选择），这不同于释迦牟尼被迫离开他的王国。这种描述的"详尽性"是非常自然地看待社会状态的方式，这里的问题并不蕴涵任何对我们已经习惯的描述传统的武断或过分的扩展。

一旦作出这种重新概括，社会选择就可以视为这样一种个人偏好的加总，其中个人偏好不仅蕴涵了顶点结果上的偏好，而且也蕴涵着包括各人拥有的选择的综合结果上的偏好。[20]这样，对自由的偏好就不再外在于基本的阿罗框架：它可以成为个人对恰当描述的社会状态的偏好的组成部分。[21]

无论如何，所有这些并未告诉我们，个人所考虑的是"机会集合"上的偏好而不是成就上的偏好。特别是，个人对结果的评价与他对备选方案集合上的估价之间是否存在着紧密的关联？后者能否由前者推导出来？或者是否应以彼此不相干的方式来对待两者？这个一般性的问题对于理解自由的机会方面的性质和特征非常重要。本文的后面几节将特别关注这些问题。

5. 社会选择视角

前面很大程度上我在为一般意义上的社会选择理论和具体的阿

罗框架辩护，并证明它们不但不应忽视对自由的考虑，而且事实上能够极其方便地吸纳之（包括参与性自由、个人自由和个人对社会状态中的自由因素的估价等）。鉴于自由的重要性，这些都可以算作社会选择理论的好消息。但是欢呼过后，我们还必须追问：社会选择理论对于自由的分析究竟有什么特别的奉献？它增加了什么内容？

要回答这些问题，我必须指出社会选择理论的一些特征尤其适用于理解和分析自由。下面我先将它们列出来，然后在接下来的几节和下一章中再细致地探讨它们。

（1）**偏好的重要性**：社会选择理论将偏好视为社会决策的基本成分，并要求在讨论中尤其关注这方面的信息。[22]这种关注直接关涉自由的估价。在估价自由时，我们是否偏好于某个机会集合而不是另一个是非常明显的问题，因此，我们理应将我们对这些选项的偏好纳入自由的估价中。

更进一步说，偏好具有多义性（前面已经指出过），存在不同的解释。这些解释彼此相关，但概念上并不相属，在实践中可能会也可能不会造成差异。这种多义性有助于我们思考自由中的偏好。我们尤其应注意，人们所重视的东西以及人们有理由重视的东西也应当被包括在这些解释之中。如果不考虑个人所重视的东西以及个人有理由重视的东西，我们就难以对个人所拥有的机会——以及在这方面他所拥有的自由的机会方面——进行评价。我们完全有理由认为，这是具有将社会选择与个人价值观相联结的传统的社会选择理论发展的方向。我将在下一节进一步探讨这个问题。

（2）**成就而不仅仅是选择行动的重要性**：社会选择理论不仅赋予偏好以重要的地位，而且对广义的结果也给予了中心的位置。这意味着，我们不仅对人们所拥有的以某种方式选择行动的自由感兴趣，而且也对人们取得其目标的自由感兴趣。存在两种不同的看待自由的方式。一种是"行动自由"（freedom to act），比如说，个人自主地决定做他希望做的事情并免于他人干预。从这个角度来评价个人自由，其关注点在于个人自由地——并被允许——去做什么，而不在于他最终是否实现了该目标。相反，"达致目标的自由"（freedom to achieve）指个人可以自由地拥有或取得什么——其基础是他本人以及他人的行动。当然，个人的"成就"包括他能够以特定方式采取某种"行动"，但成就远远超过了他所采取的行动。比如说，所谓"免于饥饿的权利"就是一种达致目标的自由——这里的目标是免于饥饿，实现这一自由的方式则多种多样（从获得一份工作并挣得收入到依赖社会保障或国家支持）。

在这里，必须指出，"达致目标的自由"（如免于饥饿的自由）既不同于作为其内容的成就（如免于饥饿），也不同于"行动自由"（如自由地寻找并获得工作从而挣得收入，不论个人实际上是否找到工作或在该工作中是否挣得足够的收入）。我们还需记取的是，弗里德曼和弗里德曼（Friedman and Friedman，1980）所谓的"自由选择"（free to choose）既可以解释为在各种成就之间的选择自由（即自由地选择某一种或另一种成就），也可以解释为在不同行动之间的选择自由（即自由地选择某一种或另一种行动）。这种模糊性使得"自由选择"具有广泛的应用性。比如说，在评估市场能够做什么、不能够做什么的问题上，我们必须确定，根据哪一种视角判断市场具有什么优势以及该视角的具体标准是成就还是自由。[23]

（3）**受保护领域与自由**：正如有关自由的社会选择表述的讨论所表明的那样，我们可以对个人在他们自己的"受保护领域"

（protected spheres）的偏好赋予特殊的地位，从而表达出我们的自由兴趣的某些基本因素。下面用一个与吸烟事例稍有不同的事例来说明，该事例取自约翰·斯图亚特·穆勒的《论自由》这一名著。一个持利己主义的宗教信仰的人为一些极其"关心他人的"好事者所看不起。对个人的实质自由的尊重要求，该人应该可以从事他本人的宗教活动，不管他人如何反对（其根据并不是某种效用总和的计算，因为如果许多人反对少数宗教的话，就可能会导致压迫行为）。这种将个人自由与个人偏好在其私人生活上的作用相联系的思考路径，最终可以追溯到约翰·斯图亚特·穆勒对自由的分析：

> 个人对于他的观点的感觉与另一个由于他持这种观点而感到受到冒犯的人的感觉并不等同，这就好像一个小偷窃取一个钱包的欲望与钱包的所有者希望保留其钱包的欲望并不可等量齐观一样。[24]

最近的社会选择理论方面的文献深入而广泛地探讨了穆勒所阐述的一般关怀。而这又促使在如何用公式表达这些要求上发生了无休止的争论，其中包括它们是否蕴涵着削弱某些被广泛接受的判断原则（如几乎为所有人接受的帕累托原则）的可能性。另一个重要的问题是如何通过社会组织以及培养适当宽容的价值观来更好地保证个人自由。[25]

（4）**不完备性与最大化**：个人也可能在备选状态上并没有一个完备排序，在这种情况下，运用偏好时就必须考虑到这一点。这时，个人的选择不可以解释为反映了他的"最优"选择，因为根本不存在这样一个选择，而应解释为反映了"最大化的"选择，即一种并不比任何其他选择差的选择。[26]

不完备性的存在改变了社会选择与个人选择的性质。现代社会选择理论对这一转向已经给予了充分的注意。在估价自由方面，当选择只是最大化的——并不必然是最优的——时候，被选方案的地位与那些没有被选择的方案的地位有可能完全不同。这个以及相关方面的问题对自由的分析至关重要。

（5）**多元偏好与交集排序**：个人价值观中为什么出现不完备性，其中一个原因是个人有理由具有不同的偏好。这种价值观的多重性既可以视作个人具有"多元偏好"（multiple preferences），也可以视作——以一种节约信息的形式——他拥有一个反映不同偏好的交集的不完备排序。

在许多类问题上，应用社会选择理论都会遇到交集半序（intersection quasi-ordering）（其形式是局部排序）的情况。[27]事实上，当个人具有多元偏好——这些偏好自身可能可排序也可能不可排序（如元排序的形式）——时，个人选择与社会选择在形式上极其相似。[28]

6. 机会与偏好的相关性

社会选择在评价机会方面对价值观和偏好的关注与其他的方法形成鲜明对照，其他方法并不检验可行选择在个人价值观中的地位。许多学者根据可行选择的非偏好特征来探讨这个问题，比如说，仅仅根据可选备选方案的数目。[29]

许多与偏好无涉的方法所提出的结论可参见第 22 章"自由与机会评价"，该章是阿罗讲座原有的技术性附录的扩展版本。这一章和第 1 章"引言：理性与自由"对偏好无涉的评价自由方式所面临的困难给予了一般性的讨论。在此我不再赘述这些问题。事实上，当我们说，某个人在"相当痛苦"与"极端痛苦"之间的选择与他在"快乐"和"快乐无比"之间的选择具有一样多的机会（其根据是两者都有两种选择）时，这就与我们的直觉不符。机会不可能不涉及我们所重视的东西以及有理由重视的东西。

另一个具体的问题则在评价自由的作者中间也存在着极大的争议，这一问题就是如何处理那些作为"单位集合"的机会集合。在这种情况下，机会集合没有提供任何选择自由。这种"霍布森的选择"（Hobson's choice，源自英国租马房经营者托马斯·霍布森，他规定租马的顾客只能挑选离门口最近的马，相当于只有一个方案而没有选择余地的选择。——译者注）显然极其缺乏自由——这里根本就没有机会进行"选择"。但如果单位集合就是获取我们所重视事物的机会，虽然它受选择的影响但不仅仅由选择来决定，那又该如何处理呢？当然，两个单位集合提供了两种完全不同的现实机会，因为这两种备选状态在个人的价值观中形成极大的反差（换言之，如果此人可以选择的话，根据该人的选择理由，两者在本质上是不同的）。

而在一部分论述自由的文献中，存在一种将每一种单位集合视作提供了相等机会和相同自由的倾向。琼斯和萨格登（Jones and Sugden，1982）将这种看法用公理表述出来，并称之为"缺乏选择原则"（principle of no choice）（p.56），而帕特奈克和许（Pattanaik and Xu，1990）则称之为"缺乏选择情况下的无差异"（indifference between no-choice situations，INS）（p.386）。我在第22章的定理（T.11.3）和定理（T.11.4）证明，这种"缺乏选择情况下的无差异"假设，再加上一些附加的（并不完全是悖谬的）公理，最终将会导致这样一种评价体系，其中自由的测度仅仅就等同于每个可行备选方案集合中选项的数目（不管这些选项是如何好或者糟糕）。这种"胡扯"——如果我可以用带有价值倾向的用语的话——的错误根源就在于"缺乏选择情况下的无差异"或者萨格登所谓的"缺乏选择原则"（以下简称 PNC）。我们能否接受这种原则（即使我们忽略它与其他公理结合起来得出的推论）呢？

在评价机会和实质自由的问题上，PNC 完全反对去考虑有关偏好和价值观的因素。确实，从自由的机会方面来看，我们有理由认为，由一个更好的备选方案所组成的单位集合对相关人员提供了严格意义上更多的机会。当以赛亚·伯林（1969）说起"个人的或民族的按其所希望的那样去生活的自由"时（p. 179），其直接的含义是指按个人希望的那样生活的能力，而不是指在实际的选择中可行选项的多少。在这里，不同的单位集合有着本质的区别，虽然它们在缺乏替代性选项上都是相同的。

我们来看下面这个事例（取自我原先的一篇论文 Sen，1982c）。上个星期天，巴斯卡待在家里并决定好好放松一下——他蜷在床上看书。他拥有许多选择，但他选择这一行动，我们把它记作选项 x。现在我们来虚拟一种假想的情形，一个强有力的暴徒企图闯进来，强迫巴斯卡做他讨厌的事情，如钻进下水道。我们把这一选项记作 y，如果巴斯卡还有其他选择的话，他是不会选择这一行动的。然而，暴徒并不给他其他的选择，而是强迫他钻进下水道。现在我们来设想第三种情形，暴徒强迫巴斯卡待在家中——不给他任何选择，只许他做现在正在做的事情。从"顶点结果"来看，这并未改变个人的选择，即选项 x，但是整个菜单完全只剩下一个选择，即单位集合 $\{x\}$，而不是作为诸多选项之一的 x（两者的区别可以用各自的"综合结果"来解释）。在这种情况下，巴斯卡实质上并未**选择**拥有 x，而是被迫拥有 x。

当巴斯卡被迫去做他本来也会去做的事情时，这无疑包含着严重的自由损失，因为这里选择自由受到了忽视。从宽泛的自由角度来看，从单位集合 $\{x\}$ 选择 x 并不同于从许多选项集合中选择 x。在这里，过程方面受到了严重的破坏，并且就选择过程对自由的机会方面具有相关性而言，机会自由也遭受了损失。但在这里，我们仍然要考虑这个问题，单纯从机会自由的角度来看，巴斯卡被迫待在家里看书（事实上，他本来也会这么选择）所遭受的损失是否等同于他被迫钻进下水道中所遭受的损失。从巴斯卡的自由来考虑，$\{y\}$ 难道不比 $\{x\}$ 更坏？我们是否一定要接受 PNC 或帕特奈克和许所谓的"缺乏选择情况下的无差异"？

看来，我们有理由对这两种情况下巴斯卡所被迫拥有的实质机会作出区分。它们并不相同，事实上，根据伯林"个人的或民族的按其所希望的那样去生活的自由"，两者存在重要的差别。如果承认这一点，那么 PNC 无疑是错误的。可见，事实上我们拒绝 PNC 不仅仅是因为它与其他公理一起而导致无法接受的结论（如判断任意集合——或大或小——所提供的自由或机会时，仅仅根据该集合所提供的备选方案的数目，而无视这些方案的优劣），而且也是因为——这是主要的原因——PNC 本身完全是与我们的直觉相对立的。

我在其他地方指出过（事实上，是在提出阿罗讲座的论点之后），我们的语言往往反映了在自由评价中机会的相关性，哪怕并不存在大量的选择（参见 Sen，1992a）。比如，当我们说"摆脱天花的自由"（freedom from smallpox），这一自由的取得就在于天花的灭绝。但是，天花的灭绝本身并未增加个人的选择数目。但它确

实意味着获得某种选择（过上没有天花的生活），同时又丧失了另
一种选择，即"患上天花的机会"。但既然我们通常并不希望患
上——或有理由不希望患上——天花，那么与那种不管愿不愿意我
们都过着受天花折磨的生活（或因患上天花而死亡）相比，那种不
管愿不愿意我们都没有患天花的情况就应被认为涉及实质意义上的
真实自由。"摆脱天花的自由"确实是一个令人信服的表述，在给
定我们的偏好和对选项与机会的评价前提下，这一日常用语在指涉
天花的消灭上是非常合理的，而任何建议"患上天花的自由"
（freedom to have smallpox）的主张显然是极其荒谬的。

7. 偏好、最优选择和不确定性

　　现在，偏好对于自由的机会方面的根本重要性已经明了了。但两
者之间的关系性质远非那么直接。事实上，对机会和自由的不同理
解将把我们引向不同的探讨偏好与自由的方向。

　　比如说，如果我们把"显示偏好理论"（Samuelson，1938，
1947）的信息焦点视为一种自由理论（这当然需要作出一些修正，
因为显示偏好理论本来是用来探讨其他问题的），那么菜单或可行
集合 S（比如"预算集合"）所提供的总机会的评估就可以根据从
该集合中所选择的元素 x 的值来确定。通过排除菜单 S 中的其他元
素，同时使得 x——"最优选择"——仍然可选，关于选择自由的
评价并不会受丝毫影响。事实上，在这种观点看来，即使除了 x 之
外所有其他选项都无法可选，那也不存在任何机会自由的损失，因
为被选择的 x 代表了 S 中最有价值的机会。

　　如果个人必定只有一个偏好排序，这一排序是完备的，而且该
人对选择过程并不感兴趣，或者不在乎其他备选方案的可用性（或

有能力"拒绝"其他备选方案），或否认任何反事实偏好的重要性，
那么我们可以直截了当地应用机会的"最优选择"观。但若考虑这
些附加因素，机会的"最优选择"观就必须作出修正或扩展。比
如，库普曼斯（1964）和克雷普斯（1979，1988）着重讨论了用
"最优选择"观来讨论机会方面，但在给定了未来偏好性质的不确
定性情况下，他们主张要重视"灵活性"的重要含义。[30]

根据他们所提供的解，如果个人的未来偏好对此刻的他来说是
未知的，他将会以某种方式来为未来选择"机会集合"，使得他能
够对不同的效用函数下的各个最大的元素加权其各自的概率，从而
最大化他的预期效用。这当然是一种机会的"最优选择"观的修
正——确实是最为合理的修正，如果使前面所考虑的简单模型（出
自显示偏好理论）变得更复杂莫过于在模型中引入未来兴趣不确定
性的情形的话。事实上，如果未来兴趣是已知的，那么库普曼斯-
克雷普斯模型中"对灵活性的偏好"将会完全消失。

与此相反的是，另外一些作者则完全反对"最优选择"观，认
为不可将机会或自由的价值完全简化为可选方案中被选项或最优选
项的价值。其中最为著称的是，弗雷德里希·哈耶克（1960）在一
段极其雄辩的话语中有效地批驳了自由或机会讨论中的"最优选
择"观：

去做某件事情的自由非常重要，它与我们或大多数人能否利用这种可
能性毫不相干，甚至可以说：利用去做某件事情的自由的机会越小，对整
个社会来说，它也就越珍贵。机会越小，它出现后又再失去的影响就越严
重，因为它提供的经验几乎是独一无二的。[31]

机会的最优选择与我（Sen，1985b，1991）所说的机会的"元素评价"具有密切的关联，后者指对某个选项集合所提供的机会的判断是根据它的具体的元素来作出的。这个被单独挑出来的元素可以是被选择的元素，也可以是最优的元素（如果有的话），或者是最大元素中的一个（在最优选择观中，这些最大元素都被视作是相同的）。现在我们来看一般意义上的元素评价与具体的最优选择观究竟在什么地方出了差错。

8. 选择过程与机会

在理解机会的最优选择观的局限性的时候，我们要考虑各种可能的问题，并不可把这些问题相混淆。首先，选择过程本身具有重要性。作为一种行动的选择无疑是人们生活中的一个重要组成部分，任何机会或自由理论都不得忽视这一点。扩展"人类选择范围"的目标往往被看作是发展的基本目的，即使在确定何者应被包括在"人类选择范围"之内时还存在一定程度上的模糊。[32]

选择过程的重要性至少反映在两个方面，我们分别称之为"选择行动评价"和"选项评价"。前者指与选择行动相关的赋值，而后者则反映了个人在选择行动中的选项所具有的范围和意义。在检验选择过程时，注意力主要集中在谁作出实际的选择，以及什么样的选择。个人的选择自由本身就是一个重要的机会，它不同于各种有价值的选项所反映出来的机会。

前面已经指出选择行动对于个人的重要性，我还应当强调，选择机会并不永远都具有绝对的优势。比如说，如果两个人都深受不得拿水果篮中最后一个水果这一传统的影响，那么选择行动由另一个人作出则可能对没有选择者相当有利（关于这方面的问题，参见

第 4 章"最大化与选择行动")。在很多情况下，成为选择者的机会往往削弱了成功达致目标的机会。即使我们认识到，"能够亲自选择"往往是一个重要的机会，但我们也必须承认这样一个重要的事实，机会这一概念也必须区别对待，包括选择机会与达致目标的机会之间的差别。

同理，许多情况下，大量的不同选项的存在对选择者有一种让人眩晕的效果，以至于他宁肯有较少一些选择。这些考虑并不像某些人所认为的那样，意味着自由也许是一件坏事情，或者说我们并没有一般理由来要求更多的选择，相反，它意味着在评价自由和机会的时候，必须恰当地考虑各类选择行动的效果以及拥有更多选项的后果（关于这个问题参见 Sen，1992a）。[33] 我们必须理解具有更多自由可供追求的"空间"这一含义。自由具有不同的形式，正如奎因（Quine，1987）注意到，有时候我们追求"一种第二阶的自由：源自决定的自由"（p. 68）。当然，注意到各种相互冲突的因素的存在，并不是反对自由一般或任一空间中的选择的理由，但是我们确实有理由更审慎地检验以何种方式追求更多的自由以及在什么领域要求更多的选择。

事实上，一种考虑"综合性"的选项的手段（比如，蕴涵"综合结果"而不仅仅是"顶点结果"，如第 4 章的讨论所指出的）使得我们有可能——至少在形式上是如此——将相关的因素嵌入选项本身的描述。[34] 我们甚至可以考虑一种定义在所有综合结果之上的"综合性的偏好排序"（或半序），它包括了这些因素：（1）从中作出选择的集合（比如，将某种选项不仅视为被选择的 x，而且也视为在集合 S 上的选择，记作 x/S）；（2）综合性选项的描述中所蕴涵的选择行动的各种特征（比如，选项的范围以及选择的实际过程

都可以纳入 x/S 的概括）；（3）由相应选择所导致的其他结果。一旦考虑了这些因素，我们就可以根据如此重新定义的元素评价在一个更大的范围内思考机会，虽然这些"元素"通常要比元素评价模型（如标准的"最优选择"观）蕴涵更多的信息。[35]

　　我们也可以将个人所具有的可能的备选方案集合加以重新定义和扩展。比如，如果 x、y 等都是可供选择集合 S 中的元素，个人的选择可以视为 x/S、y/S 等，但这一选择并不必然等于从另一个集合 T 中选择 x、y 等，后者可以定义为 x/T、y/T 等。[36]我们还可以考虑个人对这些重新定义过的选项——包括如 x/S、y/S 之类的元素——所作出的推理进行评价，而这个"综合性偏好排序"将成为机会评价的建构基石。从信息缺隙的角度来看，一旦能够将选项重新定义从而在选项描述中纳入"缺失的"信息，我们就没有理由反对这种元素评价技术。相对于"顶点结果"或重新定义之前的选项（比如与 x/S、y/S 等相对的 x、y 等）来说，考虑到"综合结果"对于实践来说有着重要的意义，因为综合性空间包容了更多的信息内容（关于这个问题参见本书第 4 章"最大化与选择行动"）。

　　前面已经指出了选择过程的相关性以及将它纳入机会评价结构的方式和手段，我还要简短提及某些人可能会提出来的方法论上的反对意见。可以说，这种方式具有一种无限后退的可能性，因为选择过程还可以进一步加以"丰富"，将对选项的选择处理的过程考虑在内，如此继续下去。对那些受这种"回溯式关联"所折磨的人来说，这确实可能是一个痛苦的二难选择：在什么地方打住？这里的关键是实际相关性问题，而不是形式上的对称性问题。认识到存在着进一步追溯"以往"的可能性，并不足以成为阻止我们考虑选择备选方案过程（"谁选择了它""从什么菜单中作出选择"）的重要性的理由，在此，我们无须无限地追溯回去，虽然我们对那些更为遥远的——因此也更为模糊的——过程考虑也赋予了一定的重要性。当然，这在分析上确实是一个难题，但其实际意义并不必然非常显著。

9. 机会与不完备性

根据其他理由（不仅仅是因为选择行动的重要性以及被选选项之外的选项的相关性），机会的最优选择观也需要进一步加以修正和限制。其中一个已经讨论过的理由（出自现代社会选择理论）是个人偏好可能是不完备的。在给定不完备的偏好排序（形式上是局部半序）时，个人也许并不具有可以选择的最优选项，这必然或多或少地影响了最优选择观。前面已经指出，由于存在这种可能性，个人选择不可解释为反映了他的"最优选择"，即使他依据最大化原则行事，这也只是要求被选的方案是"最大化的"——并不比任何其他选项差的方案。因此，那些被放弃的选项不可以解释为"最多"与被选的选项"一样好"。

事实上，通过进一步的分析，一个尚待排序的选项完全有可能最终是实际上更好的，尤其在不完备性是"试探性的"而不是"断定性的"时候（本书第1和4章讨论过这一区别，在姊妹篇《自由与正义》中将进一步探讨）。如果选择了"最优的"方案，那被选方案后来就无法被视为比没有选择的备选方案更差（当然，除非个人的偏好实际上发生了变化），但是，如果被选方案仅仅是"最大化的"而且偏好的不完备性仅仅是"试探性的"，这种情况就极有可能发生。

即使并未发生这种情况（甚至偏好的不完备性也是充分"断定性的"），在最大化选择中，我们也没有理由认为，所选方案必定与所有没有被选的方案"至少一样好"。这在评价机会和方案时有着实质性的差别。"最优选择"方法用被选方案的价值来确定机会评价简洁明了，但在此全然不起作用（在给定不完备性的前提下，即使是最大化行为也做不到）。推而广之，在选项的不完备排序下，我们很难指望根据选项所提供的机会来得出选项的完备排序。

我还必须进一步说明我们在将不完备排序用于机会评价上还能走多远，但在此首先利用这一机会关注一个一般性的方法论问题。有些人提出怀疑，不完备性是否一定被视为选项排序（以偏好半序的形式）或者机会排序（在自由的评价问题上）的障碍。事实上，赋值排序的不完备性往往被看作是评价实践中的一种"缺陷"，或至少是一种"局限性"。在评价实践中，如果无法作出某种比较，就往往会有人认为其中缺少了什么。

我在其他地方指出过，为什么这对于一般意义上的评价并没什么影响：这既是因为往往存在着充足的理由对每种选项不进行一对一的排序，也是因为完全有可能在理性选择中充分地利用不完备排序。[37]事实上，指望不完备性得到完全的解决正是布利丹的驴子落入悲惨的境地的原因——至少根据那一故事的某种解释，该驴子认为两堆干草都极为诱人并无法在它们之间作出排序，最后该驴子由于踌躇不决而饿死。一般而言，根据完备排序的选择策略将严重限制行为理性。[38]

事实上，当我们评价机会和自由时，不完备性的可能性将更为显著。确实，我们有理由指望，机会评价有可能导致一种不完备排序，**即使**个人选择上的偏好完全是完备的。一旦放宽最优选择观（无论个人选择上的偏好排序是否完备）这一过分简单的要求，我们就必须对不同类型的考虑进行彼此权衡，而这很容易产生各种相反的结果。关于这个问题的说明可以参见第 22 章（"自由与机会评价"），其中指出了可能相对立的考虑：（1）最大化选择的优势；（2）菜单或机会集合的规模和范围。这些产生了该文中像公理 D.1 和公理 D.3 之类的混合要求。[39]

在评价机会方面的问题上，确实存在许多不同类型的因素，它们与信息焦点以及评价公式的变异形式有关。有时候，适当的"权衡"是相当简单的，但多数情况并非如此。事实上，即使我们一般而言可以毫不困难地将国王的自由排在乞丐的自由之上，但确定查理一世（富贵且有权势，但在 49 岁时被砍头）或者患有精神病且被迫幽禁的乔治三世（虽然拥有其王国中其他人显然并不具有的机会）的排序仍然存在着极大的困难。将查理一世或乔治三世与一位健康长寿但生活极其穷困的公民相比，不同的理由——基于不同的视角——将导致不同的结论。

坚持在所有情况下机会排序都必须是完备的并没有多大的好处。评价自由或机会的重要性并不在于我们希望能够将每一种选项都进行排序，而在于我们所要作出的合理比较的相关性与范围。对许多情况下人们不自由的确认（从纳粹集中营到对抗性政治中对少数群体的批判）并不需要我们对自由作出一个完备的排序。我们也不必待到自由或机会的完备排序出现后，才认识到致力于探讨极端贫困或备受传染病侵扰所带来的不自由问题的重要性。[40]完备表述不可以成为有用表述的对立者。

10. 多元偏好、交集和占优

现在我们来看，如果隐含的偏好半序是不完备的，我们在机会排序上能够做些什么（以及我们能够走多远）。如果我们使用元素评价，将两个机会集合 A 和 B 进行比较，我们能够检验集合 A 中是否存在一个元素，使得它至少与集合 B 中的每一个元素一样好。如果存在，我们就能运用元素评价的基本逻辑（并扩展），认为集合 A 能比集合 B 提供更多的机会。我们称之为元素选项优先性（elementary option superiority，EOS），第 22 章还将进一步提出另一种在元素基础上的集合比较方式。元素对应优先性（elementary correspondence superiority，ECS）则检验，对于集合 B 中的每一个元素，集合 A 中是否存在一个更优的选项（这并不必然是在每种情况下都是更优的同一个选项，如 EOS）。一般来讲，在给定隐含的偏好半序的不完备性下，EOS 和 ECS 都只生成了一个机会的不完备排序，但 ECS 所生成的排序要比 EOS 的排序更为广泛——反过来则无法成立（参见第 22 章的 T. 4.1）。[41]

既然 ECS 能够赋予更多的含义，那为什么不采用它呢？它是否有意义取决于实践运用的性质。如果根据 ECS，集合 A 提供了至少和集合 B 一样多的机会，我们知道，不管我们从 B 中选择什么，我们在 A 中的相同选择至少可以做得同样好。但它并未告诉我们究竟在 A 中选择了什么，而且很有可能，我们在 A 中的选择——记作 x——最后并未像 B 中的选择 y 那样好（即使 A 中还有另一个元素至少和 B 中的 y 一样好）。如此 ECS 由于其有限的范围，在选择代数上未能像 EOS 那样提供很多的帮助。

第 22 章对此将给予更为深入的探讨，我在此不再说明这个问题，而去探讨由詹姆斯·福斯特（James Foster，1993）提出来的一个有趣问题，该问题涉及个人也许同时具有一个多元偏好。处理偏好多重性的方式有几种，其中一种是将多元偏好"还原"成它们之间的交集（这并不令人完全满意，下面将要指出这一点）。正如前面所指出的，偏好排序的不完备性可能源于个人对各种不同价值观的考虑，在他看来，其中没有一种是完全不合理的。这时，不完备排序事实上成为所有这些价值观排序的"交集半序"，反映了一致的（或者"共享的"）的两两排序。[42] 在这种情况下，对机会自由排序不完备性的认识就必须转换成对多元偏好的存在与相关性的认识。但是不完备排序能不能充分地把握多元偏好的丰富含义呢？

福斯特（1993）证明，这一答案是否定的。在多元偏好的情况下，如果我们用交集半序（福斯特正确地指出了这一程序与我的著作的关联性）来表达机会排序，后者远不如直接使用具体的多元偏好表达清楚。根据"交集"方法，首先令多元偏好的交集为 R^1，它一般是一个局部半序，然后按刚才讨论的方式应用 EOS 或 ECS。相反，福斯特的办法是比较两种机会集合，检验对于 B 中的每一个选项 x，在 A 中是否也存在某个至少与 x 一样好的选项，而不论多元偏好中的哪一个最后被确定是真实的（显然，在不考虑多元偏好中的哪一个真实的情况下，一个弱优于 x 的选项并不必然是 A 中的相应选项）。注意，这里将 ECS 的逻辑进一步加以扩展。不仅 A 中的选项是否优于 B 中被选的选项要取决于从 B 中作出哪一种选择（正如 ECS 所考虑的），而且 A 中"优胜的"选项也取决于多元偏好中的哪一个当时已经确定是"真实的"。

我们用一个事例来说明［由福斯特（1993）提出的，第 22 章也使用了这一例证］。令四种选项 (a, b, c, d) 存在两种排序，根据其中一种可能排序（称作排序 1），四种选项降次排序为 a，b，c，d，而根据另一种可能排序（称作排序 2），它们则有完全相反的次序，即 d，c，b，a。注意，这两种排序的交集局部排序是空集——它并未得任何一个优于对方的选项。

现在来看两个不同的机会集合 $\{a,d\}$ 和 $\{b,c\}$。显然，EOS 和 ECS 都无法对两者排序，因为交集半序是空集。但是福斯特程序可以根据机会将 $\{a,d\}$ 置于 $\{b,c\}$ 之上。不论从 $\{b,c\}$ 中选择哪一项（比如说，b），不论哪一种可能的偏好排序（排序 1 或 2），在 $\{a,d\}$ 中都存在一个更优的选择。如果排序 1 成立，那么 $\{a,d\}$ 中优于 b 和 c 的选项就是 a，而如果排序 2 成立，那么 $\{a,d\}$ 中优于 b 和 c 的选项就是 d。显然，这里的福斯特方法做到了一些交集方法做不到的事情（不管交集的不完备半序——在这里是空集——是否与标准 EOS 或 ECS 结合在一起）。[43]

那么，福斯特的方法是否就更好呢？在某些情况下，确实如此。但这里也存在着重要的问题，即作为选择机会的指导，直接使用多元偏好而生成的更广泛的机会排序（根据福斯特的建议）是否比交集排序（我曾经探讨过的方式）更充分可信并更具有普适性。这个问题与事件的序列有关，即偏好不确定性是否首先得到解决（随后从机会集合中作出选择），或者先从机会集合作出选择（随后偏好不确定性得到解决）。这是一个复杂的问题，第 22 章将对此进行更形式化的讨论，但由于这个主题具有一般性的意义，因此，有必要在此非形式化地探讨该问题。[44]

来看一个例子。个人 A 拥有音乐天赋，但他也希望富裕，现在他面临着三种选择：成为职业音乐家，在该社会将只挣得非常微薄的收入（x）；将音乐作为副业，而其主要的工作则在另一个领域，如此挣得一份中等程度的工资（y）；成为一名专职商人，没有时间钻研音乐但相当富裕（z）。他考虑两种不同的排序：以音乐为导向的排序将三者降次排为 x，y，z，而以富裕为导向的排序则是一种相反的次序：z，y，x。用这一事例来检验福斯特的方法，我们可以追问，该人在去掉 y 后的机会集合 $\{x, z\}$ 是否像 $\{x, y, z\}$ 一样具有同样多的主体自由（这正是福斯特方法的结论）。注意，不管偏好排序是什么，$\{x, z\}$ 中的任意一种选项都优于这一被拒绝的 y：如果出现音乐导向的排序，那么 x 优于 y，如果最终结果是富裕导向的排序，则 z 优于 y。因此，我们可以肯定，根据福斯特方法，排除 y 并不存在任何损失。但如果在选择时这一排序问题仍然没有解决，该人并不知道是否选择 x 或者 z。不论他选择哪一种，结果都有可能比他最初选择 y（如果最后是音乐导向，则优于 z；如果是富裕导向，则优于 x）时要差。

事实上，y 选择在提供某些"保障"和防止更差的结果方面具有某些长处。在这种情况下，很难认为，排除 y 对该人的主体自由丝毫无损。福斯特方法在一系列其假设可能是正确的也可能是不正确的事件上能否发挥作用，取决于事件发生的顺序。在多元偏好的情况下，我们有理由认为不得"剥夺"y 选项，除非在选择行动时，多重性已经不复存在。而这当然非常符合"交集"方法的逻辑。[45]承认这一点并不是否认福斯特方法的重要性，后者确实对选择提供了非常有价值的洞见和指引，这只是表明，该方法取决于不同事件发生的序列。

11. 偏好多元性、元排序与自主

多元偏好对于思考自由来说极其重要，因为个人所享有的那部分自由往往蕴涵着不同的偏好排序。[46]我已经讨论过多元偏好影响机会和自由评价方面的一些技术问题，但要确切理解偏好多元性（preference plurality）的地位，还需要探讨某些关键的解释性问题。

在以前的文章中，我曾试图通过关注个人所享有的"选择他们有理由希望过的生活的自由"来把握偏好多元性的基本观念（Sen，1992a，p.81）。萨格登（1998）将它解释为，"对给定的个人，存在一个选项不同排序的范围，其中每一种排序都对应于不同的但都有效的他对善的观念"，并指出，对于"那些怀疑客观善（objective goodness）——即使是多元主义的那种——存在的人"来说，这是一个问题（p.325）。虽然我同意萨格登的解释不仅是可能的，而且概念极其丰富且富有吸引力，但我们仍然可以认为，我们没有义务一定选择这种解释。比如说，存在这样一种可能性，个人也许具有多种推理路径并由此而具备不同的偏好排序，认识到这一点本身并不能说明个人将采用哪一种推理路径以及该人的认识论状态是什么。这里研究的重要问题是理由的多元性，而不是那些视"客观善"而定的理由的多元性。

在检验个人的机会上，我们可以超越个人在其选择行动中的实际偏好，而考虑他可能已经决定去拥有的偏好。我在森（1974b，1977c，1982a）中探讨选择理论中的批判性审查的时候，提出了元排序（对于各种偏好排序的偏好）这一观念，它对于我们分析生活中的社会互动和个人理性来说极其重要。[47]这种审查对于机会的评价也相当重要，因为个人会努力采用一种不同的——更优的——偏好排序并据此行动。[48]

还存在其他的思考多元偏好的方式，每一种方式对机会评价都有影响——往往是完全不同的影响。[49]一种极端的情形是，个人本人也许无法确定他的偏好，尤其是与未来有关的偏好。鉴于不确定性的存在，他也许对不同的选项都很重视。另一种可能性是，个人也许具有一个确切的偏好，他本人也知道这一点，但仍然希望最初选择了另一种不同的偏好排序（如，"我真希望我那时候不爱吃偏生的肉"）。元排序则提出一个不同的思维方向（参见 Sen，1977c），个人也许抱一种改变其偏好的希望，并特别反对被他人 [如某些 "机会会计官"（opportunity accounting officer）] 视为他已深陷该偏好而 "不能自拔"。这种思路也许难以对关于偏好的偏好的拥有与用关于偏好的偏好来作为偏好改进的基础作出区分。

在元排序上也存在某些不完备性，因此也可能并不存在 "最优的" 偏好排序。如果个人必须根据某一种不比其他偏好排序差（即使并不能够证明这一偏好排序与所有其他偏好排序至少一样好）的偏好排序来对各种备选行动作出选择，那么，在评价个人的机会时，考虑其他偏好排序也有着强烈的理由。

确实，偏好的多元性也可能与个人的自主问题密切相关。[50]自主更加要求我们关注并尊重个人所拥有的不同偏好排序的可能性。事实上，个人的自主可能以几种不同的方式与机会评价相关。第一，可以说，个人对于他本人的偏好必须具有发言权（比如，在许多吸烟成瘾者的事例上，这是不是一种 "令人遗憾的" 偏好）。他本人将决定他现在的偏好——而不是那些他本来希望拥有的其他偏好——具有多大的意义。个人拥有一个具体的偏好排序这一事实，并不意味着他在决定该偏好而不是其他偏好的重要性问题上就不再有发言权。第二，个人还必须保持只要他喜欢（只要他能够做到这一点）就可以修正其偏好的自由。在各种行动的选择问题上，存在着选择其偏好的可能性，并且如果他认为正确的话，还可以修正其偏好。第三，不管个人实际上能否修正其偏好，他也许仍然有充分的理由反对他人将他的偏好视作是"给定的"——作为充分反映了他对于"选择"的主观态度的偏好。最后，自主不仅与个人所能做什么有关，也与他人不可以视为理所当然的事物有关。

在这里，我们还需记取的是，偏好修正和改变的作用是生活自由的一个组成部分。希托弗斯基（Tibor Scitovsky，1976）在《毫无生趣的经济》中极富说服力地说明了这一因素对于消费者满足的研究的相关性和范围。他区别了个人的实际欲望与他"审查后"的欲望。[51]改变偏好的意愿可能性使得希托弗斯基的关怀对于文化自由以及培养能够欣赏音乐和艺术的能力等问题的分析具有实际的意义。约翰·斯图亚特·穆勒（1861）也曾讨论过这个问题，他主张"高级的"快乐而不是"低级的"快乐。审查与偏好的培养——以及能够这样做的自由（不论个人是否实际上这样做）——对于个人的总体机会评价来说具有重要的意义。

12. 与自主相比较的不确定性

许多作者还注意到多元偏好对于个人自主的意义与未来兴趣不确定性情况下灵活性偏好之间的相似性。两者都缺乏用以评价机会的偏好的规范的完备排序。它们是不是一致的——或者相似的——关怀？我们能否真正使用不确定性来理解和解释自主和自由？

这里似乎存在差异。在不确定性条件下的选择情况中，备选方案并不取决于意志或反思，而是选择者无法控制的事件。在克雷普斯（1979，1988）所采用的模型中，个人对备选方案的偏好本身就蕴涵着不确定性。克雷普斯解决这个问题的方式确实是相当令人信

服的［最初由库普曼斯（1964）提出］。个人试图最大化其长期的
效用，并面临着这样一个事实，即他无法肯定他未来的偏好排序和
效用函数。在这个效用最大化的实践中，完全可以采用不确定性情
况下社会选择的预期效用公式（假定该人接受了预期效用框
架）。[52]虽然看上去这对于解决克雷普斯的问题极其恰当，但他的
问题并不是那种在多元偏好与个人的自主相关并最终取决于个人选
择的情况下测度机会的问题。

自主是一个与不确定性完全不同的问题，我认为，一个纯粹的
不确定性模型并不是理解自主的良好基础。我指出这一点，并不是
因为克雷普斯有过相反的意见，而是因为不少人认为，克雷普斯的
"灵活性"模型可以用于评价机会自由中的自主这个完全不同的问
题。[53]它们完全是不同的问题：自主是一种个人决定当前问题的要
求（"我应当拥有什么偏好"），而不确定性则是一种完全超越了该
控制的事物（"最终我将拥有什么偏好"）。

这种差异在另一个问题上最为直接：在实际将出现哪一种备选
状态不确定的情况下，给定偏好排序的问题。如果把一种比所有现
存状态都要差的备选状态添入可选集合，那么从结果的不确定性来
看，这种状态潜在地变得更坏，因为添加的——最差的——备选状
态有可能会实际发生（也就是被自然选择）。但如果在状态上的选
择完全取决于该人，那么他必然知道，这一添加的最差备选状态一
定不会被选。这样，最差方案的添加并未对该人的自由造成损害，
而在不确定性条件下的理性选择中，它则会使情况变得更糟。[54]

在偏好的不确定性情况下，两者的对比稍微有些复杂，但基本
上相似的推理仍然成立。当我们宣称一个人可以自主地拥有任何他
有理由希望拥有的偏好时，我们是在说，这是他的选择——而不是

任何外在的主体的选择。他也许将某个具体的完备偏好排序置于元排序（排序的排序）的顶端，但他并不是被迫如此做的，其他人尤其无权假定，他会永远坚持那一排序。由此，自主观意味着，他可以自由地将一个偏好排序集合视作他本人的排序（他可以选择某个集合），并且他还可以自主地决定它们之间的相对位置。如果该人在被选集合上的偏好排序是由某个外在的主体或某件由纯粹概率决定的随机事件所决定的，那么我们所试图把握的自主的根据也就完全丢掉了。

当然，该人也可能会根据一个**有意**设计的随机装置来削减他的偏好集合，直至剩下一种偏好排序。如果是这种情况，那么我处理机会自由的方法与克雷普斯探讨灵活性的方法之间的差距就会大大缩减。但是，如果采取这种解释，那么问题就不再是真正的未来兴趣的不确定性，而是由该人选择的决策机制所生成的**似真**的不确定性。同样重要的是，我们没有理由强迫该人必须通过这种盲目的随机程序来处理他的自由和自主问题。偏好的自主实上是一个与个人未来兴趣的不确定性完全不同的问题。

13. 机会与表达

这三篇根据阿罗讲座而写成的论文都致力于批判性地探讨自由的性质、地位和重要性。这里所使用的方法并不是专门取自某个学派，但我也指出，由肯尼思·阿罗这位学术大师所开创的社会选择理论能够对自由分析作出有实质意义的贡献。种种问题彼此各异，但又相互关联，它们包括：（1）偏好（解释为合理审查后的价值观）对于评价机会的重要性；（2）选择行动与成就的相关性；（3）对受保护的私人领域的承认；（4）容许不完备价值观和偏好；

（5）可能有必要考虑个人有理由拥有的多元价值观对于理解和评价其自由的意义。对这些（有时受到忽视的）问题的引入与探讨有助于我们更充分地理解自由的性质、评价以及它的广泛程度。

我已指出过，自由至少具有两个不同的方面：机会方面和过程方面。虽然这一篇论文主要探讨机会方面，而下一篇论文则关注过程方面，但其中对两个方面的关联也做了探讨，并且还注意到，要更充分地理解机会就有必要考虑其过程因素。这些相互关联性也显示，为什么将机会定义为个人能够作出的最优选择是不充分的。这不仅仅是因为与个人未来兴趣相关的不确定性，虽然这个问题本身也相当重要（库普曼斯、克雷普斯、福斯特和阿罗曾探讨过这个问题）。更深刻的理由是，理解机会这个观念还必须考虑到不完备价值观和偏好的可能性、多元偏好、个人对那些他据以选择的偏好之外的偏好的兴趣的相关性（包括他的"元排序"或"对偏好的偏好"的重要性），以及自主重要性这个复杂问题（它不可以简约为不确定性的关联因素）。

本文还提出了许多技术和分析上的关联（这一组文章中的第3篇，即第22章，将对此进行进一步探讨并在形式上提出证明）。我已经指出，机会的评价尤其取决于处理备选行动和备选偏好排序上的选项的事件序列。事实上，几种观点上的对立，包括我先前的某些主张与詹姆斯·福斯特的主张之间的对立，在很大程度上都是源于这个序列问题。[55]每一种方法通常都导致了自由的局部排序，但不管实际决策的序列如何，它们并不必然是一致的。

机会和自由的排序往往是不完备的，有些人也许对此感到失望，他们希望在一种机会集合与另一种机会集合之间作出排序。我已经指出，这种愿望无助于理解一般意义上的自由与具体意义上的机会所具有的多样性与广度。承认不完备性并不意味着使用合理的不完备排序就是"不完善的"。事实上，有时我们必须宣称不完备性，而不是被迫承认不完备性。

由于人为的完备排序（践踏了将产生不完备性的相互冲突的因素）是不可取的，我们不应强求完备性，如此就不怕在每一种比较中什么都说不出（"你有问题，我就有答案"）。自由的排序是一种强有力的工具，比如说，在社会批判上，在证明某些社会中抵债劳工、被剥削的苦力、长年失业工人或某些社会中受压迫的家庭妇女相比于该社会中的优势阶层而言的不自由问题上。[56]我们并不需要等到有绝对确信的完备排序时，才对那一主题作出相关的社会评价。

第 20～22 章的参考文献见第 22 章文末。

注释

[1] 参见 Arrow（1950，1951a）。阿罗的《社会选择与个人价值》一出版即成经典。我曾在其他文章（Sen，1985c，本书第 10 章）中阐述过该书所形成的巨大的学术冲击以及其对于经济学和政治学的根本意义。

[2] 探讨设计自由的一个"复合指数"也有一定的价值。说它是一项非常有意义的任务，这仅仅是因为，在从事这项工程时将不可避免地会面临众多困难，而我们可以从这些困难中学习到许多东西。但一般而言，一个不可还原的复杂现象的"复合指数"所隐藏的内容并不比它所揭示的内容少。

[3] 关于相互依赖性的本质，还可参见 Suzumura（1999）。

[4] 参见 Sen（1985a）。关于福利、主体和自由的三篇讲稿收录在本书的姊妹篇《自由与正义》中。

[5] 在以赛亚·伯林关于消极自由和积极自由的区分中，侵犯其中任意一种自由并不同时意味着侵犯了另一种自由。

［6］Green（1881），p. 370.

［7］关于这个问题参见 Sen（1970a，ch. 6；1970b；1985a）。

［8］参见 Sen（1985a）标题为"权利与消极自由"（"Rights and Negative Freedom"）的那一节，尤其可参见 pp. 218 - 219。

［9］参见 Suppes（1987）。还可参见 Pattanaik and Xu（1990）。

［10］我借此机会指出，苏佩斯是一位现代社会选择理论方面的先驱人物，他对我的研究影响甚深（参见 Sen，1970a）。苏佩斯（1966，1969）通过引入不那么严格但仍然富有说服力的公理，在把人际比较系统应用于社会选择上起了一个主要的领导作用（参见 Suppes，1966，以及这一框架在以下作品中的应用：Sen，1970a；Hammond，1976，1977；Arrow，1977；d'Aspremont and Gevers，1977；Blackorby and Donaldson，1978；Maskin，1978，1979；Gevers，1979；Suzumura，1983，1997；Blackorby，Donaldson and Weymark，1984；d'Aspremont，1985；d'Aspremont and Mongin，1997；等等）。还需要指出的是，苏佩斯在他的论文（Suppes，1966，1969）中所做的开创性贡献事实上蕴涵了运用个人偏好的创造性扩展，而不是避免了对偏好的使用。

［11］关于这个问题参见第 1 章"引言：理性与自由"、第 4 章"最大化与选择行动"和第 5 章"目标、承诺与认同"。

［12］虽然苏佩斯质疑偏好作为自由估价的基础是出于其他的原因（我后面将会对此进行讨论），但苏佩斯对过分依赖偏好这一观念的批评也可能是对这一共同倾向的部分反应，该倾向将"偏好"（或者更为一般的"效用函数"）视为一种来者不拒的存放处，容纳了个人情感、价值观、优先性、选择以及许多其他实质完全不同的目标。人们显然有充分的理由——用苏佩斯的话来说——"深刻怀疑这样一种无所不包的效用函数"（Suppes，1987，p. 243）。

［13］严格地说，它是 n 元个人偏好 $\{R_i\}$。

［14］另一种不同的表述不使用社会排序的概念，而使用社会选择函数 $C(S)$。关于这些表述及其差异，参见 Sen（1970a），Fishburn（1973），Schwartz（1976），Kelly（1978），Suzumura（1983）。

[15] 另一种自由的表述及其含义可见本书的第 12 章"自由与社会选择"、第 13 章"最低限度的自由"和第 14 章"权利：表述与结论"。还可参见那几章尤其是第 14 章所引用的文献。

[16] 这种"帕累托自由的不可能性"（或所谓的"自由悖论"）引出了大量的文章，它们关注于（1）对这一结论的分析，（2）改变条件以避免困境，（3）改变相关条件从而扩展这一结论，以及（4）探索这一形式证明所引申出来的实质含义。关于这方面文献的批评性综述，参见 Hammond（1981），Suzumura（1983，1991），Wriglesworth（1985），Riley（1988），van Hees（1994），等等。还可参见关于"自由悖论"的主题讨论的专刊：*Analyse & Kritik*，18（September 1996），作者有 Ken Binmore，Friedrich Breyer，James Buchanan，Marc Fleurbaey，Wulf Gaertner，Hartmut Kleimt，Anthony de Jasay，Dennis Mueller，Prasanta Pattanaik，Kotaro Suzumura，Martin van Hees。该期还收录了我的回应文章。

[17] 铃村（1983，1996）精辟地讨论了将基于偏好的分析用于自由、正义和福利三者结合的情形。

[18] 关于这个问题参见 Sen（1985b，1987a）。在某种程度上这取决于如何概括状态。帕特奈克（1994）在不同的语境中关注将每种商品的供给和需求相匹配的要求，他认为，"不存在直觉上的理由，可以将每个消费者的机会集合视为一个他可以如其所愿地从中挑选的商品束"。关于这个问题还可参见 Basu（1987）。对自由的概括还需要更多的探讨。很大程度上，这取决于观察选择的角度，包括个人所认真对待的备选方案中没有被选的选项。我们都可以自由地以某个规定的价格买上一张票，在某个夜晚去某个剧院，哪怕这个城市的所有人都这样做，使得我们根本做不到这一点，我们也仍然是自由的。我们的总选择反映在票价上，在一个非常实际的理由上，我们每个人仍然可以自由地上剧院。这正是此处所指的意思。

[19] 饥荒的"权利分析"集中关注如何确定每个人所拥有的备选方案集合的问题（参见 Sen，1981；Drèze and Sen，1989）。

　　［20］第 4 章"最大化与选择行动"讨论了"顶点结果"和"综合结果"之间区别的扩展意义。

　　［21］综合结果还包括相关过程的描述，机会的过程方面也可以纳入阿罗的社会选择框架之中。

　　［22］我曾在 Sen（1997b）中批判检验过偏好在社会选择理论中的地位。

　　［23］第 17 章根据行动自由和达致目标的自由探讨了市场机制的优劣。

　　［24］Mill（1859）；Everyman（1972，p.140）。关于穆勒的推理与自由的社会选择表述之间的关联，还可参见 Sen（1976a，1979a），Jones and Sugden（1982），Riley（1985，1986，1988，1989，1990）。

　　［25］本书第 12～14 章讨论了这些问题，还可参见这几章中所引用的文献。

　　［26］本书第 4 章"最大化与选择行动"广泛探讨了"最大化"与"最优"之间的差别。还可参见布尔巴基（Bourbaki，1939，1968）对该问题的经典表述，以及 Debreu（1959），Sen（1970a，1997a），Suzumura（1983），等等。

　　［27］其事例包括不完备人际可比性或局部基数性的情况下效用总和的排序（参见 Sen，1970a，1970c；Blackorby，1975；Fine，1975；Bezembinder and van Acker，1980），不平等的评估（参见 Kolm，1969；Atkinson，1970；Dasgupta，Sen and Starrett，1973；Rothschild and Stiglitz，1973；Sen，1973），以及影子价格的选择（参见 Sen，1968，1975）。关于不完备排序对阿罗不可能定理的影响，参见 Weymark（1983）和 Barthelemy（1983）。

　　［28］事实上，根据可能的偏好排序集合来确定个人的交集半序，其方式与阿罗的社会选择函数的表述大致相同，后者将社会排序与个人排序的集合相关联。形式上，我们有 $R = f(\{R_i\})$，在阿罗的解释中，R 是社会排序，而 R_i 为每个人的排序。我们可以重新解释为，R 是交集半序，而 R_i 为同一个人的可能的偏好排序。除了 R 是一个完备排序之外，阿罗的框架完全可以用于第二种解释，包括"无限制域""无关备选方案的独立性""非独裁"和帕累托原则（即对相关一致同意的要求）。这种形式上的相似性是极其惊人的。

[29] 尤其可参见 Suppes（1987），Pattanaik and Xu（1990），Steiner（1990，1994），Carter（1995a，1995b，1996，1999）。还可参见 Sen（1990c，1996d）。

[30] 还可参见 Arrow（1995），他扩展了这一思考路径，并将不确定性与自主的重要性相关联——本文后面将谈到这个问题。

[31] Hayek（1960，p. 31）。还可参见 Hayek（1967，1978）对他本人的自由观的阐述，其中特别关注选择过程和备选方案的可利用性。

[32] 鲍尔（Peter Bauer，1957）在描述经济发展的目标时指出："我将选择范围的扩展——人们的有效备选方案的增加——视为经济发展的主要目标和标准，并且我判断一种措施也主要是从它对个人的备选方案范围的可能效果入手的。"（pp. 113-114）。W. A. 刘易斯也将"人类选择范围"的扩展视为经济发展中压倒一切的目标，但他很快将这个极其宏大的目标简化为"人均产出的增长"，因为后者"赋予每个人对其环境的最大的控制，从而也因此增加了他的自由"，他极其狭隘地解释道："我们的主题是增长，而不是分配"（Lewis，1955，pp. 9-10，pp. 420-421）。森（1999）探讨了这些问题及其相应的范围。

[33] 当然，具体某个人的福利也可能完全因为有更多的自由而变坏，这其中存在各种复杂的关系，需要我们分别对待；关于这个问题参见我的杜威讲座（Sen，1985a），该文收录在本书的姊妹篇《自由与正义》中。这些区别也与本书第 1 章（"引言：理性与自由"）的讨论有关。

[34] 这里的关键问题是将相关信息纳入对相关选择的评价中，并且相应地纳入对机会的评价中。关于信息对于从主体角度来看的理性选择和道德选择中的地位，可以参见第 15 章（"位置客观性"）和第 16 章（"论达尔文的进步观"），以及姊妹篇《自由与正义》中标题为"道德信息"和"道德原则的信息分析"的章节。

[35] 参见 Suzumura（1983，1996），Sen（1985a，1985b），Pattanaik and Xu（1998，2000a，2000b）。

　　[36] 这种不一致对于通常的选择的一致性条件（在公理选择理论中极其常见）具有灾难性的后果；关于这个问题参见第3章（"选择的内在一致性"）和第4章（"最大化与选择行动"）。选择函数的公理也必须作出相应的调整。

　　[37] 关于这些问题的讨论可以参见 Sen（1970a，1970b，1993a，1997a），Basu（1980），Hilary Putnam（1996）。需要解释的是，我并不赞同某些关于"可测度性"的文献的主张，它们任何构成成分的差异将必然会导致不完备性。两个事件完全不相同，并且无法用一种普通的单位进行测度，但仍然可以根据我们的价值观加以排序。比如说，我在一只美味的芒果与有斑点的香蕉之间并不存在选择上的困难，虽然它们彼此具有差异，并且——基本可以说——彼此是无法测度的。真正的问题是我们对它们的相对重要性的赋值是否充分综合和准确，从而可以容纳不同商品束之间的完备排序。

　　[38] 关于这个问题参见本书第1、3和4章。

　　[39] 参见相关分析结构，如定理（T.12.1）和定理（T.12.2）。还可参见 Foster（1993），他从多元偏好角度对这些因素做了评价。

　　[40] 森（1999a）讨论了基于机会或自由比较的社会判断的实际意义。

　　[41] 第22章给出了证明，与 EOS 相比，ECS 还具有其他的优点，包括能够保证机会集合的"反身性"，即使偏好半序是严格不完备的（参见该文中的定理 T.4.2）。

　　[42] 还可参见本书第1章。森（1970a，1970b，1973a）讨论了交集半序的分析属性及其意义。还可参见 Levi（1986）。

　　[43] 福斯特（1993）指出，他的方法还有其他的长处。其基本思想是，根据一种可能的偏好排序，将拒绝某种备选方案，但它仍然可能根据另一种可能的偏好排序而被采用，比如在评价具有许多选项的机会集合时。

　　[44] 关于这个问题及其相关问题的形式结论，参见第22章的第5～8节。

　　[45] 即使偏好的多重性不再是一个不确定的问题，而是自主的问题（下一节将对两者的区别加以讨论），这个问题仍然存在。假定该主人公同时具有两种排序（排序1和排序2），他必须决定何时以及如何解决这种"内心的争

端"，我们无权在他作出选择之前就将其偏好视为某个特定的排序。此外，外在的观察者不可以假定——事实上也无权假定——对于主人公来说，$\{x, z\}$ 提供了像 $\{x, y, z\}$ 一样多的机会。这样做事实上否定了反事实偏好（此时也许仍然在困扰着该人）的相关性，一个尊重该人的自主性的第三方观察者必须考虑到这一点。

［46］关于这个问题参见 Jones and Sugden（1982），Sen（1985a，1985b），Foster（1993），Sugden（1998），Arrow（1995）。

［47］尤其可参见 van der Veen（1981）。还可参见 Frankfurt（1971），Jeffrey（1974）and Hirschman（1982）。

［48］正如第 1 章"引言：理性与自由"所指出的，批判性审查，包括自我批判，在我们对于理性的理解以及对自由要求的认识中占据中心地位。审查在此具有一个双重的作用：（1）审查并修正个人偏好的自由是一种极其重要的自由；（2）我们的欲望与我们的自由并非彼此不相关——理由见第 1 章所述，两者的相关性视我们将我们的欲望置于审查的程度而定。并且只要审查仍然是一种选择并被视为个人自由的组成部分，各种不同的偏好的可能性对于该人来说就仍然是开放的。

［49］本文前面已经讨论过这种情况；还可参见 Koopmans（1964），Kreps（1979，1988），Jones and Sugden（1982），Sen（1985a，1985b，1991a），Foster（1993），Arrow（1995），Sugden（1996，1997）。

［50］参见 Frankfurt（1971），Jeffrey（1974），Sen（1974b）。还可参见本书第 12～14 章，以及姊妹篇《自由与正义》的第 1、2 和 4 部分。

［51］贝克尔（1997）极其精辟地讨论个人偏好的发展过程时，考虑了选择以及自愿修改的必要性。还可参见 John Broome（1978），该文较早且清晰地探讨了审查个人偏好的必要性。

［52］克雷普斯事实上是根据理性选择的更原始和更为基本的要求而导出该表述的。

［53］事实上，阿罗（1995）就持这种观点，由于该文写在我的阿罗讲座

之后，因此我能充分地证明（通过阿罗讲座）我并没有在这个问题上说服他！在此我不妨再次强调。

[54] 关于两者的对比，还可参见 Sen（1985b）。

[55] 在偏好不确定性的情况下，序列主要是一个事实问题。另外，在自主情况下，个人也许仍然保护他对备选偏好的评价，即使并不存在现实的事实范围可以容纳不同的偏好。

[56] 在使用自由和不自由来对一些重要问题进行社会评价上，产生了各种经验研究，可参见 Ramachandran（1990），Schokkaert and van Ootegem（1990），它们各自探讨了印度农村中受雇劳力的"不自由"以及比利时失业者所感受到的缺乏自由时的失落感。

第 21 章
过程、 自由与权利*

1. 对于过程的偏好

自由的机会方面和过程方面虽然彼此不同，但也不是完全不相干。首先，我们的偏好把两者联结起来了。我们也许会根据顶点结果来估价目标，但我们也会根据达致顶点结果的选择过程来进行评价。[1]我们当然会对富裕、创造性、充实或幸福之类的结果感兴趣，但我也希望在生活中能够自由选择或免于他人干预。

自由的两个方面由于我们的偏好机制而存在着一个基本的联系。这一联系完全符合肯尼思·阿罗（1951a）的概念表述（我在上一篇文章中已经引用过），即社会选择的信息基础包括"整个价值观体系，包括对价值观的估价"（p.18），虽然阿罗把这一表述用于澄清"偏好"的性质而不是它对于自由的意义。

如果采取一种偏好中心观，那么机会方面和过程方面最终将根据人们所偏好或有理由偏好的事物来作出判断。我在第一篇阿罗讲座文稿（本书第 20 章）中讨论了偏好与自由的机会方面的关系，现在是研究偏好与过程方面的关联的时候了。

偏好以两种不同的——但又彼此相关的——方式与过程判断相关。

———————

* 本文是 1991 年 5 月在斯坦福大学所做的第二次阿罗讲座的演讲稿的修改和扩充版。

（1）**个人过程关怀**：个人也许对发生在他们自己生活中的过程具有偏好。

（2）**系统过程关怀**：他们也许对社会中作为一个整体规则运作的过程具有偏好。

个人过程关怀指个人的选择、生活以及为他人所帮助或阻碍等等的方式。个人对他们的生活质量和生活方式的看法往往包括对"综合结果"的评价，后者结合了个人过程以及他们的"顶点"情形。系统过程关怀指他们对社会制度和社会行为规则的看法。比如说，如果个人讨厌他人干预其私生活，但对于是否应有干预他人生活的一般规则并没有特别的偏好，那么这只是一种个人过程关怀，而不是系统过程关怀。另一种相反的可能性是，个人可能为其国家在决策机制上缺乏合理的程序而不平，虽然他的私人生活并不受这一事件影响。

一般而言，在许多情况下，个人往往既有个人过程关怀，又有系统过程关怀，虽然它们也许并不能彼此相互映射。系统过程关怀反映了他对社会合理性的信念，而个人过程关怀有可能完全是自我中心的（虽然它必定包括该社会中一般过程对他私人生活影响的考虑）。[2]

根据社会选择理论的方法，个人对顶点结果以及过程的偏好必定对社会评价具有中心意义，而这又尤其适用于对自由的理解与评价。很显然，评价个人自由的本质与范围的时候，如果我们希望超越自由的机会方面（上一章已经讨论过），就必须考虑个人过程关怀。在这里，系统过程关怀虽然并不是直接相关，但也与此具有关联，因为过程导向的自由状态也可能必须根据系统过程规则的实现与违背来作出判断。比如说，在评价个人的"消极自由"是否被违背时，其参照系就必须是一般范围内的规则（比如，彼此尊重隐私的规则）。规则必须是可以一般化的，而不能仅仅诉诸感情。同理，在确定个人自由的范围问题上，我们也必须就各种自由达成共识，如此才能评价每个人的个人自由是否被违背或实现。对于本文后面将讨论的各种个人自由权利而言，这个问题尤其重要。

另外，根据个人的"选择行动价值观"或"选项评价"来评价个人过程自由时，个人过程关怀具有基本相关性。甚至在判断蕴涵不同人的选项和选择行动的过程自由时，我们必须作出特别的假设，即所有不同的人具有相似的选择行动价值观和选项评价，这本质上是通过一种简单化假设把握每个人对他生活中的选择行动或选项的评价的做法。

下面我就系统过程关怀作出三点结论。第一，如果不同的人对系统过程的偏好有着显著的差异，那就必须通过社会选择来达致适当的社会一般规则。在许多情况下，我们往往假设人们对系统过程并无异议，如此一致同意成了解决社会选择问题的简便途径。但这也是一种粗糙的简单化假设——其目的是在"公认的社会标准"之上讨论消极自由、个人自由等问题。由于自由的不同方面是一个相当复杂的问题，我们不应排斥这种简单化假设，但我们应当知道这里的简单化假设是什么。

第二，将系统过程关怀上的不同观点最终整合成一种社会选择的解决方案是一个相当复杂的工程，单纯的偏好并不能实现这一点。尤其是，加总规则也是一种过程，必须使用它来实现整合各种观点（甚至是系统过程观点）的社会选择。那些将总体性的加总安排的构成特征固定下来的规则有时也被称为"宪法"[3]——它将个人偏好加总并达致一个社会选择。比如说，在阿罗体系中，像无关备选方案的独立性和帕累托原则本身并不由投票决定。事实上，如果这些规则本身被一种"先天的"投票机制或其他社会选择程序所确定，那么就还需要其他的规则来实现对这些"先天"投票机制的选择。在其中的某个阶段，总得有一些规则外在于个人偏好的直接领域。

在给定这种超验性的情况下，很难指望整个过程方面最终会建立在相关个人的偏好之上，这种建构过程本身也必定蕴涵着其本身的一个过程。事实上，必须存在一类无法还原的公认的价值观（这里"公认"可能是宽泛的且不准确的），这类价值观本身不可以被某种形式化的方式加以确定。要完成这个困难的任务，有必要建立一种类似于亚当·斯密所谓的"公平的观察者"（impartial specta-tor）之类的伦理结构。[4]

第三，对于顶点结果的偏好与对过程的偏好可能会存在一种紧张关系。事实上，我们可以从这个角度来看待"帕累托自由的不可能性"的一个具体的变形（Sen，1970a，1970b）。[5] 在那个以正经者与淫荡者为讨论对象的事例中，一个自由主义的正经者也许希望有一个顶点结果，即淫荡者并不阅读正经者所反对的书，但他也不希望通过暴力甚至强迫执行的契约（就一件显著影响私人生活的事件）来实现（并维持）这一目标。[6] 对他们两个来说，淫荡者阅读该书而正经者不读该书（出于他们独立的选择）这一稳定的结果仍然劣于淫荡者自愿不读该书而正经者自愿读该书这一结果。从这个意义上说，自由结果是帕累托次优的。但是这并不意味着自由主义的正经者希望通过一种强迫执行的契约来"矫正"这一情形。[7]

2. 过程、价值观和约束

我们来看另一个不同类型的问题，即过程推理在经济或哲学分析中的实际应用——或者无用。这个问题对于自由的理解、概括和在社会决策中的应用有着显著的影响。我们可以首先追问：为什么在形式福利经济学以及很大程度上在现代道德哲学中，过程往往在**基本价值观层次**上被忽视？对这个问题的回答有助于我们理解为什么拒绝将过程考虑纳入偏好相关的自由价值体系这一问题。

我相信这个问题的答案取决于两个完全不同类型的考虑，它们分别涉及道德和福利经济学推理中的功利主义和自由至上主义的地位。功利主义伦理学传统基本上不是以过程为中心的，并避免在评价实践中对过程考虑赋予任何根本重要性。当然，甚至在功利主义评价中，过程在工具意义上或因果分析中具有重要的含义。如果人们从某些过程中获得欢愉（比如不愿意生活受到他人干预，或在无须他人干预下能够自由选择），那么这些过程因素会直接进入评价过程。他们之所以这样做，并不是因为过程在价值观中的直接重要性，而是因为过程对欢愉和效用的间接影响，仅仅是后者在功利主义框架中才具有内在的意义。这种对效用评价中过程的直接相关性的否定对福利经济学产生了重大的影响，以至于标准的福利经济学最终而言都是功利主义的。在道德哲学上也一样，这种完全基于功利主义的推理路径也同样避免对过程考虑赋予直接价值。

相反，自由至上主义则反对这种对过程特征的评价——包括自由的实现与侵犯，从而与之背道而驰。无疑，自由至上主义极其认真地对待过程（有时甚至给人以不顾其余的印象）。但在其标准的表述中，自由至上主义根本就无意将过程的相关性纳入评价实践。根据自由至上主义的主导形式［以罗伯特·诺齐克（1974）精致而影响甚巨的理论为代表］，过程要求事实上被视作可以接受的体系的"进入规则"（admission rules），仅仅在这个意义上它们获得了优先性，但并未纳入某些一般的评价实践中。

　　理解这种对比的一个途径如下。功利主义传统极其看重评价（权衡价值观中的不同成分，并使所有决策最终建立在总价值之上），但根本就不重视过程考虑。另外，自由至上主义极端重视过程考虑（尤其是那些与自由有关的过程因素），但它并未对评价给予足够的重视（它将优先性赋给正当过程的基本要求）。如此，没有一种传统重视评价实践中的过程考虑（出于不同的理由）。由于功利主义和自由至上主义对伦理学和福利经济学（在各自的领域中）的影响相当广泛，这样所造成的结果是忽视了作为评价实践的关键组成部分的过程考虑。

　　我曾在其他的文章中指出为什么这种忽视造成了道德哲学和福利经济学趋于贫乏化的后果。[8] 在此我不再重复这些论据，基本问题是过程考虑（包括权利的侵犯与实现）的直接重要性，它与**其他**后果的直接重要性相互竞争。我说"其他"，因为权利的侵犯和实现可以被合理视为一系列事件和行动的更为重要的后果。给予过程要求以无条件的优先性是不可行的，因为它们很可能对人们的生活造成灾难性的后果，在这种情况下固守这些过程要求——不管其内容是什么——都是极不合理的。另外，认为过程与评价不相关也不是特别合理，因为我们确实对过程赋予了一定的重要性，并且有理由重视实现适当的过程。[9] 因此，将过程考虑视为总体评价中相互竞争的诉求的组成部分，这并不像某些人所认为的是一种"不合法的"或"混乱的"逻辑。这种规范评价的广义理解具有许多优势，我们可以用许多实际事例来加以说明，如自由的保护、性别平等的追求等等。[10]

3. 权衡与指数化

前面讨论的一个推论是将蕴涵过程和顶点结果的不同考虑视为"竞争的"(competitive)——而不是等级的(hierarchical)。用标准经济学的术语来讲，在不同类型的考虑中存在着"权衡"(trade-off)。这个术语一方面是很有用的：它指明任何一种规则都不可能是无条件的（只要稍稍扩展就会导致其他因素的减弱——不管它最初如何重要）。[11]另一方面，"权衡"这一术语也往往容易误导人。当一个人用商品 x 交换另一种商品 y 时，他完全失去了 x：它没了——而不仅仅被淘汰了。在评价实践中，所谓的"权衡"往往指一种"胜过"(outweighing)的情形。如果 A 重重踢了 B 一脚，令他醒来，从而避免了一场事故，我们可以说，B 被踢和疼痛的负面价值被将他从事故中救出来的价值胜过，但这并不是说负面价值就"没了"，它仍然相当大，但与避免即将发生的事故相比微不足道。

我们不必在用词上纠缠过多，但是这种澄清仍然很有必要，因为当我们把价值胜过的情形比为"权衡"时往往受到误解（似乎被胜过的因素就不再重要了）。[12]我们必须记取，胜过并不等于抹杀，我们之所以仍然使用"权衡"这一更为便利的词汇，主要是因为这是许多人——尤其是经济学家——所喜欢用的词。

我现在力图在这已有的区别中再作一下划分。我已经区别了带有权衡的规范体系（尤其是在过程优点与顶点结果的善之间的区分）与不带有权衡的规范体系——如标准的自由至上主义形式，它将过程要求的实现完全（具有无条件的优先性）置于其他影响事态评价的因素之上。我们可以把这个问题——并非没有来由地——称为"权衡问题"。另一个不同的区别将各种带有权衡的规范体系划分为两类。这是一个体系是否具有综合指数（comprehensive index）反映这一权衡的问题。我把它称作"综合指数问题"。这类指数的建构公式只是规定了一种将各种不同因素的实现整合进一个总体排序的方式（如果指数是一个实值，则可以用数字表示）。[13]

我已经指出纳入权衡的重要性，下面指出的是拒绝寻求这类综合指数的理由。第一，权衡也许是局部的，如此导致一个不完备排序。第二，有一些原则意味着某种程度的局部排序（比如，根据被选结果和近似选项之类的实质性关怀空间中某些占优因素所作出的排序），我们可以检验，根据这类一般情况下合理的原则将得出什么样的结果。这里也不要求产生一个完备排序，当然根据它如果产生了完备排序也不必排斥。

第三，即使每个人都有充足的理由选择一个完备排序，人们对这个排序的内容也许并不存在一致意见。在这种情况下，我们可以去寻求——在社会选择环境中——某些公认的共同基础。这也可能是一种公认的局部排序，并很可能反映了各人的局部差异的排序的交集（第20章已经描述了这种一般的技术）。[14]

另一种有效的办法是寻求对"部分"而不是"整体"的一致同意。比如说，我们也许在自由评价的某个方面（具体而言，机会方面、过程方面或者两者兼有）能够找到公认且可以接受的标准，但在不同方面的相对重要性上仍然存在着相当大的差异。即使我曾试图提出一个同时蕴涵这两个方面因素的总体排序——公认的局部排序（尤其参见 Sen，1985a，1991），但我仍然不敢确信，它具有多大的意义，因为在过程和顶点结果的相对重要性上，每个人都完全有理由持有差异相当大的观点。因此，我认为，寻求"部分"而不是"全体"的一般表达很有价值，因为在过程和机会的相对重要性上，各种值得辩护的观点差异存在着非常广泛的范围。但是，对可能的差异的尊重（以及相应地对两个因素单方面的判断）并不意味着两者之间不存在权衡关系。事实上，综合指数的主要局限性并不是起因于权衡方面的困难。

4. 权利表述： 独立性与整合

前面我分别用自由至上主义与功利主义说明了两种过程观的对比。自由至上主义对过程赋予了极端的重要性，尤其是那些保证人们拥有一组规定权利（比如说，个人自由、对合法获得财产的所有权和使用权，等等）的过程。[15] 自由至上主义的经典形式对这一因素赋予了绝对的优先性。当然，这种优先性也反映了结果评价中正当程序的实现与侵犯（如将结果宽泛地定义为包括过程的"综合结果"）。[16] 但这并不是经典自由至上主义的本意。相反，它倾向于一种"无法沟通的"框架，其中权利程序被视为一种边界约束（side constraints），它完全不会被反映在对事态的评价之中。[17] 这种二分程序的一个后果就是把权利视为独立于评价实践，而不是整合入评价实践之中。

一种"整合"观看起来如何呢? [18] 显然，它并不是功利主义，因为功利主义对权利和其他过程根本就不重视。但我们仍然可以采纳功利主义对结果的重视，但放弃只有效用结果最终才是有意义的这一假设。如果权利的实现与侵犯都被纳入有待评价的相关结果，那么这就提供了一种在整体框架中评价权利的模式。

虽然传统道德、政治哲学和福利经济学都忽视了这一重要思路，但采用这种方法并不困难。[19] 这种整体方法吸取了功利主义的结果敏感性（consequential sensitivity），但并不受其极其狭隘的对相关结果的看法（尤其是认为只有个人效用才可以被计入结果评价的武断的限制性条件）所约束。这种认为在结果评价中只有效用结果才重要的观点有时也被称作"福利主义"，本文所考虑的整体方法将完全放弃这种福利主义观。[20]

在这里，我们不妨对福利主义作为规范条件的可接受性这个一般问题作简短的评论。我曾在其他文章里讨论过为什么福利主义是限制性的"信息约束"——它不容许考虑我们也许愿意认真对待的信息。福利主义观的一个主要局限性就在于，同等程度上的个人福利总和可以与不同的社会安排、机会和自由并行不悖。当人民的权利遭到了系统侵犯时，这种事态很难描述为"好"事态，而侵犯行为所导致的福利损失并不能充分反映这种事态的恶劣。

比如说，生活在暴政下的人民也许缺乏追求自由的勇气，也许会安于自由被剥夺的现状，并尽可能地在一些小小的解脱中寻求欢愉，这样，在效用的刻度表（根据精神满足或欲望的强度来衡量）上，这些剥夺现象无法显示出来。但这并不是一个断定权利的侵犯并未怎么恶化事态的决定性理由。在种族隔离制度下，有色人种只享有极少的自由；在传统社会中，"贱民"只有极少的一些权利。如果这些被剥夺者——以极大的努力——通过向他们的逆境妥协从而在他们有限的生活中取得欢愉的话，福利主义者并不认为这一事态比效用刻度表上所反映的内容更糟。

暴政并不仅仅是侵犯自由，而且往往会在受侵犯者中间寻求合谋者。对于那些深受压迫的人来说，他们很难甚至是无望改变现实（至少作为个人是如此），在这种情况下，他们也许会认为，日复一日地为失去的自由悲悼并期望一种不会发生的变革是"愚蠢的"。这种对暴政的消极容忍在全世界到处可见，甚至当人们清楚地认识到存在着一个真正的变革前景并对此产生强烈的公众支持时，它也可能仍然存在。价值观就其本身而言有可能具有深刻的创造性，人们积极"重视"（与容忍相对）以及有理由重视（而不是消极接受）的事物的标准有助于纠正自然而然反映在机械计算效用中的偏见。[21]

我们来做一个不同但相关的思想实验。两个社会在效用上相等，但其中一个并未侵犯公认的个人权利，而另一个存在着这种侵犯行为。福利主义也许会认为，这种权利的侵犯和实现上的差别并不具备内在的重要性。如果侵犯权利所导致的效用损失能够通过其他方法来弥补，或者人们调整自我而接受暴政，那么在狭隘的福利主义看来，结果事态不存在任何可以抱怨的地方。显然，我们必须将对权利和自由的侵犯计入事态的评价中，从而超越对效用信息的单纯依赖。

这样，我们有了两种不同的处理权利及其过程的方法——其中心问题是将过程前景纳入对个人自由的考虑。在权利的独立观中，权利作为不可放宽的要求，其意义体现在它本身对于其"善"及评价中的意义具有优先性。根据这种观点，权利的力量在本质上是独立于其后果的。这种观点的杰出代表［诺齐克（1974）的"权利理论"］认为，所有这类权利都具有绝对不可违背的"边界约束"形式。那些设计用来保护这些权利的程序必须被接受，不管它们的后果是什么，它们与我们视为可欲的事物（如效用、福利、结果或机会的公平等等）根本就不在同一个层面上（其论证也是如此）。这里的关键问题不是权利的比较重要性，而是它们的总体优先性。

相形之下，权利的整体观将权利视为具有规范意义上的重要性，但并不具备完全独特的重要性。一种权利被侵犯的事态作为一个结果变得更坏［无论效用是否被它降低，后者（效用）是一个不同的考虑］。存在不同的权利，这些权利有时彼此冲突，因此必须考虑这些权利之间"权衡"的可能性（而且还要与不含权利的考虑相权衡，包括福利的相关性）。虽然它们各自的重要性也许视情况而定，但这种方法避免了将所有权利视为在对决策的影响上不分彼此的做法：那种不让我的圆珠笔被偷的权利无法与我不得被折磨或被杀的权利等量齐观，虽然两者具有相同的——用诺齐克的术语来说——"边界约束"形式。根据这种观点，不同权利的相对重要性必然与权利的"正当性"的评价以及其他社会选择特征不可分割。

我自己的权利观在很大程度上是一种"整体"观。[22]这种观点还应用于研究权利的社会选择文献（我本人的作品绝大部分属于这一类）中。相反，诺齐克（1973，1974）的"权利理论"完全落入"独立"权利观这一类。在约翰·罗尔斯（1971，1993）的"作为公平的正义"理论中，第一个原则所反映的权利的无条件优先性可以被视为"独立"观一类，但根据第二个原则，他将自由视为一类"基本善"，又显然属于"整体"观一类。[23]萨格登（1981，1985）和吉尔特纳、帕特奈克和铃村（1992）提出以博弈形式表述的权利，其中权利在形式上属于"独立"观。詹姆斯·布坎南（1954a，1954b，1986）以及他与塔洛克（1962）所提出的富有影响力的公共选择观往往被看作只与程序相关——独立于结果。我们必须检验在何种程度上他们真正是"独立的"。

5. 结果无涉的程序与内在的紧张

在这里，我们来探讨一种结果无涉的程序权利体系与一个考虑各种结果的权利体系之间的差别究竟有多大。从形式层面来看，两者的差距相当大，而且根据它们各自的纯粹表述，两者基本上不存在任何共同之处。很多人都喜欢这种鲜明的对立——不论他支持哪一体系。但两者的对立果真如此之大吗？前面已经指出，我们往往既重视"公平过程"，也重视"良好结果"，作为一个社会存在物，我们的这种本质是毫不稀奇的。因此，任何专注于过程或专注于顶点结果的理论都无法恰当地将其"信息排除"的观点与我们合理价值观的广度相匹配。

纯粹程序主义思想家尤其偏好完全"独立"的权利观，他们不愿意让他们对程序的强调受到任何对结果考虑的影响。另外，当这种特定的程序观导致的事态显然无法接受时，这又会造成进退两难的局面。

前面已经指出，"独立"观的整合包括罗尔斯（1971）的"作为公平的正义"的"第一个原则"（关于自由及其"优先性"）和诺齐克（1974）的"权利理论"。严格说来，这些理论不仅不是结果主义，而且似乎没有留下空间让对结果的实质考虑来修正或修改这些原则所涵盖的权利。在罗尔斯的理论中，"第一个原则"的领域在有效涵盖个人自由方面是非常有限的。诺齐克的权利要求要稍为宽泛一些，包括了其他类型的各种权利，比如使用、交换和遗赠合法获得财产的权利。

我们现在来看诺齐克的理论体系。在罗尔斯描述的情况下，即使在他的"第一个原则"所涵盖的有限的几类原则上，他似乎也很乐意留有一些余地，从而可以向某些紧迫的物质需求作出明智的妥协。赫伯特·哈特（Herbert Hart，1973）以一般形式提出这个问题，他反对罗尔斯的"原初状态"下的假设，这个假设主张"自由对于其他物品具有优先性，而这些物品是每个理性的人都愿意拥有的”（p. 555）。在他后来的作品中，罗尔斯承认这一论点的重要性，并提出了几种将它纳入他的广泛界定的体系的方式。[24] 在罗尔斯（1971）的最初表述中，作为公平的正义的“第一个原则”要求自由的“最广泛的总体系”与所有人的类似自由相容。而在修正后的版本中，这一要求只是“基本自由的充分适当的框架与所有人的类似自由框架相容”（Rawls，1987，p. 5）。放在本文来看，特别有趣的不在于通过这一修正，自由的优先性范围更为有限这一事实，而在于这一修正起因于赫伯特·哈特所提出来的考虑结果因素的重要性，从而将自由要求与其他关怀包括物质需求相互权衡。

我们还应注意进一步的结果关联。一旦任何自由要求以这样一种形式表达出来，使得个人的自由取决于所有人的相似自由，这就不可避免会蕴涵着对自由的结果分析。我们无法判断“相容性”要求，除非考虑自由的相互关联性，以及这些自由的实际的——甚至是潜在的——实践方式。[25] 虽然罗尔斯的原则表面上采取了一种“独立的”形式，但在罗尔斯的表述以及重新表述中，都隐含着一种“整体”观。在罗尔斯自己的“作为公平的正义”中，并不存在一种紧张关系，因为罗尔斯对这一领域的广泛作品从未将结果无涉性视为基本原则。而那些试图将罗尔斯“解读”为一个结果无涉观的坚定支持者的人必须充分注意他的广泛分析。

那么诺齐克的权利理论又怎么样呢？这里显然存在对结果无涉主张的明显表述。由于诺齐克的“自由至上主义权利”外延相当广泛，诺齐克对结果无涉的坚持显然要比罗尔斯更为严格，因此必须严肃对待出现无法接受的结果这种可能性。事实上，不难证明，即使在一个完全符合诺齐克体系所规定的自由至上主义权利的经济体中，仍然可能会发生一场大灾荒。[26] 因此，诺齐克（1974）非常正确地为结果独立性留下例外，即权利的行使导致"灾难性的道德恐怖"的情况。[27]通过这一修正，结果最终仍然发挥了作用。

这一退步隐含了诺齐克的良知，即可能导致灾难性道德恐怖的权利的程序体系在政治上是没有说服力的。无论如何，一旦结果以这种方式引入这个故事，不但结果无涉体系的纯粹性已经失去，而且相对重要性和权衡问题又极其有力地被重新引入。

值得注意的是，许多非结果主义道德哲学家往往对实际结果的性质很感兴趣。一个显著的例子就是伊曼纽尔·康德（1788）本人，他往往被人视作是一位本质上是反结果主义的义务论者。他主张的像"绝对命令"之类的规则似乎并不是建立在结果的基础之上，但康德也进一步证明这些规则实际上将会产生非常美妙的结果。当然，这里并不存在任何分析上的矛盾，但这应当归功于他的广泛意识，虽然他坚持义务论，但认为实际结果仍然相当重要。根据这种道德观点，个人也许可以拥有决定性的理由来服从康德的基于非结果之上的命令，但他们也有理由追问，如果服从这些规则其生活将会怎么样这一问题。我顺便指出这一点，因为对机会自由的怀疑往往源自那些主张道德与结果无涉的人。这里只是指出这一事实，即使他们的主张可以被接受，但对人们生活的评价仍然可能——这里并不存在任何矛盾——包括实际结果和追求可欲结果的机会自由。

6. 公共选择方法与结果分析

我们现在来看契约论和自由至上主义思想传统，这一传统在詹姆斯·布坎南（1954a，1954b，1986）所开创的"公共选择"文献中得到了深入的探讨。[28]也许有人会把它归为结果无涉程序正义一类，因为这种方法反映了对"社会善"这一理念的怀疑。[29]这一规则框架蕴涵着不同的权利和自由。根据这一解释，这些权利和自由的优先性并不取决于产生良好事态的后果方面（所谓的"社会善"），而是取决于公平和正义的过程方面。

这种"公共选择视角"是否真是一种结果无涉的方法？毫无疑问，布坎南（1986）对那些主张"某些结果本身的超验价值观"的人表示了怀疑（p. 22），并且对"社会福利函数的最大化者"也表示怀疑（p. 23）。但这种对"公共选择视角"——或者说始于维克塞尔（Wicksell）的"作为交换的经济模型"（p. 23）——的支持是否真正独立于这类交换的预期后果以及对这些成果的重要性所赋予的价值观呢？布坎南对体现为最大化超验的"社会善"的结果评价持批评态度这一事实本身并不足以解决这个问题。

布坎南支持市场安排以及一般意义上的交换，这在很大程度上与对这些安排和交换所取得的结果的分析有关。布坎南理论的核心是对这些体系的所作所为以及经济学使我们理解它们如何运转的评价。"自由社会主义者"（与反自由社会主义者相对立）对"集体行动……赋予极少的或根本不赋予任何积极价值"，并且"将主要价值赋予个人自由"。布坎南（1986）认为他们之所以反对市场，是因为他们"对市场运转的方式抱着极其模糊的观念"并且"对经济理论茫然无知"（pp. 4 - 5）。因此，我们毫不惊讶于布坎南本人的分析充满了对他所检验和宣扬的程序安排的后果的推理。他这样说道："人们的自愿交换受到肯定评价，而强迫性交换则受到否定评价；就此可以得出结论，用前者来取代后者是可取的，当然，其前提条件是这种取代在技术上是可行的，而且在资源上也没有付出过高的代价"（p. 22）。根据这种分析，布坎南着重讨论了"替代性立宪安排的预期效应"（p. 23）。如果有人试图在"公共选择观点"中寻求对程序规则的结果无涉的证明，那么他会发现在布坎南广泛而敏感的政治伦理中很难做到这一点。

在此，有必要提醒注意的是，根据他本人对自己从"自由社会主义者"转变为"重生的市场的拥护者"这一过程的描述，布坎南（1986）所集中讨论的是他对"市场如何运行"的过程的理解（pp. 3 - 4）。与"反自由社会主义者"不同，对于自由社会主义者来说，关键的论据在于承认"自由，这永远是他们［自由社会主义者］的基本价值，它只有在允许市场发挥主要作用的政权下才能保全得最好"（p. 5）。结果分析对于这类证据而言极其重要。

这里我并没有说我在多大程度上接受公共选择文献中的市场分析。本文也无须讨论这个实质问题，但是如果要我做的话，我将在支持市场的必要性和"作为交换的经济"的重要性（很大程度上接受布坎南的分析）之外，对它作出一些严肃的修正。首先这一方法还须关注实质机会和自由的不平等问题，包括穷困与剥夺（布坎南对这些问题也极其关切）。[30]

第二个修正是，超越"经济人"这个有限的假设，而考虑到人类行为和价值观的复杂性。虽然公共选择理论采用这一假设（塔洛克显然非常相信这一点），布坎南本人也注意到这个问题存在着某种程度上的"紧迫性"（1986，p. 26）。[31]我曾在其他地方指出过，要充分理解资本主义和市场制度的成功，就必须考虑到"道德信条"和其他种种行为的复杂性，这些因素往往修正不同社会中个人行动者的行动（其中也包括不试图通过毁约来寻求每一个谋求自利的机会）。[32]对公共选择理论的实质性审查都必须考虑这些问题。但对这些问题的探讨一点也没有影响本文的结论，即结果分析是公共选择传统的核心部分。[33]

即使公共选择方法避免了在程序上使用社会福利函数（它采用的是个人福利函数）[34]，但作为一种理论，它并未落入结果无涉的规则和规章的鼓吹者一类。各种程序——包括市场——运行的方式是获得公共选择支持的核心内容。从这个角度来看，公共选择理论的权利观与诺齐克的权利理论中的自由至上主义权利截然不同。

7. 博弈形式、社会选择权利

最近，由罗伯特·诺齐克（1973，1974）开创的权利和自由观被扩展到以博弈形式为表述的权利模式。[35]根据这种表述，每个人在一组策略上进行选择，可行的策略组合则规定了每个人所能拥有的自由。所有人都可以如其所愿地行使他们的权利（服从于可行组合之内的选择），而"无视"它们的结果。在这种表述中，权利的规定没有涉及任何个人的偏好或实际的结果。[36]任何对权利的博弈形式观的检验都必须考虑到这些偏好无涉与结果无涉的特征。

权利的博弈形式表述有时被视为对权利的社会选择观的"竞争者"，甚至还有人认为权利的博弈形式观要优于权利的社会选择观。[37]这种说法是正确的吗？我相信，简短的答案是"不正确"。但是，要理解这一点，我们显然得准备一个详尽而细致的解释。

在许多权利的形式规定的层次上，使用博弈形式表述具有显而易见的长处。事实上，在人们的常识中，许多公认的权利都采用这种形式，它集中关注人们可以自由地做什么（包括做特定事情的许可与能力），而不是检验相关人员实际所获得的结果（这被概括在"社会状态"之中）。比如说，如果一个人有权阅读一本他想读的书，这是对他采取这一行动的自由的肯定，但是这并不反对他没有采取这一行动的事实——不管是出于什么理由（比如说意志薄弱）。同理，如果一位失业者有权获得"失业补助"，这也只是相应行动（去领补助）的权利，如果这个人没有——不管是什么原因——采取这一行动，（根据这种观点来看）这一权利并未受到破坏。根据这种观点，权利完全与行动自由相关，而不与任何结果的达成相关。

权利的博弈形式表述具有强有力的直接性，它在直觉上很具有吸引力。这种表述上的优势给许多权利理论家留下了深刻的印象，他们强烈地支持这种表述，认为它优于权利的社会选择表述。但是，这种直接性并不证明这种观点的优越性，理由有如下三个。

第一个——也许是最简单的——理由是，事实上，并不是每一种权利都能以博弈形式得到恰当的表述。第二个理由——这可能是最重要的理由——是，即使这些权利能够以一种博弈形式来表达，它们仍然需要对证明给予进一步的分析，而这里又蕴涵了社会选择考虑。我们可以用博弈形式将一种权利表述出来，这并未告诉我们应当如何在同一种权利的不同博弈形式中作出选择（并且，它也未告诉我们在相互竞争的博弈形式中作出选择时，社会选择方法能否发挥其作用）。第三个理由主要与权利的系统化有关，它认为，行动-选项的存在本身也可以表述成一个事态特征；由于对事态或"社会状态"的解释的多义性，我们不必仅仅把事态局限于"顶点结果"（第 20 章已经指出这一点）。[38]因此，只要我们放弃社会状态只包括顶点结果的信息这一条件，博弈形式表述也可以被纳入社会选择的概括中。

（在接下来的三节中）我将依次讨论这三个问题。

8. 视事态而定的权利

第一个问题最容易理解。有些权利并不能被视为采取某种行动的许可或权力，用例子很好说明。比如说，个人在没有流行病的环境下生活的权利就不是一种采取某种具体行动的权利。这是通过对当地卫生机构赋予去做某件事情的职责来实现的权利（比如，采取免疫、卫生预防等公共举措）。但是对这种权利的相关人（即当地居民）来说，这是一种对事态的权利（如对免疫霍乱环境的权利）。这种事态反过来容许该人采取某些行动（不患上霍乱确实会扩展个人的行动自由），但其基本要求在于该人遇到免疫流行病环境这一事态（比如说，附近没有任何霍乱病例）。

这类权利主要关注结果——甚至是顶点结果——而不是关注采取行动的自由，这一点没什么可争议的（尽管某些早期的博弈形式表述的支持者似乎对这类权利丝毫不感兴趣）。[39] 但是，要概括这类权利的全部成分并不是一件很容易的事情。毫无疑问的是，范因伯格（Feinberg，1973）所谓的"消极权利"通常具有这类特征，因为权利持有者被赋予一种接受某种保证的自由，同时不必采取任何具体的行动。[40] 然而，某些"积极权利"（范因伯格的含义）也具有这种特征，尤其是那些其实现不仅仅蕴涵着免于他人干预这一因素的权利。

我们来看约翰·斯图亚特·穆勒对一种自由的经典讨论，其中人们在饮食上有不同信仰，尤其是在保证非穆斯林吃猪肉的自由的同时，保证穆斯林不吃猪肉的自由（Mill，1859，pp.152 - 154）。一个破坏这种权利的简单事例是，某个人干预一位虔诚的穆斯林不欲吃猪肉的做法，我们可以很方便地用博弈形式来表述这种不容许这类干预行动的权利。但是，困难在于，如果这位虔诚的穆斯林不知道所上的每个具体的盘子里究竟是什么食物时，他就无法随便取用了。在这里，仅仅赋予穆斯林任其所愿的饮食自由，或者赋予他人在约束内行动（或不行动）的自由，都无法保证他的社会要求。为了确保这位穆斯林的权利得以实现，就必须采取某些"积极的"措施，从而有助于他在知情后作出选择，而这完全超越了仅仅赋予每个人免于他人干预的自由。

至少有两种方式可以实现这一点，它们各自蕴涵着**结果**上的不同特征：（1）赋予该人被积极告知的权利；（2）通过某种权利实现这种结果，他有理由选择并试图选择该权利。用同一个事例来说明这两种方式：第一种方式要求保证吃的人获得有关每种菜的内容的充分信息，这是一种对于事态的具体特征的权利，它类似于使环境没有霍乱的权利。给定这一特征之后，个人可以自由地决定他吃什么。第二种方式的表述并不赋予该人所需求的信息，而是直接指该人能够取得避免吃猪肉的结果。在这种关于直接实现的表述中，当且仅当这位穆斯林得到他试图选择的结果时，这一权利才真正实现。

穆勒本人似乎倾向于第二种方式——这颇契合于他所持的简单结果主义观念，虽然没有将自由的价值纳入结果。[41] 这里我们不必比较两种方式之间的优劣；它们都已充分说明，不管是哪一种情况，我们都已远远超越自由的博弈形式表述的结果无涉性。由于这是一种积极权利，它还说明为什么超越博弈形式的需要并不限于消极权利一类。

9. 各种博弈形式之间的社会选择

我现在讨论之所以不接受说明权利的博弈形式表述相对于社会

选择理解的优越性的第二个理由。我们必须区分博弈形式**格式**在权利规定上的充分性（应用于该类权利的规定）与反映一种所指权利的**具体规定**的充分性。一般来说，在判断一种具体表述相对于另一种表述的充分性上，该权利的规定体系所导致的结果的本质不可能不相关。在这里，结果分析——社会选择所关注的内容——确实具有一种潜在的且具有批判性的作用。

我们用一个旧事例来说明，社会试图保证个人在不希望有人对着他吸烟时这类事情就不得发生的自由。从根本上讲，这只是一种关于结果的权利，这里的表述是一种容纳了偏好的形式（根据社会选择的传统）。但是这并不是实际规则在结果和偏好方面所表述的方式。相反，它们通常被表述成包含了——或几近于包含了——恰当的博弈形式。这种**格式**对一类权利的有用是毋庸置疑的，但是它并未改变这一事实，恰当的博弈形式选择（哪一种?）必然涉及结果分析。

来看一个关于期望的社会结果如何发生的具体假设，即如果有人提出抗议，则吸烟者有义务停止吸烟。（我记得我小时候印度的铁路部门曾有这样一个告示。）当然，这一规则能够用一个精致的博弈形式表述出来。如果这一表述是有效的（尤其是，被迫受害者敢于提出强烈抗议，致使吸烟者停止吸烟），那么，这一故事也就结束了，而该具体的博弈形式的适当性也就成为定论。

假如该假设被经验证明是错误的，而预计结果并未按这种方式出现。未来的受害者不愿提出抗议，这不是因为他们不介意别人当着他们的面吸烟，而是因为太羞涩、犹豫或者结巴以至于没有表达出来（太窘迫以至于不能防止他人做那些他们显然希望去做的事情），因此，粗犷的吸烟者继续旁若无人地吸烟。这时，我们可以认定，要保证未来的受害者的自由就必须寻求其他途径（这将导致各种不同博弈形式的规定）。比如说，我们可以决定，通过对不同博弈形式的比较评价，最好是：如果他人在场，则完全不允许吸烟，或者（在一个具体定义域中更为严格）公共建筑、公共会议、公共交通场所等公共场合禁止吸烟，不论他人是否在场。

这里值得注意的主要事实是权利的每一种规定都能够以具体的博弈形式表述出来，但要选择不同的博弈形式以符合有效自由中的潜在利益（不得当着未来的受害者的面吸烟），我们不得不超越这些博弈形式本身，对不同博弈形式以及可能后果进行评价。[42]在吸烟这一事例上，多年来，美国的公共立法是朝着越来越严格限制的方向发展（在公共建筑和其他公共场所禁止吸烟），这些修正和扩展的动机就是力图更有效地实现最终结果（即确保不情愿的非吸烟者免受被动吸烟的危害）。当然，我无意评价这些关于公共管制的决策是否适当，只想指出，这类决策涉及在不同博弈形式表述之间的选择，而要检验它们各自的比较优势，就必须考虑到各自的结果。无论如何，博弈形式表述的一般适用性并不能消除超越具体表述形式并根据其关于结果的社会评价对它们的相对优势进行评价的必要性。更宏大的分析除了结果和结论之外，还包括人们的偏好与行为模式——而这恰恰是每一种博弈形式表述所极力避免的。[43]

为了寻求博弈形式方法的适当性，我们不可沉醉于仅仅是形式上的表述，而忽视社会选择在评价权利的博弈形式中的重要性。博弈形式表述，结合博弈理论分析以及诸如"有效函数"之类的结构，极大地丰富了我们的结果分析能力，从而有助于评价各种规则在肯定和实现权利方面的适当性。[44]可惜的是，讨论的精力大都耗费在辩称博弈形式表述对于社会选择的权利分析的优越性上，而事实上，两者在一个非常重要的意义上本来是相互补充的。

表述形式与适当性评价之间的区别也许还值得我们进一步加以探讨，因为所谓的博弈形式表述对于社会选择的权利分析的优越性曾经获得了很大程度上的注意。不同类型的权利都值得我们注意。当我们专门考虑那些能够很好地用博弈形式表述的权利时，它们本身的动机也往往难以分辨。某些权利致力于赋予人们以行动自由（不论其后果），但还有许多与上面不同的权利致力于——至少部分如此——赋予人们取得顶点结果的有效自由（effective free-dom）。[45]在后一类权利中（它与前面一类一样，也可以用博弈形式表述），如果建议的博弈形式没有取得预计结果，那么这一社会失败本身就是反对这一博弈形式的明证。

后一类不是非实质的，包含许多表面上似乎只与行动自由相关的权利。事实上，前面说过的需求和接受失业补助的权利（它们都支持博弈形式表述的优势）也蕴涵了超越行动自由的动机：意图在于赋予失业者以避免源于失业的贫困的真实机会。我们必须知道，人们是否实际上取得这一预计结果（也就是预计权利的实现），如果情况不是这样，我们必须追问，为什么会造成这种结果。

当没有出现申请者被拒绝的情形时，失业补助权似乎可以合理地视作得到了有效的实施，但潜在的受益者也会由于某些重要理由而没有去申请补助，尽管他们很希望得到这一合理的利益。没去申请可能与下面这些因素有关，如担心受社会的羞辱、担忧官员让人不愉快的询问或仅仅是不明白、误解或沮丧。即使没有得到失业补助几乎都是因为该人本人没有去申请，但是它本身也不是判断失业补助权得到实现的充分理由。[46]这已经成为英国社会保障制度评估中的一个重要问题。在这种情况下，通常我们有充分的理由去检验这些权利领域中已知人们所希望的（以及有理由去希望的）与他们实际得到的之间的对应性，而不是仅仅观察他们选择或者没有选择什么。如果权利没有实现，我们有必要知道为什么没有实现。

人们的实际选择受到环境的强烈影响，后者对于判断个人是否实际上在一个重要的意义上拥有自由具有相关性。因为担心受到让人不愉快的关注，个人也许无法去选择某件他实际上很希望拥有的事物。比如说，在一个妇女着装、行事和说话都应当遵循极其严格的礼制的社会中，妇女也许缺乏表现与众不同的勇气。这是一种公认的自由和权利的缺失，即使指出她事实上可以自由行事，检验并不因此而结束。事实上，甚至在判断一桩案件涉及的强暴行为是否发生时，受害者并未强烈反抗这一证据本身并不能充分取消这一指控；我们还必须检验为什么受害者当时并未采取这一行动，而在某个一般的意义上，受害者是可以自由实施这一行动的。"选择禁忌"现象必须成为权利实现的有机构成部分。[47]

这几类不同的事例说明了我们必须对下面这些情况作出区别：（1）用博弈表达权利的一般形式的适当性；（2）用以表达某项具体权利的一个具体博弈形式表述的适当性（以及根据充分考虑偏好后的结果分析所作出的各种博弈形式比较的相关性）。某些关于权利的博弈形式表述具有优越性的主张似乎是源自混淆了这两个完全不同的问题。

10. 权利的社会选择表述的多义性

我们现在来看第三个问题，即社会选择理论表述的多义性。下面先来澄清两个观点以说明这种多义性的广泛范围。首先，综合结果可以宽泛定义从而纳入达致顶点结果的过程，包括谁拥有什么行动自由。社会状态可以恰当地定义为包括了过程。其次，在评价综合结果时，我们可以有选择地集中关注其中的一部分（同时排除对其他部分的关注）。一个更为广泛的描述并不要求我们对这一描述中的每个组成部分都赋予重要性。因此，如果我们希望集中讨论相关人所拥有的行动自由（无视其结果），我们就可以（1）将行动选项的描述纳入综合结果中，并对此进行评价，（2）把顶点结果纳入综合结果中，但并不对这一部分进行评价。[48]因此，即使在这种权利的博弈形式表述（关注策略选择但忽略了顶点结果）完全合适的特殊情况下[49]，如果我们愿意的话，恰当的博弈形式表述也可以转换为一个社会选择的表述。

这并没有否认，对于某一类权利来说，博弈形式的表述是最为便捷的表达方式。事实上，认可博弈形式权利转换为社会选择结构的可能性完全是形式上的，并不被视作具有特别实质性的含义。可以说，从实践的角度来看，这并不具备特别的重要意义。如果一种权利形式表述是一种把握权利表达的优美而简洁的方式，那么我们可追问，这种满意的博弈形式表述可以用一种社会选择结构的方式复制出来又具有什么意义呢？我以为，这是一个非常适当的问题，社会选择可以重新表述的这种可能性本身并未构成对博弈形式表述的批判。因此，第三点与前面两点的不同之处在于，一个涉及了博弈形式对于某些权利的表述的不充分性，另一个则涉及需要建立一种结构，从而可以在不同的具体博弈形式表述之间作出选择。

这几点都值得我们注意，对于某些类型的权利来说，博弈形式表述所具有的比较优势是不容否认的。但是，在检验权利分析的完备性和范围时，我们更应记取的是，甚至在那些博弈形式表述完全充分并得到证明的事例上，社会选择方法也能够进行处理。这一点

（第三点）是对其他（前面两点）意见的补充，前面主要指博弈形式表述被证明是完全不充分的情形。社会选择理论提供了一个可行的综合性框架，这可以说是一个系统的优势，它既涵盖了那些博弈形式可以表述出来的函数，也涵盖了博弈形式无法表述的函数。

11. 博弈形式、 合谋与自由悖论

还有一个倾向于支持博弈形式表述的论据有待探讨，即这种博弈形式可以避免"帕累托自由的不可能性"。从形式上看，很容易证明，博弈形式权利与帕累托原则并不冲突。[50]但是这种逃避只是表面上的。由于博弈形式表述并未引入个人偏好，显然它们不可能与基于偏好的帕累托原则相冲突。这里所需检验的是它与合理的行为假设相结合时博弈形式权利的效应。我们不可以将权利重新定义，使得这一冲突无法在批判性对话中凸显，从而免去对帕累托原则或福利主义的批判。[51]

博弈论的形式结构中的权利只蕴涵策略选择的自由；就其本身而言，在缺乏某些行为假设的情况下，它们并未导致任何结果（不论与帕累托最优冲突是否相适应）。两者完全处在不同的领域，只有带有某些行为假设，两者才能联结起来。帕累托原则规定了结果必须是什么，而博弈形式权利——在它们的形式结构中——并未提出任何结果（或偏好）是什么的要求。打个比方来说，你可以自由地使用公司的轿车，这种自由本身与公司轿车不得使用的要求完全不冲突，因为你也许并不想使用这辆车子。只有你确实想使用这辆车子并打算行动，这时才发生冲突。只有对偏好作出了具体的规定，才有可能发生冲突，但这不能算作是你使用公司车子的权利与公司车子仍然没有被使用之间存在冲突的证明。

对帕累托原则的实质性批判根本上不受权利的重新表述的影响，这一点我们从罗伯特·诺齐克（1973，1974）最初对这个问题的讨论以及他建议重新表述权利的方式——所有后来的重新表述都源于此——中就可以看出。诺齐克的建议是对帕累托自由的不可能性这一结论的回应（参见 Nozick，1974，pp. 164 - 166），但他的目标并不是为帕累托原则辩护。通过对任何结果的"模式化"（或社会排序），帕累托原则和"最低限度的自由"都不再对社会选择具有影响（至少在个人已经行使了他们的基本权利之后）。因此，诺齐克的重新表述并未考虑最低限度的自由与帕累托原则之间的不一致，他也没有坚持（或者不得不坚持）帕累托原则的可接受性。由于帕累托原则是另一种社会结果的"模式化"，诺齐克曾反对所有这类模式化，这一点是非常明确的。[52]

因此，博弈形式权利与帕累托原则的形式一致性本身并不重要。这一不可能性结论的目标是提醒人们注意尊重自由与坚持帕累托原则（其推论是，坚持一般的福利主义）之间可能存在的冲突，就此而言，实质性问题仍然有待进一步分析，这已远远超越了非模式化的博弈形式权利与模式化的帕累托原则之间无冲突的情况。

在权利的博弈形式表述中，有待检验的问题是在可行的偏好以及适当的博弈形式下，能否做到不违背帕累托原则。[53]从"帕累托自由的不可能性"（参见 Sen，1970a，1970b）的动机来看，这才是关键问题，因为真正利害攸关的是福利主义（其中帕累托原则只是一个弱结论）与有效自由的评价之间的紧张关系。不难看出，在可行的偏好下，这类冲突能够——而且也确实——发生。[54]在此我将不再继续讨论这个问题，但仍然要指出，相关偏好一般都是那种"好干涉的"一类，有关"自由悖论"的文献对此给予了深入的探讨。[55]

在此，我还将对一个并不相干的论点作一简要评论，这一观点认为，如果容许人们缔结契约，那将会消除自由悖论。[56] 在那个过多讨论的《查泰莱夫人的情人》这一事例〔当代社会对英国审判企鹅出版社的案例的兴趣促使我在最初的表述（1970a，1970b）中选择这一事例〕中，正经者可以缔结契约，假如淫荡者不读该书，正经者将会阅读该书，有人认为，这一契约会使两者都处于帕累托最优状态。

当然，在一个非帕累托最优的情形下，一个帕累托改进契约在逻辑上总是可能的。这是应当予以承认的，因为这只是说该情形是非帕累托最优的另一种说法。问题在于这种帕累托改进契约的出现与可行性。指望这种帕累托改进契约能够出现并且是可行的，这就好像相信任何一种污染问题都可以通过一种污染者与被污染者之间自由缔结的帕累托改进契约而得到解决。我们知道，在环境问题上这种契约往往并未出现（相关问题参见 Papandreou，1994），不难看出，在自由悖论的情况下（包括正经者与淫荡者以及其他类似的冲突情景），这类博弈互动为什么无法实际导致这种契约出现。[57]

更重要的是，我们还应考虑能够确保这类契约得以执行的社会类型（比如说，确保正经者实际读了这本书，而不仅仅是假装在读，并且在其他人读该书的时候淫荡者没有读这本书）。事实上，正如我在其他地方（Sen，1982a，1992b）指出的，试图执行这类契约对于一个重视自由的社会来说具有非常恐怖的结果（一个警察强迫正经者读该书，而淫荡者即使在其卧室或者浴室也不得对它瞄上一眼）。那些认为执行这类契约是自由悖论的"解"的人必定对什么是自由社会具有一个特殊的看法。而在缺乏这类执行措施的时候，这种协议——即使双方已经缔约——并不是激励相容的。[58]

我们还必须追问——并且这是一个先决条件的问题——正经者和淫荡者是否有理由将选择这样一个契约置于首要位置（即使他们希望这一相应的"顶点结果"）。虽然某些评论者（比如 Blau，1975；Breyer，1975；Farrell，1976；Suzumura，1978；Hammond，1982）指出（完全符合我的判断）自由社会与拥有"好干涉的"偏好（并希望尊重这一偏好且据此行事）存在着基本的冲突。那些寻求"通过合谋来求解"的人假定，双方当事人对根据这类"好干涉的"偏好来行动并无任何怀疑。其结论就是：（1）正经者为了诱使淫荡者放弃阅读其喜欢的书而同意读一本他讨厌的书；（2）淫荡者为了诱使不情愿的正经者读它而同意放弃读一本他本来极其喜欢的书。（这是对自由生活方式的何等伟大的辩护！）

相反，如果人们对他们自己的事务赋予一定的重要性的话，那这种古怪的契约根本就不会被建议或接受。读个人所喜欢的书也让他人读他们所喜欢的书，这一自由价值观的影响比订立这种惹眼的契约这一表面的诱惑的影响要长久。这种约束与自由悖论所据以建立的对"顶点结果"的偏好之间并不存在任何紧张关系。一位自由主义的淫荡者也许希望正经者读该书（顶点结果），但仍然希望这一结果出自正经者本人的选择（所偏好的综合结果），正如一位自由主义的正经者也许希望淫荡者自己选择不读该书（所偏好的综合结果），但不希望选择一种契约，通过强迫性契约来达致相同的顶点结果。[59]

奇怪的是，这个问题有时与权利的"可让渡性"相混淆（参见Barry，1986）。不去行使某种权利的决定很难用"让渡"来加以描述。如果可让渡性指放弃使用某种具体权利的权利，那么对人们有

权就不使用某种权利缔结契约也不存在大的疑问。一般而言，人们
订立这类契约无须他人的（或"社会的"）许可。[60]某些人把它视
为可以证明缔结这样的契约是唯一取得——并维持——帕累托最优
结果的途径的充分理由。但这又引起了一个更大的问题，讨论这个
不可能性结论的动机本来就是质疑和评价顶点结果的帕累托最优的
社会价值。[61]

　　一般而言，如果该人可以自由地拥有或不拥有这样一个契约，
帕累托自由的困境就仍然存在。帕累托自由冲突在个人行为的困境
中再次出现，顶点结果与综合结果之间的区别对这个问题相当重
要。当然，在给定规定的偏好排序的情况下，淫荡者自愿读他喜欢
的书而正经者自愿不读他讨厌的书，这对个人而言是一个稳定的结
果，它帕累托次优于另一种可行的但激励不相容的结果，其中每个
人都自愿做相反的事情（正经者读他讨厌的书而淫荡者回避他喜欢
的书）。但这并未给使用可执行契约来达致同一顶点结果提供充分
的理由，因为这将会导致一个完全不同的综合结果（其中包括执行
契约行为并监督私人生活）。过程相当重要，通过监督契约和强迫
服从来控制私人生活并不等于通过自愿选择而取得的同一顶点
结果。

12. 结束语

　　这三篇文章的目标是探讨不可避免地具有多种含义的自由这一
概念。机会方面和过程方面本身都相当重要。应当把它们视为不同
的但又彼此相关的概念。我已经审查了这两个概念以及它们的相关
性与含义。

　　由肯尼思·阿罗所开创的社会选择方法在这些方面的研究中大

有可为。一些自由问题不可避免地具有"社会选择"特征，即使那些很容易通过其他方法加以分析的问题，我们也可以用当代社会选择理论所提出的方法来加以说明。将过程与顶点结果一道视为事态描述（即综合结果）的组成部分极大地扩展了选择分析的范围。[62]我们还说明了反事实选择的相关性对于理解自由内容来说极其重要。

探讨自由的机会方面和过程方面有着不同的研究路径。我分析评述了关于每个领域中的主要问题的现存文献和具体探讨方式。自由这一主题极其重要，它也相当古老。我所做的是说明了现代社会选择理论对这个经典主题能够作出相当大的贡献。

第 20～22 章的参考文献见第 22 章文末。

注释

[1] 第 4 章"最大化与选择行动"所指出的"顶点结果"与"综合结果"的区别在这里尤其重要。

[2] 在我的关于福利、主体和自由的杜威讲座（Sen，1985b，有关讲稿收录在本书的姊妹篇《自由与正义》中）中，我进一步作出区分，包括个人追求他本人的福利的自由（"福利自由"）与促进超越他个人福利的目标的自由（"主体自由"）之间的区别。

[3] 关于这个问题参见 James Buchanan（1954a，1954b）和 Arrow（1963）。

[4] 关于这个问题参见 Sen（1987a，1995a，1997a）。另一本书《自由与正义》对此以及非人格化和正义的相关问题论述尤详。

[5] 参见本书第 13 章"最低限度的自由"和第 14 章"权利：表述与结论"。

[6] 参见法雷尔（1976）对个人选择和社会干预领域所作的区分。

[7] 关于这个问题，参见 Sen（1983a，1992b）。相关问题可参见 Suzumura

（1996，pp. 33 - 35）。铃村还注意到，"帕累托自由的不可能性"意味着对"一般层面上的福利经济学和具体的社会选择理论的福利主义基础的根本批判"（p. 20）。

[8] 尤其可参见 Sen（1982b，2000）；这两篇文章都收录在本书。还可参见 Sen（1985e），"Rights as Goals"。

[9] 比如说，英迪拉·甘地在 20 世纪 70 年代宣称，印度政府可以在"紧急状态"下对基本政治权利实现压制。这一事件被广泛视为不可接受的事件，并直接导致其选举失败。我们显然不能认为，当发生对政治权利的侵犯时（"太糟糕了"），由于这个理由，印度的事态不至于变得更坏。

[10] 关于这些问题，参见 Sen（1982b，1990a，1996b），重印于姊妹篇《自由与正义》。还可参见本书第 15 章（"位置客观性"）。

[11] 换一种说法，它表明排序在优先性上并不是词典式序列。

[12] 关于被胜过因素的持续重要性，尤其可参见 Bernard Williams（1973，1985）。

[13] 可以肯定的是，在权衡问题与综合指数问题之间存在着分析上——而且是数学上——的关联。可以证明（参见 Debreu，1959），一个在单位平方上的词典式排序——不带有任何权衡——无法用数字（或"实值"）表示。这一结论虽然在分析上具有意义，但在实数空间（用实数填充得很好）上仍然是非常特殊的。困难在于，实数不足以完全表达无法用数字计算的实数之间的"区间"，每个区间上的不同元素还必须进一步作出排序，且需要完全不同的实数。道德和政治哲学中出现的那些问题通常并不具有这种替代性表述的价值。更进一步讲，我们应记取，虽然在一个多维实数空间上的词典式排序无法用实数表示，但即便排序并非词典式排序且可以容许权衡，我们也没有义务非得要寻求数学的表达。我们还应记取的是，由于排序通常都带有权衡，当排序是不完备的（比如，严格局部排序），用数字表示也会有许多额外的困难。要克服这些困难，只能削减数字表达式的信息内容（关于这个问题可参见 Majumdar and Sen，1976）。

［14］还可参见第 1 章"引言：理性与自由"、第 2 章"社会选择的可能性"和第 4 章"最大化与选择行动"。

［15］这方面的权威著作是 Nozick（1974）。

［16］关于这个问题可参见 Sen（1985a，2000），以及第 4 章"最大化与选择行动"。

［17］当然，在分析上仍然有可能在这种两分的框架中取得刻意的"沟通"，我们可以用一种类似于"拉格朗日乘数"的手段将约束值纳入一个扩展和重新定义的目标函数中。但是，我并不指望真正意义上的自由至上主义者会喜欢这种数学上的可能性，我将不再讨论这个问题。

［18］接下来的讨论曾收录在我的一篇论文里：《福利经济学与两种权利观》（吸取了 1991 年阿罗讲座的内容），该文提交给了 1994 年 4 月 6—9 日在西班牙瓦伦西亚召开的欧洲公共选择学会的年会。

［19］某些技术和实质问题的讨论可参见 Sen（1982b，1985a，1985e，1996b，2000）；还可参见姊妹篇《自由与正义》。

［20］这里吸取功利主义的部分是"结果敏感性"，但仍然存在规范评价是否只在乎结果这个问题，我将不再进一步讨论这个问题，森（1982a，1984，1985a，1987a，2000）曾讨论了这个问题；还可参见姊妹篇《自由与正义》。

［21］我还要指出的是，一些现代形式的功利主义试图作出重要努力来重新概括功利主义方法，从而可以在效用计算中考虑到自觉评价的作用，尤其可参见 Hare（1981），Griffin（1986）。

［22］我曾在 Sen（1970a，1982a，1982b，1985a，1985e，1987a，2000）中提出并发展了这种观念，还可参见姊妹篇《自由与正义》。

［23］参见 Rawls（1982），其中论述了以两种方式考虑自由的重要性。

［24］尤其可参见 Rawls（1987，1993）。

［25］关于这个问题可参见 Sen（1970a，1970b，1982b，1976c，1982b）（原文如此，疑误。——译者注）；还可参见本书第 12 章"自由与社会选择"、第 13 章"最低限度的自由"和第 14 章"权利：表述与结论"以及各自所引用

的广泛文献。

[26] 关于这个问题可参见 Sen（1977d，1981）。还可参见 Drèze and Sen（1989，1990）。

[27] 还可参见诺齐克（1974）对"洛克但书"的论述（pp. 178‐182）。

[28] 还可参见 Buchanan and Tullock（1962）。

[29] 萨格登（1993）如此解释这种观点，"社会被视作是个人为了他们的相互利益结成的合作体系"，并且"政府的主要作用不是最大化社会善，而是维持一种规则框架，其中个人可以自由地追求他们本人的目的"（p. 1948）。

[30] 关于这一点参见第 17 章"市场与自由"以及 Sen（1994b）。相关问题可参见 Bruno Frey（1978），其中对布坎南的观点作了同情性批评。

[31] 还可参见 Brennan and Lomasky（1985）。

[32] 参见 Sen（1987a）。不同社会中的行为传统存在着种种差别，比如：瑞士的商人和官员通常并不像意大利人那样备受腐败困扰（有时甚至还与黑手党有关）；日本的产业道德传统也与许多欧洲国家迥然有异；如此等等。行为复杂性也可能源于制度道德信条之外的因素，包括对下面这些因素的批判性评价：（1）我们的实际偏好和价值观。当我们反思选择时，我们用它们来衡量我们以及他人的自由。（2）缔结某些契约的诱惑。这些契约的形式以约束他人在其"私人领域"中的选择换得对自己"私人"领域的选择的约束。后者对于帕累托自由而言极其重要（参见 Sen，1970a，1970b，1992b）；其中最后一篇收录在本书第 13 章。我在此简短加一句，这个问题与巴里（1986）对为什么公认契约（putative contracts）无法执行的解释（因为某些外在施加的约束，我认为它并未真正说明问题）毫无关系。还可参见本书第 13～14 章。

[33] 事实上，当一种理论致力于——用萨格登的话来说——维持"一种规则框架，其中个人可以自由地追求他们本人的目的"（p. 1948）时，它必然对替代性规则框架在允许和促进这类追求行为的结果上具有敏感性。

[34] 参见 Buchanan（1954a，1954b）。我曾在 Sen（1995a）中讨论过这个一般性问题。

〔35〕关于这个问题可参见 Sugden（1981，1985），Gaertner，Pattanaik and Suzumura（1992），Pattanaik and Suzumura（1994a），Deb，Pattanaik and Razzolini（1994）。

〔36〕帕特奈克（1996a）更充分地指出了这一事实，"个人权利的博弈表述完全不涉及个人在社会备选状态上的偏好；它也不涉及任何博弈的实际结果"（p. 42）。还可参见 Gaertner，Pattanaik and Suzumura（1992）。

〔37〕参见 Gardenfors（1981），Sugden（1981，1985），Gaertner，Pattanaik and Suzumura（1992）。

〔38〕森（1997a）对"顶点结果"与"综合结果"的区别与这一问题直接相关。关于这一区别的实质含义，可参见 Sen（1982b）。

〔39〕参见加顿弗斯（1981）在其他方面论述极其深刻的——开创性的——论文。

〔40〕弗勒拜尔和吉尔特纳（1996）精辟地探讨了"消极权利"与"结果导向"（而不是"策略导向"）的权利之间的对应关系。关于对这个一般对应关系的修正，可参见 Sen（1996c，pp. 157-158）。

〔41〕关于结果主义在穆勒的伦理体系中的地位，可参见 Jonathan Riley（1988）。

〔42〕关于权利分析的不同层次上的结果的相关性，可参见第 13 章"最低限度的自由"和第 14 章"权利：表述与结论"；还可参见 Hammond（1982a），Sen（1982b），Pattanaik and Suzumura（1994，1996），van Hees（1994，1995，1996），Suzumura（1996，1999）。

〔43〕参见第 13 章。森（1982b）讨论了采用结合过程和结果分析的方法的必要性。最近，Pattanaik and Suzumura（1994，1996），van Hees（1994，1996），Suzumura（1996，1999）这些文献进一步澄清了结合社会选择分析与博弈形式分析的必要性。这个问题的关键之处在于铃村（1996）的基本观点，即权利的**形式结构**不同于博弈形式权利的**实现**，也不同于博弈形式权利的**初始赋予**。

[44] 关于"有效函数"及其对于权利表述的意义，可参见 Moulin and Peleg（1982），Deb（1990，1994），Van Hees（1994）；相关问题可参见 Dutta and Pattanaik（1978），Moulin（1983，1988），Peleg（1984），Pattanaik and Suzumura（1996），Suzumura（1996）。

[45] "有效自由"的讨论可参见 Sen（1985a，1985b）。还可参见本书的姊妹篇《自由与正义》。

[46] 坎加尔（1985）对"权利实现"这个重要问题的讨论与此相关。

[47] 参见本书第 13 章以及姊妹篇《自由与正义》，尤其是其中关于性别问题的论文；还可参见 Kynch and Sen（1983）。

[48] 相反，在森（1970a，1970b）提出的"最低限度的自由"这一社会选择的表述中，其关注点集中在结果上，包括顶点结果。需要指出的是，社会选择格式所允许的表述并不仅仅限于这一类。"最低限度的自由"这一表述从未被视为社会选择在自由上的唯一表述，它也不是一般意义上的自由或权利的充分定义（关于这个问题可参见 Sen，1976a，1983a）。"帕累托自由的不可能性"这个定理的提出有助于使我们关注重视自由与坚持福利主义（甚至是相对于最低限度的帕累托原则）之间的冲突。下一节我将再简短地探讨这个问题。关于这一冲突的极其精彩的分析，可参见 Suzumura（1996）。

[49] 我在一个宽泛的意义上使用行动导向的语言，它涵盖了行动策略的选择［弗勒拜尔和吉尔特纳（1996）称之为"策略导向的权利"］。

[50] 关于这个问题可参见 Gardenfors（1981），Sugden（1985）。相关问题还可参见 Deb（1994），Pattanaik（1996）。

[51] 正如宾莫尔在评论所谓的这个不可能性结论的"解"时指出的："我们……不可以仅仅采用博弈论语言而逃避森悖论"（Binmore，1996，p. 73）。

[52] 诺齐克并未否认，诺齐克式权利的实践很容易导致与帕累托原则之间的冲突这一事实。他的兴趣不在这里，而是用不可能性结论来支持其非结果主义的权利表述。帕累托原则或福利主义的辩护并不属于他的计划之内。关于这个问题可参见 Nozick（1974），Sen（1976a）。

[53] 关于这个问题可参见 Deb（1994），Pattanaik（1996），Suzumura（1996）。

[54] 这一可能的冲突与另一种有待选择的必要性之间存在关联，即在下面两个问题上的决策：（1）在不同博弈形式权利的表述中作出选择；（2）博弈形式权利的实现这一实质性问题。关于这个问题可参见 Suzumura（1996），他证明"森的自由悖论不仅发生在博弈形式权利的实现过程中，而且也发生在博弈形式权利的初始赋权过程中"。在最初的表述（Sen，1970a，1970b）中，"自由悖论"主要用来对福利主义进行批判（包括对普遍接受帕累托原则的质疑），因此，铃村认为这个问题的分析结论尤其重要，他指出（本文作者对此不无欣慰），"森对福利主义的批判的重要意义丝毫未减，即使我们用所谓更合理的博弈形式表述来取代他对自由权利的表述"（Suzumura，1996，pp. 34 - 35）。

[55] 参见 Sen（1970a，1976b，1983a，1992b），Blau（1975），Seidl（1975），Campbell（1976），Farrell（1976），Kelly（1976），Breyer（1977），等等。

[56] 关于这个问题可参见 Barry（1986），Hardin（1988）。还可参见 Seabright（1989），其中对这个问题也做了分析。这个主张与用博弈形式重新表述权利的要求存在一定的联系（参见 Gardenfors，1981；Sugden，1985）。但正如前面的讨论已指出的那样，博弈形式表述无助于解决这个问题；还可参见 Suzumura（1996）。

[57] 关于这类契约所蕴涵的激励相容问题，可参见 Suzumura（1980），Breyer and Gardner（1980），Basu（1984）。相关问题还可参见 Barnes（1980），Bernholz（1980），Gardner（1980），Schwartz（1981，1985），Suzumura（1983，1996），Breyer（1990），Deb（1994），van Hees（1994），Pattanaik（1996）。

[58] 关于合谋解中的策略冲突，可参见 Breyer and Gardner（1980），Breyer and Gigliotti（1980），Basu（1984），Breyer（1990）。

［59］关于这个问题可参见 Sen（1982b，1992b）。

［60］还可参见 Basu（1984），其中论述了为什么放弃行使这些自由权利并未解决这个问题。

［61］关于这个问题可参见 Sen（1970a，pp. 83 - 85，196 - 200）。还可参见 Hammond（1981，1982），Suzumura（1983），Coughlin（1986）。相关问题可参见 Rawls（1971，1982），Nozick（1974），Dworkin（1978），Scanlon（1975，1988），Parfit（1984），Hurley（1989）。

［62］森（1985a，1992b，1997a，2000）进一步对这个问题进行了分析。

第 22 章
自由与机会评价[*]

1. 基本术语与基本关系

第一篇阿罗讲座文稿（第 20 章）区分了自由的"机会方面"与"过程方面"。本文主要是分析机会方面的某些形式特征。这些问题在非形式层面上与第 20 章相同，这里的探讨只是以一种更为形式化的方式补充了非形式化的分析。虽然这里具体讨论的对象是机会方面，但对于与机会评价具有密切关联的过程方面也给予了相当程度的关注。[1]

令存在一个有限选项集合 X（包括 x、y 等备选方案），选择者必须从 X 的一个非空子集中作出选择。[2]事实上，在每一次选择中，他的"菜单"都限于 X 的某个子集 S，他必须从 S 中作出选择。当然，在某些情况下，S 可以是 X 的全部。它也可能是一个像 $\{x\}$ 之类的单位集合，这样，该人事实上并没有选择的机会。在这两者之间，存在着不同的选项范围。大写字母如 S、T、A、B 和 C 指 X 的子集（指作为个人从中作出选择的"菜单"或"选项集

　　* 本文最初是 1991 年在斯坦福大学所作的阿罗讲座的技术性附录，其中部分分析和结论收录在我于 1991 年发表在《计量经济学杂志》（*Journal of Econometrics*）上的论文（"Welfare, Preference, and Freedom"；Sen, 1991）中。这里补充了更深入的讨论以及在这个相当活跃的领域中 20 世纪 90 年代以来的相关文献。虽然阿罗讲座在演讲时将形式材料与非形式的表述混在一块，但是，这里所发表的讲座文本（第 20 和 21 章）几乎全部是非形式的。本文收录了讲座中相对形式的材料。

合"），而 R、P 和 I 则用于表示集合 X 中的元素上的二元关系，其中 R 表示弱偏好（"优于或无差异"），P 表示严格偏好（"优于"），I 则表示无差异关系（"无差异"）。X 中的选项或元素则用小写字母如 x、y、z 等表示。标以星号的关系术语 R^*、P^*、I^* 将表示子集上的二元关系，分别指弱偏好、严格偏好（非对称）和无差异（对称）关系。

该人在 X 中的备选方案上也许只有一种偏好排序。令 R_j 为该人拥有的弱偏好关系；xR_jy 解释为：该人认为，x 至少与 y 一样好（优于或无差异）。R_j 的非对称因素是 P_j，它表示严格偏好关系；xP_jy 被解释为 x 被认为优于（或严格偏好于）y。R_j 的对称因素是 I_j，它表示无差异关系。当 R_j 是一种排序，或者（不那么严格地）是半序（传递的且是反身的，但不必然是完备的时），P_j 和 I_j 将是传递的（但不必然是完备的）。

在此我重复一下在上两章（尤其是第 20 章）已经明确讨论过的问题，即"偏好"在这里是指它的广义含义（我将它视为一般社会选择理论中的一部分）。[3]之所以再次复述这一观点，并不是因为难于理解，而是因为它极其重要，并且在讨论——或批评——以偏好为基础的推理时往往会忽视这一点。事实上，在社会选择理论（和相关学科）中，"偏好"这一观念往往用作一个非常一般的关系，它可以用于不同的具体解释。各种解释，从心理学意义上的"认为 x 优于 y"到审查后的判断"看重 x 更甚于 y"，都可以根据具体的语境以及适当的规定而加以采纳。这些二元关系可能一致，也可能不一致，当不一致时，尤其有必要澄清"偏好"在此用的是什么意思（对这个问题，第 20 章论之尤详）。但是，对于许多形式上的属性和结论，分析适用于每一种解释，因此用这个一般的术语在运算上很"经济"。这对于本文中的许多分析关系都可以成立。

机会集合（或菜单）如 S、T、A、B 的排序是一种在集合 X 中的子集上的弱二元关系 R^*。我们把 SR^*T 读作 S 提供了至少和 T 一样多的机会。非对称因素和对称因素 P^* 和 I^* 分别表示"提供了更多的机会"和"提供了恰恰一样多的机会"。我们可以认为 R^*、P^* 和 I^* 是传递的，但并不必然是完备的（理由见第 20 章的论述）。[4]

但是，关系 R^* 可能具有不同的概括。当我们只关注个人所拥有的机会时，给定他的实际偏好（至于在未来某个时点上他的实际偏好会是什么还存在不确定性），我们将称它为"机会关系"R^*。我还将关注个人具有（甚至自己决定具有）不同的偏好排序时他所具有的机会。这种在不同的偏好排序上的选择也是偏好的结构成分，我们在"元排序"的分析中已经指出了这一点（参见 Sen，1974b，1977c）。它们对于评价自由来说极其重要，个人不仅可以选择他所希望的选项（或备选状态），而且也可以选择他有理由去考虑（或寻求）的偏好。[5]我将根据潜在偏好集合（包括实际偏好）把菜单排序的二元关系称为元机会排序（meta-opportunity ranking）$\underline{R}^*$，而 $\underline{P}^*$ 和 $\underline{I}^*$ 分别表示元机会排序的不对称和对称因素。元机会排序超越了狭隘的自由机会观（尤其是个人在给定其实际偏好之后的机会），正如第 20 章所指出的，它们对于个人自由中的自主评价也极其重要。这里的"选项评价"比给定偏好之后的实际机会的计算要更具包容性。

2. 单纯计算的简化事例

作为一个出发点，也是比较点，我们首先讨论一个不考虑某些具有相当深度和复杂性的事例。尤其是通过这个简化的事例，我们不妨假设有关该人偏好的各种条件如下：

（1）顶点关注：该人只关心顶点结果，并不关心包括选择行动在内的综合结果，而 R_j 则定义在不包括选择过程的顶点结果的空间。

（2）完备排序：R_j 是一个完备偏好排序。

（3）反事实偏好的无关性：该人并不存在考虑除实际偏好 R_j 之外的任何其他偏好排序的重要理由。

（4）不存在偏好不确定性：该人确定知道 R_j。

给定这些假设之后，不难看出，这种"机会方面"并未超越该人有能力得到他最偏好且实际上能够选择的具体方案。从某种意义上可以说，这是机会计算的最简单的情形。

令菜单 S 包含几种备选方案，其中最偏好的元素是 x，他从 S 中选择 x。给定这些假设（包括"顶点关注""完备排序""反事实偏好的无关性"和"不存在偏好不确定性"）之后，我们可以合理地认为，他所面临的机会并未实际减少，如果他所面对的菜单从整个 S 削减至 S 中包含 x 的任意子集——甚至只剩下单位集合 $\{x\}$。

给定"顶点关注"，该人对选择行动毫不在意——他只关心他最终所取得的结果。几乎没有进行"选项评价"：S 中所有其他选项全都劣于 x，而且由于考虑其他偏好的重要理由，甚至从单位集合 $\{x\}$ 中也能得到 x。这对应于森（1985b）所讨论的"元素评价"这个简单事例，其中菜单的机会值可以通过其中最好的元素来作出判断（根据假设，这里最好的元素就是被选择的元素）。

根据这种纯粹机会的简单观点，我们可以在这里要求，对所有菜单 S 和 T：

元素评价（elementary evaluation，EE）：SR^*T 成立，当且仅当对 S 中的某个 x，对 T 中的所有 y，xR_jy 成立。

（T.2.1）给定有限集合 X 上唯一的偏好排序 R_j，元素评价（EE）可以得出对 X 的非空子集的完备排序。

如果放宽上面四个假设，那些除选择结果 x 之外的其他选项也可能实质上变得相当重要，但要通过不同的方式。下面我将逐一放宽假设来检验其结果，首先我们来看"顶点关注"。

3. 选择行动评价

选择行动对必须决定去选择的人来说可能非常重要，他完全可以合理地超越顶点结果，而更宽泛地将选择行动定义为结果的组成部分。[6]选择行动的相关性并不限于个人所拥有的自由或机会，但在这里我只关注选择行动的重要性与机会计算的关系。[7]

当选择行动评价被引入并被视为一个影响个人偏好的因素时，我们很容易区分两个菜单 S 和 $\{x\}$ 所提供的机会之间的区别。该人从 S 中选择 x 确实是具有实质性的选择，但在 $\{x\}$ 上则处于没有选择的情况中。事实上，如果该人重视选择行动，那么 S 而不是 $\{x\}$ 更能实现其与偏好相关的自由方面。[8]为概括"综合结果"，"顶点结果"的信息内容就必须加以扩展从而考虑到行动的选择过程。

我们可以把包括选择行动的选项描述形式化，把结果视为 x/S（从菜单 S 中选择 x）。在森（1985b）中，它被称为"提纯后的"结果（即从 S 中选择"未加工的"结果 x）。提纯结果 x/S 显然不同于提纯结果 $x/\{x\}$。比如说，绝食是当个人可以吃时但并不吃的行为，而自愿绝食与另一个"提纯的机能"（没有任何选择的绝食）

包含着同一个"未加工的"或"未提纯的"机能（即饥饿）。[9]偏好排序将根据选择行动的具体方式进行评价，这将视其他有关选择行动的信息对顶点结果的排序而有所变化。

　　我们还应注意，这里的关注点是个人本人对选择行动的评价以及他有理由重视选择行动并拒绝某些特殊的备选方案这一事实。虽然这对于理解个人自我机会评价来说相当重要，但它自然并未涵盖所有与自由的"过程方面"相关的内容。即使选择行动评价并未被纳入个人的偏好模式之中，社会传统也许仍然对个人自己的选择相当重视（即使结果是一样的），不管他本人是否重视。[10]正如前面那篇文章（第 21 章）的专门讨论所指出的，自由的过程方面并不限于体现在个人从选择行动所获得的"利益"（给定他的偏好模式和选项）上，而这也可以适用于选择行动评价。

　　在下面一节里，我将从检验选择行动评价转向其他问题，包括引入偏好的不完备性和不确定性以及反事实偏好的相关性问题。当然，这些附加特征的因素也可以与前面已经讨论过的选择行动评价合在一起考虑。一种特征的相关性并不蕴涵着另一种特征的无关性。

4. 偏好不完备性与元素评价

　　如果该人的偏好排序 R_j 是不完备的，那么被选择项的意义就会发生实质性的削减。通过最大化选择，被选择项 x 是根据 R_j 得出的一个最大化元素，但这并不意味着 x 至少与任何其他可选的备选方案一样好——而仅仅保证它并不比任何其他可选的备选方案更差。试考虑集合 S（从中实际选择 x）中的一个子集 T，其中 T 也包含 x。如果 x 作为一个"最大化"元素而不是"最好的"元素从 S 中被选出，那么我们无法保证 T 将给予该人至少与 S 给予的一样多的机会，因为我们不能认为，T 中的备选方案至少和删略的（$S-T$）中所有备选方案一样好。

个人的偏好排序之所以是不完备的，存在多种原因（参见Sen，1970a，1982a，1987a，以及第 20 章的讨论）。当结果由各种不同的组成成分构成时，对它们的相对评价有时就会遇到难以抉择的问题，并且不易解决。不管怎么说，不完备性并不一定是病态的。

我们可以区分两类不同的不完备性：断定性的不完备性与试探性的不完备性。[11] 在前一情况下，不完备性只是评价的最终结果的一部分，这种不完备性是有理由的。存在着偏好不完备性的实质领域并不意味着判断实践（judgmental exercise）没有结束而因此有待"扩展"与"充实"：在某些情况下，并不存在确定各种因素的相对权重的良好办法。除了断定性的不完备性之外，还有一种试探性的不完备性，其中我们可以引入更多的信息或者更审慎的反思，从而将这种不完备性加以扩展或充实。当需要决策的时候，我们也许还未完成这些扩展与充实，但是仍然不得不作出决策。

与选择"最好的"（或"最优的"）元素不同，选择"最大化"元素的逻辑（不比任何备选方案差）蕴涵着对标准的公理选择理论的某些熟知条件的违背，这些条件通常依赖于——隐含地——完备性的假设。[12] 更直接地说，在这里，不完备性使得我们无法通过被选择的元素来判断一个菜单所提供的机会（因为所选元素只是"最大化的"而不必然是"最优的"）。

无论如何，如果不完备性是我们在机会评价中所遇到的唯一问题的话，我们仍然能够部分采用元素评价的方法。它通常并不能导致一个完备排序，但它会产生一个有用的局部排序，根据给定的假设，这已经相当不错了。我们可以通过某些补充标准对局部排序加以扩展。下面就是一个相当可行的"元素优先性"（elementary superiority）条件，它认为，当我们可以充分地证明 S 中的某个选项至少与 T 中的每一个选项一样好时，S 具有同样多的元素价值。

元素选项优先性（elementary option superiority，EOS）：如果 S 中包含某个 x，使得对 T 中的所有 y，xR_jy 成立，那么 SR^*T 成立。

另一个评价元素优先性的条件不那么严格但仍然具有一定合理性，它并不是把证明优先性的工作全都放在 S 中的某一个选项上，而是要求对于 T 中的每一个元素，S 中都存在一个（弱）更优的选项。根据这种观点，只要 S 中的某一个或其他元素都能与 T 中的每一个元素相匹配，或者甚至更好，就足以确保 S 提供至少与 T 能提供的一样多的机会。

元素对应优先性（elementary correspondence superiority，ECS）：如果从 T 到 S 存在一种函数对应关系 $k(.)$，使得对 T 中的所有 y，$k(y)R_jy$ 成立，那么 SR^*T 成立。

注意，这里并未要求 $k(.)$ 必然是一一对应关系，因为它对各自集合的基数性（后面将检验这个问题）并未有特殊的要求。还要注意的是，元素对应优先性要比元素选项优先性更为严格，它事实上蕴涵了后者。当偏好半序 R_j 是完备的，两者是一致的。

（T. 4. 1）ECS 蕴涵 EOS，并且，如果偏好半序 R_j 是完备的，ECS 与 EOS 相等。

证明：很显然，无论偏好半序 R_j 是否完备，EOS 的前提都可以导出 ECS 的前提，因为我们很容易设计一种对应关系，使得 $k(y)=$

x，这个 x 与 EOS 命题中的 x 相等。如此，我们可以用 ECS 推导出 EOS 的结论。但反过来则要求 R_j 的完备性，因为一个有限集合上的完备排序可以得出最优的备选方案（并不必然是唯一的）。如果 y^* 是 T 中最优的备选方案，那么满足 ECS 的前提条件〔即 $x^* = k(y^*)$ 且 $x^* R_j y^*$〕的相对应的 x^* 也必然满足 EOS 的前提条件。

ECS 显然比 EOS 具有更广的范围。事实上，EOS 并不能保证元素集合比较必然是反身的。

（T.4.2）对于一个不完备排序，EOS 并不保证 R^* 的反身性，但 ECS 可以保证这一点。

证明：一个不完备排序的 S 可能并不包含一个元素 x，使得对 S 中的每一个 y，$xR_j y$ 成立。比如，以 $\{x, y\}$ 作为集合 S，并且 x 与 y 并未排序。我们无法根据 EOS 证明 $SR^* S$，因为 S 中并不存在一个与另一个同样好的备选方案。但是，根据 ECS，从 S 到 S 的恒等对应性 $x = k(x)$ 使得 $SR^* S$ 成立。

虽然 EOS 的范围更有限，但它也有实践上的优势，我们可以使用一种代数，从 S 中选择一个特殊的元素使得它与 T 中能够选择出来的任意一个元素至少一样好，从而得出 S 提供了至少与 T 能提供的一样多的机会。事实上，当根据 EOS，$SR^* T$ 成立时，我们根据元素比较，可以从 S 中选择一个元素，并确保被选方案与任何 T 提供的方案一样好。一般而言，根据 ECS，$SR^* T$ 成立时，我们做不到这一点。从这个意义上说，EOS 所蕴涵的机会观念要比 ECS 更具有实际应用价值，因此在本文中我将主要讨论 EOS（虽然 ECS 也曾稍稍涉及）。

最后，还需要强调的是，虽然 EOS 通常并不如 ECS 表述明确，但 EOS 并不必然需要 R_j 的完备性。即使 S 是不完备排序的，但 S

中仍有可能包含一个 x 使得对 T 中的每一个 y，xR_jy 成立。在这种情况下，该人可以直接从 S 中选择那一个 x，并确保它与 T 中所能作出的任意选择至少一样好。正如前面指出的，ECS 并不能保证这种情况。

5. 多元偏好与元排序

我们现在来看一个更基本的问题：为什么会出现不完备性？出现不完备性的一个特殊理由就是多元偏好的存在，个人无法在其中作出决定。排序集合的交集是一个不完备的半序，并且任何半序都可以潜在地扩展为一个完备排序（参见 Arrow，1951a）。因此，不完备性与多元偏好存在着紧密的联系（参见 Sen，1973a，1985b）。

个人也许有理由考虑一种他并未实际上拥有的偏好排序，有时甚至还可以考虑倾向于一种他目前并不具备的偏好排序。"元排序"（对于偏好排序的偏好）这一观念与个人审查他本人偏好上的自主性之间存在着密切的联系（关于这个问题可参见 Sen，1974b，1977c）。[13]

有必要区分三种不同的情况。第一，个人的元排序可能是完备的，从而足以判断某种特殊偏好排序是"最好的"。但是该人并不能将他的偏好付诸实践（"我真希望我能够吃更多的蔬菜"，或者"我希望我不像现在这样嗜烟"）。[14] 即使他本人无法按照其元排序中的最强偏好去做，但他仍然认为有必要追问相关的选项菜单是否符合某种更好的偏好排序（或者各种更好的排序），而不是指导他实际选择的偏好排序。

第二，反事实偏好 R'_j 对于个人对选项的评价来说具有相关性，这种偏好排序 R'_j 并不必然在元排序上优于他的实际排序 R_j。元排序也容许无差异的存在，更有趣的是，还可以容许不完备性。[15]事实上，也许存在几种不同的偏好排序，个人并不必然认为，它们比实际的 R_j 更差，即使它们并不是全部——或者甚至没有一个——严格优于 R_j。在各种偏好之上的不完备偏好就如在备选行动（或者结果、状态）之上的不完备偏好，在这里也可以应用"最大化"与"最优"的对立关系。即使多元偏好之间没有排序，个人也并不会根据相关偏好排序选择一个比其他可选方案要差的选项，而是不得不选择根据某种偏好排序并非一定最好的选项。偏好的不完备性也可以适用这样一种判断，即最大化选择的选项 x 不可以被视作充分表达了选项菜单所提供的机会。

第三，哪怕与前面的情况不同，个人最终解决了其元排序的不完备性，并根据最高的偏好排序行事，但他仍然可能对其他的偏好排序抱有好印象，并拒绝认为在评价他的自由方面时，应当完全忽略其他的偏好。他可能反对其他人的——明示或者隐含的——看法，即如果他只有根据其最强偏好所选择的备选方案可选，他的自由或机会并不会有任何损失。是他——而不是别人——来思考和决定应采纳和使用何种偏好排序（在不同的偏好之中选择），以及应选择何种行动（在不同的备选行动之中选择）。个人在决定具体偏好问题上具有最终的权威，因此许多反事实的偏好完全可以入选他的考虑，其他人在评价他的机会时，不可以忽略这些偏好——虽然最终并未被他采纳和使用。这是个人的自主方面。

事实上，决定个人采纳什么偏好本身也是一种重要的自由和机会。在评价个人的自由与机会时，我们不仅要考虑到个人的实际偏好，而且也应注意到相关的反事实偏好（与他的自主性以及他本来可能选择另一种偏好这一事实有关），这样，机会这一概念也可以相应地扩展为"元机会"（meta-opportunity），当然，这一概念不过是机会这一基本概念在考虑反事实偏好之后以某种特殊方式所做的扩展。

6. 多元偏好与交集

多元偏好排序的相关性——无论它们彼此之间是否存在元排序——对机会和选项重要性的分析具有相当深刻的含义。多元偏好可以用不同的办法来处理。其中一种可能的办法是将根据不同偏好（或价值观函数）的"交集"所得出的局部排序视为评价个人自由的标准。

令个人将集合 $\tilde{A} = \{R_j\}$ 上的任意偏好 R_j 视为相关偏好。$\tilde{A}$ 中的偏好排序的交集将得出一个局部排序，但这里可能存在值得注意的变化。即使由 $\tilde{A}$ 中的所有弱排序 R_j 可以得出一个局部一致的"交集半序" R^0，也仍然存在其他有趣的局部排序，因此有必要确定并区分这些不同的分析路径。

交集半序（intersection quasi-ordering，IQOR）：对 X 中的所有 x 和 y，$xR^0 y$ 成立，当且仅当对 $\tilde{A}$ 中的所有 R_j，$xR_j y$ 成立。R^0 的对称因素是 I^0（无差异），$xI^0 y$ 成立，当且仅当 $xR^0 y$ 且 $yR^0 x$ 成立。

R^0 的非对称因素可以按通常的方式定义，但又不同于对应于每个 R_j 上的无差异性的 I^0，R^0 的非对称因素并不限于对应于每个 R_j 的严格偏好关系的一致性。事实上，存在某个偏好方向的弱偏好而无须其他方向具有相似的对应性就已经足够。这一标准要求，x 可以严格优于 y，只要在 R_j 的至少一个方向上 x 严格优于 y 且在每一个 R_j 上，x 弱优于（即优于或无差异于）y。

这样，在基于一组合理偏好 $\tilde{A}$ 来判断自由的问题上，就引入了一致同意的相关性作为对非对称关系的规定。我们以 P^U 来表示 R^0 的非对称因素，它可以解释为一组合理偏好 $\tilde{A}$ 上的自由关系中的"上限"（下面将给出解释）：

$xP^U y$ 成立，当且仅当 $xR^0 y$ 成立且 $yR^0 x$ 不成立。

注意 P^U 和 I^0 分别是交集半序 R^0 的非对称因素和对称因素。这种方法很大程度上取决于集合 $\tilde{A}$ 的包容性。在这种形式表述中，$\tilde{A}$ 中任意偏好排序——不管如何非同寻常——似乎都具有一种将弱机会排序转换成严格机会排序的能力。如果对 R_k 之外的所有 R_j，$xI_j y$ 成立，而对于 R_k，$xP_k y$ 成立，那么 $xP^U y$ 成立，即使 R_k 非常不可行（虽然不是完全不可能）。如此，非对称严格偏好完全取决于那个不可行的偏好排序是否纳入 $\tilde{A}$ 中。当然，由于存在 R_k 这个不同的声音，我们不可以认为，x 和 y 必然是无差异的，而应当说，仅仅根据那个非比寻常的 R_k——它也许并不是特别重要——x 就严格优于 y，这是否给予它过多的权重。集合 $\tilde{A}$ 表示潜在的相关偏好，这一规定的模糊之处也许略微减轻了 $\tilde{A}$ 中的每个元素具有潜在的极其重要并具有决定性的可能。

另一种从 $\tilde{A}$ 中导出严格偏好关系的办法是直接从各种严格偏好关系 R_j（也就是 $\tilde{A}$ 中的各种 R_j 的非对称因素）推导出交集。一般而言，这没有严格偏好关系的上限 P^U 那么广泛。因为这一交集如果存在，就不会存在争议（虽然它在许多值得表达的比较上保持沉默），我们实际上可以把它当作 $\tilde{A}$ 导出的严格偏好关系的下限：

交集严格半序：对 X 中的所有 x 和 y，$xP^L y$ 成立，当且仅当对 $\tilde{A}$ 中的所有 R_j，$xP_j y$ 成立。

由此可以直接得出下面这个结论：

(T. 6.1) $xP^L y$ 成立，则 $xP^U y$ 成立，但反过来并不成立。

这个结论是非常明显的，如果 $xP_j y$ 对 $\tilde{A}$ 中的所有 R_j 成立，那么它对 $\tilde{A}$ 中的某个 R_j 也必然成立。

当 $\tilde{A}$ 中的每一种严格偏好关系 P_j 都认为 x 优于 y 时，似乎就无可争议地可以断定根据个人可以合理拥有的偏好排序集合 $\tilde{A}$，x 确定无疑地优于 y。但是，如果仅仅只是根据这些严格偏好关系 P_j 中的某个或某些偏好关系，x 被置于 y 之上，那么将 x 置于 y 之上必然存在争议，尤其是集合 $\tilde{A}$ 只是作了相当松散的界定。

这说明了将 P^L 视为基于 $\tilde{A}$ 的严格偏好的下限的根据。当然，我们有理由超越这个下限。上限 P^U 则尽可能地扩展了"弱占优"的范围。在这两者之间，我们必须划清界限，但这取决于每一种假定的偏好排序的具体评价。

由于我已经尽可能地将自由表述中不存在争议的部分区别开来了，因此，P^L 的"可靠性"显然具有一种优势。我们可以分别根据 P_j 和 I_j 的相应集合的交集得出一组合理的严格偏好和无差异关系（关于这个问题可参见 Sen，1985a）。

交集偏好与无差异排序（intersection preference and indifference rankings，IPAIR）：合并的交集偏好和无差异排序可以用 R^L 表示，后者定义为严格局部排序 P^L 和交集无差异关系 I^0 的二元组 $\{P^L, I^0\}$，其中每一种都是传递的但（也可能是）不完备的。

在评价个人的合理偏好排序集合 $\tilde{A}$ 对于个人选择自由的含义上，我们至少可以使用两种不同的方法：

（1）在分别定义的（但同时使用的）严格偏好与无差异排序交集（IPAIR）上运算；

（2）通过交集半序（IQOR）运算，它将生成其自身的严格偏好与无差异关系。[16]

后者在机会集合的严格排序上具有更广泛的范围，因为非对称排序 P^U（对应于 IQOR）要比非对称排序 P^L（对应于 IPAIR）具有更广泛的范围。

就机会集合的弱排序问题，这两种交集方法给出了同样的表达，因为它们拥有相同的基于所有 R_j 的交集的弱排序 R^0。

机会的元素交集排序（elementary intersection ranking of opportunity，EIRO）：如果在 A 中存在一个备选方案 x，使得对 B 中所有的 y，xR^0y 成立，那么 $AR^*(\tilde{A}，I)B$ 成立。

不难看出，当我们把 R_j 视作 R^0 时，这一条件与元素选项优先性（EOS）等价。如果根据元素对应优先性（ECS），我们可以得出一个更弱的——从而也更为广泛的——EIRO 版本。

机会的对应交集排序（correspondence intersection ranking of opportunity，CIRO）：如果存在一个从 B 到 A 的函数对应关系 $k(.)$，使得对 B 中的所有 y，$k(y)R^0y$ 成立，那么 $AR^*(\tilde{A}，I)B$ 成立。

EIRO 和 CIRO 两者都可以得出机会集合的弱排序。我们得出机会集合的严格排序存在两种方式，一种是通过 EIRO 或 CIRO 中 R^* 的非对称因素，一种是通过个人偏好的元素上的交集严格局部排序，并将这一严格局部排序直接应用到机会集合的排序上。下面我将采用 EIRO 的基本方法，它虽然比 CIRO 的范围稍窄，但具有更大的实用性（正如 EOS 比 ECS 具有更窄的范围但更具有实际用途一样），这些条件也可以稍加修改从而适用于 CIRO 的情况。

根据 $R^*(\tilde{A}，I)$ 的非对称因素，将集合 A 置于集合 B 之上，前者得出一个更为广泛的机会集合的严格排序。

机会的非对称交集排序：如果 $AR^*(\tilde{A}，I)B$ 成立，并且

$BR^*(\widetilde{A}, I)A$ 不成立，那么 $AP^*(\widetilde{A}, I)B$ 成立。

很容易看出，这里使用的是备选方案上的上限交集严格偏好 P^U。相比之下，下限方法则关注严格偏好排序的交集 P^L。

机会的直接严格交集排序：如果 A 中存在一个备选方案 x，使得对 B 中所有的 y，xP^Ly 成立，也就是说，对 $\widetilde{A}$ 中所有的 R_j 和 B 中所有的 y，xP_jy 成立，那么，$AP^*(\widetilde{A}, I)B$ 成立。

（T.6.2）机会的直接严格交集排序成立，那么机会的非对称交集排序成立，但反过来并不成立。

其证明方式是，P_j 对于一组事态上的 R_j 的一致性意味着在该事态上的 R_j 中至少在同一个方向存在着一个 P_j 的一致性。但是反过来并不能成立。显然，"直接严格交集排序"的决定性基础要比"非对称交集排序"更为普适，虽然它的范围也更为狭窄。

7. 多元偏好与事件序列

前面一直在探讨一种可能的使用多元偏好来评价机会或元机会的路径，即采用相关偏好排序的交集，然后用一种或另一种交集二元关系来比较机会集合或菜单。但是，我们也可以检验 $\widetilde{A}$ 中的偏好集合的直接含义（而不必通过它们的交集局部排序 R^0 或 R^L）。事实上，当我们从偏好集合 $\widetilde{A}$ 转向交集局部排序时，丧失了许多信息。从这个角度来看，森（1985a，1991）所倾向的那种方法具有极其有限的范围——这一点福斯特（Foster，1993）曾给予了深入的讨论。根据"福斯特框架"，当我们认为，集合 S 提供了至少和 B 能提供的一样多的机会时，这意味着对于每一个相关的偏好排序 R_j，A 中存在某个备选方案与 B 中的每一个备选方案至少一样被选择者偏好。另一个更为严格的条件是，对每一个相关的偏好排序，A 中存在某个备选方案，与 B 中的每一个备选方案至少一样好（正如交集方法所认为的那样）。[17] 我将指出，"福斯特框架"（Foster，1993）与我在 1991 年阿罗讲座中的表述［本书第 20 和 21 章以及发表在《计量经济学杂志》上的文章 Sen（1991）］之间的对立，在很大程度上，取决于事件的序列，尤其在于，偏好的多元性在选择行动之前解决（正如福斯特框架所假定的），还是在解决偏好的多元性之前选择行动（我在 1991 年的表述）。

我将首先探讨这两种方法中的形式问题，然后回过头来探讨其中的实质性问题。我们的讨论可以直接以机会而不是"元机会"为对象（关于扩展问题可参见第 20 和 21 章的探讨）。但是最近的文献（比如 Foster，1993；Arrow，1995；Sugden，1996）更多地关注"自主性"这一概念，这显然与"元排序"更加相关。在这里，我将集中关注元机会，但形式上的表述将采用通常的用于机会分析的方式。

也许比较技术上的差异的最好方法是对比"单一排序行动选择"（single ranking action choice，SRAC）与"多元排序行动选择"（multiple ranking action choice，MRAC）。从评价的角度来看（也就是"今天"），在这两种情况下，我们都必须考虑个人所可能拥有的各种偏好，但其中的差别之处在于在选择行动发生之前，偏好的多元性是否已经得到解决并成为一个单一排序。SRAC 假定在个人从机会集合（或选项菜单）中选择元素之前，也就是说，在他采取选择行动之前，多元偏好已经得到解决。在从菜单上作出选择时，个人只需根据一个相关的偏好排序——这一个排序被视作是一个"真正的"排序（从所有今天拥有的排序中脱颖而出）。

由于"序列"是如此安排的，使得多元偏好——在机会集合排序时还存在——在主角从相关机会集合中作出选择时已经不复存在，因此可以很自然地将机会集合的排序按下列形式表述。

机会集合的 SRAC 排序：如果对 $\widetilde{A}$ 中的所有 R，A 中存在一个 x（并不必然对每一个 R 都是相同的），使得对 B 中所有的 y，xRy 成立，那么 $A\underline{R}^*(\widetilde{A}，S)B$ 成立。

我们可以将这个排序与事件序列在相反情况下所生成的菜单排序作一比较，后者并非偏好选择在先、行动选择在后，而是恰恰相反。

机会集合的 MRAC 排序：如果对 $\widetilde{A}$ 中的所有 R，A 中存在一个 x，使得对 B 中所有的 y，xRy 成立，那么 $A\underline{R}^*(\widetilde{A}，M)B$ 成立。

后面这种机会集合的排序恰恰就是我们前面所讨论的 EIRO，即对基于相关偏好交集的排序 $R^*(\widetilde{A}，I)$ 加以扩展，从而涵盖相关反事实偏好的交集 $R^*(\widetilde{A}，I)$。不难检验出，MRAC 排序蕴涵着 SRAC 排序，但相反并不成立。

（T.7.1）$A\underline{R}^*(\widetilde{A}，M)B$ 成立，当且仅当 A 中存在一个 x，使得对所有 B 中的 y，xR^0y 成立，并且相应地，$\underline{R}^*(\widetilde{A}，M)=\underline{R}^*(\widetilde{A}，I)$。

（T.7.2）如果 $A\underline{R}^*(\widetilde{A}，M)B$ 成立，那么 $A\underline{R}^*(\widetilde{A}，S)B$ 成立，但反过来并不成立。

（T.7.1）的证明可以直接从这一事实得出，即 xR^0y 在分析上与对 $\widetilde{A}$ 中的所有 R 的 xRy 相同，解释上的差异并未改变分析上的联系。

（T.7.2）的前面一部分出自这一事实，即如果 A 中存在一个元素 x，使得对 $\widetilde{A}$ 中的所有 R，xRy 成立，那么对 $\widetilde{A}$ 中的所有 R，

就存在一个元素——事实上对每个 R 上的相同元素——使得 xRy
成立。相反的情形并不成立，因为当考虑不同的偏好 R 时，对每个
特殊的 R，使得 xRy 成立的元素 x 并不一定相同。用福斯特
（1993）所使用的一个事例来说，令四种选项存在两种排序 R_1 和
R_2，其中 R_1 将它们降次排序为 a，b，c，d，而 R_2 则将它们排序为
d，c，b，a。试比较两个不同的机会集合 $\{a, d\}$ 和 $\{b, c\}$。不
难看出，不管是 R_1 成立还是 R_2 成立，$\{a, d\}$ 都存在一个比 $\{b, c\}$
更好的选项。但如果同时根据 R_1 和 R_2，$\{a, d\}$ 就不再存在一个比
$\{b, c\}$ 更好的——或甚至一样好的——选项。因此，$\{a, d\}\ \underline{R}^*\ (\widetilde{A}$，
$S)\ \{b, c\}$ 成立，但是 $\{a, d\}\ \underline{R}^*\ (\widetilde{A}$，$M)\ \{b, c\}$ 并不成立。

交集方法恰恰对应于 MRAC，它与福斯特的 SRAC 框架的区别
在于选择（或者说似真的选择）序列上的差别。很明显，这里需要讨
论一个重要的方法论问题（涉及选择 MRAC 还是 SRAC 的问题）。

这里有一个非常符合福斯特框架（以及 SRAC）的故事——也
就是戴维·克雷普斯（1979）强调的"灵活性"的理由（下一节对
此展开讨论）。个人对未来某个时期的多元偏好 $\widetilde{A}$ 具有不确定性，
他当前必须在一组菜单中选择一个机会集合或"菜单"，从而确定
他究竟拥有哪一种偏好。当未来时点来临之际，相关集合 $\widetilde{A}$ 的各种
偏好中的一个将被视作是正确的偏好排序。当该人开始采取第二
步，即从待选菜单中选择一个元素的时候，所有关于偏好多元性的
不确定性（或者说自主）都已不复存在。决策行动的根据是一个唯
一的偏好排序，这种方法可以归结为"单一排序行动选择"。在从
机会集合中作出选择之前，偏好的多元性早已消逝不存。

毫无疑问，这个故事精彩地描述了关于未来偏好不确定性的情
形——这也是库普曼斯（1964）和克雷普斯（1979，1988）所讨论

的问题。但我们所关注的，不仅仅是在未来偏好的有限信息基础上对未来机会的评价问题，而且还包括"有效自由"（effective freedom）和"自主"的解释（以及个人也许本来会拥有的或者有理由拥有的偏好的意义）。未来的不确定性在未来来临之际得到解决，初看之下，并不是一个特别有趣的类比。虽然在很多情况下，我们可以把问题描述成这种情形，但它并非探讨自主与元机会这个问题的唯一途径。

另一种"多元排序行动选择"的方法所处理的是这样一种情形，当该人采取选择行动时，也就是从他所面临的机会集合中选择一个元素时，他仍然具有从集合 $\tilde{A}$ 中挑选一种偏好的可能性。即使行动已经作出，考虑不同偏好（或者说估价该选择的自主性）的理由也许仍然并未消失，其他偏好排序仍然与自由和机会的评价具有赋值上的相关性。不管我们是从"第一人称"的角度（主要与"主体自由"上更广泛的理解有关）来看，还是从"第三人称"的角度（主要与"自主性"的重要性相关）来看，这种情况都是存在的。

当然，我们可以说，SRAC 和 MRAC 两者对评价机会和元机会都很重要，一方的重要性并不能抹杀另一方的价值。但更具体地说，在依据反事实多元偏好来评价自主性或主体自由这个问题上，用选择行动之前偏好得到解决的真正不确定性作为类比并不是特别具有说服力。如果在选择行动这一时点（以及此后）仍然存在多元偏好，那么交集方法就具有相关性，因为它与机会集合的 MRAC 排序是一致的。

8. 严格排序上的变化

前面讨论的排序主要与弱偏好关系 R^* 或 $\underline{R}^*$ 有关。但这些问题也同样适用于严格偏好关系。这里也可以考虑前面所讨论过的严格偏好的不同表述。我们可以把这两种讨论结合起来，并提出两种不同的 $\underline{P}^*$ 的表述，一种蕴涵着"上限"表述（根据弱偏好关系的非对称因素），另一种则蕴涵着"下限"表述（根据严格偏好的一致性）。我们可以把它们相应地称作"非对称严格关系"和"一致严格关系"。

福斯特本人的表述采纳的是非对称严格关系（即上限表述）。

机会集合的 SRAC 非对称严格排序：如果对 $\widetilde{A}$ 中的所有 R，A 中存在一个 x，使得对 B 中所有的 y，xRy 成立，并且，对 $\widetilde{A}$ 中的某个 R，A 中存在一个 x，使得对 B 中所有的 y，xPy 成立，那么 $A\underline{P}^*(\widetilde{A}，S)B$ 成立。

但 SRAC 方法也可以通过严格偏好的一致性来给出一个下限表述。

机会集合的 SRAC 一致严格排序：如果对 $\widetilde{A}$ 中的所有 R，A 中存在一个 x，使得对 B 中所有的 y，xPy 成立，那么 $A\underline{P}^*(\widetilde{A}，S)B$ 成立。

同理，MRAC 方法可以如下表述：

机会集合的 MRAC 非对称严格排序：如果对 $\widetilde{A}$ 中的所有 R，A 中存在一个 x，使得对 B 中所有的 y，xRy 成立，并且，对 $\widetilde{A}$ 中的某个 R，A 中存在一个 x，使得对 B 中所有的 y，xPy 成立，那么 $A\underline{P}^*(\widetilde{A}，M)B$ 成立。

机会集合的 MRAC 一致严格排序：如果对 $\widetilde{A}$ 中的所有 R，A 中存在一个 x，使得对 B 中所有的 y，xPy 成立，那么 $A\underline{P}^*(\widetilde{A}，M)B$ 成立。

不难看出，（一致的或非对称的）MRAC 排序的前提条件比相对应的 SRAC 排序的前提条件更为严格。类似地，一致严格排序（MRAC 和 SRAC）的前提条件比相对应的非对称排序的前提条件更为严格。从条件的充分性来看，MRAC 一致性要求处于一个极端，而 SRAC 非对称性要求则处于另一个极端。这其中所蕴涵的理由已经在（T. 6. 2）和（T. 7. 2）中给出。

9. 不确定性与灵活性

第 20 章的讨论已经指出，意愿与自主性的问题与个人偏好的不确定性的问题可以区别开来。在描述个人的主体自由时，我们必须认识到，个人也许完全知道他现在的偏好是什么，或者知道未来的偏好是什么，但他仍然有理由考虑他本来也许会拥有的其他偏好，甚至那些很希望能够拥有的偏好（即在元排序上优于实际偏好）。其他人如果尊重他的自主性，就不可以假定不存在这些自由，判定他已经"陷入"他目前的实际偏好之中，从而在这个问题上不存在任何意愿。元机会这个概念超越了个人实际拥有的偏好，也超越了他对于现在或未来偏好的真正不确定性。正如第 20 章所指出的，自主性并不是一种不确定性问题。

但在测度个人的自由与机会时，可能存在一个真正的不确定性问题。个人也许无法确切知道他现在的偏好是什么，也不知道在某个未来的时间上他的偏好是什么。在自由的测度上，我们必须考虑个人对于其实际偏好的不确定性。这个问题在库普曼斯（1964）和克雷普斯（1974，1988）对于"灵活性偏好"（preference for flexibility）的探讨中得到了批判性的关注。给定这样一种不确定性，个人也许在选择（未来某个时刻的）"机会集合"时，根据各种效用函数下的最大化元素，加权其各自的概率，以此最大化他的预期效用。

克雷普斯（1974，1988）以严格的公理和推理对这个问题提出了一个确定性的解。阿罗（1995）根据这一结论，使用了一个更为简单的取得该解的方法，即直接采用预期效用最大化的标准框架（而不是像库普曼斯和克雷普斯那样从一个更为原始的框架中得出该结论）。我们将未来时候选择 x 的效用记作 $U(x, H)$，其中 H 是一个已知概率分配的参数。在给定 H 的情况下，我们可以通过选择 x 的最大化而得出拥有菜单或机会集合 A 的支付。

$$P(H, A) = [\text{Max} U(x, H) \mid x \text{ 属于 } A] \qquad (9.1)$$

在 H 不确定的情况下，最大化支付表达的机会集合 A 的值可以如下给出：

$$V(A) = E_H[\text{Max} U(x, H) \mid x \text{ 属于 } A]$$
$$= E_H[P(H, A)] \qquad (9.2)$$

阿罗试图扩展这一框架，从而使它不仅涵盖个人未来偏好的实际不确定性，而且也涵盖反映个人"自主性"的似真不确定性。正如阿罗讲座的文章（尤其是第 20 章）中已经指出的理由，我并不认为这种看法具有吸引力。当某个人坚持认为，他本来会拥有不同的偏好排序时（"你不可以认为我在这个问题上没有选择"），他所坚持的是他在偏好上的选择，这与不确定性并不是同一回事，后者实际上等同于某个决定参数 H 的外在机制所作的选择，这一点我们的主角只能在概率上作出预测，而不能在意愿上对它有任何影响。

在阿罗讲座中，我确实考虑存在这样一种可能，个人也许会——不管是出于什么原因——放弃他们的自主实践而采用某种有意为之的随机程序。在那种特殊的情况下，阿罗的具体建议也许能够发挥很大的作用；但这并不是一个一般情形，因为它也取决于个人采用有意随机化的决定（这个决定也只能由他本人作出）。更进一步说，即使他并未实际上修正他的偏好，"自主"的重要性也并未消失，其他人仍然需要认识到这样一种可能性，即他本来可以拥有另一种不同的偏好。[18]元机会的问题远远超越了实际偏好——无论不确定性是否存在。

　　阿罗之所以背离相关偏好问题上的占优性框架［如福斯特（1993）所创立的框架］，是因为他对机会集合上排序的不完备性感到不满。他指出，"如果自由这个概念只是具备操作性的含义，它就必定会导致一个完备性的排序"（Arrow，1995，p. 9）。我在第 20 章已经指出，为什么不完备性并不会对自由或机会排序构成任何障碍。这个问题上的争论可参见那一论证。也许我还应当提请阿罗略微注意阿罗-德布鲁定理的长处［也被称为"福利经济学的基本定理"，是阿罗（1951b）和德布鲁（1959）所作的对于竞争均衡的效率的证明］，其中精辟地使用了一个经典的不完备排序，即帕累托局部排序。[19]

10. 偏好、 基数性与单位集合

　　这里所提出的根据机会排序关系 R^* 或元机会关系 $\underline{R}^*$ 对自由的机会方面所进行的评价主要是根据相关个人的偏好，其中偏好的定义是比较宽泛的（包括价值观的理由和心理学上的理由）。相形之下，这个问题上的其他方法往往倾向于强调选择"值域"的重要性，有时把它限定为个人所可选择的选项的数目，亦即所谓选项集合的"基数性"（或"菜单"中不同备选方案的数目）。当 X 的子集有限的时候，也就是说，可以确保得到一个有限的 $\underline{X}$ 的时候，就可以得出一个非常有用的结论。

许多分析家都对在不涉及偏好的情况下计算自由的做法感兴趣
[卡特（1995a，1995b，1996，1999）对此作了令人感兴趣的辩
护]。另一些人，包括那些并不是特别主张这一方法的人［其中最
著名的是 Pattanaik and Xu（1990，1998）]，则给出了该问题的形
式化表述。[20]对测度自由的基于偏好的方法与偏好无涉的方法作一
比较不无裨益。也许两者最直接的冲突就在于单位集合的处理上，
因为这时个人只有一种选择（这一冲突所隐含的实质性问题见第20
章的讨论）。

基数方法认为，如果个人仅仅只有一种备选方案可供选择的话
（也就是说，面临着"霍布森的选择"），他就不存在自由，不管单
位集合包含着什么元素。由此可以得出，所有单位集合对该人只是
提供了相同的自由（也就是说，没有自由）。这种信念的公理表述
形式，在琼斯和萨格登（Jones and Sugden，1982）那里被称作
"缺乏选择原则"（principle of no choice）（p. 56），而在帕特奈克和
许（1990）那里则被称作"缺乏选择情况下的无差异"（indiffer-
ence between no-choice situation，INS）（p. 386）。我们可以把这种
观点视为以基数为根据的假设（仅只对机会集合中的备选方案的数
目感兴趣）。[21]

缺乏选择原则（principle of no choice，PNC）：对 X 中的所有
x、y，$\{x\}I^*\{y\}$ 成立。

毫无疑问，没有选择就是一种对自由的否定。但除了这个基本
结论之外，基于偏好的方法还建议考虑这个问题：一种情形是由于
自由的否定，我们最终处在一个我们本来绝不会选择的处境（给定
任意合理的备选方案的话），另一种情形是由于对自由的否定，我

们处在一个即使存在其他有利选项我们仍然很愿意选择的处境，这两种情形是否等价呢？关键之处在于"反事实选择"（counterfactual choice）的相关性。这种考虑的恰当性涉及这一事实，即"过上我们有理由重视的生活的自由"不可能脱离我们所重视的内容而独立存在（关于这个问题参见 Sen，1982b，1982c，1985a）。以第 20 章所举的例子而论，当巴斯卡被迫去做他本来极其愿意去做的事情（即蜷在床上看书）的时候，他的自由受到了侵犯，但当他被迫去做只要还存在其他合理选择就绝不会去做的事情（如钻进下水道）时，这种对自由的侵犯的程度更大。

具体而言，根据这种观点，个人将要作出的选择（假定选择在 x 和 y 之间）对于单位集合 $\{x\}$ 和 $\{y\}$ 之间的排序极其重要。这个基本的偏好中心公理对于整个基于偏好的方法来说极其关键。

反事实选择的基本相关性（basic relevance of counterfactual choice，BRCC）：对 X 中的任意 x、y，如果 $xP_j y$ 成立，那么 $\{x\}P^*\{y\}$ 成立。

元机会排序 R^* 上也存在着一个相似的条件。自然的转换方式就是寻求交集严格偏好 P^L（IPAIR 的组成部分），其中我们考虑合理偏好的集合 $\widetilde{A}$。给定 $\widetilde{A}$ 的情况下，根据每一种相关的偏好，如果在 x 和 y 之间的反事实选择中，x 优于 y，那么可以认为，在元机会的层面上，单位集合 $\{x\}$ 优于 $\{y\}$。

双重反事实选择的相关性（relevance of double counterfactual choice，RDCC）：对 X 中的所有 x、y，如果 $xP^L y$ 成立，那么 $\{x\}\underline{P}^*\{y\}$ 成立。

当只存在一种相关偏好时，BRCC 与 RDCC 是一致的。为简化下面的表达，我一般只考虑一种偏好半序 R 并讨论相应的机会排序

关系 R^*。相反，如果我们只考虑元机会，以及相关偏好集合 $\tilde{A}$，那么我们只需将 R 重新定义为交集排序 R^0，并将机会排序 R^* 重新解释为元机会排序 R^*，就可以得出相应的结论。这（在元机会层面上）与"MRAC 方法"的用法（具有 MRAC 非对称排序，一如前面的规定）相对应。其他的替代性程序也能够以此类推，但我将不会把它们全部描述出来。

11. 备选方案的数目与基数性公理

单位集合的评价［尤其是 BRCC（反事实选择的基本相关性）与 PNC（萨格登的缺乏选择原则）的对比］体现了——在一个非常基本的层次上——基数方法与偏好方法之间的差异。当然，这两种方法都可以进一步扩展。扩展基数方法的相对合理的步骤是将任何超过一个选项的集合置于只有一个选项的集合之上。这甚至可以适用于一对二元组，并得出一个帕特奈克和许（1990）称之为"严格单调性"（strict monotonicity，SM）的条件，我们可以更形象地把它称为"存在选择的优先性"（superiority of some choice，SSC）。

存在选择的优先性（superiority of some choice，SSC）：对 X 中的所有 x、y，$\{x, y\}P^*\{x\}$ 成立。

基数公理 SSC 所隐含的原则可以扩展，并应用到任何一个集合内容的扩展上。事实上，我们可以进一步要求，如果一个集合被视作与另一个至少一样好（不管出于什么理由），那么第一个集合的扩展必然要严格优于后者。这事实上只是一个单调性条件，其中改进采取一种对集合增加选项的形式。（我需要提醒读者注意，我并不是在讨论这些公理的合理性。下一步我将指出其中并不是特别合理的地方。）

基数单调性（cardinality monotonicity，CM）：如果 AR^*B 成立，并且如果 x 并不属于 A，那么 $(A\cup\{x\})P^*B$ 成立。

（T.11.1）基数单调性（CM）蕴涵着存在选择的优选性（SSC）。

很容易得出这一结论，因为根据 CM，将 y 加入单位集合 $\{x\}$，必定会增加它的价值。

沿着基数路线进一步推理，我们可以得出苏佩斯（1987）所谓的"基数最大化者"（cardinality maximizer）与帕特奈克和许（1990）所谓的"简单基数排序"（simple cardinality-based ordering）。将集合 S 的基数记作 $\#S$（亦即集合 S 具有 $\#S$ 个不同的元素）。

基数最大化：AR^*B 成立，当且仅当 $\#A\geqslant\#B$ 成立。

这一关系的弱形式要求基数最大化为充分条件，而不是必要条件。

基数弱充分性：如果 $\#A\geqslant\#B$ 成立，那么 AR^*B 成立。

基数弱充分性要求我们接受这样一个结论，即选项数目至少是同样大的集合提供了至少同样多的机会。

根据选项数目来对自由排序（亦即根据基数计算自由）的时候，有必要将自由无差异与自由严格排序区别开来。下面这个公理给出两个具有相同基数的集合之间的自由无差异。

等基数无差异：如果 $\#A=\#B$，那么 AI^*B 成立。

严格基数排序要求如下所示。

基数严格排序：如果 $\#A>\#B$，那么 AP^*B 成立。

不难得出下面这种关系。

（T.11.2）基数最大化蕴涵着基数弱充分性，以及等基数无差异和基数严格排序。另外，基数弱充分性本身蕴涵着等基数无差异，但并不蕴涵基数严格排序。

证明非常简单，这里省去。

这些不同的"数字处理"条件与其他的机会评价要求的关系最近得到广泛的探讨。[22]我这里仅仅指出这种"数字处理"方法中的一个特别重要的结论。我们来看下面由苏佩斯（1987）提出的公理。

苏佩斯可加性：如果 $A\bigcap C=B\bigcap C=\varnothing$，那么 AR^*B 成立，当且仅当 $(A\bigcup C)R^*(B\bigcup C)$ 成立。

（T.11.3）给定苏佩斯可加性和 R^* 的传递性的条件下，缺乏选择原则（PNC）等于于等基数无差异。

毫无疑问的是，等基数无差异直接蕴涵着 PNC，因为后者是将前者应用于单位集合中的特例。为证明相反的情形，令两个集合 A 和 B 有 $\#A=\#B$，每个集合包含（比如说）m 个元素。将 A 中的元素重新记作 a_1，a_2，…，a_m，B 中的元素记作 b_1，b_2，…，b_m，顺序任由我们设定。根据缺乏选择原则（PNC），对所有 $i=1$，2，…，m，$\{a_i\}=\{b_i\}$。给定苏佩斯可加性，可得出 $\{a_1,a_2\}I^*\{b_1,a_2\}$。同理，$\{b_1,a_2\}I^*\{b_1,b_2\}$ 成立。根据传递性，$\{a_1,a_2\}I^*\{b_1,b_2\}$ 成立。如此逐一加上相应的元素，我们可以通过有限传递的推导得出 AI^*B。[23]

事实上，我们可以放弃传递性要求，而采用一种更加严格的可加性条件，森（1991）把这个条件称为"弱合成"（weak composition）条件。

弱合成条件：如果 $A\bigcap C=B\bigcap D=\varnothing$，那么 $[AR^*B$ 且 $CR^*D]$ 蕴涵着 $(A\bigcup C)R^*(B\bigcup D)$。

（T.11.4）给定弱合成条件下，缺乏选择原则（PNC）等价于等基数无差异。

要证明这一结论，我们需要考虑（T.11.3）证明中所使用的符号。由于 $\{a_i\}I^*\{b_i\}$，对 $i＝1$ 和 2，根据弱合成条件，可以得出 $\{a_1, a_2\}I^*\{b_1, b_2\}$。再次应用弱合成条件，将 a_3 加于 $\{a_1, a_2\}$ 并把 b_3 加于 $\{b_1, b_2\}$，可以得出 $\{a_1, a_2, a_3\}I^*\{b_1, b_2, b_3\}$。以此类推，最后得出 AI^*B。

解读这些及相关结论的含义存在着不同的方式。如果苏佩斯可加性（与传递性合并使用）或合成条件是合理的要求，那么缺乏选择原则（PNC）所反映的基本直觉就可以用来根据集合中备选方案的数目评价机会集合。当然，即使不怀疑 PNC 的可靠性，这些"可加性"或"合成"公理同样也可加以质疑（Pattanaik and Xu，1990，其中充分讨论了其理由）。但是质疑这些公理的理由并未提供拒绝数字处理方法的普适基础（一旦接受缺乏选择原则）。事实上，我们可以说，PNC 是检验人们关于数字处理方法的直觉的最核心的基础（关于这个问题参见第 20 章）。

我自己的主张是，必须毫不含糊地拒绝缺乏选择原则。上面提出的结论不计其余，仅仅关注一个集合中备选方案的数目（而忽视这些备选方案的性质），最终将导致对可供选择的备选方案的性质漠不关心。这个问题可以追溯至单位集合的比较上。如果我们真的认为，所有的单位集合都提供了相同的自由（不管单位集合中的元素是如何美好或如何糟糕），那么我们必然会——根据一些颇存疑问但并非完全荒谬的公理——认为，所有具有相同方案数目的集合都提供了同样好的自由或机会。一个拥有三种备选方案的集合——一个人分别把这些方案视为"糟糕""恶劣""极为恶劣"的方案，以及另一个由三种他分别视为"好""非常好""绝妙无比"的方案所构成的集合，按照这种观点，提供了同样多的自由或机会。[24]

我以为，像（T.11.3）和（T.11.4）之类的结论最终只会加强对缺乏选择原则的不满，但理由并不限于对这些结论的不满。在单位集合中，我们确实没有选择的余地。但是这并不能够说，每个单位集合都具有相同的"机会"，因为机会的性质取决于单位集合中元素的性质。一个"恶劣"的方案并不能与一个"非常好"的方案提供相同的机会。选择对于自由很重要，但并不是唯一重要的事物，要更充分地理解自由的图景，我们还应考虑反事实的选择：我们"本来会选择"的事物（比如，如果可以选择的话，我们会选择一个"非常好"的备选方案而不是"恶劣"的方案）。机会的自由方面并不仅仅限于选择的过程，尤其不可为可行备选方案的数目所局限。而机会，正如前面两章（第 20 和 21 章）所论，确实是自由的一个重要的方面。

12. 组合、 交集和一致性

如何把基数方法纳入本文所提出的方法，这最终取决于我们的偏好，更具体地说（由于"偏好"的含义相当广泛），取决于其自由属于被考虑对象的人对其选项的评价。虽然我对这种数字处理观基本上不抱同情，但在某些情况下，可以提出一种把基数与偏好观同时考虑到的折中公式。

同时考虑备选方案的偏好排序以及集合的基数性的折中公式早就提出过〔比如，森（1985b，1991）提出的几种方法〕。我无法肯定寻求与一种基本上错误的方法相折中的办法究竟具有多大的价值。在我看来，备选方案的纯粹数目（无视这些方案的价值）对于自由的机会方面而言并无多大的意义。但是，对于这个问题，人们的直觉似乎并不相同（从文献中可以看出），而两种方法究竟能否一致组合也是一个让许多学者对它感兴趣的分析性问题（比如Gravel，1994）。[25]不管这种组合产品有多大的价值，我们能设计出一种一致组合的产品吗？

下面，我将简短描述如何推导这类一致组合公式——不管它们的价值是什么——的方法。这两种方法存在着不同的组合方式，我们可以把它们区别为"交集方法"与"并集方法"。根据"交集主义"的组合观，我们把每种方法下的各种公理框架都视为机会（或元机会）排序的必要但非充分的条件。根据"并集主义"的组合观，我们把每种方法下的各种公理框架都视为机会（或元机会）排序的充分但非必要的条件。不难看出，"并集主义"法往往会得出不一致的结论，而"交集主义"法则不是这样。

我在以前的文章（除了阿罗讲座外，还可参见 Sen，1985b，1991）中曾探讨过交集主义方法，而最近的文献所提出的"不可能性"结论则倾向于采用并集主义方法来重新诠释这些条件。[26]交集方法往往得出各种局部排序，而不是完备排序，但这恰恰是评价自由与机会的正当领域（正如我在第 20 和 21 章所论）。交集主义观具有两个相辅相成的优势：（1）更有可能避免不一致性；（2）更少可能提出遭人反对的要求（尤其是在两种方法中有一种被视为相当可疑的情况下）。

交集主义组合的形式有哪些呢？一种可能性是探讨"集合包含"关系，因为比较既涉及集合的基数性（两个相等的集合必须具有相同的基数，而真子集必定具有更小的基数），也涉及偏好一致性（子集中的选项已经被更大的集合中的偏好所涵盖）。我们来看下面这个条件，森（1991）把它称为"弱集合占优"（Weak Set

Dominance）。

公理 D. 1（弱集合占优）：如果 A 是 B 的一个子集，那么 BR^*A 成立。

根据下面这一结论，我们可以得出两种方法的"交集"而不是"并集"。

（T. 12. 1）弱集合占优（公理 D. 1）为基数弱充分性以及元素对应优先性（ECS）所蕴涵，但公理 D. 1 既不蕴涵基数弱充分性，也不蕴涵 ECS。

第一个蕴涵部分很容易得出，只需注意，如果 A 是 B 的一个子集，显然 $\sharp B \geqslant \sharp A$，因此根据基数弱充分性，$BR^*A$ 成立。同样，由于 A 的每个元素都为 B 所包含，因此从 B 到 A 存在一个函数对应关系 $k(.)$，使得 $k(x)Rx$ 成立；事实上等价对应关系 $k(x)＝x$ 已经足以推导出来。不难得出，相反的情况并不成立。

虽然这里的分析仅仅只是应用偏好排序关系 R，但它也可以扩展至交集偏好排序 R^0。这要求我们用机会的对应交集排序（CI-RO）来取代元素对应优先性（ECS）。其中的表述与结论可以很方便地从一个框架转换到另一个框架，对此前面已经讨论过。[27]

将公理 D. 1 略作变化可以改变"严格集合占优"，有时它也为人们所引用，但并没有那么具有说服力，并且也不是建立在两种方法的"交集"上。

公理 D. 2（严格集合占优）：如果 A 是 B 的一个真子集，那么 BP^*A 成立。

真子集 A 的基数确实比 B 小，因此根据基数方法，可以保证 BP^*A。但是偏好方法并不能够保证从 A 到 B 的扩展足以得出 BP^*A，因为（$B-A$）中的其他元素也许根据 P^U 和 P^L 都比 A 中的元素差。[28]公理 D.2 显然并不属于交集主义方法，因此并不具有公理 D.1 的地位或合理的可接受性。

在与并集法对立的交集法中，还有另一种组合这两种观点的方式，它要求元素对应优先性（ECS）或机会的对应交集排序（CI-RO）中的对应关系必须是一一对应的。它要求，如果集合 B 弱优于集合 A，它就必须在备选方案的数目上至少与集合 A 一样大。森（1991）把这种组合方式称作"弱偏好占优"，但在此我将使用一个比其混杂内容更为显豁的名称。

公理 D.3（基于偏好与基数的占优）：如果 B 存在一个子集 B'，使得 $\sharp B' = \sharp A$，并且从 A 到 B 存在一一对应关系 $k(.)$，使得 $k(x)Rx$ 成立，那么 BP^*A 成立。

不难看出，公理 D.3 为基数导向的公理基数弱充分性和偏好导向的公理 ECS 同时蕴涵。

（T.12.2）基数弱充分性蕴涵公理 D.3，ECS 也蕴涵公理 D.3，但公理 D.3 既不蕴涵基数弱充分性，也不蕴涵 ECS。

下面我不再探讨两种方法的"交集主义"组合方式的各种可能性。但很显然，这类组合是可能的，并且完全是一致的。最近得到很大关注的一些有趣的"不可能性"结论主要源自该问题的表述，尤其是与采取"并集主义"观而不是"交集主义"观有关的表述（对此我已作出评论）。

13. 结束语

从对自由的"机会方面"和"过程方面"的区分开始（前面两章广泛地探讨这个问题），本文主要集中探讨机会方面，同时也考虑了那些实质上影响机会测度的过程特征。这些都被纳入了"选择行动评价"和所谓"选项评价"之中，它们具有过程特征，但对于理解个人所具有的机会——正如本文的讨论所指出的——也非常重要。

当选择不同行动的可能性与具有不同的偏好排序的可能性相结合（Foster，1993；Arrow，1995，其中对此的探讨尤其深入）时，机会的概念就得到了扩展。这个问题适合于考虑不同偏好上的元排序（参见 Sen，1974b，1977c），其中元排序也可能是不完备的。本文指出了偏好并未完全确定下来时机会表述上的各种结论，并进一步探讨了实际偏好已经确定下来后反事实偏好仍然"相关"的各种情形。后者可以得出一个元机会的概念，它对于主体自由和自主的评价都很重要。根据这里的分析，可以说，通过纳入各种与过程关怀有关的因素来扩展机会方面的研究确实丰富了我们对机会的认识。

在这几篇阿罗讲座的文章（第 20～22 章）中，我试图说明我们怎样才能明智地丰富我们对机会的认识。尤其在本文中，我就机会的评价（以及影响实质机会评价的过程方面的相关问题）提出了一系列形式结论。我将不会对这些结论作出总结。我仅仅只是强调这种必要性，即从前面两篇文章的非形式部分所指出的动机考虑来看待这些结论。最终而言，这些形式结论的价值在于说明自由在人类生活中非常重要的那些基本理由。公理检验只不过是这些理由的一部分而已。

参考文献 （第 20 ~ 22 章）

Anand, Sudhir, and Martin Ravallion (1993). "Human Development in Poor Countries: On the Role of Private Incomes and Private Services," *Journal* of Economic Perspectives, 7: 133 – 150.

Arneson, Richard (1989). "Equality and Equality of Opportunity for Welfare," *Philosophical Studies*, 56: 77 – 93.

Arneson, Richard (1990). "Primary Goods Reconsidered," *Nous*, 24: 429 – 454.

Arrow, Kenneth J. (1950). "A Difficulty in the Concept of Social Welfare," *Journal of Political Economy*, 58: 328 – 346.

Arrow, Kenneth J. (1951a). *Social Choice and Individual Values* (New York: Wiley).

Arrow, Kenneth J. (1951b). "An Extension of the Basic Theorems of Welfare Economics," in J. Neyman (ed.), *Proceedings of the 2nd Berkeley Symposium of Mathematical Statistics* (Berkeley: University of California Press).

Arrow, Kenneth J. (1963). *Social Choice and Individual Values*, 2nd ed. (New York: Wiley).

Arrow, Kenneth J. (1977). "Extended Sympathy and the Possibility of Social Choice," *American Economic Review*, 67: 219 – 225.

Arrow, Kenneth J. (ed.) (1991). *Markets and Welfare* (London: Macmillan).

Arrow, Kenneth J. (1995). "A Note on Freedom and Flexibility," in Basu, Pattanaik, and Suzumura (eds.).

Arrow, Kenneth J., and Michael D. Intriligator (eds.) (1986). *Handbook of Mathematical Economics*, Vol. Ⅲ (Amsterdam: North-Holland).

Arrow, Kenneth J., Amartya K. Sen, and Kotaro Suzumura (eds.) (1996). *Social Choice Re-examined*, 2 vols. (London: Macmillan).

Atkinson, Anthony B. (1970). "On the Measurement of Inequality," *Journal of Economic Theory*, 2; reprinted in Atkinson (1983).

Atkinson, Anthony B. (1975). *The Economics of Inequality* (Oxford: Clarendon Press).

Atkinson, Anthony B. (1983). *Social Justice and Public Policy* (Brighton: Harvester Wheatsheaf and Cambridge, Mass. : MIT Press).

Atkinson, Anthony B. (1987). "On the Measurement of Poverty," *Econometrica*, 55: 749 - 764; reprinted in Atkinson (1989).

Atkinson, Anthony B. (1989). *Poverty and Social Security* (New York: Harvester Wheatsheaf).

Atkinson, Anthony B. (1995). "Capabilities, Exclusion, and the Supply of Goods," in Basu, Pattanaik, and Suzumura (eds.).

Baharad, Eyal, and Shmuel Nitzan (1997). "Extended Preferences and Freedom of Choice," mimeographed, Department of Economics, Bar-Ilan University, Ramat Gan, Israel; subsequently published in *Social Choice and Welfare*, 17 (4): 629 - 637 (2000).

Baier, Kurt (1977). "Rationality and Morality," *Erkenntnis*, 11.

Baigent, Nick (1980). "Social Choice Correspondences," *Recherches Economiques de Louvain*, 46.

Balestrino, Alessandro (1994). "Poverty and Functionings: Issues in Measurement and Public Action," *Giornale degli Economesti e Annali di economia*, 53: 389 - 406.

Balestrino, Alessandro (1996). "A Note on Functioning Poverty in Affluent Societies," *Notizie di Politeia*, 12: 97 - 106.

Barbera, Salvador, C. Richard Barrett, and Prasanta K. Pattanaik (1984). "On Some Axioms for Ranking Sets of Alternatives," *Journal of Economic Theory*, 33: 301 - 308.

Barbera, Salvador, and Prasanta K. Pattanaik (1984). "Extending an Order on a Set to a Power Set: Some Remarks on Kannai-Peleg's Approach,"

Journal of Economic Theory, 32: 185 - 191.

Barnes, Jonathan (1980). "Freedom, Rationality and Paradox," *Canadian Journal of Philosophy*, 10: 545 - 565.

Barry, Brian (1986). "Lady Chatterley's Lover and Doctor Fischer's Bomb Party: Liberalism, Pareto-Optimality and the Problem of Objectionable Preferences," in J. Elster and A. Hylland (1986), 11 - 43.

Barthelemy, J. P. (1983). "Arrow's Theorem: Unusual Domains and Extended Codomains," in Pattanaik and Salles (1983).

Basu, Kaushik (1984). "The Right to Give up Rights," *Economica*, 51: 413 - 422.

Basu, Kaushik (1987). "Achievements, Capabilities and the Concept of Well-Being," *Social Choice and Welfare*, 4: 69 - 76.

Basu, Kaushik, Prasanta K. Pattanaik, and Kotaro Suzumura (eds.) (1995). *Choice, Welfare and Development: A Festschrift in Honor of Amartya K. Sen* (Oxford: Clarendon Press).

Bauer, Peter (1957). *Economic Analysis and Policy in Underdeveloped Countries* (London: Routledge and Kegan Paul, 1965).

Bavetta, Sebastiano (1996). "Individual Liberty, Control and the 'Freedom of Choice Literature,'" *Notizie di Politeia*, 12: 23 - 30.

Becker, Gary (1997). *Accounting for Tastes* (Cambridge, Mass.: Harvard University Press).

Beitz, C. W. (1986). "Amartya Sen's Resources, Values and Development," *Economics and Philosophy*, 2.

Berlin, Isaiah (1969). *Four Essays on Liberty* (Oxford: Oxford University Press).

Bernholz, Peter (1980). "A General Social Dilemma: Profitable Exchange and Intransitive Group Preferences," *Zeitscrift fur Nationalokonomie*,

40: 1 - 23.

Binmore, Ken (1996). "Right or Seemly?" *Analyse & Kritik*, 18: 67 - 80.

Blackorby, Charles (1975). "Degrees of Cardinality and Aggregate Partial Orderings," *Econometrica*, 43: 845 - 852.

Blackorby, Charles, and David Donaldson (1980). "Ethical Indices for the Measurement of Inequality," *Econometrica*, 48: 1053 - 1060.

Blackorby, Chares, David Donaldson, and John Weymark (1984). "Social Choice with Interpersonal Utility Comparisons: A Diagrammatic Introduction," *International Economic Review*, 25: 327 - 356.

Bos, Dieter, Manfred Rose, and Christian Seidl (eds.) (1986). *Welfare and Efficiency in Public Economics* (Berlin: Springer-Verlag).

Bossert, Walter. (1989). "On the Extension of Preferences Over a Set to the Power Set: An Axiomatic Characterization of a Quasi-Ordering," *Journal of Economic Theory*, 49: 84 - 92.

Bossert, Walter, Prasanta Pattanaik, and Yongsheng Xu (1994). "Ranking Opportunity Sets: An Axiomatic Approach," *Journal of Economic Theory*, 63: 326 - 345.

Bourbaki, Nicolas (1939). *Eléments de Mathématique* (Paris: Hermann).

Bourbaki, Nicolas (1968). *Theory of Sets*, English translation (Reading, Mass. : Addison-Wesley).

Bourguignon, François, and G. S. Fields (1990). "Poverty Measures and Anti-Poverty Measures," *Recherches Economiques de Louvain*, 56: 409 - 427.

Brennan, Geoffrey, and Loren Lomasky (1985). "The Impartial Spectator Goes to Washington: Toward a Smithian Theory of Electoral Behavior," *Economics and Philosophy*, 1: 189 - 211.

Breyer, Friedrich (1990). "Can Reallocation of Rights Help to Avoid the Paretian Liberal Paradox?" *Public Choice*, 65: 267 - 271.

Breyer, Friedrich (1996). "Comment on the Papers by J. M. Buchanan and by A. de Jasay and H. Kliemt," *Analyse & Kritik*, 18: 148 - 152.

Breyer, Friedrich, and Roy Gardner (1980). "Liberal Paradox, Game Equilibrium and Gibbard Optimum," *Public Choice*, 35: 469 - 481.

Breyer, Friedrich, and Gary A. Gigliotti (1980). "Empathy and Respect for the Rights of Others," *Zeitschrift fur Nationalokonomie*, 40: 59 - 64.

Buchanan, James M. (1954a). "Social Choice, Democracy and Free Markets," *Journal of Political Economy*, 62: 114 - 123.

Buchanan, James M. (1954b). "Individual Choice in Voting and the Market," *Journal of Political Economy*, 62 (3): 334 - 343.

Buchanan, James M. (1975). *The Limits of Liberty* (Chicago: University of Chicago Press).

Buchanan, James M. (1986). *Liberty, Market and the State* (Brighton: Wheatsheaf Books).

Buchanan, James M. (1996). "An Ambiguity in Sen's Alleged Proof of the Impossibility of a Paretian Libertarian," *Analyse & Kritik*, 18: 118 - 125.

Buchanan, James M., and Gordon Tullock (1962). *The Calculus of Consent* (Ann Arbor: University of Michigan Press).

Campbell, Donald E. (1976). "Democratic Preference Functions," *Journal of Economic Theory*, 12: 259 - 272.

Carter, Ian (1992). "The Measurement of Pure Negative Freedom," *Political Studies*, 40: 38 - 50.

Carter, Ian (1995a). "Interpersonal Comparisons of Freedom," *Economics and Philosophy*, 11: 1 - 23.

Carter, Ian (1995b). "The independent Value of Freedom," *Ethics*, 105: 819 - 845.

Carter, Ian (1996). "The Concept of Freedom in the Work of Amartya

Sen: An Alternative Analysis Consistent with Freedom's Independent Value,"
Notizie di Politeia, 12: 7 - 22.

Carter, Ian (1999). *A Measure of Freedom* (Oxford: Clarendon Press).

Casini, Leonardo, and Iacopo Bernetti (1996). "Public Project Evalua-
tion, Environment and Sen's Theory," *Notizie di Politeia*, 12: 55 - 78.

Chiappero Martinetti, E. (1994). "A New Approach to Evaluation of
Well-Being and Poverty by Fuzzy Set Theory," *Giornale degli Economesti e An-
nali di Economia*, 53: 367 - 388.

Chiappero Martinetti, E. (1996). "Standard of Living Evaluation Based
on Sen's Approach: Some Methodological Suggestions," *Notizie di Politeia*,
12: 37 - 54.

Cohen, G. A. (1989). "On the Currency of Egalitarian Justice," *Ethics*,
99: 906 - 944.

Cohen, G. A. (1990a). "Equality of What? On Welfare, Resources and
Capabilities," in Nussbaum and Sen (1990).

Cohen, G. A. (1990b) "Equality of What? On Welfare, Goods and Capa-
bilities," *Recherche Economiques de Louvain*, 56: 357 - 382.

Cohen, L. Jonathan, J. Los, H. Pfeiffer, and K. -P. Podewski (eds.)
(1981). *Logic, Methodology and Philosophy of Science*, VI (Amsterdam:
North-Holland).

Cornia, Giovanni A. (1994). "Poverty in Latin America in the Eighties:
Extent, Causes and Possible Remedies," *Giornale degli Economesti e Annali di
Economia*, 53: 407 - 434.

Coughlin, Peter J. (1986). "Rights and the Private Pareto Principle,"
Economica, 53: 303 - 320.

d'Aspremont, Claude (1985). "Axioms for Social Welfare Ordering," in
L. Hurwicz, D. Schmeidler, and H. Sonnenschein (eds.), *Social Goods and*

Social Organization (Cambridge: Cambridge University Press).

d'Aspremont, Claude, and Louis Gevers (1977). "Equity and Informational Basis of Collective Choice," *Review of Economic Studies*, 44: 199–210.

d'Aspremont, Claude, and Philippe Mongin (1997). "A Welfarist Version of Harsanyi's Aggregation Theorem," *Center for Operations Research and Econometrics Discussion Paper No.* 9763 (Université Catholique de Louvain).

Dasgupta, Partha S. (1986). "Positive Freedoms, Markets and the Welfare State," *Oxford Review of Economic Policy*, 2: 25–36.

Dasgupta, Partha S. (1990). "Well-being and the Extent of Its Realization in Poor Countries," *Economic Journal*, 100: 1–32.

Dasgupta, Partha S. (1993). *An Inquiry into Well-being and Destitution* (Oxford: Oxford University Press).

Dasgupta, Partha S. , Amartya K. Sen, and David Starrett (1973). "Notes on the Measurement of Inequality," *Journal of Economic Theory*, 6.

Deb, Rajat (1994). "Waiver, Effectivity and Rights as Game Forms," *Economica*, 61: 167–178.

Deb, Rajat, Prasanta K. Pattanaik, and Laura Razzolini (1997). "Game Forms, Rights and the Efficiency of Social Outcomes," *Journal of Economic Theory*, 72: 74–95.

Debreu, Gerard (1959). *A Theory of Value* (New York: Wiley).

Desai, Meghnad (1994). *Poverty, Famine and Economic Development* (Aldershot: Edward Elgar).

Drèze, Jean, and Amartya K. Sen (1989). *Hunger and Public Action* (Oxford: Clarendon Press).

Dutta, Bhaskar, and Prasanta K. Pattanaik (1978). "On Nicely Consistent Voting Systems," *Econometrica*, 46: 163–170.

Dworkin, Ronald (1978). *Taking Rights Seriously*, rev. ed. (Cambridge,

Mass. ； Harvard University Press; originally published, London: Duckworth, 1977).

Dworkin, Ronald (1981). "What Is Equality? Part 1: Equality of Welfare"; "What Is Equality? Part 2: Equality of Resources," *Philosophy and Public Affairs*, 10: 185 - 246; 283 - 345.

Elster, Jon, and Aanund Hylland (eds.) (1986). *Foundations of Social Choice Theory* (Cambridge: Cambridge University Press).

Farrell, Michael J. (1976). "Liberalism in the Theory of Social Choice," *Review of Economic Studies*, 43: 3 - 10.

Feinberg, Joel (1973). *Social Philosophy* (Englewood Cliffs, N. J. : Prentice-Hall).

Fine, Ben J. (1975). "A Note on Interpersonal Aggregation and Partial Comparability," *Econometrica*, 43: 169 - 172.

Fishburn, Peter C. (1973). *The Theory of Social Choice* (Princeton, N. J. : Princeton University Press).

Fishburn, Peter C. (1984). "Comment on the Kannai-Peleg Impossibility Theorem for Extending Orders," *Journal of Economic Theory*, 32: 176 - 179.

Fishbum, Peter C. (1992). "Signed Orders and Power Set Extension," *Journal of Economic Theory*, 56: 1 - 19.

Fleurbaey, Marc, and Wulf Gaertner (1996). "Admissibility and Feasibility in Game Forms," *Analyse & Kritik*, 18: 54 - 66.

Foster, James (1984). "On Economic Poverty: A Survey of Aggregate Measures," *Advances in Econometrics*, 3.

Foster, James (1993). "Notes on Effective Freedom," Paper presented at the Stanford Workshop on Economic Theories of Inequality, Sponsored by the Mac-Arthur Foundation, March 11 - 13, 1993, mimeographed, Vanderbilt University.

Foster, James, Joel Greer, and Erik Thorbecke (1984). "A Class of Decomposable Poverty Measures," *Econometrica*, 42: 761 – 766.

Foster, James, and Anthony F. Shorrocks (1988a). "Inequality and Poverty Orderings," *European Economic Review*, 32: 654 – 661.

Foster, James, and Anthony F. Shorrocks (1988b). "Poverty Orderings," *Econometrica*, 56: 173 – 176.

Frankfurt, Harry (1971). "Freedom of the Will and the Concept of a Person," *Journal of Philosophy*, 68.

Frey, Bruno (1978). *Modern Political Economy* (New York: Wiley).

Friedman, Milton, and Rose Friedman (1980). *Free to Choose: A Personal Statement* (London: Secker and Warburg).

Gaertner, Wulf, Prasanta K. Pattanaik, and Kotaro Suzumura (1992). "Individual Rights Revisited," *Economica*, 59.

Gardenfors, Peter (1981). "Rights, Games and Social Choice," *Nous*, 15: 341 – 356.

Gardner, Roy (1980). "The Strategic Inconsistency of Paretian Liberalism," *Public Choice*, 35: 241 – 252.

Gasper, Des (1993). "Entitlement Analysis: Relating Concepts and Context," *Development and Change*, 24: 679 – 718.

Gevers, Louis (1979). "On Interpersonal Comparability and Social Welfare Orderings," *Econometrica*, 47: 75 – 89.

Gibbard, Allan F. (1974). "A Pareto-Consistent Libertarian Claim," *Journal of Economic Theory*, 7: 388 – 410.

Gibbard, Allan F. (1982). "Rights and the Theory of Social Choice," in Cohen et al. (1981), 595 – 605.

Granaglia, Elena (1994). "More or Less Equality? A Misleading Question for Social Policy," *Giornale degli Economesti e Annali di Economia*, 53: 349 –

366.

Granaglia, Elena (1996). "Two Questions to Amartya Sen," *Notizie di Politeia*, 12: 31 – 36.

Gravel, Nicolas (1994). "Can a Ranking of Opportunity Sets Attach an Intrinsic Importance to Freedom of Choice?" *American Economic Review*, Papers and Proceedings, 84: 454 – 458.

Gravel, Nicolas (1997). "Ranking Opportunity Sets on the Basis of Their Freedom of Choice and Their Ability to Satisfy Preferences: A Difficulty," mimeographed, forthcoming in *Social Choice and Welfare*.

Green, T. H. (1881). "Liberal Legislation and Freedom of Contract," in R. L. Nettleship (ed.), *Works of Thomas Hill Green*, Ⅲ. 365 – 386 (London: Longmans, Green, 1891).

Griffin, James (1986).*Well-being: Its Meaning, Measurement and Moral Importance* (Oxford: Clarendon Press).

Griffin, Keith, and John Knight (eds.) (1990). *Human Development and the International Development Strategy for the 1990s* (London: Macmillan).

Hahn, Frank, and Martin Hollis (eds.) (1979).*Philosophy and Economic Theory* (Oxford: Oxford University Press).

Hamlin, Alan P. (1989). "Rights, Indirect Utilitarianism, and Contractarianism," *Economics and Philosophy*, 5: 167 – 187.

Hamlin, Alan P. , and Philip Pettit (1989). *The Good Polity: Normative Analysis of the State* (Oxford: Blackwell).

Hammond, Peter J. (1976). "Why Ethical Measures of Inequality Need Interpersonal Comparisons," *Theory and Decision*, 7: 263 – 274.

Hammond, Peter J. (1977). "Dynamic Restrictions on Metastatic Choice," *Economica*, 44: 337 – 380.

Hammond, Peter J. (1982a). "Liberalism, Independent Rights and the

Pareto Principle," in L. Jonathan Cohen et al. (eds.), 607 – 620.

Hammond, Peter J. (1982b). "Utilitarianism, Uncertainty and Information," in Amartya Sen and Bernard Williams (eds.), *Utilitarianism and Beyond* (Cambridge: Cambridge University Press), 85 – 102.

Hammond, Peter J. (1996). "Game Forms versus Social Choice Rules as Models of Rights," in Arrow, Sen, and Suzumura (1996).

Hardin, Russell (1988). *Morality within the Limits of Reason* (Chicago: University of Chicago Press).

Hare, Richard M. (1981). *Moral Thinking: Its Levels, Methods and Point* (Oxford: Clarendon Press).

Harsanyi, John C. (1976). *Essays in Ethics, Social Behaviour and Scientific Explanation* (Dordrecht: Reidel).

Hart, H. L. A. (1973). "Rawls on Liberty and Its Priority," *University of Chicago Law Review*, 40; reprinted in Daniels (1974).

Hayek, Friedrich A. von (1960). *The Constitution of Liberty* (Chicago: University of Chicago Press).

Heller, Walter P., Ross M. Starr, and David A. Starrett (eds.) (1986). *Social Choice and Public Decision Making: Essays in Honor of Kenneth J. Arrow* (Cambridge: Cambridge University Press).

Herrero, Carmen (1996). "Capabilities and Utilities," *Economic Design*, 2: 69 – 88.

Hicks, John R. (1959). "A Manifesto"; reprinted in John R. Hicks, *Health and Welfare* (Oxford: Basil Blackwell).

Hirschman, Albert O. (1982). *Shifting Involvements* (Princeton, N. J.: Princeton University Press).

Hirschman, Albert O. (1985). "Against Parsimony: Three Easy Ways of Complicating Some Categories of Economic Discourse," *Economics and*

Philosophy, 1: 7 - 21.

Hollis, Martin (1981). "The Economic Man and the Original Sin," *Political Studies*, 29.

Holzman, Ron (1984). "An Extension of Fishburn's Theorem on Extending Orders," *Journal of Economic Theory*, 32: 192 - 196.

Hossain, Iftekhar (1990). *Poverty as Capability Failure* (Helsinki: Swedish School of Economics).

Hurley, Susan (1989). *Natural Reasons: Personality and Polity* (New York: Oxford University Press).

Jasay, Anthony de, and Hartmet Kliemt (1996). "The Paretian Liberal, His Liberties and His Contracts," *Analyse & Kritik*, 18: 126 - 147.

Jeffrey, Richard (1974). "Preferences among Preferences," *Journal of Philosophy*, 71.

Jones, Peter, and Robert Sugden (1982). "Evaluating Choice," *International Review of Law and Economics*, 2: 47 - 65.

Jones, R. A., and Ostroy, J. M. (1984). "Flexibility and Uncertainty," *Review of Economic Studies*, 51: 13 - 32.

Jorgenson, Dale W., and Daniel T. Slesnick (1984). "Inequality in the Distribution of Individual Welfare," *Advances in Econometrics*, 3: 67 - 130.

Jorgenson, Dale W., Lawrence J. Lau, and Thomas M. Stoker (1980). "Welfare Comparison under Exact Aggregation," *American Economic Review*, 70: 268 - 272.

Kakwani, Nanak C. (1980). "On a Class of Poverty Measures," *Econometrica*, 48: 437 - 446.

Kanbur, Ravi (1987). "The Standard of Living: Uncertainty, Inequality and Opportunity," in Sen (1987b).

Kanger, Stig (1985). "On Realization of Human Rights," *Acta Philo-*

sophica Fennica, 38.

Kannai, Yakar, and Bezalel Peleg (1984). "A Note on the Extension of an Order on a Set to a Power Set," *Journal of Economic Theory*, 32: 172 – 175.

Kelly, Jerry S. (1976). "The Impossibility of a Just Liberal," *Economica*, 43: 67 – 75.

Kelly, Jerry S. (1978). *Arrow Impossibility Theorems* (New York: Academic Press).

Keneko, Mamoru, and Kenjiro Nakamura (1979). "The Nash Social Welfare Function," *Econometrica*, 47: 423 – 435.

Knight, Frank (1947). *Freedom and Reform: Essays in Economic and Social Philosophy* (New York: Harper).

Kolm, Serge-Christophe (1969). "The Optimal Production of Social Justice," in J. Margolis and H. Guitton (eds.), *Public Economics* (London: Macmillan).

Koopmans, Tjalling C. (1964). "On Flexibility of Future Preference," in M. W. Shelley (ed.), *Human Judgments and Optimality* (New York: Wiley).

Kornai, Janos (1988). "Individual Freedom and Reform of the Socialist Economy," *European Economic Review*, 32: 233 – 267.

Korner, Stephan (ed.) (1974). *Practical Reason* (Oxford: Blackwell).

Kreps, David M. (1979). "A Representation Theorem for: 'Preference for Flexibility'," *Econometrica*, 47: 565 – 577.

Kreps, David M. (1988). *Notes on the Theory of Choice* (Boulder, Colo.: Westview Press).

Kynch, Jocelyn, and Amartya K. Sen (1983). "Indian Women: Well-being and Survival," *Cambridge Journal of Economics*, 7: 363 – 380.

Laffont, Jean-Jacques (ed.) (1979). *Aggregation and Revelation of Preferences* (Amsterdam: North-Holland).

Lenti, Targetti R. (1994). "Sul Contributo Alla Cultura Dei Grandi

Economisti: Liberta Diseguaglianza e Poverta nel Pensiero di Amartya Sen," *Rivista Milanese di Economia*, 50: 5 - 12.

Levi, Isaac (1982). "Liberty and Welfare," in Amartya Sen and Bernard Williams (eds.), *Utilitarianism and Beyond* (Cambridge: Cambridge University Press), 239 - 249.

Levi, Isaac (1986). *Hard Choices* (Cambridge: Cambridge University Press).

Lewis, W. Arthur (1955). *The Theory of Economic Growth* (London: Allen & Unwin).

Maasoumi, Esfandiar (1986). "Measurement and Decomposition of Multidimensional Inequality," *Econometrica*, 54: 991 - 997.

Majumdar, Mukul, and Amartya K. Sen (1976). "A Note on Representing Partial Orderings," *Review of Economic Studies*, 43.

Majumdar, Tapas (1980). "The Rationality of Changing Choice," *Analyse & Kritik*, 2.

Mansbridge, Jane J. (ed.) (1990). *Beyond Self-interest* (Chicago: University of Chicago Press).

Maskin, Eric S. (1978). "A Theorem on Utilitarianism," *Review of Economic Studies*, 45: 93 - 96.

Maskin, Eric S. (1979). "Decision-making under Ignorance with Implications for Social Choice," *Theory and Decision*, 11: 319 - 337.

McMurrin, Sterling M. (1980). *Tanner Lectures on Human Values*, vol. 1 (Salt Lake City: University of Utah Press, and Cambridge: Cambridge University Press).

McPherson, Michael S. (1982). "Mill's Moral Theory and the Problem of Preference Change," *Ethics*, 92: 252 - 273.

McPherson, Michael S. (1984). "Economics: On Hirschman, Schelling, and Sen," *Partisan Review*, 41.

Meade, James E. (1976). *The Just Economy* (London: Allen and Unwin).

Mill, John Stuart (1859). *On Liberty* (London); republished in J. S. Mill, *Utilitarianism*, *On Liberty*; *Representative Government*, Everyman's Library (London: Dent, 1972).

Mirrlees, James A. (1982). "The Economic Uses of Utilitarianism," in Amartya K. Sen and Bernard Williams (eds.), *Utilitarianism and Beyond* (Cambridge: Cambridge University Press).

Moulin, Hervé (1983). *The Strategy of Social Choice* (Amsterdam: North-Holland).

Moulin, Hervé (1985). "Choice Functions over a Finite Set: A Summary," *Social Choice and Welfare*, 2: 147 – 160.

Moulin, Hervé (1988). *Axioms of Cooperative Decision Making* (Cambridge: Cambridge University Press).

Moulin, Hervé, and Bezalel Peleg (1982). "Cores of Effectivity Functions and Implementation Theory," *Journal of Mathematical Economics*, 10: 115 – 145.

Muellbauer, John (1987). "Sen on the Standard of Living," in G. Hawthorn (ed.), *The Standard of Living* (Cambridge: Cambridge University Press).

Mueller, Dennis C. (1979). *Public Choice* (Cambridge: Cambridge University Press).

Mueller, Dennis C. (1989). *Public Choice II* (New York: Cambridge University Press).

Mueller, Dennis C. (1996). "Constitutional and Liberal Rights," *Analyse & Kritik*, 18: 96 – 117.

Nagel, Thomas (1986). *The View from Nowhere* (Oxford: Clarendon Press).

Nash, John F. (1950). "The Bargaining Problem," *Econometrica*, 18:

155 – 162.

Nehring, Klaus, and Clemens Puppe (1996). "Continuous Extensions of an Order of a Set to the Power Set," *Journal of Economic Theory*, 68.

Ng, Yew-Kwang (1971). "The Possibility of a Paretian Liberal: Impossibility Theorems and Cardinal Utility," *Journal of Political Economy*, 79: 1397 – 1402.

Ng, Yew-Kwang (1979). *Welfare Economics: Introduction and Development of Basic Concepts* (London: Macmillan).

Nitzan, Shmuel, and Prasanta K. Pattanaik (1984). "Median-based Extensions of an Ordering Over a Set to the Power Set: An Axiomatic Characterization," *Journal of Economic Theory*, 34: 252 – 261.

Nozick, Robert (1973). "Distributive Justice," *Philosophy and Public Affairs*, 3: 45 – 126.

Nozick, Robert (1974). *Anarchy, State and Utopia* (New York: Basic Books).

Nozick, Robert (1981). *Philosophical Explanations* (Cambridge, Mass.: Belknap Press of Harvard University Press).

Nozick, Robert (1989). *The Examined Life* (New York: Simon and Schuster).

Nussbaum, Martha C. (1988). "Nature, Function, and Capability: Aristotle on Political Distribution," *Oxford Studies in Ancient Philosophy*, supplementary volume.

Nussbaum, Martha C., and Jonathan Glover (1995). *Women, Culture, and Development: A Study of Human Capabilities* (Oxford: Clarendon Press, and New York: Oxford University Press).

Nussbaum, Martha C., and Amartya K. Sen (eds.) (1993). *The Quality of Life* (Oxford: Oxford University Press).

Opio, P. J. (1993). "In Search of a New Economic Paradigm: An Ethical Contribution. A Hermeneutic of Poverty, Famine and Development in the Light of Amartya Sen's Capability Synthesis," Thesis for the Degree of Licentiate in Sacred Theology, Katholieke Univeriteit, Leuven.

Papandreou, Andreas (1994). *Externality and Institutions* (Oxford: Clarendon Press).

Parfit, Derek (1984). *Reasons and Persons* (Oxford: Clarendon Press).

Pattanaik, Prasanta K. (1980). "A Note on the Rationality of Becoming and Revealed Preference," *Analyse & Kritik*, 2.

Pattanaik, Prasanta K. (1994). "Rights and Freedom in Welfare Economics," *European Economic Review*, 38.

Pattanaik, Prasanta K. (1996a). "The Liberal Paradox: Some Interpretations When Rights are Represented as Game Forms," *Analyse & Kritik*, 18.

Pattanaik, Prasanta K. (1996b). "On Modelling Individual Rights: Some Conceptual Issues," in Arrow, Sen, and Suzumura (eds.) (1996).

Pattanaik, Prasanta K., and Maurice Salles (eds.) (1983). *Social Choice and Welfare* (Amsterdam: North-Holland).

Pattanaik, Prasanta K., and Kotaro Suzumura (1994). "Rights, Welfarism and Social Choice," *American Economic Review: Papers and Proceedings*, 84: 435–439.

Pattanaik, Prasanta K., and Kotaro Suzumura (1996). "Individual Rights and Social Evaluation: A Conceptual Framework," *Oxford Economic Papers*, 48: 194–212.

Pattanaik, Prasanta K., and Yongsheng Xu (1990). "On Ranking Opportunity Sets in Terms of Freedom of Choice," *Recherches Economiques de Louvain*, 56: 383–390.

Pattanaik, Prasanta K., and Yongsheng Xu (1998). "On Preference and

Freedom," *Theory and Decision*, 44.

Pattanaik, Prasanta K., and Yongsheng Xu (2000a). "On Diversity and Freedom of Choice," *Mathematical Social Sciences*, 40.

Pattanaik, Prasanta K., and Yongsheng Xu (2000b). "On Ranking Opportunity Sets in Economic Environments," *Journal of Economic Theory*, 93.

Peleg, Bezalel (1984). *Game Theoretic Analysis of Voting in Committees* (Cambridge: Cambridge University Press).

Pigou, Arthur C. (1920). *The Economics of Welfare* (London: Macmillan).

Pollak, Robert A. (1979). "Bergson-Samuelson Social Welfare Functions and the Theory of Social Choice," *Quarterly Journal of Economics*, 93: 73 - 90.

Puppe, Clemens (1995). "Freedom of Choice and Rational Decisions," *Social Choice and Welfare*, 12: 137 - 153.

Puppe, Clemens (1996). "An Axiomatic Approach to 'Preference for Freedom of Choice'," *Journal of Economic Theory*, 68: 174 - 199.

Putnam, Hilary (1996). "Uber die Rationalitat von Praferenzen," *Allgemeine Zeitschrift fur Philosophie*, 21: 204 - 228.

Quine, W. V. (1987). *Quiddities: An Intermittently Philosophical Dictionary* (Cambridge, Mass. : Belknap Press of Harvard University Press).

Ramachandran, V. K. (1990). *Wage Labour and Unfreedom in Agriculture: An Indian Case Study* (Oxford: Clarendon Press).

Rawls, John (1971). *A Theory of Justice* (Cambridge, Mass. : Harvard University Press).

Rawls, John (1982). "Social Unity and Primary Goods," in Amartya Sen and Bernard Williams (eds.), *Utilitarianism and Beyond* (Cambridge: Cambridge University Press).

Rawls, John (1987). "The Idea of an Overlapping Consensus," *Oxford Journal of Legal Studies*, 7.

Rawls, John (1993). *Political Liberalism* (New York: Columbia University Press).

Rawls, John, et al. (1987). *Liberty, Equality and Law: Selected Tanner Lectures on Moral Philosophy*, ed. S. McMurrin (Salt Lake City: University of Utah Press, and Cambridge: Cambridge University Press).

Razavi, Shahrashoub (1996). "Excess Female Mortality: An Indicator of Female Subordination? A Note Drawing on Village-level Evidence from Southeastern Iran," *Notizie di Politeia*, 12: 79 - 96.

Riley, Jonathan M. (1985). "On the Possibility of Liberal Democracy," *American Political Science Review*, 79: 1135 - 1151.

Riley, Jonathan M. (1986). "Generalized Social Welfare Functionals: Welfarism, Morality and Liberty," *Social Choice and Welfare*, 3: 233 - 254.

Riley, Jonathan M. (1988). *Liberal Utilitarianism: Social Choice Theory and J. S. Mill's Philosophy* (Cambridge: Cambridge University Press).

Riley, Jonathan M. (1989). "Rights to Liberty in Purely Private Matters: Part Ⅰ," *Economics and Philosophy*, 5: 121 - 166.

Riley, Jonathan M. (1990). "Rights to Liberty in Purely Private Matters: Part Ⅱ," *Economics and Philosophy*, 6: 27 - 64.

Roemer, John E. (1982). *A General Theory of Exploitation and Class* (Cambridge, Mass. : Harvard University Press).

Roemer, John E. (1985). "Equality of Talent," *Economics and Philosophy*, 1: 151 - 187.

Roemer, John E. (1986). "Equality of Resources Implies Equality of Welfare," *Quarterly Journal of Economics*, 101: 751 - 784.

Roemer, John E. (1996). *Theories of Distributive Justice*. (Cambridge, Mass. : Harvard University Press).

Ross, David (1980). Aristotle, *The Nicomachean Ethics*, English translation (Oxford: Clarendon Press).

Rothschild, Michael, and Joseph E. Stiglitz (1973). "Some Further Results on the Measurement of Inequality," *Journal of Economic Theory*, 6: 188 – 204.

Rowley, Charles K. (1993). *Liberty and the State* (Aldershot: Elgar).

Rowley, Charles K. , and Alan T. Peacock (1975). *Welfare Economics: A Liberal Restatement* (London: Robertson).

Samuelson, Paul A. (1938). "A Note on the Pure Theory of Consumer Behavior," *Economica*, 5: 61 – 71.

Scanlon, Thomas (1975). "Preference and Urgency," *Journal of Philosophy*, 72.

Scanlon, Thomas (1988). "The Significance of Choice," *Tanner Lectures on Human Values*, vol. VIII (Salt Lake City: University of Utah Press).

Scanlon, Thomas (1998). *What We Owe to Each Other* (Cambridge, Mass. : Harvard University Press).

Schelling, Thomas C. (1980). "The Intimate Contest for Self-Command," *Public Interest*, 60.

Schelling, Thomas C. (1984). "Self-Command in Practice, in Policy, and in a Theory of Rational Choice," *American Economic Review*, 74.

Schick, Fred (1984). *Having Reasons: An Essay on Rationality and Sociality* (Princeton: Princeton University Press).

Schokkaert, Erik, and Luc van Ootegem (1990). "Sen's Concept of the Living Standard Applied to the Belgian Unemployed," *Recherches Economiques de Louvain*, 56: 429 – 450.

Schwartz, Thomas (1981). "The Universal Instability Theorem," *Public Choice*, 37.

Schwartz, Thomas (1986). *The Logic of Collective Choice* (New York: Columbia University Press).

Scitovsky, Tibor (1976). *The Joyless Economy* (Oxford: Oxford University Press).

Scitovsky, Tibor (1986). *Human Desire and Economic Satisfaction* (Brighton: Wheatsheaf Books).

Seabright, Paul (1989). "Social Choice and Social Theories," *Philosophy and Public Affairs*, 18.

Seidl, Christian (1975). "On Liberal Values," *Zeitschrift fur Nationalokonomie*, 35: 257 - 292.

Seidl, Christian (1986). "Poverty Measurement: A Survey," in L. D. Bos et al. (eds.) (1986).

Seidl, Christian (1996). "Foundations and Implications of Rights," in Arrow, Sen, and Suzumura (eds.) (1996).

Sen, Amartya K. (1970a). *Collective Choice and Social Welfare* (San Francisco: Holden-Day; republished, Amsterdam: North-Holland, 1979).

Sen, Amartya K. (1970b). "The Impossibility of a Paretian Liberal," *Journal of Political Economy*, 72: 152 - 157; reprinted in Hahn and Hollis (1979), Sen (1982a), La Manna (1997).

Sen, Amartya K. (1970c). "Interpersonal Aggregation and Partial Comparability," *Econometrica*, 38: 393 - 409, and "A Correction," *Econometrica*, 40: 959; reprinted in Sen (1982a).

Sen, Amartya K. (1973a). *On Economic Inequality* (Oxford: Clarendon Press); expanded edition, 1996.

Sen, Amartya K. (1973b). "Behaviour and the Concept of Preference," *Economica*, 40: 241 - 259; reprinted in Sen (1982a) and in Elster (1986).

Sen, Amartya K. (1974). "Choice, Ordering, and Morality," in S. Korner (ed.), *Practical Reason* (Oxford: Blackwell), 4 - 67; reprinted in Sen (1982a).

Sen, Amartya K. (1976a). "Poverty: An Ordinal Approach to Measurement," *Econometrica*, 46: 219 – 232, reprinted in Sen (1982a).

Sen, Amartya K. (1976b). "Real National Income," *Review of Economic Studies*, 43; reprinted in Sen (1982a).

Sen, Amartya K. (1976c). "Liberty, Unanimity and Rights," *Economica*, 43: 217 – 245; reprinted in Sen (1982a).

Sen, Amartya K. (1977a). "Social Choice Theory: A Re-examination," *Econometrica*, 45: 53 – 89; reprinted in Sen (1982a).

Sen, Amartya K. (1977b). "On Weights and Measures: Informational Constraints in Social Welfare Analysis," *Econometrica*, 45: 1539 – 1572; reprinted in Sen (1982a).

Sen, Amartya K. (1977c). "Rational Fools: A Critique of the Behavioural Foundations of Economic Theory," *Philosophy and Public Affairs*, 6: 317 – 344, reprinted in Hahn and Hollis (1979), Sen (1982a), and Mansbridge (1990).

Sen, Amartya K. (1977d). "Starvation and Exchange Entitlements: A General Approach and Its Application to the Great Bengal Famine," *Cambridge Journal of Economics*, 1 (1): 33 – 59.

Sen, Amartya K. (1979). "Personal Utilities and Public Judgements: or What's Wrong with Welfare Economics?" *Economic Journal*, 89; reprinted in Sen (1982a).

Sen, Amartya K. (1980). "Equality of What?" in S. McMurrin (ed.), *Tanner Lectures on Human Values*, vol. I (Salt Lake City: University of Utah Press, and Cambridge: Cambridge University Press); reprinted in Sen (1982a), Rawls et al. (1987).

Sen, Amartya K. (1981). *Poverty and Famines: An Essay on Entitlement and Deprivation* (Oxford Clarendon Press).

Sen, Amartya K. (1982a). *Choice, Welfare and Measurement* (Oxford:

Blackwell; republished: Cambridge, Mass. : Harvard University Press, 1997).

　　Sen, Amartya K. (1982b). "Rights and Agency," *Philosophy and Public Affairs*, 11: 3 - 39; reprinted in Scheffler (1988); included in this volume.

　　Sen, Amartya K. (1982c). "Liberty as Control: An Appraisal," *Midwest Studies in Philosophy*, 7.

　　Sen, Amartya K. (1983a). "Liberty and Social Choice," *Journal of Philosophy*, 80: 5 - 28; reprinted in Booth, James, and Meadwell (1993); included in the present volume as Chapter 12.

　　Sen, Amartya K. (1983b). "Evaluator Relativity and Consequential Evaluation," *Philosophy and Public Affairs*, 12.

　　Sen, Amartya K. (1983c). "Poor, Relatively Speaking," *Oxford Economic Papers*, 35: 153 - 169; reprinted in Sen (1984).

　　Sen, Amartya K. (1984). *Resources, Values and Development* (Oxford: Blackwell; republished Cambridge, Mass. : Harvard University Press, 1997).

　　Sen, Amartya K. (1985a). "Well-being, Agency and Freedom: The Dewey Lectures 1984," *Journal of Philosophy*, 82: 169 - 221; included in the companion volume, *Freedom and Justice*.

　　Sen, Amartya K. (1985b). *Commodities and Capabilities* (Amsterdam: North-Holland); republished, Delhi: Oxford University Press, 1999.

　　Sen, Amartya K. (1985c). "Social Choice and Justice," *Journal of Economic Literature*, 23; included in the present volume as Chapter 10.

　　Sen, Amartya K. (1985d). "Rationality and Uncertainty," *Theory and Decision*, 18; included in the present volume as Chapter 6.

　　Sen, Amartya K. (1985e). "Rights as Goals," in S. Guest and A. Milne (eds.), *Equality and Discrimination: Essays in Freedom and Justice* (Stuttgart: Franz Steiner).

　　Sen, Amartya K. (1985f). "Goals, Commitment, and Identity," *Journal of Law*, *Economics and Organization*, 1; included in the present volume as Chapter 5.

Sen, Amartya K. (1986). "Social Choice Theory," in K. J. Arrow and M. Intriligator (eds.), *Handbook of Mathematical Economics*, vol. 3 (Amsterdam: North-Holland).

Sen, Amartya K. (1987a). *On Ethics and Economics* (Oxford: Blackwell).

Sen, Amartya K. (1987b). *The Standard of Living* (Cambridge: Cambridge University Press), with contributions by Hart, Kanbur, Muellbauer, and Williams; edited by G. Hawthorn.

Sen, Amartya K. (1988). "Freedom of Choice: Concept and Content," *European Economic Review*, 32.

Sen, Amartya K. (1990a). "Gender and Cooperative Conflicts," in Irene Tinker (ed.), *Persistent Inequalities* (New York: Oxford University Press, 1990); included in the companion volume.

Sen, Amartya K. (1990b). "Justice: Means versus Freedoms," *Philosophy and Public Affairs*, 19: 111 - 121; included in the companion volume.

Sen, Amartya K. (1990c). "Welfare, Freedom and Social Choice: A Reply," *Recherches Economiques de Louvain*, 56: 451 - 485.

Sen, Amartya K. (1991). "Welfare, Preference and Freedom," *Journal of Econometrics*, 50: 15 - 29.

Sen, Amartya K. (1992a). *Inequality Reexamined* (Oxford: Clarendon Press, and Cambridge, Mass. : Harvard University Press).

Sen, Amartya K. (1992b). "Minimal Liberty," *Economica*, 59, 139 - 159; included in the present volume as Chapter 13.

Sen, Amartya K. (1993a). "Internal Consistency of Choice," *Econometrica*, 61: 495 - 521; included in the present volume as Chapter 3.

Sen, Amartya K. (1993b). "Positional Objectivity," *Philosophy and*

Public Affairs, 22: 126 - 145; included in the present volume as Chapter 15.

Sen, Amartya K. (1993c). "Capability and Well-being," in Nussbaum and Sen (1993); included in the companion volume, *Freedom and Justice*.

Sen, Amartya K. (1993d). "Markets and Freedoms," *Oxford Economic Papers*, 45; included in the present volume as Chapter 17.

Sen, Amartya K. (1994a). "Well-being and Public Policy," *Giornale degli Economisti e Annali di economia*, 53: 333 - 347.

Sen, Amartya K. (1994b). "Markets and the Freedom to Choose," in *The Ethical Foundations of the Market Economy: International Workshop*, ed. Horst Siebert (Tubingen: Mohr).

Sen, Amartya K. (1995a). "Rationality and Social Choice," *American Economic Review*, 85; reprinted in La Manna (1997); included in the present volume as Chapter 8.

Sen, Amartya K. (1995b). "Demography and Welfare Economics," *Empirica*, 1995.

Sen, Amartya K. (1995c). "Gender Inequality and Theories of Justice," in Martha C. Nussbaum and Jonathan Glover (eds.), *Women, Culture, and Development: A Study of Human Capabilities* (Oxford: Clarendon Press).

Sen, Amartya K. (1996a). "Legal Rights and Moral Rights: Old Questions and New Problems," *Ratio Juris*, 9: 153 - 167.

Sen, Amartya K. (1996b). "Fertility and Coercion," *Chicago Law Review*, 63: 1035 - 1061; included in the companion volume, *Freedom and Justice*.

Sen, Amartya K. (1996c). "Rights: Formulation and Consequences," *Analyse & Kritik*, 18: 153 - 170; included in the present volume as Chapter 14.

Sen, Amartya K. (1996d). "Freedom, Capabilities and Public Action: A Response," *Notizie di Politeia*, 12: 107 - 125.

Sen, Amartya K. (1997a). "Maximization and the Act of Choice," *Econometrica*,

65: 745 – 779; included in the present volume as Chapter 4.

Sen, Amartya K. (1997b). "Individual Preference as the Basis of Social Choice," in Arrow, Sen, and Suzumura (eds.) (1997).

Sen, Amartya K. (1997c). "From Income Inequality to Economic Inequality," *Southern Economic Journal*, 64.

Sen, Amartya K. (1999). *Development as Freedom* (New York: Knopf, and Oxford and Delhi: Oxford University Press).

Sen, Amartya K. (2000). "Consequential Evaluation and Practical Reason," *Journal of Philosophy*, 97.

Sen, Amartya K. (2002). "Open and Closed Impartiality," *Journal of Philosophy*, forthcoming; included in the companion volume, *Freedom and Justice*.

Steiner, Hillel (1983). "How Free? Computing Personal Liberty," in A. Phillips-Griffiths (ed.), *Of Liberty* (Cambridge: Cambridge University Press).

Steiner, Hillel (1990). "Putting Rights in Their Place," *Recherches Economiques de Louvain*, 56: 391 – 408.

Steiner, Hillel (1994). *An Essay on Rights* (Oxford: Blackwell).

Sugden, Robert (1981). *The Political Economy of Public Choice* (Oxford: Martin Robertson).

Sugden, Robert (1985a). "Why Be Consistent?" *Economica*, 52: 167 – 184.

Sugden, Robert (1985b). "Liberty, Preference and Choice," *Economics and Philosophy*, 1: 213 – 229.

Sugden, Robert (1986). *The Economics of Rights, Co-operation and Welfare* (Oxford: Basil Blackwell).

Sugden, Robert (1993). "Welfare, Resources, and Capabilities: A Review of Inequality Reexamined by Amartya Sen," *Journal of Economic Literature*, 31:

1947 – 1962.

Sugden, Robert (1998). "The Metric of Opportunity," *Economics and Philosophy*, 14.

Suppes, Patrick (1969). *Studies in the Methodology and Foundations of Science: Selected Papers from 1951 to 1969* (Dordrecht: Reidel).

Suppes, Patrick (1987). "Maximizing Freedom of Decision: An Axiomatic Approach," in G. Feiwel (ed.), *Arrow and the Foundations of the Theory of Economic Policy* (Basingstoke, Hampshire: Macmillan).

Suzumura, Kotaro. (1980). "Liberal Paradox and the Voluntary Exchange of Rights Exercising," *Journal of Economic Theory*, 22: 407 – 422.

Suzumura, Kotaro (1983). *Rational Choice, Collective Decision and Social Welfare* (Cambridge: Cambridge University Press).

Suzumura, Kotaro (1991). "Alternative Approaches to Libertarian Rights," in Kenneth J. Arrow (ed.), *Markets and Welfare* (London: Macmillan).

Suzumura, Kotaro (1996). "Welfare, Rights, and Social Choice Procedures," *Analyse & Kritik*, 18: 20 – 37.

Suzumura, Kotaro (1999). "Consequences, Opportunities and Procedures," *Social Choice and Welfare*, 16.

Van der Veen, Robert (1981). "Meta-rankings and Collective Optimality," *Social Science Information*, 20.

van Hees, Martin (1994). "Rights, Liberalism and Social Choice," dissertation at the Catholic University of Nijmegen.

van Hees, Martin (1995). *Rights and Decisions: Formal Models of Law and Liberalism* (Dordrecht: Reidel).

van Hees, Martin (1996). "Individual Rights and Legal Validity," *Analyse & Kritik*, 118: 81 – 95.

van Parijs，Phillipe（1989）.*On the Ethical Foundation of Basic Income* (Université Catholique de Louvain：Institut Supérieur de Philosophie).

van Parijs，Phillipe（1995）.*Real Freedom for All：What（If Anything）Is Wrong with Capitalism?*（Oxford：Clarendon Press）.

Varian，Hal R.（1974）."Equity，Envy and Efficiency," *Journal of Economic Theory*，9.

Walsh，Vivian C.（1995－1996）."Amartya Sen on Inequality, Capabilities and Needs," *Science and Society*，59.

Walsh，Vivian C.（1996）.*Rationality，Allocation and Reproduction* (Oxford：Clarendon Press).

Walsh，Vivian C.（2000）."Smith after Sen," *Review of Political Economy*，12.

Weymark，John（1983）."Arrow's Theorem with Social Quasi-Orderings," *Public Choice*，42.

Williams，Bernard（1981）.*Moral Luck*（Cambridge：Cambridge University Press）.

Williams，Bernard（1985）.*Ethics and the Limits of Philosophy*（Cambridge，Mass.：Harvard University Press）.

Williams，Bernard（1987）."Comment," in Sen（1987b）.

Wriglesworth，John L.（1985）.*Libertarian Conflicts in Social Choice*（Cambridge：Cambridge University Press）.

Zamagni，Stefano（1988）."Introduzione," in Amartya Sen，*Scelta，Benessere，Equita*（Bologna：Il Mulino），5－47.

注释

[1] 这里不打算讨论过程方面的范围与复杂性，上一章（第 21 章）已经讨论过这个问题。这里探讨的主题包括与过程及程序紧密相关的"机会"特

征，如所谓"选择行动评价"与"选项评价"的相关性（第 20 章）。

　　[2] X 被设定是有限的。这样其他一些观点也能够加以考虑，比如根据机会集合的"基数性"判断机会（这并不是我特别喜欢的一种观点）就可以很容易地在有限集合中运用。但是，我们还应记取的是，第 20 和 21 章所主张的程序——其中蕴涵了以偏好为基础的机会比较，可以很方便地用于无限集合，而不必在分析上作任何重大的改变。

　　[3] 关于这个问题可参见第 9 章"作为社会选择基础的个人偏好"。

　　[4] 最近，Gravel（1994，1997）、Puppe（1995，1996）、Nehring and Puppe（1996）、Baharad and Nitzan（1997）这些文献对 R^* 提出了一些公理性的限制性条件，这些条件与 R^* 的传递性存在着一定程度上的紧张关系。我以为，从这些有趣的不可能定理中所获得的一个教训是，当我们坚持使用某组公理时，一定要预先加以检验，即使单个公理单独来看似乎很具有吸引力。

　　[5] 选择什么偏好的自由是"主体自由"的一个重要方面（关于这个问题可参见 Sen，1974b，1985a）。琼斯和萨格登（Jones and Sugden，1982）对潜在偏好的自由提供了一个明确的表述，福斯特（1993）对这一主题进行了深入的探讨；还可参见 Arrow（1995），Sugden（1998）。采用各种偏好的交集局部排序方式（如 Sen，1985b，1992a）提供了一个观察偏好选择的重要视角，参见第 20 章的讨论。本文还将对此进一步加以分析。

　　[6] 参见第 4 章"最大化与选择行动"以及森（1977a）对"综合结果"与"顶点结果"的讨论。

　　[7] 关于选择行动对于价值观和偏好排序的意义，可参见 Sen（1977c，1982b，1985a，1987a，1997a）。考虑选择行动性质的理由既可以是审慎的，也可以是道德上的（参见 Sen，1997a，pp. 747 - 763；本书第 4 章）。从某些角度来看，选择行动还影响了人们的生活，并赋予它以"意义"（参见 Nozick，1974，pp. 45 - 51；Nozick，1989）。斯坎伦（1988，1998）在一个宽泛的道德框架中精辟地检验了"选择的意义"。

　　[8] 当然，也有可能出现本人所作的选择并不符合他的利益，因为作出

选择的人必须遵从规范的约束（比如说，不选择最舒适的椅子），或者在作出某些自我牺牲的情况下对他所承担的信任责任给予优先性；关于这个问题可参见 Sen（1985a，1997a）。

[9] 参见 Sen（1985b，pp. 201 - 202）；还可参见 Sen（1992a，1997a）。巴哈拉德和尼茨安（Baharad and Nitzan，1997）将 x/S 的定义域视为备选方案集合 S 与 S 的子集数 2^X 的笛卡尔积，将 x/S 的排序称为"扩展偏好关系" R^e。

[10] 比如说，这对于评价个人所谓的"消极自由"而言极其重要。

[11] 参见第 20 章和 Sen（1970a，1985b，1992a），其中讨论过试探性的不完备性与断定性的不完备性之间的区别。这个问题在姊妹篇《自由与正义》的几篇论文中也相当重要。

[12] 关于这个问题，可参见第 3 章"选择的内在一致性"和第 4 章"最大化与选择行动"以及 Sen（1970a，1982a，1993a），Levi（1986）。

[13] 引进元排序（Sen，1974b，1977c）的直接理由在于它可以用于讨论另一个完全不同的问题，即分析道德困境与社会合作（参见 Sen，1974b）。此外，"这个更广泛的框架还具有许多其他用途，比如，有助于更清晰地分析意志薄弱，澄清自由理论中某些相互冲突的因素"（Sen，1977c，p. 102）。相关问题的论述可参见 Frankfurt（1971），Jeffrey（1974），Baier（1977），Baigent（1980），Pattanaik（1980），Hollis（1981），Van der Veen（1981），Hirschman（1982），McPherson（1982，1984），Schelling（1984），Schick（1984）。

[14] 森（1977c）讨论了这个问题；还可参见第 20 章。

[15] 森（1977c；1982a，p. 101）探讨了元排序的不完备性的存在。

[16] 在合理偏好集合 $\tilde{A}$ 仅仅只包含一个偏好排序 R_j 这个"退化的"（形式上的表述，并非存在偏好）特殊事例中，我们可以得出 $R_j = R^0$，$I_j = I^0$ 以及 $P_j = P^L = P^U$，并且 $R^0 = R^L$。不过，现实生活一般并不会如此简单。

[17] 福斯特的条件与莱维（1986）的"V-可容许性"具有某种程度上的相似性，虽然莱维并未直接关注自由的计算。莱维的目的在于行政机关概括

选择理性，从而超越那种有限的将它等同于交集半序的最大化集合的看法。这两个问题在分析上极其相似。

［18］这是琼斯和萨格登（1982）和福斯特（1993）所使用的表述，关于这个问题还可参见 Sugden（1997）。

［19］事实上，不难看出，只要根据相关人的有效机会对自由的局部排序作出一个合理的概括，我们就可以将部分阿罗-德布鲁效率结论转化成有效自由的非占优性（亦即类似于自由的帕累托效率）；关于这个问题参见第17章"市场与自由"。

［20］相关问题还可参见 Hillel Steiner（1983，1990，1994），Pattanaik and Xu（1990，1998，2000a，2000b）。还可参见 Puppe（1995，1996），Nehring and Puppe（1996），Sugden（1998）。这些文章中的公理结论具有极其重要的价值，可惜我在此没有时间对它进行评述。

［21］虽然这里所使用的形式和结论与我在《计量经济学杂志》上的论文（Sen，1991）——大概在阿罗讲座前后发表——相同，或紧密相关，但我同时也使用了一种稍微不同的表述方式（记号体系）来解释本文提出的其他结论。

［22］相关问题与结论，可参见 Suppes（1987），Pattanaik and Xu（1990，1994），Sen（1990c，1991），Pattanaik（1993），Bossert，Pattanaik and Xu（1994）。还可参见将这类在一个集合上的排序扩展到它的非空子集（它的幂集）的相关文献。

［23］参见 Sen（1990c，1991），Pattanaik and Xu（1990），后者最初提出与此不同的等基数无差异和基数最大化的公理。Pattanaik and Xu（1990）和 Sen（1990c）两篇文献的作者曾就这些公理的价值以及需要考虑的其他因素交换过意见。对这些——以及相关——问题更权威的探讨可参见 Pattanaik and Xu（1998，2000a，2000b）。

［24］卡特（Ian Carter，1995a，1995b，1996，1999）曾主张这种自由观（即根据备选方案的数目来判断），认为它"不存在特殊的价值倾向"。关键问题在于为什么这种"无特殊性"应当成为我们自由观的中心内容。在第20章，

我曾讨论过为什么我们有理由把"选择我们重视的事物的自由"当成一种整合性的关怀，它既考虑了选择的重要性，也考虑了我们的价值观的含义。还可参见 Sen（1996d）。

［25］还可参见 Puppe（1995b），Nehring and Puppe（1996），Baharad and Nitzan（1997），Gravel（1998）。

［26］"并集主义"方法往往会导致过度表达（over-articulation），因为相互竞争的充分条件往往彼此冲突。通过接受每种方法（而不是把彼此视作相互限制的要求）来组合这两种观点有可能会导致不一致性，这种可能性在某种程度上与该不可能性结论相关，参见 Nicolas Gravel（1994，1998），Puppe（1995b），Nehring and Puppe（1996）。

［27］根据福斯特（1993）的论述，还可以通过 SRAC 而不是 MRAC 来作进一步的扩展。

［28］格雷夫（Gravel，1994）特别使用严格集合（公理 D. 2）以包含这一条件，他在"组合"这两种方法时采取了两个步骤，从"交集"法至"并集"法，这使他最终得出了一个不可能性结论。事实上，公理 D. 2 并不能与偏好方法和平共处——它完全只属于没有限制的基数方法观。正如我们前面所指出的，这些不可能性结论反映了通过并集组合产生的不一致性，而不是通过交集组合产生的不一致性。

图书在版编目（CIP）数据

理性与自由 / （印）阿马蒂亚·森著；李风华译
. --北京：中国人民大学出版社，2024.3
书名原文：Rationality and Freedom
ISBN 978-7-300-32224-7

Ⅰ.①理… Ⅱ.①阿… ②李… Ⅲ.①经济哲学—研
究 Ⅳ.①F0

中国国家版本馆 CIP 数据核字（2023）第 183005 号

理性与自由

阿马蒂亚·森　著

李风华　　译

Lixing yu Ziyou

出版发行	中国人民大学出版社		
社　　址	北京中关村大街 31 号	**邮政编码**	100080
电　　话	010 - 62511242（总编室）	010 - 62511770（质管部）
	010 - 82501766（邮购部）	010 - 62514148（门市部）
	010 - 62515195（发行公司）	010 - 62515275（盗版举报）
网　　址	http://www.crup.com.cn		
经　　销	新华书店		
印　　刷	北京瑞禾彩色印刷有限公司		
开　　本	890 mm×1240 mm　1/32	**版　次**	2024 年 3 月第 1 版
印　　张	27.625 插页 3	**印　次**	2024 年 3 月第 1 次印刷
字　　数	654 000	**定　价**	128.00 元